7년 연속 전체 수석 합격자 배출

조경국
경제학원론

1차 | 기본서

#2 거시편

조경국 편저

동영상강의 www.pmg.co.kr

브랜드만족 1위 박문각

근거자료 후면표기

제4판

박문각

박문각 감정평가사

감정평가사 등 각종 자격시험 1차 및 7급 공무원 채용시험에서 경제학이 차지하는 비중은 절대적이다. 다양한 시험에서 경제학은 **미시, 거시 및 국제경제학**의 다양한 분야별로 출제가 되고 있기 때문에 다른 과목들과 비교할 때 훨씬 방대한 분량을 학습해야 한다. 또한 경제학은 수험생들이 매우 기피하는 수식 및 그래프와 같은 수학적 기법의 사용이 필수적이기 때문에 난이도 면에서도 다른 과목들을 가히 압도하고도 남음이 있다. 결국 경제학은 각종 시험 준비에 있어서 최대의 걸림돌일 뿐만 아니라 수험생들에게 수험기간 내내 괴로움과 좌절을 안겨 주는 존재가 되고 있다.

그러나 이를 다른 관점에서 바라보자. 만일 경제학을 정복할 수만 있다면 합격으로 가는 길에 있어서 최대 난관을 제거할 수 있게 되고 고통스러운 수험생활을 보다 수월하게 극복해 낼 수 있다는 뜻이 된다. 다양한 시험과목 중에서 무엇보다도 경제학을 잘 마스터해 놓을 경우 그로 인한 긍정적 효과는 타과목 공부 및 전반적인 수험과정으로 파급되어 합격의 가능성을 더욱 높여줄 수 있다. 본서는 수험생들이 경제학에 보다 쉽게 접근하고 이를 통해 목표로 삼고 있는 각종 시험에서 원하는 성과를 얻을 수 있도록 도움을 주기 위해 집필되었다.

저자는 과거 舊 행정고등고시(現 5급공채시험) 재경직에 합격하여 미시경제정책의 핵심부서라고 할 수 있는 경쟁당국(공정거래위원회)에서 다양한 경험을 쌓았으며, 이후에는 숭실대학교 경제학과에서 교수로 근무하며 경제학을 강의해 왔다. 이를 통해 경제관료로서 경제정책 집행과 대학교수로서 경제이론 연구 및 강의라는 귀중한 경험을 쌓게 되었다. 본서는 그러한 과정에서 축적된 경제이론 및 정책에 대한 치열한 문제의식과 최선의 해법을 반영한 결과물임과 동시에 각종 시험을 준비하는 수험생들에게 합격으로 가는 길을 보여주는 가이드라인이다.

본서의 특징은 다음과 같다.

첫째, 구성에 있어서 논리적 완결성을 지향하였다. 제시되는 Theme, 목차 및 본문의 내용이 마치 하나의 보고서나 논문과 같이 정연한 체계하에 어우러져서 논리의 전개에 전혀 비약이 없도록 하였다. 아울러 서술에 있어서 평이한 문장, 간결한 문장을 사용하였다. 많은 수험생들에게 있어서 경제학 교과서를 읽어내는 것 자체가 쉽지 않다는 것을 잘 알고 있다. 따라서 현학적이고 어려운 설명을 배제하고 이해하기 쉬운 용어를 사용하여 간결하게 설명하였다.

둘째, 미시경제학의 경우 핵심이론의 직관적•논리적 설명과 동시에 수식과 그래프의 사용을 수험 목적 내에서 최소한도로만 병행하였다. 수험 수준을 넘는 불필요한 수식이나 그래프는 철저히 배제하였다. 거시경제학의 경우 수험생들이 그 체계를 제대로 잡지 못해서 헤매는 경우가 많다. 본서에서는 수험의 목적에 가장 적합한 거시이론의 체계를 확립하여 수험생들이 길을 잃지 않고 중심을 잘 잡을 수 있도록 하였다. 국제경제학의 경우 그 중요성에도 불구하고 많은 수험서에서 제대로 다루고 있지 않다는 문제점이 있다. 본서에서는 국제경제 수험 준비에 있어 필요하고도 충분한 내용을 수험 수준에 정확히 맞춰 완벽한 스탠다드로 제시하였다.

셋째, 본서는 이론과 문제가 괴리되지 않도록 이론과 문제를 이어주는 친절한 징검다리 역할을 하는 교재이다. 많은 수험생들이 경제이론을 공부해도 막상 기출문제를 접하면 도대체 어떻게 풀어야 하는지 몰라서 혼란스러워 하곤 한다. 결국 이론을 공부해도 문제를 못 푸는구나 하는 자괴감에 빠져서 급기야는 이론은 소홀히 하고 기출문제만 외우는 식의 최악의 공부법에서 빠져나오지 못하는 경우가 많다. 본 교재는 친절한 이론 설명과 함께 핵심적인 기출예제 풀이를 통해서 이론과 문제의 갭을 줄이고 이론으로부터 문제로 자연스럽게 연착륙하는 방법을 제시하고 있다.

다양한 경제학 교재 집필에 이어 또다시 한정된 짧은 시간 동안 책을 집필한다는 것은 역시 변함없이 고되면서도 희열 넘치는 일이다.

수험생들의 합격을 기원한다.

조경국

CONTENTS
이 책의 차례

PART 04 국민소득과 물가 결정이론

PART 05 실업과 인플레이션

CONTENTS
이 책의 차례

PART 06 경기변동이론

PART 07 경제정책과 경제학파

PART 08 거시경제의 미시적 기초

CONTENTS
이 책의 차례

PREFACE

PART 09 경제성장론

PART 10 재무금융이론

PART

01

거시경제학의 기초

Chapter 01

거시경제학의 의의와 등장

THEME 01 거시경제학의 의의

1 거시경제학의 개념

1) 거시경제학이란?

거시경제학이란 국민경제의 총체적인 활동 수준의 결정원리와 그 변화요인 및 변화과정을 분석·평가하고 이를 개선하기 위한 정책방안을 연구하는 경제학의 한 분야이다. 거시경제학은 미시경제학과는 달리 개별시장이 아니라 전체시장에서 나타나는 국민경제의 총체적인 운행원리와 성과 및 정책에 대한 학문으로서 특히 경제 전체의 움직임을 나타내는 총량변수 이른바 거시경제변수들이 결정되는 원리와 상호관계 및 조정방안에 대하여 연구한다.

2) 거시경제변수

한 나라 경제 전체의 움직임을 나타내는 총량변수로서 집계화되는 과정에서 고도로 추상성을 갖게 된 변수이다. 예를 들면 국민소득, 물가, 실업률, 이자율, 통화량, 국제수지, 환율 등을 들 수 있다.

3) 거시경제학과 미시경제학

거시경제변수나 거시경제적 행태는 미시경제학에서 다루는 변수나 개별경제주체들의 행동을 단순히 누적하고 총계화한 것이 아니라는 점에 주의하자. 단순한 부분의 합은 전체가 아닌 것이다. 이는 예를 들어 절약의 역설로도 설명할 수 있는데 개별경제주체의 입장에서 최선의 의사결정일 수 있는 저축 증대가 경제 전체에는 수요를 감소시켜서 단기적으로 오히려 해가 될 수도 있다.

2 거시경제학의 목표 및 연구대상

1) 배경

미시경제학에서는 최종적으로 소비의 극대화, 효용의 극대화가 목표이며 이를 위해서 최적화된 생산이 필요하다. 마찬가지로 거시경제학에서도 최종적으로 소비의 극대화, 소비를 가능케 하는 생산이 중요하며 특히 소비와 생산을 포괄하는 총체적인 소득 개념으로서 국민소득이 중요하다. 거시경제학에서는 단기적으로 국민소득의 변동을 안정화시키고 장기적으로는 국민소득 특히 1인당 국민소득을 지속적으로 성장시키는 데 큰 관심이 있다.

> ※ 국민소득과 국내총생산
> 기업이 생산한 상품에 대한 수입은 생산과정에 참여한 주체들에게 임금, 이자, 지대 등의 소득으로 분배된다. 즉, 경제 내에서 생산된 상품의 총가치는 그 생산과정에 참여한 모든 경제주체들의 소득과 같게 된다. 따라서 국내총생산은 국민소득이라고 할 수 있다.

2) 국민소득의 움직임

국민소득의 움직임은 단기적 움직임과 장기적 움직임으로 나누어 볼 수 있는데 국민소득의 단기적 움직임을 경기변동이라고 하고 국민소득의 장기적 움직임을 경제성장이라고 한다.

① 경제성장(economic growth)

국민소득이 장기적으로 증가하는 추세를 경제성장이라고 한다. 미시경제학에서 개별경제주체 간에 누구는 많은 소득을 누구는 적은 소득을 얻게 되는가에 관심이 있는 것처럼, 거시경제학에서는 장기적으로 국가 간에 어느 국가는 높은 소득을 어느 국가는 낮은 소득을 실현하는가에 관심이 있다.

② 경기변동(business fluctuation)

국민소득이 장기적으로 증가하는 추세 속에서도 단기적으로 어떤 때는 경제가 활발한 움직임을 보일 때가 있고, 어떤 때는 침체된 상태에 빠져 있을 때가 있는데 이를 주기적으로 반복하는 것을 경기변동이라고 한다. 특히 경기변동의 과정에서 특징적 현상으로 실업과 인플레이션이 나타난다.

3) 거시경제변수의 움직임

앞에서 국민소득의 움직임에 대하여 살펴보았는데 거시경제에서는 국민소득뿐만 아니라 물가, 실업률, 이자율, 통화량, 국제수지, 환율 등 다양한 거시경제변수들이 상호 밀접한 관계 속에서 움직이고 있다. 이렇게 다양한 거시경제변수의 결정원리 및 조정원리를 파악하는 것이 거시경제학에서는 매우 중요하다.

4) 거시경제학의 목표 및 연구대상

① 목표

거시경제의 목표는 일반적으로 완전고용, 물가안정, 국제수지균형 그리고 경제성장 등으로 볼 수 있다. 따라서 거시경제학의 목표는 앞서 말한 거시경제의 목표를 한마디로 표현하여 경제의 안정적 성장 즉, 경기변동을 완화하고 장기적으로 경제가 성장할 수 있도록 코칭하는 것이다. 이를 위해서 다양한 분야를 대상으로 연구를 진행한다.

② 연구대상

거시경제학의 연구대상은 장기적 경제성장의 동인, 국가 간 성장 격차의 원인, 단기적 경기변동의 원인과 파급 메커니즘, 경제를 안정화시키기 위한 각종 정부정책, 다양한 거시경제변수들의 결정원리 및 조정원리 등이다.

> ※ 대한민국 헌법 제9장 경제 제119조
> **제119조**
> ① 대한민국의 경제질서는 개인과 기업의 경제상의 자유와 창의를 존중함을 기본으로 한다.
> ② 국가는 균형 있는 국민경제의 성장 및 안정과 적정한 소득의 분배를 유지하고, 시장의 지배와 경제력의 남용을 방지하며, 경제주체 간의 조화를 통한 경제의 민주화를 위하여 경제에 관한 규제와 조정을 할 수 있다.

THEME 02 거시경제학의 등장

1 현실 : 대공황(the Great Depression)

1) 의의

세계대공황(the Great Depression)이란 1929년부터 1938년에 걸쳐 약 10여 년간 미국을 비롯한 세계 경제가 경험한 경기침체를 말한다. 일반적으로 불황 혹은 침체는 영어로 recession이라고 표현하는 것에 비해 공황은 the Great Depression으로 표현한다.

2) 주가

제1차 세계대전 이후 미국 경제는 유례없는 호황을 누리고 있었는데 1929년 여름 경에 호황의 정점을 찍은 후 경제는 곤두박질치며 나락으로 빠져들었다. 특히 1929년 10월 28일 하루 동안에 미국 뉴욕증시의 다우 지수가 13퍼센트 하락, 이튿날 12퍼센트 하락하며 대공황의 서막을 알렸다. 보통 이때를 관행적으로 블랙먼데이라고 부른다. 이후 1932년까지 미국 주가는 85퍼센트나 하락하였다.

3) 국민소득, 물가

1929년부터 1933년까지 미국의 총생산은 약 30퍼센트나 감소하였고, 물가는 약 25퍼센트 하락하며, 전형적인 디플레이션 현상을 보였다.

4) 실업률

대공황이 시작되는 1929년 이전에 3퍼센트였던 미국의 실업률은 대공황 기간인 1930년대에는 평균 19퍼센트였다. 가장 높았던 실업률은 1933년에 25퍼센트였으며, 가장 낮았던 실업률은 1937년에 14퍼센트 수준이었다.

5) 통화량 및 통화정책

대공황 시기에 뱅크런(예금인출사태)이 발생하여 많은 은행들이 부도를 맞게 되어 파산하였다. 은행의 대량부도로 인하여 예금자들은 예금을 인출하여 현금으로 보유하려 하였고, 은행들은 예금인출사태에 대비하여 지불준비금을 증가시켰다. 이로 인해 통화승수가 감소하여 통화량이 크게 감소하였다. 그럼에도 연방준비제도는 적극적으로 통화공급을 하지 않았다. 1929년부터 1930년 사이에 통화량은 4퍼센트 감소했으며 이후 1933년까지 지속적으로 감소하여 1933년에는 27퍼센트 감소하였다.

6) 정부지출 및 재정정책

대공황 속에서 지속적으로 세수가 감소할 수밖에 없었고, 세수 감소로 인하여 재정적자가 발생하게 되어 재정적자를 메우기 위해서 오히려 증세정책을 실시하는 악순환이 계속되었다.

7) 국제수지와 환율

경기침체로 인하여 세계 각국은 경쟁적으로 관세를 인상하고 보호무역정책을 채택함과 동시에 국제수지개선을 위해서 평가절하정책을 실시하였다. 결국 경쟁적인 관세인상 및 평가절하로 인하여 전세계 교역 및 생산이 감소하였다.

8) 대공황의 종결

대공황은 미국에서 1933년 저점을 찍고 회복하기 시작하여 GDP가 서서히 증가하였다. 1929년부터 1938년에 걸쳐 약 10여 년간 미국뿐만 아니라 전세계를 초토화시킨 대공황은 1939년 제2차 세계대전의 발발과 함께 비로소 종식될 수 있었다. 전쟁으로 인하여 군수물자 및 각종 물자에 대한 수요가 증가하면서 GDP는 1939년부터 제2차 세계대전 기간 동안에 약 2배 증가하고 실업률은 1퍼센트대까지 하락하였다.

9) 대공황의 원인

① 지출가설(spending hypothesis)

대공황의 원인에 대하여 지출가설은 1930년대 주가가 폭락하여 주식시장이 붕괴되면서 불확실성이 증대되고 민간의 부가 감소하게 되어 소비와 투자가 감소한 것을 주요 원인으로 지목하였다. 이와 함께 주택시장에서 거품이 소멸되면서 주택투자가 감소하였고 은행이 파산하면서 기업의 투자가 감소한 것도 주요 원인이다. 한편, 앞서 설명한 바와 같이 세수감소에 따른 재정적자를 보전하기 위한 정치인들의 증세정책이 민간의 소비를 감소시킨 것도 원인이 될 수 있다. 결국 여러 원인들이 복합적으로 작용하여 민간의 소비와 투자가 감소하게 되고, 이로 인해 생산이 감소하고 요소수요가 감소하게 된다. 이는 임금감소와 소득감소를 초래하므로 다시금 소비를 감소시키는 악순환을 만들어내는 것이다.

② 통화가설(money hypothesis)

프리드먼과 슈워르츠에 의하면, 1929년부터 1933년 사이에 통화량은 20퍼센트 넘게 감소하였는데 이로 인해 LM곡선이 좌상방으로 이동하면서 소득이 감소하고 대공황이 발생하였다고 한다. 특히 대공황의 시기에 물가가 하락하는 디플레이션은 차입자의 경제사정을 악화시켜서 파산을 초래하고, 이로 인해서 은행은 부실화되어 자금공급을 줄여 신용경색이 나타난다. 결국 신용경색으로 총수요가 더욱 위축되어 디플레이션이 심화되는 이른바 부채-디플레이션(debt-deflation)이 나타난다.

2 이론 : 고전학파와 케인즈

1) 대공황의 고실업

대공황 기간 동안 평균 20퍼센트에 이르는 실업률은 경제주체들을 가장 고통스럽게 만드는 주범이었다. 그럼에도 이렇게 높은 실업률에 대하여 기존의 고전학파 이론은 이를 설명할 수도 해결할 수도 없는 상황에 봉착하였다.

2) 고전학파

① 실업의 본질

고전학파에 의하면 어떤 충격에 의해서 경제가 일시적으로 균형에서 벗어나 노동의 초과공급 상태인 실업에 빠지더라도 임금이 신축적으로 조정되기 때문에 곧바로 실업이 해소되고 완전고용상태의 균형을 회복한다. 따라서 실업은 결코 지속될 수 없는 것이다.

② 보이지 않는 손에 의한 해결

경제가 침체에 빠지고 실업률이 상승하더라도 이는 일시적인 현상일 뿐이므로 정부가 적극적으로 개입해서는 안 되고, 시장의 보이지 않는 손에 맡겨두는 것이 최선이다.

3) 케인즈

① 실업의 본질

케인즈에 의하면 실업은 노동시장만의 문제가 아니며 노동시장과 재화시장의 연계로 인하여 나타나는 현상이다.

② 노동시장

노동시장에서의 높은 실업률은 재화시장에서 총수요가 부족하기 때문에 생기는 것이다. 그런데 총수요 부족으로 발생한 이 실업은 노동시장에서 명목임금이 하방경직적이기 때문에 실업이 해소되지 못하고 지속된다. 따라서 실업의 해소를 위해서는 재화시장에서 총수요를 증대시켜 그 파생수요로서의 노동수요를 증가시킬 필요가 있게 된다.

③ 재화시장

총수요 부족은 노동시장에서 실업을 초래하는 한편 재화시장에서는 국민소득의 감소를 초래한다. 케인즈에 의하면 국민소득은 총수요에 의해서 결정되는 것인데, 그 원인은 재화가격이 경직적이기 때문이다. 즉 총수요 변동에 따른 충격이 가격에 의해서 조정되지 못하는 경우에는 결국 생산량이 조절되어 국민소득의 조절로 이어지게 된다. 즉, 왈라스적 가격조정의 세계가 아니라 마샬적 수량조정의 세계를 상정하는 것이다.

④ 총수요의 증대와 정부의 역할

노동시장에서의 실업과 재화시장에서의 총생산 감소에 따른 국민소득 감소문제를 해결하기 위해서는 총수요를 인위적으로 늘릴 필요가 있다. 총수요를 늘리기 위해서는 정부의 적극적인 지출이 필요하다.

⑤ 고전학파 이론에 대한 비판과 새로운 이론(거시경제학)의 등장

고전학파 이론에 의하면, 국민소득은 요소시장에서 결정되는 노동량, 자본량과 생산함수에 의한 기술이 결정한다. 그런데 대공황 기간 동안 요소공급 및 기술은 거의 실질적으로 불변이었다. 따라서 국민소득도 거의 변하지 않았어야 함에도 불구하고 국민소득은 큰 폭으로 감소하고 실업은 만연하였다. 따라서 고전학파 이론으로는 대공황과 같은 경기침체를 설명할 수 없기에 이를 대체할 수 있는 새로운 이론으로서 케인즈의 이론이 대두하게 되었다.

Chapter 02

국민경제의 구조와 측정

THEME 01 국민경제의 구조

1 국민경제의 순환구조

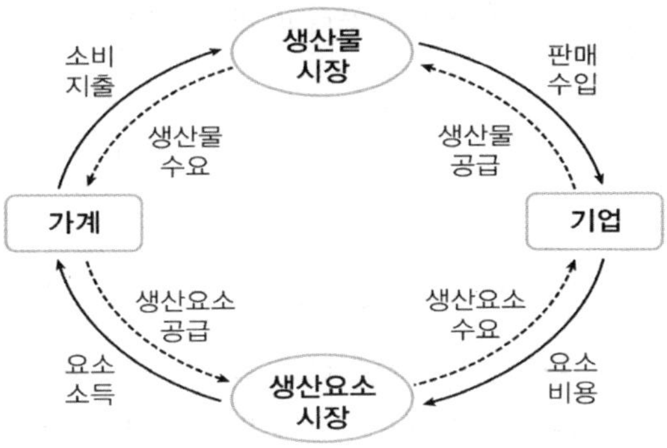

그림 2-1 국민경제의 순환모형

2 거시경제의 시장

1) 거시경제에서의 상품과 가격

① 집적재

거시경제분석에서는 수많은 상품을 함께 모아서 대표상품(representative commodity)을 설정하고 이 상품이 모든 상품을 대표한다고 가정한다. 이러한 상품을 집적재(aggregate goods)라고 하며 이는 고도로 추상적인 성격을 가지게 된다.

② 물가

거시경제에서 대상으로 하는 시장에서의 가격은 현실의 개별상품가격이 아니라 대표상품의 가격으로서 전반적인 가격수준(price level)을 말하며 이를 물가라고 한다.

2) 거시경제에서의 수요와 공급

① 총수요(aggregate demand)

국민경제 전체에서 생산되는 상품에 대한 수요로서 이는 단순히 개별수요를 합계한 것이 아니다.

② 총공급(aggregate supply)

국민경제 전체에서 생산되는 상품의 공급으로서 이는 단순히 개별공급을 합계한 것이 아니다.

THEME 02 국민경제의 측정(국민소득) 1

1 국민소득

국민소득이란 생산과정에 참여한 경제주체들의 임금, 이자, 지대 등을 의미하며, 이는 생산물을 팔아서 얻은 수입에 의하여 형성된다. 즉, 한 나라 경제주체 전체의 국민소득은 그 나라에서 생산된 상품의 총가치와 일치한다. 따라서 국민소득은 바로 국내총생산을 의미한다. 이는 한 나라의 총체적 경제활동의 수준과 복지수준을 나타내는 지표라고 할 수 있다.

2 국내총생산(GDP)

1) 의의

국내총생산(Gross Domestic Product, GDP)이란 일정한 기간 동안 한 나라 안에서 생산되어 최종적인 용도로 사용되는 재화, 서비스의 가치를 모두 더한 것을 말한다. 이를 자세히 살펴보면 첫째, "일정한 기간"은 국내총생산이 측정되는 기간으로서 저량변수가 아니라 유량변수임을 의미한다. 둘째, "한 나라 안에서"는 국내총생산이 국민 기준이 아니라 국경 기준임을 의미한다. 셋째, "최종적인 용도"는 국내총생산에는 중간투입물은 제외되며 최종생산물만 포함됨을 의미한다. 넷째, "가치"에 있어서 국내총생산을 명목기준으로 측정하는 경우 명목국내총생산(경상가격 GDP)이 되고, 실질기준으로 측정하는 경우 실질국내총생산(불변가격 GDP)이 된다. 특히 이는 어느 해의 가격을 가중치로 사용하는지에 따라 분류한 것이라고도 볼 수 있다.

2) 경기변동과 경제성장

국민총생산 혹은 국민소득의 움직임은 단기적 움직임과 장기적 움직임으로 나누어 볼 수 있는데 실질GDP의 단기적 움직임을 경기변동이라고 하고, 국민소득의 장기적 움직임을 경제성장이라고 한다. 경제성장은 GDP가 시간이 흐름에 따라서 장기적으로 증가하는 것이다. 경기변동은 GDP가 장기적으로 증가하는 추세 속에서, 단기적으로 어떤 때는 경제가 활발한 움직임을 보이다가 어떤 때는 침체된 상태에 빠지면서 이 두 상태를 주기적으로 반복하는 것이다.

3 국내총생산에 대한 다양한 접근(3면 등가의 법칙)

1) 의의

3면 등가의 법칙은 국민소득을 국민경제의 순환구조 중 어느 측면 및 단계에서 측정하느냐의 문제로서 특히 생산측면, 분배측면, 지출측면에서 파악한 국민소득은 모두 동일하게 됨을 뜻한다. 그러나 사전적으로는 3면 등가의 법칙이 성립하지 않으며, 3면 등가를 달성시키기 위해서는 소득이나 이자율 등의 적절한 조정이 요구된다.

2) 생산측면(생산국민소득, 생산 GDP)

생산국민소득이란 생산측면에서 국민소득을 파악하는 것으로서 생산된 최종재 모두를 말한다. 국내총생산 개념 자체가 생산의 측면에 기초하여 정의된 개념으로서 이때 생산국민소득은 생산된 최종재를 의미하며 이는 각 생산단계에서 창출된 부가가치의 총합과 같다.

3) 분배측면(분배국민소득, 분배 GDP)

분배국민소득이란 분배측면에서 국민소득을 파악하는 것으로서 분배된 소득의 합을 말한다. 생산된 최종재의 각 생산단계에서 창출된 부가가치는 생산에 참여한 경제주체들에게 임금, 이자, 지대 등의 소득으로 분배되기 때문에 전체 국민이 벌어들인 소득 즉 임금, 이자, 지대 등을 모두 더하면 생산된 최종재의 전체 가치와 동일하다.

4) 지출측면(지출국민소득, 지출 GDP)

지출국민소득이란 지출측면에서 국민소득을 파악하는 것으로서 지출된 소비의 합을 말한다. 생산된 최종재는 결국에 그 나라에서 어떤 용도로든 간에 사용될 것이므로, 생산된 모든 최종재는 지출된 재화와 동일할 것이며 가계, 기업, 정부 중 한 주체에 의해서 사용된다. 따라서 가계의 소비지출, 기업의 투자지출, 정부의 지출을 모두 더하면 생산된 최종재의 전체 가치와 동일하다.

특히 국민소득계정에서 투자는 다음과 같이 건설투자, 설비투자, 재고투자로 구분된다. 건설투자는 공장, 사무실, 주택을 신축하고 개보수하는 기업의 지출이며, 설비투자는 기계, 차량운반구, 전산장비 등을 확충하는 기업의 지출이며 마지막으로 재고투자는 기업이 생산을 위해 보유하는 원자재, 재공품(생산 중에 있는 중간 산물)과 생산이 완료되어 보유하고 있는 최종생산물을 의미한다.

이때 고정투자란 건설투자와 설비투자를 합하여 지칭하는 용어이며, 건설투자 중 주택신축에 의한 주택투자를 제외한 공장, 사무실의 신축과 설비투자를 합쳐서 기업고정투자라고 하기도 한다.

투자를 이렇게 고정투자(fixed investment)와 재고투자(inventory investment)로 나누는 것은 재고투자는 곧 판매되어 사용될 것을 의미하고 고정투자는 상당한 기간 동안 내구적으로 사용될 것을 의미하기 때문에 그렇다.

4 국내총생산의 측정

1) 접근법

국내총생산을 생산측면에서 파악하는 경우 최종생산단계에서 최종생산물의 시장가치 혹은 생산단계별 부가가치의 합계로 측정된다. 분배측면에서 파악하는 경우 생산과정에 참여한 경제주체들에 대해 지급된 대가(임금, 이자, 지대, 이윤)로 측정된다. 지출측면에서 파악하는 경우 생산물이 처분된 유형별로 처분금액의 합계(소비, 투자, 정부지출, 순수출)로 측정된다.

정리하자면, 국내총생산(GDP)의 측정방법은 다음과 같이 여러 측면에서 접근가능하다.

① 최종생산물의 시장가치의 합
② 각 생산단계에서 새로이 창출된 부가가치의 합
③ 각 생산과정에 참여한 경제주체들이 수취한 요소소득의 합
④ 소비과정에 참여한 경제주체들의 소비의 합

2) 측정 시 포함되지 않는 항목의 예시

① 주부의 가사노동, 아내가 가족을 위해 제공하는 식사
② 마약, 밀수거래 등 지하경제
③ 아파트 매매대금, 아파트 매매차익, 아파트 가격상승, 중고차 매매가
④ 지난해 생산되었으나 팔리지 않았던 재고의 판매
⑤ 도시가계의 자가소비농산물
⑥ 실업수당, 국공채 이자, 로또복권 당첨금, 출산장려금
⑦ 공해의 시장가치
⑧ 주식가격 상승

3) 측정 시 주의사항

특히 국내총생산을 생산측면에서 파악하는 경우 최종생산단계에서 최종생산물의 시장가치 혹은 생산단계별 부가가치의 합계로 측정되는데 그 근거와 주의할 점은 다음과 같다.

첫째, 최종생산물의 시장가치로 측정하는 이유는 중간생산물이 이중계산되는 것을 방지하기 위함이다. 중간생산물은 다른 생산물을 생산하는 데 투입되어 그 다른 생산물의 가치로 흡수되어 사라지는 것이다. 따라서 국내총생산을 측정할 때 모든 생산물을 고려하는 경우, 즉 중간생산물을 따로 계산에 포함시킬 경우 중간생산물 단계에서 1번, 또 그 이후 단계에서, 예를 들어 최종생산물 단계에서 1번 이렇게 중복되어 계산이 된다. 최종생산물에 종국적으로 흡수되어 사라지는 것을 굳이 살려내어 또 계산할 필요가 없는 것이다. 이러한 중복계산을 피하기 위해서 최종생산물만 고려하고 중간생산물은 국내총생산 측정에서 제외하는 것이다.

둘째, 생산단계별 부가가치의 합계로 측정하는 것은 최종생산물의 시장가치를 분해하는 작업에 해당한다. 최종생산물은 생산단계를 거치면서 점차 가치가 부가되고 증대되어 최종적인 시장가치를 가지게 된다. 따라서 생산단계별로 얼마나 가치가 부가되고 증대되었는지를 분해해 볼 수 있는데 이를 부가가치라고 한다. 각 생산단계별 부가가치는 각 생산단계에서 생산된 제품에서 중간투입물을 뺀 값이 된다.

5 국내총생산 등 소득측정지표의 문제점

1) 시장거래기준의 문제

국내총생산 지표는 시장에서 거래된 상품의 가치만을 포함하고 있을 뿐 시장에서 거래되지 않으면 국내총생산에 포함되지 않는다. 시장에서 거래되지 않더라도 우리 생활에 유용한 생산물은 복지수준의 지표가 될 수 있다. 예를 들어 두 나라의 총체적 생산수준이 비슷하더라도 시장경제화의 정도에 따라서 국내총생산의 값이 달라진다. 대체로 가난한 나라일수록 시장경제화의 정도가 낮은 편인데, 이런 나라의 국내총생산 수치는 과소평가될 가능성이 크다.

다만, 시장에서 거래되지 않는다고 하더라도 일부 생산물에 대하여는 추산을 통하여 귀속시키는 경우도 있으니 주의해야 한다. 예를 들어 자가소유주택으로부터의 주거서비스의 가치를 추산하는 것이라든지, 군인, 경찰, 공무원들로부터의 국방서비스, 치안서비스, 행정서비스의 가치를 추산하는 것이 좋은 예가 된다. 또한 농가에서 자신이 소비하기 위해서 생산하는 자가소비용 농산물도 추산을 통해서 국내총생산에 포함된다.

2) 여가의 가치 문제

국내총생산은 최종생산물의 가치이므로 생산에 사용된 시간의 가치만을 파악하는 개념이다. 여가에 사용된 시간의 가치는 제외되어 있으므로 여가소비에 따른 삶의 질(QOL)은 전혀 고려하고 있지 않다. 따라서 1인당 국민소득을 통해 삶의 질을 일률적으로 비교하는 것은 의미가 퇴색된다고 할 수 있다.

3) 지하경제의 문제

밀수, 마약거래, 노점상 등 지하경제부문에서 생산되는 것은 국내총생산 계산에 포함되지 않는다. 지하경제가 비록 위법하기는 하나 일부의 경우 지하경제의 생산물이 복지수준을 높여줄 가능성도 상존한다. 따라서 1인당 국민소득을 통해서 복지수준을 평가하는 것은 과소평가의 가능성이 크다.

4) 시장가치반영의 문제

국내총생산은 결국 시장가치의 합으로 나타나는데, 만일 시장가치가 생산물의 진정한 가치를 제대로 반영하지 못할 경우 측정 자체의 문제가 발생한다. 예를 들어 두 국가 간에 실제로 생활수준이나 복지수준은 차이가 없음에도 불구하고 시장가치의 차이에 따라서 국가 간의 차이를 왜곡할 수 있게 된다. 같은 상품이라도 선진국에서 비싸고 후진국에서 싼 경우 선진국의 생활수준을 과장하여 보여줄 수 있다.

5) 생산에 따른 부작용의 문제

생산을 위해서 부수적으로 발생할 수 있는 많은 부작용들이 있다. 예를 들어, 생산과정에서 발생하는 오염물질이라든지, 경제규모가 커가면서 나타나게 되는 환경파괴, 교통혼잡, 범죄증가 등은 국민의 복지수준에 부정적인 효과를 가져온다. 그럼에도 불구하고 그러한 부작용들은 국내총생산의 계산에 포함되지 않는다는 문제가 있다.

필수예제

2020년도에 어떤 나라의 밀 생산 농부들은 밀을 생산하여 그중 반을 소비자에게 1,000억원에 팔고, 나머지 반을 1,000억원에 제분회사에 팔았다. 제분회사는 밀가루를 만들어 그중 절반을 800억원에 소비자에게 팔고 나머지를 제빵회사에 800억원에 팔았다. 제빵회사는 빵을 만들어 3,200억원에 소비자에게 모두 팔았다. 이 나라의 2020년도 GDP는? (단, 이 경제에서는 밀, 밀가루, 빵만을 생산한다.)

▸ 2017년 서울시 7급

① 1,600억원　② 2,000억원　③ 3,200억원　④ 5,000억원

출제이슈 국내총생산(GDP)의 측정방법

핵심해설 **정답** ④

국내총생산(GDP)이란 일정한 기간 동안 한 나라 안에서 생산되어 최종적인 용도로 사용되는 재화, 서비스의 가치를 모두 더한 것을 의미한다.

국내총생산은 생산측면, 분배측면, 지출측면에서 각각 파악할 수 있는데 사후적으로 항상 같은 값을 가지게 되며 이를 3면 등가의 법칙 혹은 원리라고 한다. 그러나 사전적으로는 3면 등가의 법칙이 성립하지 않으며, 3면 등가를 달성시키기 위해서는 소득이나 이자율 등의 적절한 조정이 요구된다.

국내총생산을 생산측면에서 파악하는 경우 최종생산단계에서 최종생산물의 시장가치 혹은 생산단계별 부가가치의 합계로 측정된다. 분배측면에서 파악하는 경우 생산과정에 참여한 경제주체들에 대해 지급된 대가(임금, 이자, 지대, 이윤)로 측정된다. 지출측면에서 파악하는 경우 생산물이 처분된 유형별로 처분금액의 합계(소비, 투자, 정부지출, 순수출)로 측정된다.

정리하자면, 국내총생산(GDP)의 측정방법은 다음과 같이 여러 측면에서 접근가능하다.

1) 최종생산물의 시장가치의 합
2) 각 생산단계에서 새로이 창출된 부가가치의 합
3) 각 생산과정에 참여한 경제주체들이 수취한 요소소득의 합
4) 소비과정에 참여한 경제주체들의 소비의 합

특히 국내총생산을 생산측면에서 파악하는 경우 최종생산단계에서 최종생산물의 시장가치 혹은 생산단계별 부가가치의 합계로 측정된다. 그 근거는 다음과 같다.

첫째, 최종생산물의 시장가치로 측정하는 이유는 중간생산물이 이중계산되는 것을 방지하기 위함이다. 중간생산물은 다른 생산물을 생산하는 데 투입되어 그 다른 생산물의 가치로 흡수되어 사라지는 것이다. 따라서 국내총생산을 측정할 때 모든 생산물을 고려하는 경우, 즉 중간생산물을 따로 계산에 포함시킬 경우 중간생산물

단계에서 1번, 또 그 이후 단계에서, 예를 들어 최종생산물 단계에서 1번 이렇게 중복되어 계산이 된다. 최종생산물에 종국적으로 흡수되어 사라지는 것을 굳이 살려내어 또 계산할 필요가 없는 것이다. 이러한 중복계산을 피하기 위해서 최종생산물만 고려하고 중간생산물은 국내총생산 측정에서 제외하는 것이다.

둘째, 생산단계별 부가가치의 합계로 측정하는 이유는 최종생산물의 시장가치를 분해하는 작업에 해당한다. 최종생산물은 생산단계를 거치면서 점차 가치가 부가되고 증대되어 최종적인 시장가치를 가지게 된다. 따라서 생산단계별로 얼마나 가치가 부가되고 증대되었는지를 분해해 볼 수 있는데 이를 부가가치라고 한다. 각 생산단계별 부가가치는 각 생산단계에서 생산된 제품에서 중간투입물을 뺀 값이 된다.

위의 내용에 따라서 설문의 자료를 이용하여 국내총생산을 구하면 다음과 같다.

1) 최종생산물의 시장가치의 합

최종생산물의 가치를 구해보면, 밀 생산 농부가 소비자에게 판매한 밀 1,000억원, 제분회사가 소비자에게 판매한 밀가루 800억원, 제빵회사가 소비자에게 판매한 빵 3,200억원이다. 따라서 이를 모두 더한 값인 5,000억원이 국내총생산이 된다.

2) 각 생산단계에서 새로이 창출된 부가가치의 합

밀 생산 농부가 창출한 부가가치는 2,000억원, 제분회사가 창출한 부가가치는 600억원, 제빵회사가 창출한 부가가치는 2,400억원이다. 따라서 이를 모두 더한 값인 5,000억원이 국내총생산이 된다.

A국 국민소득계정의 구성항목이 아래와 같다. A국의 (ㄱ) GDP와 (ㄴ) 재정수지는?

▸ 2020년 감정평가사

소비 = 300	투자 = 200	민간저축 = 250
수출 = 150	수입 = 150	정부지출 = 100

① (ㄱ) : 500, (ㄴ) : −50 ② (ㄱ) : 500, (ㄴ) : 100 ③ (ㄱ) : 600, (ㄴ) : −50
④ (ㄱ) : 600, (ㄴ) : 100 ⑤ (ㄱ) : 750, (ㄴ) : 100

출제이슈 국내총생산(GDP)의 측정방법

핵심해설 **정답** ③

국내총생산(GDP)이란 일정한 기간 동안 한 나라 안에서 생산되어 최종적인 용도로 사용되는 재화, 서비스의 가치를 모두 더한 것을 의미한다.

국내총생산은 생산측면, 분배측면, 지출측면에서 각각 파악할 수 있는데 사후적으로 항상 같은 값을 가지게 되며 이를 3면 등가의 법칙 혹은 원리라고 한다. 그러나 사전적으로는 3면 등가의 법칙이 성립하지 않으며, 3면 등가를 달성시키기 위해서는 소득이나 이자율 등의 적절한 조정이 요구된다.

국내총생산을 생산측면에서 파악하는 경우 최종생산단계에서 최종생산물의 시장가치 혹은 생산단계별 부가가치의 합계로 측정된다. 분배측면에서 파악하는 경우 생산과정에 참여한 경제주체들에 대해 지급된 대가(임금, 이자, 지대, 이윤)로 측정된다. 지출측면에서 파악하는 경우 생산물이 처분된 유형별로 처분금액의 합계(소비, 투자, 정부지출, 순수출)로 측정된다.

설문을 검토하면 다음과 같다.

GDP는 소비, 투자, 정부지출, 순수출의 합으로 구성되므로 600이 된다. 이를 국내총생산과 그 처분의 식으로 나타내면 $Y=C+I+G+X-M$과 같다. 이를 변형하면 다음과 같다.

$(Y-T-C)+(T-G)+(M-X)=I$가 된다. 여기에 설문에 주어진 자료의 소비 = 300, 투자 = 200, 민간저축 = 250, 수출 = 150, 수입 = 150, 정부지출 = 100을 대입하면 다음과 같다.

$(Y-T-C)+(T-G)+(M-X)=I$이므로 $(600-T-300)+(T-100)+(150-150)=200$이 된다.
이때, 민간저축 250은 $(Y-T-C)$이므로 결국 T는 50임을 알 수 있다.

한편 재정수지는 조세에서 정부지출을 차감한 것으로 설문에서 조세는 50, 정부지출은 100이므로 −50이 된다.

GDP 증가요인을 모두 고른 것은? ▸ 2018년 감정평가사

ㄱ. 주택신축
ㄴ. 정부의 이전지출
ㄷ. 외국산 자동차 수입

① ㄱ ② ㄴ ③ ㄱ, ㄷ
④ ㄴ, ㄷ ⑤ ㄱ, ㄴ, ㄷ

출제이슈 GDP 계산 시 포함 및 불포함 항목의 구분
핵심해설 **정답** ①

국내총생산(GDP)이란 일정한 기간 동안 한 나라 안에서 생산되어 최종적인 용도로 사용되는 재화, 서비스의 가치를 모두 더한 것을 의미하며 GDP 계산 시 주의할 사항은 다음과 같다.

1) 유량 기준 : 일정 기간 측정하며 일정 시점에서의 측정이 아니다.
2) 국경 기준 : 국경 내 생산을 의미하며 국민 기준이 아니다.
3) 최종재 기준 : 최종재를 의미하며 중간투입물은 제외된다.
4) 시장거래기준 : 시장에서 거래되는 것만 의미하며 비시장거래, 지하경제는 제외된다.

특히 계산 시 포함되지 않는 다음과 같은 항목에 유의해야 한다.

1) 주부의 가사노동, 아내가 가족을 위해 제공하는 식사
2) 마약, 밀수거래 등 지하경제
3) 아파트 매매대금, 아파트 매매차익, 아파트 가격상승, 중고차 매매가
4) 지난해 생산되었으나 팔리지 않았던 재고의 판매
5) 도시가계의 자가소비농산물
6) 실업수당, 국공채 이자, 로또복권 당첨금, 출산장려금
7) 공해의 시장가치
8) 주식가격 상승

설문을 검토하면 다음과 같다.

ㄱ. GDP 증가요인이다.
국민소득계정에서 투자는 건설투자, 설비투자, 재고투자로 구분된다. 건설투자는 공장, 사무실, 주택을 신축하고 개보수하는 기업의 지출이며, 설비투자는 기계, 차량운반구, 전산장비 등을 확충하는 기업의 지출

이며 마지막으로 재고투자는 기업이 생산을 위해 보유하는 원자재, 재공품(생산 중에 있는 중간 산물)과 생산이 완료되어 보유하고 있는 최종생산물을 의미한다. 설문에서 주택신축은 건설투자로서 *GDP*에 집계되어 증가요인이 된다.

ㄴ. *GDP* 증가요인이 아니다.
이전지출이란 정부가 생산물의 산출과 관계없이, 반대급부 없이 무상으로 구매력 혹은 소득을 이전하는 것을 의미한다. 이전지출의 예로는 실업수당, 재해보상금 등을 들 수 있다. 이전지출은 새로운 생산물의 산출이 아니라 기존에 존재하던 소득을 다시 분배하는 것에 지나지 않는다. 따라서 국내총생산의 측정 시 포함되지 않는다.

ㄷ. *GDP* 감소요인이다.
국내총생산(*GDP*)이란 일정한 기간 동안 한 나라 안에서 생산되어 최종적인 용도로 사용되는 재화, 서비스의 가치를 모두 더한 것이므로 외국산 자동차는 국내에서 생산된 것이 아니므로 *GDP*에 집계되지 않는다. 다만, 외국산 자동차를 국내에서 구입하여 소비하게 되므로 국내소비에는 포함되는 문제가 발생한다. 따라서 이를 상쇄하기 위해서 수입을 국민소득계정식에서 차감하는 방식을 사용한다. 이는 마치 전년도 재고가 올해 판매될 경우, 올해의 소비에는 포함되지만, 올해 재고에서 다시 차감하여 소비증가를 상쇄하는 방식과 유사하다.

실질 GDP가 증가하는 경우는? ▸ 2019년 감정평가사

① 기존 아파트 매매가격 상승
② 주식시장의 주가 상승
③ 이자율 상승
④ 사과 가격의 상승
⑤ 배 생산의 증가

출제이슈 GDP 계산 시 포함 및 불포함 항목의 구분
핵심해설 **정답** ⑤

국내총생산(GDP)이란 일정한 기간 동안 한 나라 안에서 생산되어 최종적인 용도로 사용되는 재화, 서비스의 가치를 모두 더한 것을 의미하며 GDP 계산 시 주의할 사항은 다음과 같다.

1) 유량 기준 : 일정 기간 측정하며 일정시점에서의 측정이 아니다.

2) 국경 기준 : 국경 내 생산을 의미하며 국민 기준이 아니다.

3) 최종재 기준 : 최종재를 의미하며 중간투입물은 제외된다.

4) 시장거래기준 : 시장에서 거래되는 것만 의미하며 비시장거래, 지하경제는 제외된다.

특히 계산 시 포함되지 않는 다음과 같은 항목에 유의해야 한다.

1) 주부의 가사노동, 아내가 가족을 위해 제공하는 식사

2) 마약, 밀수거래 등 지하경제

3) 아파트 매매대금, 아파트 매매차익, 아파트 가격상승, 중고차 매매가

4) 지난해 생산되었으나 팔리지 않았던 재고의 판매

5) 도시가계의 자가소비농산물

6) 실업수당, 국공채 이자, 로또복권 당첨금, 출산장려금

7) 공해의 시장가치

8) 주식가격 상승

설문을 검토하면 다음과 같다.

① 틀린 내용이다.
기존 아파트 매매가격 상승은 현재 GDP의 증가와 무관하다. 과거 아파트가 신축되었을 때, 건설투자로서 GDP에 집계되는 것이지, 현재 GDP에 포함되지 않는다.

② 틀린 내용이다.
주식시장에서의 주가의 상승은 단순한 금융자산의 증가로서 실물생산을 의미하는 현재 GDP의 집계에 포함되지 않는다. q이론에 의하면, 주가의 상승으로 투자에 긍정적 영향을 주게 되면 장기적으로 GDP에 긍정적 영향을 줄 수 있을 뿐이지, 주가상승 금액 자체가 현재 GDP에 집계되는 것은 아니다.

③ 틀린 내용이다.
이자율의 변화 자체는 실물생산을 의미하는 현재 GDP의 집계와는 무관하다. 이자율의 상승으로 투자에 부정적 영향을 주게 되면 장기적으로 GDP에 부정적 영향을 줄 수 있을 뿐이다.

④ 틀린 내용이다.
사과 가격의 상승은 명목 GDP는 증가시키지만, 실질 GDP와는 무관하다.

⑤ 옳은 내용이다.
배 생산의 증가는 실물생산을 의미하는 현재 GDP의 집계에 포함되고, 증가시킨다.

쌀과 컴퓨터만 생산하는 국가의 생산량과 가격이 다음과 같다. 2013년을 기준연도로 할 때 2014년의 실질 GDP와 실질 GDP 성장률은?

▸ 2015년 감정평가사

	쌀		컴퓨터	
	가격(원)	생산량(가마)	가격(원)	생산량(대)
2013년	10	50	30	100
2014년	15	100	50	200

① 3,500원, 100% ② 3,500원, 228.6% ③ 7,000원, 100%
④ 7,000원, 228.6% ⑤ 11,500원, 64.3%

출제이슈 실질 GDP 및 실질 GDP 성장률의 계산

핵심해설 **정답** ③

실질국내총생산은 비교연도의 수량을 기준연도의 가격으로 평가한 것으로서 산식은 다음과 같다.
실질국내총생산 (실질 GDP) = 기준시점 가격 × 비교시점 수량

명목국내총생산은 비교연도의 수량을 비교연도의 가격으로 평가한 것으로서 산식은 다음과 같다.
명목국내총생산 (명목 GDP) = 비교시점 가격 × 비교시점 수량

현재 기준연도는 2013년이므로 위의 산식을 활용하여 2013년 실질 GDP, 2014년 실질 GDP를 구하면 다음과 같다.

1) 2013년 실질 GDP (기준연도 2013년)
= (2013년도 가격) × (2013년도 수량)
= (10원/가마 × 50가마) + (30원/대 × 100대) = 3,500원

2) 2014년 실질 GDP (기준연도 2013년)
= (2013년도 가격) × (2014년도 수량)
= (10원/가마 × 100가마) + (30원/대 × 200대) = 7,000원

3) 실질 GDP 성장률
실질 GDP가 3,500원에서 7,000원으로 증가하였으므로 실질 GDP 성장률은 100%가 된다.

THEME 03 국민경제의 측정(국민소득) 2

1 국민총생산(*GNP*)

1) 의의

국민총생산(Gross National Product, *GNP*)이란 일정한 기간 동안 한 나라 국민에 의해서 생산되어 최종적인 용도로 사용되는 재화, 서비스의 가치를 모두 더한 것을 말한다.

2) 국내총생산(*GDP*)과 차이점

① 국내총생산(*GDP*)

국내총생산(*GDP*)은 대외지급 요소소득은 포함하지만, 대외수취 요소소득은 포함하지 않는다.

② 국민총생산(*GNP*)

국민총생산(*GNP*)은 대외지급 요소소득은 포함하지 않지만, 대외수취 요소소득은 포함한다.

③ 국내총생산과 국민총생산의 관계

위의 ①, ②를 종합하면, 국내총생산에서 대외지급 요소소득을 차감하고 대외수취 요소소득을 가산하면 국민총생산이 된다. 특히 대외수취 요소소득에서 대외지급 요소소득을 차감한 것을 대외순수취 요소소득이라고 한다. 이를 식으로 정리하면 다음과 같다.

국내총생산 - 대외지급 요소소득 + 대외수취 요소소득 = 국민총생산
국내총생산 + 대외순수취 요소소득 = 국민총생산

④ 측정 지표로서의 우월성 평가

국제화의 진전으로 인하여 국내로 진출하여 현지 국민들을 고용하는 다국적 기업이 증가하는 현대에 있어서 한 나라의 생산활동이 얼마나 활발한지 평가하는 기준으로는 *GNP*보다 *GDP*가 적합하다고 할 수 있다.

2 국내총소득(*GDI*)

1) 국내총소득(*GDI*)의 도입배경(UN, system of national account)

국내총생산은 국민소득을 의미하기 때문에 원래 생산수준을 나타내는 국내총생산을 소득, 즉 국민의 복지수준의 지표로도 사용할 수 있다. 그런데 국제화의 진전으로 인하여 국가 간에 무역이 활발해짐에 따라서 수출품과 수입품 사이의 교역조건(수출재와 수입재 가격 비율)이 변화할 경우 복지 수준(실질구매력, 소비가능성)에 변화가 발생하게 되었다. 이때 국내총생산(*GDP*)만을 획일적으로 적용하게 되면, 교역조건에 변화가 있을 경우에 소득 및 복지수준을 정확히 측정할 수 없다는 한계가 나타나게 되었다. 이에 따라 새로운 소득지표로서 국내총소득(*GDI*)의 개념이 도입되었다.

2) 국내총소득(*GDI*)의 의의

국내총소득(*GDI*)은 국내총생산에 교역조건의 변화에 따른 실질적인 무역손익을 고려한 개념으로서 다음과 같은 산식으로 정의된다.

국내총소득(*GDI*) = 국내총생산(*GDP*) + 교역조건의 변화에 따른 실질 무역손익

3) 실질 무역손익

만일 수출품 가격이 하락하면 실질 무역손실이 발생하는 것이며, 반대로 수출품 가격이 상승하면 실질 무역이득이 발생하게 된다. 즉 국내총생산(*GDP*)은 변화하지 않더라도 실제 그 나라의 소비수준은 교역조건에 따라서 변화하게 된다. 이를 잘 포착하고 반영하기 위한 개념이 바로 국내총소득(*GDI*)의 개념인 것이다. 예를 들어 지난 2008년 우리나라 국내총생산 성장률은 2.2%였지만 국내총소득 성장률은 -1.2%였다. 이는 국내총생산이 증가했음에도 불구하고 국민의 실질적 복지수준이나 생활수준은 오히려 하락했음을 잘 보여준다.

3 국민총소득(*GNI*)

1) 의의

국민총소득(*GNI*)의 개념은 앞에서 살펴본 국내총소득(*GDI*)과 국민총생산(*GNP*)의 개념을 통해 유추해보면 쉽게 알 수 있다. 국민총소득(*GNI*)은 다음과 같이 정의된다.

국내총소득(*GDI*) = 국내총생산(*GDP*) + 교역조건의 변화에 따른 실질 무역손익 ········· ①
국민총소득(*GNI*) = 국민총생산(*GNP*) + 교역조건의 변화에 따른 실질 무역손익 ········· ②

2) 국민총소득(GNI)과 국내총소득(GDI)의 관계

위의 ②에서 ①을 빼면 다음이 성립한다.

국민총소득(GNI) - 국내총소득(GDI) = 국민총생산(GNP) - 국내총생산(GDP)

그런데, 국민총생산(GNP)과 국내총생산(GDP)의 차이는 바로 대외순수취 요소소득이므로 이를 위의 식에서 고려해보면 다음과 같다.

국민총소득(GNI) - 국내총소득(GDI) = 대외순수취 요소소득

결국 국민총소득(GNI)과 국내총소득(GDI)의 관계는 다음과 같이 표현될 수 있다. 이는 앞에서도 살펴본 바, 국민총소득(GNI)과 국내총소득(GDI)의 관계는 국민총생산(GNP) - 국내총생산(GDP)의 관계와 같음을 나타낸다.

국민총소득(GNI) = 국내총소득(GDI) + 대외순수취 요소소득

3) 측정 지표로서의 우월성 평가

한 나라 국민이 누릴 수 있는 복지 수준을 측정한다는 점에서 보면, 국내총소득(GDI)보다는 국민총소득(GNI)이 우월하다. 따라서 1인당 국민소득(per capita GNI)이 국가 간 비교기준으로 많이 사용되고 있다.

4 국내순생산(NDP)과 국민순소득(NNI)

국내순생산(NDP)은 국내총생산(GDP)에서 감가상각을 차감한 것이고 국민순소득(NNI)은 국민총소득(GNI)에서 감가상각을 차감한 것이다.

5 국민소득(NI)

국내총생산(GDP)과 국민총소득(GNI)에서 감가상각을 차감한 후에 정부부문을 고려하게 되면, 국민입장에서는 간접세와 보조금을 고려한 순간접세를 정부에 납부해야만 한다. 국민순소득(NNI)에서 순간접세를 차감한 것을 국민소득(NI)라고 한다. 따라서 국민소득이란 간접세만 고려된 것으로서 직접세를 납부하기 이전에 민간부문에 귀속되는 소득개념이다. 특히 국민소득은 국민계정에서는 임금을 나타내는 피용자보수와 이자, 지대, 이윤을 의미하는 영업잉여로 구성된다.

6 개인소득(PI)

이제 민간부문의 소득이 구체적으로 가계로 분배되기 위해서는 법인세 및 사내유보의 과정이 필요하다. 그리고 가계는 기업으로부터뿐만 아니라 정부로부터 소득이전을 받을 수도 있음을 고려하자. 가계가 받게 되는 소득을 개인소득(PI)이라고 하는데 이는 국민소득(NI)에서 법인세 및 사내유보이윤을 차감하고 정부이전지출을 가산한 소득이다.

7 처분가능소득(DI)

가계의 소득, 즉 개인소득에서 소득세를 차감한 소득을 가처분소득이라고 한다. 처분가능소득(DI)은 국민이 실제로 쓸 수 있는 소득으로서 국민총소득에서 감가상각, 사내유보이윤, 세금을 차감하고 이전지출을 더한 소득개념이다. 국민총소득이 자체의 어의와는 달리 실제로 국민이 바로 쓸 수 있는 소득은 아니다. 생산과정에 참여한 국민들에게 배당되지 않는 사내유보이윤은 국민이 쓸 수 있는 소득이 아니다. 또한 정부부문을 고려할 때, 세금으로 납부한 금액 역시 국민이 쓸 수 있는 소득이 아니다. 그리고 감가상각 역시 미래의 생산을 위한 필수적인 지출임을 고려하면 국민이 쓸 수 있는 소득이 아니다. 이들을 모두 차감해야만 비로소 국민이 실제로 쓸 수 있는 소득으로서 처분가능소득을 구할 수 있다. 그런데 만일 이전지출이 있다면 국민이 실제로 쓸 수 있는 소득이 무상으로 증가한 것이므로 이는 처분가능소득을 구할 때 가산해야 한다.

필수예제

거시경제지표에 관한 설명으로 옳지 않은 것은? ▸ 2020년 공인노무사

① 국내총생산은 영토를 기준으로, 국민총생산은 국민을 기준으로 계산한다.
② 국내총생산 삼면등가의 법칙은 폐쇄경제에서 생산, 지출, 분배 국민소득이 항등관계에 있다는 것이다.
③ 국내총생산은 특정 시점에 한 나라 안에서 생산된 부가가치의 합이다.
④ 국민총생산은 국내총생산과 대외순수취 요소소득의 합이다.
⑤ 국내총소득은 국내총생산과 교역조건 변화에 따른 실질무역손익의 합이다.

출제이슈 *GDP* vs *GNP* vs *GNI*

핵심해설 **정답 ③**

설문을 검토하면 다음과 같다.

① 옳은 내용이다.
국내총생산(*GDP*)이란 일정한 기간 동안 한 나라 안에서 생산되어 최종적인 용도로 사용되는 재화, 서비스의 가치를 모두 더한 것을 의미한다. 한편, 국민총생산(Gross National Product, *GNP*)이란 일정한 기간 동안 한 나라 국민에 의해서 생산되어 최종적인 용도로 사용되는 재화, 서비스의 가치를 모두 더한 것을 말한다. 따라서 국내총생산은 영토를 기준으로, 국민총생산은 국민을 기준으로 계산한다고 볼 수 있다.

② 옳은 내용이다.
국내총생산은 생산측면, 분배측면, 지출측면에서 각각 파악할 수 있는데 사후적으로 항상 같은 값을 가지게 되며 이를 3면 등가의 법칙 혹은 원리라고 한다. 그러나 사전적으로는 3면 등가의 법칙이 성립하지 않으며, 3면 등가를 달성시키기 위해서는 소득이나 이자율 등의 적절한 조정이 요구된다.

국내총생산을 생산측면에서 파악하는 경우 최종생산단계에서 최종생산물의 시장가치 혹은 생산단계별 부가가치의 합계로 측정된다. 분배측면에서 파악하는 경우 생산과정에 참여한 경제주체들에 대해 지급된 대가(임금, 이자, 지대, 이윤)로 측정된다. 지출측면에서 파악하는 경우 생산물이 처분된 유형별로 처분금액의 합계(소비, 투자, 정부지출, 순수출)로 측정된다.

③ 틀린 내용이다.
국내총생산(*GDP*)이란 일정한 기간 동안 한 나라 안에서 생산되어 최종적인 용도로 사용되는 재화, 서비스의 가치를 모두 더한 것을 의미한다. 국내총생산을 생산측면에서 파악하는 경우 최종생산단계에서 최종생산물의 시장가치 혹은 생산단계별 부가가치의 합계로 측정된다. 따라서 국내총생산은 특정시점이 아니라 일정한 기간 동안 부가가치의 합이다.

④ 옳은 내용이다.
국민총생산(Gross National Product, *GNP*)이란 일정한 기간 동안 한 나라 국민에 의해서 생산되어 최종적인 용도로 사용되는 재화, 서비스의 가치를 모두 더한 것을 말한다.

국내총생산(*GDP*)은 대외지급 요소소득은 포함하지만 대외수취 요소소득은 포함하지 않는다. 국민총생산(*GNP*)은 대외지급 요소소득은 포함하지 않지만, 대외수취 요소소득은 포함한다. 따라서 국내총생산에서 대외지급 요소소득을 차감하고 대외수취 요소소득을 가산하면 국민총생산이 된다. 특히 대외수취 요소소득에서 대외지급 요소소득을 차감한 것을 대외순수취 요소소득이라고 한다. 이를 식으로 정리하면 다음과 같다.

국내총생산 − 대외지급 요소소득 + 대외수취 요소소득 = 국민총생산
국내총생산 + 대외순수취 요소소득 = 국민총생산

⑤ 옳은 내용이다.
국내총생산은 국민소득을 의미하기 때문에 원래 생산수준을 나타내는 국내총생산을 소득, 즉 국민의 복지수준의 지표로도 사용할 수 있다. 그런데 국제화의 진전으로 인하여 국가 간에 무역이 활발해짐에 따라서 수출품과 수입품 사이의 교역조건(수출재와 수입재 가격 비율)이 변화할 경우 복지 수준(실질구매력, 소비가능성)에 변화가 발생하게 되었다. 이때 국내총생산(*GDP*)만을 획일적으로 적용하게 되면, 교역조건에 변화가 있을 경우에 소득 및 복지수준을 정확히 측정할 수 없다는 한계가 나타나게 되었다. 이에 따라 새로운 소득지표로서 국내총소득(*GDI*)의 개념이 도입되었다.

국내총소득(*GDI*)은 국내총생산에 교역조건의 변화에 따른 실질적인 무역손익을 고려한 개념으로서 다음과 같은 산식으로 정의된다.

국내총소득(*GDI*) = 국내총생산(*GDP*) + 교역조건의 변화에 따른 실질 무역손익

만일 수출품 가격이 하락하면, 실질 무역손실이 발생하는 것이며, 반대로 수출품 가격이 상승하면, 실질 무역이득이 발생하게 된다. 즉 국내총생산(*GDP*)은 변화하지 않더라도 실제 그 나라의 소비수준은 교역조건에 따라서 변화하게 된다. 이를 잘 포착하고 반영하기 위한 개념이 바로 국내총소득(*GDI*)의 개념인 것이다. 예를 들어 지난 2008년 우리나라 국내총생산 성장률은 2.2%였지만 국내총소득 성장률은 −1.2%였다. 이는 국내총생산이 증가했음에도 불구하고 국민의 실질적 복지수준이나 생활수준은 오히려 하락했음을 잘 보여준다.

국민총소득(GNI), 국내총생산(GDP), 국민총생산(GNP)에 대한 설명으로 옳지 않은 것은? ▸ 2014년 국가직 9급

① GNI는 한 나라의 국민이 국내외 생산활동에 참여한 대가로 받은 소득의 합계이다.
② 명목 GNI는 명목 GNP와 명목 국외순수취득요소소득의 합이다.
③ 실질 GDP는 생산활동의 수준을 측정하는 생산지표인 반면, 실질 GNP는 생산활동을 통하여 획득한 소득의 실질 구매력을 나타내는 소득지표이다.
④ 원화표시 GNI에 아무런 변동이 없더라도 환율변동에 따라 달러화표시 GNI는 변동될 수 있다.

출제이슈 *GDP* vs *GNP* vs *GNI*

핵심해설 **정답** ②

국내총생산(*GDP*)이란 일정한 기간 동안 한 나라 안에서 생산되어 최종적인 용도로 사용되는 재화, 서비스의 가치를 모두 더한 것을 의미한다. 국내총생산 지표는 장기적으로 한 나라의 부를 결정하는 것은 생산이라는 사고에 기초해 있다.

국민총생산(*GNP*)이란 일정한 기간 동안 국민에 의해서 생산되어 최종적인 용도로 사용되는 재화, 서비스의 가치를 모두 더한 것을 의미한다.

국민총소득(*GNI*)이란 일정한 기간 동안 국민에 의하여 획득된 소득으로서 이는 생산과정에 참여한 대가로 지불되는 것을 의미한다. 국민총소득 지표는 한 나라의 복지수준을 측정하는 점에서 생산이 아니라 소득이 더 우월하다는 사고에 기초해 있다.

지표 간 관계를 보면 다음과 같다.

1) 국내총생산(*GDP*) + 대외순수취 요소소득 = 국민총생산(*GNP*)
국내총생산에서 대외지불 요소소득을 제외하고 대외수취 요소소득을 가산하면 국민총생산이 된다.

2) 국민총생산(*GNP*) + 실질무역손익 = 국민총소득(*GNI*)
국민총생산에서 실질무역손익을 고려하면 국민총소득이 된다.
명목개념으로 파악하는 경우 명목국민총생산은 명목국민총소득과 일치한다.

3) 국내총생산(*GDP*) + 실질무역손익 = 국내총소득(*GDI*)
국내총생산에서 실질무역손익을 고려하면 국내총소득이 된다.
역시 명목개념으로 파악하는 경우 명목국내총생산과 명목국내총소득은 일치한다.

4) 국내총소득(*GDI*) + 대외순수취 요소소득 = 국민총소득(*GNI*)
국내총소득에서 대외지불 요소소득을 제외하고 대외수취 요소소득을 가산하면 국민총소득이 된다.

설문을 검토하면 다음과 같다.

① 옳은 내용이다.
*GNI*는 일정한 기간 동안 한 나라의 국민에 의하여 획득된 소득으로서 이는 그 국민이 국내뿐만 아니라 국외에서의 생산과정에 참여한 대가로 지불되는 것을 의미한다.

② 틀린 내용이다.
명목 *GNI*는 명목 *GNP*와 명목 국외순수취득요소소득의 합이 아니라 명목 *GNP*와 동일하다. 명목 *GNP* = 명목*GNI*이므로 틀린 내용이다.

③ 옳은 내용이다.
실질 *GDP*는 일정한 기간 동안 한 나라 안에서 생산된 최종생산물로서 한 나라의 생산활동의 수준을 측정하는 생산지표이다. 실질 *GNP*는 일정한 기간 동안 국민에 의해서 생산되어 최종적인 용도로 사용되는 재화, 서비스의 가치를 모두 더한 것으로서 국내총생산에서 대외지불 요소소득을 차감하고 대외수취 요소소득을 가산함으로써 국민들의 소득과 실질적인 구매력을 나타내는 소득지표가 된다.

④ 옳은 내용이다.
원화표시 *GNI*에 아무런 변동이 없더라도 환율이 변동하면 이에 따라 원화표시 *GNI*를 달러화표시로 환산하는 과정에서 *GNI*는 변동될 수 있다.

A국의 2018년 국민소득계정의 일부이다. 다음 자료에서 실질국민총소득(실질GNI)은 얼마인가?

▸ 2019년 공인노무사

- 실질국내총생산(실질GDP) : 1,500조원
- 교역조건변화에 따른 실질무역손익 : 60조원
- 실질대외순수취 요소소득 : 10조원

① 1,430조원 ② 1,450조원 ③ 1,500조원
④ 1,550조원 ⑤ 1,570조원

출제이슈 GDP vs GNP vs GNI

핵심해설 **정답** ⑤

국내총생산(GDP)이란 일정한 기간 동안 한 나라 안에서 생산되어 최종적인 용도로 사용되는 재화, 서비스의 가치를 모두 더한 것을 의미한다. 국내총생산 지표는 장기적으로 한나라의 부를 결정하는 것은 생산이라는 사고에 기초해 있다.

국민총생산(GNP)이란 일정한 기간 동안 국민에 의해서 생산되어 최종적인 용도로 사용되는 재화, 서비스의 가치를 모두 더한 것을 의미한다.

국민총소득(GNI)이란 일정한 기간 동안 국민에 의하여 획득된 소득으로서 이는 생산과정에 참여한 대가로 지불되는 것을 의미한다. 국민총소득 지표는 한나라의 복지수준을 측정하는 점에서 생산이 아니라 소득이 더 우월하다는 사고에 기초해 있다.

지표 간 관계를 보면 다음과 같다.

① 국내총생산(GDP) + 대외순수취 요소소득 = 국민총생산(GNP)
국내총생산에서 대외지불 요소소득을 제외하고 대외수취 요소소득을 가산하면 국민총생산이 된다.

② 국민총생산(GNP) + 실질무역손익 = 국민총소득(GNI)
국민총생산에서 실질무역손익을 고려하면 국민총소득이 된다.
명목개념으로 파악하는 경우, 명목국민총생산은 명목국민총소득과 일치한다.

③ 국내총생산(GDP) + 실질무역손익 = 국내총소득(GDI)
국내총생산에서 실질무역손익을 고려하면 국내총소득이 된다.
역시 명목개념으로 파악하는 경우 명목국내총생산과 명목국내총소득은 일치한다.

④ 국내총소득(GDI) + 대외순수취 요소소득 = 국민총소득(GNI)
국내총소득에서 대외지불 요소소득을 제외하고 대외수취 요소소득을 가산하면 국민총소득이 된다.

설문을 검토하면 다음과 같다.

1) *GDI* 구하기

위의 산식 ③을 이용하여 *GDI*를 구하면 다음과 같다.

국내총생산(*GDP*) + 실질무역손익 = 국내총소득(*GDI*) = 1,500조원 + 60조원 = 1,560조원

2) *GNI* 구하기

위의 산식 ④를 이용하여 *GNI*를 구하면 다음과 같다.

국내총소득(*GDI*) + 대외순수취 요소소득 = 국민총소득(*GNI*) = 1,560조원 + 10조원 = 1,570조원

THEME 04 국민경제의 측정(물가)

1 물가와 물가의 변동

1) 물가의 의의

물가란 전반적인 가격수준(price level)으로서 개별상품의 가격을 종합한 평균적인 가격수준을 말한다.

2) 물가의 변동

물가가 변동하는 것은 인플레이션 혹은 디플레이션의 개념으로 포착할 수 있는데 인플레이션은 물가가 지속적으로 상승하는 현상인 반면, 디플레이션은 물가가 지속적으로 하락하는 현상을 말한다.

2 물가의 측정과 물가지수

물가는 물가지수(price index)로 측정할 수 있는데, 물가지수란 기준이 되는 시점의 물가를 100으로 맞추고 비교시점의 물가를 그에 대하여 백분비로 표시한 것이다.

3 물가상승의 측정과 물가상승률

물가가 어느 정도 상승하고 하락하는지는 물가상승률로 측정할 수 있다. 물가상승률이란 일정 기간 동안 물가지수가 증가한 비율로서 인플레이션율이라고도 한다. 이는 비교시점의 물가지수와 기준시점의 물가지수 간 차이를 기준시점의 물가지수로 나눈 값이다.

4 물가와 물가상승률의 비교

물가가 높다는 것과 물가상승률이 높다는 것은 전혀 다르다. 예를 들어 물가가 매우 높은 수준에 있다고 하더라도 물가가 계속하여 그 수준에 머무르고 있다면, 물가상승률은 0이 된다.

5 소비자물가지수

1) 의의

① 바스켓

측정하고자 하는 물가를 대표하는 품목들이 골고루 들어있는 바구니로서 이는 물가 측정에 있어서 비중 혹은 가중치의 개념을 의미한다.

② 소비자물가지수의 바스켓

소비자물가지수의 바스켓은 가계가 소비하는 대표적인 품목들로 구성(전국 주요도시의 가계에서 판매되는 소비재들)되어 있다. 이때, 바스켓으로는 기준시점의 바스켓을 사용하는데 이를 라스파이레스 방식이라고 한다. 라스파이레스 방식은 비교시점이 바뀌더라도 가중치가 고정된다는 특징이 있다.

③ 소비자물가지수의 산식

소비자물가지수는 라스파이레스 방식에 따라서 다음과 같이 정의된다.

$$\text{소비자물가지수}(CPI) = \frac{\Sigma P_t Q_0}{\Sigma P_0 Q_0} = \frac{\text{비교시점 가격} \times \text{기준시점 수량}}{\text{기준시점 가격} \times \text{기준시점 수량}}$$

2) 문제점

① 가격이 오른 상품

특정품목의 가격이 상승하면 소비량이 감소하고 다른 대체품목의 소비량이 증가할 것이다. 이로 인해 특정품목의 소비량을 감소 이전인 기준시점의 수치로 사용할 경우 그 품목의 가격상승을 과장하여 물가지수에 반영하게 될 가능성이 있다. 즉 라스파이레스 방식은 가격상승 시 가격상승을 과장하기 때문에 물가지수를 과장할 가능성이 있다.

가격이 오르거나 내린 상품에 있어서의 문제점은 한마디로 상품 간의 대체성이 무시된다는 것을 의미한다. 미시경제에서의 논리를 적용해보면, 상품 간의 상대가격이 변화함에도 불구하고 대체가 되지 않았다는 것은 가격변화 이전과 동일한 효용을 달성하기 위해서 대체가 이루어졌을 때에 비하여 더 많은 지출을 한다는 것이며 물가수준이 과대평가됨을 뜻한다.

② 가격이 내린 상품

컴퓨터나 휴대폰과 같이 가격이 하락하고 거래량이 크게 증가하는 상품이 존재하는 경우에는 기준시점에 비해 거래량이 크게 증가하여 가중치가 커져야 할 것이다. 그럼에도 불구하고 소비량이 증가하기 이전인 기준시점의 수량을 가중치로 사용할 경우 그 품목의 가격하락을 축소하여 물가지수에 반영하게 될 가능성이 있다. 즉 라스파이레스 방식은 가격하락 시 가격하락을 축소하기 때문에 물가지수를 과장할 가능성이 있다.

③ 성능이 향상된 상품

자동차나 텔레비전과 같이 이전의 상품에 비하여 성능이 크게 개선된 상품이 존재하는 경우에는 기준시점에 비해 성능이 크게 개선되었음에도 가격은 그리 많이 오르지 않은 경우가 대부분이다. 이 경우 실질적으로는 가격이 하락한 것과 동일하지만 그 하락이 물가지수에 반영되지 않게 된다. 즉 라스파이레스 방식은 성능향상 시 가격하락으로 반영하지 않기 때문에 물가지수를 과장할 가능성이 있다.

6 생산자물가지수

1) 생산자물가지수의 바스켓

생산자물가지수의 바스켓은 기업 간 거래되는 원자재와 자본재의 품목들로 구성되어 있다. 이때, 바스켓으로는 기준시점의 바스켓을 사용하는데 이를 라스파이레스 방식이라고 한다. 이는 소비자물가지수와 동일한 방식이다. 라스파이레스 방식은 비교시점이 바뀌더라도 가중치가 고정된다는 특징이 있다.

2) 생산자물가지수의 산식

생산자물가지수는 라스파이레스 방식에 따라서 다음과 같이 정의된다.

$$\text{생산자물가지수}(PPI) = \frac{\Sigma P_t Q_0}{\Sigma P_0 Q_0} = \frac{\text{비교시점 가격} \times \text{기준시점 수량}}{\text{기준시점 가격} \times \text{기준시점 수량}}$$

7 *GDP* 디플레이터

1) *GDP* 디플레이터의 바스켓

GDP 디플레이터의 바스켓은 한 나라 안에서 생산된 모든 상품으로 구성되어 있다. 따라서 *GDP* 디플레이터는 소비자물가지수나 생산자물가지수에 비하여 국내에서 생산되는 모든 상품이 조사대상이므로 매우 포괄적인 성격의 물가지수이며 이 바스켓에는 수입품은 제외됨에 유의해야 한다. 이때 바스켓으로는 비교시점의 바스켓을 사용하는데 이를 파쉐 방식이라고 한다. 파쉐 방식은 비교시점이 바뀌면 가중치도 그에 따라서 비교시점으로 변경된다는 특징이 있다.

2) *GDP* 디플레이터의 산식

GDP 디플레이터는 파쉐 방식에 따라서 다음과 같이 정의된다.

$$GDP\,\text{디플레이터} = \frac{\text{명목국내총생산}(\text{명목}\,GDP)}{\text{실질국내총생산}(\text{실질}\,GDP)} = \frac{\text{비교시점 가격} \times \text{비교시점 수량}}{\text{기준시점 가격} \times \text{비교시점 수량}}$$

① 명목국내총생산은 비교시점의 수량을 비교시점의 가격으로 측정한 것인 반면, 실질국내총생산은 비교시점의 수량을 기준시점의 가격으로 측정한 것이다.

② 이때 실질국내총생산은 물가변동의 효과를 제거한 개념으로서 미리 정해진 기준시점의 가격을 기초로 하여 구해지기 때문에 시점간 생산량의 변화 추이만 반영한 것이다. 따라서 경제의 전반적인 생산활동의 수준을 나타내는 지표로서는 명목국내총생산보다 실질국내총생산이 더욱 적합하다.

3) 유의사항

① 수입재 미포함

GDP 디플레이터는 국내에서 생산된 모든 상품을 고려하는 총체적 물가지수이지만 국내에서 생산된 상품만을 대상으로 하기 때문에 수입재는 미포함된다는 점에 유의해야 한다.

② 가격상승효과

GDP 디플레이터는 가중치로서 비교연도 수량을 분모와 분자에 동일하게 사용하기 때문에 생산량 변화 효과는 제거하고 기준가격과 경상가격 변화만 측정하게 되며, GDP 디플레이터 상승은 생산량 증가가 아니라 가격상승의 효과를 의미한다.

③ 명목GDP 와 실질GDP

GDP 디플레이터는 $\frac{명목GDP}{실질GDP}$ 로 나타낼 수 있으므로 실질GDP 1단위에 대한 명목GDP 의 값을 의미하게 된다.

8 물가상승률(인플레이션율)

1) 의의

물가상승률 혹은 인플레이션율이란 비교시점의 물가지수와 기준시점의 물가지수 간 차이를 기준시점의 물가지수로 나눈 값으로서, 주어진 기간을 대상으로 측정하므로 짧게는 1개월 단위, 보통 1년 단위, 길게는 수년 단위에 걸쳐서 측정할 수 있다.

2) 산식

물가상승률 특히 $t-1$기에서 t기 사이의 물가상승률이란 다음과 같은 산식으로 정의된다. 이는 보통 t기의 물가상승률이라고 한다.

$$\pi_t = \frac{P_t - P_{t-1}}{P_{t-1}}$$

π_t : t기의 물가상승률, P_t : t기의 물가, P_{t-1} : $t-1$기의 물가

필수예제

우리나라에서 산정되는 물가지수에 관한 설명으로 옳은 것은? ▸ 2012년 감정평가사

① 소비자물가지수 산정에 포함되는 재화와 용역은 해마다 달라진다.
② *GDP* 디플레이터 산정에는 파쉐지수(Paashe Index)산식을 사용한다.
③ 소비자물가지수 산정에는 국내에서 생산되는 재화와 용역만 포함된다.
④ 생산자물가지수 산정에 포함되는 재화와 용역은 해마다 달라진다.
⑤ *GDP* 디플레이터 산정에 포함되는 재화와 용역은 5년마다 달라진다.

출제이슈 물가지수
핵심해설 **정답 ②**

① 틀린 내용이다.
라스파이레스 물가지수로서의 소비자물가지수는 대표적인 소비재를 대상으로 하며 수입품도 포함하여 측정하는 물가지수이다. 현행 소비자물가지수는 기준시점의 물가를 100으로 두고, 비교시점의 물가를 구하므로 물가상승의 개념을 당연히 포함하며 기준시점의 수량을 가중치로 두기 때문에 라스파이레스 방식이라고 할 수 있다. 기준시점의 수량이 가중치이므로 이는 기준연도가 바뀌지 않는 한 가중치가 고정된다.

② 옳은 내용이다.
GDP 디플레이터는 국내에서 생산된 모든 상품을 고려하여 측정하는 물가지수로서 그 산식은 다음과 같다.

$$GDP\text{ 디플레이터} = \frac{\Sigma P_t Q_t}{\Sigma P_0 Q_t} = \frac{\text{비교시점 가격} \times \text{비교시점 수량}}{\text{기준시점 가격} \times \text{비교시점 수량}} = \frac{\text{명목}GDP}{\text{실질}GDP}$$

GDP 디플레이터는 기준시점의 물가를 100으로 두고, 비교시점의 물가를 구하므로 물가상승의 개념을 당연히 포함하며 비교시점의 수량을 가중치로 두기 때문에 파쉐 방식이라고 할 수 있다. 따라서 비교연도가 바뀜에 따라서 매년 가중치가 변동하게 된다.

③ 틀린 내용이다.
라스파이레스 물가지수로서의 소비자물가지수는 국내소비자가 소비하는 대표적인 소비재를 대상으로 하며 수입품도 포함하여 측정하는 물가지수이다. 한편, *GDP* 디플레이터는 국내에서 생산된 모든 상품을 고려하는 총체적 물가지수이지만 국내에서 생산된 상품만을 대상으로 하기 때문에 수입재는 포함되지 않는다는 점에 유의해야 한다.

④ 틀린 내용이다.
라스파이레스 물가지수로서의 생산자물가지수는 국내생산자가 생산하는 대표적인 원자재 및 자본재를 대상으로 하는 물가지수이다. 현행 소비자물가지수는 기준시점의 물가를 100으로 두고, 비교시점의 물가를 구하므로 물가상승의 개념을 당연히 포함하며 기준시점의 수량을 가중치로 두기 때문에 라스파이레스 방식이라고 할 수 있다. 기준시점의 수량이 가중치이므로 이는 기준연도가 바뀌지 않는 한 가중치가 고정된다.

⑤ 틀린 내용이다.
GDP 디플레이터는 기준시점의 물가를 100으로 두고, 비교시점의 물가를 구하므로 물가상승의 개념을 당연히 포함하며 비교시점의 수량을 가중치로 두기 때문에 파쉐 방식이라고 할 수 있다. 따라서 비교연도가 바뀜에 따라서 매년 가중치가 변동하게 된다.

물가지수에 관한 설명으로 옳지 않은 것은? ▸ 2020년 공인노무사

① 소비자물가지수는 재화의 품질변화를 반영하는 데 한계가 있다.
② *GDP* 디플레이터는 실질*GDP*를 명목*GDP*로 나눈 수치이다.
③ 소비자물가지수는 재화의 상대가격 변화에 따른 생계비의 변화를 과대평가한다.
④ 소비자물가지수는 재화 선택의 폭이 증가함에 따른 화폐가치의 상승효과를 측정할 수 없다.
⑤ 소비자물가지수는 *GDP* 디플레이터와 달리 해외에서 수입되는 재화의 가격변화도 반영할 수 있다.

출제이슈 소비자물가지수와 *GDP* 디플레이터

핵심해설 **정답** ②

물가는 물가지수(price index)로 측정할 수 있는데, 물가지수란 기준이 되는 시점의 물가를 100으로 맞추고 비교시점의 물가를 그에 대하여 백분비로 표시한 것이다. 대표적으로 소비자물가지수, 생산자물가지수 그리고 *GDP* 디플레이터를 들 수 있다.

먼저 소비자물가지수는 라스파이레스 방식에 따라서 다음과 같이 정의된다.

$$\text{소비자물가지수 } CPI = \frac{\Sigma P_t Q_0}{\Sigma P_0 Q_0} = \frac{\text{비교시점 가격} \times \text{기준시점 수량}}{\text{기준시점 가격} \times \text{기준시점 수량}}$$

그리고 *GDP* 디플레이터는 파쉐 방식에 따라서 다음과 같이 정의된다.

$$GDP\text{ 디플레이터} = \frac{\text{명목국내총생산(명목}GDP)}{\text{실질국내총생산(실질}GDP)} = \frac{\text{비교시점 가격} \times \text{비교시점 수량}}{\text{기준시점 가격} \times \text{비교시점 수량}}$$

설문을 검토하면 다음과 같다.

① 옳은 내용이다.
자동차나 텔레비전과 같이 이전의 상품에 비하여 성능이 크게 개선된 상품의 존재하는 경우에는 기준시점에 비해 성능이 크게 개선되었음에도 가격은 그리 많이 오르지 않은 경우가 대부분이다. 이 경우 실질적으로는 가격이 하락한 것과 동일하지만 그 하락이 물가지수에 반영되지 않게 된다. 즉 라스파이레스 방식은 성능향상 시 가격하락으로 반영하지 않기 때문에 물가지수를 과장할 가능성이 있다.

② 틀린 내용이다.
GDP 디플레이터는 파쉐 방식에 따라서 명목*GDP*를 실질*GDP*로 나눈 수치로 정의된다.

$$GDP\text{ 디플레이터} = \frac{\text{명목국내총생산(명목}GDP)}{\text{실질국내총생산(실질}GDP)} = \frac{\text{비교시점 가격} \times \text{비교시점 수량}}{\text{기준시점 가격} \times \text{비교시점 수량}}$$

③ 옳은 내용이다.

소비자물가지수는 가격상승을 과장하고 가격하락을 축소하기 때문에 생계비의 변화를 과장하여 나타내게 된다. 먼저 가격이 오른 상품을 분석해보자. 특정품목의 가격이 상승하면 소비량이 감소하고 다른 대체품목의 소비량이 증가할 것이다. 이로 인해 특정품목의 소비량을 감소 이전인 기준시점의 수치로 사용할 경우 그 품목의 가격상승을 과장하여 물가지수에 반영하게 되는 가능성이 있다. 즉 라스파이레스 방식은 가격상승 시 가격상승을 과장하기 때문에 물가지수를 과장할 가능성이 있다.

이제 가격이 내린 상품을 분석해보자. 컴퓨터나 휴대폰과 같이 가격이 하락하고 거래량이 크게 증가하는 상품이 존재하는 경우에는 기준시점에 비해 거래량이 크게 증가하여 가중치가 커져야 할 것이다. 그럼에도 불구하고 소비량이 증가하기 이전인 기준시점의 수량을 가중치로 사용할 경우 그 품목의 가격하락을 축소하여 물가지수에 반영하게 되는 가능성이 있다. 즉 라스파이레스 방식은 가격하락 시 가격하락을 축소하기 때문에 물가지수를 과장할 가능성이 있다.

④ 옳은 내용이다.

소비자물가지수의 바스켓은 가계가 소비하는 대표적인 품목들로 구성(전국주요도시의 가게에서 판매되는 소비재들)되어 있다. 이때 바스켓으로는 기준시점의 바스켓을 사용하는데 이를 라스파이레스 방식이라고 한다. 따라서 시간이 흐름에 따라서 재화 선택의 폭이 증가하게 되는 경우 이를 제대로 반영할 수 없다는 한계가 있으며 재화 선택의 폭이 커지는 것은 일종의 화폐가치 상승효과로 볼 수 있다.

⑤ 옳은 내용이다.

소비자물가지수의 바스켓은 가계가 소비하는 대표적인 품목들로 구성(전국주요도시의 가게에서 판매되는 소비재들)되어 있다. 따라서 수입품을 포함한다. 그러나 *GDP* 디플레이터의 바스켓은 한 나라 안에서 생산된 모든 상품으로 구성되어 있다. 따라서 *GDP* 디플레이터는 소비자물가지수나 생산자물가지수에 비하여 국내에서 생산되는 모든 상품을 조사대상으로 하므로 매우 포괄적인 성격의 물가지수이며 이 바스켓에는 수입품은 제외됨에 유의해야 한다.

다음 자료를 활용하여 2005년을 기준으로 한 2010년의 물가지수를 라스파이레스지수(Laspeyres index)방식으로 계산하면 얼마인가? ▸ 2011년 국가직 9급

	2005년		2010년	
	생산량 (만 톤)	가격 (만원/톤)	생산량 (만 톤)	가격 (만원/톤)
쌀	500	100	600	80
면화	40	250	50	500

① 90 ② 100 ③ 110 ④ 120

출제이슈 라스파이레스 물가지수

핵심해설 정답 ②

라스파이레스 물가지수는 비교시점 가격과 기준시점의 가격을 비교함에 있어서 가중치를 기준시점 수량을 사용하고 있으며 그 산식은 다음과 같다.

$$\text{라스파이레스 물가지수} = \frac{\Sigma P_t Q_0}{\Sigma P_0 Q_0} = \frac{\text{비교시점 가격} \times \text{기준시점 수량}}{\text{기준시점 가격} \times \text{기준시점 수량}}$$

설문에서 주어진 자료를 산식에 대입하여 구하면 다음과 같다.

$$\frac{\Sigma P_t Q_0}{\Sigma P_0 Q_0} = \frac{\text{비교시점 가격} \times \text{기준시점 수량}}{\text{기준시점 가격} \times \text{기준시점 수량}} = \frac{(80 \times 500) + (500 \times 40)}{(100 \times 500) + (250 \times 40)} = 1$$

참고로, 대표적인 라스파이레스 물가지수로서의 소비자물가지수는 소비재 500여 개, 원자재 및 자본재 1,000여 개를 대상으로 하며 수입품도 포함하여 측정하는 물가지수로서 현행 소비자물가지수는 기준시점의 물가를 100으로 두고, 비교시점의 물가를 구하므로 물가상승의 개념을 당연히 포함하며 기준시점의 수량을 가중치로 두기 때문에 라스파이레스 방식이라고 할 수 있다.

기준시점의 수량이 가중치이므로 이는 기준연도가 바뀌지 않는 한 가중치가 고정되므로 만일 거래량이 증가하고 가격이 하락하고 성능이 향상되는 경우에는 물가지수를 과장하는 문제가 있다. 또한 가격이 상승하는 경우 대체효과가 나타날텐데 이 지수는 여전히 가중치 수량이 고정되어 있기 때문에 역시 물가지수가 과장된다. 소비재 500여 개, 원자재 및 자본재 1,000여 개를 대상으로 하여 대표적 소비자를 상정하여 구해진 물가지수이므로 특정 가계의 소비품목과 괴리가 있을 수밖에 없어서 가계의 생계비 변화를 제대로 측정하지 못할 수 있다.

다음 표는 A국이 소비하는 빵과 의복의 구입량과 가격을 나타낸다. 물가지수가 라스파이레스 지수(Laspeyres index)인 경우, 2010년과 2011년 사이의 물가상승률은? (단, 기준연도는 2010년이다.)

▸ 2017년 국가직 7급

	빵		의복	
	구입량	가격	구입량	가격
2010년	10만 개	1만원	5만 벌	3만원
2011년	12만 개	3만원	6만 벌	6만원

① 140% ② 188% ③ 240% ④ 288%

출제이슈 라스파이레스 물가지수와 물가상승률

핵심해설 **정답** ①

1) 물가상승률

물가상승률(인플레이션율)은 물가가 변화하는 정도를 나타내는 지표로서 주어진 기간 동안의 물가의 변화율을 의미한다. 이는 비교시점 물가지수와 기준시점 물가지수 간 차이를 기준시점 물가지수로 나눈 값으로 나타낼 수 있으며 그 산식은 다음과 같다.

$$\pi_t = \frac{P_t - P_{t-1}}{P_{t-1}}$$

설문에서 2010년도와 2011년 사이의 물가상승률을 구해야 하므로,

$$\pi_{2011} = \frac{P_{2011} - P_{2010}}{P_{2010}}$$ 를 계산하면 된다.

이를 위해서는 2011년의 라스파이레스 물가지수와 2010년의 라스파이레스 물가지수가 모두 필요하다.

2) 물가지수

라스파이레스 물가지수는 비교시점의 가격과 기준시점의 가격을 비교함에 있어서 가중치를 기준시점 수량에 두고 있으며 그 산식은 다음과 같다.

$$\text{라스파이레스 물가지수} = \frac{\Sigma P_t Q_0}{\Sigma P_0 Q_0} = \frac{\text{비교시점 가격} \times \text{기준시점 수량}}{\text{기준시점 가격} \times \text{기준시점 수량}}$$

설문에서 주어진 자료를 산식에 대입하여 구하면 다음과 같다.

① 2011년 물가지수 $\dfrac{\Sigma P_t Q_0}{\Sigma P_0 Q_0} = \dfrac{\text{비교시점 가격} \times \text{기준시점 수량}}{\text{기준시점 가격} \times \text{기준시점 수량}} = \dfrac{(3 \times 10) + (6 \times 5)}{(1 \times 10) + (3 \times 5)} = 2.4$

② 2010년 물가지수 $\dfrac{\Sigma P_t Q_0}{\Sigma P_0 Q_0} = \dfrac{\text{비교시점 가격} \times \text{기준시점 수량}}{\text{기준시점 가격} \times \text{기준시점 수량}} = 1$ (왜냐하면, 2010년이 기준시점)

3) 이제 설문에서 요구하는 물가상승률을 위에서 구한 물가지수를 이용하여 구하면 다음과 같다.

2011년의 물가상승률 $\pi_{2011} = \dfrac{P_{2011} - P_{2010}}{P_{2010}} = \dfrac{2.4 - 1}{1} = 1.4$

사과와 오렌지만 생산하는 A국의 생산량과 가격이 다음과 같을 때 2014년 대비 2015년의 GDP 디플레이터로 계산한 물가상승률은 얼마인가? (단, 2014년을 기준연도로 한다.) ▸ 2016년 감정평가사

연도	사과		오렌지	
	수량	가격	수량	가격
2014	5	2	30	1
2015	10	3	20	1

① 20%　② 25%　③ 35%
④ 45%　⑤ 50%

출제이슈 GDP 디플레이터와 물가상승률
핵심해설 정답 ②

1) GDP 디플레이터 구하기

GDP 디플레이터는 국내에서 생산된 모든 상품을 고려하여 측정하는 물가지수로서 그 산식은 다음과 같다.

$$GDP\text{디플레이터} = \frac{\Sigma P_t Q_t}{\Sigma P_0 Q_t} = \frac{\text{비교시점 가격} \times \text{비교시점 수량}}{\text{기준시점 가격} \times \text{비교시점 수량}} = \frac{\text{명목}GDP}{\text{실질}GDP}$$

GDP 디플레이터는 기준시점의 물가를 100으로 두고, 비교시점의 물가를 구하므로 물가상승의 개념을 당연히 포함하며 비교시점의 수량을 가중치로 두기 때문에 파쉐 방식이라고 할 수 있다. 따라서 비교연도가 바뀜에 따라서 가중치가 변동하게 된다.

설문의 자료를 위의 산식에 대입하여 GDP 디플레이터를 구하면 다음과 같다.

① 기준연도 2014년 GDP 디플레이터 = 1

② 2015년 GDP 디플레이터

$$= \frac{\Sigma P_t Q_t}{\Sigma P_0 Q_t} = \frac{\text{비교시점 가격} \times \text{비교시점 수량}}{\text{기준시점 가격} \times \text{비교시점 수량}} = \frac{\text{명목}GDP}{\text{실질}GDP} = \frac{(3 \times 10) + (1 \times 20)}{(2 \times 10) + (1 \times 20)} = 1.25$$

2) GDP 디플레이터를 이용한 물가상승률 구하기

2014년 GDP 디플레이터가 1이고, 2015년 GDP 디플레이터가 1.25이므로

물가상승률은 $\pi_{2015} = \frac{P_{2015} - P_{2014}}{P_{2014}} = \frac{1.25 - 1}{1} = 0.25$ 가 된다.

A국의 사과와 배에 대한 생산량과 가격이 다음과 같다. 파쉐 물가지수(Paasche price index)를 이용한 2010년 대비 2020년의 물가상승률은? (단, 2010년을 기준연도로 한다.) ▸ 2023년 감정평가사

2010년			2020년		
재화	수량	가격	재화	수량	가격
사과	100	2	사과	200	3
배	100	2	배	300	4

① 80%
② 150%
③ 250%
④ 350%
⑤ 450%

출제이슈 파쉐 물가지수와 물가상승률

핵심해설 **정답** ①

① 기준연도 2010년 파쉐 물가지수 = 1(또는 100)

② 비교연도 2020년 파쉐 물가지수

$$= \frac{\Sigma P_t Q_t}{\Sigma P_0 Q_t} = \frac{\text{비교시점 가격} \times \text{비교시점 수량}}{\text{기준시점 가격} \times \text{비교시점 수량}} = \frac{(3\times 200)+(4\times 300)}{(2\times 200)+(2\times 300)} = 1.8(\text{또는 } 180)$$

2010년 파쉐 물가지수가 1이고, 2020년 파쉐 물가지수가 1.8이므로

물가상승률은 $\pi = \frac{P_{2020} - P_{2010}}{P_{2010}} = \frac{1.8-1}{1} = 0.8(80\%)$이 된다.

PART

02

국민소득 결정이론

Chapter

03 케인즈 모형

THEME 01 케인즈 모형의 의의와 기본가정

1 고전학파 모형의 한계와 케인즈의 등장

1) 대공황(the Great Depression)

대공황이란 1929년부터 1938년에 걸쳐 미국을 비롯한 세계 경제가 경험한 경기침체로서 특히 1929년부터 1933년까지 미국의 국민총생산은 약 30퍼센트 감소하였으며 물가는 약 25퍼센트 하락하였다. 1929년 이전에 3퍼센트대의 미국 실업률은 1930년대 평균 19퍼센트로 급등하였다. 대공황 당시 실업률이 가장 높았던 때는 1933년의 25퍼센트 수준이었으며 가장 낮았던 때는 1937년의 14퍼센트 수준이었다.

2) 대공황과 고전학파 모형의 한계

고전학파에 의하면 노동시장에서 임금이 신축적으로 조정되기 때문에 항상 완전고용이 달성되고 실업은 지속될 수 없다. 또한 대부자금시장에서는 이자율이 신축적으로 조정되어 항상 저축과 투자가 일치하여 대부자금시장의 균형을 달성한다. 이는 재화시장에서 항상 균형을 이루어 완전고용국민소득 수준이 달성됨을 의미한다. 그러나 이러한 고전학파의 이론은 대공황 시기의 실업률의 상승과 국민소득의 감소를 설명할 수 없다는 한계에 봉착하였다.

2 케인즈 모형의 의의 및 기본가정

1) 의의

케인즈의 유효수요이론에 의하면 수요가 공급을 창출하고 수요가 국민소득을 결정한다. 이를 고전학파 세이의 법칙에 비견하여 케인즈의 법칙이라고도 한다.

2) 근거

케인즈의 세계에서는 수요보다는 공급이 더 큰 상황을 전제한다. 즉 공급측면에는 유휴생산능력이 존재하여 사실상 수요가 있으며 그에 따라서 얼마든지 공급이 가능하다. 따라서 공급되는 양은 수요로 요구된 양만큼이 되며 공급에 대한 대가는 생산과정에 참여한 요소의 제공자들에게 소득으로 지불된다. 이 소득을 가지고 실제지출이 이루어진다. 결국 국민소득은 공급을 의미하며, 이는 수요만큼이므로 수요가 공급을 창출하고 국민소득을 만들어내는 것이다. 특히 이 과정에서 중요한 것은 가격의 경직성이며 이는 아래에서 자세히 살펴본다.

3) 가격의 성격

수요가 공급을 창출하고 국민소득을 결정하는 이유는 가격이 경직적이기 때문이다. 초과공급이나 초과수요가 있을 때 가격이 경직적이라면 불균형이 즉각 해소가 되지 않기 때문에, 특히 과잉공급된 경우에는 공급된 양이 팔리지 않는 상황이 된다. 기업은 팔리지 않는 재고가 증가함에 따라서 생산량을 감소시켜 공급하게 되고, 그만큼 국민소득이 줄어들게 된다. 즉, 수요감소에 따라 국민소득이 줄어든다. 따라서 수요만큼이 국민소득을 의미한다. 총수요가 결정되면, 이에 따라 유휴생산능력이 충분한 총공급(총생산)이 총수요와 같아지도록 조절되고 그와 함께 국민소득이 결정된다.

※ 세이의 법칙 고전학파 이론의 토대가 되는 세이의 법칙은 공급이 국민소득을 결정하고 공급은 그 스스로 수요를 창출해냄을 의미한다.

고전학파의 세계에서는 공급보다는 수요가 더 큰 상황을 전제한다. 따라서 경제에 공급된 것은 수요측면에서 남김없이 모두 팔리게 된다. 공급에 대한 대가는 생산과정에 참여한 요소의 제공자들에게 소득으로 지불된다. 결국 국민소득은 공급을 의미하며 공급된 것은 반드시 모두 수요로 소화되기 때문에 공급 그 자체가 국민소득이 된다. 만일 특정산업부문에서 팔리지 않고 남은 것이 있다고 하더라도 요소의 제공자들에게 소득으로 지불되었기 때문에 이들은 다른 부문에서의 수요를 늘리게 되어 결국 경제전체로 볼 때, 공급은 모두 수요로 소화된다고 할 수 있다.

이를 가격의 신축성 차원에서 검토해보자. 경제에 공급이 소득이 지급되어 소비되고도 남은 것은 저축으로서 이는 대부자금시장을 통해서 투자로 이어지게 된다. 이 과정에서 가격변수로서 이자율이 신축적으로 조절되면서 항상 저축과 투자가 일치하게 되므로 결국 공급된 것은 모두 수요로 소화가능하게 되어 공급이 수요를 창출함을 의미한다.

THEME 02 케인즈 모형과 국민소득의 결정

1 총수요

1) 총수요의 의의와 구성요소

국민경제에서 생산물에 대한 총수요는 국민경제의 4부문인 가계, 기업, 정부, 해외부문으로부터의 수요로 구성된다. 즉 총수요는 소비수요, 투자수요, 정부지출수요이다. 여기서는 폐쇄경제를 가정하여 해외수요는 제외하고 이는 추후 개방거시이론에서 다루게 된다. 총수요를 식으로 표현하면 다음과 같다.

$Y^D = C + I + G$ (단, Y^D : 총수요, C : 소비수요, I : 투자수요, G : 정부지출수요)

2) 소비수요

케인즈의 절대소득이론에 의하면 소비는 현재의 소득에 의하여 결정된다. 이를 소비함수식으로 표현하면 다음과 같다.

$C = a + bY$ (단, $0 < b < 1$, C : 소비, a : 독립소비, b : 한계소비성향)

소비함수의 구성요인들을 살펴보면 다음과 같다.

① Y : 소득

가계의 소득을 가처분소득으로 볼 경우, 가처분소득은 $Y - T$(소득 - 조세, 정액세 혹은 정률세) 혹은 $Y - T + TR$(소득 - 조세 + 정부이전지출)이 된다.

② b : 한계소비성향

가계의 소득이 한 단위 증가함에 따라서 소비가 얼마나 증가하는지를 나타낸다.

③ a : 독립소비

소득과 무관한 지출로서 독립소비의 존재는 소득이 증가함에 따라서 한계소비성향은 일정하지만, 평균소비성향이 감소하는 효과를 가져온다(고소득층일수록 저축률이 증가함을 의미).

3) 투자수요

케인즈의 투자이론에 의하면 투자는 기업가의 야성적 충동에 의하여 결정되는 것으로서, 외생적으로 주어지는 독립적 지출로 취급된다. 이를 투자함수식으로 표현하면 다음과 같다.

$I = I_0$ (단, I : 투자, I_0 : 독립적이고 외생적으로 결정된 투자)

4) 정부수요

정부지출로 인한 수요는 정부의 정책에 의하여 외생적으로 결정된다고 가정한다. 이를 함수식으로 표현하면 다음과 같다.

$G = G_0$ (단, G : 정부지출, G_0 : 독립적이고 외생적으로 결정된 정부지출)

2 총공급

1) 총공급의 의의

케인즈 모형에서 총공급은 잉여생산능력과 과잉생산을 배경으로 하여 총수요에 따라서 그 크기가 조정된다. 총수요에 따라서 크기가 조정된 공급이 바로 총공급 및 국민소득수준이 되며 이 소득이 지출되므로 실제지출수준이다. 총공급을 식으로 표현하면 다음과 같다.

$Y^S = Y$ (단, Y^S: 총공급, Y: 생산, 국민소득)

2) 총공급의 성격

총수요 Y^D가 국민소득 Y를 결정하는 케인즈의 관점에서는 $Y^D = Y$가 된다. Y^S는 결정된 Y^D에 따라서 유휴생산능력을 가동하여 수요를 충족시키고 조력하는 역할이며 거시경제시장의 균형을 위해서는 $Y^D = Y^S$이므로 따라서 $Y^S = Y$가 된다. 물론 앞에서 설명한 바와 같이 공급에 대한 대가는 생산과정에 참여한 요소의 제공자들에게 소득으로 지불되므로 공급과 소득이 일치한다. 공급이 수요에 의하여 조절되는 이유는 가격이 경직적이기 때문이다. 즉 과잉생산 시에 물건이 팔리지 않을 경우에는 의도하지 않은 재고가 증가하고 이에 따라서 생산량이 감소하게 된다. 초과공급 시 가격이 신축적이라면 가격이 즉각 하락하여 산출량은 유지될 수 있다. 그러나 단기에 있어 가격이 경직적이라면 불균형이 유지되며 이를 해소하기 위해선 산출량이 감소한다.

3 균형국민소득의 결정

총수요가 국민소득을 결정하는 케인즈 모형에서는 $Y^D = Y$ 이므로 $C + I + G = Y$ 가 된다. 이를 총수요와 총공급 관점에서 다시 분석해보면, 총수요와 총공급이 일치할 때 균형국민소득이 결정되므로 다음과 같은 균형모형으로 표현이 가능하다.

$$Y^D = C + I + G,\quad Y^S = Y,\quad Y^D = Y^S$$

단기에 가격이 경직적인 상황에서 과잉생산이라는 불균형의 해소는 가격조정이 아니라 산출량 조정을 통하여 총수요와 총공급은 일치하게 되고 균형을 달성하게 된다.

4 균형국민소득의 기하적 분석

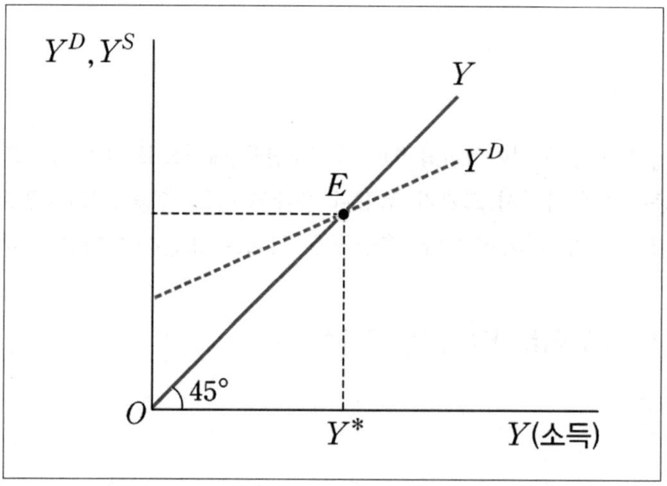

그림 4-1 균형국민소득의 결정

5 균형국민소득의 수리적 분석

1) 균형조건식

① $Y^D = C + I + G$ ② $Y^S = Y$ ③ $Y = C + I + G$

케인즈 모형의 균형조건식을 이용하여 균형국민소득을 아래와 같이 수리적으로 도출할 수 있다.

2) 도출과정

균형조건식 $Y = C + I + G$를 다시 쓰면 $Y = a + bY + I_0 + G_0$이 된다.

$\therefore \ (1-b)Y = a + I_0 + G_0$

$\therefore$ 균형국민소득은 $Y = \dfrac{a + I_0 + G_0}{(1-b)}$ 이 된다.

6 생산물 시장의 불균형에서 균형으로의 조정과정

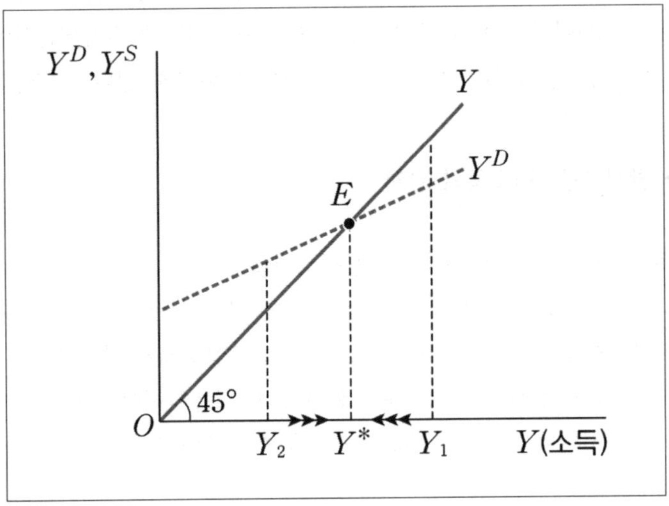

그림 4-2 불균형의 조정과 안정성

1) 총공급 > 총수요

총공급이 총수요보다 더 커서 경제가 과잉생산의 상황인 경우, 가격의 하락을 통하여 불균형을 해소하여야 하나 가격이 경직적일 경우 해소가 불가능하다. 따라서 이러한 초과공급의 경우 기업들은 의도하지 않은 재고의 증가를 경험하게 되며, 이에 대응하여 생산을 줄여서 결국 총공급이 감소하게 된다. 이러한 총생산의 감소, 총공급의 감소는 원하지 않는 재고의 증가가 모두 해소될 때까지 계속될 것이고 결국 경제는 총수요와 총공급이 일치하게 되어 균형을 이루게 된다.

2) 총공급 < 총수요

총공급보다 총수요가 더 커서 경제가 초과수요의 상황인 경우, 가격의 상승을 통하여 불균형을 해소하여야 하나 가격이 경직적일 경우 해소가 불가능하다. 따라서 이러한 초과수요의 경우 기업들은 의도하지 않은 재고의 감소를 경험하게 되며, 이에 대응하여 생산을 늘려서 결국 총공급이 증가하게 된다. 이러한 총생산의 증가, 총공급의 증가는 원하지 않는 재고의 감소가 모두 해소될 때까지 계속될 것이고 결국 경제는 총수요와 총공급이 일치하게 되어 균형을 이루게 된다.

7 균형국민소득과 완전고용국민소득

1) 균형국민소득의 특징

케인즈 모형에서의 국민소득은 생산물시장의 균형을 달성시키는 국민소득으로서 노동시장의 균형 특히 노동시장에서의 완전고용을 보장하지는 않는 상황에서의 국민소득을 의미한다.

2) 완전고용국민소득의 개념

완전고용국민소득이란 노동시장에서 균형을 달성하고 완전고용을 보장하는 국민소득수준을 의미한다. 또한 완전고용국민소득은 장기적으로 유지될 수 있는 총생산량이라는 의미에서 잠재생산량(potential output)이라고 한다. 완전고용국민소득이 어떻게 결정되는가에 대하여는 나중에 설명될 것이며 여기에서는 편의상 완전고용국민소득이 주어져 있다고 가정한다.

3) 균형국민소득과 완전고용국민소득의 관계

① 균형국민소득 < 완전고용국민소득 : 디플레이션갭

균형국민소득이 완전고용국민소득에 미치지 못하고 있는 상태로서 노동시장에서 초과공급이 존재하고 있음을 의미하며, 국민경제 전체로 볼 때 균형상태가 아니다. 이 경제가 완전고용을 달성하려면, 총수요가 증대하여 총수요곡선이 상방 이동하여야 한다. 이때 완전고용을 달성하기 위해서 증가하여야 하는 총수요의 크기를 디플레이션갭이라고 한다.

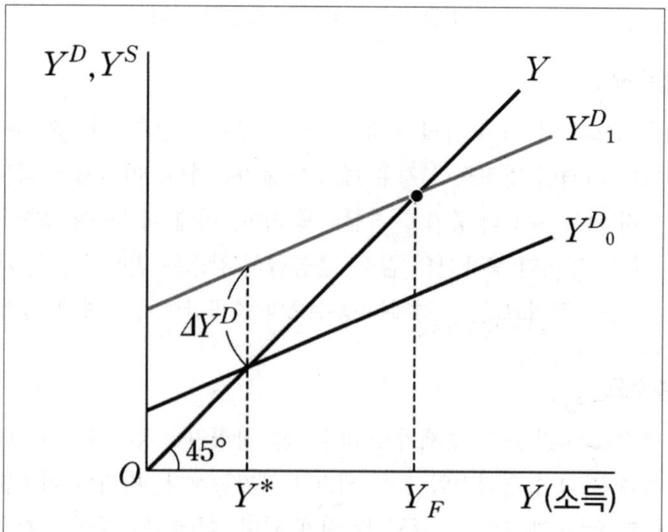

그림 4-3 디플레이션갭

② 균형국민소득 > 완전고용국민소득 : 인플레이션갭

균형국민소득이 완전고용국민소득을 초과하고 있다는 것은 노동시장에서 초과수요가 존재하고 있음을 의미하며, 국민경제 전체로 볼 때 균형상태가 아니다. 이 경제가 완전고용을 달성하려면, 총수요가 감소하여 총수요곡선이 하방 이동하여야 한다. 이때 완전고용을 달성하기 위해서 감소하여야 하는 총수요의 크기를 인플레이션갭이라고 한다.

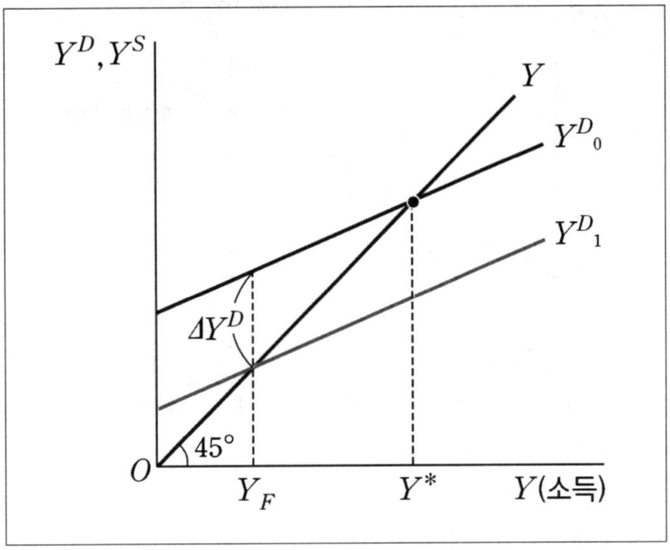

그림 4-4 인플레이션갭

필수예제

케인즈의 균형 국민소득 결정모형에서 실제 지출이 Y_3 수준이라고 할 때, 재고와 생산량에 대한 설명으로 옳은 것은?

▸ 2018년 공인회계사

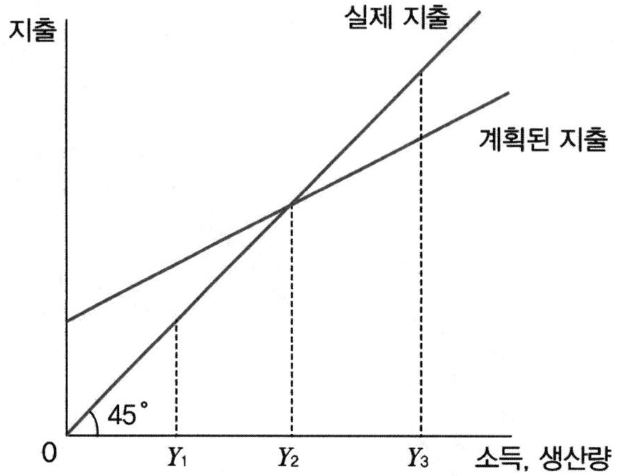

① 재고가 증가하여 생산량이 증가한다.
② 재고가 감소하여 생산량이 증가한다.
③ 재고가 증가하여 생산량이 감소한다.
④ 재고가 감소하여 생산량이 감소한다.
⑤ 재고가 불변하여 생산량이 불변한다.

출제이슈 균형국민소득의 결정

핵심해설 **정답** ③

케인즈 모형과 그에 따른 국민소득의 결정은 다음과 같다.

1) 총수요의 구성요소 $Y^D = C + I + G$

① 소비 $C = a + b(Y - T),\ 0 < b < 1$
② 투자 $I = I_0$ (동기간에 발생한 재고 포함)
③ 정부 $G = G_0$ (이전지출은 제외)
④ 개방경제의 경우, 순수출 $X - M = X_0 - M_0 - mY$

2) 케인즈 국민소득결정모형(수요 측 결정모형)

① $Y^D = C + I + G$

② $Y^S = Y$

③ $Y^D = Y^S$

3) 균형국민소득의 결정

① 균형조건식에 따라서 $Y = C + I + G$이며 $Y = a + b(Y - T_0) + I_0 + G_0$이 된다.

② $\therefore\ (1-b)Y = a - bT_0 + I_0 + G_0 \quad \therefore\ Y = \dfrac{a - bT_0 + I_0 + G_0}{(1-b)}$ (단, 설문에서는 정률세임에 유의)

4) 실제 지출과 계획된 지출의 불일치

① 케인즈가 상정하는 세계에서 실제 지출에 따라서 생산된 재고가 판매되며 그만큼이 소득으로 분배될 수 있기 때문에 실제 지출은 총생산 및 총소득이라고 할 수 있다. 그리고 계획된 지출은 주어진 현재 가처분 소득하에서 소비하고자 하는 양을 의미하므로 총수요라고 할 수 있다.

② 설문에서 실제 지출이 Y_3 수준인 경우에는 실제 지출보다 계획된 지출이 미달하는 경우로서 총생산보다 총수요가 작은 경우이다. 따라서 시장에서는 상품의 판매가 줄게 되고 재고가 늘게 된다. 그럼에도 불구하고 가격조정은 쉽사리 일어나지 않고 경직성을 보이므로 생산량이 감소하게 되는 생산량의 조정이 나타난다. 이는 마샬의 수량조정과 일맥상통한다.

소비 및 저축을 하는 가계부문과 생산 및 투자를 하는 기업부문만 존재하는 단순한 거시경제에서 소비함수와 투자함수가 다음과 같을 때, 이 경제의 균형 국민소득은? (단, C는 소비지출, I는 투자지출, Y는 국민소득을 나타낸다.)

▸ 2013년 지방직 7급

- 소비함수: $C=30+0.8Y$
- 투자함수: $I=10+0.1Y$

① 100　② 200　③ 300　④ 400

출제이슈 균형국민소득의 결정

핵심해설 **정답 ④**

케인즈 모형과 그에 따른 국민소득의 결정은 다음과 같다.

1) 총수요의 구성요소 $Y^D=C+I+G$

① 소비 $C=a+b(Y-T),\ 0<b<1$
② 투자 $I=I_0$ (동기간에 발생한 재고 포함)
③ 정부 $G=G_0$ (이전지출은 제외)
④ 개방경제의 경우, 순수출 $X-M=X_0-M_0-mY$

2) 케인즈 국민소득결정모형(수요 측 결정모형)

① $Y^D=C+I+G$
② $Y^S=Y$
③ $Y^D=Y^S$

3) 균형국민소득의 결정

① 균형조건식에 따라서 $Y=C+I+G$이며 $Y=a+b(Y-T_0)+I_0+G_0$이 된다.

② $\therefore\ (1-b)Y=a-bT_0+I_0+G_0 \quad \therefore\ Y=\dfrac{a-bT_0+I_0+G_0}{(1-b)}$

4) 설문에서 주어진 자료를 위의 산식에 대입하여 풀면 다음과 같다.

① 균형조건식은 $Y=30+0.8Y+10+0.1Y$가 된다.
② 따라서 균형국민소득 $Y=400$이 된다.

표의 경제모형에서 한계수입성향이 0.1로 감소하면 (ㄱ) 균형국민소득과 (ㄴ) 순수출 각각의 변화로 옳은 것은? (단, Y는 국민소득, C는 소비, I는 투자, X는 수출, M은 수입이다.)

▸ 2021년 감정평가사

$Y = C + I + X - M$

$C = 100 + 0.6Y, \quad I = 100, \quad X = 100, \quad M = 0.4Y$

① ㄱ : 증가, ㄴ : 증가
② ㄱ : 감소, ㄴ : 증가
③ ㄱ : 증가, ㄴ : 감소
④ ㄱ : 감소, ㄴ : 감소
⑤ ㄱ : 불변, ㄴ : 증가

출제이슈 균형국민소득의 결정

핵심해설 **정답** ①

케인즈 모형과 그에 따른 국민소득의 결정은 다음과 같다.

1) 총수요의 구성요소 $Y^D = C + I + G$

① 소비 $C = a + b(Y - T),\ 0 < b < 1$
② 투자 $I = I_0$ (동기간에 발생한 재고 포함)
③ 정부 $G = G_0$ (이전지출은 제외)
④ 개방경제의 경우, 순수출 $X - M = X_0 - M_0 - mY$

2) 케인즈 국민소득결정모형(수요 측 결정모형)

① $Y^D = C + I + G + X - M$
② $Y^S = Y$
③ $Y^D = Y^S$

3) 균형국민소득의 결정

① 균형조건식에 따라서 $Y = C + I + G + X - M$이며 $Y = a + b(Y - T_0) + I_0 + G_0 + X_0 - M_0 - mY$가 된다. 따라서 이를 풀면 다음과 같다.

② $\therefore\ (1 - b + m)Y = a - bT_0 + I_0 + G_0 + X_0 - M_0 \quad \therefore\ Y = \dfrac{a - bT_0 + I_0 + G_0 + X_0 - M_0}{(1 - b + m)}$

위의 내용에 따라 설문에서 주어진 자료를 위의 모형에 대입하여 풀면 다음과 같다.

1) 한계수입성향이 0.4인 경우

$Y = C + I + X - M$
$C = 100 + 0.6Y$, $I = 100$, $X = 100$, $M = 0.4Y$

$Y = 100 + 0.6Y + 100 + 100 - 0.4Y$ 따라서 이를 풀면 균형국민소득은 $Y = 375$가 된다.
이때 순수출은 $X - M = 100 - 0.4Y = -50$이 된다.

2) 한계수입성향이 0.1인 경우

$Y = C + I + X - M$
$C = 100 + 0.6Y$, $I = 100$, $X = 100$, $M = 0.1Y$

$Y = 100 + 0.6Y + 100 + 100 - 0.1Y$ 따라서 이를 풀면 균형국민소득은 $Y = 600$이 된다.
이때 순수출은 $X - M = 100 - 0.1Y = 40$이 된다.

개방경제 갑국의 국민소득결정모형이 다음과 같다. 특정 정부지출 수준에서 경제가 균형을 이루고 있으며 정부도 균형예산을 달성하고 있을 때, 균형에서 민간저축은? (단, Y는 국민소득, C는 소비, I는 투자, G는 정부지출, T는 조세, X는 수출, M은 수입이다.) ▸ 2019년 감정평가사

- $Y = C + I + G + (X - M)$
- $C = 150 + 0.5(Y - T)$
- $I = 200$
- $T = 0.2Y$
- $X = 100$
- $M = 50$

① 150 ② 200 ③ 225
④ 250 ⑤ 450

출제이슈 균형국민소득 결정모형의 적용

핵심해설 정답 ④

이 문제는 케인즈 균형국민소득 결정모형의 적용문제로서 쉬운 문제이지만 수험생들이 실수하기 쉬우므로 주의를 요한다. 특히 이러한 유형의 문제는 뒤에서 살펴보게 될 또 다른 유형의 적용문제와도 유사하므로 잘 비교하여 풀기 바란다. 문제를 해결하는 열쇠는 케인즈 모형의 균형조건식은 국민소득과 그 처분에 관한 식이라는 점이라는 것과 저축을 민간저축과 정부저축으로 구분할 수 있어야 한다는 점이다.

케인즈 모형과 그에 따른 국민소득의 결정은 다음과 같다.

1) 총수요의 구성요소 $Y^D = C + I + G + X - M$

① 소비 $C = a + b(Y - T),\ 0 < b < 1$
② 투자 $I = I_0$ (동기간에 발생한 재고 포함)
③ 정부 $G = G_0$ (이전지출은 제외)
④ 개방경제의 경우, 순수출 $X - M = X_0 - M_0 - mY$

2) 케인즈 국민소득결정모형(수요 측 결정모형)

① $Y^D = C + I + G + X - M$
② $Y^S = Y$
③ $Y^D = Y^S$

3) 균형국민소득의 결정

① 균형조건식에 따라서 $Y = C + I + G + X - M$이 된다.
② 균형조건식을 변형하면 다음과 같다.
$(Y - T - C) + (T - G) + (M - X) = I$

4) 설문에서 주어진 자료를 위의 산식에 대입하여 풀면 다음과 같다.

① 변형된 균형조건식은 $(Y - T - C) + (T - G) + (M - X) = I$에 대입한다.
② $(Y - 0.2Y - 150 - 0.5(Y - 0.2Y)) + (0.2Y - T) + (50 - 100) = 200$
③ 균형예산으로 $G = T = 0.2Y$임을 고려하여 위를 풀면, $Y = 1{,}000$이다.
④ 민간저축 $(Y - T - C) = 1{,}000 - 0.2 \times 1{,}000 - 550 = 250$이 된다.

A국의 총수요는 200억 달러이며 장기생산량 수준은 300억 달러이다. A국 총수요 구성 항목 중 소비를 제외한 구성 항목은 독립 지출이다. 소비는 가처분 소득에 영향을 받으며 한계소비성향은 1/2이다. 아울러 물가수준은 고정되어 있다. 정부가 장기생산량 수준을 달성하고자 할 때, 증가시켜야 할 재정지출 규모는? (단, 조세는 정액세로 가정한다.) ▸ 2015년 서울시 7급

① 25억 달러 ② 50억 달러 ③ 100억 달러 ④ 200억 달러

출제이슈 인플레이션갭과 디플레이션갭

핵심해설 **정답** ②

인플레이션갭과 디플레이션갭은 다음과 같다.

1) 인플레이션갭

① 균형국민소득이 완전고용국민소득을 초과하고 있는 상황(인플레이션)
② 이 경제가 완전고용을 달성하려면, 총수요가 감소하여 총수요곡선이 하방 이동하여야 한다.
③ 완전고용을 달성하기 위해서 감소하여야 하는 총수요의 크기를 인플레이션갭이라고 한다.

2) 디플레이션갭

① 균형국민소득이 완전고용국민소득에 미치지 못하고 있는 상황(실업)
② 이 경제가 완전고용을 달성하려면, 총수요가 증대하여 총수요곡선이 상방 이동하여야 한다.
③ 완전고용을 달성하기 위해서 증가하여야 하는 총수요의 크기를 디플레이션갭이라고 한다.

설문에서 주어진 자료를 이용하여 디플레이션갭 dfg을 구하면 다음과 같다.

설문에서 총수요의 구성은 $Y^D = a + 0.5(Y - T) + A_0$ (T : 정액세, A_0 : 독립지출)

총수요가 200억이므로 $Y^D = a + 0.5(Y - T) + A_0 = 200$으로 균형국민소득이 200이 된다.

따라서 장기생산량 300억에 미달하므로 디플레이션갭 dfg가 존재한다.

장기생산량 300억의 달성은 다음과 같은 경우 가능하다.

$a + 0.5(300 - T) + A_0 + dfg = 300$

그런데 위에서 $a + 0.5(Y - T) + A_0 = 200$이며 이는 $a + 100 - 0.5T + A_0 = 200$이 되므로 $a - 0.5T + A_0 = 100$이 된다. 이를 $a + 0.5(300 - T) + A_0 + dfg = 300$에 대입하면 다음과 같다.

$a + 150 - 0.5T + A_0 + dfg = 300$
따라서 $100 + 150 + dfg = 300$이 되고, dfg는 50(억 달러)이 된다.

THEME 03 케인즈 모형과 국민소득의 변화

1 국민소득 변화의 원인

균형국민소득은 총수요에 의해서 결정되므로, 총수요가 변화할 경우 이에 따라서 균형국민소득이 변화한다. 결국 총수요를 구성하는 소비수요, 투자수요, 정부지출수요가 변화할 경우 이에 따라서 국민소득이 변화한다는 의미이다.

2 총수요의 변화가 국민소득에 미치는 효과

총수요가 변화할 경우 국민소득이 변화하는데, 이때 국민소득의 변화는 단순히 총수요의 변동분만큼만 변동하는 것이 아니다. 국민소득은 총수요의 변동분보다 더 큰 폭으로 변화하는데, 이를 승수효과(multiplier effect)라고 한다.

3 승수효과의 발생과정

투자 1원 증가한 경우

① 증가된 투자 1원 → 국민소득을 1원만큼 증가시킴
② 증가된 국민소득 1원 → 늘어난 소득에 한계소비성향 b를 곱한 b원만큼 소비를 증가시킴

③ 증가된 소비 b원 → 국민소득을 b원만큼 증가시킴
④ 증가된 국민소득 b원 → 늘어난 소득에 한계소비성향 b를 곱한 b^2원만큼 소비를 증가시킴

⑤ 증가된 소비 b^2원 → 국민소득을 b^2원만큼 증가시킴
⑥ 증가된 국민소득 b^2원 → 늘어난 소득에 한계소비성향 b를 곱한 b^3원만큼 소비를 증가시킴

⑦ 증가된 소비 b^3원 → 국민소득을 b^3원만큼 증가시킴
⑧ 증가된 국민소득 b^3원 → 늘어난 소득에 한계소비성향 b를 곱한 b^4원만큼 소비를 증가시킴

위와 같은 과정을 계속하여 반복하면,

투자 1원 증가 시 국민소득은 $1+b+b^2+b^3+\cdots = \frac{1}{1-b}$원 증가한다.

이때, $\frac{1}{1-b}$를 투자승수라고 한다.

4 승수효과의 수리적 분석

$$Y=\frac{a+I_0+G_0}{(1-b)} \Rightarrow \Delta Y=\frac{1}{(1-b)}\Delta I_0$$

위에서 균형조건식을 변화분으로 변형한 식이 의미하는 바는 투자 1원 증가 시 국민소득은 $\frac{1}{1-b}$원 증가한다는 뜻이다. 즉 투자가 증가하면 투자증가분의 $\frac{1}{1-b}$배만큼 국민소득은 증가하게 된다.

5 승수효과의 기하적 분석

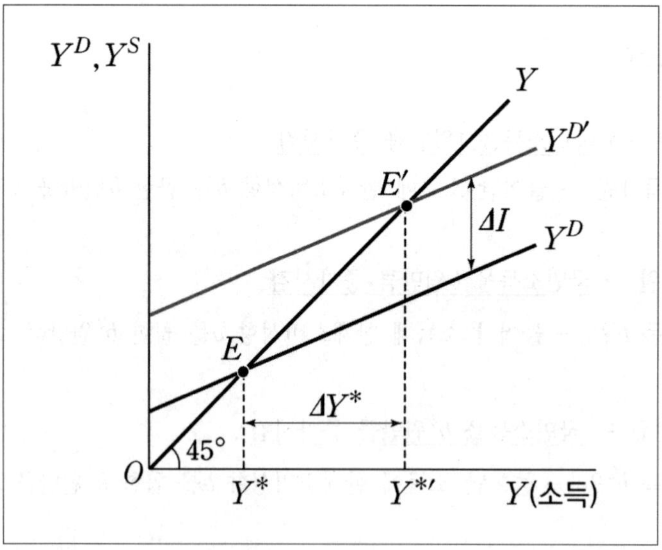

그림 4-5 승수효과

6 현실에서의 승수효과

1) 비례세

비례세(정률세)의 도입은 승수를 감소시킴으로써 승수효과가 제약된다. 비례세는 경기변동 시 국민소득의 변동성을 줄여 주는 자동안정장치(automatic stabilizer)로서의 기능을 하고 있다 (승수에서 $1-b$ 대신 $1-b+bt$ 대입).

2) 수입

수입을 고려할 경우 국내생산에 대한 소비지출의 증가가 감소하므로 승수효과가 감소한다(승수에서 $1-b$ 대신 $1-b+m$ 대입).

3) 이자율과 물가

이자율과 물가의 변동을 고려할 경우, 이자율 상승 및 물가상승에 따라 투자가 감소하므로 승수효과가 감소한다. 이에 대하여는 $IS-LM$, $AD-AS$ 모형을 통해서 분석할 수 있다.

필수예제

다음과 같은 균형국민소득 결정모형에서 정부지출이 220으로 증가할 경우 (ㄱ) 새로운 균형소득과 (ㄴ) 소득의 증가분은? (단, 폐쇄경제를 가정한다.) ▸ 2023년 감정평가사

• C = 120 + 0.8(Y − T)	• Y : 국내총생산	• C : 소비
• 투자(I) = 100	• 정부지출(G) = 200	• 조세(T) = 200

① ㄱ : 1,400, ㄴ : 100　② ㄱ : 1,400, ㄴ : 200　③ ㄱ : 1,420, ㄴ : 100
④ ㄱ : 1,420, ㄴ : 200　⑤ ㄱ : 1,440, ㄴ : 200

출제이슈 균형국민소득의 결정과 변화
핵심해설 **정답** ①

1) 현재의 균형국민소득 구하기
① 균형조건식은 $Y=120+0.8(Y-200)+100+200$이 된다.
② 따라서 균형국민소득 $Y=1{,}300$이 된다.

2) 정부지출이 220으로 증가할 경우 균형국민소득 구하기
① 균형조건식은 $Y=120+0.8(Y-200)+100+220$이 된다.
② 따라서 균형국민소득 $Y=1{,}400$이 된다.
③ 결국 소득의 증가는 $\Delta Y=100$이 된다.

참고로 케인즈 모형과 그에 따른 승수효과는 다음과 같다.

1) 케인즈 국민소득결정모형(수요 측 결정모형)
$Y^D=C+I+G,\quad Y^S=Y,\quad Y^D=Y^S$

2) 균형국민소득의 결정
① 균형조건식에 따라서 $Y=C+I+G$ 이며 $Y=a+b(Y-T_0)+I_0+G_0$이 된다.
② $\therefore\ (1-b)Y=a-bT_0+I_0+G_0 \quad \therefore\ Y=\dfrac{a-bT_0+I_0+G_0}{(1-b)}$

3) 승수효과
$$\Delta Y=\frac{1}{1-b}\Delta I+\frac{1}{1-b}\Delta G-\frac{b}{1-b}\Delta T$$

4) 다양한 승수

투자승수 $\frac{1}{1-b}$, 정부지출승수 $\frac{1}{1-b}$, 조세승수 $-\frac{b}{1-b}$

설문에서 주어진 자료(한계소비성향이 0.8, 정부지출의 증가분이 20)를 위의 산식에 대입하여 풀면 다음과 같다.

$$\Delta Y = \frac{1}{1-b}\Delta G = \frac{1}{1-0.8} \times 20 = 100$$

따라서 균형국민소득의 증가분은 100이 됨을 승수효과를 통해서 확인할 수 있다.

아래와 같은 거시경제모형의 초기 균형에서 정부지출을 1만큼 증가시킬 때, 균형국민소득의 증가분은? (단, Y, C, I, G, T는 각각 국민소득, 소비, 투자, 정부지출, 조세이다.) ▸ 2024년 감정평가사

- $Y = C + I + G$
- $C = 1 + 0.5(Y - T)$
- $I = 2$
- $G = 10$
- $T = 2 + 0.2Y$

① 1.2　② $\frac{4}{3}$　③ $\frac{5}{3}$
④ 2　⑤ 2.5

출제이슈 균형국민소득의 결정과 변화

핵심해설 **정답** ③

1) 정부지출이 10인 경우
① 균형조건식은 $Y = 1 + 0.5(Y - 2 - 0.2Y) + 2 + 10$이 된다.
② 따라서 균형국민소득 $Y = 20$이 된다.

2) 정부지출이 10+1인 경우
① 균형조건식은 $Y = 1 + 0.5(Y - 2 - 0.2Y) + 2 + 10 + 1$이 된다.
② 따라서 균형국민소득 $Y = 20 + \frac{1}{0.6}$이 된다.

3) 소득의 증가
균형국민소득의 증가분 $\Delta Y = \frac{1}{0.6} = \frac{5}{3}$이 된다.

정부부문 및 대외부문이 존재하지 않는 경제의 소비함수와 투자함수가 다음과 같을 때, (가) '현재의 균형국민소득'과 (나) '독립투자가 400조원 증가할 경우의 균형국민소득의 증감분'을 올바르게 짝지은 것은? (단, C, I, Y는 각각 소비, 투자, 국민소득을 의미한다.) ▸ 2016년 서울시 7급

> 소비함수 $C = 600 + 0.6Y$
> 투자함수 $I = 2,400$

	(가)	(나)
①	7,000조원	1,000조원
②	7,000조원	1,200조원
③	7,500조원	1,000조원
④	7,500조원	1,200조원

출제이슈 균형국민소득의 결정과 변화

핵심해설 **정답** ③

케인즈 모형과 그에 따른 국민소득의 결정은 다음과 같다.

1) 총수요의 구성요소 $Y^D = C + I + G$

① 소비 $C = a + b(Y - T),\ 0 < b < 1$
② 투자 $I = I_0$ (동기간에 발생한 재고 포함)
③ 정부 $G = G_0$ (이전지출은 제외)
④ 개방경제의 경우, 순수출 $X - M = X_0 - M_0 - mY$

2) 케인즈 국민소득결정모형(수요 측 결정모형)

① $Y^D = C + I + G$
② $Y^S = Y$
③ $Y^D = Y^S$

3) 균형국민소득의 결정

① 균형조건식에 따라서 $Y = C + I + G$이며 $Y = a + b(Y - T_0) + I_0 + G_0$이 된다.

② $\therefore\ (1-b)Y = a - bT_0 + I_0 + G_0 \quad \therefore\ Y = \dfrac{a - bT_0 + I_0 + G_0}{(1-b)}$

4) 설문에서 주어진 자료를 위의 산식에 대입하여 풀면 다음과 같다.

(가) 현재의 균형국민소득 구하기(단위 : 조원)

① 균형조건식은 $Y=600+0.6Y+2,400$이 된다.
② 따라서 균형국민소득 $Y=7,500$이 된다.

(나) 독립투자가 400조원 증가한 경우 균형국민소득의 증감 구하기(단위 : 조원)

① 균형조건식은 $Y=600+0.6Y+2,400+400$이 된다.
② 따라서 균형국민소득 $Y=8,500$이 되어 소득의 증가 $\Delta Y=1,000$이 된다.

케인즈의 단순 국민소득결정모형에서 정부지출이 2만큼 증가할 경우 균형국민소득이 10만큼 증가한다면 정부지출승수는? ▸ 2011년 감정평가사

① 0.2 ② 0.5 ③ 0.8
④ 2 ⑤ 5

출제이슈 승수효과
핵심해설 **정답 ⑤**

케인즈 모형과 그에 따른 승수효과는 다음과 같다.

1) 케인즈 국민소득결정모형(수요 측 결정모형)

$Y^D = C + I + G, \quad Y^S = Y, \quad Y^D = Y^S$

2) 균형국민소득의 결정

① 균형조건식에 따라서 $Y = C + I + G$이며 $Y = a + b(Y - T_0) + I_0 + G_0$이 된다.

② $\therefore\ (1-b)Y = a - bT_0 + I_0 + G_0 \quad \therefore\ Y = \dfrac{a - bT_0 + I_0 + G_0}{(1-b)}$

3) 승수효과

$$\Delta Y = \frac{1}{1-b}\Delta I + \frac{1}{1-b}\Delta G - \frac{b}{1-b}\Delta T$$

설문에서 주어진 자료를 토대로 정부지출승수를 구하면 다음과 같다.

$\Delta Y = 10$, $\Delta G = 2$이므로 정부지출승수는 5가 된다.

케인즈의 국민소득 결정이론에서 한계소비성향이 0.5라고 가정하자. 이러한 조건하에서 다음 중 균형국민소득이 가장 크게 증가하는 경우는 무엇인가? ▸ 2015년 보험계리사

① 정부지출이 200억원 증가하는 경우
② 조세가 200억원 감소하는 경우
③ 투자가 150억원 증가하는 경우
④ ①과 ② 모두

출제이슈 승수효과
핵심해설 **정답** ①

케인즈 모형과 그에 따른 승수효과는 다음과 같다.

1) 케인즈 국민소득결정모형(수요 측 결정모형)

$$Y^D = C + I + G, \quad Y^S = Y, \quad Y^D = Y^S$$

2) 균형국민소득의 결정

① 균형조건식에 따라서 $Y = C + I + G$이며 $Y = a + b(Y - T_0) + I_0 + G_0 + X_0 - M_0 - mY$이 된다.

② $\therefore\ (1-b+m)Y = a - bT_0 + I_0 + G_0 + X_0 - M_0 \quad \therefore\ Y = \dfrac{a - bT_0 + I_0 + G_0 + X_0 - M_0}{(1-b+m)}$

3) 승수효과

$$\Delta Y = \frac{1}{1-b+m}\Delta I + \frac{1}{1-b+m}\Delta G - \frac{b}{1-b+m}\Delta T + \frac{1}{1-b+m}\Delta X - \frac{1}{1-b+m}\Delta M$$

4) 다양한 승수

투자승수 $\dfrac{1}{1-b+m}$, 정부지출승수 $\dfrac{1}{1-b+m}$, 조세승수 $-\dfrac{b}{1-b+m}$

설문에서 한계소비성향이 0.5임을 고려하면, 투자승수는 2, 정부지출승수는 2, 조세승수는 -1이 된다.

① 정부지출이 200억원 증가하는 경우 정부지출승수가 2이므로 국민소득은 400억원 증가한다.
② 조세가 200억원 감소하는 경우 조세승수가 -1이므로 국민소득은 200억원 증가한다.
③ 투자가 150억원 증가하는 경우 투자승수가 2이므로 국민소득은 300억원 증가한다.

THEME 04 케인즈 모형과 재정정책의 효과

1 재정정책의 수단

재정정책의 수단으로는 크게 정부지출과 조세, 이전지출을 들 수 있다. 정부지출은 직접적으로 총수요를 증가시키고 그에 따라서 국민소득을 승수효과에 의하여 증가시킨다. 조세의 경우 감세가 이루어지게 되면 가계의 가처분소득이 증가하여 소비가 증가함으로써 국민소득이 증가할 수 있다. 또한 이전지출도 감세와 유사하게 가계의 가처분소득을 증가시켜 소비를 증가시키고 국민소득의 증가를 가져온다.

2 재정정책의 파급경로

위에서 살펴본 재정정책의 수단으로서 정부지출, 조세 그리고 이전지출의 변화가 국민소득을 변화시키는 과정은 승수효과를 통해서 분석할 수 있으며 이때의 승수는 각각 정부지출승수, 조세승수, 이전지출승수가 된다.

1) **정부지출** : 정부지출승수 $\frac{1}{1-b}$

2) **조세** : 조세승수 $-\frac{b}{1-b}$

3) **이전지출** : 이전지출승수 $\frac{b}{1-b}$

3 승수효과의 분석

1) 정부지출승수 분석

Theme 3에서 살펴본 투자승수의 분석과 동일하므로 생략한다.

2) 조세승수 분석

앞에서 도출한 균형조건식 $Y = C + I + G$에서 조세(정액세)를 고려하여 다시 쓰면 $Y = a + b(Y - T_0) + I_0 + G_0$이 된다.

이를 풀면 다음과 같다.

$$(1-b)Y = a - bT_0 + I_0 + G_0 \Rightarrow Y = \frac{a - bT_0 + I_0 + G_0}{(1-b)}$$

위의 균형조건식을 변화분으로 변형한 식은 다음과 같다.

$$\Delta Y = \frac{-b}{(1-b)}\Delta T_0$$

이를 해석하면 조세 1 감면(증가) 시 국민소득은 $\frac{b}{1-b}$ 증가(감소)한다. 즉 조세감면분의 $\frac{b}{1-b}$ 배만큼 국민소득이 증가(감소)한다는 뜻이다. 조세감면과 정부지출을 비교해보면, 동일한 액수의 정부지출 증가 시 국민소득은 $\frac{1}{1-b}$ 배만큼 증가하는데, 조세감면 시 국민소득은 $\frac{b}{1-b}$ 배만큼 증가한다. 즉, 조세감면보다 정부지출이 국민소득 증가에 미치는 효과가 더 큼을 알 수 있다.

3) 이전지출승수 분석

앞에서 도출한 균형조건식 $Y = C + I + G$에서 이전지출을 고려하여 다시 쓰면 $Y = a + b(Y - T_0 + TR_0) + I_0 + G_0$이 된다.

이를 풀면 다음과 같다.

$$(1-b)Y = a - bT_0 + bTR_0 + I_0 + G_0 \Rightarrow Y = \frac{a - bT_0 + bTR_0 + I_0 + G_0}{(1-b)}$$

위의 균형조건식을 변화분으로 변형한 식은 다음과 같다.

$$\Delta Y = \frac{b}{(1-b)}\Delta TR_0$$

이를 해석하면 이전지출 1 증가 시 국민소득은 $\frac{b}{1-b}$ 증가한다. 즉 이전지출분의 $\frac{b}{1-b}$ 배만큼 국민소득이 증가한다는 뜻이다. 이전지출과 정부지출을 비교해보면, 동일한 액수의 정부지출 증가 시 국민소득은 $\frac{1}{1-b}$ 배만큼 증가하는데, 이전지출 증가 시 국민소득은 $\frac{b}{1-b}$ 배만큼 증가한다. 즉, 이전지출보다 정부지출이 국민소득 증가에 미치는 효과가 더 큼을 알 수 있다.

4 균형재정승수

1) 균형재정과 균형재정승수의 의의

여기서 말하는 균형재정이란 정부재정 전체가 균형을 이룬다는 것이 아니라 추가적인 재정수지가 균형을 이룬다는 것이므로 주의해야 한다. 균형재정승수란 현재의 정부 재정상태를 변화시키지 않는 상황에서의 승수로서 정부지출과 조세가 동일한 액수만큼 늘어날 때의 승수를 의미한다.

2) 균형재정승수 분석

추가적인 재정수지가 균형을 이루어야 하므로 정부지출과 조세가 동일하게 증가하는 상황을 상정하자.

만일 정부지출이 1원 증가하면, 정부지출승수에 의하여 국민소득은 $\frac{1}{1-b}$원 증가한다. 그리고 동시에 조세가 1원 증가하면, 조세승수에 의하여 국민소득은 $\frac{b}{1-b}$원 감소한다. 결국 국민소득은 $\frac{1}{1-b}$ - $\frac{b}{1-b}$ = 1만큼 증가한다.

① 정부지출의 증가

정부지출의 증가는 그 자체가 총수요의 구성부분을 이루고 있기 때문에 직접적으로 유효수요를 증가시키는 한편, 증가한 유효수요가 소득을 늘리기 때문에 그로 인해 소비가 증가하여 소득의 증대효과가 증폭된다. 이것이 바로 정부지출 증가의 승수효과이다. 정부지출 증가는 총수요에 미치는 직접적인 효과를 반영하기 때문에 정부지출승수는 $\frac{1}{1-b}$이 된다. 이는 간단한 무한등비급수를 통해서 확인할 수 있으니 독자들에게 맡긴다.

② 조세의 증가

반면 조세의 증가 그 자체는 총수요의 구성부분이 아니기 때문에 직접적으로 유효수요를 감소시키는 것은 아니다. 대신 조세의 증가로 인해 가처분소득이 감소하고 소비가 감소하여 총수요가 감소하게 되는 것이다. 한편 감소한 유효수요가 소득을 줄이기 때문에 그로 인해 소비가 또 감소하여 소득의 감소효과가 증폭된다. 이것이 바로 조세 증가의 승수효과이다. 조세 증가는 총수요에 미치는 간접적인 효과만을 반영하기 때문에 조세승수는 $-\frac{b}{1-b}$가 된다. 역시 간단한 무한등비급수를 통해서 확인할 수 있다.

③ **균형재정승수**

따라서 정부지출의 증가와 조세의 증가가 동일한 액수만큼 발생하는 균형재정의 상황에서 정부지출의 증가로 인한 국민소득의 증가가 조세의 증가로 인한 국민소득의 감소를 상쇄하고도 남기 때문에 국민소득은 증가하게 된다. 그리고 그 국민소득의 변화분은 정부지출의 증가분, 조세의 증가분과 완전히 동일하게 되는 것이다.

3) 균형재정승수의 효과

정부지출과 조세를 동일한 크기로 늘리게 되면, 현재의 재정상태를 변화시키지 않는 상태이며, 이때 늘어난 정부지출액(혹은 늘어난 조세액)만큼만 국민소득이 증가한다는 의미이다. 다시 말해서 정부지출과 조세가 1원 증가하면, 재정상태는 불변하고 국민소득은 1원 증가한다.

5 재정의 자동안정화장치

1) 재정의 자동안정화장치

재정의 자동안정화장치는 자동적으로 경기변동을 완화시키는 역할을 하는데 예를 들어 경기호황기에는 과열된 경기를 진정시키며, 경기침체기에는 경기를 자동적으로 진작시키게 된다. 그런데 침체기를 벗어나 이제 회복국면에 접어드는 경우, 재정의 자동안정화장치에 의하여 자동적으로 소득증가를 억제하는 메커니즘이 작동되어 오히려 회복을 더디게 하거나 저해하는 부작용이 있을 수 있다.

2) 정률세

① **의의**

정률세란 과세대상 금액의 일정비율을 세액으로 징수하는 세금을 의미한다. 정액세와 정률세가 모두 존재하는 경우, 조세함수는 $T = T_0 + tY$와 같이 표현된다.

② **정률세의 효과**

케인즈 모형에 정률세를 도입하여 분석하면 다음과 같다.

균형조건식 $Y = C + I + G$에서 조세(정액세와 정률세)를 고려하여 다시 쓰면

$Y = a + b(Y - T_0 - tY) + I_0 + G_0$이 된다.

이를 풀면 다음과 같다.

$$(1-b+bt)Y=a-bT_0+I_0+G_0 \Rightarrow Y=\frac{a-bT_0+I_0+G_0}{(1-b+bt)}$$

위의 균형조건식을 변화분으로 변형한 식은 다음과 같다.

$$\Delta Y=\frac{1}{(1-b+bt)}\Delta I_0,\ \Delta Y=\frac{1}{(1-b+bt)}\Delta G_0,\ \Delta Y=\frac{-b}{(1-b+bt)}\Delta T_0$$

③ 정률세와 승수효과

위에서 변화분의 식을 살펴보면 투자승수와 정부지출승수는 $\frac{1}{(1-b+bt)}$이고 조세승수는 $\frac{-b}{(1-b+bt)}$임을 알 수 있다. 예를 들어 정부지출이 1원 증가하면 국민소득은 $\frac{1}{1-b+bt}$원 증가하고, 조세가 1원 증가하면 국민소득은 $\frac{b}{1-b+bt}$원 감소함을 알 수 있다. 정률세의 존재는 승수효과를 작게 만드는 효과가 있다.

④ 정률세와 자동안정장치

정률세의 도입은 승수를 감소시킴으로써 국민소득의 변동성을 감소시킨다. 즉 경기변동 시 국민소득의 변동성을 줄여주는 자동안정장치(automatic stabilizer) 역할을 하는 것이다.

3) 누진세와 실업보험

누진소득세와 실업보험은 경기변동에 대응하여 어떤 특별한 정책을 도입하지 않더라도 그 자체적으로 경기변동을 자동적으로 완화시키는 역할을 할 수 있다. 누진소득세는 경기호황기에 가계의 가처분소득을 줄여 소비지출을 억제하게 되고, 경기침체기에 가계의 소득세 부담을 줄여주어서 경기변동을 완화시킨다. 특히 누진소득세와 같은 정률세는 승수를 감소시킴으로써 국민소득의 변동성을 완화시킨다. 실업보험은 경기침체기에 일정한 요건을 충족하는 경우 자동적으로 가계로 소득의 이전을 발생시켜서 급격한 소비감소를 막고 경기변동을 완화시킨다. 이러한 실업보험은 경기역행적 성격이기 때문에 소득의 안정화에 기여하게 된다.

필수예제

국민소득, 소비, 투자, 정부지출, 순수출, 조세를 각각 Y, C, I, G, NX, T라 표현하자. 국민경제의 균형이 다음과 같이 결정될 때, 균형재정승수(balanced budget multiplier)는?

▸ 2017년 국가직 9급

$$C = 100 + 0.8(Y - T)$$
$$Y = C + I + G + NX$$

① 0.8　② 1　③ 4　④ 5

출제이슈 균형재정승수

핵심해설 **정답** ②

케인즈 모형과 그에 따른 승수효과는 다음과 같다.

1) 케인즈 국민소득결정모형(수요 측 결정모형)

$$Y^D = C + I + G, \quad Y^S = Y, \quad Y^D = Y^S$$

2) 균형국민소득의 결정

① 균형조건식에 따라서 $Y = C + I + G$이며 $Y = a + b(Y - T_0) + I_0 + G_0 + X_0 - M_0 - mY$가 된다.

② $\therefore (1 - b + m)Y = a - bT_0 + I_0 + G_0 + X_0 - M_0 \quad \therefore Y = \dfrac{a - bT_0 + I_0 + G_0 + X_0 - M_0}{(1 - b + m)}$

3) 승수효과 : 순수출은 불변이라고 가정(왜냐하면 균형재정승수의 상황은 정부지출과 조세만 변화)

$$\Delta Y = \frac{1}{1-b}\Delta I + \frac{1}{1-b}\Delta G - \frac{b}{1-b}\Delta T$$

4) 균형재정승수

① 균형재정
현재 상태에서 정부지출과 조세를 동일한 크기로 늘리게 되면, 현재의 재정상태가 유지되는데 이를 균형재정이라고 한다(일반적인 의미에서의 균형재정과 상이하므로 주의하자).

② 균형재정승수란 정부지출의 증가와 조세의 증가가 동일할 때의 승수를 의미한다.

③ 균형재정승수의 도출

i) 정부지출이 1원 증가하면, 국민소득은 정부지출승수에 의해 $\frac{1}{1-b}$ 원 증가

ii) 조세가 1원 증가하면, 국민소득은 조세승수에 의해 $-\frac{b}{1-b}$ 원 증가

iii) 따라서 정부지출이 1원 증가하고 동시에 조세가 1원 증가하면, 국민소득은 1원 증가

iv) 즉, 늘어난 정부지출액(=늘어난 조세액)만큼 국민소득 증가($\Delta G = \Delta T = \Delta Y$)

$$\Delta Y = \frac{1}{1-b}\Delta G - \frac{b}{1-b}\Delta T = \left(\frac{1}{1-b} - \frac{b}{1-b}\right)\Delta G = \Delta G = \Delta T$$

v) $\Delta G = \Delta T = \Delta Y$이므로 사실상 승수가 1임을 의미하며 이를 균형재정승수라고 한다.

참고로 균형재정승수의 의미를 좀 더 자세히 검토하면 다음과 같다.

정부지출의 증가는 그 자체가 총수요의 구성부분을 이루고 있기 때문에 직접적으로 유효수요를 증가시키는 한편, 증가한 유효수요가 소득을 늘리기 때문에 그로 인해 소비가 증가하여 소득의 증대효과가 증폭된다. 이것이 바로 정부지출 증가의 승수효과이다. 정부지출 증가는 총수요에 미치는 직접적인 효과를 반영하기 때문에 정부지출승수는 $\frac{1}{1-b}$ 이 된다. 이는 간단한 무한등비급수를 통해서 확인할 수 있으니 독자들에게 맡긴다.

반면 조세의 증가 그 자체는 총수요의 구성부분이 아니기 때문에 직접적으로 유효수요를 감소시키는 것은 아니다. 대신 조세의 증가로 인해 가처분소득이 감소하고 소비가 감소하여 총수요가 감소하게 되는 것이다. 한편 감소한 유효수요가 소득을 줄이기 때문에 그로 인해 소비가 또 감소하여 소득의 감소효과가 증폭된다. 이것이 바로 조세 증가의 승수효과이다. 조세 증가는 총수요에 미치는 간접적인 효과만을 반영하기 때문에 조세승수는 $-\frac{b}{1-b}$ 가 된다. 역시 간단한 무한등비급수를 통해서 확인할 수 있다.

따라서 정부지출의 증가와 조세의 증가가 동일한 액수만큼 발생하는 균형재정의 상황에서 정부지출의 증가로 인한 국민소득의 증가가 조세의 증가로 인한 국민소득의 감소를 상쇄하고도 남기 때문에 국민소득은 증가하게 된다. 그리고 그 국민소득의 변화분은 정부지출의 증가분, 조세의 증가분과 완전히 동일하게 되는 것이다.

Chapter 04

고전학파 모형

THEME 01 고전학파 모형의 의의와 기본가정

1 의의

세이의 법칙은 공급이 국민소득을 결정하고 공급은 그 스스로 수요를 창출해냄을 의미한다. 이에 반해 수요가 공급을 창출하고 수요가 국민소득을 결정하는 것을 세이의 법칙에 비견하여 케인즈의 법칙이라고 한다.

2 근거

고전학파의 세계에서는 공급보다 수요가 더 큰 상황을 전제한다. 따라서 경제에 공급된 것은 수요측면에서 남김없이 모두 팔리게 된다. 공급에 대한 대가는 생산과정에 참여한 요소의 제공자들에게 소득으로 지불된다. 결국 국민소득은 공급을 의미하며 공급된 것은 반드시 모두 수요로 소화되기 때문에 공급 그 자체가 국민소득이 된다. 만일 특정산업부문에서 팔리지 않고 남은 것이 있다고 하더라도 요소의 제공자들에게 소득으로 지불되었기 때문에 이들은 다른 부문에서의 수요를 늘리게 되어 결국 경제전체로 볼 때, 공급은 모두 수요로 소화된다고 할 수 있다.

이를 가격의 신축성 차원에서 검토해보자. 경제에 공급이 소득이 지급되어 소비되고도 남은 것은 저축으로서 이는 대부자금시장을 통해서 투자로 이어지게 된다. 이 과정에서 가격변수로서 이자율이 신축적으로 조절되면서 항상 저축과 투자가 일치하게 되므로 결국 공급된 것은 모두 수요로 소화가능하게 되어 공급이 수요를 창출함을 의미한다.

3 가격의 성격 : 신축성

공급이 수요를 창출하고 국민소득을 결정하는 이유는 가격이 신축적이기 때문이다. 초과공급이나 초과수요가 있을 경우 가격이 신축적이라면 불균형이 존재하더라도 가격이 변화하여 불균형을 즉각 해소시킬 수 있게 된다. 공급된 양은 가격의 변화에 의하여 공급되기만 하면 정확하게 그만큼 수요될 수 있다. 총공급이 결정되면 이에 따라서 총수요가 총공급과 같아지도록 조절되고 총공급에 해당하는 만큼이 국민소득으로 결정된다.

※ 케인즈의 유효수요이론
케인즈의 유효수요이론에 의하면 수요가 공급을 창출하고 수요가 국민소득을 결정한다. 이를 고전학파 세이의 법칙에 비견하여 케인즈의 법칙이라고도 한다.

케인즈의 세계에서는 수요보다는 공급이 더 큰 상황을 전제한다. 즉 공급측면에는 유휴생산능력이 존재하여 사실상 수요가 있으며 그에 따라서 얼마든지 공급이 가능하다. 따라서 공급되는 양은 수요로 요구된 양만큼이 되며 공급에 대한 대가는 생산과정에 참여한 요소의 제공자들에게 소득으로 지불된다. 이 소득을 가지고 실제지출이 이루어진다. 결국 국민소득은 공급을 의미하며, 이는 수요만큼이므로 수요가 공급을 창출하고 국민소득을 만들어내는 것이다.

THEME 02 고전학파 모형과 국민소득의 결정

1 총공급

1) 총공급에 대한 고전학파의 관점

고전학파에 의하면 세이의 법칙에 따라 공급이 국민소득을 결정하고 공급은 그 스스로 수요를 창출해낸다. 그리고 공급되는 양은 노동시장에서 결정된 균형고용량을 아래의 총생산함수에 대입하여 결정된다.

2) 총생산함수

거시경제 총생산함수를 $Y = F(\overline{K}, L)$라고 할 때, 투입되는 완전고용수준의 고용량에 의하여 완전고용 산출량 Y_F가 생산된다.

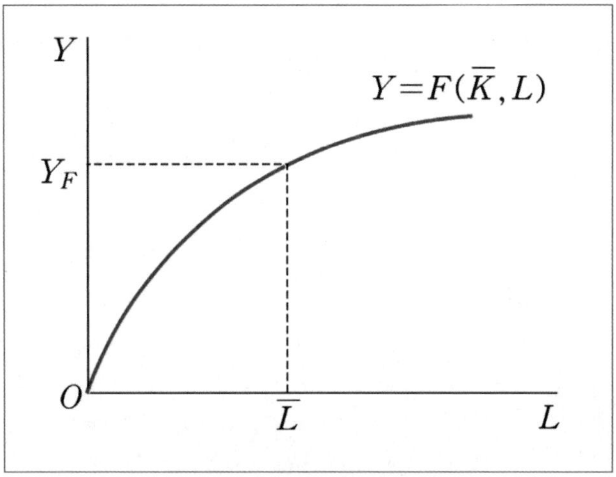

그림 4-1 총생산함수

3) 노동시장

거시경제 총생산함수에 투입되는 고용량의 수준은 노동시장의 균형으로부터 도출된다. 노동시장의 균형은 노동에 대한 수요와 노동공급이 일치할 때 달성된다. 이때, 임금의 신축적인 조정에 의하여 노동시장에 불균형이 있더라도 항상 균형을 즉각 회복하므로 고용은 항상 완전고용 수준을 유지한다.

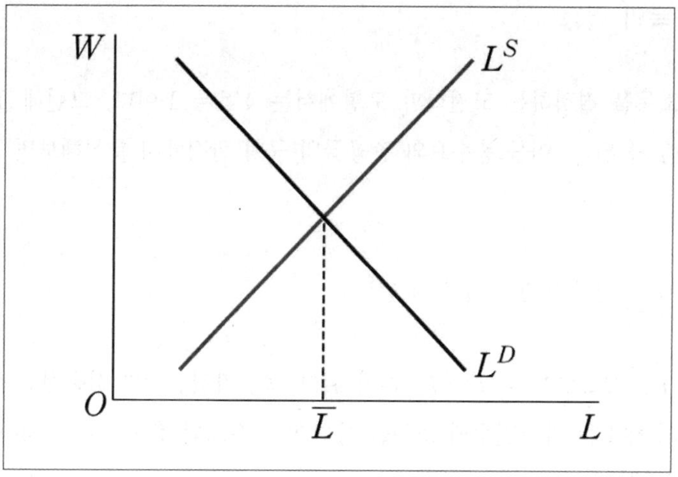

그림 4-2 노동시장의 균형

4) 총공급의 결정 $Y^S = Y = Y_F$

노동시장의 균형으로부터 달성된 완전고용 수준의 고용량과 총생산함수를 통해서 거시경제는 항상 완전고용 산출량과 소득 수준을 달성하게 된다.

2 총수요

1) 총수요에 대한 고전학파의 관점

고전학파에 의하면 세이의 법칙에 따라 공급은 그 스스로 수요를 창출해 낼 수 있다. 앞에서 완전고용 산출량 수준이 경제 내에 일단 공급되면 자연스럽게 수요 및 소비된다는 것이다.

2) 총수요의 구성요소

경제 내 수요 및 소비의 주체에 따라서 총수요는 민간의 소비수요, 기업의 투자수요, 정부지출수요로 나눌 수 있다. 여기서는 폐쇄경제를 가정하여 해외수요는 제외하고 이는 추후 개방거시이론에서 다루게 된다. 총수요를 식으로 표현하면 다음과 같다.

$Y^D = C + I + G$ (단, Y^D : 총수요, C : 소비수요, I : 투자수요, G : 정부지출수요)

3 균형국민소득의 결정

총공급이 국민소득을 결정하는 고전학파 모형에서는 $Y^S = Y$이다. 그런데 $Y^S = Y_F$로 결정되므로 $Y = Y_F$가 된다. 이를 총수요와 총공급의 균형 관점에서 분석해보면, 다음과 같이 표현이 가능하다.

$Y^D = C + I + G$, $Y^S = Y$, $Y^D = Y^S$

그런데 $Y^S = Y_F$이므로 $Y_F = C + I + G$가 된다. 즉, 가격변수가 신축적인 상황에서 과잉생산이라는 불균형의 해소는 가격변수의 조정을 통하여 총수요와 총공급이 일치하게 되어 이루어지고 균형을 달성하게 된다.

4 거시경제의 균형과 대부자금시장

1) 거시경제 균형식의 변형

앞에서 살펴본 균형국민소득의 식 $Y_F = C + I + G$를 변형하면 다음과 같다. 편의상 Y_F는 Y로 표시하면 $Y = C + I + G$가 된다. 이를 다시 쓰면 $Y - C - G = I$가 된다.

여기에 세금을 고려하면 $(Y - T - C) + (T - G) = I$가 된다. 그런데 $(Y - T - C)$는 소득에서 조세를 차감하고 소비하고 남은 것이므로 저축을 의미한다. 역시 $(T - G)$도 정부 입장에서 정부의 조세수입에서 정부지출을 차감한 것이므로 정부저축이라고 할 수 있다.
따라서 $(Y - T - C)$를 민간저축 S_P라고 하고 $(T - G)$를 정부저축 S_G라고 하면 그 둘의 합은 경제 전체의 총저축 S가 된다.

2) 대부자금시장의 도입

대부자금시장의 존재를 고려하면, 총저축은 대부자금시장에서의 자금공급이 되며 투자는 대부자금에 대한 수요가 된다. 특히 대부자금 수요 및 공급이 이자율의 영향을 받음을 고려하면 대부자금 공급으로서 총저축은 $S = S(r)$이 되고, 대부자금 수요로서 투자는 $I = I(r)$이 된다.

① **대부자금공급** $S = S(r)$

② **대부자금수요** $I = I(r)$

③ **대부자금시장의 균형** $S(r) = I(r)$

3) 거시경제균형과 대부자금시장 균형

거시경제의 균형의 식은 $Y = C + I + G$로서 $(Y - T - C) + (T - G) = I$가 된다. 그리고 대부자금시장의 균형은 $S = I$가 된다. 결국 거시경제의 균형과 대부자금시장 균형은 동일한 의미임을 알 수 있다. 한편, 대부자금시장의 균형이 이자율에 의하여 달성되는 것처럼 거시경제균형도 이자율에 의하여 수요 및 공급의 균형이 달성된다.

4) 대부자금시장의 기능

세이의 법칙에서 공급이 수요를 창출하게 되는 근거는 바로 대부자금시장에서의 신속한 이자율 조정에 달려 있는 것이다. 가계부문에서 수요가 되고 남은 부분, 즉 저축부분은 대부자금시장을 통해서 기업부문으로 유입이 된다. 기업부문은 차입한 대부자금을 가지고 가계부문에서 수요되고 남은 부분을 수요하게 된다. 따라서 공급된 생산물은 결국 가계부문과 기업부문에서 하나도 빠짐없이 수요되어 균형을 이루게 된다.

참고로, 거시경제 순환과정에서 저축이나 투자가 없다면 가계는 부를 축적할 수 없게 되며, 기업은 생산을 위한 자본을 축적하기 어렵게 된다. 이에 따라 다시 가계는 소득을 증가시킬 수 없게 되어 총수요가 증가할 수 없으며 기업은 생산을 늘리기 어렵게 된다. 결국 거시경제의 성장을 위해서는 저축과 투자가 반드시 필요하며 이를 위해서는 대부자금시장이 필수불가결하다.

5 균형국민소득 결정과 대부자금시장의 기하적 분석

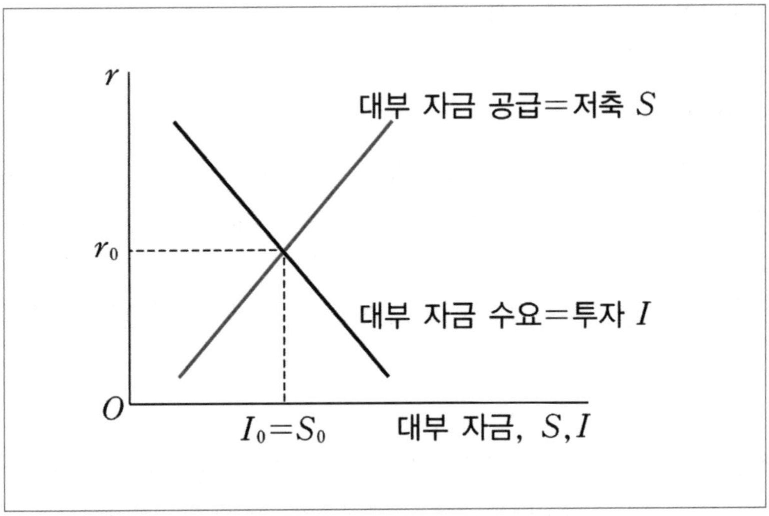

그림 4-3 대부자금시장의 균형

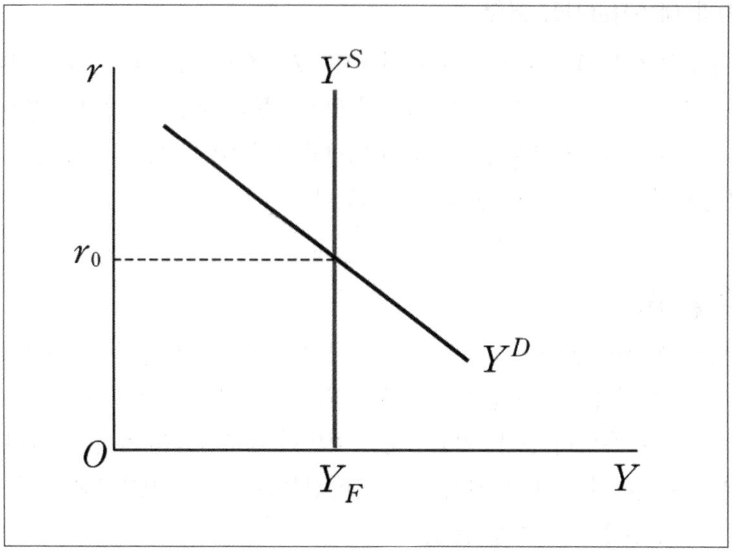

그림 4-4 거시경제의 균형

1) 균형국민소득의 결정요인

위 모형에 의하면 균형국민소득의 결정요인은 오로지 공급 측 요인으로서 총공급만이 국민소득을 결정함을 확인할 수 있다.

2) 결정된 균형국민소득의 성격

노동시장에서 임금의 신축성에 의하여 항상 완전고용이 달성되기 때문에 거시경제의 균형국민소득은 완전고용국민소득이 되며 이를 잠재국민소득이라고도 한다.

3) 균형국민소득의 구성

균형국민소득의 식은 $Y_F = C + I + G$로서 소비, 투자, 정부지출로 구성된다. 그런데 소비와 투자는 대부자금시장에서 결정된 이자율의 영향을 받는다. 따라서 균형국민소득은 완전고용국민소득 수준으로서 불변이더라도 그 구성비율은 균형이자율에 따라서 달라질 수 있다. 즉, 균형국민소득을 구성하는 소비, 투자, 정부지출의 구성비율이 이자율에 따라서 변화한다는 의미이다.

4) 구축효과

균형국민소득이 완전고용국민소득 수준에서 고정되어 있는 상황에서 정부지출이 증가하는 경우 필연적으로 투자나 소비가 감소하게 된다. 정부지출이 증가하면 대부자금시장에서 대부자금의 공급이 감소하기 때문에 이자율이 상승하고 이로 인해 소비 및 투자가 감소한다. 그러나 국민소득은 완전고용국민소득을 계속 유지한다. 이때 정부지출이 소비와 투자를 완전히 구축했다고 표현하며 이를 구축효과라고 한다. 이에 대하여는 본장 Theme 4에서 상세히 살펴볼 것이다.

※ 고전학파의 총수요곡선 및 물가이론

참고로 대부자금시장을 도입하여 거시경제의 총수요를 이자율 – 소득 평면에 표시하는 것에 대하여 화폐수량설을 통하여 거시경제의 총수요를 물가 – 소득 평면에 표시할 수도 있다. 화폐수량설은 $MV=PY$이며 이를 변형한 $P=\frac{MV}{Y}$를 물가 – 소득 관점에서 본 고전학파의 총수요곡선이라고 한다.

필수예제

어떤 경제의 국내저축(S), 투자(I) 그리고 순자본유입(KI)이 다음과 같다고 한다. 아래 조건에서 대부자금시장의 균형이자율(r)은 얼마인가? ▸ 2015년 공인노무사

- $S = 1,400 + 2,000r$
- $I = 1,800 - 4,000r$
- $KI = -200 + 6,000r$

① 2.0% ② 4.25% ③ 5.0%
④ 6.5% ⑤ 8.25%

출제이슈 대부자금시장모형
핵심해설 **정답** ③

고전학파의 균형국민소득 결정모형은 다음과 같다.

1) 총공급 $Y^S = Y = Y_F$

① 노동시장의 균형과 총생산함수로부터 공급량을 도출
② 완전고용국민소득을 달성

2) 국민소득의 결정

$Y^S = Y = Y_F$, $Y^D = C + I + G = C(r) + I(r) + G_0$, $Y^S = Y^D$
따라서 $Y_F = C + I + G$가 된다.

3) 대부자금시장모형

① 위의 식을 변형하면, $(Y_F - T - C) + (T - G) = I$가 되며 이는 다음과 같은 의미이다.
② 대부자금공급 : 총저축 $S = S(r) = (Y_F - T - C) + (T - G)$
③ 대부자금수요 : 총투자 $I = I(r)$

4) 대부자금시장모형을 이용하여 설문을 검토하면 다음과 같다.

순자본유입은 대부자금의 공급에 해당한다. 따라서 대부자금의 수요와 공급이 일치하는 균형이자율은 $S + KI = I$와 같이 결정된다. 따라서 $1,400 + 2,000r - 200 + 6,000r = 1,800 - 4,000r$이다.
따라서 균형이자율은 $r = 0.05 = 5\%$가 된다.

THEME 03 고전학파 모형과 국민소득의 변화

1 고전학파 모형과 공급 측 요인의 변화

1) 공급 측 요인의 변화와 균형국민소득

고전학파 모형에서 공급 측 요인으로서 노동시장 및 생산함수에 변화가 있는 경우 균형국민소득 자체가 변화하게 된다.

2) 공급 측 요인의 예

노동력의 해외유입이나 인구가 증가하면서 노동공급이 증가하는 경우 노동시장에서 고용량 자체가 증가하게 되어 완전고용국민소득이 증가한다. 또 자본량이 증가하는 경우 거시경제 총생산함수로 자본투입량이 많아지므로 역시 완전고용국민소득이 증가한다. 마찬가지로 기술진보가 발생할 경우에도 완전고용국민소득 자체가 증가한다.

2 수요 측 요인의 변화

1) 수요 측 요인의 변화와 균형국민소득

고전학파 모형에서 수요 측 요인으로서 소비나 투자가 독립적으로 변화한다든지 혹은 재정정책의 실시로 인하여 정부지출이나 조세가 변화할 경우에는 균형국민소득 자체는 변화하지 않는다. 다만, 균형국민소득을 이루고 있는 구성요소로서 소비, 투자, 정부지출의 비중이 변화할 뿐이다.

2) 수요 측 요인의 예

① 투자의 외생적 증가

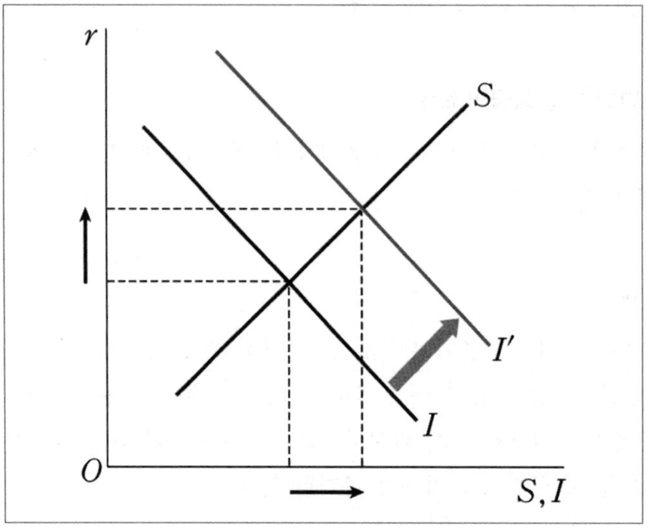

그림 4-5 투자의 외생적 증가의 효과

투자가 외생적으로 증가하면 대부자금시장에서 자금수요가 증가함을 의미한다. 따라서 대부자금 초과수요로 인하여 불균형이 발생하지만 불균형 해소를 위해 이자율이 상승하게 된다. 이자율 상승은 저축을 증가시켜 대부자금 초과수요는 해소된다. 한편 이자율 상승으로 인해 소비는 감소하게 된다. 참고로 그림 4-4 거시경제 균형에서는 Y^D의 상방이동에 따른 이자율 상승으로 나타남에 유의해야 한다.

정리하면, 투자의 외생적 증가는 소비 비중의 감소, 투자 비중의 증가 그리고 국민소득 불변의 효과를 가져온다.

② 저축의 외생적 증가

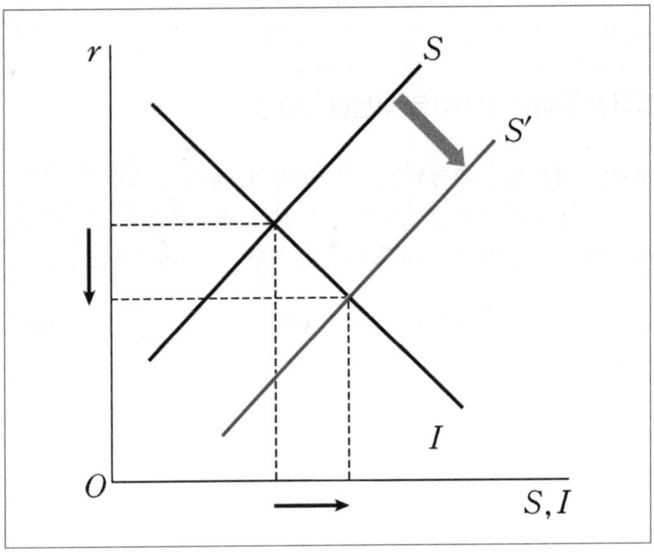

그림 4-6 저축의 외생적 증가의 효과

저축이 외생적으로 증가하면 대부자금시장에서 자금공급이 증가함을 의미한다. 따라서 대부자금 초과공급으로 인하여 불균형이 발생하지만 불균형 해소를 위해 이자율이 하락하게 된다. 이자율 하락은 투자를 증가시켜 대부자금 초과공급은 해소된다. 한편 이자율 하락으로 인해 최초에 증가했던 저축이 감소하면서 소비는 증가하게 되지만 최초 저축증가로 인해서 여전히 소비는 처음보다 감소한 수준이 된다. 참고로 그림 4-4 거시경제 균형에서는 Y^D의 하방이동에 따른 이자율 하락으로 나타남에 유의해야 한다.

정리하면, 저축의 외생적 증가는 소비 비중의 감소, 투자 비중의 증가 그리고 국민소득 불변의 효과를 가져온다.

③ 재정정책의 실시
정부지출이나 조세와 같은 수요 측 요인이 변화하는 경우는 다음 Theme에서 다룬다.

필수예제

다음 괄호 안에 들어갈 용어를 순서대로 나열한 것은? ▸ 2016년 공인노무사

기업들에 대한 투자세액공제가 확대되면, 대부자금에 대한 수요가 ( )한다. 이렇게 되면 실질이자율이 ( )하고 저축이 늘어난다. 그 결과 대부자금의 균형거래량은 ( )한다. (단, 실질이자율에 대하여 대부자금수요곡선은 우하향하고, 대부자금공급곡선은 우상향한다.)

① 증가, 상승, 증가 ② 증가, 하락, 증가 ③ 증가, 상승, 감소
④ 감소, 하락, 증가 ⑤ 감소, 하락, 감소

출제이슈 대부자금시장모형

핵심해설 정답 ①

고전학파의 균형국민소득 결정모형은 다음과 같다.

1) 총공급 $Y^S = Y = Y_F$

① 노동시장의 균형과 총생산함수로부터 공급량을 도출
② 완전고용국민소득을 달성

2) 국민소득의 결정

$Y^S = Y = Y_F$, $Y^D = C + I + G = C(r) + I(r) + G_0$, $Y^S = Y^D$
따라서 $Y_F = C + I + G$가 된다.

3) 대부자금시장모형

① 위의 식을 변형하면, $(Y_F - T - C) + (T - G) = I$가 되며 이는 다음과 같은 의미이다.
② 대부자금공급 : 총저축 $S = S(r) = (Y_F - T - C) + (T - G)$
③ 대부자금수요 : 총투자 $I = I(r)$

4) 대부자금시장모형을 이용하여 투자세액공제확대의 효과를 검토하면 다음과 같다.

① 기업들에 대한 투자세액공제가 확대되면, 투자에 따른 기업의 비용부담이 감소하여 투자가 증가하므로 대부자금에 대한 수요가 (증가)한다.

② 이렇게 되면 대부자금시장에서 수요의 증가로 인해 실질이자율이 (상승)한다. 이때, 수요의 증가로 인해서 대부자금 수요곡선은 상방으로 이동한다.

③ 대부자금시장에서 실질이자율의 상승은 저축의 증가를 가져온다. 이때 저축의 증가 즉, 대부자금 공급의 증가는 대부자금 공급곡선이 하방으로 이동하는 것이 아니라 대부자금 공급곡선 선상에서의 이동으로서 실질이자율의 상승에 따라 대부자금 공급이 증가하는 것이므로 주의하자.

④ 그 결과 대부자금의 균형거래량은 (증가)한다.

THEME 04 고전학파 모형과 재정정책의 효과

1 재정정책의 파급경로

정부지출을 위해서는 재원조달이 필수적이다. 재원은 조세를 통해 마련을 할 수도 있고 조세의 증가 없이 국채발행을 통해서 이루어질 수도 있다. 만일 정부지출이 조세의 증가 없이 이루어진다면 그것은 정부저축의 감소로서 곧 전체 국민저축 수준이 감소하는 것을 의미하므로 대부자금시장에서 대부자금공급이 감소한다.

2 재정정책의 효과(정부지출이 증가하는 경우)

정부지출이 조세의 증가 없이 이루어진다고 하자. 그러면 정부지출의 증가는 곧 정부저축의 감소를 의미하며 국민저축의 감소를 의미한다. 따라서 대부자금시장에서 초과수요가 발생하게 된다. 대부자금시장에서의 불균형 해소를 위해서 이자율이 상승하게 되며, 이자율 상승은 투자를 감소시키고 민간저축을 증가시켜 대부자금 초과수요는 해소된다. 한편 이자율 상승으로 인해 소비는 감소하게 된다. 참고로 그림 4-4 거시경제 균형에서는 Y^D의 상방이동에 따른 이자율 상승으로 나타남에 유의해야 한다.

정리하면, 조세증가 없는 정부지출의 증가는 소비 비중의 감소, 투자 비중의 감소 그리고 국민소득 불변의 효과를 가져온다. 정부지출이 증가함으로써 이자율이 상승하여 고정된 완전고용 국민소득 수준에서 소비와 투자를 몰아낸 것이므로 이를 구축효과가 발생했다고 한다.

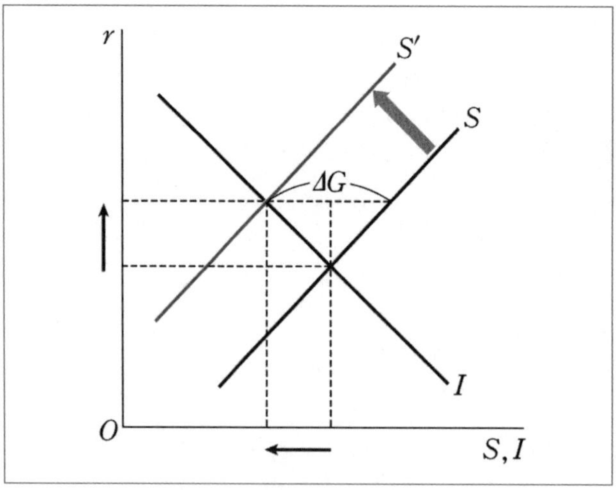

그림 4-7 정부지출 증가의 효과

필수예제

구축효과(Crowding Out Effect)에 대한 설명으로 옳지 않은 것은? ▸ 2011년 국가직 9급

① 정부의 재정지출 증가 ② 가계의 소비지출 감소
③ 기업의 투자지출 감소 ④ 중앙은행의 통화량 감소

출제이슈 고전학파의 균형국민소득 결정모형
핵심해설 정답 ④

고전학파의 균형국민소득 결정모형은 다음과 같다.

1) 총공급 $Y^S = Y = Y_F$

① 노동시장의 균형과 총생산함수로부터 공급량을 도출
② 완전고용국민소득을 달성

2) 국민소득의 결정

$Y^S = Y = Y_F$, $Y^D = C + I + G = C(r) + I(r) + G_0$, $Y^S = Y^D$
따라서 $Y_F = C + I + G$ 가 된다.

3) 대부자금시장모형

① 위의 식을 변형하면, $(Y_F - T - C) + (T - G) = I$가 되며 이는 다음과 같은 의미이다.
② 대부자금공급 : 총저축 $S = S(r) = (Y_F - T - C) + (T - G)$
  i) 민간저축 $(Y_F - T - C)$, 소비가 외생적으로 감소하면 민간저축 증가
  ii) 정부저축 $(T - G)$, 정부지출이 외생적으로 증가하면 정부저축 감소
③ 대부자금수요 : 총투자 $I = I(r)$

4) 대부자금시장모형을 이용하여 정부지출의 증가의 효과를 분석하면 다음과 같다.

① 정부지출 증가는 정부저축의 감소로서 총저축의 감소를 가져온다.
② 총저축이 감소하면 대부자금시장의 이자율이 상승한다.
③ 이자율 상승으로 민간저축이 증가하여 소비가 감소하고 투자가 감소한다.
④ 따라서 정부지출의 증가는 소비 감소, 투자 감소를 가져와서 완전 구축의 효과를 가지며, 이를 구축효과(crowding out effect)라고 한다.

따라서 정부지출 증가에 대한 위와 같은 효과를 고려할 때, ④의 통화량 감소는 관련이 없다.

폐쇄경제하에서 소비(C)는 감소하고 정부지출(G)은 증가할 경우 민간저축과 정부저축에 대한 설명으로 가장 옳은 것은? (단, 국민소득과 세금은 고정되어 있다고 가정한다.) ▸ 2016년 서울시 7급

① 민간저축과 정부저축 모두 증가한다.
② 민간저축과 정부저축 모두 감소한다.
③ 민간저축은 증가하고 정부저축은 감소한다.
④ 민간저축은 감소하고 정부저축은 증가한다.

출제이슈 고전학파의 균형국민소득 결정모형

핵심해설 **정답** ③

고전학파의 균형국민소득 결정모형은 다음과 같다.

1) 총공급 $Y^S = Y = Y_F$

① 노동시장의 균형과 총생산함수로부터 공급량을 도출
② 완전고용국민소득을 달성

2) 국민소득의 결정

$Y^S = Y = Y_F$, $Y^D = C + I + G = C(r) + I(r) + G_0$, $Y^S = Y^D$

따라서 $Y_F = C + I + G$가 된다.

3) 대부자금시장모형

① 위의 식을 변형하면, $(Y_F - T - C) + (T - G) = I$가 되며 이는 다음과 같은 의미이다.
② 대부자금공급 : 총저축 $S = S(r) = (Y_F - T - C) + (T - G)$
  i) 민간저축 $(Y_F - T - C)$, 소비가 외생적으로 감소하면 민간저축 증가
  ii) 정부저축 $(T - G)$, 정부지출이 외생적으로 증가하면 정부저축 감소
③ 대부자금수요 : 총투자 $I = I(r)$

4) 대부자금시장모형을 이용하여 정부지출의 증가의 효과를 분석하면 다음과 같다.

① 정부지출 증가는 정부저축의 감소로서 총저축의 감소를 가져온다.
② 총저축이 감소하면 대부자금시장의 이자율이 상승한다.
③ 이자율 상승으로 민간저축이 증가하여 소비가 감소하고 투자가 감소한다.
④ 따라서 정부지출의 증가는 소비 감소, 투자 감소를 가져와서 완전 구축의 효과를 가지며, 이를 구축효과(crowding out effect)라고 한다.

따라서 정부지출 증가에 대한 위와 같은 효과를 고려할 때, ③만이 옳은 내용이 된다.

아래와 같은 고전학파 모형에서 정부지출이 150에서 200으로 증가할 경우 실질이자율과 민간투자의 변화에 관한 설명으로 옳은 것은? (단, S, $\overline{Y}$, $\overline{T}$, $\overline{G}$, I, r, $s(r)$은 각각 총저축, 총생산, 조세, 정부지출, 투자, 실질이자율(%), 민간저축률이며, 민간저축률은 실질이자율의 함수이다.) ▸ 2024년 감정평가사

- $S = s(r)(\overline{Y} - \overline{T}) + (\overline{T} - \overline{G})$
- $I = 200 - 10r$
- $\overline{Y} = 1{,}000,\ \overline{T} = 200,\ \overline{G} = 150$
- $s(r) = 0.05r$

① 실질이자율은 1%포인트 상승하고 민간투자는 10 감소한다.
② 실질이자율은 3%포인트 상승하고 민간투자는 30 감소한다.
③ 실질이자율은 5%포인트 상승하고 민간투자는 50 감소한다.
④ 실질이자율과 민간투자는 변화가 없다.
⑤ 실질이자율은 1%포인트 하락하고 민간투자는 10 증가한다.

출제이슈 대부자금시장 모형과 정부지출의 증가

핵심해설 **정답** ①

1) 정부지출이 150일 때

$$S = s(r)(\overline{Y} - \overline{T}) + (\overline{T} - \overline{G}) = 0.05r(1{,}000 - 200) + (200 - 200) = 40r$$
$$I = 200 - 10r$$

균형을 구하면, $I = S = 170$, $r = 3$이 된다.

2) 정부지출이 200일 때

$$S = s(r)(\overline{Y} - \overline{T}) + (\overline{T} - \overline{G}) = 0.05r(1{,}000 - 200) + (200 - 150) = 40r + 50$$
$$I = 200 - 10r$$

균형을 구하면, $I = S = 160$, $r = 4$이 된다.

따라서 실질이자율은 3에서 4로 1%p 상승하고 민간투자는 170에서 160으로 10만큼 감소한다.

PART

03

국민소득과 이자율 결정이론

Chapter 05

$IS-LM$ 모형

THEME 01 케인즈 모형의 한계 및 보완

1 케인즈 단순모형의 한계

1) 수요 측 모형

케인즈 단순모형은 수요 측 모형으로서 공급 측 요인이 국민소득에 영향을 미치는 것에 대한 분석이 결여되어 있다. 이를 위한 보완은 노동시장에 대한 분석으로서 추후 $AD-AS$ 모형에서 다루게 된다.

2) 총수요의 결정요인에 대한 정치한 분석 결여

케인즈 단순모형에서 투자는 기업가의 야성적 충동에 의해서 결정되는 것으로서 독립적이고 외생적인 성격을 가진다. 이렇게 투자의 결정요인을 제대로 고려하지 않고 있는 한계를 극복하기 위해서는 투자함수를 도입하여 투자에 영향을 주는 요인을 분석할 필요가 있다. 이를 위해서 화폐시장을 도입하고 화폐시장에서 결정된 이자율이 투자에 영향을 주는 모형을 도입하게 된다.

2 케인즈 단순모형의 보완

1) 투자함수의 도입

투자는 이자율과 역의 관계에 있음을 가정하여 투자를 이자율의 감소함수로 도입한다. 투자와 이자율 간의 관계에 대한 보다 자세한 분석은 추후 거시경제의 미시적 기초에서 다양한 투자모형을 통해 다루게 될 것이다.

2) 생산물시장 이외에 화폐시장의 도입

케인즈 단순모형에서는 생산물 시장만을 고려하고 있으나 이제 투자함수를 도입하고 투자에 영향을 미치는 변수로 이자율을 도입하면서부터는 화폐시장을 동시에 분석하게 된다. 화폐시장에서 화폐수요는 케인즈의 유동성선호이론에 따라서 거래적 동기에 의한 화폐수요와 투기적 동기에 의한 화폐수요로 구성된다. 그리고 화폐공급은 통화당국에 의한 외생적 공급을 가정한다. 이자율은 화폐시장의 수요와 공급의 균형을 통해서 결정된다. 참고로 고전학파의 대부자금시장모형에 의하면 이자율은 대부자금시장에서 결정되는 반면, 여기서는 화폐시장의 화폐수요와 공급에 의하여 이자율이 결정된다는 차이가 있다. 그러나 두 모형에 적절한 가정을 추가하면 동일한 분석으로 귀결됨에 유의하자. 자세한 내용은 본서의 수준을 넘으므로 생략한다.

3 케인지언 완전모형의 구성

1) 생산물시장

생산물시장에서 균형을 달성시키는 국민소득과 이자율의 관계를 나타내는 식을 IS 관계식 혹은 IS 방정식이라고 한다. 이 식은 케인즈 단순모형과는 달리 국민소득과 이자율이 모형 안에서 결정되어야 하는 내생변수로서 미지수는 2개인데 식은 1개이므로 부정방정식이 된다. 따라서 방정식 또는 함수식으로서 국민소득과 이자율 간의 관계식을 얻게 되는 것이다.

① 생산물수요 : $Y^D = C + I(r) + G$

② 생산물공급 : $Y^S = Y$

③ 생산물시장 균형조건 : $Y^D = Y^S$

2) 화폐시장

화폐시장에서 균형을 달성시키는 국민소득과 이자율의 관계를 나타내는 식을 LM 관계식 혹은 LM 방정식이라고 한다. 이 식도 역시 국민소득과 이자율이 모형 안에서 결정되어야 하는 내생변수로서 미지수는 2개인데 식은 1개이므로 부정방정식이 된다. 따라서 방정식 또는 함수식으로서 국민소득과 이자율 간의 관계식을 얻게 되는 것이다.

① 화폐수요 : $\frac{M^D}{P} = L(Y, r)$

② 화폐공급 : $\frac{M^S}{P} = \frac{M_0}{P}$

③ 화폐시장 균형조건 : $\frac{M^D}{P} = \frac{M^S}{P}$

3) 생산물시장과 화폐시장의 동시균형

이제 생산물시장과 화폐시장의 동시적 균형을 달성시키는 국민소득과 이자율의 조합은 다음과 같이 IS 방정식과 LM 방정식을 연립하여 풀어서 구할 수 있으며 $IS-LM$ 모형의 균형이라고 한다.

① 생산물시장 균형조건 : $Y^D = Y^S$ → IS 방정식

② 화폐시장 균형조건 : $\frac{M^D}{P} = \frac{M^S}{P}$ → LM 방정식

③ 동시균형 → $IS-LM$ 모형의 균형

THEME 02 생산물시장의 균형(IS 곡선)

1 생산물시장의 균형

1) 생산물시장의 수요

① 투자함수

투자가 이자율과 역의 관계를 가진다고 가정하면 투자함수를 간단하게 $I = I_0 + cr$와 같이 나타낼 수 있다. 이때 c는 투자의 이자율 탄력성으로서 투자가 이자율 변화에 대해 얼마나 민감하게 반응하는지 측정해주는 계수이다.

② 총수요

소비함수는 케인즈 단순모형에서와 같은 절대소득이론에 의한 소비함수를 그대로 도입하고 정부지출은 독립적이고 외생적으로 주어졌다고 하면 총수요는 다음과 같이 표현할 수 있다.

$$Y^D = C + I + G$$
$$C = a + bY,\ I = I_0 + cr,\ G = G_0$$
$$\therefore\ Y^D = a + bY + I_0 + cr + G_0$$

2) 생산물시장의 공급

앞서 케인즈 단순모형에서 분석한 바, 총소득은 총생산과 일치한다. 그리고 소득은 소비와 조세 그리고 남은 저축으로 처분될 수 있다. 이를 수식으로 표현하면 다음과 같다.

① $Y^S = Y$

② $Y = C + S + T$

3) 생산물시장의 균형조건

생산물시장의 균형의 생산물에 대한 수요와 생산물의 공급이 일치할 때 달성된다. 이를 기하적으로 표시하면 $(Y,\ Y^{D,S})$ 평면에 나타낼 수 있으며 이는 이미 케인즈 단순모형에서 살펴본 바 있다. 다만, 이때 주의할 것은 생산물에 대한 수요가 소득뿐만 아니라 이자율에 의해서도 영향을 받는다는 것이다. 이를 그래프로 그리기 위해서는 생산물의 수급량과 이자율 및 소득 축이 필요하지만, 우리는 2차원 상의 평면직교좌표에서 분석하고 있으므로 이자율은 고정된 것으로 가정한다.

① $Y^D = Y^S$

$\therefore\ C + I + G = Y$

$\therefore\ Y^D = a + bY + I_0 + cr + G_0 = Y$

② $Y^D = Y^S$

$\therefore\ C + I + G = C + S + T$

$\therefore\ I + G = S + T$

2 *IS* 곡선의 개념과 도출

1) 개념

IS 곡선이란 생산물시장의 균형이 달성되는 국민소득과 이자율의 조합을 기하적으로 표시한 그래프를 의미한다.

2) 논리적 도출

현재의 상태를 생산물시장의 균형이라고 가정하고, 현재의 균형상태를 충격(shock)에 의하여 이탈시킨 후 새로운 균형상태를 모색하는 조정과정을 통해서 *IS* 곡선을 논리적으로 도출할 수 있다.

현재 균형상태(균형국민소득, 균형이자율 수준)를 Y_1, r_1이라고 하자. 이때, 시장균형을 이탈시키는 인위적 충격이 발생하여 이자율이 하락하였다고 가정하자. 그러면 이자율 하락으로 투자가 증가하고 총수요가 증가하게 된다. 늘어난 총수요가 생산을 견인하여 생산물시장에서의 조정이 발생하고 이로 인해서 결국 국민소득이 증가하면서 새로운 균형에 도달하게 된다.

이제 기존의 균형과 새로운 균형을 동시에 고려하면, 새로운 균형상태는 이전의 균형에 비하여 이자율은 하락하고 국민소득은 증가하게 된다. 따라서 생산물시장의 균형에서는 국민소득과 이자율은 역의 관계를 보인다.

3) 수리적 도출

IS 곡선의 방정식을 수리적으로 도출하기 위해서는 생산물시장의 균형조건식을 이용하면 된다. 이는 단순 케인즈 모형에서 이자율에 영향을 받는 투자함수를 도입한 것과 동일하며 그 과정은 다음과 같다.

$$a+bY+I_0+cr+G_0 = Y$$
$$\therefore\ r=\frac{(1-b)}{c}Y-\frac{(a+I_0+G_0)}{c}$$

여기에 정액세로서의 조세와 수출과 수입을 개방경제하에서 고려하게 되면 IS곡선은 다음과 같이 도출될 수 있다.

$$a+b(Y-T_0)+(I_0+cr)+G_0+(X_0-M_0-mY)= Y$$
$$\therefore\ r=\frac{(1-b+m)}{c}Y-\frac{(a-bT_0+I_0+G_0+X_0-M_0)}{c}$$

4) 기하적 도출

현재 균형상태(균형국민소득, 균형이자율 수준) Y_1, r_1에서 이자율이 r_1에서 r_2로 하락하는 경우 투자의 증가로 인해서 총수요곡선이 상방으로 이동하므로 $Y^D(r_2)$가 된다. 이때 소득은 이전의 소득 Y_1에서 Y_2로 증가한다. 이제 기존의 균형 Y_1, r_1과 새로운 균형 Y_2, r_2를 연결하면 IS 곡선이 도출된다. 기존의 균형에 비해 새로운 균형에서 이자율은 하락하고 국민소득은 증가하였으므로 IS 곡선은 우하향하는 모습을 보이게 된다.

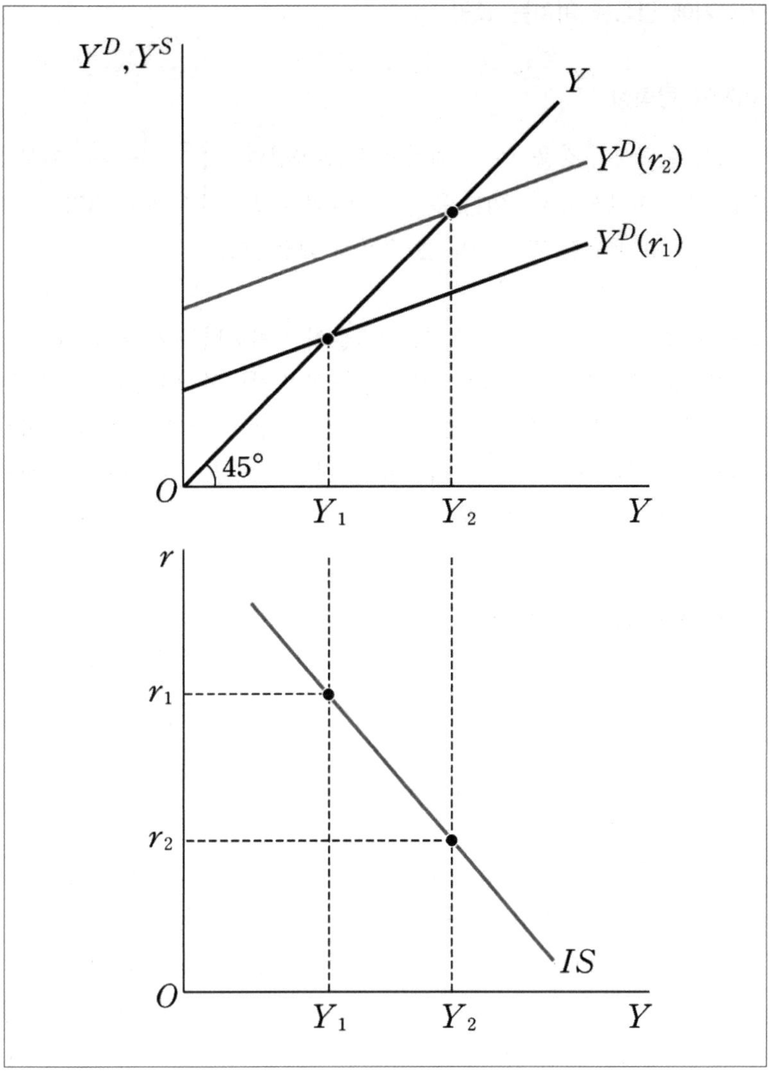

그림 5-1 *IS* 곡선의 도출

3 *IS*곡선의 기울기

1) *IS*곡선의 기울기

앞에서 수리적으로 도출한 *IS*곡선의 방정식은 $r = \frac{(1-b)}{c}Y - \frac{(a+I_0+G_0)}{c}$ 이며, 이때 *IS* 곡선의 기울기는 $\frac{(1-b)}{c}$ (단, b : 한계소비성향, c : 투자의 이자율 탄력성)가 된다.

2) IS곡선의 기울기에 영향을 미치는 요인

① 투자의 이자율 탄력성

투자의 이자율 탄력성이 작을수록 수리적으로 IS곡선의 기울기 $\frac{(1-b)}{c}$에서 분모가 작아지므로 IS곡선은 가파르게 된다. 이는 투자가 이자율에 민감하지 않고 기업가의 야성적 충동에 의하여 독립적으로 좌우될 가능성이 큰 경우에 해당한다.

앞에서 IS곡선을 논리적으로 도출할 때, 이자율이 하락하면 투자가 증가하여 소득이 증가하는 경우를 살펴보았다. 만일 투자의 이자율 탄력성이 작다면, 이자율이 하락하더라도 투자의 증가가 크지 않을 것이므로 소득의 증가도 역시 크지 않을 것이다. 따라서 이자율 하락의 정도는 같더라도 상대적으로 이자율 탄력성이 큰 경우에 비하여 소득의 증가 정도가 크지 않기 때문에 IS곡선이 가파르게 되는 것이다.

② 한계소비성향과 한계저축성향

한계소비성향이 작을수록 혹은 한계저축성향이 클수록 수리적으로 IS곡선의 기울기 $\frac{(1-b)}{c}$에서 분자가 커지므로 IS곡선은 가파르게 된다. 이는 가처분소득이 늘어나더라도 소비가 상대적으로 크게 늘지 않는 경우에 해당한다.

앞에서 IS곡선을 논리적으로 도출할 때, 이자율이 하락하면 투자가 증가하여 소득이 증가하는 경우를 살펴보았다. 만일 한계소비성향이 작거나 혹은 한계저축성향이 크다면 이는 승수효과가 크지 않음을 의미하므로 소득의 증가가 크지 않다는 뜻이다. 따라서 이자율 하락의 정도는 같더라도 상대적으로 한계소비성향이 크거나 한계저축성향이 작은 경우에 비하여 승수효과에 의한 소득의 증가 정도가 크지 않기 때문에 IS곡선이 가파르게 되는 것이다.

4 IS곡선의 이동

1) IS곡선의 이동

앞에서 수리적으로 도출한 IS곡선의 방정식은 $r=\frac{(1-b)}{c}Y-\frac{(a+I_0+G_0)}{c}$이므로 이때, IS곡선의 이동은 절편에 해당하는 $-\frac{(a+I_0+G_0)}{c}$ (단, a : 독립소비, I_0 : 독립투자, G_0 : 정부지출)이 변화하는 경우에 해당한다. 따라서 독립소비, 독립투자, 정부지출이 변화하는 경우 IS곡선은 이동하게 된다.

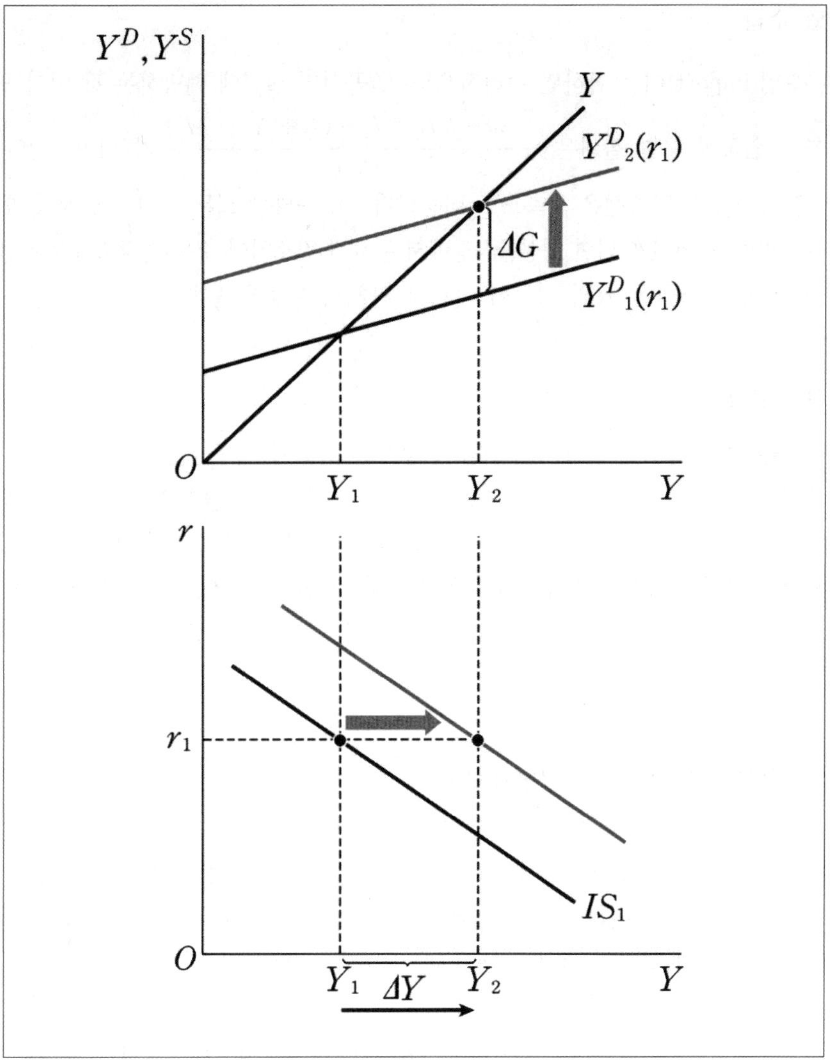

그림 5-2 *IS* 곡선의 이동

2) *IS*곡선의 이동에 영향을 미치는 요인

① 독립적인 지출

독립소비, 독립투자, 정부지출, 수출이 증가하면 수리적으로 *IS*곡선의 절편에 해당하는 $-\dfrac{(a+I_0+G_0)}{c}$이 양의 방향으로 커지므로 *IS*곡선은 우측으로 이동한다. 이는 다른 모든 조건이 일정할 때, 독립적인 지출(독립소비, 독립투자, 정부지출 등)이 증가하게 되면 생산물 시장에서 수요가 증가하여 소득이 증가하게 됨을 의미한다. 따라서 *IS*곡선 상의 이동이 아니라 자체의 이동으로서 우측으로 이동하는 것이다.

② 조세와 수입

조세, 수입(import)이 증가하면 수리적으로 IS곡선의 절편에 해당하는 값(여기 모형에 이들 변수를 도입하여 구한 절편은 $-\dfrac{(a-bT_0+I_0+G_0+X_0-M_0)}{c}$가 되며, 앞의 도출을 참고)이 감소하므로 IS곡선은 좌측으로 이동한다. 이는 다른 모든 조건이 일정할 때, 독립적인 조세나 수입이 증가하게 되면 생산물시장에서 수요가 감소하여 소득이 감소하게 됨을 의미한다. 따라서 이때는 IS곡선 상의 이동이 아니라 자체의 이동으로서 좌측으로 이동하는 것이다.

3) IS곡선의 이동폭

앞에서 살펴본 바와 같이 투자나 정부지출이 증가할 경우에는 생산물시장에서 수요가 증가하여 소득이 증가하면 IS 곡선 자체가 우측으로 이동한다. 이때, IS 곡선의 이동폭은 정확히 투자나 정부지출의 증가가 가져오는 국민소득의 증가분을 나타내는 승수효과의 크기가 된다. 따라서 독립적인 지출 변화의 크기가 클수록 총수요의 증가와 소득의 증가가 커지므로 IS곡선의 이동폭은 커진다. 또한 승수가 클수록 총수요의 증가와 소득의 증가가 커지므로 역시 IS곡선의 이동폭은 커진다.

4) IS곡선의 이동과 생산물시장 불균형의 조정

현재의 균형상태에서 독립적인 지출이 증가한다는 것은 바로 생산물시장의 초과수요를 의미한다. 따라서 생산물시장의 불균형에서 벗어나 새로운 균형을 달성하기 위해서는 이자율이 상승함으로써 투자가 감소하여 생산물시장의 초과수요를 해소하여야 한다. 이는 새로운 균형을 상방에 위치시키므로 IS곡선은 상방 혹은 우측으로 이동하는 것이다.

참고로 이자율의 상승은 화폐시장에서 발생하게 된다. 이는 생산물시장의 초과수요가 생산물의 공급을 이끌어 내어 소득이 증가하면 거래적 화폐수요가 증가하면서, 화폐시장에서 이자율이 상승하게 된다. 화폐시장의 이자율 상승은 이제 생산물시장에서 투자를 감소시켜 최초 발생했던 생산물시장의 초과수요가 해소되는 것이다.

THEME 03 화폐시장의 균형(LM곡선)

1 화폐시장의 균형

화폐수요와 화폐공급에 대하여는 추후 거시경제의 미시적 기초에서 자세히 다루게 된다. 여기서는 LM곡선을 도출하는 정도의 수준에서 간략히 화폐시장을 설명하기로 한다.

1) 화폐수요

소득이 증가할수록 그에 비례하여 화폐수요는 증가한다. 특히 이를 거래적 목적을 위한 지불수단으로서의 화폐의 기능이 강조되는 수요로서 거래적 화폐수요라고 한다. 그리고 이자율은 화폐보유에 따라서 포기해야 하는 기회비용적 성격을 가지고 있으므로 이자율이 상승할수록 화폐수요는 감소한다. 특히 이를 투기적 혹은 투자적 목적을 위한 가치저장수단으로서의 화폐의 기능이 강조되는 수요로서 투기적 화폐수요라고 한다. 화폐수요를 함수식으로 표시하면 다음과 같다.

$$\frac{M^D}{P} = L(Y, r) = kY - lr$$ (단, k : 화폐수요의 소득탄력성, l : 화폐수요의 이자율 탄력성)

거래적 수요와 투기적 수요 이외에도 독립적인 화폐수요 l_0를 고려할 수 있으며 이 경우 화폐수요함수는 다음과 같다.

$$\frac{M^D}{P} = L(Y, r) = kY - lr + l_0$$

여기서 $\frac{M^D}{P}$는 명목화폐수요를 물가로 나눈 것으로서 실질화폐수요이며 이는 실질잔고를 의미한다고 할 수 있다.

2) 화폐공급

화폐공급에 대하여는 추후 거시경제의 미시적 기초에서 상세히 다룰 것이며 여기서는 화폐공급의 외생성을 가정하여 통화당국에 의하여 일정한 수준으로 주어진다고 가정한다. 따라서 화폐공급은 다음과 같이 표현할 수 있다.

$$\frac{M^S}{P} = \frac{M_0}{P}$$

3) 화폐시장의 균형조건

화폐시장의 균형은 화폐에 대한 실질수요가 화폐의 실질공급과 일치할 때 달성되며 이때 균형이자율이 결정된다. 주의할 점은 화폐시장에서 결정되는 이자율은 명목이자율이라는 것이다. 반면 생산물시장의 투자에 영향을 주는 것은 실질이자율로서 차이가 있다. 우리가 고려하는 $IS-LM$ 모형은 단기에 물가가 경직적이므로 물가예상을 0으로 가정하면 명목이자율과 실질이자율을 같이 취급해도 무방하다.

① $\dfrac{M^D}{P}=\dfrac{M^S}{P}$

② $kY-lr=\dfrac{M_0}{P}$

이를 기하적으로 표시하면, $(\dfrac{M}{P},\ r)$ 평면에 다음과 같이 나타낼 수 있다. 이때 주의할 것은 화폐수요가 이자율뿐만 아니라 소득에 의해서도 영향을 받는다는 것이다. 이를 그래프로 그리기 위해서는 화폐수요와 이자율 및 소득 축이 필요하지만 우리는 2차원 상의 평면직교좌표에서 분석하고 있으므로 소득은 고정된 것으로 가정한다.

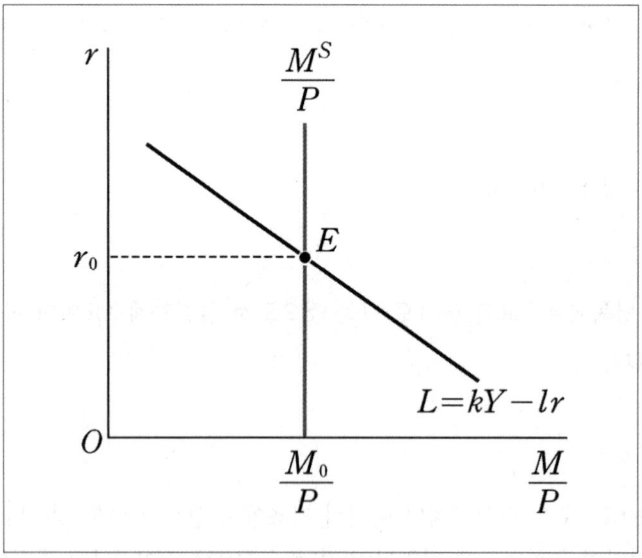

그림 5-3 화폐시장의 균형

2 LM곡선의 개념과 도출

1) 개념

LM곡선이란 화폐시장의 균형이 달성되는 국민소득과 이자율의 조합을 기하적으로 표시한 그래프를 의미한다.

2) 논리적 도출

현재의 상태를 균형이라고 가정하면, 현재의 균형상태를 충격(shock)에 의하여 이탈시킨 후 새로운 균형상태를 모색하는 조정과정을 통해서 LM곡선을 도출할 수 있다.

현재 균형상태(균형국민소득, 균형이자율 수준)를 Y_1, r_1이라고 하자. 이때, 시장균형을 이탈시키는 인위적 충격이 발생하여 국민소득이 증가하였다고 가정하자. 그러면 국민소득 증가로 거래적 화폐수요가 증가하여 화폐수요가 화폐공급을 초과하게 된다. 화폐수요로 인하여 화폐시장에서 조정이 발생하여 이자율이 상승하면서 새로운 균형에 도달하게 된다.

이제 기존의 균형과 새로운 균형을 동시에 고려하면, 새로운 균형상태는 이전의 균형에 비하여 국민소득은 증가하고 이자율은 상승하게 된다. 따라서 화폐시장의 균형에서는 국민소득과 이자율이 정의 관계를 보인다.

3) 수리적 도출

LM곡선의 방정식을 수리적으로 도출하기 위해서는 화폐시장의 균형조건식을 이용하면 된다.

$$kY - lr = \frac{M_0}{P} \qquad \therefore\ r = \frac{k}{l}Y - \frac{M_0}{Pl}$$

만일 거래적 수요와 투기적 수요 이외에도 독립적인 화폐수요 l_0를 고려하는 경우 화폐수요함수는 다음과 같으며, 이에 따른 LM곡선의 도출은 다음과 같다.

$$\frac{M^D}{P} = L(Y, r) = kY - lr + l_0$$

$$kY - lr + l_0 = \frac{M_0}{P} \quad \therefore\ r = \frac{k}{l}Y - \frac{M_0}{Pl} + \frac{l_0}{l}$$

4) 기하적 도출

현재 균형상태(균형국민소득, 균형이자율 수준) Y_1, r_1에서 국민소득이 Y_1에서 Y_2로 증가하는 경우 화폐수요의 증가로 인해서 화폐수요곡선이 상방으로 이동하므로 $l = kY_2 - lr$이 된다. 이때 이자율은 이전의 이자율 r_1에서 r_2로 상승한다.

기존의 균형 Y_1, r_1과 새로운 균형 Y_2, r_2를 연결하면 LM곡선이 도출된다. 기존의 균형에 비해 새로운 균형은 국민소득은 증가하고 이자율은 상승하였으므로 LM곡선은 우상향하는 모습을 보이게 된다.

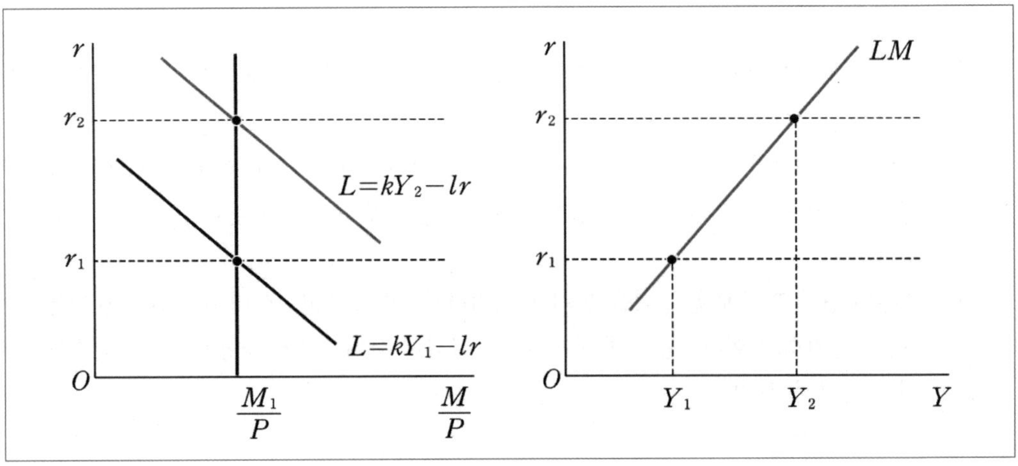

그림 5-4 LM곡선의 도출

3 LM곡선의 기울기

1) LM곡선의 기울기

앞에서 수리적으로 도출한 LM곡선의 방정식은 $r = \frac{k}{l}Y - \frac{M_0}{Pl}$이며, 이때 LM곡선의 기울기는 $\frac{k}{l}$ (단, k : 화폐수요의 소득탄력성, l : 화폐수요의 이자율 탄력성)가 된다.

2) LM곡선의 기울기에 영향을 미치는 요인

① 화폐수요의 소득탄력성

화폐수요의 소득탄력성이 작을수록 수리적으로 LM곡선의 기울기 $\frac{k}{l}$에서 분자가 작아지므로 LM곡선은 완만하게 된다. 앞에서 LM곡선을 논리적으로 도출할 때, 국민소득이 증가하는 경우 거래적 화폐수요가 증가하여 이자율이 상승하는 경우를 살펴보았다. 만일 화폐수요의 소득탄력성이 작다면, 국민소득이 증가하더라도 화폐수요의 증가가 크지 않을 것이므로 이자율의 상승도 역시 크지 않을 것이다.

따라서 국민소득 증가의 정도는 같더라도 상대적으로 화폐수요의 소득탄력성이 큰 경우에 비하여 작은 경우에는 이자율의 상승 정도가 크지 않기 때문에 LM곡선이 완만하게 되는 것이다.

② 화폐수요의 이자율 탄력성

화폐수요의 이자율 탄력성이 클수록 수리적으로 LM곡선의 기울기 $\frac{k}{l}$에서 분모가 커지므로 LM곡선은 완만하게 된다. 앞에서 LM곡선을 논리적으로 도출할 때, 국민소득이 증가하는 경우 거래적 화폐수요가 증가하여 이자율이 상승하는 경우를 살펴보았다. 만일 화폐수요의 이자율 탄력성이 크다면, 국민소득이 증가하여 화폐수요가 증가하더라도 이자율의 상승은 그리 크지 않음을 알 수 있다. 왜냐하면, 화폐시장의 초과수요를 없애기 위해서 이자율이 상승하는 경우, 화폐수요의 이자율 탄력성이 크다면, 이자율이 조금만 상승하여도 화폐수요가 많이 감소하여 초과수요가 쉽게 해소될 수 있기 때문이다.

따라서 국민소득 증가의 정도는 같더라도 상대적으로 화폐수요의 이자율 탄력성이 작은 경우에 비하여 큰 경우에는 이자율의 상승 정도가 크지 않기 때문에 LM곡선이 완만하게 되는 것이다.

4 LM곡선의 이동

1) LM곡선의 이동

앞에서 수리적으로 도출한 LM곡선의 방정식은 $r=\frac{k}{l}Y-\frac{M_0}{Pl}$ 또는 $r=\frac{k}{l}Y-\frac{M_0}{Pl}+\frac{l_0}{l}$ 이므로 이때, LM곡선의 이동은 절편에 해당하는 $-\frac{M_0}{Pl}$ 또는 $-\frac{M_0}{Pl}+\frac{l_0}{l}$ (단, P : 물가, M_0 : 화폐공급량, l : 화폐수요의 이자율 탄력성, l_0 : 독립적인 화폐수요)이 변화하는 경우에 해당한다.

따라서 물가, 화폐공급량, 독립적인 화폐수요가 변화하는 경우 LM은 이동하게 된다. 참고로 l은 절편과 기울기에 동시에 영향을 줄 수 있으므로 편의상 여기서의 분석에서는 제외한다.

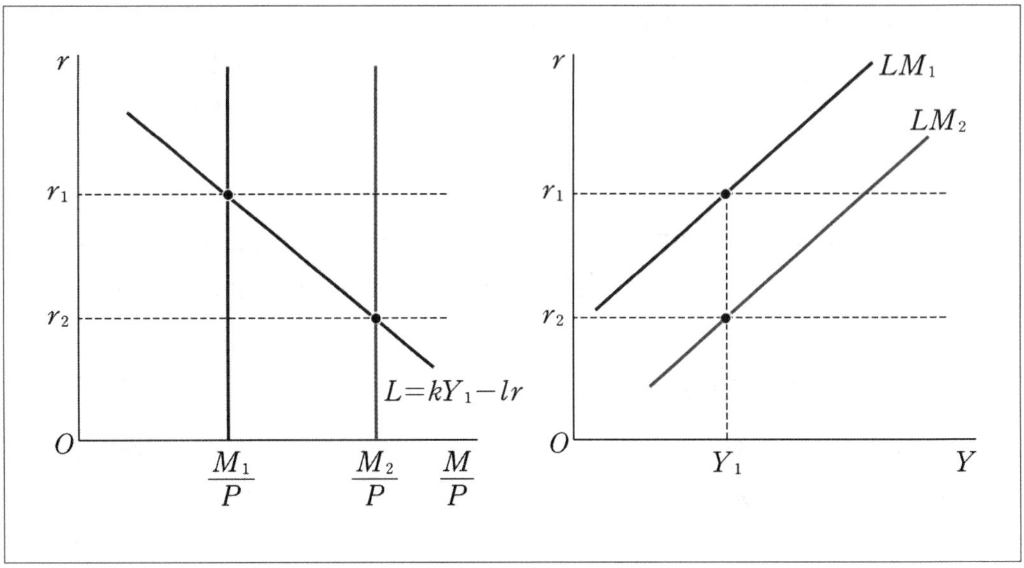

그림 5-5 LM 곡선의 이동

2) LM곡선의 이동에 영향을 미치는 요인

① 화폐공급

화폐공급이 증가하면, 수리적으로 LM곡선의 절편에 해당하는 $-\frac{M_0}{Pl}$이 하방으로 커지므로 LM곡선은 우하방으로 이동한다. 이는 다른 모든 조건이 일정할 때 현재의 균형상태에서 화폐공급이 증가하게 되면, 화폐시장의 초과공급을 의미하며 이자율은 하락함을 의미한다. 따라서 LM곡선 상의 이동이 아니라 자체의 이동으로서 우하방으로 이동하는 것이다.

참고로, 화폐시장에서 초과공급을 해소하고 새로운 균형을 달성하기 위해서는 소득이 증가하거나 이자율이 하락함으로써 화폐수요가 증가하여야 한다. 이는 새로운 균형을 우하방에 위치시키므로 LM곡선은 우측으로 이동하는 것이다.

② 화폐수요

화폐수요가 감소하면, 수리적으로 LM곡선의 절편에 해당하는 $-\frac{M_0}{Pl}+\frac{l_0}{l}$이 하방으로 커지므로 LM곡선은 우하방으로 이동한다. 이는 다른 모든 조건이 일정할 때 현재의 균형상태에서 화폐공급이 증가하게 되면, 화폐시장의 초과공급을 의미하며 이자율은 하락함을 의미한다. 따라서 LM곡선 상의 이동이 아니라 자체의 이동으로서 우하방으로 이동하는 것이다.

3) LM곡선의 이동폭

앞에서 살펴본 바와 같이 화폐공급이 증가하거나 화폐수요가 감소할 경우에는 생산물시장에서 초과공급이 발생하여 이자율이 하락하고 소득이 증가하므로 LM곡선 자체가 우측으로 이동한다. 이때 LM곡선의 이동폭은 화폐수요의 소득탄력성과 이자율 탄력성이 작을수록 우측으로 이동폭이 커진다.

4) LM곡선의 이동과 화폐시장 불균형의 조정

현재의 균형상태에서 화폐공급이 증가하거나 화폐수요가 감소한다는 것은 바로 화폐시장의 초과공급을 의미한다. 따라서 화폐시장의 불균형에서 벗어나 새로운 균형을 달성하기 위해서는 이자율이 하락함으로써 화폐시장의 초과공급을 해소하여야 한다. 이는 새로운 균형을 하방에 위치시키므로 LM곡선은 하방 혹은 우측으로 이동하는 것이다.

5 LM곡선과 화폐수요의 이자율 탄력성

화폐수요가 이자율에 대하여 대단히 민감하다면 즉, 화폐수요의 이자율 탄력성이 클수록 LM곡선의 기울기는 수평에 가깝게 된다. 특히 화폐수요의 이자율 탄력성이 무한대라면, 화폐수요는 이자율에 대하여 완전탄력적이며 LM곡선은 수평이 되며, 이러한 경우를 유동성함정이라고 한다.

필수예제

$IS-LM$곡선에 관한 설명으로 옳은 것을 모두 고른 것은? (단, 폐쇄경제를 가정한다.)

▸ 2023년 감정평가사

ㄱ. 투자가 이자율에 영향을 받지 않는다면 LM 곡선은 수직선이 된다.
ㄴ. 투자가 이자율에 영향을 받지 않는다면 IS 곡선은 수직선이 된다.
ㄷ. 통화수요가 이자율에 영향을 받지 않는다면 LM 곡선은 수직선이 된다.
ㄹ. 통화수요가 소득에 영향을 받는다면 LM 곡선은 수직선이 된다.

① ㄱ, ㄴ ② ㄱ, ㄷ ③ ㄴ, ㄷ
④ ㄴ, ㄹ ⑤ ㄷ, ㄹ

출제이슈 $IS-LM$ 모형의 이해

핵심해설 **정답** ③

IS 곡선과 LM 곡선의 산식은 다음과 같다.

1) IS 곡선

① IS 곡선은 생산물 시장의 균형조건식에서 도출된다.

② $Y^D = Y^S \quad \therefore\ a + bY + I_0 + cr + G_0 = Y \quad \therefore\ r = \frac{(1-b)}{c}Y - \frac{(a + I_0 + G_0)}{c}$

2) LM 곡선

① LM 곡선은 화폐시장의 균형조건식에서 도출된다.

② $\frac{M^D}{P} = \frac{M^S}{P} \quad \therefore\ kY - lr = \frac{M_0}{P} \quad \therefore\ r = \frac{k}{l}Y - \frac{M_0}{Pl}$

위의 IS 곡선과 LM 곡선의 방정식을 도출하는 과정에 설문에서 제시한 조건을 적용하면 다음과 같다.

투자가 이자율에 영향을 받지 않는다면 소득은 소비와 기업가의 야성적 충동에 의해서 결정되므로 결국 IS 곡선은 수직선이 된다. 이는 IS 곡선의 도출과정에서 투자의 이자율탄력성이 0인 경우를 상정하면 쉽게 알 수 있다.

통화수요가 이자율에 영향을 받지 않는다면 소득은 거래적 화폐수요와 화폐공급에 의해서 결정되므로 결국 LM 곡선은 수직선이 된다. 이는 LM 곡선의 도출과정에서 투자적 화폐수요의 이자율탄력성이 0인 경우를 상정하면 쉽게 알 수 있다.

THEME 04 생산물시장과 화폐시장의 동시균형($IS-LM$ 모형의 균형)

1 생산물시장과 화폐시장의 동시균형

1) 의의

생산물시장과 화폐시장의 동시균형은 고려하고 있는 모든 시장의 균형이므로 일반균형을 의미한다. 앞에서 생산물시장의 균형을 달성시키는 국민소득과 이자율의 조합, 즉 IS 곡선을 살펴보았으며 마찬가지로 화폐시장의 균형을 달성시키는 국민소득과 이자율의 조합, 즉 LM 곡선을 살펴보았다. 이제 다양한 국민소득과 이자율의 조합 중에서 생산물시장 및 화폐시장의 동시적 균형을 달성시키는 것을 찾아볼 수 있으며 이를 $IS-LM$ 모형의 균형이라고 한다. 이는 생산물시장 및 화폐시장에서 국민소득과 이자율이 동시적으로 결정되는 것을 의미한다.

2) 기하적 도출

생산물시장과 화폐시장의 동시적 균형은 기하적으로 IS곡선과 LM곡선의 교점을 의미한다.

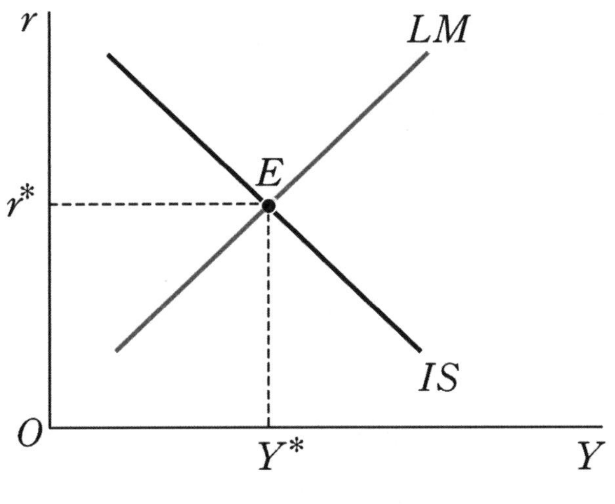

그림 5-6 $IS-LM$ 모형의 균형

3) 수리적 도출

생산물시장과 화폐시장의 동시적 균형은 수리적으로 IS곡선의 방정식과 LM곡선의 방정식으로 이루어진 연립방정식 체계의 해집합을 의미한다.

① IS곡선 : $r=\dfrac{(1-b)}{c}Y-\dfrac{(a+I_0+G_0)}{c}$ (단, b : 한계소비성향, c : 투자의 이자율 탄력성)

② LM곡선 : $r=\dfrac{k}{l}Y-\dfrac{M_0}{Pl}$ (단, k : 화폐수요의 소득탄력성, l : 화폐수요의 이자율 탄력성)

따라서 위의 식들을 연립하여 풀면 생산물시장과 화폐시장에서 동시적으로 균형을 달성시키는 국민소득과 이자율을 구할 수 있다.

2 생산물시장과 화폐시장의 동시균형이 이루어지지 않은 경우

1) IS곡선, LM곡선과 불균형

① IS곡선의 상방 : 재화시장 초과공급

② IS곡선의 하방 : 재화시장 초과수요

③ LM곡선의 좌방 : 화폐시장 초과공급

④ LM곡선의 우방 : 화폐시장 초과수요

2) 불균형의 상태

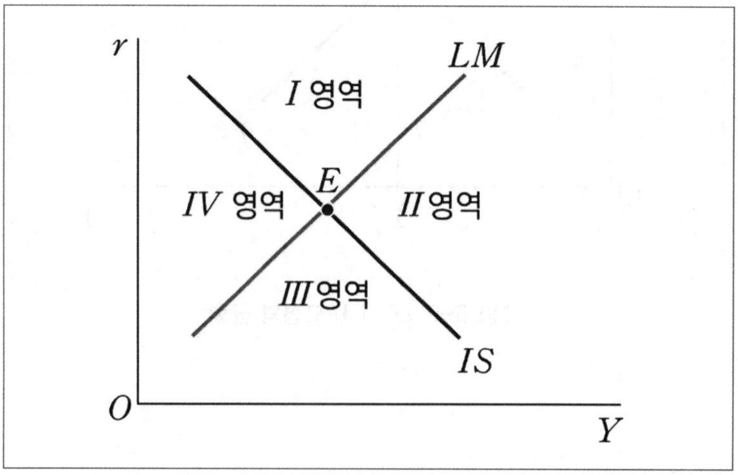

그림 5-7 $IS-LM$ 모형의 불균형

① Ⅰ영역 : 재화시장 초과공급, 화폐시장 초과공급

② Ⅱ영역 : 재화시장 초과공급, 화폐시장 초과수요

③ Ⅲ영역 : 재화시장 초과수요, 화폐시장 초과수요

④ Ⅳ영역 : 재화시장 초과수요, 화폐시장 초과공급

3) 불균형의 조정

① IS곡선의 상방 : 재화시장 초과공급 → 해소를 위해 좌측으로 이동하려는 힘이 작용

② IS곡선의 하방 : 재화시장 초과수요 → 해소를 위해 우측으로 이동하려는 힘이 작용

③ LM곡선의 좌방 : 화폐시장 초과공급 → 해소를 위해 하방으로 이동하려는 힘이 작용

④ LM곡선의 우방 : 화폐시장 초과수요 → 해소를 위해 상방으로 이동하려는 힘이 작용

필수예제

IS곡선과 LM곡선에 관한 설명으로 옳지 않은 것은? ▸ 2016년 보험계리사

① 정부지출과 조세는 IS곡선의 이동변수이다.
② 통화량은 LM곡선의 이동변수이다.
③ IS곡선은 노동시장을 균형시키는 국민소득과 이자율의 조합을 그래프로 나타낸 것이다.
④ LM곡선은 화폐시장을 균형시키는 국민소득과 이자율의 조합을 그래프로 나타낸 것이다.

출제이슈 $IS-LM$ 모형의 이해

핵심해설 **정답** ③

IS 곡선과 LM 곡선의 산식, 기울기, 이동은 다음과 같다.

1) IS 곡선

① IS 곡선은 생산물 시장의 균형조건식에서 도출된다.

② $Y^D = Y^S \quad \therefore a + bY + I_0 + cr + G_0 = Y \quad \therefore r = \dfrac{(1-b)}{c}Y - \dfrac{(a + I_0 + G_0)}{c}$

③ IS 곡선의 기울기 $\dfrac{(1-b)}{c}$ (단, b : 한계소비성향, c : 투자의 이자율 탄력성)

i) 투자의 이자율 탄력성이 작을수록 IS 곡선은 가파르다.
ii) 한계소비성향이 작을수록 IS 곡선은 가파르다.

④ IS 곡선의 이동

i) 독립소비, 독립투자, 정부지출, 수출이 증가하면 IS 곡선은 우측으로 이동한다.
ii) 조세, 수입(import)이 증가하면 IS 곡선은 좌측으로 이동한다.

2) LM 곡선

① LM 곡선은 화폐시장의 균형조건식에서 도출된다.

② $\dfrac{M^D}{P} = \dfrac{M^S}{P} \quad \therefore kY - lr = \dfrac{M_0}{P} \quad \therefore r = \dfrac{k}{l}Y - \dfrac{M_0}{Pl}$

③ LM 곡선의 기울기 $\dfrac{k}{l}$ (단, k : 화폐수요의 소득탄력성, l : 화폐수요의 이자율 탄력성)

i) 화폐수요의 소득탄력성이 작을수록 LM곡선은 완만하다.
ii) 화폐수요의 이자율 탄력성이 클수록 LM곡선은 완만하다.
iii) 특히 유동성함정에서 LM곡선은 수평이 된다.

④ LM 곡선의 이동
i) 화폐공급이 증가하면 LM곡선은 우측으로 이동한다.
ii) 화폐수요가 증가하면 LM곡선은 좌측으로 이동한다.

위의 내용에 따라서 설문을 검토하면 다음과 같다.

① 옳은 내용이다.
정부지출과 조세는 IS곡선의 이동변수이다. 정부지출이 증가하거나 조세가 감소하면 IS곡선은 우상방으로 이동하고 정부지출이 감소하거나 조세가 증가하면 IS곡선은 우하방으로 이동한다.

② 옳은 내용이다.
통화량은 LM곡선의 이동변수이다. 통화량이 증가하면, LM곡선은 우하방으로 이동하고 반대로 통화량이 감소하면 LM곡선은 좌상방으로 이동한다. 화폐수요도 역시 LM곡선을 이동시키는 요인이나 통화량과는 반대의 효과를 가지고 있으므로 주의할 필요가 있다.

③ 틀린 내용이다.
IS곡선은 노동시장이 아니라 재화시장 혹은 상품시장을 균형시키는 국민소득과 이자율의 조합을 그래프로 나타낸 것이다.

④ 옳은 내용이다.
LM곡선은 화폐시장을 균형시키는 국민소득과 이자율의 조합을 그래프로 나타낸 것이다.

아래의 거시경제모형에서 균형이자율은? (단, Y, C, I, G, T, r은 각각 국민소득, 소비, 투자, 정부지출, 조세, 이자율이다.)
▶ 2024년 감정평가사

- $Y = C + I + G$
- $Y = 20$
- $G = T = 10$
- $C = 2 + 0.8(Y - T)$
- $I = 2 - 10r$

① 0.1 ② 0.2 ③ 0.25
④ 0.4 ⑤ 0.5

출제이슈 $IS-LM$모형의 이해
핵심해설 정답 ②

사실상 이 문제는 IS곡선을 묻고 있는 것으로 해석가능하다. 따라서 국민소득이 주어졌을 때, 재화시장의 균형을 달성시키는 이자율을 다음과 같이 구할 수 있다.

IS: $Y = 2 + 0.8(Y - 10) + 2 - 10r + 10$, $Y = 20$

따라서 $20 = 2 + 0.8(20 - 10) + 2 - 10r + 10$이 되므로 $r = 0.2$가 된다.

$IS-LM$ 모형에 관한 설명으로 옳은 것을 모두 고른 것은? ▸ 2016년 감정평가사

ㄱ. IS곡선이 우하향할 때, 확장적 재정정책은 IS곡선을 왼쪽으로 이동시킨다.
ㄴ. LM곡선이 우상향할 때, 중앙은행의 공개시장을 통한 채권매입은 LM곡선을 오른쪽으로 이동시킨다.
ㄷ. 투자가 이자율의 영향을 받지 않는다면, IS곡선은 수직선이다.

① ㄱ ② ㄴ ③ ㄱ, ㄷ
④ ㄴ, ㄷ ⑤ ㄱ, ㄴ, ㄷ

출제이슈 $IS-LM$ 기울기와 이동

핵심해설 **정답** ④

IS 곡선과 LM 곡선의 산식, 기울기, 이동은 다음과 같다.

1) IS 곡선

① IS 곡선은 생산물 시장의 균형조건식에서 도출된다.

② $Y^D = Y^S \quad \therefore\ a+bY+I_0+cr+G_0 = Y \quad \therefore\ r = \dfrac{(1-b)}{c}Y - \dfrac{(a+I_0+G_0)}{c}$

③ IS 곡선의 기울기 $\dfrac{(1-b)}{c}$ (단, b : 한계소비성향, c : 투자의 이자율 탄력성)

i) 투자의 이자율 탄력성이 작을수록 IS 곡선은 가파르다.
ii) 한계소비성향이 작을수록 IS 곡선은 가파르다.

④ IS 곡선의 이동

i) 독립소비, 독립투자, 정부지출, 수출이 증가하면 IS 곡선은 우측으로 이동한다.
ii) 조세, 수입(import)이 증가하면 IS 곡선은 좌측으로 이동한다.

2) LM 곡선

① LM 곡선은 화폐시장의 균형조건식에서 도출된다.

② $\dfrac{M^D}{P} = \dfrac{M^S}{P} \quad \therefore\ kY - lr = \dfrac{M_0}{P} \quad \therefore\ r = \dfrac{k}{l}Y - \dfrac{M_0}{Pl}$

③ LM 곡선의 기울기 $\dfrac{k}{l}$ (단, k : 화폐수요의 소득탄력성, l : 화폐수요의 이자율 탄력성)

i) 화폐수요의 소득탄력성이 작을수록 LM곡선은 완만하다.
ii) 화폐수요의 이자율 탄력성이 클수록 LM곡선은 완만하다.
iii) 특히 유동성함정에서 LM곡선은 수평이 된다.

④ LM 곡선의 이동
i) 화폐공급이 증가하면 LM곡선은 우측으로 이동한다.
ii) 화폐수요가 증가하면 LM곡선은 좌측으로 이동한다.

위의 내용에 따라서 설문을 검토하면 다음과 같다.

ㄱ. 틀린 내용이다.
확장적 재정정책에 의해 정부지출이 증가하는 경우 총수요가 증가하여 소득이 증가한다. 따라서 IS곡선은 소득증가의 방향인 오른쪽으로 이동한다.

ㄴ. 옳은 내용이다.
중앙은행의 공개시장을 통한 채권매입은 통화량을 증대시키는 효과가 있다. 이로 인해 화폐시장에서 이자율이 하락하여 재화시장에서 투자가 증가하고 소득이 증가한다. 따라서 LM곡선은 소득증가의 방향인 오른쪽으로 이동한다.

ㄷ. 옳은 내용이다.
투자가 이자율의 영향을 받지 않는다면, 투자의 이자율 탄력성이 매우 작거나 0이 됨을 의미한다. 따라서 IS 곡선의 기울기는 $\frac{(1-b)}{c}$ 이므로 투자의 이자율 탄력성 c가 0에 가까운 경우에는 IS 곡선은 수직이 된다.

$IS-LM$ 모형에서 IS곡선의 이동을 초래하는 변화가 아닌 것은? ▸ 2015년 보험계리사

① 정부지출의 감소
② 이자율의 하락
③ 소비자의 비관적인 경기전망의 증대
④ 기업의 독립투자의 증가

출제이슈 $IS-LM$ 이동
핵심해설 **정답** ②

IS 곡선과 LM 곡선의 산식, 기울기, 이동은 다음과 같다.

1) IS 곡선

① IS 곡선은 생산물 시장의 균형조건식에서 도출된다.

② $Y^D = Y^S \quad \therefore\ a + bY + I_0 + cr + G_0 = Y \quad \therefore\ r = \frac{(1-b)}{c}Y - \frac{(a + I_0 + G_0)}{c}$

③ IS 곡선의 기울기 $\frac{(1-b)}{c}$ (단, b : 한계소비성향, c : 투자의 이자율 탄력성)

i) 투자의 이자율 탄력성이 작을수록 IS 곡선은 가파르다.
ii) 한계소비성향이 작을수록 IS 곡선은 가파르다.

④ IS 곡선의 이동

i) 독립소비, 독립투자, 정부지출, 수출이 증가하면 IS 곡선은 우측으로 이동한다.
ii) 조세, 수입(import)이 증가하면 IS 곡선은 좌측으로 이동한다.

2) LM 곡선

① LM 곡선은 화폐시장의 균형조건식에서 도출된다.

② $\frac{M^D}{P} = \frac{M^S}{P} \quad \therefore\ kY - lr = \frac{M_0}{P} \quad \therefore\ r = \frac{k}{l}Y - \frac{M_0}{Pl}$

③ LM 곡선의 기울기 $\frac{k}{l}$ (단, k : 화폐수요의 소득탄력성, l : 화폐수요의 이자율 탄력성)

i) 화폐수요의 소득탄력성이 작을수록 LM곡선은 완만하다.
ii) 화폐수요의 이자율 탄력성이 클수록 LM곡선은 완만하다.
iii) 특히 유동성함정에서 LM곡선은 수평이 된다.

④ LM 곡선의 이동

i) 화폐공급이 증가하면 LM곡선은 우측으로 이동한다.
ii) 화폐수요가 증가하면 LM곡선은 좌측으로 이동한다.

위의 내용에 따라서 설문을 검토하면 다음과 같다.

① 옳은 내용이다.
정부지출이 감소하면, 총수요가 감소하여 소득이 감소한다. 따라서 *IS* 곡선은 소득감소의 방향인 왼쪽으로 이동한다.

② 틀린 내용이다.
이자율이 하락하면, 투자가 증가하여 총수요가 증가하고 소득이 증가한다. 이때는 *IS* 곡선 위에서 곡선을 따라서 우하방으로 이동한다.

③ 옳은 내용이다.
소비자의 비관적인 경기전망이 커지면, 소비가 감소하여 총수요가 감소하고 소득이 감소한다. 따라서 *IS* 곡선은 소득감소의 방향인 왼쪽으로 이동한다.

④ 옳은 내용이다.
기업의 독립투자가 증가하면, 총수요가 증가하여 소득이 증가한다. 따라서 *IS* 곡선은 소득증가의 방향인 오른쪽으로 이동한다.

다음 그림에서 IS 곡선은 생산물시장의 균형을, LM 곡선은 화폐시장의 균형을 나타내는 곡선이다. A점에서의 생산물시장과 화폐시장에 대한 설명으로 옳은 것은? ▸ 2014년 지방직 7급

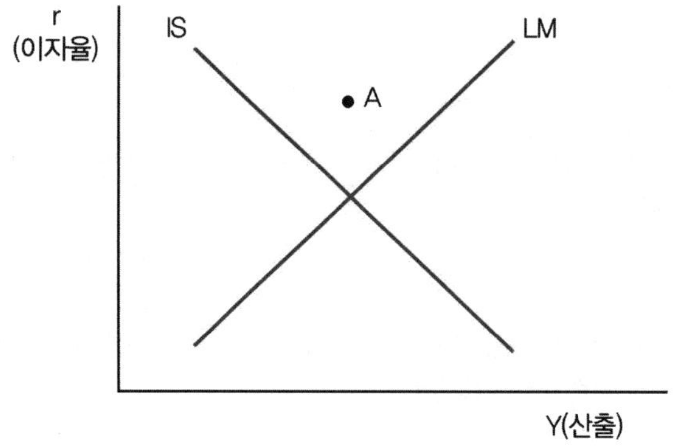

	생산물시장	화폐시장
①	초과공급	초과공급
②	초과수요	초과공급
③	초과공급	초과수요
④	초과수요	초과수요

출제이슈 $IS-LM$ 균형과 불균형

핵심해설 정답 ①

$IS-LM$ 모형의 불균형 상태는 다음과 같다.

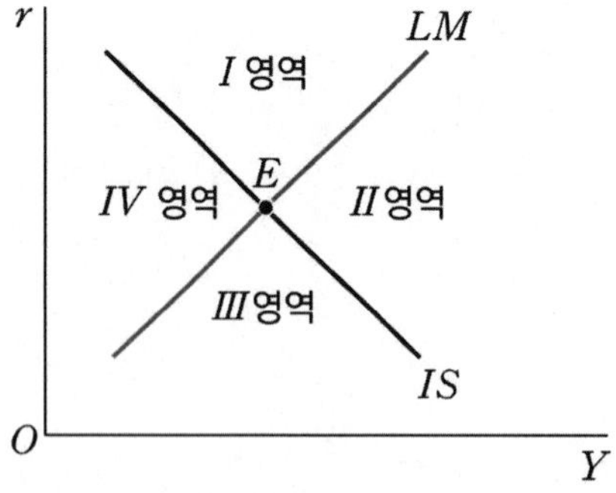

① Ⅰ영역 : 재화시장 초과공급, 화폐시장 초과공급
② Ⅱ영역 : 재화시장 초과공급, 화폐시장 초과수요
③ Ⅲ영역 : 재화시장 초과수요, 화폐시장 초과수요
④ Ⅳ영역 : 재화시장 초과수요, 화폐시장 초과공급

다음과 같은 폐쇄경제모형에서 생산물시장의 균형을 나타내는 IS 곡선은? (단, Y는 국민소득, C는 소비, T는 조세, I는 투자, r은 실질이자율, G는 정부지출이다.) ▸ 2013년 감정평가사

- $C=100+0.5(Y-T)$
- $I=100-25r$
- $G=T=100$

① $r=8-0.016Y$
② $r=10-0.02Y$
③ $r=10-0.03Y$
④ $r=12-0.04Y$
⑤ $r=12-0.05Y$

출제이슈 IS 곡선의 도출

핵심해설 **정답** ②

IS 곡선과 LM 곡선의 산식은 다음과 같다.

1) IS 곡선

① IS 곡선은 생산물 시장의 균형조건식에서 도출된다.

② $Y^D=Y^S \quad \therefore a+bY+I_0+cr+G_0=Y \quad \therefore r=\frac{(1-b)}{c}Y-\frac{(a+I_0+G_0)}{c}$

2) LM 곡선

① LM 곡선은 화폐시장의 균형조건식에서 도출된다.

② $\frac{M^D}{P}=\frac{M^S}{P} \quad \therefore kY-lr=\frac{M_0}{P} \quad \therefore r=\frac{k}{l}Y-\frac{M_0}{Pl}$

위의 내용에 따라 IS 곡선을 구하면 다음과 같다.

$Y=100+0.5(Y-100)+100-25r+100$

따라서 위의 식을 정리하면 $r=10-0.02Y$가 된다.

한 나라의 거시경제모형이 다음과 같을 때, 생산물시장과 화폐시장이 동시에 균형을 이루는 국민소득은? (단, Y는 국민소득, r은 이자율, Y_D는 가처분소득이다.) ▸ 2015년 감정평가사

- 소비함수 : $C = 150 + 0.8Y_D$
- 투자함수 : $I = 100 - 100r$
- 정부지출 : $G = 250$
- 조　　세 : $T = 0.25Y$
- 화폐수요 : $M_D = 50 + 0.2Y - 200r$
- 화폐공급 : $M_S = 250$

① 250　② 1,200　③ 1,250
④ 1,500　⑤ 3,000

출제이슈 IS–LM 균형 계산

핵심해설 **정답** ②

IS 곡선과 LM 곡선의 산식은 다음과 같다.

1) IS 곡선

① IS 곡선은 생산물시장의 균형조건식에서 도출된다.

② $Y^D = Y^S \quad \therefore\ a + bY + I_0 + cr + G_0 = Y \quad \therefore\ r = \dfrac{(1-b)}{c}Y - \dfrac{(a + I_0 + G_0)}{c}$

2) LM 곡선

① LM 곡선은 화폐시장의 균형조건식에서 도출된다.

② $\dfrac{M^D}{P} = \dfrac{M^S}{P} \quad \therefore\ kY - lr = \dfrac{M_0}{P} \quad \therefore\ r = \dfrac{k}{l}Y - \dfrac{M_0}{Pl}$

위의 IS 곡선과 LM 곡선의 방정식에 설문의 자료를 대입하면 다음과 같다.

1) IS곡선의 방정식 : $Y = 150 + 0.8(Y - 0.25Y) + (100 - 100r) + 250 \quad \therefore\ Y = 1{,}250 - 250r$

2) LM곡선의 방정식 : $50 + 0.2Y - 200r = 250 \quad \therefore\ Y = 1{,}000 + 1{,}000r$

3) IS–LM 균형 : 위의 두 식을 연립하여 풀면 $Y = 1{,}200,\quad r = 0.2$

다음과 같이 주어진 IS-LM 모형에서 정부지출(G)이 600에서 700으로 증가할 때, 균형 총소득의 증가 폭은? (단, Y는 총소득, C는 소비, I는 투자, T는 조세, M은 명목통화공급, P는 물가, r은 이자율, $(\frac{M}{P})^d$는 실질화폐수요량이다.) ▸ 2019년 국가직 7급

- 소비함수 : $C = 100 + 0.6(Y - T)$
- 투자함수 : $I = 200 - 10r$
- 화폐수요함수 : $(\frac{M}{P})^d = Y - 100r$
- $T = 1{,}000,\ M = 1{,}000,\ P = 2$

① 200 ② 300 ③ 400 ④ 500

출제이슈 IS-LM 균형 계산

핵심해설 **정답 ①**

IS 곡선과 LM 곡선의 산식은 다음과 같다.

1) IS 곡선

① IS 곡선은 생산물시장의 균형조건식에서 도출된다.

② $Y^D = Y^S \quad \therefore\ a + bY + I_0 + cr + G_0 = Y \quad \therefore\ r = \frac{(1-b)}{c}Y - \frac{(a + I_0 + G_0)}{c}$

2) LM 곡선

① LM 곡선은 화폐시장의 균형조건식에서 도출된다.

② $\frac{M^D}{P} = \frac{M^S}{P} \quad \therefore\ kY - lr = \frac{M_0}{P} \quad \therefore\ r = \frac{k}{l}Y - \frac{M_0}{Pl}$

위의 IS 곡선과 LM 곡선의 방정식에 설문의 자료를 대입하면 다음과 같다.

먼저 정부지출이 600일 때, IS-LM 균형을 통해 균형국민소득을 구하면 다음과 같다.

1) IS 곡선

$100 + 0.6(Y - 1{,}000) + 200 - 10r + 600 = Y$ 따라서 정리하면, $r = 30 - 0.04Y$

2) LM 곡선

$Y - 100r = \frac{1{,}000}{2}$ 따라서 정리하면, $Y = 100r + 500$

3) $IS-LM$ 균형
위의 두 식을 연립하여 풀면 $Y=700$

이제 정부지출이 700으로 증가할 때, $IS-LM$ 균형을 통해 균형국민소득을 구하면 다음과 같다.

1) IS 곡선
$100+0.6(Y-1,000)+200-10r+700=Y$ 따라서 정리하면, $r=40-0.04Y$

2) LM 곡선
$Y-100r=\frac{1,000}{2}$ 따라서 정리하면, $Y=100r+500$

3) $IS-LM$ 균형
위의 두 식을 연립하여 풀면 $Y=900$

따라서 위의 내용에 의하면, 정부지출이 600에서 700으로 증가하면, 총소득은 700에서 900으로 200만큼 증가함을 알 수 있다.

Chapter 06

IS−LM 모형과 재정 및 통화정책

THEME 01 재정정책과 IS−LM 모형 균형의 변화

1 의의 및 성격

1) 의의

재정정책이란 정부지출과 조세를 이용하여 국민소득의 크기와 구성에 영향을 미치는 정책을 의미한다. 앞서 케인즈 단순모형을 통해서 정부지출과 조세가 국민소득에 어떠한 영향을 미치는지에 대하여 분석한 바 있다. 여기서는 정부지출, 조세의 변화가 경제에 미치는 효과를 $IS-LM$모형을 이용하여 분석하기로 한다.

2) 성격

재정정책은 통화정책과 함께 대표적인 총수요관리정책으로서 생산물시장에 대한 정부의 개입정책이다. 재정정책의 효과는 승수효과를 통해 입증되었으나 그 무력성 또한 구축효과와 정책무력성 명제에 의하여 제기되고 있다. 한편 재정정책은 국방, 복지 등 경직적 지출의 비중이 커서 정부지출 조정에 한계가 있다는 문제점이 있으며 조세 역시 세율 조정 혹은 세원 발굴에 한계가 있다는 것이 문제점으로 지적되고 있다.

2 정부지출의 증가

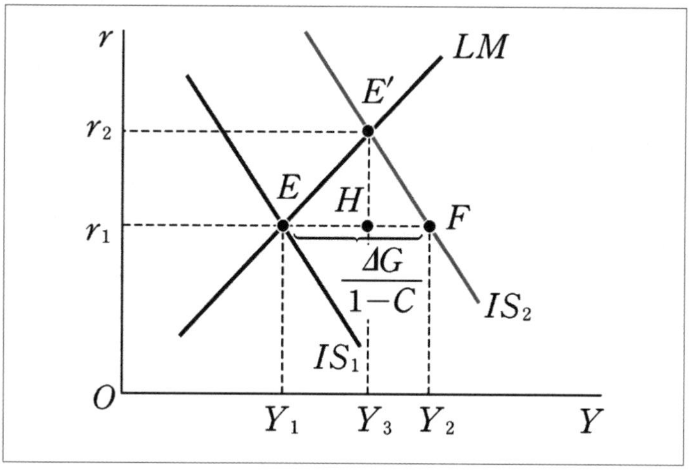

그림 6-1 정부지출의 증가

PART · 03

1) 승수효과와 국민소득의 증가

최초균형상태 E에서 정부지출이 ΔG만큼 증가하는 경우, 단순 케인즈 모형과 같이 이자율이 불변이라고 하면 승수효과를 통해 국민소득은 $\frac{1}{1-b}\Delta G$ 만큼 증가한다. 이자율이 불변인 상황에서 생산물에 대한 총수요가 총생산을 초과하여 생산물시장의 초과수요상태가 된다. 그러나 생산물 초과수요는 생산물 공급이 증가하면서 생산물시장의 균형을 회복한다.

참고로 정부지출을 위해서는 추가적인 재원마련이 매우 중요하다. 현실적으로 정부지출의 재원은 조세증가, 국공채발행, 통화증발 등을 통해 마련된다. 이때 조세증가 및 통화증발이 없다고 가정하면 국공채를 통하여 정부지출의 재원을 충당하게 된다. 그런데 정부지출을 위해 국공채를 발행할 경우 이자율이 상승한다는 문제가 있다.

2) 화폐시장의 불균형

현재 여전히 이자율이 불변인 상황에서 생산물 공급이 증가하면서 국민소득이 증가하게 되어 화폐시장에서는 거래적 화폐수요가 증가한다. 따라서 화폐시장에서 초과수요가 발생하는 불균형이 나타나면서 $IS-LM$ 모형이 불균형상태가 된다.

3) 구축효과와 이자율의 상승

정부지출 증가에 의하여 국민소득이 증가한 경우 현재 상태는 $IS-LM$ 모형에서 불균형 상태로서 오래 지속될 수가 없다. 따라서 앞서 2)에서 살펴본 화폐시장의 초과수요로 인하여 화폐시장에서 균형을 회복하기 위해서 이자율이 상승하게 된다. 이에 따라서 생산물시장에서 투자가 감소하고, 정부지출 증가로 인해 증가했었던 국민소득은 다시 감소하게 된다. 이렇게 승수효과에 의하여 증가했던 국민소득이 이자율 상승에 따라서 다시 감소하는 것을 구축효과라고 한다.

4) 새로운 균형

이자율이 상승하면서 화폐시장의 초과수요는 해소되고, 새로운 화폐시장의 균형에 도달한다. 이 과정에서 생산물시장에서도 이자율 상승으로 인해 투자가 감소하면서 국민소득이 감소하여 새로운 생산물시장의 균형에 도달한다. 정부지출 증가 이후 승수효과에 의한 국민소득의 증가와 이자율 상승에 따른 구축효과가 가져오는 국민소득의 감소가 모두 조정이 되면 새로운 $IS-LM$균형에 도달하게 된다. 새로운 균형에서는 국민소득은 증가하고 이자율은 상승하게 된다.

3 구축효과와 구입효과

1) 구축효과

구축효과는 정부지출의 증가가 이자율을 상승시켜 투자를 감소시키고 국민소득을 감소시키는 효과이다. 구축효과는 *IS*곡선이 가파를수록 그리고 *LM*곡선이 완만할수록 작게 나타남을 아래에서 확인할 수 있다.

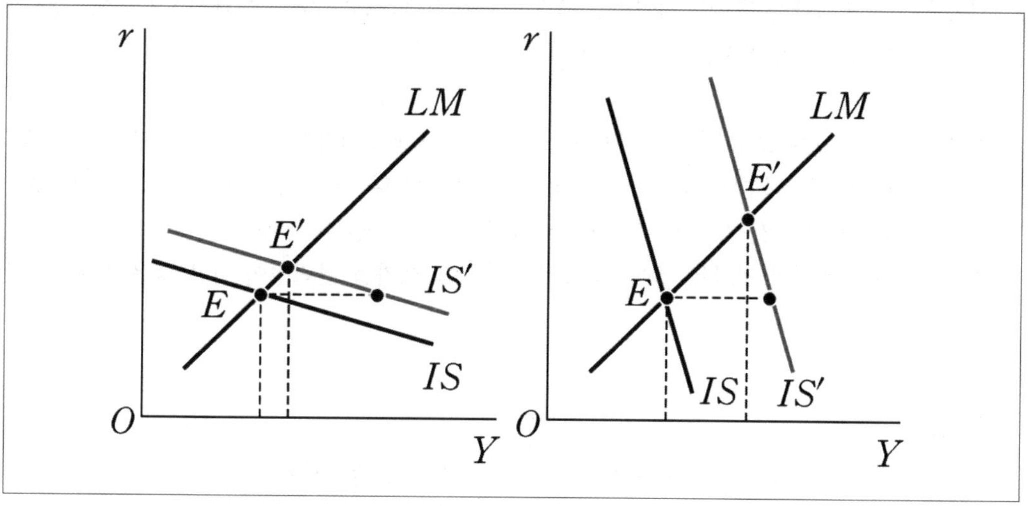

그림 6-2 *IS* 곡선의 기울기와 재정정책

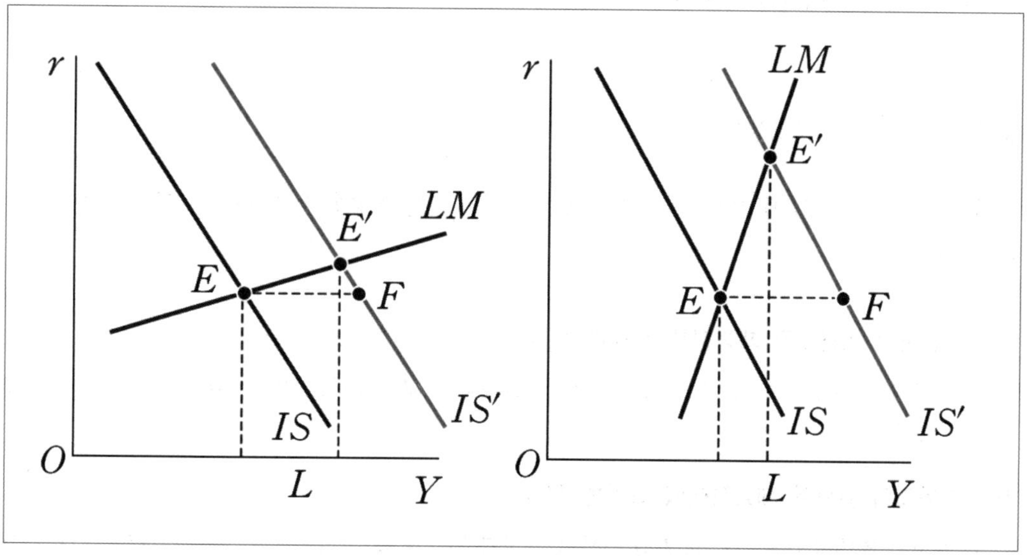

그림 6-3 *LM* 곡선의 기울기와 재정정책

왜 그런지 그 이유를 살펴보자.

먼저 정부지출이 증가하는 경우 승수효과에 의하여 국민소득이 증가하면서 화폐시장에서 거래적 화폐수요가 증가한다. 그리고 이 거래적 화폐수요의 증가가 이자율의 상승을 가져온다. 만일 국민소득이 증가하더라도 화폐시장에서 거래적 화폐수요가 그리 크게 증가하지 않는다면 이자율이 그렇게 높이 상승하지는 않을 것이다. 이는 구축효과가 그리 크지 않을 것이라는 뜻이다. 따라서 국민소득의 증가에 따라서 거래적 화폐수요의 반응을 나타내는 거래적 화폐수요의 소득탄력성이 작을수록 구축효과가 작다는 뜻이다. 그리고 거래적 화폐수요의 소득탄력성이 작은 경우에는 *LM*곡선이 완만하게 된다.

한편, 거래적 화폐수요의 증가가 이자율을 상승시키더라도 이자율 상승에 대하여 투자의 감소가 크게 나타나지 않는다면 국민소득의 감소폭이 작을 것이다. 이는 구축효과가 그리 크지 않을 것이라는 뜻이다. 따라서 이자율 상승에 따라서 투자의 반응을 나타내는 투자의 이자율 탄력성이 작을수록 구축효과가 작다는 뜻이다. 그리고 투자의 이자율 탄력성이 작은 경우에는 *IS*곡선이 가파르게 된다.

2) 구입효과

구축효과는 정부지출의 증가가 이자율을 상승시켜 투자를 감소시키고 국민소득을 감소시키는 효과라면, 구입효과는 이와 대조적으로 정부지출의 증가가 국민소득을 증가시키고 이것이 투자를 유발하여 다시 국민소득을 증가시키는 효과를 의미한다. 이는 투자의 가속도원리를 의미하며 추후 거시경제의 미시적 기초에서 살펴볼 것이다.

4 재정정책의 유효성과 *IS*, *LM*곡선의 기울기

앞에서 *IS*곡선과 *LM*곡선의 기울기가 재정정책에 미치는 영향을 살펴보았다. 이를 정리하면 다음과 같다.

1) 구축효과가 작을수록 재정정책의 효과는 크다.

*IS*곡선이 가파를수록 그리고 *LM*곡선이 완만할수록 구축효과는 작고, 재정정책의 효과는 크다.

2) 구축효과가 클수록 재정정책의 효과는 작다.

*IS*곡선이 완만할수록 그리고 *LM*곡선이 가파를수록 구축효과는 크고, 재정정책의 효과는 작다.

3) 수평의 LM 곡선

화폐수요의 이자율 탄력성이 무한대로서 LM 곡선이 수평의 모습을 보이게 되면 정부지출의 증가에 따른 구축효과는 전혀 나타나지 않으며 승수효과만 100% 나타난다. 즉, 재정정책의 효과는 승수효과와 완전히 동일하다.

4) 수직의 LM 곡선

화폐수요의 이자율 탄력성이 0으로서 LM 곡선이 수직의 모습을 보이게 되면 정부지출의 증가에 따른 승수효과는 구축효과에 의하여 100% 상쇄되어서 국민소득은 전혀 변화가 없다. 그러나 국민소득의 구성에는 변화가 있으니 정부지출 증가가 민간의 투자 감소를 대체하게 되는 것이다.

5 재정정책의 시차문제

재정정책의 필요성을 인지하고 구체적으로 입안한 후 이를 집행하기까지는 시간이 많이 소요될 수 있다. 이를 내부시차라고 한다. 한편 외부시차란 정책이 실제로 집행되어 경제에 효과가 발생하기까지 걸리는 시간을 의미한다. 재정정책의 경우 외부시차는 짧은 편이지만 내부시차가 상당히 긴 편이다.

정부당국에서 정책의 필요성을 인지하고 적절한 대안을 마련하는데도 시간이 걸리지만 특히 마련된 대안에 대하여 대다수의 경우 예산이 소요되기 때문에 국회의 동의 혹은 승인이 필요하게 된다. 이 과정은 정치적 과정으로서 다양한 이해관계가 얽혀 있기 때문에 그 조정에 많은 시간과 비용이 투입될 수밖에 없다. 한편, 일단 재정정책은 집행되기만 하면 바로 효과를 발생시키게 된다. 정부지출을 증가시키면 즉각적으로 총수요가 증가하게 되며, 조세를 감면하면 역시 매우 빠른 시일 내에 소비가 증가하게 된다. 즉 재정정책의 외부시차는 짧은 편이다.

필수예제

정부가 지출을 10만큼 늘렸을 때, 총수요가 10보다 적게 늘어났다. 그 이유로 옳은 것은?

▸ 2019년 감정평가사

① 소득변화에 따른 소비증가
② 소득변화에 따른 소비감소
③ 이자율변화에 따른 투자증가
④ 이자율변화에 따른 투자감소
⑤ 그런 경우가 일어날 수 없다.

출제이슈 재정정책의 효과

핵심해설 **정답 ④**

재정정책의 효과로서 승수효과와 이를 상쇄하는 구축효과는 다음과 같다.

1) 정부지출이 증가하는 경우 IS곡선이 우측으로 이동하여 균형국민소득이 증가, 이자율은 상승한다.

2) 한편, 정부지출 증가는 이자율을 상승시켜 투자를 감소시키고 국민소득을 감소시키는데, 이를 구축효과라고 한다. 이러한 구축효과는 IS곡선이 가파를수록, LM곡선이 완만할수록 구축효과는 작으므로 정부지출의 효과가 커진다.

3) 참고로, 정부지출이 증가하면 총수요가 증가하고 국민소득이 증가한다. 재화시장에서의 소득 증가로 인하여 화폐시장에서는 거래적 화폐수요가 증가한다. 화폐수요의 증가로 인해 이자율이 상승한다. 화폐시장에서 상승한 이자율은 다시 재화시장의 투자에 영향을 미쳐서 투자가 감소한다. 투자의 감소는 총수요의 감소 및 국민소득의 감소를 가져온다. 정부지출의 증가로 인한 이자율 상승이 국민소득을 감소시키는 것이 바로 구축효과이다.

생산물시장의 균형을 나타내는 IS곡선과 화폐시장의 균형을 나타내는 LM곡선을 활용한 폐쇄경제 하의 $IS-LM$모형에서 재정정책이 가장 효과적인 경우는? ▸ 2011년 지방직 7급

① 투자적 화폐수요가 이자율에 탄력적이고, 투자가 이자율에 탄력적일 때
② 투자적 화폐수요가 이자율에 탄력적이고, 투자가 이자율에 비탄력적일 때
③ 투자적 화폐수요가 이자율에 비탄력적이고, 투자가 이자율에 탄력적일 때
④ 투자적 화폐수요가 이자율에 비탄력적이고, 투자가 이자율에 비탄력적일 때

출제이슈 재정정책의 효과
핵심해설 **정답 ②**

재정정책의 효과로서 승수효과와 이를 상쇄하는 구축효과는 다음과 같다.

1) 정부지출 증가는 이자율을 상승시켜 투자를 감소시키고 국민소득을 감소시키는데, 이를 구축효과라고 한다. 이러한 구축효과는 IS곡선이 가파를수록, LM곡선이 완만할수록 구축효과는 작으므로 정부지출의 효과가 커진다.

2) IS곡선과 재정정책의 효과 : IS곡선이 가파를수록 구축효과는 작고 재정정책의 효과는 크다.

① IS곡선의 기울기 $\frac{(1-b)}{c}$ (단, b : 한계소비성향, c : 투자의 이자율 탄력성)
② 투자의 이자율 탄력성이 작을수록 IS곡선은 가파르다.

3) LM곡선과 재정정책의 효과 : LM곡선이 완만할수록 구축효과는 작고 재정정책의 효과는 크다.

① LM곡선의 기울기 $\frac{k}{l}$ (단, k : 화폐수요의 소득탄력성, l : 화폐수요의 이자율 탄력성)
② 화폐수요(투기적 수요)의 이자율 탄력성이 클수록 LM곡선은 완만하다.

위의 내용에 따라서 설문의 내용을 검토하면 다음과 같다.

재정정책의 효과가 가장 효과적이기 위해서는 IS곡선이 가파르고 LM곡선이 완만한 경우라야 한다.
이때 투자의 이자율 탄력성이 작을수록 IS곡선이 가파르다.
그리고 화폐수요(투기적 수요)의 이자율 탄력성이 클수록 LM곡선은 완만하다. 따라서 ②에서 투자적(투기적) 화폐수요가 이자율에 대해 탄력적이고 투자가 이자율에 대해 비탄력적일 때가 정답에 해당한다.

$IS-LM$ 모형하에서 재정지출 확대에 따른 구축효과(crowding-out effect)에 대한 설명으로 옳지 않은 것은? ▸ 2015년 국가직 7급

① 다른 조건이 일정한 경우 LM곡선의 기울기가 커질수록 구축효과는 커진다.
② 다른 조건이 일정한 경우 투자의 이자율 탄력성이 낮을수록 구축효과는 커진다.
③ 다른 조건이 일정한 경우 화폐수요의 이자율 탄력성이 낮을수록 구축효과는 커진다.
④ 다른 조건이 일정할 경우 한계소비성향이 클수록 구축효과는 커진다.

출제이슈 재정정책의 효과
핵심해설 **정답** ②

재정정책의 효과로서 승수효과와 이를 상쇄하는 구축효과는 다음과 같다.

1) 정부지출 증가는 이자율을 상승시켜 투자를 감소시키고 국민소득을 감소시키는데, 이를 구축효과라고 한다. 이러한 구축효과는 IS곡선이 가파를수록, LM곡선이 완만할수록 구축효과는 작으므로 정부지출의 효과가 커진다.

2) IS곡선과 구축효과 : IS곡선이 가파를수록 구축효과는 작고 재정정책의 효과는 크다.

① IS곡선의 기울기 $\frac{(1-b)}{c}$ (단, b : 한계소비성향, c : 투자의 이자율 탄력성)
② 투자의 이자율 탄력성이 작을수록 IS곡선은 가파르다.

3) LM곡선과 구축효과 : LM곡선이 완만할수록 구축효과는 작고 재정정책의 효과는 크다.

① LM곡선의 기울기 $\frac{k}{l}$ (단, k : 화폐수요의 소득탄력성, l : 화폐수요의 이자율 탄력성)
② 화폐수요(투기적 수요)의 이자율 탄력성이 클수록 LM곡선은 완만하다.

위의 내용에 따라서 설문의 내용을 검토하면 다음과 같다.

구축효과가 가장 커지는 경우는 IS곡선이 완만하고 LM곡선이 가파른 경우(①)라야 한다.
이때 투자의 이자율 탄력성이 클수록, 한계소비성향이 클수록(④) IS곡선이 완만하다.
그리고 화폐수요(투기적 수요)의 이자율 탄력성이 작을수록(③) LM곡선은 가파르다. 따라서 ②에서 투자가 이자율에 대해 비탄력적일 때는 구축효과가 작고 재정정책의 효과가 큰 경우이므로 틀린 내용이다.

폐쇄경제 $IS-LM$ 모형에 관한 설명으로 옳은 것은? ▸ 2024년 감정평가사

① 화폐수요의 이자율 탄력성이 0이면 경제는 유동성함정(liquidity trap) 상태에 직면한다.
② LM곡선이 수직선이고 IS곡선이 우하향하면, 완전한 구축효과(crowding-out effect)가 나타난다.
③ IS곡선이 수평선이고 LM곡선이 우상향하면, 통화정책은 국민소득에 영향을 미치지 않는다.
④ 소비가 이자율에 영향을 받을 때, 피구효과(Pigou effect)가 발생한다.
⑤ IS곡선이 우하향할 때, IS곡선의 위쪽에 있는 점은 생산물시장이 초과수요 상태이다.

출제이슈 재정정책의 효과

핵심해설 **정답** ②

재정정책의 효과로서 승수효과와 이를 상쇄하는 구축효과는 다음과 같다.

1) 정부지출이 증가하는 경우 IS곡선이 우측으로 이동하여 균형국민소득이 증가, 이자율은 상승한다.

2) 한편, 정부지출 증가는 이자율을 상승시켜 투자를 감소시키고 국민소득을 감소시키는데, 이를 구축효과라고 한다. 이러한 구축효과는 IS곡선이 가파를수록, LM곡선이 완만할수록 작으므로 정부지출의 효과가 커진다.

3) 따라서 완전한 구축효과는 IS곡선이 정부지출의 증대로 우측으로 이동하더라도 LM곡선이 수직일 때 나타나며, 이때는 국민소득에 전혀 변함이 없다.

THEME 02 통화정책과 $IS-LM$모형 균형의 변화

1 의의와 성격

1) 의의

통화정책이란 통화당국이 통화량 또는 이자율을 변화시켜서 국민소득에 영향을 미치는 정책을 의미한다. 간단한 화폐시장모형을 통해서 통화량의 변화가 물가에 어떠한 영향을 미치는지에 대하여 분석할 수도 있고 여기서는 통화량의 변화가 경제에 미치는 효과를 $IS-LM$모형을 이용하여 분석하기로 한다.

2) 성격

통화정책은 재정정책과 함께 대표적인 총수요관리정책으로서 화폐시장에 대한 통화당국의 개입정책이다. 현실적으로 재정정책이 경직적 지출의 비중이나 세원 발굴의 문제 등으로 인해서 경직적임을 고려할 때 거시경제정책으로서 통화정책의 비중이 더 커지고 있다.

2 화폐공급의 증가

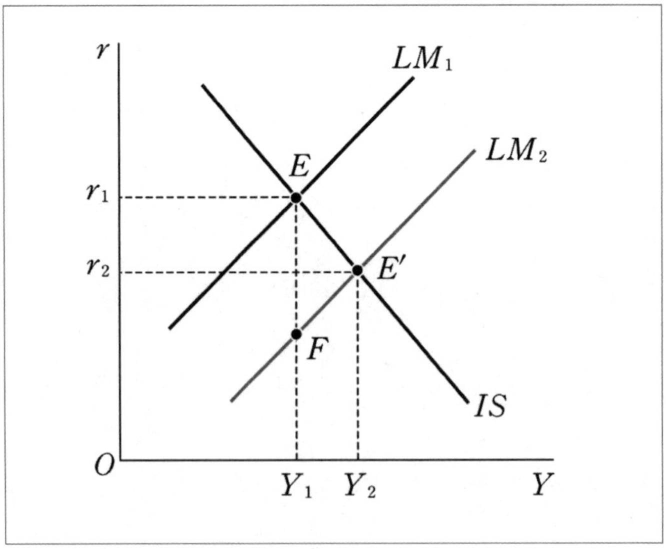

그림 6-4 화폐공급의 증가

1) 통화량 증가와 이자율의 하락

최초균형상태 E에서 통화량이 ΔM만큼 증가하는 경우, 화폐시장에서 화폐공급이 화폐수요를 초과하게 되어 불균형 상태가 된다. 그러면 화폐시장에서 이자율이 하락하면서 다시 화폐의 초과공급이 해소되고 화폐시장의 균형을 회복한다.

2) 생산물시장의 불균형

현재 국민소득이 불변인 상황에서 화폐공급이 증가하면서 이자율이 하락하게 되어 투자가 증가하면서 생산물시장에서는 총수요가 증가한다. 따라서 생산물시장에서 초과수요가 발생하는 불균형이 나타나면서 $IS-LM$ 모형이 불균형 상태가 된다.

3) 국민소득의 증가

통화량 증가에 의하여 이자율이 하락한 경우 현재 상태는 $IS-LM$ 모형에서 불균형 상태로서 오래 지속될 수가 없다. 따라서 앞서 2)에서 살펴본 생산물시장의 초과수요로 인하여 생산물시장에서 균형을 회복하기 위해서 국민소득이 증가하게 된다. 이에 따라서 화폐시장에서 거래적 화폐수요가 증가하고 통화량 증가로 하락했었던 이자율은 다시 상승하게 된다.

4) 새로운 균형

국민소득이 증가하면서 생산물시장의 초과수요는 해소되고 새로운 생산물시장의 균형에 도달한다. 이 과정에서 화폐시장에서도 소득의 증가와 이자율 상승으로 인해 거래적 화폐수요는 증가하고 투기적 화폐수요는 감소하면서 새로운 화폐시장의 균형에 도달한다. 통화량 증가 이후 이자율 하락과 국민소득 증가에 따른 이자율 상승이 모두 조정이 되면 새로운 $IS-LM$ 균형에 도달하게 된다. 새로운 균형에서는 국민소득은 증가하고 이자율은 하락하게 된다.

3 통화정책의 유효성과 *IS*, *LM* 곡선의 기울기

1) *IS*곡선이 완만할수록 통화정책의 효과는 크다.

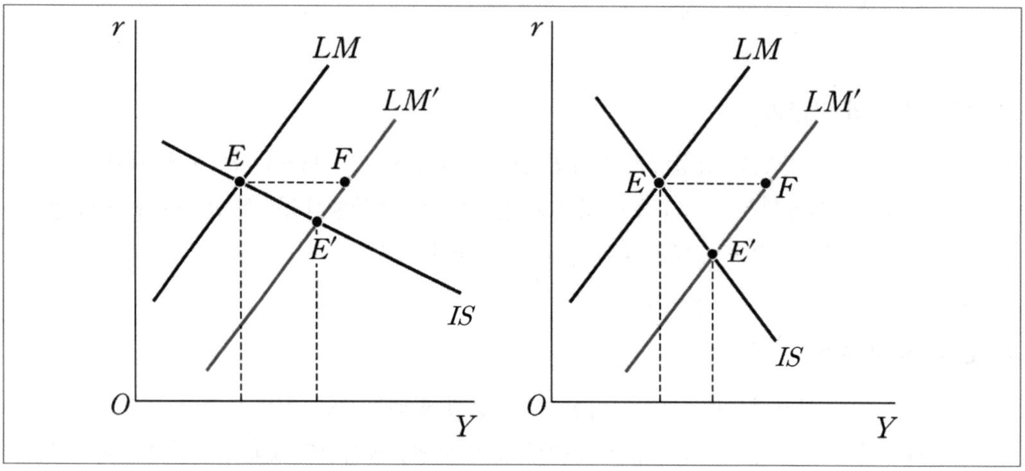

그림 6-5 *IS* 곡선의 기울기와 통화정책

왜 그런지 이유를 살펴보자.

통화량이 증가하는 경우 이자율이 하락하면서 생산물시장에서 투자수요가 증가한다. 따라서 이자율 하락에 따라 투자수요가 민감하게 반응하여 크게 증가한다면, 총수요가 크게 증가하여 국민소득의 증가폭이 크게 될 것이다. 이는 이자율의 하락에 따라서 투자수요의 반응을 나타내는 투자의 이자율 탄력성이 클수록 국민소득의 증가가 크다는 뜻이다. 이때 투자의 이자율 탄력성이 큰 경우에는 *IS* 곡선이 완만하게 된다.

2) *LM* 곡선이 가파를수록 통화정책의 효과는 크다.

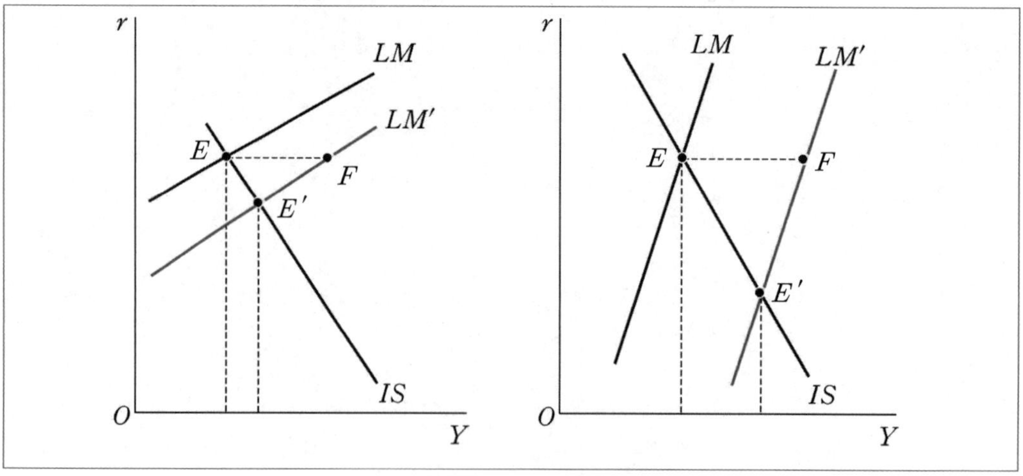

그림 6-6 *LM*곡선의 기울기와 통화정책

역시 왜 그런지 이유를 살펴보자.

통화량이 증가하는 경우 이자율이 하락하면서 생산물시장에서의 투자수요가 증가한다. 만일 통화량이 증가할 때 이자율이 매우 큰 폭으로 하락하는 경우 생산물시장에서 투자수요가 크게 나타날 것이다. 이로 인해 총수요가 크게 증가하여 국민소득의 증가폭이 크게 될 것이다.

그럼 과연 어떠한 때에 통화량의 증가로 인해서 이자율이 큰 폭으로 하락하는지에 대하여 검토해보자. 통화량이 증가하면 화폐시장에서 화폐의 초과공급이 발생한다. 이를 해소하기 위해 이자율이 하락하게 되는데, 이자율의 하락으로 인해 투기적 화폐수요가 증가하면서 늘어났던 화폐공급을 상쇄시키게 된다. 그런데 이자율이 하락하더라도 투기적 화폐수요가 증가가 미미하다면, 이자율이 더욱 더 많이 하락해야만 화폐공급을 상쇄시킬만한 화폐수요의 증가가 가능하게 된다.

따라서 이자율이 큰 폭으로 하락하는 경우는 이자율 하락에 대하여 투기적 화폐수요의 반응이 매우 둔감할 때 발생하는 것이다. 이는 이자율 하락에 따라서 투기적 화폐수요의 반응을 나타내는 투기적 화폐수요의 이자율 탄력성이 작다는 뜻이다. 이때 투기적 화폐수요의 이자율 탄력성이 작은 경우에는 LM 곡선이 가파르게 된다.

참고로 LM 곡선의 방정식은 앞서 살펴본 바 $r=\frac{k}{l}Y-\frac{M_0}{Pl}$ 이다. 이때 통화정책에 의하여 통화량을 ΔM만큼 증가시킬 경우, 새로운 LM 곡선은 $r=\frac{k}{l}Y-\frac{M_0+\Delta M}{Pl}$ 으로서 수직방향으로의 이동폭 즉 이자율의 하락폭은 $\frac{\Delta M}{Pl}$ 이 된다. 따라서 투기적 화폐수요의 이자율 탄력성 l이 작은 경우에 이자율의 하락폭이 커지는 것을 쉽게 확인할 수 있다.

4 통화정책의 전달경로

1) 의의

통화정책에 의한 화폐공급 증가 혹은 감소는 본질적으로 화폐시장에서 발생하는 충격이다. 이러한 통화정책이 생산물시장에서 결정되는 국민소득에 효과를 미치기 위해서는 통화정책이 생산물시장에 전달되는 수단이 필요하다. 이를 통화정책의 전달경로라고 한다.

2) 통화정책의 전달경로

이에 대하여는 추후 거시경제의 미시적 기초에서 상술한다. 여기서는 이자율과 투자를 통한 통화정책의 전달경로에 대하여 간단히 살펴보자.

통화정책이라고 하는 화폐시장의 충격은 화폐시장에서 균형을 무너뜨리기 때문에 다시금 균형의 회복을 위해서 이자율이 변화하게 된다. 이제 변화한 이자율은 생산물시장의 투자수요에 영향을 미치게 되고 이 과정에서 총수요가 증가하여 국민소득을 증가시키게 된다. 이러한 과정이 바로 통화정책의 전달경로이다.

3) 통화정책의 전달경로와 통화정책의 유효성

통화정책의 효과가 크려면 통화정책의 전달경로가 효과적으로 작동해야 한다. 이를 위해서는 화폐공급 변화에 따라 이자율이 크게 변해야 하고(화폐수요의 이자율 탄력성이 낮아야 함), 그리고 이자율의 변화에 따라 투자가 크게 변해야 한다(투자의 이자율 탄력성이 커야 함). 자세한 과정은 앞의 3. 통화정책의 유효성 파트를 다시 참조하라.

5 통화정책과 유동성함정

1) 유동성함정

한 경제의 이자율이 매우 낮은 수준이라고 경제주체들이 공통적으로 생각할 때, 통화당국이 통화량을 증가시킬 경우 그 증가된 통화량은 모두 투기적(투자적) 화폐수요로 흡수된다. 따라서 LM곡선이 수평이 되는데 이러한 영역을 유동성함정이라고 한다. 유동성함정은 이자율이 매우 낮은 수준일 경우, 화폐수요가 무한히 증가하는 영역이다(화폐수요의 이자율 탄력성이 무한대).

2) 유동성함정과 정책효과

유동성함정에서는 LM곡선이 수평이기 때문에 정부지출이 증가하더라도 이자율 상승이 나타나지 않는다. 따라서 구축효과가 나타나지 않고 승수효과만 나타난다. 따라서 유동성함정에서는 재정정책이 최대로 그 효과를 발휘하게 된다. 유동성함정이 나타날 경우 재정정책은 최대로 효과가 나타나지만, 통화정책은 효과가 없다.

3) 유동성함정과 피구효과

① 피구효과

피구에 의하면, 민간의 소비함수는 자산의 증가함수이다. 따라서 민간의 실질자산이 증가하는 경우, 민간소비는 자산의 증가함수이므로 자산증가에 따라 소비가 증가하게 되고 결국 총수요가 증가하게 된다. 피구효과를 IS곡선에 반영할 경우 민간의 실질자산이 증가하면 수요가 증가하면서 IS곡선이 우측으로 이동한다.

② 유동성함정과 피구효과

경제가 유동성함정에 있는 경우 *LM*곡선이 수평이며 통화정책의 효과가 없음을 앞에서 살펴보았다. 그러나 피구효과를 고려하게 되면 경제가 유동성함정에 있더라도 통화정책을 통해서 민간의 실질자산이 변화하고 *IS*곡선이 이동하여 국민소득에 영향을 줄 수 있다. 즉, 피구효과는 유동성함정이 있는 경우에 통화정책의 유효성을 높여준다.

4) 유동성함정과 인플레이션 기대 효과

지속적인 확대통화정책을 시행할 경우 기대인플레이션율이 상승한다. 기대인플레이션율의 상승으로 인하여 실질자산에 대한 수요가 증가하고 실질자산가격 상승 및 공급량이 늘어나면 실질자산에 대한 보수인 실질이자율이 하락한다. 실질이자율 하락은 투자의 증가를 가져와서 총수요가 증가한다. 따라서 유동성함정하에서도 *IS*곡선이 이동하여 소득 증가가 가능해진다.

필수예제

통화정책의 단기효과에 대한 설명 중 옳은 것은? ▸ 2015년 서울시 7급

① 화폐수요의 이자율 탄력성이 클수록 통화정책의 효과가 크다.
② 투자의 이자율 탄력성이 클수록 통화정책의 효과가 크다.
③ 임금조정의 신축성이 클수록 통화정책의 효과가 크다.
④ 한계소비성향이 작을수록 통화정책의 효과가 크다.

출제이슈 통화정책의 효과
핵심해설 **정답** ②

통화정책의 효과는 다음과 같다.

1) 확장적 통화정책을 통해 LM곡선이 우측으로 이동하여 이자율이 하락하고 균형국민소득은 증가한다.

① 통화량의 증가로 인하여 화폐시장에서 이자율이 하락하여 실물부분의 소비 및 투자가 증가한다.
② 이자율 하락은 또한 원화가치를 하락시키고 환율상승을 가져와 순수출이 증가하도록 한다.
③ 투자 증가 및 순수출 증가로 수요가 증가하여 균형국민소득은 증가한다.

2) IS곡선과 통화정책의 효과 : IS곡선이 완만할수록 통화정책의 효과는 크다.

① IS곡선의 기울기 $\frac{(1-b)}{c}$ (단, b : 한계소비성향, c : 투자의 이자율 탄력성)
② 투자의 이자율 탄력성이 클수록 IS곡선은 완만하다.

3) LM곡선과 통화정책의 효과 : LM곡선이 가파를수록 통화정책의 효과는 크다.

① LM곡선의 기울기 $\frac{k}{l}$ (단, k : 화폐수요의 소득탄력성, l : 화폐수요의 이자율 탄력성)
② 화폐수요(투기적 수요)의 이자율 탄력성이 작을수록 LM곡선은 가파르다.

위의 내용에 따라서 설문의 내용을 검토하면 다음과 같다.

① 틀린 내용이다.
화폐수요의 이자율 탄력성이 작을수록 LM곡선은 가파르고 통화정책의 효과가 크다. 화폐수요의 이자율 탄력성이 작으면 화폐시장에서 화폐공급이 증가할 경우 이자율 하락의 폭이 매우 크게 된다. 따라서 이자율의 큰 하락은 투자의 큰 증가를 가져와서 소득을 크게 늘릴 수 있어서 통화정책의 효과가 큼을 의미한다.

② 옳은 내용이다.
투자의 이자율 탄력성이 클수록 *IS*곡선은 완만하고 통화정책의 효과가 크다. 투자의 이자율 탄력성이 크면 화폐시장에서 화폐공급이 증가한 경우 이자율 하락으로 인한 투자증가의 폭이 매우 크게 된다. 따라서 이자율의 하락은 투자의 큰 증가를 가져와서 소득을 크게 늘릴 수 있어서 통화정책의 효과가 큼을 의미한다.

③ 틀린 내용이다.
임금조정의 신축성이 클수록 총공급곡선이 수직에 가까워지며 이 경우에는 통화정책과 같은 총수요관리정책의 효과가 작다. 반대로 임금조정이 원활치 않아서 임금이 경직성을 보일 경우 총공급곡선이 우상향하는 모습을 보이며 이 경우 총수요관리정책의 효과는, 학파에 따라 견해는 다르지만, 어느 정도 유효할 수 있다.

④ 틀린 내용이다.
한계소비성향이 작을수록 *IS*곡선은 가파르고 통화정책의 효과가 작다. 확대통화정책으로 이자율이 하락하면, 재화시장에서 투자가 촉진되어 총수요와 소득이 증가한다. 이에 따라서 거래적 화폐수요가 증가하면서 하락한 이자율이 일부 다시 상승하게 된다. 이때 소득이 대폭 증가하고 거래적 화폐수요도 크게 증가하고 이자율도 상승하는 것은 *IS*곡선이 완만할수록 가능해진다. 반대로 *IS*곡선이 가파를수록 소득이 소폭 증가하게 되어 통화정책의 효과가 작음을 나타낸다. 이자율 하락에 따라 소득이 증가하는 과정에서 한계소비성향이 작을수록 소득증가에 제약이 걸리게 되어 통화정책의 유효성을 저해하게 되는 메카니즘이다. *IS*곡선이 가파른 것은 한계소비성향이 작음을 나타내는 것은 주지의 사실이다.

$IS-LM$ 모형에서 확장적 통화정책에 대한 설명이다. ㉠, ㉡에 들어갈 내용으로 옳게 짝지은 것은? (단, IS곡선은 우하향, LM곡선은 우상향한다.) ▸ 2020년 국가직 7급

- IS곡선의 기울기가 완만할수록 확장적 통화정책으로 인한 국민소득의 증가폭이 (㉠).
- LM곡선의 기울기가 완만할수록 확장적 통화정책으로 인한 국민소득의 증가폭이 (㉡).

	㉠	㉡
①	커진다	커진다
②	커진다	작아진다
③	작아진다	커진다
④	작아진다	작아진다

출제이슈 통화정책의 효과

핵심해설 **정답 ②**

통화정책의 효과는 다음과 같다.

1) 확장적 통화정책을 통해 LM곡선이 우측으로 이동하여 이자율이 하락하고 균형국민소득은 증가한다.

① 통화량의 증가로 인하여 화폐시장에서 이자율이 하락하여 실물부분의 소비 및 투자가 증가한다.
② 이자율 하락은 또한 원화가치를 하락시키고 환율상승을 가져와 순수출이 증가하도록 한다.
③ 투자 증가 및 순수출 증가로 수요가 증가하여 균형국민소득은 증가한다.

2) IS곡선과 통화정책의 효과 : IS곡선이 완만할수록 통화정책의 효과는 크다.

① IS곡선의 기울기 $\frac{(1-b)}{c}$ (단, b : 한계소비성향, c : 투자의 이자율 탄력성)
② 투자의 이자율 탄력성이 클수록 IS곡선은 완만하다.

3) LM곡선과 통화정책의 효과 : LM곡선이 가파를수록 통화정책의 효과는 크다.

① LM곡선의 기울기 $\frac{k}{l}$ (단, k : 화폐수요의 소득탄력성, l : 화폐수요의 이자율 탄력성)
② 화폐수요(투기적 수요)의 이자율 탄력성이 작을수록 LM곡선은 가파르다.

위의 내용에 따라서 설문의 내용을 검토하면 다음과 같다.

- IS곡선의 기울기가 완만할수록 확장적 통화정책으로 인한 국민소득의 증가폭이 (㉠ 커진다).
- LM곡선의 기울기가 완만할수록 확장적 통화정책으로 인한 국민소득의 증가폭이 (㉡ 작아진다).

투자수요함수가 $I=\overline{I}-dr$, 실질화폐수요함수 $\frac{M}{P}=kY-hr$ 일 때, 금융정책이 총수요에 미치는 영향으로 옳은 것은?

▸ 2017년 국회 8급

① d가 작을수록 h가 작을수록 금융정책이 상대적으로 강력해진다.
② d가 클수록 h가 작을수록 금융정책이 상대적으로 강력해진다.
③ d가 작을수록 h가 클수록 금융정책이 상대적으로 강력해진다.
④ d가 클수록 h가 클수록 금융정책이 상대적으로 강력해진다.
⑤ d와 h는 영향을 미치지 못한다.

출제이슈 통화정책의 효과

핵심해설 **정답 ②**

통화정책의 효과는 다음과 같다.

1) 확장적 통화정책을 통해 LM곡선이 우측으로 이동하여 이자율이 하락하고 균형국민소득은 증가한다.

① 통화량의 증가로 인하여 화폐시장에서 이자율이 하락하여 실물부분의 소비 및 투자가 증가한다.
② 이자율 하락은 또한 원화가치를 하락시키고 환율상승을 가져와 순수출이 증가하도록 한다.
③ 투자 증가 및 순수출 증가로 수요가 증가하여 균형국민소득은 증가한다.

2) IS곡선과 통화정책의 효과 : IS곡선이 완만할수록 통화정책의 효과는 크다.

① IS곡선의 기울기 $\frac{(1-b)}{c}$ (단, b : 한계소비성향, c : 투자의 이자율 탄력성)
② 투자의 이자율 탄력성이 클수록 IS곡선은 완만하다.

3) LM곡선과 통화정책의 효과 : LM곡선이 가파를수록 통화정책의 효과는 크다.

① LM곡선의 기울기 $\frac{k}{l}$ (단, k : 화폐수요의 소득탄력성, l : 화폐수요의 이자율 탄력성)
② 화폐수요(투기적 수요)의 이자율 탄력성이 작을수록 LM곡선은 가파르다.

위의 내용에 따라서 설문의 내용을 검토하면 다음과 같다.

설문에서 제시된 모형에서 투자의 이자율 탄력성 d가 클수록, IS곡선은 완만하고 통화정책의 효과가 커진다. 투자의 이자율 탄력성이 크면 화폐시장에서 화폐공급이 증가한 경우 이자율 하락으로 인한 투자증가의 폭이 매우 크게 된다. 따라서 이자율의 하락은 투자의 큰 증가를 가져와서 소득을 크게 늘릴 수 있어서 통화정책의 효과가 큼을 의미한다.

한편, 화폐수요의 이자율 탄력성 h가 작을수록 LM곡선은 가파르고 통화정책의 효과가 크다. 화폐수요의 이자율 탄력성이 작을수록 LM곡선은 가파르고 통화정책의 효과가 크다. 화폐수요의 이자율 탄력성이 작으면 화폐시장에서 화폐공급이 증가할 경우 이자율 하락의 폭이 매우 크게 된다. 따라서 이자율의 큰 하락은 투자의 큰 증가를 가져와서 소득을 크게 늘릴 수 있어서 통화정책의 효과가 큼을 의미한다.

폐쇄경제 $IS-LM$ 모형에서 투자의 이자율 탄력성이 무한대인 경우, 중앙은행이 긴축통화정책을 실행할 시 예상되는 효과로 옳은 것을 모두 고른 것은? (단, LM 곡선은 우상향한다.)

▸ 2023년 감정평가사

ㄱ. 국민소득 감소	ㄴ. 이자율 증가	ㄷ. 이자율 불변
ㄹ. 국민소득 증가	ㅁ. 이자율 감소	

① ㄱ, ㄴ ② ㄱ, ㄷ ③ ㄱ, ㅁ
④ ㄴ, ㄹ ⑤ ㄷ, ㄹ

출제이슈 통화정책의 효과

핵심해설 **정답 ②**

IS 곡선과 LM 곡선의 산식은 다음과 같다.

1) IS 곡선

① IS 곡선은 생산물 시장의 균형조건식에서 도출된다.

② $Y^D = Y^S \quad \therefore\ a + bY + I_0 + cr + G_0 = Y \quad \therefore\ r = \dfrac{(1-b)}{c}Y - \dfrac{(a + I_0 + G_0)}{c}$

2) LM 곡선

① LM 곡선은 화폐시장의 균형조건식에서 도출된다.

② $\dfrac{M^D}{P} = \dfrac{M^S}{P} \quad \therefore\ kY - lr = \dfrac{M_0}{P} \quad \therefore\ r = \dfrac{k}{l}Y - \dfrac{M_0}{Pl}$

위의 IS 곡선의 방정식을 도출하는 과정에 설문에서 제시한 조건을 적용하면 다음과 같다.

투자의 이자율탄력성이 무한대인 경우 투자함수에서 c가 무한대가 된다. 이를 IS 곡선의 도출과정에 적용하면 IS 곡선이 수평이 됨을 쉽게 알 수 있다. 이 경우 우상향하는 LM 곡선이 긴축통화정책에 따라서 좌측으로 이동하게 되면, 국민소득은 감소하며, 이자율은 불변이다.

A국 경제가 유동성함정(LM 곡선이 수평)에 빠졌을 경우 이에 관한 설명으로 옳은 것은?

▸ 2015년 감정평가사

① 투자가 이자율에 대해 매우 탄력적이다.
② 확대통화정책이 확대재정정책보다 국민소득을 더 많이 증가시킨다.
③ 확대재정정책을 시행하면 구축효과로 인해 국민소득의 변화가 없다.
④ 화폐수요가 이자율에 대해 완전 비탄력적이다.
⑤ 확대통화정책을 시행하더라도 이자율의 변화가 없다.

출제이슈 유동성함정
핵심해설 **정답 ⑤**

먼저 유동성함정의 기본적인 내용을 보면 다음과 같다.

한 경제의 이자율이 매우 낮은 수준이라고 경제주체들이 공통적으로 생각할 때, 통화당국이 통화량을 증가시킬 경우 그 증가된 통화량은 모두 투기적 화폐수요로 흡수된다(화폐수요의 이자율 탄력성이 무한대). 따라서 LM곡선이 수평이 되는데 이러한 영역을 유동성함정이라고 한다. 즉, 유동성함정은 이자율이 매우 낮은 수준일 경우, 화폐수요가 무한히 증가하는 영역이다.

유동성함정에서는 LM곡선이 수평이기 때문에 정부지출이 증가하더라도 이자율 상승이 나타나지 않는다. 따라서 구축효과가 나타나지 않고 승수효과만 나타난다. 따라서 유동성함정에서는 재정정책이 최대로 그 효과를 발휘하게 된다. 유동성함정이 나타날 경우 재정정책은 최대로 효과가 나타나지만, 통화정책은 효과가 없다.

위의 내용에 따라서 설문을 검토하면 다음과 같다.

① 틀린 내용이다.
투자가 아니라 화폐수요가 이자율에 대해 매우 탄력적이다.

② 틀린 내용이다.
유동성함정의 영역에서는 확대통화정책은 무력하고 확대재정정책이 국민소득을 증가시킬 수 있다.

③ 틀린 내용이다.
유동성함정에서는 LM곡선이 수평이기 때문에 정부지출이 증가하더라도 이자율 상승이 나타나지 않는다. 따라서 구축효과가 나타나지 않고 승수효과만 나타난다. 따라서 유동성함정에서는 재정정책이 최대로 그 효과를 발휘하여 국민소득이 증가할 수 있다.

④ 틀린 내용이다.
유동성함정은 통화당국이 통화량을 증가시킬 경우 그 증가된 통화량은 모두 투기적 화폐수요로 흡수되는 영역으로서 화폐수요의 이자율 탄력성이 무한대일 때 나타날 수 있다.

⑤ 옳은 내용이다.
유동성함정에서는 LM곡선이 수평이기 때문에 통화량이 증가하더라도 모두 투기적 화폐수요로 흡수되어 이자율 상승이 나타나지 않는다. 따라서 확대통화정책을 시행하더라도 이자율의 변화가 없다.

THEME 03 재정정책과 통화정책의 상대적 효과와 정책조합

1 케인즈 학파

케인즈 학파에 의하면 재정정책은 효과가 크지만, 통화정책은 효과가 없다. 즉 정부지출 증가는 승수효과를 통해 국민소득을 증가시키지만, 반면 통화량 증가는 이자율만 하락시키고 국민소득에 영향을 주지 못한다는 것이다.

그 이유는 화폐수요가 이자율에 대하여 매우 탄력적이어서 LM 곡선은 수평에 가깝고 투자는 이자율에 대하여 매우 비탄력적이어서 IS 곡선은 수직에 가깝기 때문이다.

2 통화주의 학파

통화주의 학파에 의하면 통화정책은 효과가 크지만, 재정정책은 효과가 없다. 즉 정부지출 증가는 이자율을 상승시켜 완전구축되므로 국민소득을 증가시키지 못하지만, 반면 통화량 증가는 이자율을 하락시켜 투자를 증가시키므로 국민소득을 증가시킨다는 것이다.

그 이유는 화폐수요가 이자율에 대하여 매우 비탄력적이어서 LM 곡선은 수직에 가깝고, 투자는 이자율에 대하여 매우 탄력적이어서 IS 곡선은 수평에 가깝기 때문이다.

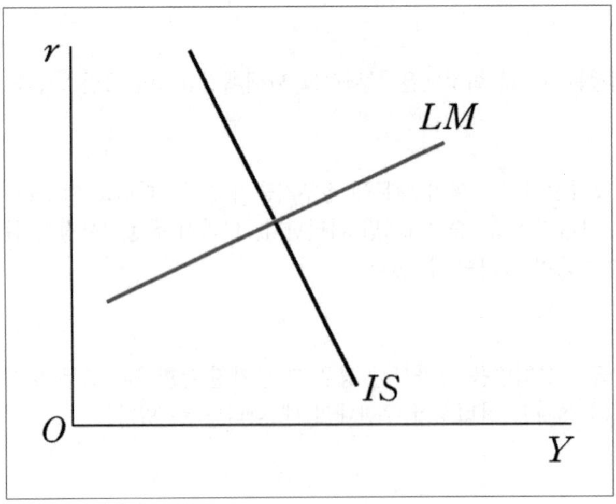

그림 6-7 케인즈 학파의 $IS-LM$

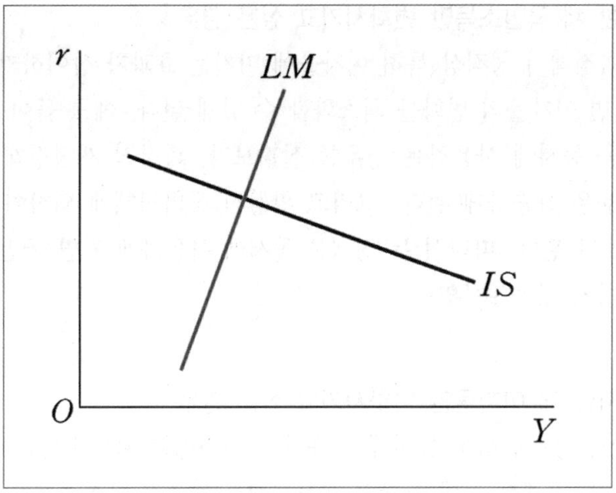

그림 6-8 통화주의 학파의 $IS-LM$

3 재정정책과 통화정책의 상대적 유효성

구분	재정정책이 상대적으로 유효	통화정책이 상대적으로 유효
IS곡선의 기울기 $\frac{(1-b)}{c}$	c가 작을수록	c가 클수록
LM곡선의 기울기 $\frac{k}{l}$	l이 클수록	l이 작을수록

4 재정정책과 통화정책의 정책조합(policy mix)

1) 재정정책과 통화정책의 성격

재정정책과 통화정책은 총수요에 영향을 주는 정책이라는 측면에서는 비슷하지만, 영향을 미치는 과정과 특히 이자율에 미치는 효과가 다르다는 측면에서는 매우 상이하다. 또한 재정정책은 정부지출을 늘려서 총수요에서 정부의 비중을 늘림과 동시에 구축효과에 의하여 민간의 비중은 낮아지게 된다. 그러나 통화정책은 통화량 증가와 이자율 하락을 통해서 민간의 소비와 투자를 자극하여 증가시킴으로써 총수요에서 민간의 비중을 늘리게 된다.

2) 정책조합

① 의의

재정정책과 통화정책을 동시에 사용하여 원하는 정책목표를 달성하고자 하는 것을 정책조합(policy mix)이라고 한다.

② 이자율은 유지한 채 국민소득만 변화시키고 싶은 경우

재정정책과 통화정책이 성격상 특히 이자율에 미치는 효과가 상이하기 때문에 두 정책을 같이 사용하게 되면 이자율의 변화를 최소화할 수 있게 된다. 예를 들어 확장적 재정정책과 확장적 통화정책을 동시에 사용하는 경우를 살펴보자. 확장적 재정정책에 의하여 국민소득은 증가하고 이자율은 상승하게 된다. 그리고 확장적 통화정책에 의하여 국민소득은 증가하고 이자율은 하락하게 된다. 따라서 두 정책을 동시에 사용하게 되면 국민소득은 크게 증가하고 이자율은 변화하지 않을 수 있다.

③ 국민소득은 유지한 채 이자율만 변화시키고 싶은 경우

한편, 재정정책과 통화정책을 동시에 사용하여 이번에는 국민소득은 유지한 채로 이자율만 변화시킬 수도 있다. 예를 들어 확장적 재정정책과 긴축적 통화정책을 동시에 사용하는 경우를 살펴보자. 확장적 재정정책에 의하여 국민소득은 증가하고 이자율은 상승하게 된다. 그리고 긴축적 통화정책에 의하여 국민소득은 감소하고 이자율은 상승하게 된다. 따라서 두 정책을 동시에 사용하게 되면 이자율은 크게 상승하고 국민소득은 변화하지 않을 수 있다.

3) 현실의 정책조합

① 확장적 재정정책과 확장적 통화정책

정부가 정부지출을 늘리기 위해서는 재원을 조달하여야 한다. 예를 들어 조세를 더 늘리거나 국공채를 발행하여 재원을 조달할 수 있다. 만일 정부가 채권을 민간이 아니라 중앙은행에 판매한다면 이는 중앙은행으로부터 대출을 받아서 재원을 조달하는 방식이 된다. 중앙은행은 정부에 대출을 해주기 위해서 추가적으로 화폐를 발행하여 공급해야 하므로 이 과정에서 자연스럽게 통화량은 증가하게 된다. 따라서 정부지출도 증가하고 통화량도 늘어나는 조합이 된다.

② 확장적 재정정책과 긴축적 통화정책

앞의 ①에서 만일 중앙은행이 정부에 대출해주는 과정에서 늘어난 통화량을 회수할 수도 있다. 특히 대출해 준 통화량을 넘어서 더 많은 통화량을 회수하게 되면 이는 긴축적 통화정책을 의미한다. 그 방식은 중앙은행이 공개시장에서 채권을 민간부문에 팔아서 통화량을 회수하는 방식으로서 자세한 내용은 추후 거시경제의 미시적 기초에서 다루게 된다.

필수예제

재정정책과 통화정책에 대한 설명으로 가장 옳은 것은? ▸ 2016년 서울시 7급

① 투자가 이자율 변화에 민감하면, 그렇지 않을 때보다 재정정책의 효과가 감소한다.
② 화폐수요가 이자율 변화에 민감하면, 그렇지 않을 때보다 재정정책의 효과가 감소한다.
③ 화폐수요가 이자율 변화에 둔감하면, 그렇지 않을 때보다 통화정책의 효과가 감소한다.
④ 투자가 이자율 변화에 둔감하면, 그렇지 않을 때보다 통화정책의 효과가 증가한다.

출제이슈 재정정책 및 통화정책의 효과

핵심해설 **정답** ①

$IS-LM$ 모형에 따른 재정정책과 통화정책의 효과는 IS, LM 곡선의 기울기에 따라 달라질 수 있으며, 이는 다음과 같이 구분할 수 있다.

구분	재정정책이 상대적으로 유효	통화정책이 상대적으로 유효
IS곡선의 기울기 $\frac{(1-b)}{c}$	c가 작을수록	c가 클수록
LM곡선의 기울기 $\frac{k}{l}$	l이 클수록	l이 작을수록

먼저 재정정책의 경우 정책의 효과에 영향을 주는 요인은 다음과 같다.

1) IS곡선과 재정정책의 효과 : IS곡선이 가파를수록 구축효과는 작고 재정정책의 효과는 크다.

① IS곡선의 기울기 $\frac{(1-b)}{c}$ (단, b : 한계소비성향, c : 투자의 이자율 탄력성)
② 투자의 이자율 탄력성이 작을수록 IS곡선은 가파르다.

2) LM곡선과 재정정책의 효과 : LM곡선이 완만할수록 구축효과는 작고 재정정책의 효과는 크다.

① LM곡선의 기울기 $\frac{k}{l}$ (단, k : 화폐수요의 소득탄력성, l : 화폐수요의 이자율 탄력성)
② 화폐수요(투기적 수요)의 이자율 탄력성이 클수록 LM곡선은 완만하다.

반면, 통화정책의 경우 정책의 효과에 영향을 주는 요인은 다음과 같다.

1) *IS*곡선과 통화정책의 효과 : *IS*곡선이 완만할수록 통화정책의 효과는 크다.

① *IS*곡선의 기울기 $\frac{(1-b)}{c}$ (단, b : 한계소비성향, c : 투자의 이자율 탄력성)
② 투자의 이자율 탄력성이 클수록 *IS*곡선은 완만하다.

2) *LM*곡선과 통화정책의 효과 : *LM*곡선이 가파를수록 통화정책의 효과는 크다.

① *LM*곡선의 기울기 $\frac{k}{l}$ (단, k : 화폐수요의 소득탄력성, l : 화폐수요의 이자율 탄력성)
② 화폐수요(투기적 수요)의 이자율 탄력성이 작을수록 *LM*곡선은 가파르다.

위의 내용에 따라서 설문을 검토하면 다음과 같다.

① 옳은 내용이다.
투자가 이자율변화에 민감하여 투자의 이자율 탄력성이 클수록 *IS*곡선은 완만하다. 따라서 재정정책의 효과는 작고 통화정책의 효과는 크다.

② 틀린 내용이다.
화폐수요가 이자율 변화에 민감하여 화폐수요(투기적 수요)의 이자율 탄력성이 클수록 *LM*곡선은 완만하다. 따라서 재정정책의 효과는 크고 통화정책의 효과는 작다.

③ 틀린 내용이다.
화폐수요가 이자율 변화에 둔감하여 화폐수요(투기적 수요)의 이자율 탄력성이 작을수록 *LM*곡선은 가파르다. 따라서 재정정책의 효과는 작고 통화정책의 효과는 크다.

④ 틀린 내용이다.
투자가 이자율변화에 둔감하여 투자의 이자율 탄력성이 작을수록 *IS*곡선은 가파르다. 따라서 재정정책의 효과는 크고 통화정책의 효과는 작다.

폐쇄경제의 $IS-LM$모형에서 정부는 지출을 증가시키고, 중앙은행은 통화량을 증가시켰다. 이 경우 나타나는 효과로 옳은 것은? (단, IS곡선은 우하향, LM곡선은 우상향한다.) ▸ 2015년 감정평가사

① 국민소득은 증가하고, 이자율은 하락한다.
② 국민소득은 증가하고, 이자율은 상승한다.
③ 국민소득은 증가하고, 이자율의 변화방향은 알 수 없다.
④ 국민소득은 감소하고, 이자율은 상승한다.
⑤ 국민소득은 감소하고, 이자율의 변화방향은 알 수 없다.

출제이슈 재정정책과 통화정책의 효과
핵심해설 **정답** ③

설문을 검토하면 다음과 같다.

1) 정부지출이 증가하는 경우

① 재화시장에서 정부지출의 증가로 인하여 총수요가 증가하고 소득이 증가한다. 소득의 증가로 인하여 화폐시장에서 화폐수요가 증가하여 이자율이 상승한다. 이자율 상승은 투자감소, 소득감소를 가져온다. 이는 앞에서 증가한 소득 증가를 상쇄하는 것이다.

② 정부지출의 증가로 IS곡선이 우상방으로 이동하므로 이자율은 상승하고 소득은 증가한다.

2) 통화공급이 증가하는 경우

① 화폐시장에서 통화공급이 증가하게 되면, 화폐초과공급에 의하여 이자율이 하락한다. 이자율 하락으로 인하여 재화시장에서 투자가 증가하여 총수요가 증가하고 소득이 증가한다.

② 통화공급의 증가로 LM곡선이 우하방으로 이동하여 이자율은 하락하고 소득은 증가한다.

3) 종합

① 정부지출의 증가로 이자율이 상승하고 소득은 증가한다. 통화공급의 증가로 이자율이 하락하고 소득은 증가한다. 따라서 소득은 증가하지만 이자율의 방향은 불확실하다.

② 통화공급의 감소로 LM곡선이 우하방으로 이동하고, 정부지출의 증가로 IS곡선이 우상방으로 이동하므로 새로운 균형에서는 소득은 증가하지만 이자율의 방향은 불확실하다.

경기부양을 위해 재정정책과 통화정책의 사용을 고려한다고 하자. 이와 관련된 서술로 가장 옳지 않은 것은?

▸ 2019년 서울시 7급

① 두 정책의 상대적 효과는 소비와 투자 등 민간지출의 이자율 탄력성 크기와 관련이 있다.
② 두 정책이 이자율에 미치는 영향은 동일하다.
③ 이자율에 미치는 영향을 줄이고자 한다면 두 정책을 함께 사용할 수 있다.
④ 두 정책 간의 선택에는 재정적자의 누적이나 인플레이션 중 상대적으로 어느 것이 더 심각한 문제일지에 대한 고려가 필요하다.

출제이슈 재정정책 및 통화정책의 효과

핵심해설 **정답** ②

설문을 검토하면 다음과 같다.

① 옳은 내용이다.
투자의 이자율 탄력성이 작을수록 IS곡선은 가파르며 재정정책의 효과는 큰 반면, 통화정책의 효과는 작다. 반대로 투자의 이자율 탄력성이 클수록 IS곡선은 완만하며 재정정책의 효과는 작은 반면, 통화정책의 효과는 크다. 따라서 두 정책의 상대적 효과는 소비, 투자 등의 이자율 탄력성의 크기와 밀접한 관련이 있다.

② 틀린 내용이다.
경기부양을 위한 확대재정정책은 총수요를 진작시켜서 국민소득을 늘리고 이에 따라 화폐수요가 늘면서 이자율이 상승한다. 상승한 이자율로 인해서 투자가 감소하면서 앞서 증가했던 국민소득을 일정부분 상쇄한다. 결국 확대재정정책이 이자율에 미치는 영향에 국한해서 보면 이자율을 상승시킨다고 할 수 있다. 한편 경기부양을 위한 확대통화정책은 화폐시장에서 통화량 증대로 인해 이자율이 하락하고 이를 통해 실물부문의 투자가 증가하여 국민소득이 증가한다. 결국 확대통화정책이 이자율에 미치는 영향에 미치는 영향에 국한해서 보면 이자율을 하락시킨다고 할 수 있다. 따라서 두 정책이 이자율에 미치는 영향은 상이하다.

③ 옳은 내용이다.
앞에서 확대재정정책은 국민소득 증가와 이자율 상승을 가져오고 확대통화정책은 국민소득 증가와 이자율 하락을 가져온다. 따라서 두 정책을 동시에 사용할 경우, 이자율의 변화를 줄이면서 국민소득의 증가를 가져올 수 있다. 예를 들어 확대재정정책과 확대통화정책을 동시에 사용할 경우 확대재정정책에 의한 이자율 상승을 확대통화정책에 의한 이자율 하락으로 상쇄할 수 있기 때문에 이자율의 변화는 최소화시키면서도 국민소득은 큰 폭으로 증가시킬 수 있다.

④ 옳은 내용이다.
만일 재정적자의 누적이 심각한 상태라면, 경기부양을 위해서 확대재정정책을 사용하는 것이 쉽지 않을 것이다. 한편, 인플레이션이 심각한 상태라면, 경기부양을 위해서 확대통화정책을 사용하는 것이 어려울 수 있다. 만일 두 정책 중에 반드시 선택을 하여야만 하는 상황을 가정하면, 재정적자 누적 문제와 인플레이션 문제 중에서 어느 문제가 상대적으로 더 심각한지에 대한 정책적 판단이 선행되어야 한다.

PART

04

국민소득과 물가 결정이론

Chapter 07

$AD-AS$ 모형

THEME 01 $IS-LM$ 모형의 한계와 보완

1 $IS-LM$ 모형의 한계

1) 가격경직성의 한계

$IS-LM$ 모형은 기본적으로 가격이 경직적인 세계를 전제하고 있기 때문에 현실에서의 물가변동과 인플레이션을 설명하지 못한다는 한계가 있다.

> ※ 케인즈는 고전학파의 모형이 실업을 제대로 설명하지 못한다고 하였으나 반대로 케인즈 및 케인즈학파의 모형은 인플레이션을 제대로 설명하지 못한다는 한계가 있는 것이다.

2) 공급부문 간과의 한계

$IS-LM$ 모형은 기본적으로 수요부문으로만 모형을 구성하고 있기 때문에 공급부문(기술변화, 원자재가격변화 등)이 국민소득에 미치는 영향을 설명하지 못할 뿐만 아니라 경제성장을 설명하는 데 있어서도 한계를 노정하고 있다.

2 $IS-LM$ 모형의 보완

위와 같은 $IS-LM$ 모형의 한계를 극복하기 위해서 가격변수와 공급부문을 도입하여 거시경제를 분석하는 모형을 $AD-AS$ 모형 혹은 거시경제의 일반균형모형이라고 한다. $AD-AS$ 모형은 가격경직성 가정을 완화하여 가격이 가변적인 경우를 상정하고 노동시장과 생산함수를 도입하여 거시경제의 공급측면을 분석하고 있다.

3 AD 의 구성

1) 생산물시장 모형

① 총수요

② 총공급

③ 생산물시장 균형조건

2) 화폐시장 모형

① 화폐수요

② 화폐공급

③ 화폐시장 균형조건

3) 생산물시장과 화폐시장의 동시균형

① IS

② LM

③ 동시균형

4 AS의 구성

1) 노동시장 모형

① 노동수요

② 노동공급

③ 노동시장 균형조건

2) 생산함수

5 $AD-AS$ 모형의 구성

1) AD

2) AS

3) 생산물시장, 화폐시장, 노동시장의 동시균형

THEME 02 총수요곡선(AD 곡선)

1 AD 곡선의 의의

총수요곡선이란 각각의 물가수준에서 대응되는 총수요를 연결한 그래프를 의미한다. 이는 생산물시장과 화폐시장의 균형을 달성시키는 국민소득과 물가의 조합을 기하적으로 표시한 그래프로 도출된다.

2 AD 곡선의 도출

1) 논리적 도출

현재의 상태를 생산물시장과 화폐시장의 균형이라고 가정하고 현재의 균형상태를 충격(shock)에 의하여 이탈시킨 후 새로운 균형상태를 모색하는 조정과정을 통해서 AD곡선을 논리적으로 도출할 수 있다.

현재 균형상태(균형국민소득, 균형물가 수준)를 Y_1, P_1이라고 하자. 이때, 시장균형을 이탈시키는 인위적 충격이 발생하여 물가가 상승했다고 가정하자. 그러면 물가의 상승으로 인해 화폐시장에서 실질통화량이 감소하여 이자율이 상승하게 된다. 이자율의 상승은 생산물시장에서 투자감소를 초래하여 총수요가 감소하게 된다. 또한 물가의 상승은 민간의 실질 부를 감소시켜서 소비감소를 초래하여 총수요를 감소시킨다. 줄어든 총수요는 생산에 영향을 미쳐서 생산물시장에서의 조정이 발생하고 이로 인해 결국 국민소득이 감소하면서 새로운 균형에 도달하게 된다.

이제 기존의 균형과 새로운 균형을 동시에 고려하면, 새로운 균형상태는 이전의 균형에 비하여 물가는 상승하고 국민소득은 감소하게 된다. 따라서 생산물시장과 화폐시장의 동시적 균형에서는 국민소득과 물가는 역의 관계를 보인다.

2) 수리적 도출

AD곡선의 방정식을 수리적으로 도출하기 위해서는 생산물시장의 균형조건식으로서의 IS 방정식과 화폐시장의 균형조건식으로서의 LM 방정식을 이용하면 된다.

① **IS 곡선의 방정식** : $r=\dfrac{(1-b)}{c}Y-\dfrac{(a+I_0+G_0)}{c}$

② LM곡선의 방정식 : $r=\frac{k}{l}Y-\frac{M_0}{Pl}$

③ AD곡선의 방정식 도출

위의 식 ①과 ②를 연립하여 풀어서 국민소득 Y와 물가 P 간의 관계식을 구하면 된다.

따라서 AD의 방정식은 $Y=\frac{M_0}{\left(\frac{k}{l}-\frac{1-b}{c}\right)l}\frac{1}{P}-\frac{a+I_0+G_0}{\left(\frac{k}{l}-\frac{1-b}{c}\right)c}$ 로 도출된다.

여기서 국민소득 Y와 물가 P 간에 역의 관계가 있음을 확인할 수 있다. 특히 케인즈의 주장과 달리 고전학파의 주장처럼 화폐수요가 이자율에 영향을 받지 않는다고 하면, 결국 위 AD 방정식은 $M_0\frac{1}{k}=PY$가 되어 화폐수량설로 환원될 수 있다.

3) 기하적 도출

현재 균형상태(균형국민소득, 균형물가 수준) Y_1, P_1에서 물가가 P_1에서 P_2로 상승하는 경우, 화폐시장에서 실질통화량이 감소하여 LM곡선이 좌상방으로 이동하고 $LM(P_2)$가 된다. 이때, 국민소득은 Y_1에서 Y_2로 감소한다.

기존의 균형 Y_1, P_1과 새로운 균형 Y_2, P_2를 연결하면 AD곡선이 도출된다. 기존의 균형에 비해 새로운 균형은 물가는 상승하고 국민소득은 감소하였으므로 AD곡선은 우하향하는 모습을 보이게 된다.

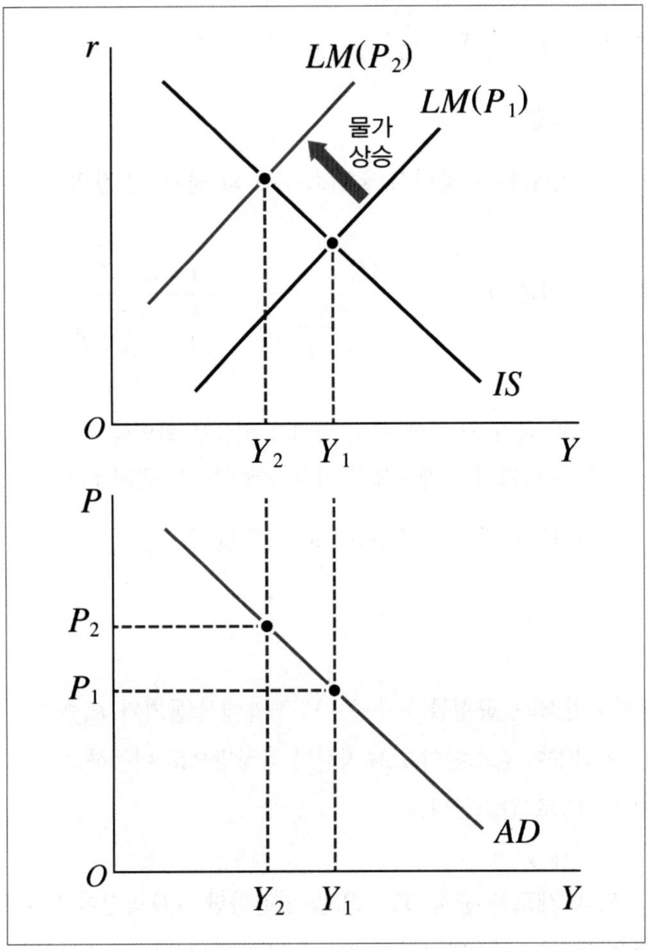

그림 7-1 AD 곡선의 도출

3 AD 곡선의 기울기

1) AD 곡선의 기울기

앞서 수리적으로 도출한 AD 곡선의 방정식은 $Y=\dfrac{M_0}{\left(\dfrac{k}{l}-\dfrac{1-b}{c}\right)l}\dfrac{1}{P}-\dfrac{a+I_0+G_0}{\left(\dfrac{k}{l}-\dfrac{1-b}{c}\right)c}$ 이며

이때 AD 곡선의 기울기는 $\dfrac{dY}{dP}=-\dfrac{M_0}{\left(\dfrac{k}{l}-\dfrac{1-b}{c}\right)l}\dfrac{1}{P^2}$ 임을 고려하면,

$\dfrac{dP}{dY}=-\dfrac{\left(\dfrac{k}{l}-\dfrac{1-b}{c}\right)l}{M_0}P^2$ 이 된다.

이때 $1-b$, c, l, k, M_0은 각각 한계저축성향, 투자의 이자율 탄력성, 화폐수요의 이자율 탄력성, 화폐수요의 소득탄력성, 화폐공급량이 된다. 따라서 AD 곡선의 기울기가 음수임을 쉽게 확인할 수 있다.

2) AD 곡선의 기울기에 영향을 미치는 요인

① IS곡선의 기울기

IS 곡선의 기울기가 클수록 즉, IS 곡선이 가파를수록 수리적으로 AD 곡선의 기울기 $-\frac{\left(\frac{k}{l}-\frac{1-b}{c}\right)l}{M_0}P^2$ 에서 $\left(\frac{1-b}{c}\right)$가 커지므로 분자가 커져서 AD 곡선은 가파르게 된다. 앞에서 AD 곡선을 논리적으로 도출할 때, 물가가 상승하는 경우 실질통화량이 감소하여 이자율이 상승하기 때문에 투자 및 총수요가 감소함을 살펴보았다. 만일 투자의 이자율 탄력성이 작다면, 이자율이 하락하더라도 투자의 감소가 크지 않을 것이므로 총수요의 감소도 역시 크지 않을 것이다.

따라서 물가 상승의 정도는 같더라도 상대적으로 투자의 이자율 탄력성이 큰 경우에 비하여 작은 경우에는 총수요의 감소 정도가 크지 않기 때문에 AD 곡선이 가파르게 되는 것이다.

② LM 곡선의 기울기

엄밀하게 보면, LM 곡선의 기울기와 AD 곡선의 기울기 간에 일관된 관계는 없다. 그러나 만일 k가 일정하고 l 이 커진다고 하면, LM 곡선의 기울기가 작을수록 즉, LM 곡선이 완만할수록 수리적으로 AD 곡선의 기울기 $-\frac{\left(\frac{k}{l}-\frac{1-b}{c}\right)l}{M_0}P^2$ 에서 분자가 커져서 AD 곡선은 가파르게 된다. 앞에서 AD 곡선을 논리적으로 도출할 때, 물가가 상승하는 경우 실질통화량이 감소하여 이자율이 상승하기 때문에 투자 및 총수요가 감소함을 살펴보았다. 만일 화폐수요의 이자율 탄력성이 크다면, 물가가 상승하여 실질통화량이 감소하더라도 이자율의 상승이 크지 않을 것이므로 이에 따라 투자의 감소 및 총수요의 감소도 역시 크지 않을 것이다.

따라서 물가 상승의 정도는 같더라도 상대적으로 화폐수요의 이자율 탄력성이 작은 경우에 비하여 큰 경우에는 총수요의 감소 정도가 크지 않기 때문에 AD 곡선이 가파르게 되는 것이다.

4 AD 곡선의 이동

1) AD 곡선의 이동

앞서 기하적으로 도출한 AD 곡선의 방정식은 IS 곡선과 LM 곡선에 의하여 결정되므로 만일 IS 곡선이나 LM 곡선이 이동하게 되면 AD 곡선도 이동함을 쉽게 알 수 있다. 따라서 IS 곡선과 LM 곡선을 이동시키는 요인들이 바로 AD 곡선을 이동시키는 요인이 된다. 대표적으로 아래에서 IS 곡선을 이동시키는 요인으로서 정부지출 그리고 LM 곡선을 이동시키는 요인으로서 통화량을 살펴보자.

2) AD 곡선의 이동에 영향을 미치는 요인

① 정부지출

정부지출이 증가하면 총수요가 증가하고 소득이 증가하므로 IS 곡선은 우측으로 이동한다. 이를 AD 관점에서 보면 물가수준이 일정할 때, 국민소득이 증가하는 것이므로 AD 곡선도 우측으로 이동함을 의미한다. 이때 주의할 것은 정부지출 증가에 따른 IS 곡선의 이동폭은 승수효과만큼을 의미하고 AD 곡선의 이동폭은 승수효과에서 구축효과를 차감한 만큼을 의미한다는 점이다.

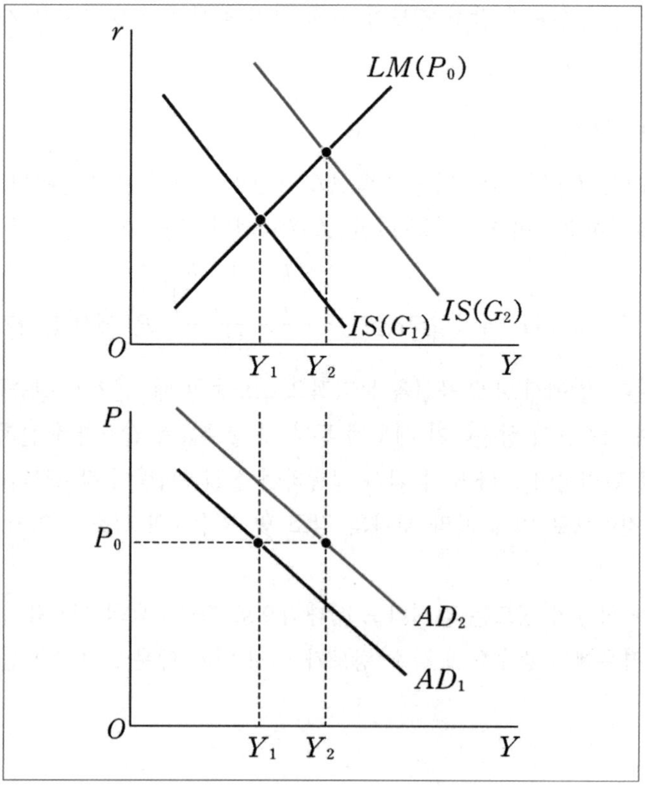

그림 7-2 정부지출의 증가와 AD 곡선의 이동

② 통화량

통화량이 증가하면 이자율이 하락하고 투자가 증가하여 소득이 증가하므로 LM 곡선은 우측으로 이동한다. 이를 AD 관점에서 보면 물가수준이 일정할 때, 국민소득이 증가하는 것이므로 AD 곡선도 우측으로 이동함을 의미한다.

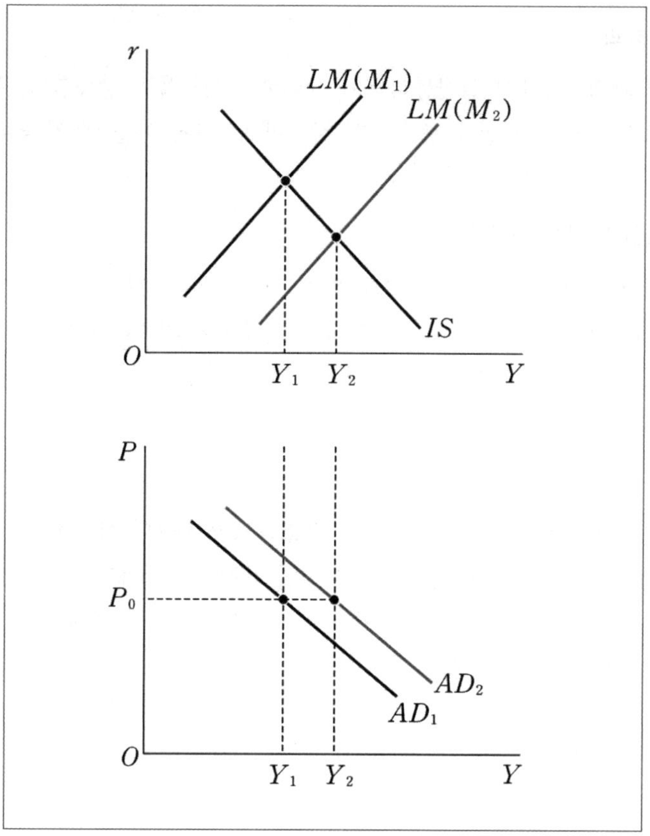

그림 7-3 통화량의 증가와 AD 곡선의 이동

5 AD 곡선이 우하향하는 원인 분석

앞에서 물가가 상승하는 경우 총수요가 감소하고 반대로 물가가 하락하는 경우 총수요가 증가함을 논리적, 수리적, 기하적 방법을 이용하여 도출하였다. 여기서는 왜 물가가 변화할 때 총수요가 변화하는지에 대하여 좀 더 다양한 관점에서 살펴보기로 하자.

1) 케인즈의 이자율효과

물가가 상승하면 화폐시장에서 실질통화량이 감소하고 이자율이 상승한다. 이에 따라 생산물시장에서 투자수요가 감소하여 결국 총수요가 감소하게 된다. 이를 "이자율효과"라고 한다.

2) 피구의 실질잔고효과(자산효과)

물가가 상승하면 자산의 실질가치가 감소하여 부가 감소한다. 부가 소비에 영향을 미침을 고려하면 부의 감소에 따라 소비수요가 감소하여 결국 총수요가 감소하게 된다. 이를 "자산효과"라고 한다.

3) 먼델의 환율효과

물가가 상승하면 화폐시장에서 실질통화량이 감소하고 이자율이 상승한다. 이에 따라 외환시장에서 자본이 유입되어 외환공급이 증가하여 환율이 하락하고 화폐가치는 상승하게 된다. 환율하락과 화폐가치 상승으로 인해서 수출은 감소하고 수입은 증가하여 순수출이 감소하여 결국 총수요가 감소하게 된다. 이를 "환율효과"라고 한다.

필수예제

총수요(AD)곡선이 우하향하는 이유에 대한 설명으로 옳지 않은 것은? ▸ 2016년 국가직 7급

① 물가가 하락하는 경우 실질임금이 상승하여 노동공급이 증가하기 때문이다.
② 물가가 하락하는 경우 실질통화량이 증가하여 이자율이 하락하고 투자가 증가하기 때문이다.
③ 물가가 하락하는 경우 실질환율 상승, 즉 절하가 생겨나 순수출이 증가하기 때문이다.
④ 물가가 하락하는 경우 가계의 실질자산가치가 증가하여 소비가 증가하기 때문이다.

출제이슈 AD곡선이 우하향하는 이유

핵심해설 **정답** ①

총수요곡선이란 각각의 물가수준에서 대응되는 총수요를 연결한 그래프로서 생산물시장과 화폐시장의 균형을 달성시키는 국민소득과 물가의 조합을 기하학적으로 표시한 것이다.

거시경제의 총수요곡선은 우하향하는 모습을 가진다. 이는 물가가 상승함에 따라서 총수요가 감소함을 의미한다. 물가와 총수요 간의 부의 관계는 다음과 같은 논리에 의해서 설명가능하다.

1) 케인즈의 이자율효과
물가가 상승하는 경우 화폐시장에서 실질통화량의 감소를 가져와 이자율이 상승한다. 이자율의 상승은 재화시장에서의 투자를 감소시켜서 총수요가 감소하게 된다.

2) 피구의 실질잔고효과(자산효과)
물가가 상승하는 경우 민간의 실질자산의 가치는 감소하게 된다. 민간의 소비는 소득뿐만 아니라 실질자산의 가치에도 영향을 받을 수 있음을 고려하면, 실질자산가치의 감소는 소비의 감소를 가져오고 총수요가 감소하게 된다(자산에 화폐자산이 포함됨을 고려하면, 물가상승으로 실질화폐가치가 하락함을 쉽게 알 수 있다).

3) 먼델의 환율효과
물가가 상승하는 경우 화폐시장에서 실질통화량의 감소를 가져와 이자율이 상승한다. 이자율의 상승은 자본의 유입을 촉진하여 환율하락을 가져와 자국통화가치의 상승으로 인하여 순수출을 감소시킨다. 한편, 물가상승은 재화시장에서 재화 수출 시 가격경쟁력의 약화를 초래하여 순수출을 감소시킨다. 결국 순수출의 감소로 인하여 총수요가 감소하게 된다.

위의 내용에 따라서 설문을 검토하면 다음과 같다.

① 틀린 내용이다.
물가 변화, 실질임금 변화, 노동공급 변화는 총수요곡선이 아니라 총공급곡선과 관련된 논리이다. 따라서 본 문제에서는 총수요곡선이 우하향하는 논리를 묻고 있기 때문에 적절하지 않다.

② 옳은 내용이다.
물가가 하락하는 경우 화폐시장에서 실질통화량의 증가를 가져와 이자율이 하락한다. 이자율의 하락은 재화시장에서의 투자를 증가시켜서 총수요가 증가하게 된다.

③ 옳은 내용이다.
물가가 하락하는 경우 화폐시장에서 실질통화량의 증가를 가져와 이자율이 하락한다. 이자율의 하락은 자본의 유출을 촉진하여 환율상승을 가져와 자국통화가치의 하락으로 인하여 순수출을 증가시킨다. 한편, 물가하락은 재화시장에서 재화 수출 시 가격경쟁력의 강화를 가져와서 순수출을 증가시킨다. 결국 순수출의 증가로 인하여 총수요가 증가하게 된다.

④ 옳은 내용이다.
물가가 하락하는 경우 민간의 실질자산의 가치는 증가하게 된다. 민간의 소비는 소득뿐만 아니라 실질자산의 가치에도 영향을 받을 수 있음을 고려하면, 실질자산가치의 증가는 소비의 증가를 가져오고 총수요가 증가하게 된다(자산에 화폐자산이 포함됨을 고려하면, 물가하락으로 실질화폐가치가 상승함을 쉽게 알 수 있다).

A국의 거시경제모형이 다음과 같을 때, 총수요곡선으로 옳은 것은? ▸ 2016년 감정평가사

- 민간소비 : $C=2+0.5Y$
- 투자 : $I=2-r$
- 정부지출 : $G=3$
- 실질화폐수요 : $\frac{M^D}{P}=4+0.5Y-r$
- 명목화폐공급 : $M^S=3$

(단, r은 이자율, Y는 국민소득, P는 물가수준이고, $Y>3$이다.)

① $Y=1+\frac{1}{P}$ ② $Y=2+\frac{2}{P}$ ③ $Y=3+\frac{3}{P}$

④ $Y=4+\frac{4}{P}$ ⑤ $Y=5+\frac{5}{P}$

출제이슈 AD 곡선의 수리적 도출

핵심해설 **정답** ③

AD 곡선은 IS 곡선과 LM 곡선으로부터 도출된다.

1) IS 곡선

$Y=C+I+G$, $Y=2+0.5Y+2-r+3$이므로 $r=7-0.5Y$

2) LM 곡선

$\frac{M^D}{P}=\frac{M^S}{P}$, $4+0.5Y-r=\frac{3}{P}$이므로 $r=0.5Y-\frac{3}{P}+4$

3) AD 곡선

IS 곡선인 $r=7-0.5Y$와 LM 곡선인 $r=0.5Y-\frac{3}{P}+4$를 동시에 고려하면,
$7-0.5Y=0.5Y-\frac{3}{P}+4$가 된다. 이를 정리하면 $Y=\frac{3}{P}+3$이 되며 이것이 AD 곡선의 식이 된다.

THEME 03 총공급곡선(AS곡선)

1 AS곡선의 의의

총공급곡선이란 각각의 물가수준에서 기업들이 공급하고자 하는 최종생산물의 양을 나타내는 그래프로서 물가의 변화에 따라 총생산 혹은 총공급이 어떻게 변화하는지를 나타낸다. 이는 노동시장과 총생산함수를 통해서 도출되며 노동시장의 균형하에서 달성되는 국민소득과 물가의 조합을 기하적으로 표시한 그래프라고 할 수 있다.

2 AS곡선의 도출

현재의 상태를 노동시장의 균형이라고 가정하고 현재의 균형상태를 충격(shock)에 의하여 이탈시킨 후 새로운 균형상태를 모색하는 조정과정을 통해서 AS곡선을 논리적으로 도출할 수 있다.

현재 균형상태(균형국민소득, 균형물가 수준)를 Y_1, P_1이라고 하자. 이때, 시장균형을 이탈시키는 인위적 충격이 발생하여 물가가 상승했다고 가정하자. 그러면 물가의 상승으로 인해서 노동시장에서 실질임금의 변화가 발생하면서 노동수요와 노동공급이 변화하여 조정된다. 이 과정에서 국민소득이 변화하게 된다.

그런데 물가의 변화로 인해서 노동시장이나 생산물시장이 조정되는 과정이 거시경제학파별로 차이가 있기 때문에 학파별로 상이한 AS곡선이 도출될 수 있다. 학파별 AS 도출과정은 뒤에서 살펴보기로 하고 여기서는 간단히 개관해보기로 한다.

3 AS곡선의 학파별 도출

1) 고전학파 : 가격신축성

➔ 수직인 총공급곡선

2) 케인즈 : 가격경직성

➔ 수평인 총공급곡선

3) 케인즈학파

① 화폐환상 모형

② 명목임금 경직성 모형
➔ 우상향하는 총공급곡선

4) 새고전학파 : 불완전정보 모형

➔ 우상향하는 총공급곡선

5) 새케인즈학파 : 가격경직성 모형

➔ 우상향하는 총공급곡선

THEME 04 AS 곡선과 노동시장

1 의의

총공급은 각각의 물가수준에서 기업들이 공급하고자 하는 최종생산물의 양을 의미한다. 기업들이 생산하여 공급하는 최종생산물의 양은 기업이 투입하는 노동량과 투입된 노동량에 따라 산출되는 생산량이 결정한다. 특히 기업이 투입하는 노동량은 노동시장에서 결정되며 투입된 노동량에 따라 산출되는 생산량은 거시경제 총생산함수에 의해 결정된다. 따라서 총공급에 대한 분석은 본질적으로 노동시장 및 생산함수의 분석이라고 할 수 있다. 이하에서는 미시경제적 관점의 노동시장을 간략히 복습한 후 이를 거시경제적 관점에서 적절히 변형하여 거시경제의 노동시장을 분석하기로 한다.

2 노동수요

1) 기업의 이윤극대화와 노동수요

노동수요의 주체는 기업이며 노동수요는 기업의 이윤극대화 과정에서 이루어진다.

2) 생산물시장과 기업의 이윤극대화

생산물시장에서 얼마나 생산하여 판매할지에 대한 기업의 의사결정으로서 이때 이윤극대화 조건은 한계수입과 한계비용이 일치하는 $MR = MC$가 된다. 만일 경쟁적인 생산물시장을 가정하면 앞의 조건은 $P = MC$로서 공급곡선을 의미한다.

3) 생산요소시장(노동시장)과 기업의 이윤극대화 분석

생산요소시장에서 노동을 얼마나 수요하여 투입할지에 대한 기업의 의사결정으로서 이때 이윤극대화 조건은 한계수입생산과 한계요소비용이 일치하는 $MRP_L = MFC_L$ 이 된다.

① MRP_L

요소의 한계생산성 개념으로서 한계수입생산이란 노동을 추가적으로 수요하여 생산에 투입했을 때 얻는 수입으로서 만일 생산물시장이 경쟁적일 경우에 한계수입생산은 노동의 한계생산(MP_L)에 생산물의 가격(P)을 곱한 값으로서 VMP_L(한계생산가치)이 된다. 만일 생산물시장이 불완전경쟁적일 경우에는 한계수입생산은 노동의 한계생산(MP_L)에 한계수입(MR)을 곱한 값이 된다.

거시경제관점에서 경쟁적인 생산물시장의 물가를 P라고 가정하고 거시경제 총생산함수가 $Y=f(L, K)$라고 하면, MRP_L은 $P \cdot f'(L)$이 된다.

② MFC_L

요소의 한계비용 개념으로서 한계요소비용이란 노동을 추가적으로 수요하여 생산에 투입했을 때 드는 비용으로서 만일 생산요소시장이 경쟁적일 경우에 한계요소비용은 노동의 임금(W)이 된다.

③ 기업의 이윤극대화와 노동시장

노동시장에서 기업의 이윤극대화 조건은 한계수입생산과 한계요소비용이 일치하는 $MRP_L = MFC_L$이 된다. 이때 생산물시장이 경쟁적일 경우에는 MRP_L은 VMP_L(한계생산가치)이 되고, 요소시장이 경쟁적일 경우에는 MFC_L은 W(요소가격)이 된다. 따라서 $P \cdot f'(L) = W$가 된다. 이는 노동수요곡선을 의미한다. 이를 실질변수로 바꿀 경우에는 $\frac{W}{P} = f'(L)$로 쓸 수 있다.

3 노동공급

1) 가계의 효용극대화와 노동공급

노동공급의 주체는 가계이며 노동공급은 가계의 효용극대화 과정에서 이루어진다.

2) 생산물시장과 가계의 효용극대화

생산물시장에서 얼마나 수요하여 소비할지에 대한 가계의 의사결정으로서 이때 효용극대화 조건은 가격과 한계편익이 일치하는 $P = MB$가 된다. 이는 생산물시장에서의 수요곡선을 의미한다.

3) 생산요소시장(노동시장)과 가계의 효용극대화

생산요소시장에서 노동을 얼마나 공급할지에 대한 가계의 의사결정으로서 이때 효용극대화 조건은 요소공급에 따른 한계적인 편익(MR_L)과 비용(MC_L)이 일치하는 수준이 된다.

① 한계적인 편익(MR_L)

거시경제에서 일반적인 가계의 지위를 고려할 때, 가계는 요소의 가격을 수용하는 입장이 된다. 따라서 요소공급에 따른 한계적인 편익은 노동을 추가적으로 공급함에 따라서 얻을 수 있는 추가적 수입으로서 노동임금(W)의 수준이 된다. 즉 $MR_L = W$이 된다.

② 한계적인 비용(MC_L)

요소공급에 따른 한계적인 비용은 노동을 추가적으로 공급함에 따라서 드는 비용으로서 노동공급의 고통스러움을 화폐적 가치로 환산한 것이라고 할 수 있다. 따라서 이는 일반적으로 노동공급이 증가할수록 더 커지는 것으로 가정한다. 즉 $MC_L = W(L)$, $W' > 0$이 된다.

③ 가계의 효용극대화와 노동시장

노동시장에서 가계의 효용극대화 조건은 요소공급에 따른 한계적인 편익과 한계적인 비용이 일치하는 수준으로서 $W = W(L)$, $W' > 0$이 된다. 이는 임금 W의 변화에 따른 가계의 효용극대화 노동공급량 L의 변화를 의미하며 즉 노동공급곡선이 된다.

W가 명목변수임을 고려하면, $W = W(L)$을 물가와 실질변수로 나누어 $W = P \cdot g(L)$의 형태로 바꿔 쓸 수 있다. 또 이를 실질변수로 바꿀 경우에는 $\frac{W}{P} = g(L)$로 쓸 수 있다.

4 노동시장의 균형

앞에서 구한 노동시장에서의 노동수요와 노동공급을 정리하면 다음과 같다.

1) 노동수요

노동수요함수를 명목임금으로 표시하면, $W = P \cdot f'(L)$이며 실질임금으로 표시하면 $\frac{W}{P} = f'(L)$이다. 이때 $f'(L)$은 거시경제 총생산함수 $Y = f(L, K)$의 미분으로서 요소의 한계생산성을 의미한다.

2) 노동공급

노동공급함수를 명목임금으로 표시하면, $W = P \cdot g(L)$이며 실질임금으로 표시하면 $\frac{W}{P} = g(L)$이다. 이때 $g(L)$은 노동공급에 따른 다양한 비용을 화폐적 가치로 환산한 값이다.

3) 노동시장의 균형

노동시장의 균형은 노동수요와 노동공급이 일치할 때 달성된다.

① 명목임금으로 표시할 경우 : $P \cdot f'(L) = P \cdot g(L)$

② 실질임금으로 표시할 경우 : $f'(L) = g(L)$

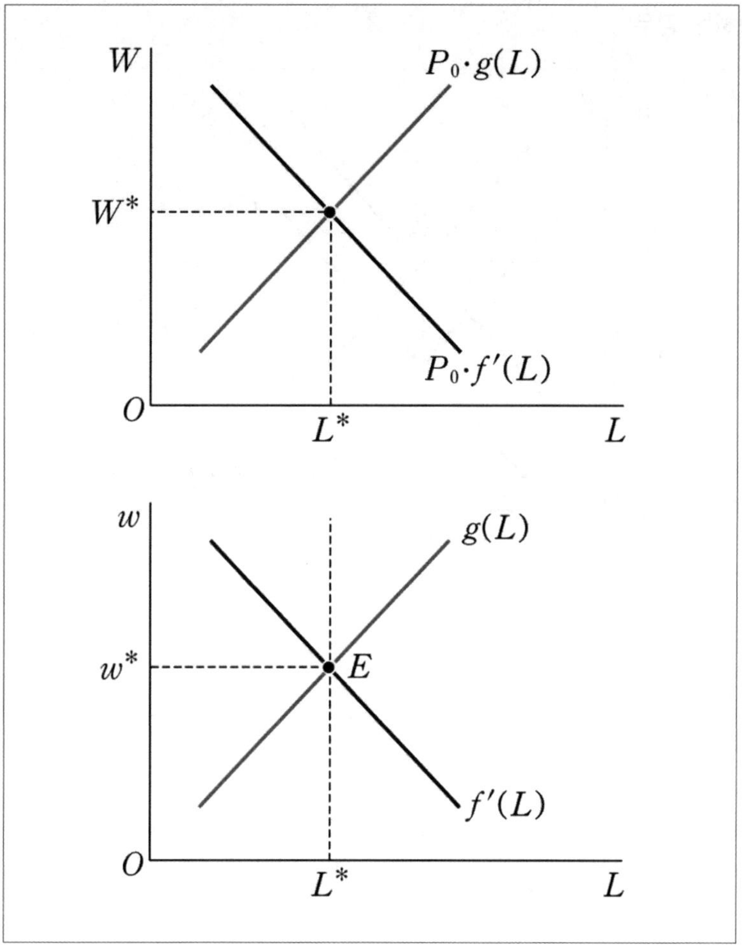

그림 7-4 노동시장의 균형

5 노동시장의 균형의 변화

1) 물가가 상승하는 경우

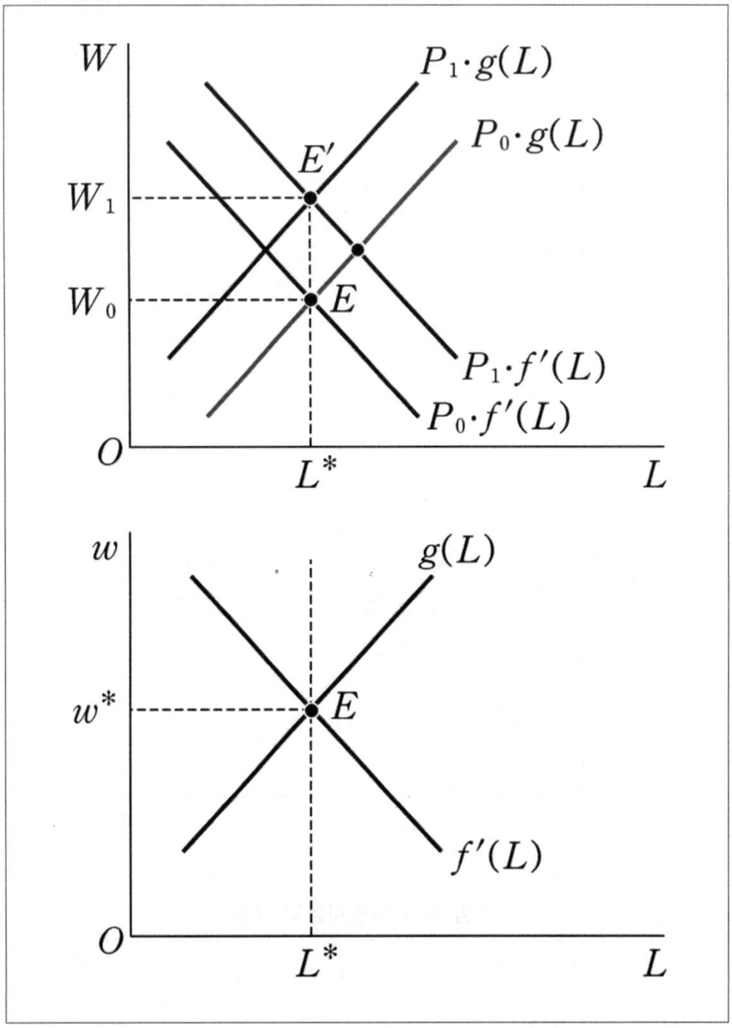

그림 7-5 물가상승과 노동시장의 균형

① 노동수요 증가

물가가 상승하면 노동의 한계생산가치가 증가하므로 노동수요는 증가한다. 노동수요는 $W = P \cdot f'(L)$이므로 물가가 상승하게 되면 노동수요는 $W = P_0 \cdot f'(L)$에서 $W = P_1 \cdot f'(L)$이 되어 상방으로 이동한다. 그러나 실질임금 관점에서 노동수요곡선은 변하지 않는다.

② 노동공급 증가

물가가 상승하면 노동공급에 따른 한계적인 비용이 상승하므로 노동공급은 감소한다. 노동공급은 $W = P \cdot g(L)$이므로 물가가 상승하게 되면 노동공급은 $W = P_0 \cdot g(L)$에서 $W = P_1 \cdot g(L)$이 되어 상방으로 이동한다. 그러나 실질임금 관점에서 노동공급곡선은 변하지 않는다.

③ 노동시장 균형의 변화

물가의 상승에 따라서 균형명목임금만 상승하고 균형고용량 및 균형실질임금은 불변이다.

2) 노동생산성이 증가하는 경우

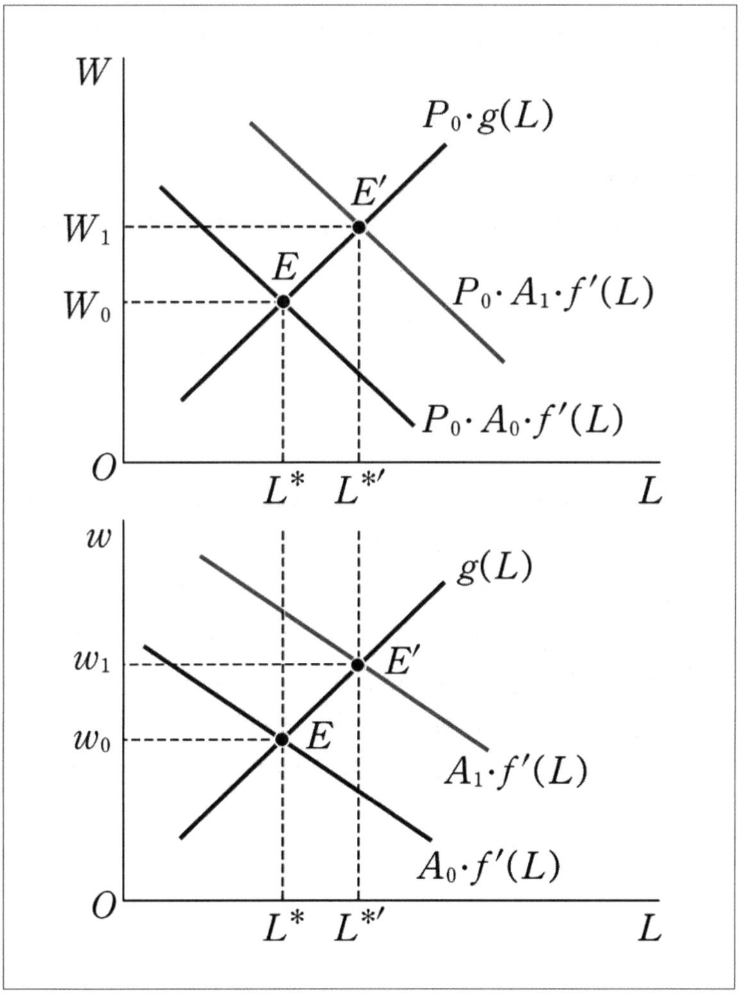

그림 7-6 생산성증가와 노동시장의 균형

① 노동수요 증가

노동생산성이 증가하면 노동의 한계생산가치가 증가하므로 노동수요는 증가한다. 생산성을 고려하면 노동수요를 $W = P \cdot A \cdot f'(L)$이라고 쓸 수 있다. 이때 A는 생산성의 지표로서 총요소생산성이다. 따라서 노동생산성이 증가하게 되면 노동수요는 $W = P \cdot A_0 \cdot f'(L)$에서 $W = P \cdot A_1 \cdot f'(L)$이 되어 상방으로 이동한다. 그리고 실질임금 관점에서도 노동수요 곡선은 $\frac{W}{P} = A_0 \cdot f'(L)$에서 $\frac{W}{P} = A_1 \cdot f'(L)$이 되어 상방으로 이동한다.

② 노동공급 증가

노동생산성과 노동공급에 따른 한계적인 비용과 무관하다고 단순히 가정한다. 이 경우에는 노동생산성이 증가하더라도 노동공급은 명목임금 관점에서든 실질임금 관점에서든 변하지 않는다.

③ 노동시장 균형의 변화

노동생산성의 증가에 따라서 균형명목임금과 균형실질임금 모두 상승하고 균형고용량도 증가한다.

6 노동시장 균형의 변화와 총공급곡선

앞에서 살펴본 바와 같이 물가가 변화하는 경우 기업의 노동수요와 가계의 노동공급이 어떠한 반응을 보이는지에 따라 임금과 고용량이 바뀔 수도 있고 그렇지 않을 수도 있음을 알았다. 특히 고용량이 변화하면 거시경제 총생산함수에 의하여 총생산량이 변화하게 된다. 이는 물가변화에 따른 총공급의 변화를 의미하므로 총공급곡선이 된다. 따라서 물가가 변화하는 경우 고용량과 생산량이 어떻게 변화할 것인가는 결국 기업과 가계의 반응에 달려있고 이는 특히 물가변화에 따라 명목임금이 얼마나 신축적으로 변하는지에 달려있다. 앞으로 살펴보게 될 학파별 총공급곡선은 바로 물가변화에 따른 명목임금의 변화와 가계 및 기업의 반응에 대한 상이한 견해를 반영하여 다양하게 도출된다.

필수예제

어느 경제에서 총생산함수는 $Y=100\sqrt{N}$ 이고, 노동공급함수는 $N=2{,}500(\frac{W}{P})$ 이며, 생산가능 인구는 3,000명이다. 이 경제에서는 실질임금이 단기에는 경직적이지만 장기에는 신축적이라고 가정하자. 이 경제의 단기와 장기에서 일어나는 현상으로 옳지 않은 것은? (단, W는 명목임금, P는 물가수준을 나타낸다.)

▸ 2018년 국가직 7급

① 장기균형에서 취업자 수는 2,500명이다.
② 장기균형에서 명목임금이 10이라면 물가수준은 10이다.
③ 장기균형에서 실업자는 500명이다.
④ 기대치 않은 노동수요 감소가 발생할 경우 단기적으로 실업이 발생한다.

출제이슈 AS와 노동시장

핵심해설 **정답** ③

총공급곡선이란 각각의 물가수준에서 기업들이 공급하고자 하는 최종생산물의 양을 나타내는 그래프로서 노동시장의 균형하에서 달성되는 국민소득과 물가의 조합을 기하적으로 표시한 것이다.

거시경제의 총공급곡선과 실업은 노동시장과 매우 밀접한 관련이 있다.

설문에서는 노동시장의 균형과 관련한 내용들을 묻고 있다. 이를 해결하기 위해 먼저 다음과 같이 노동시장의 균형을 도출한다.

1) 노동시장의 균형(이하에서 편의상 노동량의 기호로 설문의 N 대신 L을 쓰기로 한다.)

① 노동수요 : $W=Pf'(L)=\frac{50P}{\sqrt{L}}$ 또는 $\frac{W}{P}=f'(L)=\frac{50}{\sqrt{L}}$

노동수요는 $W=Pf'(L)$인데, 여기서 $f(L)$은 거시경제 총생산함수로서 설문에서 $Y=100\sqrt{L}$이다.

② 노동공급 : $W=\frac{PL}{2{,}500}$ 또는 $\frac{W}{P}=\frac{L}{2{,}500}$

노동공급은 설문에서 $L=2{,}500(\frac{W}{P})$로 주어져 있으며 이를 위와 같이 적절히 변형하였다.

③ 균형 : $\frac{PL}{2{,}500}=\frac{50P}{\sqrt{L}}$

따라서 이를 풀면, $L=2{,}500$이 된다.

2) 생산함수 : $Y=100\sqrt{L}$ 인데 앞에서 구한 $L=2{,}500$을 대입하면 $Y=5{,}000$이 된다.

위의 내용에 따라서 설문을 검토하면 다음과 같다.

① 옳은 내용이다.
위에서 구한 노동시장의 균형은 장기에 노동임금이 신축적임을 전제하고 구한 균형으로서 균형노동량은 2,500이었다. 따라서 취업자 수는 위에서 구한 $L=2{,}500$ 임을 의미한다.

② 옳은 내용이다.
노동시장에서 노동수요가 $W=Pf'(L)=\dfrac{50P}{\sqrt{L}}$, 노동공급이 $W=\dfrac{PL}{2{,}500}$ 인 상황에서 도출된 장기균형 노동량은 $L=2{,}500$ 이었다. 만일 이때, 설문에서 주어진 대로 명목임금이 10인 경우 이를 위의 노동수요와 공급의 식에 대입하면 $P=W$가 되므로 물가는 $P=10$이 된다.

③ 틀린 내용이다.
장기에서 신축적인 임금을 통해서 노동시장이 균형을 이루고 있기 때문에 실업은 없다. 참고로 생산가능인구에 미달하는 고용량의 경우 비경제활동인구가 존재하는 것이지 실업은 아니므로 주의해야 한다.

④ 옳은 내용이다.
설문에서 단기에 실질임금이 경직적이라고 하였으므로 단기에 기대치 않은 노동수요가 감소하는 경우 노동의 초과공급이 발생한다. 노동시장에 초과공급과 같은 불균형이 발생할 경우 임금이 조정되어야 하나 단기적으로 임금이 경직적일 경우에는 초과공급이 해소될 수 없기 때문에 실업이 발생하게 된다.

THEME 05 *AS*곡선 : 고전학파 vs 케인즈

1 고전학파의 총공급곡선

1) 의의

고전학파의 총공급곡선은 수직인 형태를 보인다. 이때, 산출량은 완전고용 산출량 수준 혹은 완전고용 국민소득 수준이 된다. 이를 수리적으로 표현하면 $Y = Y_F$ 가 되며 기하학적으로 표현하면 아래와 같다.

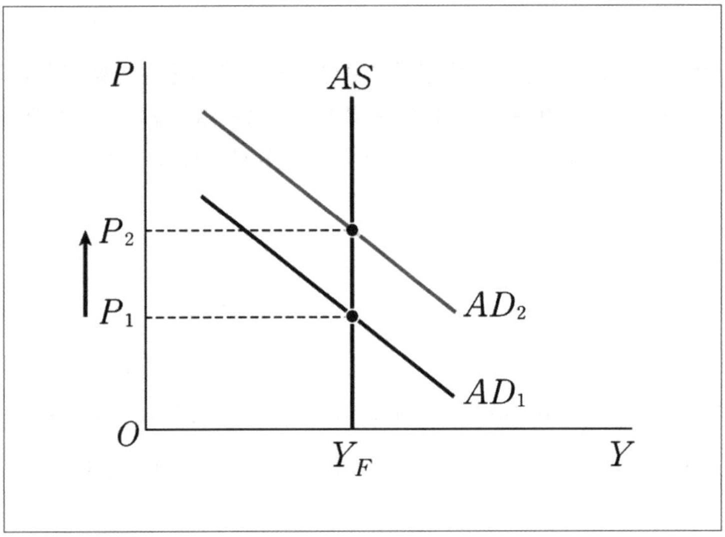

그림 7-7 고전학파의 총공급곡선

2) 이유

고전학파에 의하면 물가와 임금은 신축적이기 때문에 노동을 비롯한 모든 생산요소는 항상 완전고용이 달성된다. 따라서 완전고용된 생산요소로부터 산출되는 거시경제의 총공급량은 항상 완전고용 산출량 수준으로 일정하며 이는 변화하지 않는다. 물론 노동량이나 자본량, 기술수준이 변화하면 완전고용 산출량 자체가 변화할 수는 있다. 따라서 물가의 신축성과 완전고용 산출량을 동시에 고려하면 고전학파의 총공급곡선은 물가수준에 관계없이 항상 수직의 형태를 보인다는 것을 쉽게 도출해 낼 수 있다.

3) 시사점

고전학파처럼 총공급곡선이 수직일 경우에는 총수요의 변화는 국민소득의 변화에 영향을 줄 수 없으며 오로지 물가만을 변화시킨다. 특히 총수요의 증가는 물가만을 상승시킬 뿐이다. 이와 같은 특징은 위의 그래프에 잘 표현되어 있다.

4) 한계

① 총수요가 국민소득을 변화시킬 수 없다는 주장

현실에서 통화량 증가와 같이 총수요에 영향을 주는 변수는 국민소득과 높은 정의 상관관계를 가지고 있는데도 불구하고, 고전학파의 모형에 의하면 이러한 현실을 설명하기 어렵다는 한계가 있다.

② 노동 등 모든 생산요소는 완전고용된다는 주장(실업률은 자연실업률 수준이라는 주장)

현실에서 실업률은 경기변동에 따라서 큰 폭으로 변동하고 있는데도 불구하고, 생산요소의 완전고용에 의하여는 이러한 현실을 설명하기 어렵다는 한계가 있다.

2 케인즈의 총공급곡선

1) 의의

케인즈의 총공급곡선은 수평인 형태를 보인다. 이때 물가는 일정하게 고정된 수준이 된다. 이를 수리적으로 표현하면 $P = \overline{P}$ 가 되며 기하적으로 표현하면 아래와 같다.

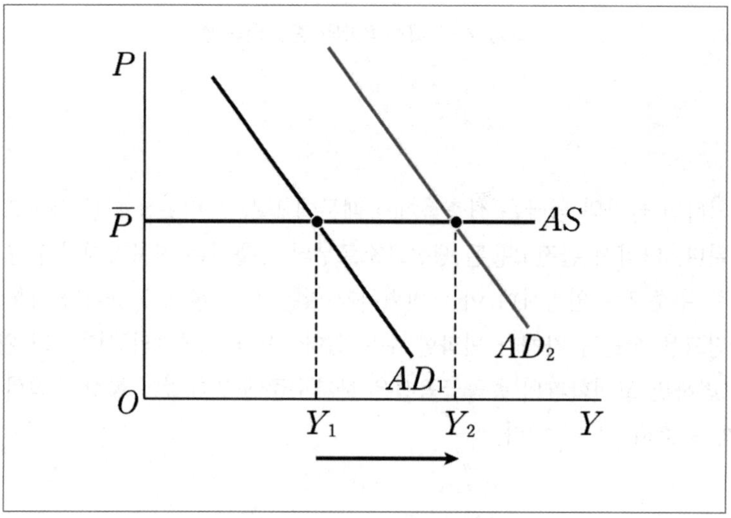

그림 7-8 케인즈의 총공급곡선

2) 이유

케인즈에 의하면 가격과 임금은 경직적이므로 노동시장을 비롯한 요소시장은 불균형이 나타나게 된다. 가격의 경직성때문에 노동을 비롯한 모든 생산요소는 완전고용될 수 없다. 특히 경제의 총수요가 총공급에 미달하여 경제 내에 고용되지 못한 유휴생산요소가 존재하는 경우, 유휴생산요소로 인해 완전고용 국민소득을 달성할 수 없다. 이는 고정된 현재의 물가수준하에서 기업이 수요로 요구되는 만큼 많은 생산물을 공급할 능력과 의사가 있음을 의미한다. 따라서 물가의 경직성과 유휴생산요소 및 공급능력을 동시에 고려하면 케인즈의 공급곡선은 고정된 물가수준에서 수평의 형태를 보인다는 것을 쉽게 도출해 낼 수 있다.

3) 시사점

고전학파와는 달리 총수요의 변화는 국민소득의 변화에 영향을 준다. 이때, 물가의 경직성으로 인해서 국민소득이 변화하더라도 물가는 고정되어 있다. 특히 정부정책에 의하여 총수요를 늘릴 경우에 물가는 불변이며 국민소득은 증가함을 알 수 있다. 이와 같은 특징은 위의 그래프에 잘 표현되어 있다.

4) 한계

① 가격경직성의 근거가 부족한 한계

케인즈에 의하면 물가와 임금 등 가격변수는 고정되어 있음을 가정하는데 현실에서 어떠한 논리적인 근거로 가격이 경직적인가에 대한 설명이 부족하다.

② 단기 총공급곡선만 분석한 한계

아무리 물가와 임금이 고정되어 있더라도 이것이 영원불변일 수는 없다. 즉 가격변수가 단기적으로는 경직적이더라도 장기에서는 신축적이므로 결국 장기총공급곡선은 완전고용산출량 수준에서 수직이 될 수 있다. 결국 케인즈의 이론은 단기와 단기총공급곡선에 대한 분석에만 치중하였을 뿐 장기를 설명하지 못하는 한계가 있다.

필수예제

어떤 국민경제의 총공급곡선이 수평이라고 가정할 때, 이로부터 추론해 낼 수 있는 내용으로 옳은 것은? ▸ 2010년 지방직 7급

① 확장적 재정정책의 효과가 발생하지 않는다.
② 구축효과를 확대시킨다.
③ 확장적 재정정책을 실시하여도 물가가 오르지 않는다.
④ 금융시장이 유동성함정 상태에 있다.

출제이슈 AS곡선이 수평인 경우

핵심해설 **정답** ③

총공급곡선이란 각각의 물가수준에서 기업들이 공급하고자 하는 최종생산물의 양을 나타내는 그래프로서 노동시장의 균형하에서 달성되는 국민소득과 물가의 조합을 기하적으로 표시한 것이다.

거시경제의 총공급곡선의 모습에 대하여는 고전학파, 케인즈, 케인즈학파, 통화주의학파, 새고전학파, 새케인즈학파에 따라서 학파별로 그 논리적 근거와 구조가 상이하다.

특히 케인즈에 의하면 총공급곡선이 수평이 되는데 이는 가격경직성과 충분한 공급능력에서 도출된다. 본 문제에서는 수평인 총공급곡선에 대하여 묻고 있다.

설문을 검토하면 다음과 같다.

① 틀린 내용이다.
총공급곡선이 수평일 때는 총수요관리정책에 의하여 총수요곡선이 이동할 경우, 국민소득에 큰 영향을 미칠 수 있다. 예를 들면 확장적 재정정책에 의하여 총수요곡선이 이동하는 것은 매우 효과가 크다. 따라서 효과가 발생하지 않는다고 하는 설문은 틀렸다.

② 틀린 내용이다.
확대재정정책에 의한 정부지출 증가는 이자율을 상승시켜 투자를 감소시키고 국민소득을 감소시키는데, 이를 구축효과라고 한다. 물가가 경직적인 경우에 나타난 구축효과는 만일 물가가 변화하여 상승하는 경우 실질통화량의 감소에 따른 이자율 상승으로 확대하여 나타날 수 있다. 그러나 총공급곡선이 수평일 경우에는 물가가 불변이므로 구축효과가 확대되는 것은 아니다.

③ 옳은 내용이다.
총공급곡선이 수평일 때는 총수요관리정책에 의하여 총수요곡선이 이동할 경우, 물가가 불변이다. 따라서 확장적 재정정책을 실시하여 총수요가 증가하더라도 경직적 물가와 충분한 공급능력하에서는 물가가 오르지 않는다.

④ 틀린 내용이다.
유동성함정은 총공급곡선이 수평인 경우가 아니라 LM곡선이 수평인 경우를 의미한다.
한 경제의 이자율이 매우 낮은 수준이라고 경제주체들이 공통적으로 생각할 때, 통화당국이 통화량을 증가시킬 경우 그 증가된 통화량은 모두 투기적 화폐수요로 흡수된다(화폐수요의 이자율 탄력성이 무한대). 따라서 LM곡선이 수평이 되는데 이러한 영역을 유동성함정이라고 한다. 즉, 유동성함정은 이자율이 매우 낮은 수준일 경우, 화폐수요가 무한히 증가하는 영역이다.

유동성함정에서는 LM곡선이 수평이기 때문에 정부지출이 증가하더라도 이자율 상승이 나타나지 않는다. 따라서 구축효과가 나타나지 않고 승수효과만 나타난다. 따라서 유동성함정에서는 재정정책이 최대로 그 효과를 발휘하게 된다.

THEME 06 AS 곡선 : 케인즈학파(화폐환상 모형)

1 배경

앞서 Theme 4의 노동시장 분석을 통해 노동임금이 신축적인 경우 물가가 변화하더라도 노동시장에서 고용량이 불변임을 살펴보았다. 이때는 고용량이 불변이므로 산출량도 불변이 되어 총공급곡선이 수직으로 나타나게 된다. 그렇다면 만일 물가가 변화할 때, 노동시장에서 고용량이 변화할 수 있다면 총공급곡선은 어떻게 될까? 그리고 이러한 현상은 왜 나타날 수 있을까? 이러한 의문에 대해 이하에서 살펴보도록 하자.

2 화폐환상 모형의 의의와 근거

화폐환상이란 명목임금의 변화와 실질임금의 변화를 구분하지 못하는 것으로서 경제주체의 의사결정이 실질가격이 아니라 명목가격에 영향을 받는 것을 의미한다. 화폐환상이 나타나는 이유는 정보의 비대칭성에 기인한다. 현실에서 물가가 변화할 때 노동자는 기업에 비하여 물가에 대한 정보가 부족하기 때문에 물가의 변화를 정확하고 재빠르게 인지하는 것이 어렵게 된다. 물가 및 물가변화를 정확히 파악하기 위해서는 수많은 상품들의 가격을 조사하여야 하는데, 이는 큰 비용이 들기 때문에 상대적으로 노동자는 기업에 비해 물가파악이 더디고 정확하지 못하게 되는 것이다. 결국 물가를 제대로 알지 못하는 상태에서 노동자는 자신만의 방식으로 적절히 물가를 예상하게 되고 이에 근거하고 각종 경제적 의사결정을 내린다.

3 화폐환상 모형의 특징

1) 명목임금의 신축성

뒤에서 살펴보게 될 명목경직성 모형과는 달리 화폐환상 모형은 명목임금이 노동시장에서 신축적으로 조정될 수 있는 것으로 가정한다.

2) 비대칭적 정보 모형

노동자는 기업에 비하여 자금동원능력이나 의사결정을 위한 체계적인 조직 등을 갖추고 있지 못하기 때문에 노동자가 인지하고 파악하는 정보는 기업에 비하여 양적·질적으로 그리고 시간적으로 한계가 있다. 따라서 화폐환상 모형을 노동자의 물가오인 모형(price misperception)이라고 하기도 한다.

4 화폐환상이 존재할 경우 노동시장의 균형과 변화

1) 도출을 위한 가정

물가가 상승했다고 가정하고 이것이 노동시장의 균형에 어떠한 변화를 가져오는지 살펴보자.

2) 물가상승과 노동자

노동자는 기업에 비하여 물가에 대한 정보가 부족하기 때문에 물가가 상승하더라도 그 물가정보 입수가 늦어서 여전히 물가는 불변인 것으로 착각하거나 혹은 물가상승분을 완전히 파악하지 못하고 있는 것이다. 따라서 노동자는 물가를 완전히 파악할 수 없으므로 자신 나름대로 물가의 기대치를 사용하여 물가를 예상하게 되고 이에 기한 예상실질임금에 의하여 노동공급의 의사결정을 내리게 된다. 이 경우 물가를 완전히 변화하지 않은 것으로 착각할 경우에는 물가가 상승하더라도 노동공급곡선은 변하지 않게 된다. 즉 물가상승 시 명목임금의 상승을 요구하지 않는 것이다.

그림 7-9에서 노동공급곡선이 물가가 변화하더라도 $W=P^e g(L)$ 그대로 불변이며 이동하지 않는 것으로 표시되어 있다. 만일 물가의 변화분을 과소평가할 경우에는 노동공급곡선이 그만큼만 반영하여 상방으로 조금만 이동하게 될 것이다.

3) 물가상승과 기업

그러나 기업은 노동자에 비하여 물가에 대한 정보가 상대적으로뿐만 아니라 절대적으로도 충분하기 때문에, 물가가 상승하는 경우 그 물가상승을 곧바로 알아채고 이에 기하여 의사결정 특히 노동수요에 대한 의사결정을 신속하고도 정확하게 조정할 수 있다. 따라서 물가가 상승하면 노동수요곡선은 물가상승을 정확히 반영하여 상방으로 신속하게 이동하게 된다. 이는 그림 7-9에서 노동수요곡선이 $W=P_0 f'(L)$에서 $W=P_1 f'(L)$로 이동하는 것으로 표시되어 있다.

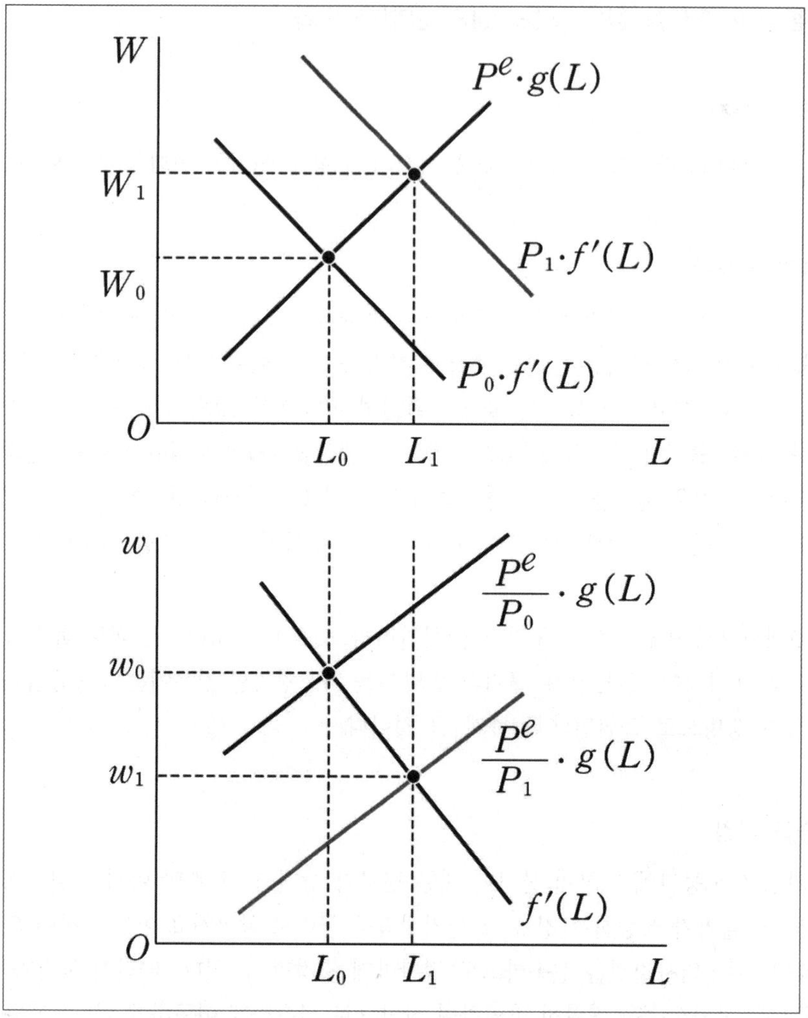

그림 7-9 노동자의 물가오인과 노동시장의 균형

4) 물가변화에 따른 노동시장의 균형의 변화

물가가 상승하는 경우 노동자는 극단적으로 물가상승을 전혀 알아차리지 못해서 명목임금 인상을 요구하지 않는다. 노동자는 물가상승으로 실질임금이 하락함에도 불구하고 불변이라고 착각하여 노동공급을 예전처럼 동일하게 유지한다. 이는 동일한 실질임금에 대하여 노동공급을 증가시킨 것으로 해석된다.

그러나 기업은 물가상승 시 바로 물가상승을 정확하게 인지하고 이에 따라 노동수요를 증가시킨다. 따라서 물가가 상승할 때 노동시장에서 노동자에 의한 노동공급은 극단적으로 불변이며, 기업에 의한 노동수요는 증가하게 되어 결국 노동고용량이 증가한다.

5 화폐환상이 존재할 경우 AS 곡선

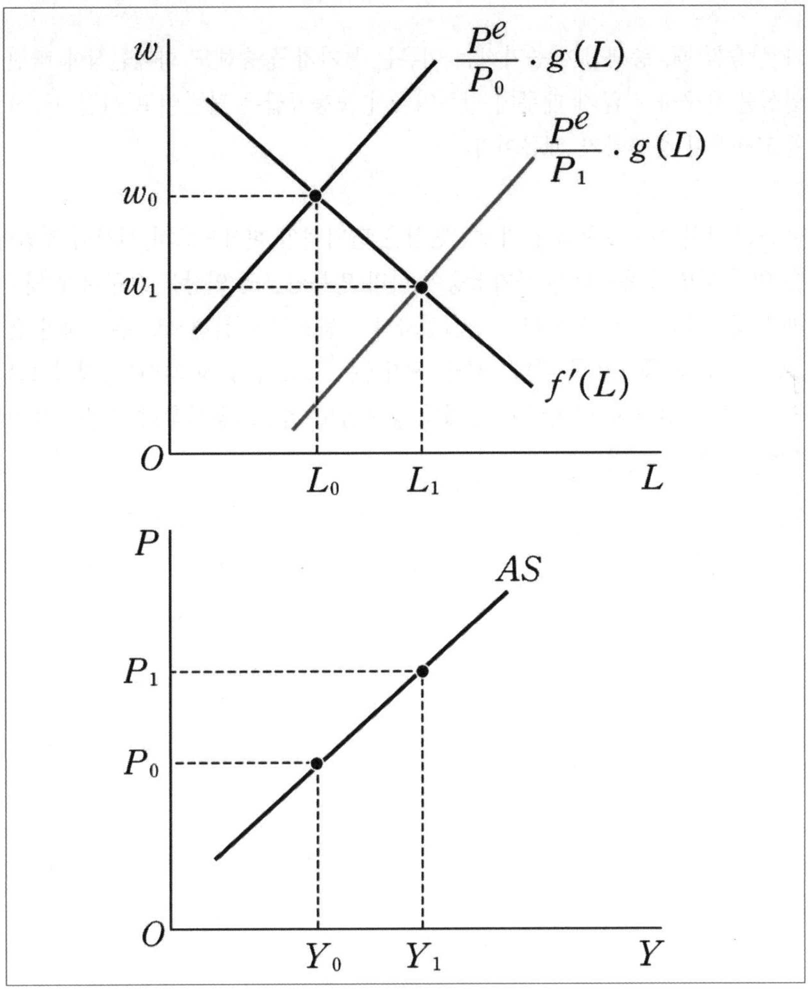

그림 7-10 노동자의 물가오인과 총공급곡선의 도출

앞에서 물가가 상승할 경우 노동시장에서 고용량이 증가함을 알게 되었다. 이러한 변화는 노동자의 화폐환상 혹은 물가오인에 따라서 비롯된 것이다. 이제 고용량 증가에 따라서 경제 전체의 총생산이 증가하므로 총공급은 증가하게 된다. 이는 거시경제 총생산함수를 통해서 쉽게 알 수 있다. 정리하자면, 물가가 상승하게 되면 노동시장에서 고용량이 증가하고, 이에 따라 총생산이 증가하게 된다. 따라서 물가와 총공급 간의 정의 관계를 나타내는 우상향하는 AS 곡선을 도출할 수 있다.

6 장기AS 곡선

앞에서 물가가 상승할 때, 총생산이 증가하는 이유는 물가가 상승해도 화폐환상에 빠진 노동자들이 명목임금의 인상을 요구하지 않기 때문에 명목임금하 노동공급은 불변이고 실질임금하 노동공급은 증가하여 노동고용량이 증가하기 때문이다.

그러나 이러한 노동자의 정보부족과 물가오인현상은 단기적인 현상으로서 시간이 지남에 따라 정확한 물가정보를 얻게 되면 노동자들은 물가상승에 따라 명목임금의 인상을 요구하게 될 것이다. 따라서 명목임금하 노동공급은 감소하게 되고 실질임금하 노동공급은 불변으로 유지되어 결국 노동고용량은 원래의 수준으로 되돌아가게 된다. 결국 장기에는 노동자의 정보비대칭성이 모두 해소되고, 노동고용은 완전고용 수준에서 달성되고 경제의 총공급도 완전고용산출량 수준에서 이루어지므로 장기총공급곡선은 수직이 된다.

THEME 07 AS곡선 : 케인즈학파(명목임금 경직성 모형)

1 배경

앞서 Theme 4의 노동시장 분석을 통해 노동임금이 신축적인 경우 물가가 변화하더라도 노동시장에서 고용량이 불변임을 살펴보았다. 이때는 고용량이 불변이므로 산출량도 불변이 되어 총공급곡선이 수직으로 나타나게 된다. 그렇다면, 만일 노동시장에서 명목임금이 경직적일 경우에는 총공급곡선에 어떠한 영향을 미치겠는가? 그리고 노동시장의 명목임금 경직성은 왜 발생하는가? 이러한 의문에 대해 이하에서 살펴보도록 하자. 참고로 이하에서는 기대물가수준을 고려하지 않는 명목임금 경직성 모형에 대해서만 분석할 것이다. 명목임금모형에 기대물가를 도입한 모형은 본서의 수준을 넘으므로 생략한다.

2 명목임금 경직성 모형의 의의와 근거

임금협상과정이나 종업원의 교체에는 매우 높은 거래비용이 소요된다. 따라서 이러한 높은 거래비용으로 인하여 수시로 노동계약이 이루어지는 것은 매우 부담스럽기 때문에 주로 계약은 장기를 단위로 이루어지게 된다. 이렇게 장기임금계약에 의하여 일단 명목임금이 결정되면, 계약이 지속되는 기간 중에는 명목임금이 변경되지 않고 고정되는 경직성이 나타날 수밖에 없다. 이를 임금계약모형(wage contract model)이라고 한다.

3 명목임금 경직성 모형의 특징

1) 명목임금의 경직성(sticky wage)

생산물시장에서 가격의 경직성이 아니라 노동시장에서 임금의 경직성을 주된 특징으로 하고 있다.

2) 노동수요에 의한 고용결정

계약기간 중의 명목임금은 노동자와 기업 간 협상에 따라서 사전에 미리 결정되고 계약기간 중에는 바뀌지 않으므로 경직성이 유지된다. 경직적인 임금하에서 실제로 발생하는 노동고용의 수준은 기업이 사후적으로 얼마나 노동을 수요할지에 따라서 결정된다.

4 명목임금 경직성이 존재할 경우 노동시장의 균형과 변화

1) 도출을 위한 가정

물가가 상승했다고 가정하고 이것이 노동시장의 균형에 어떠한 변화를 가져오는지 살펴보자.

2) 물가변화에 따른 노동시장의 균형의 변화

물가가 상승하게 되면 명목임금이 유지되는 기간 동안에는 실질임금은 하락하게 되는 효과가 나타난다. 실질임금의 하락으로 인해서 기업은 노동수요를 늘릴 수 있게 된다. 앞에서 살펴본 바와 같이 계약기간 동안의 실제 고용수준은 사후적으로 기업의 노동수요가 결정하게 된다. 따라서 기업의 노동수요 증가에 따라 노동시장에서 고용량이 증가한다. 정리하자면, 물가가 상승하게 되면 노동시장에서 고용량이 증가한다.

5 명목임금 경직성이 존재할 경우 AS 곡선

앞에서 물가가 상승할 경우 노동시장에서 고용량이 증가함을 알게 되었다. 이러한 변화는 명목임금의 경직성에 따라서 비롯된 것이다. 이제 고용량 증가에 따라서 경제 전체의 총생산이 증가하므로 총공급은 증가하게 된다. 이는 거시경제 총생산함수를 통해서 쉽게 알 수 있다. 정리하자면, 물가가 상승하게 되면 노동시장에서 고용량이 증가하고, 이에 따라 총생산이 증가하게 된다. 따라서 물가와 총공급 간의 정의 관계를 나타내는 우상향하는 AS 곡선을 도출할 수 있다.

6 장기AS 곡선

앞에서 물가가 상승할 때, 총생산이 증가하는 이유는 물가가 상승해도 명목임금이 경직적이기 때문에 실질임금이 하락하고 기업이 노동수요를 증가시키기 때문임을 알게 되었다.

그러나 이러한 명목임금의 경직성은 단기적인 현상으로서 시간이 지남에 따라 물가변화를 반영한 새로운 임금계약이 이루어지게 되면 하락했던 실질임금과 기업의 노동수요는 다시 원래의 수준으로 되돌아가게 된다. 결국 장기에는 명목임금의 경직성이 해소되고, 노동고용은 완전고용 수준에서 달성되고 경제의 총공급도 완전고용산출량 수준에서 이루어지므로 장기총공급곡선은 수직이 된다.

필수예제

명목임금 경직성 이론에 의한 단기 총공급곡선이 우상향하는 이유는 다음과 같다. ㉠ ~ ㉢에 들어갈 내용으로 옳은 것은?

▸ 2015년 국가직 9급

실제 물가수준이 예상물가수준보다 (㉠), 실질임금이 (㉡)하여 고용과 생산량이 (㉢)한다.

	㉠	㉡	㉢
①	높으면	감소	감소
②	높으면	증가	증가
③	낮으면	감소	증가
④	낮으면	증가	감소

출제이슈 AS곡선이 우상향하는 이유

핵심해설 **정답** ④

총공급곡선이란 각각의 물가수준에서 기업들이 공급하고자 하는 최종생산물의 양을 나타내는 그래프로서 노동시장의 균형하에서 달성되는 국민소득과 물가의 조합을 기하적으로 표시한 것이다.

거시경제의 총공급곡선의 모습 특히 우상향하는 이유에 대하여는 고전학파, 케인즈, 케인즈학파, 통화주의학파, 새고전학파, 새케인즈학파에 따라서 학파별로 그 논리적 근거와 구조가 상이하다.

설문에 제시된 명목임금의 경직성 모형에 따라 우상향하는 총공급곡선을 도출하는 논리는 다음과 같다.

1) 명목임금이 유지되는 계약기간 동안 실제고용수준은 사후적으로 기업의 노동수요가 결정하게 된다. 이는 마치 가격이 고정되는 동안에는 총생산은 총수요가 결정하는 것과 유사한 논리가 적용된다.

2) 이렇게 명목임금이 유지되는 기간 동안에는 물가상승 시 실질임금은 하락하게 된다.

3) 실질임금의 하락으로 인하여 기업의 노동수요는 증가하고 고용량이 증가하여 생산량이 증가한다.

4) 따라서 물가와 생산량 간에는 정의 관계가 성립하며 이것이 총공급곡선 우상향의 논리가 된다.

5) 참고로 위의 모형에 기대를 반영하는 경우, 실제물가가 예상물가보다 높으면, 기업이 실제로 지불하게 되는 실질임금이 계약상 실질임금보다 낮아져서 기업의 고용이 증가하여 생산량이 증가한다.

6) 반대로 실제물가가 예상물가보다 낮으면, 기업이 실제로 지불하게 되는 실질임금이 계약상 실질임금보다 높아져서 기업의 고용이 감소하여 생산량이 감소한다.

7) 따라서 실제물가와 예상물가의 차이와 생산량 간에는 정의 관계가 성립하며 이것이 기대가 반영된 총공급곡선 우상향의 논리가 된다.

위의 내용에 따라서 설문을 검토하면 다음과 같다.
설문에서 실제 물가수준이 예상물가수준보다 높으면, 실질임금이 계약상 실질임금보다 낮아져서 고용과 생산량이 증가한다. 반대로 실제 물가수준이 예상물가수준보다 낮으면, 실질임금이 계약상 실질임금보다 높아져서 고용과 생산량이 감소한다.

THEME 08 AS 곡선 : 새케인즈학파(가격경직성 모형)

1 배경

앞서 Theme 4의 노동시장 분석을 통해 노동임금이 신축적인 경우 물가가 변화하더라도 노동시장에서 고용량이 불변임을 살펴보았다. 이때는 고용량이 불변이므로 산출량도 불변이 되어 총공급곡선이 수직으로 나타나게 된다. 그렇다면, 만일 노동시장이 아니라 재화시장에서 가격이 경직적일 경우에는 총공급곡선에 어떠한 영향을 미치겠는가? 그리고 재화시장의 명목임금 경직성은 왜 발생하는가? 이러한 의문에 대해 이하에서 살펴보도록 하자. 참고로 이하에서 가격경직성 모형의 수리적 접근은 본서의 수준을 넘으므로 생략한다.

2 가격경직성 모형의 의의와 근거

1) 가격경직성 모형

앞서 살펴본 화폐환상 모형이나 명목임금 경직성 모형은 모두 노동시장을 분석대상으로 삼고 있다. 현실에서 노동자들은 자신의 임금에 대하여 매우 관심을 가지고 있기 때문에 물가의 변화 및 실질임금을 늘 주시하면서 필요하면 명목임금의 상승을 적극적으로 요구하게 된다. 결국 화폐환상 모형이나 명목임금 경직성 모형이 현실을 설명함에 있어서 한계를 보이게 된 것이다.

반면 가격경직성 모형은 노동자의 물가오인이나 명목임금의 경직성에서 총공급곡선 우상향의 근거를 찾지 않고 현실에서 관찰되는 가격경직성을 통해서 총공급곡선 우상향의 근거를 찾고 있다.

2) 메뉴비용이론

가격이 현실에서 경직성을 보이는 이유는 가격변경에 따른 비용, 즉 메뉴비용 때문이다. 시장수요가 변화할 때 이에 맞춰서 가격을 곧바로 조정하는 데에는 비용이 소요되기 때문에 가격변동이 정말로 필요한 경우가 아니면 웬만해선 가격을 바꾸지 않는 것이 오히려 기업의 이윤극대화에 부합될 수 있는 것이다.

3 가격경직성 모형의 특징

1) 재화시장 모형

가격경직성 모형은 노동시장에서의 명목임금의 경직성이 아니라 재화시장에서의 명목가격의 경직성을 전제한다. 즉 경직성의 존재장소를 노동시장이 아니라 재화시장에 두고 있다.

2) 불완전경쟁적 시장모형

가격경직성 모형은 경제 내 기업들이 가격을 설정할 수 있는 힘, 즉 독점력을 가지고 있다고 가정하고 있다. 따라서 경제에 각종 충격이 왔을 때 최적의 의사결정으로서 가격을 유지할 것인지 아니면 상승시킬 것인지에 대한 선택권을 가지고 있는 것으로 본다.

4 가격경직성이 존재할 경우 재화시장 균형과 변화

1) 가정

① 기업의 독점력 행사
독점적 경쟁의 시장구조를 가정하여 기업은 자신이 공급하는 생산물에 대해 어느 정도 독점력을 가지고 있으므로 독점적 가격설정이 가능하다.

② 메뉴비용의 존재
메뉴비용이란 가격조정에 소요되는 각종 비용을 의미한다. 이는 단순히 메뉴판을 다시 제작하는 비용을 넘어서 수요자와 공급자 사이에 형성된 거래관행이나 장기적 계약 등을 포함한 개념이라고 할 수 있다.

③ 경제사정의 변화와 의사결정
총수요 충격 등이 있을 경우 기업은 이에 따라서 새로운 최적의 의사결정으로 변경하는 것이 이윤극대화 논리에 부합된다. 그러나 의사결정에 변경을 초래하는 사정이 변화하더라도 장기계약 등과 같은 메뉴비용의 존재로 인하여 이윤극대화 가격설정이 어려워지게 된다. 즉 메뉴비용이 존재하기 때문에 총수요 충격, 수급상황 등 경제사정의 변화를 의사결정에 반영하기 어렵다.

2) 재화시장 균형의 변화

① 메뉴비용으로 인하여 가격을 경직적으로 유지하는 경우

경제상황의 변화에 따라서 해당 기업의 생산물가격이 바로 변동하는 것이 아니라 메뉴비용 등을 고려하여 변동하는 절차가 필요하므로 가격변동이 쉽지 않게 된다. 따라서 기업은 사전에 미리 물가를 예상하고, 그에 따라서 가격을 책정하고, 책정된 가격은 메뉴비용 등으로 인하여 사정이 변화하더라도 경직적으로 유지된다.

② 메뉴비용에도 불구하고, 가격을 변경하는 경우

경제상황이 변화할 때, 가격을 경직적으로 유지함에 따른 손실(잠재적 이윤감소분)이 메뉴비용보다 더 클 경우에는 메뉴비용의 존재에도 불구하고 가격을 변경하게 된다. 따라서 총수요충격 등이 발생할 때 경제 내 일부기업들은 가격을 조정할 것이고, 일부기업은 가격을 유지할 것이다. 이는 기업별로 메뉴비용, 이윤감소분 등에 달려 있다.

5 가격경직성이 존재할 경우 AS 곡선

1) 도출을 위한 가정

경제 내에 메뉴비용이 전혀 없는 기업들과 메뉴비용이 존재하는 기업들이 혼재한다고 하자. 이때, 수요가 증가하면서 물가가 상승한다고 하자. 그러면 기업의 생산비용이 상승하므로 가격 인상요인이 발생하게 된다.

2) 도출과정

① 물가상승 시 기업들의 대응

i) 메뉴비용이 존재하지 않는 기업

이러한 유형의 기업들은 경제여건이 변화하면 그에 따라서 즉각적으로 가격을 새롭게 책정하는 것이 가능하다. 따라서 수요증가와 물가상승 시 이 기업들은 가격을 인상할 것이다.

ii) 메뉴비용이 존재하는 기업

이러한 유형의 기업들은 메뉴비용때문에 가격을 조정하는 것이 쉽지 않다는 것을 잘 알고 있다. 따라서 미리 경제여건이 어떻게 변화할지를 예상하여 그에 따라 가격을 정하고 가급적 바꾸지 않으려고 한다. 따라서 물가상승 시 이 기업들은 가격을 유지할 것이다.

② 물가상승과 총공급곡선

현실에서는 메뉴비용이 존재하는 기업과 그렇지 않은 기업이 혼재되어 있으므로 결국 경제 전체의 총공급곡선은 우상향하게 된다.

6 가격경직성이 존재할 경우 AS 곡선의 기울기와 장기AS 곡선

메뉴비용이 존재하는 기업들과 메뉴비용이 존재하지 않는 기업들이 혼재되어 있기 때문에 총공급곡선은 우상향하며 두 유형의 기업들 간의 상대적 비중에 따라서 우상향하는 총공급곡선의 기울기가 영향을 받게 된다. 만일 모든 기업이 메뉴비용을 가지고 있다면, 수평의 총공급곡선이 된다. 만일 모든 기업이 메뉴비용을 가지고 있을 않을 뿐만 아니라 장기적으로 생산비용 변화의 원인을 100% 가격으로 반영할 수 있다면 기업들이 극단적으로 산출을 조정할 이유가 없어지기 때문에 수직의 총공급곡선이 된다.

THEME 09 AS곡선 : 새고전학파(불완전정보 모형)

1 배경

앞서 Theme 6의 화폐환상 모형을 통해 노동시장에서 노동자의 정보가 비대칭적인 경우 물가가 변화하면 노동시장에서 화폐환상이 초래되어 고용량이 변화하는 것을 살펴보았다. 이때 물가가 상승하면 고용량이 증가하므로 총공급곡선이 우상향하는 모습으로 나타나게 된다. 그렇다면, 만일 노동시장이 아니라 재화시장에서 기업들의 정보가 불완전할 경우에는 총공급곡선에 어떠한 영향을 미치겠는가? 그리고 재화시장에서 정보의 불완전성은 왜 발생하는가? 이러한 의문에 대해 이하에서 살펴보도록 하자. 참고로 이하에서 불완전정보 모형의 수리적 접근은 본서의 수준을 넘으므로 생략한다.

2 불완전정보 모형의 의의와 근거

1) 불완전정보 모형(Imperfect Information Model)

앞서 살펴본 화폐환상 모형이나 명목임금 경직성 모형은 모두 노동시장을 분석대상으로 삼고 있으나 불완전정보 모형은 재화시장을 대상으로 한다. 또한 불완전정보 모형은 가격경직성 모형과 마찬가지로 재화시장을 대상으로 하면서도 그와는 달리 가격경직성이 아니라 불완전정보로부터 총공급곡선 우상향의 근거를 찾고 있다.

2) 분리된 섬 모형(Island Model)

경제에 충격이 왔을 때, 그 충격에 대한 정보를 완전히 파악할 수 있고 모든 가격변수가 신축적이라면 고전학파의 주장대로 총공급곡선은 수직이 된다. 그러나 현실적으로 적어도 단기에 있어서는 충격의 내용과 원인을 완벽하게 파악하는 것은 불가능하다. 즉 충격에 대한 정보가 필연적으로 불완전성을 보일 수밖에 없다는 것이다. 이렇게 경제 내의 기업들이 불완전정보에 직면하는 것은 마치 우물 안 개구리마냥 기업들이 외딴 섬에 떨어져 있어서 정보가 차단되어 있는 상태에 빠져있기 때문인 것으로 상정할 수 있다. 따라서 이 이론을 분리된 섬 모형이라고 한다.

3 불완전정보 모형의 특징

1) 화폐환상 모형과의 차이

화폐환상 모형은 기업이 노동자에 비해서 더 정확한 정보를 가지고 있다고 가정, 즉 비대칭적 정보 모형이라면 불완전정보 모형은 노동자, 기업 모두 동일한 정보를 가지고 있다고 가정하고, 다만, 그 정보자체가 완전하지 않고 불충분하다고 가정하는 모형이다.

2) 경직성 모형과의 차이

전통적으로 고전학파 계열의 경제학자들은 시장가격기구에 의하여 신속하게 불균형이 해소되는 것으로 믿고 있다. 즉 장기뿐만 아니라 단기에서도 경직성을 보이는 것은 받아들이기 어렵다는 것이다. 즉 단기에 있어 우상향하는 총공급곡선을 설명하기 위해서는 가격변수가 신축적이더라도 충격이 발생했을 때 새로운 장기적 균형을 달성하지 못하도록 하는 마찰적 요인이 필요한데, 이것이 바로 정보의 불완전성인 것이다.

4 정보의 불완전성이 존재할 경우 재화시장의 변화와 AS 곡선의 도출

1) 가정

기업은 자신이 생산하는 생산물의 가격은 잘 알고 있지만, 다른 기업이 생산하는 재화들의 가격은 완전히 파악하지 못하고 있다고 가정한다. 즉 물가에 대한 정보가 불완전, 불충분하다. 이로 인해서 기업들은 물가의 일반적인 상승과 상대가격의 변화를 혼동하게 된다.

2) 도출

이때, 통화량이 증가하는 명목충격에 의해 물가가 상승하여 이 기업이 생산하는 생산물의 가격도 상승하였다고 가정하자. 모든 물가의 상승 시, 대부분의 기업들은 자신이 생산하고 있는 생산물의 가격 상승을 경험하게 된다. 기업이 생산하는 생산물의 가격이 상승한 원인이 모든 물가가 똑같이 상승한 결과라면, 상대가격의 변화가 전혀 없으므로 이 기업은 생산량을 변경할 이유가 없다. 왜냐하면, 기업의 생산물의 가격이 상승했으나, 다른 모든 물가도 상승했으므로 생산비용도 상승하여 기업의 이윤극대화 의사결정에서 바뀐 것이 없기 때문이다.

만일 기업이 생산하는 생산물의 가격이 상승한 원인이 상대가격이 변화한 결과라면, 즉 그 기업의 생산물 가격만 상승했다면, 이 기업은 생산량을 변경해야 한다. 왜냐하면, 기업의 이윤극대화 의사결정인 가격과 한계비용의 일치에서 가격이 상승한 것이므로 의사결정을 변경하여 새로운 이윤극대화를 달성해야 할 필요가 있기 때문이다. 기업의 생산물의 가격만 상승하고 극단적으로 다른 모든 물가는 상승하지 않았다고 하면, 상대가격이 변동된 것이다. 따라서 기업은 생산량을 늘려야 한다.

그런데 문제는 기업의 물가정보가 불완전하기 때문에 다른 기업들의 제품가격 및 생산비용의 상승보다 자기 제품 가격이 더욱 상승했다고 오인할 수 있다는 점이다. 극단적으로 전반적인 물가의 상승임에도 불구하고 이를 특정기업의 생산물 가격만의 상승으로 오인했다고 하고, 또 경제 내의 모든 기업들이 오인했다고 하면 경제 전체의 생산량은 증가하게 된다. 정리하면, 물가 상승시 기업들이 직면한 불완전정보에 의하여 경제 전체의 공급량이 증가하므로 우상향의 AS 곡선이 도출된다.

5 정보의 불완전성이 존재할 경우 AS 곡선의 기울기와 장기AS 곡선

위에서 살펴본 바, 단기에는 불완전정보에 의하여 AS 곡선이 우상향한다. 이때 AS 곡선이 완만하다는 것은 물가가 상승할 때, 경제 전체의 공급량이 크게 증가한다는 것이다. 이는 경제 내의 많은 기업들이 물가상승을 자기 제품 가격의 상대적 상승으로 오인한다는 것이다. 이를 달리 표현하면 명목적 충격을 실질적 충격으로 오인하는 것이다. 만일 어느 국가의 통화당국이 매우 빈번하게 통화정책을 사용하여 명목충격을 경제에 가한 경우라면 그 국가의 기업들은 명목충격을 자주 경험했기 때문에 이를 실질적 충격으로 받아들이지 않고 생산량을 변화시키지 않게 될 것이다. 따라서 이 경우에는 AS 곡선이 가파르게 된다.

위에서 살펴본 바, 단기에는 합리적 기대를 하더라도 물가에 대한 불완전정보에 의하여 물가를 잘못 예상하게 되고 그 결과 산출량이 변하면서 AS 곡선이 우상향한다. 그러나 장기가 되면 기업들의 정보가 완전해짐에 따라서 물가의 변화와 자기 제품가격의 변화, 즉 상대가격의 변화를 정확히 구별할 수 있게 된다. 따라서 물가가 변화하더라도 기업들은 생산량을 조절하지 않으므로 AS 곡선은 극단적으로 수직이 된다.

필수예제

루카스 총공급곡선이 우상향하는 이유는? ▸ 2014년 감정평가사

① 재화시장 가격의 경직성
② 기술진보
③ 실질임금의 경직성
④ 재화가격에 대한 불완전정보
⑤ 완전신축적인 가격결정

출제이슈 AS곡선이 우상향하는 이유
핵심해설 **정답** ④

총공급곡선이란 각각의 물가수준에서 기업들이 공급하고자 하는 최종생산물의 양을 나타내는 그래프로서 노동시장의 균형하에서 달성되는 국민소득과 물가의 조합을 기하적으로 표시한 것이다.

거시경제의 총공급곡선의 모습 특히 우상향하는 이유에 대하여는 고전학파, 케인즈, 케인즈학파, 통화주의학파, 새고전학파, 새케인즈학파에 따라서 학파별로 그 논리적 근거와 구조가 상이하다.

AS곡선이 우상향하는 이유에 대하여 루카스의 불완전정보 모형(imperfect information model)의 논리에 따르면 기업들은 가격에 대한 불완전한 정보로 인하여 가격상승을 일반물가의 상승으로 받아들이게 되므로 자신들의 생산물 가격상승이 물가상승에 기인한 것임을 모르고 생산물의 상대가격 상승으로 오인한다. 따라서 기업들은 자신이 생산하고 있는 생산물 가격상승에 대응하여 생산량을 증가시키게 되어 총공급곡선은 우상향한다.

단기총공급곡선에 관한 설명으로 옳은 것은? ▸ 2017년 감정평가사

① 케인즈(J.M.Keynes)에 따르면 명목임금이 고정되어 있는 단기에서 물가가 상승하면 고용량이 증가하여 생산량이 증가한다.
② 가격경직성 모형(sticky-price model)에서 물가수준이 기대 물가수준보다 낮다면 생산량은 자연산출량 수준보다 높다.
③ 가격경직성 모형은 기업들이 가격수용자라고 전제한다.
④ 불완전정보 모형(imperfect information model)은 가격에 대한 불완전한 정보로 인하여 시장은 불균형을 이룬다고 가정한다.
⑤ 불완전정보 모형에서 기대 물가수준이 상승하면 단기총공급곡선은 오른쪽으로 이동한다.

출제이슈 *AS*곡선이 우상향하는 이유
핵심해설 **정답** ①

총공급곡선이란 각각의 물가수준에서 기업들이 공급하고자 하는 최종생산물의 양을 나타내는 그래프로서 노동시장의 균형하에서 달성되는 국민소득과 물가의 조합을 기하적으로 표시한 것이다.

거시경제에서 총공급곡선의 모습 특히 우상향하는 이유에 대하여는 고전학파, 케인즈, 케인즈학파, 통화주의학파, 새고전학파, 새케인즈학파에 따라서 학파별로 그 논리적 근거와 구조가 상이하다.

설문을 검토하면 다음과 같다.

① 옳은 내용이다.
케인즈(J.M.Keynes)에 따르면 명목임금이 고정되어 있는 단기에서는 노동에 대한 수요가 노동고용량을 결정하게 된다. 이때 물가가 상승하면 실질임금이 하락하므로 노동에 대한 수요가 증가하여 고용량이 증가하고 생산량이 증가한다.

② 틀린 내용이다.
총공급곡선에 의하면, 물가수준이 기대 물가수준보다 낮다면 생산량은 자연산출량 수준보다 낮다.

③ 틀린 내용이다.
가격경직성 모형은 기업들이 가격수용자가 아니라 가격설정자라고 전제하고 메뉴비용이론을 전개한다.

④ 틀린 내용이다.
불완전정보 모형(imperfect information model)은 가격에 대한 불완전한 정보로 인하여 가격상승을 일반물가의 상승으로 받아들이게 되므로 가격상승 시 산출량은 증가하고 이때 시장은 균형을 이룬다. 시장이 항상 균형을 이룬다고 하더라도 시장에서의 불완전정보로 인하여 총공급곡선은 수직이 아니라 우상향하게 된다.

⑤ 틀린 내용이다.
불완전정보 모형에서 기대 물가수준이 상승하면 단기총공급곡선은 오른쪽이 아니라 좌상방으로 이동한다.

THEME 10 AS 곡선의 이동과 기대

1 기대물가와 AS 곡선의 재해석

앞에서 도출한 우상향하는 총공급곡선을 수리적으로 표현하면 다음과 같다.

$Y = Y_F + \alpha(P - P^e)$(단 $\alpha > 0$, Y_F : 완전고용산출량, P^e : 기대물가)

이를 다시 해석해보면 다음과 같다.

실제물가가 기대물가수준보다 더 높은 경우에는 경제 전체의 생산이 증가하여 완전고용산출량을 상회하게 된다. 만일 장기에 있어서 물가에 대한 예상이 정확해져서 실제물가와 기대물가가 일치하는 경우 실제산출수준은 완전고용산출량과 동일하게 된다.

2 기대물가와 AS 곡선의 이동

위의 AS곡선에는 물가에 대한 예상 혹은 기대가 포함되어 있다. 이 기대물가가 학파에 따라 차이는 있지만 노동시장 혹은 재화시장에서 노동자와 기업의 의사결정을 변화시킴으로써 산출량이 변화하게 된다. 특히 물가에 대한 예상(기대물가)이 상승하는 경우 AS 곡선은 상방으로 이동하고, 반대로 하락하는 경우에는 AS곡선이 하방으로 이동함을 쉽게 확인할 수 있다.

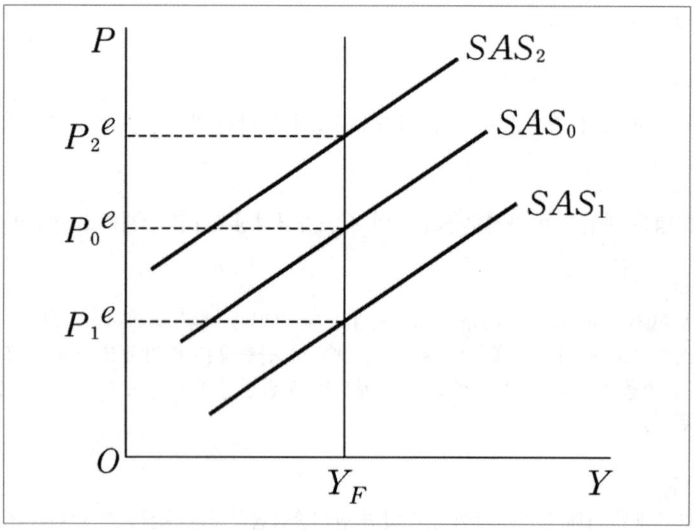

그림 7-11 총공급곡선의 이동과 기대

THEME 11 $AD-AS$ 모형의 균형(생산물 · 화폐 · 노동시장의 동시균형)

1 의의

생산물시장, 화폐시장, 노동시장의 균형에서 균형국민소득, 균형물가수준이 동시적으로 결정되는 것을 거시경제의 일반균형 혹은 $AD-AS$ 모형의 균형이라고 한다.

2 수리적 도출

1) AD 곡선의 방정식 2) AS 곡선의 방정식 3) 연립방정식의 해집합

3 기하적 도출 : AD 곡선과 AS 곡선의 교점

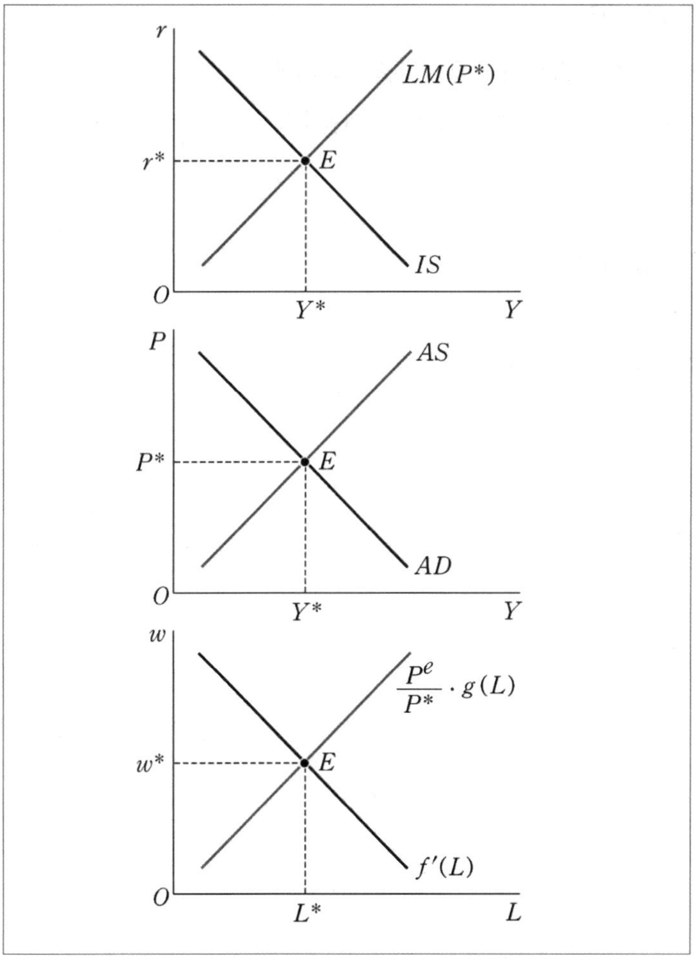

그림 7-12 총수요-총공급 모형의 균형

4 총수요곡선의 이동요인

1) 정부의 총수요관리정책

① 정부지출 증가 시 IS곡선 우측이동, AD곡선 우측이동

② 통화량 증가 시 LM곡선 우측이동, AD곡선 우측이동

2) 기타 총수요 충격

① 실질자산가치 상승

② 조세 감면, 이전지출 축소

5 총공급곡선의 이동요인

1) 물가에 대한 예상의 변화

① 기대물가가 상승하는 경우 총공급곡선은 상방이동

② 기대물가가 하락하는 경우 총공급곡선은 하방이동

2) 기타 총공급 충격

① 원자재가격 상승, 임금의 상승

② 가뭄, 파업 등

③ 재고관리 효율성 증가, 신기술 개발

6 장기총공급곡선의 이동요인

1) 노동인구의 변동

2) 자본량의 변동

3) 기술지식의 변동

> cf. 장기는 실제물가와 예상물가가 일치하므로 예상물가의 변동은 장기총공급곡선과 무관하다.
> cf. 총수요관리정책은 장기총공급에는 영향을 미치기 어렵다.

필수예제

A국 경제의 총수요곡선과 총공급곡선이 각각 $Y_d = -P+8, Y_s = (P-P_e)+4$이다. 기대물가($P_e$)가 2에서 4로 증가할 때, (ㄱ) 균형소득수준의 변화와 (ㄴ) 균형물가수준의 변화는? (단, Y_d는 총수요, Y_s는 총공급, P는 물가, P_e는 기대물가이다.) ▸ 2023년 감정평가사

① ㄱ : 2, ㄴ : 2 ② ㄱ : -2, ㄴ : 2 ③ ㄱ : -1, ㄴ : 0
④ ㄱ : -1, ㄴ : 1 ⑤ ㄱ : 0, ㄴ : 0

출제이슈 $AD-AS$모형의 균형
핵심해설 정답 ④

거시경제의 총수요곡선이란 각각의 물가수준에서 대응되는 총수요를 연결한 그래프로서 생산물시장과 화폐시장의 균형을 달성시키는 국민소득과 물가의 조합을 기하적으로 표시한 것이다.

거시경제의 총공급곡선이란 각각의 물가수준에서 기업들이 공급하고자 하는 최종생산물의 양을 나타내는 그래프로서 노동시장의 균형하에서 달성되는 국민소득과 물가의 조합을 기하적으로 표시한 것이다.

이제 거시경제의 일반균형은 다음과 같다.
① 기하적으로 AD곡선과 AS곡선이 만나는 교점에서 거시경제의 일반균형이 달성된다.
② 수리적으로 AD곡선의 방정식과 AS곡선의 방정식을 연립하여 푼 해집합이 균형이다.

설문의 자료를 이용하여 AD곡선의 방정식과 AS곡선의 방정식을 연립하여 풀면 다음과 같다.

1) AD곡선의 방정식
총수요곡선의 방정식은 $Y_d =-P+8$로 주어져 있다.

2) AS곡선의 방정식
총공급곡선의 방정식은 $Y_s = (P-P^e)+4$가 된다.

3) $AD-AS$ 균형
① 기대물가가 $P^e = 2$인 경우
균형은 총수요와 총공급이 같은 $-P+8=(P-2)+4$에서 달성된다.
이를 풀면, $P=3$, $Y=5$가 된다.

② 기대물가가 $P^e = 4$인 경우
균형은 총수요와 총공급이 같은 $-P+8=(P-4)+4$에서 달성된다.
이를 풀면, $P=4$, $Y=4$가 된다.

4) 국민소득과 물가의 변화
국민소득은 1만큼 감소하고 물가는 1만큼 상승한다.

A국 경제의 총수요곡선과 총공급곡선이 각각 $P=-Y_d+4$, $P=P_e+(Y_s-2)$이다. P_e가 3에서 5로 증가할 때, (ㄱ) 균형소득수준과 (ㄴ) 균형물가수준의 변화는? (단, P는 물가수준, Y_d는 총수요, Y_s는 총공급, P_e는 기대물가수준이다.)

▸ 2021년 감정평가사

① ㄱ : 상승, ㄴ : 상승　② ㄱ : 하락, ㄴ : 상승　③ ㄱ : 상승, ㄴ : 하락
④ ㄱ : 하락, ㄴ : 하락　⑤ ㄱ : 불변, ㄴ : 불변

출제이슈 $AD-AS$모형의 균형

핵심해설 **정답** ②

거시경제의 총수요곡선이란 각각의 물가수준에서 대응되는 총수요를 연결한 그래프로서 생산물시장과 화폐시장의 균형을 달성시키는 국민소득과 물가의 조합을 기하적으로 표시한 것이다.

거시경제의 총공급곡선이란 각각의 물가수준에서 기업들이 공급하고자 하는 최종생산물의 양을 나타내는 그래프로서 노동시장의 균형하에서 달성되는 국민소득과 물가의 조합을 기하적으로 표시한 것이다.

이제 거시경제의 일반균형은 다음과 같다.

① 기하적으로 AD곡선과 AS곡선이 만나는 교점에서 거시경제의 일반균형이 달성된다.
② 수리적으로 AD곡선의 방정식과 AS곡선의 방정식을 연립하여 푼 해집합이 균형이다.

거시경제의 일반균형은 기대물가수준이 변화함에 따라 변화하게 되는데 설문에서 기대물가가 상승하는 경우 총공급이 감소하므로 국민소득은 감소하고 물가는 상승한다. 이하에서는 참고로 거시경제의 일반균형을 수리적으로 도출하기로 한다.

설문의 자료를 이용하여 AD곡선의 방정식과 AS곡선의 방정식을 연립하여 풀면 다음과 같다.

1) AD곡선의 방정식
총수요곡선의 방정식은 $Y=4-P$로 주어져 있다.

2) AS곡선의 방정식
총공급곡선의 방정식은 $Y=2+(P-P^e)$가 된다.

3) $AD-AS$ 균형
① 기대물가가 $P^e=3$인 경우
균형은 총수요와 총공급이 같은 $4-P=2+(P-3)$에서 달성된다.
이를 풀면, $P=2.5$, $Y=1.5$가 된다.

② 기대물가가 $P^e=5$인 경우
균형은 총수요와 총공급이 같은 $4-P=2+(P-5)$에서 달성된다.
이를 풀면, $P=3.5$, $Y=0.5$가 된다.

총수요곡선을 왼쪽으로 이동시키는 요인을 모두 고른 것은? ▸ 2015년 감정평가사

ㄱ. 소득세 인상
ㄴ. 이자율 하락
ㄷ. 정부의 복지지출 감소
ㄹ. 순수출의 감소

① ㄱ, ㄴ ② ㄱ, ㄷ ③ ㄱ, ㄴ, ㄹ
④ ㄱ, ㄷ, ㄹ ⑤ ㄴ, ㄷ, ㄹ

출제이슈 AD 곡선의 이동요인

핵심해설 **정답 ④**

총수요곡선이란 각각의 물가수준에서 대응되는 총수요를 연결한 그래프로서 생산물시장과 화폐시장의 균형을 달성시키는 국민소득과 물가의 조합을 기하적으로 표시한 것이다.

총수요곡선의 이동요인은 다음과 같이 총수요관리정책과 기타 총수요 충격으로 나눌 수 있다.

1) 정부의 총수요관리정책
① 정부지출 증가 시 IS곡선이 우측이동, AD곡선도 우측이동한다.
② 통화량 증가 시 LM곡선이 우측이동, AD곡선도 우측이동한다.

2) 기타 총수요 충격
① 실질자산가치 상승 시 IS곡선이 우측이동, AD곡선도 우측이동한다.
② 조세 감면, 이전지출 증가 시 IS곡선이 우측이동, AD곡선도 우측이동한다.

위의 내용에 따라서 설문을 검토하면 다음과 같다.

ㄱ. 옳은 내용이다.
소득세가 인상되면, 민간의 가처분소득이 감소하여 소비가 감소한다. 소비 감소로 인해 총수요가 감소하여 총수요곡선은 좌측으로 이동한다.

ㄴ. 틀린 내용이다.
이자율이 하락하면, 투자가 증가하여 총수요가 증가하므로 총수요곡선은 우측으로 이동한다.

ㄷ. 옳은 내용이다.
정부의 복지지출이 감소하면, 민간의 가처분소득이 감소하여 소비가 감소한다. 소비 감소로 인해 총수요가 감소하여 총수요곡선은 좌측으로 이동한다.

ㄹ. 옳은 내용이다.
순수출이 감소하면, 총수요가 감소하여 총수요곡선은 좌측으로 이동한다.

단기 총공급곡선에 대한 설명으로 옳은 것은? ▸ 2017년 국가직 7급

① 단기에 있어서 물가와 총생산물 공급량 간의 음(−)의 관계를 나타낸다.
② 소매상점들의 바코드 스캐너 도입에 따른 재고관리의 효율성 상승은 단기 총공급곡선을 오른쪽으로 이동시킨다.
③ 원유가격의 상승으로 인한 생산비용의 상승은 단기 총공급곡선을 오른쪽으로 이동시킨다.
④ 명목임금의 상승은 단기 총공급곡선을 이동시키지 못한다.

출제이슈 AS 곡선의 이동요인

핵심해설 **정답** ②

총공급곡선이란 각각의 물가수준에서 기업들이 공급하고자 하는 최종생산물의 양을 나타내는 그래프로서 노동시장의 균형하에서 달성되는 국민소득과 물가의 조합을 기하적으로 표시한 것이다.

총공급곡선의 이동요인은 다음과 같이 예상물가의 변화와 기타 총공급 충격으로 나눌 수 있다.

1) 물가에 대한 예상의 변화
① 기대물가가 상승하는 경우 총공급곡선은 상방이동한다.
② 기대물가가 하락하는 경우 총공급곡선은 하방이동한다.

2) 기타 총공급 충격
① 원자재가격 상승, 임금의 상승
② 가뭄, 파업 등
③ 재고관리 효율성 증가, 신기술 개발

위의 내용에 따라서 설문을 검토하면 다음과 같다.

① 틀린 내용이다.
총공급곡선은 단기에 있어서 물가와 총생산물 공급량 간의 음(−)의 관계가 아니라 양(+)의 관계를 나타낸다.

② 옳은 내용이다.
소매상점들의 바코드 스캐너 도입에 따른 재고관리의 효율성 상승은 재고관리비용을 절감시켜주므로 단기 총공급곡선을 우하방으로 이동시킨다.

③ 틀린 내용이다.
원유가격의 상승으로 인한 생산비용의 상승은 단기 총공급곡선을 좌상방으로 이동시킨다.

④ 틀린 내용이다.
명목임금의 상승은 생산비용의 상승으로서 단기 총공급곡선을 좌상방으로 이동시킨다.

총수요-총공급 모형에서 일시적인 음(-)의 총공급 충격이 발생한 경우를 분석한 설명으로 옳지 않은 것은? (단, 총수요곡선은 우하향, 총공급곡선은 우상향한다.) ▸ 2018년 감정평가사

① 확장적 통화정책은 국민소득을 감소시킨다.
② 스태그플레이션을 발생시킨다.
③ 단기 총공급곡선을 왼쪽으로 이동시킨다.
④ 통화정책으로 물가하락과 국민소득 증가를 동시에 달성할 수 없다.
⑤ 재정정책으로 물가하락과 국민소득 증가를 동시에 달성할 수 없다.

출제이슈 부의 공급 측 충격과 총수요관리정책의 딜레마
핵심해설 **정답** ①

부의 공급충격과 관련하여 먼저 총공급곡선이란 각각의 물가수준에서 기업들이 공급하고자 하는 최종생산물의 양을 나타내는 그래프로서 노동시장의 균형하에서 달성되는 국민소득과 물가의 조합을 기하적으로 표시한 것이다.

총공급곡선의 이동요인은 다음과 같이 예상물가의 변화와 기타 총공급 충격으로 나눌 수 있다.

1) 물가에 대한 예상의 변화
① 기대물가가 상승하는 경우 총공급곡선은 상방이동한다.
② 기대물가가 하락하는 경우 총공급곡선은 하방이동한다.

2) 기타 총공급 충격
① 원자재가격 상승, 임금의 상승
② 가뭄, 파업 등
③ 재고관리 효율성 증가, 신기술 개발

위의 내용에 따라서 설문을 검토하면 다음과 같다.

① 틀린 내용이다.
부의 공급충격이 있는 경우 확장적 통화정책을 사용하게 되면, 감소했던 소득을 다시 회복시킬 수는 있으나 물가를 더욱 상승시킨다는 문제가 있다.

② 옳은 내용이다.
유가 상승, 원자재 가격 상승 등 불리한 공급충격 혹은 부의 공급충격이 발생할 경우 총공급곡선이 좌상방으로 이동하게 된다. 따라서 물가는 상승하고 생산은 감소하고 실업률은 상승한다. 이를 경기침체 상태에서의 인플레이션이라는 의미로 스태그플레이션이라고 한다.

③ 옳은 내용이다.
부의 공급충격이 있는 경우 비용상승으로 인하여 단기 총공급곡선이 좌상방으로 이동한다.

④ 옳은 내용이다.
부의 공급충격이 있는 경우 물가는 상승하고 소득은 감소한다. 이때 확장적 통화정책을 사용할 경우에는 소득은 회복시킬 수 있으나 물가는 더욱 상승하게 된다. 반대로 긴축적 통화정책을 사용할 경우에는 물가는 안정시킬 수 있으나 소득은 더욱 감소하게 된다. 따라서 부의 공급충격 시에는 통화정책으로 물가하락과 국민소득 증가를 동시에 달성할 수 없다.

⑤ 옳은 내용이다.
부의 공급충격이 있는 경우 물가는 상승하고 소득은 감소한다. 이때 확장적 재정정책을 사용할 경우에는 소득은 회복시킬 수 있으나 물가는 더욱 상승하게 된다. 반대로 긴축적 재정정책을 사용할 경우에는 물가는 안정시킬 수 있으나 소득은 더욱 감소하게 된다. 따라서 부의 공급충격 시에는 재정정책으로 물가하락과 국민소득 증가를 동시에 달성할 수 없다.

Chapter

08

$AD-AS$ 모형과 재정 및 통화정책

THEME 01 재정정책과 $AD-AS$ 모형 균형의 변화

1 의의

재정정책이란 정부지출과 조세를 이용하여 국민소득의 크기와 구성에 영향을 미치는 정책을 의미한다. 앞서 케인즈 단순모형과 $IS-LM$모형을 통해서 정부지출과 조세가 국민소득에 어떠한 영향을 미치는지에 대하여 분석한 바 있다. 여기서는 $IS-LM$모형과 $AD-AS$모형을 동시에 이용하여 분석한다.

2 정부지출 증가의 단기균형

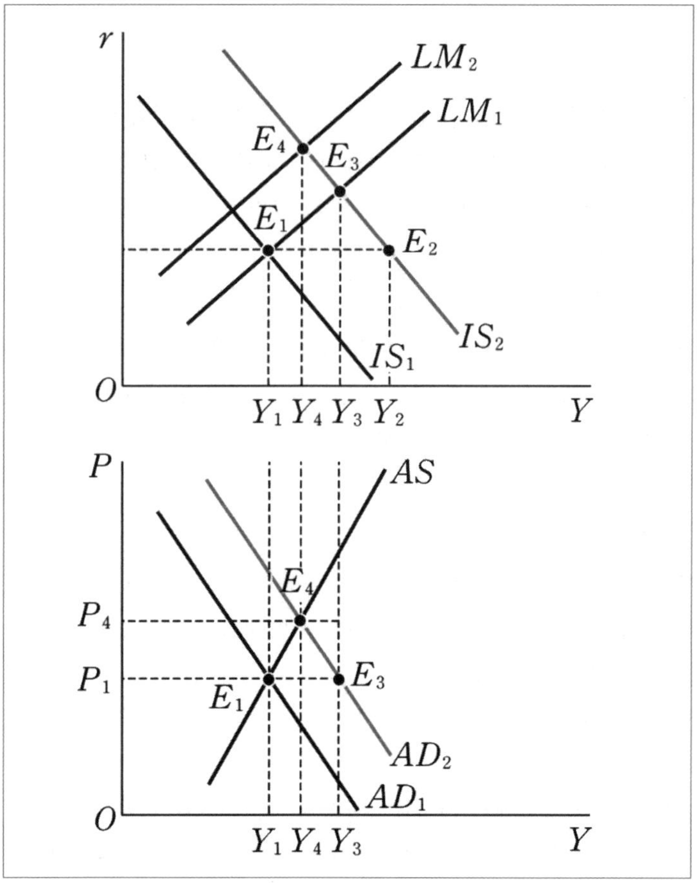

그림 8-1 확장적 재정정책(단기)

1) 정부지출의 증가와 IS, AD

① IS곡선 자체의 이동

i) 생산물시장

최초균형상태 E_1에서 정부지출이 ΔG만큼 증가하는 경우, 단순 케인즈 모형과 같이 이자율이 불변이라고 하면 승수효과를 통해 국민소득은 $\frac{1}{1-b}\Delta G$ 만큼 증가하며 그만큼 IS곡선이 우측으로 이동한다. 이는 그림 8-1 이자율-소득 평면 그래프에서 IS_1이 IS_2로 이동함을 의미한다.

이때, 이자율이 불변인 상황에서 생산물에 대한 총수요가 총생산을 초과하여 생산물시장의 초과수요상태가 된다. 그러나 생산물 초과수요는 생산물 공급이 증가하면서 생산물시장의 균형을 회복한다.

ii) 화폐시장

한편, 생산물 공급이 증가하면서 국민소득이 증가하게 되어 화폐시장에서는 거래적 화폐수요가 증가한다. 따라서 화폐시장에서 초과수요가 발생하는 불균형이 나타나면서 $IS-LM$ 모형이 불균형상태가 된다. 이는 그림 8-1 이자율-소득 평면 그래프에서 E_1이 E_2로 이동함을 의미한다.

화폐시장의 초과수요로 인하여 화폐시장에서 균형을 회복하기 위해서 이자율이 상승하게 된다. 이로 인해 생산물시장과 화폐시장 모두 균형을 달성하게 된다. 이는 그림 8-1 이자율-소득 평면 그래프에서 E_2이 E_3로 이동함을 의미한다.

② AD곡선 자체의 이동

앞에서 정부지출의 증가로 인하여 IS곡선이 이동하면서 소득이 증가함을 알았다. 이는 총수요에 의해서 결정되는 소득으로서 $AD-AS$ 모형에서 물가가 불변인 상황의 AD곡선이 우측으로 이동함을 의미한다. 이는 그림 8-1 물가-소득 평면 그래프에서 AD_1이 AD_2로 이동하는 것으로 나타난다.

그러나 물가는 불변인 상황에서 생산물시장의 총수요가 총공급을 상회하게 되어 거시경제 불균형으로서 경제에 초과수요가 발생한다. 이는 그림 8-1 물가-소득 평면 그래프에서 E_1이 E_3로 이동함을 의미한다. 결국 초과수요로 인하여 물가가 상승하기 시작한다.

2) 물가의 상승과 LM, AD

① LM 곡선 자체의 이동

물가가 상승하게 되면 화폐시장에서 실질통화공급이 감소하게 된다. 실질통화량의 감소로 인하여 LM 곡선이 좌상방으로 이동하면서 이자율이 상승한다. 이는 그림 8-1 이자율-소득 평면 그래프에서 LM_1이 LM_2로 이동함을 의미한다.

② AD 곡선 상의 이동

실질통화공급의 감소로 이자율이 상승하는 과정에서 생산물시장의 투자수요가 감소하고 총수요가 감소하면서 앞에서 발생한 초과수요가 모두 해소된다. 이는 그림 8-1 물가-소득 평면 그래프에서 E_3이 E_4로 이동함을 의미한다.

3) 물가의 상승과 노동시장

앞서 Chapter 07에서 살펴본 바와 같이 노동시장모형을 다음과 같이 설정한다.

① 노동수요

i) 실질변수 $\frac{W}{P} = MP_L = f'(L)$

ii) 명목변수 $W = P\,MP_L = P f'(L)$

② 노동공급

i) 실질변수 $L^S = L^S(w) \Leftrightarrow w = g(L)$

ii) 명목변수 $L^S = L^S(W) \Leftrightarrow w = P g(L)$

③ 노동시장의 균형의 변화와 AS

앞서 Chapter 07에서 살펴본 바와 같이 명목임금이 경직적이거나 노동자의 화폐환상이 존재할 경우에는 물가상승으로 인해서 노동수요가 증가하면서 노동고용량이 증가한다. 따라서 물가상승으로 노동고용량이 증가하고 경제의 총생산이 증가하면 AS 곡선상의 이동으로 나타난다. 그리고 재화시장에서 가격이 경직적이거나 정보가 불완전한 경우에도 물가상승으로 인해서 경제의 총생산이 증가하여 AS 곡선상의 이동으로 나타난다. 이는 그림 8-1 물가-소득 평면 그래프에서 E_1이 E_4로 이동함을 의미한다.

4) 정부지출의 증가와 $AD-AS$ 모형 균형의 변화

정리하면, 정부지출의 증가로 인하여 총수요는 증가하고 물가는 상승한다. 물가상승으로 인하여 노동고용량이 증가하면서 총생산과 국민소득도 증가한다.

3 정부지출 증가의 장기균형

1) 장기와 AS, AD

① AS 곡선 자체의 이동

앞에서 정부지출이 증가하여 물가가 상승하는 경우 단기적으로 노동시장에서 명목임금이 경직적이거나 노동자의 화폐환상이 존재할 경우에는 물가상승으로 인해서 노동수요가 증가하면서 노동고용량이 증가하면서 총공급이 증가한다. 혹은 단기적으로 재화시장에서 재화가격이 경직적이거나 정보가 불완전한 경우에도 물가상승으로 인해서 경제의 총생산이 증가한다.

그러나 장기가 되면 명목임금이 신축적으로 되고 노동자의 화폐환상도 없어질 뿐만 아니라 재화가격도 신축적으로 되고 정보의 불완전성도 해소된다. 단기에 증가했던 경제의 총생산이 다시 원래 수준으로 되돌아가면서 감소하여 AS 곡선이 좌상방으로 이동하게 된다. 이는 아래의 물가-소득 평면 그래프에서 AS_1이 AS_2로 이동함을 의미한다.

② AD곡선 상의 이동

장기가 되면서 총공급이 감소하여 단기에 E_4에서 달성되었던 균형이 불균형상태가 되면서 수요가 공급을 초과하는 초과수요 상태가 된다. 따라서 불균형을 해소하기 위해서 물가는 상승하기 시작한다.

물가가 상승하면서 화폐시장에서 실질통화공급이 감소한다. 이로 인해 LM곡선이 좌상방으로 이동하며 이자율은 상승한다. 이는 아래의 이자율-소득 평면 그래프에서 LM_2이 LM_3로 이동함을 의미한다. 이자율의 상승으로 생산물시장에서는 투자수요가 감소하여 총수요가 감소한다. 이는 아래의 물가-소득 평면 그래프에서 E_4이 E_5로 이동함을 의미한다.

2) 장기균형 도달

앞에서 AD곡선 자체의 이동으로 생긴 초과수요는 물가상승으로 모두 해소되어 경제는 장기균형 E_5에 도달하게 된다.

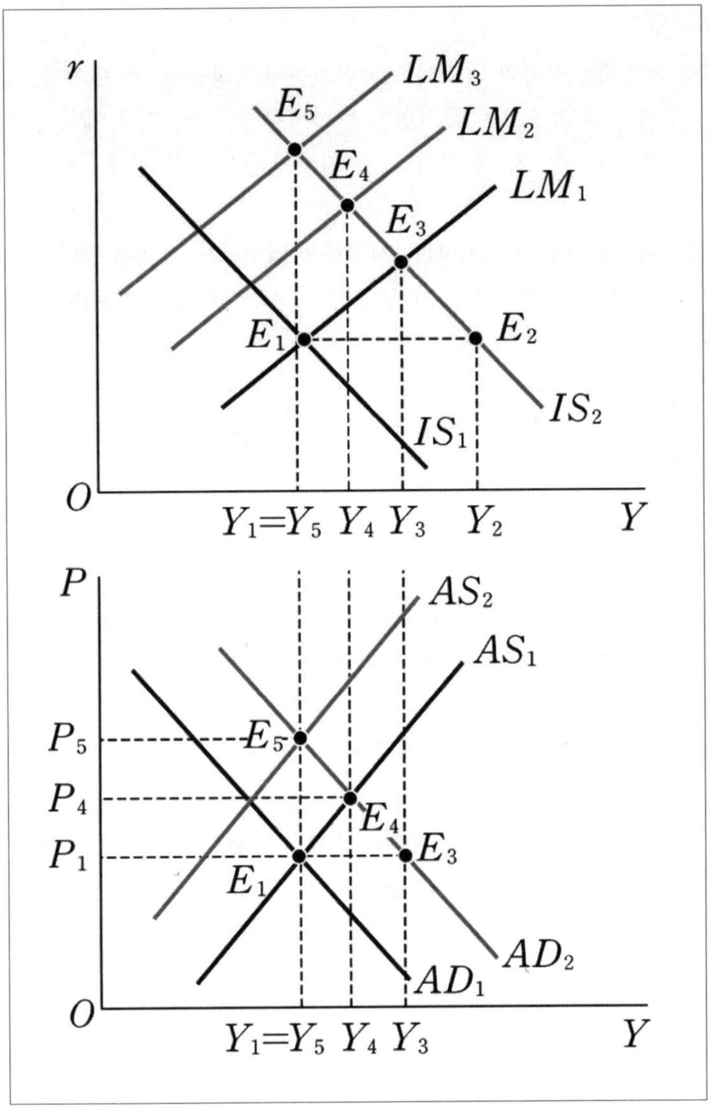

그림 8-2 확장적 재정정책(장기)

4 정부지출 증가의 장단기 효과와 재정정책의 유용성

1) 정부지출 증가의 장단기 효과

정부지출이 증가하는 경우 단기에는 국민소득이 증가하고 물가는 상승한다. 그러나 장기가 되면 증가했던 국민소득은 감소하여 원래로 되돌아가고 오로지 물가만 상승하게 된다.

2) 재정정책의 유용성

재정정책은 단기적으로는 당국의 의도대로 국민소득에 영향을 줄 수 있지만, 장기적으로는 국민소득에 영향을 주지 못하고 오로지 물가만을 변화시킬 뿐이다. 결국 재정정책의 유용성은 국민소득을 변화시킬 수 있는 "단기"가 얼마나 긴 기간인지에 달려 있다.

만일 이 단기가 매우 짧다면, 굳이 정책을 시행하지 않더라도 경제는 곧바로 완전고용 국민소득에 도달할 수 있다. 케인즈학파는 단기가 상당히 긴 기간이라고 보았으며, 따라서 총수요관리정책의 유효성을 주장하였다.

5 총공급곡선과 정책의 유효성 문제

1) 장기의 경우

앞에서 장기의 경우 국민소득이 원래의 수준을 유지한다는 것은 바로 장기총공급곡선이 완전고용 산출량 수준에서 수직이라는 뜻이며 이에 대해서는 대부분의 경제학자들이 동의하고 있다. 즉 장기에 가격이 완전히 신축적으로 조정되고, 정보가 완전하고 물가예상이 정확하다면 총생산은 장기에서 완전고용 산출량을 달성하게 된다는 것이다.

따라서 단기적으로 재정정책에 의하여 산출을 증가시키더라도 장기에서는 완전고용 산출량으로 회귀하기 때문에 재정정책은 장기적으로는 효과가 없다.

2) 단기의 경우

고전학파는 단기에서조차 극단적으로 총공급곡선이 수직이라고 주장한다. 따라서 고전학파에 의하면 재정정책은 단기적으로도 효과가 없다. 총수요관리정책이 단기에 유효하기 위해서는 총공급곡선이 수직이어서는 안 되므로 케인즈학파는 단기에 총공급곡선이 우상향하는 논리 개발에 집중해 왔다. 극단적인 케인즈의 견해를 수용하면 단기에 총공급곡선이 수평이지만, 이러한 견해를 완화하여 단기에 총공급곡선이 우상향하기만 하더라도 총수요관리정책은 유효하다.

THEME 02 통화정책과 $AD-AS$모형 균형의 변화

1 의의

통화정책이란 통화당국이 통화량 또는 이자율을 변화시켜서 국민소득에 영향을 미치는 정책을 의미한다. 앞서 $IS-LM$모형을 이용하여 통화량의 변화가 경제에 미치는 효과를 분석한 바 있다. 여기서는 $IS-LM$모형과 $AD-AS$모형을 동시에 이용하여 분석한다.

2 화폐공급 증가의 단기균형

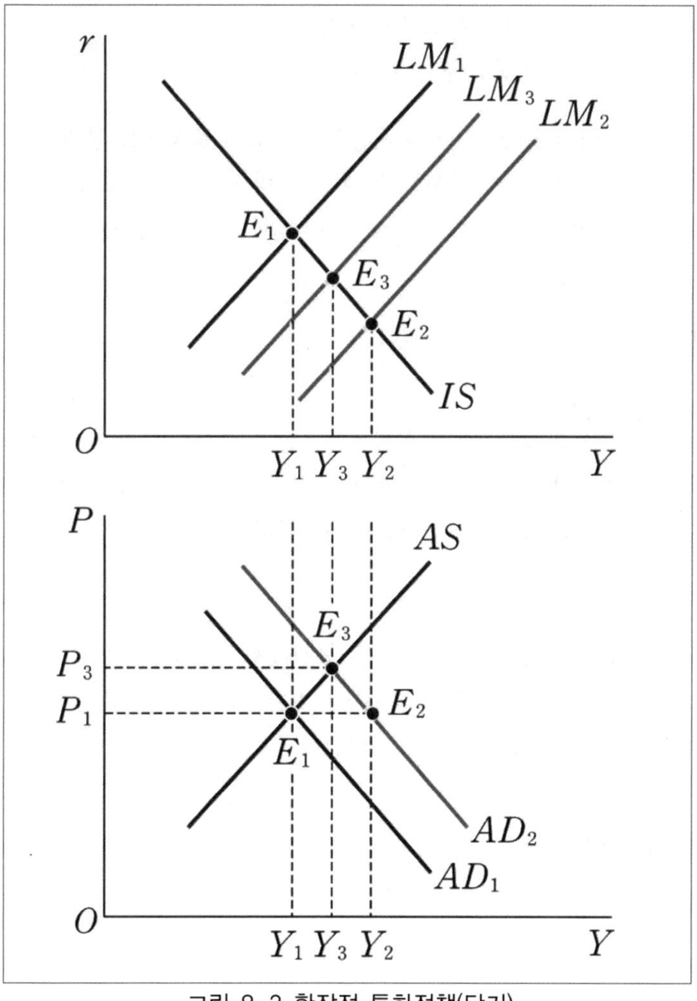

그림 8-3 확장적 통화정책(단기)

1) 화폐공급의 증가와 LM, AD

① LM 곡선 자체의 이동

최초균형상태 E_1에서 화폐공급이 증가하는 경우, LM 곡선이 우측으로 이동한다. 이는 그림 8-3 이자율-소득 평면 그래프에서 LM_1이 LM_2로 이동함을 의미한다.

② AD 곡선 자체의 이동

화폐공급의 증가로 이자율이 하락하면서 투자수요가 증가하여 생산물시장에서 초과수요가 나타난다. 이는 다시 총수요 증가가 소득을 견인하면서 거래적 화폐수요가 증가하여 이자율 상승을 가져온다. 따라서 이자율 상승으로 투자수요 및 총수요가 감소한다. 이는 그림 8-3 이자율-소득 평면 그래프에서 E_1이 E_2로 이동함을 의미하고, 총수요 증가에 의한 소득 증가를 의미하므로 AD곡선이 우측으로 이동하게 된다. 이는 그림 8-3 물가-소득 평면 그래프에서 AD_1이 AD_2로 이동함을 의미한다.

그러나 물가는 불변인 상황에서 생산물시장의 총수요가 총공급을 상회하게 되어 거시경제 불균형으로서 경제에 초과수요가 발생한다. 이는 그림 8-3 물가-소득 평면 그래프에서 E_1이 E_2로 이동함을 의미한다. 결국 초과수요로 인하여 물가가 상승하기 시작한다.

2) 물가의 상승과 LM, AD

① LM 곡선 자체의 이동

물가가 상승하게 되면 화폐시장에서 실질통화공급이 감소하게 된다. 실질통화량의 감소로 인하여 LM 곡선이 좌상방으로 이동하면서 이자율이 상승한다. 이는 그림 8-3 이자율-소득 평면 그래프에서 LM_2가 LM_3로 이동함을 의미한다.

② AD 곡선상의 이동

실질통화공급의 감소로 이자율이 상승하는 과정에서 생산물시장의 투자수요가 감소하고 총수요가 감소하면서 앞에서 발생한 초과수요가 모두 해소된다. 이는 그림 8-3 물가-소득 평면 그래프에서 E_2가 E_3로 이동함을 의미한다.

3) 물가의 상승과 노동시장

앞서 Chapter 07에서 살펴본 바와 같이 노동시장모형을 다음과 같이 설정한다.

① 노동수요

i) 실질변수 $\frac{W}{P} = MP_L = f'(L)$

ii) 명목변수 $W = P\,MP_L = P f'(L)$

② 노동공급

i) 실질변수 $L^S = L^S(w) \Leftrightarrow w = g(L)$

ii) 명목변수 $L^S = L^S(W) \Leftrightarrow w = Pg(L)$

③ 노동시장의 균형의 변화와 AS

앞서 Chapter 07에서 살펴본 바와 같이 명목임금이 경직적이거나 노동자의 화폐환상이 존재할 경우에는 물가상승으로 인해 노동수요가 증가하면서 노동고용량이 증가한다. 따라서 물가상승으로 노동고용량이 증가하고 경제의 총생산이 증가하면 AS 곡선상의 이동으로 나타난다. 그리고 재화시장에서 가격이 경직적이거나 정보가 불완전한 경우에도 물가상승으로 인해서 경제의 총생산이 증가하여 AS 곡선상의 이동으로 나타난다. 이는 그림 8-3 물가-소득 평면 그래프에서 E_1이 E_3로 이동함을 의미한다.

4) 화폐공급의 증가와 $AD-AS$ 모형 균형의 변화

정리하면, 화폐공급의 증가로 인하여 총수요는 증가하고 물가는 상승한다. 물가상승으로 인하여 노동고용량이 증가하면서 총생산과 국민소득도 증가한다.

3 화폐공급 증가의 장기균형

1) 장기와 AS, AD

① AS 곡선 자체의 이동

앞에서 화폐공급이 증가하여 물가가 상승하는 경우 단기적으로 노동시장에서 명목임금이 경직적이거나 노동자의 화폐환상이 존재할 경우에는 물가상승으로 인해 노동수요가 증가하고, 노동고용량이 증가하면서 총공급이 증가한다. 혹은 단기적으로 재화시장에서 재화가격이 경직적이거나 정보가 불완전한 경우에도 물가상승으로 인해서 경제의 총생산이 증가한다.

그러나 장기가 되면 명목임금이 신축적으로 되고 노동자의 화폐환상도 없어질 뿐만 아니라 재화가격도 신축적으로 되고 정보의 불완전성도 해소된다. 단기에 증가했던 경제의 총생산이 다시 원래 수준으로 되돌아가면서 감소하여 AS 곡선이 좌상방으로 이동하게 된다. 이는 그림 8-4 물가-소득 평면 그래프에서 AS_1이 AS_2로 이동함을 의미한다.

② AD 곡선상의 이동

장기가 되면서 총공급이 감소하여 단기에 E_3에서 달성되었던 균형이 불균형상태가 되면서 수요가 공급을 초과하는 초과수요 상태가 된다. 따라서 불균형을 해소하기 위해서 물가는 상승하기 시작한다.

물가가 상승하면서 화폐시장에서 실질통화공급이 감소한다. 이로 인해 LM곡선이 좌상방으로 이동하며 이자율은 상승한다. 이는 아래의 이자율–소득 평면 그래프에서 LM_3이 LM_4로 이동함을 의미한다. 이자율의 상승으로 생산물시장에서는 투자수요가 감소하여 총수요가 감소한다. 이는 아래의 물가–소득 평면 그래프에서 E_3이 E_4로 이동함을 의미한다.

2) 장기균형 도달

앞에서 AD곡선 자체의 이동으로 생긴 초과수요는 물가상승으로 모두 해소되어 경제는 장기균형 E_4에 도달하게 된다.

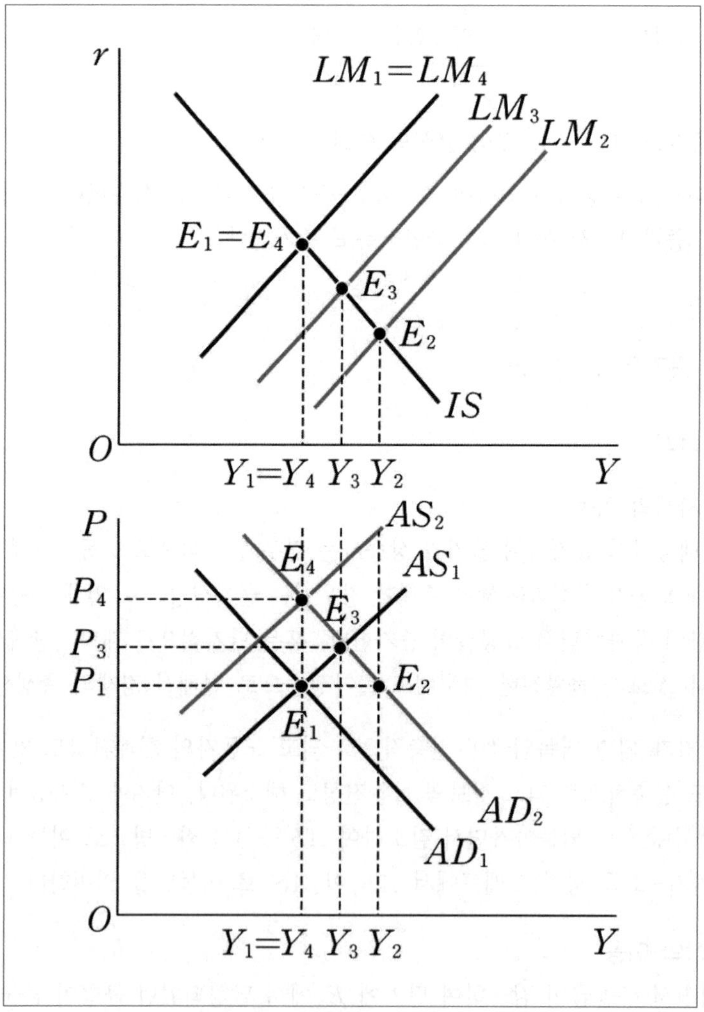

그림 8–4 확장적 재정정책(장기)

4 화폐공급 증가의 장단기 효과와 통화정책의 유용성

1) 화폐공급 증가의 장단기 효과

화폐공급이 증가하는 경우 단기에는 국민소득이 증가하고 물가는 상승한다. 그러나 장기가 되면 증가했던 국민소득은 감소하여 원래로 되돌아가고 오로지 물가만 상승하게 된다.

2) 통화정책의 유용성

통화정책은 단기적으로는 당국의 의도대로 국민소득에 영향을 줄 수 있지만, 장기적으로는 국민소득에 영향을 주지 못하고 오로지 물가만을 변화시킬 뿐이다. 결국 통화정책의 유용성은 국민소득을 변화시킬 수 있는 "단기"가 얼마나 긴 기간인지에 달려 있다.

필수예제

폐쇄경제 $IS-LM$ 및 $AD-AS$ 모형에서 정부지출 증가에 따른 균형의 변화에 관한 설명으로 옳은 것을 모두 고른 것은? (단, 초기경제는 균형상태, IS 곡선 우하향, LM 곡선 우상향, AD 곡선 우하향, AS 곡선은 수평선을 가정한다.) ▸ 2021년 감정평가사

ㄱ. 소득수준은 증가한다.
ㄴ. 이자율은 감소한다.
ㄷ. 명목 통화량이 증가한다.
ㄹ. 투자지출은 감소한다.

① ㄱ, ㄴ
② ㄱ, ㄷ
③ ㄱ, ㄹ
④ ㄴ, ㄷ
⑤ ㄴ, ㄹ

출제이슈 $AD-AS$ 모형과 균형의 변화(재정정책의 효과)

핵심해설 **정답** ③

재정정책이란 정부지출과 조세를 이용하여 국민소득의 크기와 구성에 영향을 미치는 정책을 의미한다. 최초균형상태에서 정부지출이 증가하는 경우, 단순 케인즈 모형과 같이 이자율이 불변이라고 하면 승수효과를 통해 국민소득은 증가한다. 이자율이 불변인 상황에서 생산물에 대한 총수요가 총생산을 초과하여 생산물시장의 초과수요상태가 된다. 생산물 초과수요는 생산물 공급이 증가하면서 생산물시장의 균형을 회복한다.

현재 여전히 이자율이 불변인 상황에서 생산물 공급이 증가하면서 국민소득이 증가하게 되어 화폐시장에서는 거래적 화폐수요가 증가한다. 따라서 화폐시장에서 초과수요가 발생하는 불균형이 나타난다. 화폐시장의 초과수요로 인하여 화폐시장에서 균형을 회복하기 위해서 이자율이 상승하게 된다. 이에 따라서 생산물시장에서 투자가 감소하고 정부지출 증가로 증가했었던 국민소득은 다시 감소하게 된다. 이렇게 승수효과에 의하여 증가했던 국민소득이 이자율 상승에 따라서 다시 감소하는 것을 구축효과라고 한다.

이자율이 상승하면서 화폐시장의 초과수요는 해소되고, 새로운 화폐시장의 균형에 도달한다. 이 과정에서 생산물시장에서도 이자율 상승으로 인해 투자가 감소하면서 국민소득이 감소하여 새로운 생산물시장의 균형에 도달한다. 정부지출 증가 이후 승수효과에 의한 국민소득의 증가와 이자율 상승에 따른 구축효과가 가져오는 국민소득의 감소가 모두 조정이 되면 새로운 균형에 도달하게 된다. 새로운 균형에서는 국민소득은 증가하고 이자율은 상승하게 된다.

앞에서 정부지출의 증가로 인하여 IS 곡선이 이동하면서 소득이 증가함을 알았다. 이는 총수요에 의해서 결정되는 소득으로서 $AD-AS$ 모형에서 물가가 불변인 상황에서 AD 곡선이 우측으로 이동함을 의미한다. 물가는 불변인 상황에서 생산물시장의 총수요가 총공급을 상회하게 되어 거시경제 불균형으로서 경제에 초과수요가 발생하여 물가가 상승하기 시작한다.

참고로 설문의 가정과 달리, 물가가 상승하게 되면 화폐시장에서 실질통화공급이 감소하게 된다. 실질통화량의 감소로 인하여 LM 곡선이 좌상방으로 이동하면서 이자율이 상승한다. 실질통화공급의 감소로 이자율이 상승하는 과정에서 생산물시장의 투자수요가 감소하고 총수요가 감소하면서 앞에서 발생한 초과수요가 모두 해소된다.

설문을 검토하면 다음과 같다.

ㄱ. 옳은 내용이다.
정부지출 증가로 총수요가 증가하여 국민소득이 증가한다.

ㄴ. 틀린 내용이다.
정부지출 증가로 국민소득이 증가하여 화폐수요가 증가함으로 인하여 이자율은 상승한다.

ㄷ. 틀린 내용이다.
명목통화량은 불변이다. 참고로 물가가 상승하는 경우를 보면 다음과 같다. 정부지출 증가로 총수요가 증가하여 물가는 상승하고 물가상승은 화폐시장에서 실질통화공급의 감소를 가져온다.

ㄹ. 옳은 내용이다.
정부지출 증가로 국민소득이 증가하여 화폐수요가 증가함으로 인하여 이자율은 상승한다. 이에 따라 투자는 감소한다.

원유 수입의존도가 높은 A국은 최근 국제유가 상승으로 심각한 경제침체를 경험하였다. 다른 경기변동요인에 변화가 없다면, 이와 같은 현상이 A국의 경제에 미친 영향을 총수요곡선과 총공급곡선을 이용하여 분석한 것으로 옳은 것은? (단, 총수요곡선은 우하향하고, 총공급곡선은 우상향한다.)

▸ 2019년 국가직 9급

① 국민소득은 증가하고 물가는 하락한다.
② 국민소득은 감소하고 물가는 하락한다.
③ 국민소득은 증가하고 물가는 상승한다.
④ 국민소득은 감소하고 물가는 상승한다.

출제이슈 부의 공급 측 충격의 경제적 효과
핵심해설 정답 ④

부의 공급충격과 관련하여 먼저 총공급곡선이란 각각의 물가수준에서 기업들이 공급하고자 하는 최종생산물의 양을 나타내는 그래프로서 노동시장의 균형하에서 달성되는 국민소득과 물가의 조합을 기하적으로 표시한 것이다.

총공급곡선의 이동요인은 다음과 같이 예상물가의 변화와 기타 총공급 충격으로 나눌 수 있다.

1) 물가에 대한 예상의 변화
① 기대물가가 상승하는 경우 총공급곡선은 상방이동한다.
② 기대물가가 하락하는 경우 총공급곡선은 하방이동한다.

2) 기타 총공급 충격
① 원자재가격 상승, 임금의 상승
② 가뭄, 파업 등
③ 재고관리 효율성 증가, 신기술 개발

특히, 유가 상승, 원자재가격 상승 등 불리한 공급충격 혹은 부의 공급충격이 발생할 경우 총공급곡선이 좌상방으로 이동하게 된다. 따라서 물가는 상승하고 생산은 감소하고 실업률은 상승한다. 이를 경기침체 상태에서의 인플레이션이라는 의미로 스태그플레이션이라고 한다.

위의 내용에 따라서 설문을 검토하면 다음과 같다.

A국은 최근 국제유가 상승으로 심각한 경제침체를 경험하였고 다른 경기변동요인에 변화가 없다면, 이는 불리한 공급충격 혹은 부의 공급충격에 의한 것이라고 할 수 있다. 따라서 불리한 공급충격에 의하여 비용이 상승하게 되어 총공급곡선이 좌상방으로 이동한다. 따라서 물가는 상승하고 생산 혹은 국민소득은 감소한다.

아래 그림은 총수요곡선, 총공급곡선 그리고 잠재 GDP를 보여주고 있다. 그림에서 경제상태는 (㉠) 갭을 보여주고 있고, 잠재 GDP를 달성하기 위한 재정정책은 정부투자를 (㉡)하고 (또는) 조세를 (㉢)해야 한다. ㉠ ~ ㉢에 들어갈 말로 옳은 것은? ▸ 2010년 지방직 7급

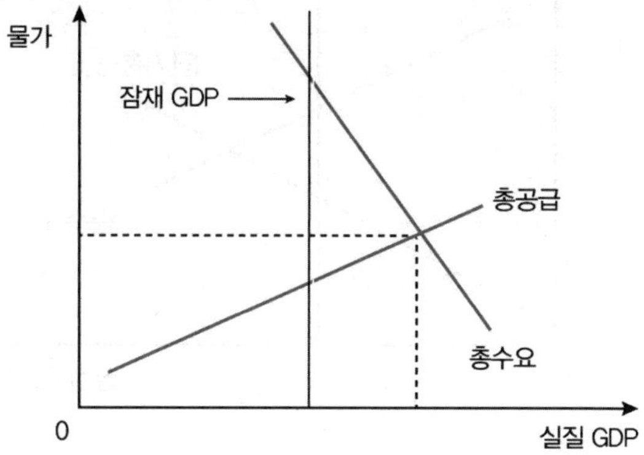

	㉠	㉡	㉢
①	디플레이션	증가	감소
②	인플레이션	증가	감소
③	인플레이션	감소	증가
④	디플레이션	감소	증가

출제이슈 거시경제불균형과 균형으로의 조정과정

핵심해설 **정답** ③

현재 상태는 단기총공급과 총수요가 균형을 이루는 단기균형점에서 총산출량이 장기총공급 수준보다 더 큰 상황으로서 경기가 과열되어 있다고 볼 수 있다. 따라서 물가가 앞으로 상승할 것으로 예상되므로 기대인플레이션율이 상승하게 된다.

위의 내용에 따라서 설문을 검토하면 다음과 같다.

현재 상태는 장기총공급 수준인 잠재산출량보다 더 높은 산출량 수준으로서 경기가 과열되어 있으며 이를 인플레이션갭이 존재한다고 할 수 있다. ("㉠"에 해당)

이때 과열된 경기를 진정시키고 잠재산출수준을 달성하기 위하여는 긴축적 재정정책이 필요하다. 긴축적 재정정책의 대표적인 수단으로는 정부지출의 감소("㉡"에 해당) 혹은 조세 증가("㉢"에 해당)를 들 수 있다.

정리하면, 그림에서 경제상태는 (㉠ 인플레이션)갭을 보여주고 있고, 잠재 GDP를 달성하기 위한 재정정책은 정부투자를 (㉡ 감소)하고 (또는) 조세를 (㉢ 증가)해야 한다.

아래의 총수요-총공급 모형에 대한 설명 중에서 옳지 않은 것은? ▸ 2013년 서울시 7급

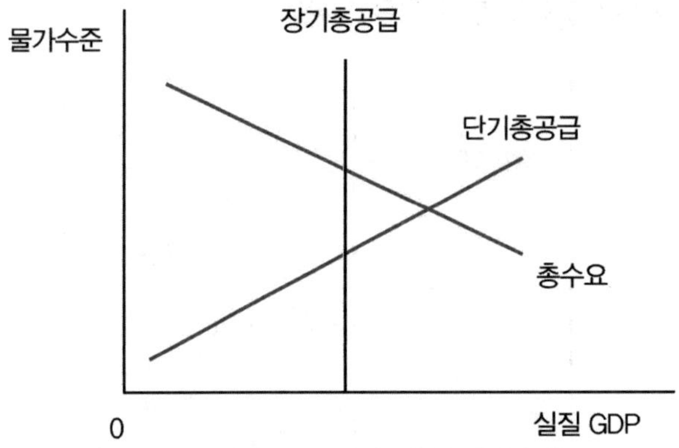

① 경기안정화를 위해 공개시장매도를 하는 통화정책이 필요하다.
② 경기안정화를 위해 정부지출을 감소시키는 재정정책이 필요하다.
③ 시간이 지남에 따라 단기 총공급곡선은 좌측으로 이동하여 장기균형에 도달한다.
④ 시간이 지남에 따라 총수요곡선은 좌측으로 이동하여 장기균형에 도달한다.
⑤ 시간이 지남에 따라 기대 물가수준은 높아진다.

출제이슈 거시경제불균형과 균형으로의 조정과정

핵심해설 **정답** ④

현재 상태는 단기총공급과 총수요가 균형을 이루는 단기균형점에서 총산출량이 장기총공급 수준보다 더 큰 상황으로서 경기가 과열되어 있다고 볼 수 있다. 따라서 물가가 앞으로 상승할 것으로 예상되므로 기대인플레이션율이 상승하게 된다.

위의 내용에 따라서 설문을 검토하면 다음과 같다.

① 옳은 내용이다.
현재 상태는 장기 자연산출수준보다 산출량이 더 높은 수준으로서 경기가 과열되어 있다. 따라서 정책당국이 과열된 경기를 진정시키고자 하는 경우에는 공개시장매도를 통한 긴축통화정책으로서 총수요를 줄일 필요가 있다.

② 옳은 내용이다.
현재 상태는 장기 자연산출수준보다 산출량이 더 높은 수준으로서 경기가 과열되어 있다. 따라서 정책당국이 과열된 경기를 진정시키고자 하는 경우에는 정부지출을 감소시키는 긴축재정정책을 통해서 총수요를 줄일 필요가 있다.

③ 옳은 내용이다.
현재 상태는 장기 자연산출수준보다 산출량이 더 높은 수준으로서 경기가 과열되어 있다. 따라서 물가가 앞으로 상승할 것으로 예상되므로 기대인플레이션율이 상승하게 된다. 기대인플레이션율의 상승은 총공급곡선을 좌상방으로 이동시키게 되어 이 과정에서 산출이 감소하면서 다시 원래의 자연산출수준인 장기총공급으로 회귀하게 되며 물가는 더욱 상승한다.

④ 틀린 내용이다.
현재 상태는 장기 자연산출수준보다 산출량이 더 높은 수준으로서 경기가 과열되어 있다. 따라서 물가가 앞으로 상승할 것으로 예상되므로 기대인플레이션율이 상승하게 된다. 기대인플레이션율의 상승은 총공급곡선을 좌상방으로 이동시키게 된다. 따라서 총수요곡선이 좌측으로 이동하는 것이 아니라 총공급곡선이 좌측으로 이동하게 되므로 틀린 내용이다.

⑤ 옳은 내용이다.
현재 상태는 장기 자연산출수준보다 산출량이 더 높은 수준으로서 경기가 과열되어 있다. 따라서 물가가 앞으로 상승할 것으로 예상되므로 기대인플레이션율이 상승하게 된다.

원자재가격 상승으로 물가수준이 상승하여 중앙은행이 기준금리를 인상하기로 결정하였다. 원자재가격 상승과 기준금리 인상의 경제적 효과를 단기 총수요–총공급 모형을 이용하여 분석한 것으로 옳은 것을 모두 고른 것은? ▸ 2012년 지방직 7급

ㄱ. 총수요곡선은 좌측 이동한다.
ㄴ. 총공급곡선은 좌측 이동한다.
ㄷ. 총생산은 대폭 감소한다.

① ㄱ, ㄴ　② ㄱ, ㄷ　③ ㄴ, ㄷ　④ ㄱ, ㄴ, ㄷ

출제이슈 부의 공급 측 충격과 총수요관리정책의 딜레마

핵심해설 **정답** ④

부의 공급충격과 관련하여 먼저 총공급곡선이란 각각의 물가수준에서 기업들이 공급하고자 하는 최종생산물의 양을 나타내는 그래프로서 노동시장의 균형하에서 달성되는 국민소득과 물가의 조합을 기하적으로 표시한 것이다.

총공급곡선의 이동요인은 다음과 같이 예상물가의 변화와 기타 총공급 충격으로 나눌 수 있다.

1) 물가에 대한 예상의 변화
① 기대물가가 상승하는 경우 총공급곡선은 상방이동한다.
② 기대물가가 하락하는 경우 총공급곡선은 하방이동한다.

2) 기타 총공급 충격
① 원자재가격 상승, 임금의 상승
② 가뭄, 파업 등
③ 재고관리 효율성 증가, 신기술 개발

특히, 유가 상승, 원자재가격 상승 등 불리한 공급충격 혹은 부의 공급충격이 발생할 경우 총공급곡선이 좌상방으로 이동하게 된다. 따라서 물가는 상승하고 생산은 감소하고 실업률은 상승한다. 이를 경기침체 상태에서의 인플레이션이라는 의미로 스태그플레이션이라고 한다.

위의 내용에 따라서 설문을 검토하면 다음과 같다.

원자재가격이 상승한 경우 총공급곡선이 좌상방으로 이동(“ㄴ”에 해당)하므로 물가는 상승하고 산출량은 감소한다. 이때, 중앙은행이 기준금리를 인상하게 되면 통화량이 감소하여 총수요곡선이 좌하방으로 이동(“ㄱ”에 해당)하므로 물가는 하락하지만 산출량은 더욱 감소한다(“ㄷ”에 해당).

스태그플레이션 상황하에서 긴축재정정책이나 긴축통화정책을 사용하게 되면, 물가는 안정화시킬 수 있으나 산출량이 더욱 감소하여 실업률이 급등하는 문제가 있다. 반대로 스태그플레이션 상황하에서 확대재정정책이나 확대통화정책을 사용하게 되면, 국민소득은 안정화시킬 수 있으나 물가가 더욱 상승하여 인플레이션이 심각해지는 문제가 있다. 따라서 스태그플레이션 상황하에서 총수요관리정책을 통해서는 물가안정과 산출량안정을 동시에 달성할 수 없으며 총수요관리정책은 무력하다.

단기 총공급이 감소할 경우의 상황과 정책효과에 대한 설명으로 옳지 않은 것은? ▸ 2012년 국가직 9급

① 스태그플레이션(stagflation)이 발생한다.
② 정부가 재정지출확대정책을 실시하여 대응할 경우 물가가 더욱 상승할 수 있다.
③ 정부가 금리를 인하하여 대응하면 산출량을 증대시킬 수 있다.
④ 정부의 총수요확대정책은 장기총공급의 감소를 유발한다.

출제이슈 부의 공급 측 충격과 총수요관리정책의 딜레마
핵심해설 **정답 ④**

부의 공급충격과 관련하여 먼저 총공급곡선이란 각각의 물가수준에서 기업들이 공급하고자 하는 최종생산물의 양을 나타내는 그래프로서 노동시장의 균형하에서 달성되는 국민소득과 물가의 조합을 기하적으로 표시한 것이다.

총공급곡선의 이동요인은 다음과 같이 예상물가의 변화와 기타 총공급 충격으로 나눌 수 있다.

1) 물가에 대한 예상의 변화
① 기대물가가 상승하는 경우 총공급곡선은 상방이동한다.
② 기대물가가 하락하는 경우 총공급곡선은 하방이동한다.

2) 기타 총공급 충격
① 원자재가격 상승, 임금의 상승
② 가뭄, 파업 등
③ 재고관리 효율성 증가, 신기술 개발

특히, 유가 상승, 원자재가격 상승 등 불리한 공급충격 혹은 부의 공급충격이 발생할 경우 총공급곡선이 좌상방으로 이동하게 된다. 따라서 물가는 상승하고 생산은 감소하고 실업률은 상승한다. 이를 경기침체 상태에서의 인플레이션이라는 의미로 스태그플레이션이라고 한다.

위의 내용에 따라서 설문을 검토하면 다음과 같다.

① 옳은 내용이다.
유가 상승, 원자재가격 상승 등 불리한 공급충격이 발생할 경우 총공급곡선이 좌상방으로 이동하게 된다. 따라서 물가는 상승하고 생산은 감소하고 실업률은 상승한다. 이를 경기침체 상태에서의 인플레이션이라는 의미로 스태그플레이션이라고 한다.

② 옳은 내용이다.
스태그플레이션 상황에서 확대재정정책을 사용하게 되면, 산출량이 증대하여 경기침체는 완화시킬 수 있으나 물가가 더욱 상승하게 되는 부작용이 발생한다. 따라서 스태그플레이션에서 총수요관리정책을 통해서는 물가안정과 산출량안정을 동시에 달성할 수 없으며 총수요관리정책은 무력하다.

③ 옳은 내용이다.
스태그플레이션 상황에서 확대통화정책을 사용하게 되면, 산출량이 증대하여 경기침체는 완화시킬 수 있으나 물가는 더욱 상승하게 되는 부작용이 발생한다. 따라서 스태그플레이션 상황하에서 총수요관리정책을 통해서는 물가안정과 산출량안정을 동시에 달성할 수 없으며 총수요관리정책은 무력하다.

④ 틀린 내용이다.
총수요관리정책은 장기총공급에 영향을 주기 어렵다. 장기총공급이 고정된 상태에서 총수요확대정책을 사용하게 되면 물가만 상승하고 총생산은 증가하지 않는다. 장기총공급의 변화는 장기총공급곡선의 이동으로서 이는 노동인구의 증가, 자본량의 증가, 기술진보 등을 통해서 가능하다.

PART

05

실업과 인플레이션

Chapter

09 실업이론

THEME 01 실업의 의의

1 실업의 정의

1) 기본개념

① 생산가능인구

15세 이상의 인구 중에서 군인과 수형자를 제외한 인구를 생산가능인구라고 한다. 생산가능인구는 비경제활동인구와 경제활동인구로 나뉜다.

② 비경제활동인구

생산가능인구 중에서 일할 능력이 없거나 일할 의사가 없는 사람들을 비경제활동인구라고 한다. 예를 들어 주부나 학생, 구직포기자(실망실업자)는 일할 의사가 없는 경우이며, 환자나 고령자 등은 일할 능력이 없는 경우에 해당한다. 주의할 것은 군복무 중인 군인이나 교도소에 수감된 수형자는 조사대상에서 아예 제외되므로 이들을 비경제활동인구라고 착각하지 말아야 한다.

③ 경제활동인구

생산가능인구 중에서 일할 능력도 있고, 일할 의사도 있는 사람들을 경제활동인구라고 한다. 경제활동인구는 취업자와 실업자로 나뉜다.

④ 취업자

경제활동인구 중에서 취업자는 일할 능력도 있고, 일할 의사도 있는 상황에서 현재 취업한 상태에 있는 사람들을 의미한다. 취업자는 실업관련 통계 조사대상 기간 중 1주일에 1시간 이상, 수입을 목적으로, 일을 한 사람으로서 특히 무급가족종사자의 경우 1주일에 18시간 이상 일을 한 경우에 해당해야 한다.

⑤ **실업자**

경제활동인구 중에서 실업자는 일할 능력도 있고, 일할 의사도 있으나, 취업하지 못하여 일자리를 얻지 못한 상태에 있는 사람들을 의미한다. 실업자는 실업관련 통계 조사대상 기간 중 지난 4주간 적극적 구직활동을 하였으나, 수입이 있는 일을 하지 못했고, 일이 주어질 경우 즉시 일할 수 있는 경우에 해당해야 한다.

2) 실업의 개념

일할 능력과 의사가 있음에도 불구하고 직장을 갖지 못한 사람을 실업자라고 하며 일할 능력과 의사가 있는 사람이 직장을 갖지 못한 상태가 실업이다.

2 실업의 분류

1) 자발적 실업(voluntary unemployment)

① **개념**

자발적 실업이란 일할 능력은 있으나, 일할 의사가 없어서 발생하는 실업으로서 주어진 임금수준에서 일할 의사가 없는 경우에 해당한다. 대표적으로 탐색적 실업을 그 예로 들 수 있다.

② **탐색적 혹은 마찰적 실업**(frictional unemployment)

탐색적 혹은 마찰적 실업이란 직장을 탐색하고 옮기는 과정에서 발생하는 실업으로서 일자리 관련 정보의 불완전성 때문에 발생한다. 사람들은 현재 실업상태에 있다고 해서 아무 일자리가 생기기만 하면 바로 이를 선택하는 것이 아니다. 자신이 원하는 임금과 근로조건을 꼼꼼히 살펴서 그에 부합하는 일자리를 얻을 때까지 부단히 직장탐색(job search)을 하는 것이다. 이렇게 직장탐색 과정에서 발생하는 실업이 탐색적 혹은 마찰적 실업이다.

2) 비자발적 실업(involuntary unemployment)

① **개념**

비자발적 실업이란 주어진 임금수준에서 일할 의사가 있음에도 취업을 못하고 있어서 발생하는 실업으로서 대표적으로 경기적 실업과 구조적 실업을 그 예로 들 수 있다.

② **경기적 실업**(cyclical unemployment)

경기변동 때문에 발생하는 실업으로서 실업률이 자연실업률을 중심으로 이탈과 회귀를 반복하는 현상으로 나타난다. 경기가 나빠지면 생산량이 감소하고 노동수요가 감소하여 경기적 실업이 발생한다.

③ **구조적 실업**(structural unemployment)

시간이 흐르고 경제가 발전함에 따라서 사양산업이 생기고 새롭게 각광받는 산업이 생겨나는 것은 필연적이다. 이렇게 산업구조의 재편 등 경제구조의 변화로 인하여 발생하는 실업이 바로 구조적 실업이다. 이는 전형적인 비자발적 실업이지만 마찰적 실업의 일종으로 보기도 하는데, 경제구조의 변화에 의하여 취업을 위해서 새로운 지식과 기술을 습득하는 것이 필요하다면 이 역시 넓은 의미의 마찰적 요인이기 때문이다. 구조적 실업은 마찰적 실업과 함께 자연실업률 계산에 포함되는 실업이다.

특히 산업구조의 재편, 경제구조의 변화를 광의로 해석하면 각종 정부정책에 의하여도 실업이 발생할 수 있는데 이런 실업도 넓은 의미에서 구조적 실업에 포함된다. 예를 들면 정부의 최저임금제에 따라서 노동시장에서는 만성적인 노동초과공급이 나타나면서 실업이 발생하는데 이도 구조적 실업의 일종이다.

필수예제

실업에 관한 설명으로 옳지 않은 것은? ▸ 2017년 감정평가사

① 일자리를 가지고 있지 않으나 취업할 의사가 없는 사람은 경제활동인구에 포함되지 않는다.
② 실업이란 사람들이 일할 능력과 의사를 가지고 일자리를 찾고 있으나 일자리를 얻지 못한 상태를 말한다.
③ 자연실업률은 구조적 실업만이 존재하는 실업률이다.
④ 실업자가 구직을 단념하여 비경제활동인구로 전환되면 실업률이 감소한다.
⑤ 경기변동 때문에 발생하는 실업은 경기적(cyclical) 실업이다.

출제이슈 실업의 개념과 분류
핵심해설 **정답** ③

먼저 실업과 실업률에 관한 기본적인 내용은 다음과 같다.

실업이란 일할 능력과 의사가 있는 사람이 직장을 갖지 못한 상태를 의미한다. 실업은 크게 자발적 실업과 비자발적 실업으로 분류할 수 있다. 자발적 실업(voluntary unemployment)이란 일할 능력은 있으나, 일할 의사가 없어서 발생하는 실업으로서 주어진 임금수준에서 일할 의사가 없음을 의미한다. 직장을 옮기는 과정에서 발생하는 실업으로 마찰적 실업(frictional unemployment)이 대표적인 자발적 실업이다. 비자발적 실업(involuntary unemployment)이란 주어진 임금수준에서 일할 의사가 있음에도 취업을 못하고 있어서 발생하는 실업이다. 경기변동 때문에 발생하는 경기적 실업(cyclical unemployment)과 산업구조의 재편 등 경제구조의 변화로 인하여 발생하는 구조적 실업(structural unemployment)이 대표적인 비자발적 실업이다.

실업률이란 경제활동인구 중에서 실업자가 차지하는 비율을 말한다. 경제활동인구는 실업자와 취업자를 더한 개념이다. 그런데 완전고용하에서도 실업률이 항상 0인 것은 아니다. 왜냐하면 완전고용하에서도 직장을 탐색하고 옮기는 과정에서 발생하는 실업은 필연적으로 존재하기 때문이다.

이하에서 설문을 검토하면 다음과 같다.

① 옳은 내용이다.
15세 이상의 생산가능인구는 경제활동인구와 비경제활동인구로 나뉜다. 경제활동인구는 일할 능력과 의사가 있는 사람이며 비경제활동인구는 일할 능력이 없거나 의사가 없는 사람을 말한다. 따라서 설문에서 취업할 의사가 없는 사람은 경제활동인구에 포함되지 않는다.

② 옳은 내용이다.
경제활동인구는 일할 능력과 의사가 있는 사람으로서 그중 일자리를 얻은 사람을 취직자, 그렇지 못한 사람을 실업자라고 한다. 따라서 실업은 일할 능력과 의사를 가지고 일자리를 찾고 있으나 일자리를 얻지 못한 상태를 말한다.

③ 틀린 내용이다.
자연실업률은 산업구조의 재편 등 경제구조의 변화로 인하여 발생하는 구조적 실업(structural unemployment)과 직장을 탐색하는 과정에서 발생하는 마찰적 혹은 탐색적 실업이 존재할 때의 실업률이다.

④ 옳은 내용이다.
고령자, 환자, 주부, 학생, 실망실업자(구직단념자) 등 비경제활동인구는 실업자가 아니므로 실업률 측정에서 제외된다. 따라서 실업자가 구직을 단념하여 비경제활동인구로 전환되면 그 실망실업자는 실업률 계산에서 제외되기 때문에 실업률은 하락한다. 만일 실망실업자를 실업자로 분류할 경우 실업률이 더 높아진다.

⑤ 옳은 내용이다.
경기변동 때문에 발생하는 실업은 경기적(cyclical) 실업으로서 대표적인 비자발적인 실업이다.

실업에 대한 설명으로 옳은 것을 모두 고르면? ▸ 2016년 서울시 7급

ㄱ. 마찰적 실업이란 직업을 바꾸는 과정에서 발생하는 일시적인 실업이다.
ㄴ. 구조적 실업은 기술의 변화 등으로 직장에서 요구하는 기술이 부족한 노동자들이 경험할 수 있다.
ㄷ. 경기적 실업은 경기자 침체되면서 이윤감소 혹은 매출감소 등으로 노동자를 고용할 수 없을 경우 발생한다.
ㄹ. 자연실업률은 마찰적, 구조적, 경기적 실업률의 합으로 정의된다.
ㅁ. 자연실업률은 완전고용상태에서의 실업률이라고도 한다.

① ㄱ, ㄴ, ㄷ
② ㄱ, ㄴ, ㅁ
③ ㄱ, ㄴ, ㄷ, ㅁ
④ ㄱ, ㄷ, ㄹ, ㅁ

출제이슈 실업의 개념과 분류

핵심해설 **정답** ③

먼저 실업과 실업률에 관한 기본적인 내용은 다음과 같다.

실업이란 일할 능력과 의사가 있는 사람이 직장을 갖지 못한 상태를 의미한다. 실업은 크게 자발적 실업과 비자발적 실업으로 분류할 수 있다. 자발적 실업(voluntary unemployment)이란 일할 능력은 있으나, 일할 의사가 없어서 발생하는 실업으로서 주어진 임금수준에서 일할 의사가 없음을 의미한다. 직장을 옮기는 과정에서 발생하는 실업으로 마찰적 실업(frictional unemployment)이 대표적인 자발적 실업이다. 비자발적 실업(involuntary unemployment)이란 주어진 임금수준에서 일할 의사가 있음에도 취업을 못하고 있어서 발생하는 실업이다. 경기변동 때문에 발생하는 경기적 실업(cyclical unemployment)과 산업구조의 재편 등 경제구조의 변화로 인하여 발생하는 구조적 실업(structural unemployment)이 대표적인 비자발적 실업이다.

실업률이란 경제활동인구 중에서 실업자가 차지하는 비율을 말한다. 경제활동인구는 실업자와 취업자를 더한 개념이다. 그런데 완전고용하에서도 실업률은 항상 0인 것은 아니다. 왜냐하면 완전고용하에서도 직장을 탐색하고 옮기는 과정에서 발생하는 실업은 필연적으로 존재하기 때문이다.

이하에서 설문을 검토하면 다음과 같다.

ㄱ. 옳은 내용이다.
마찰적 실업은 직장을 탐색하고 옮기는 과정에서 발생하는 실업으로서 완전고용상태에서도 나타날 수 있다. 실업보험이 강화될수록 마찰적 실업은 늘어날 수도 있고 실직자 재훈련 등을 통해서 줄어들 수도 있다.

ㄴ. 옳은 내용이다.
구조적 실업(structural unemployment)은 산업구조의 재편 등 경제구조의 변화로 인하여 발생하는 실업으로서 넓은 의미에서 마찰적 실업의 일종으로 보기도 하며, 기술이 부족한 노동자에게 발생한다. 경기적 실업과 함께 비자발적 실업(involuntary unemployment)으로서 자연실업률 측정 시 포함되는 실업이다.

비자발적 실업의 주된 원인은 임금의 경직성인데 최저임금제, 노동조합, 효율성임금 등으로 인하여 임금의 경직성이 나타날 수 있다.

ㄷ. 옳은 내용이다.
경기적 실업(cyclical unemployment)은 경기침체 때문에 발생하는 실업으로서 실업률이 자연실업률을 중심으로 이탈과 회귀를 반복하는 현상을 보인다. 구조적 실업과 함께 비자발적 실업(involuntary unemployment)이다.

ㄹ. 틀린 내용이다.
자연실업률에는 마찰적 실업과 구조적 실업은 포함되지만, 경기적 실업은 포함되지 않는다.

ㅁ. 옳은 내용이다.
자연실업률은 완전고용상태에서의 실업률을 의미한다.
참고로 자연실업률은 균형에서의 실업률 즉, 노동시장이 균형을 이룰 경우의 실업률, 완전고용상태에서의 실업률, 완전고용GDP 혹은 잠재GDP일 때의 실업률, 경제가 장기적으로 수렴해가는 실업률, 장기적인 실업률, 마찰적 실업과 구조적 실업만 존재할 때의 실업률, 노동시장의 불완전성으로 인하여 시간이 경과하여도 사라지지 않는 실업률 등 여러 가지로 표현할 수 있음에 유의해야 한다.

THEME 02 실업의 측정

1 실업측정의 기초개념

1) 15세 이상의 생산가능인구 = 경제활동인구 + 비경제활동인구

2) 경제활동인구 = 취업자 + 실업자

3) 비경제활동인구 = 환자, 고령자, 주부, 학생, 구직포기자(실망실업자)

cf. 군복무자, 수형자는 조사대상에서 제외, 즉 비경제활동인구 아님

4) 취업자

① 일할 능력도 있고, 일할 의사도 있고, 취업한 자

② 조사대상 기간, 1주일에 1시간 이상, 수입을 목적으로, 일을 한 사람이 취업자 (ILO 국제노동기구 권고사항이지만, 불완전한 고용상태의 노동자를 취업자로 간주하는 문제가 있기 때문에 경우에 따라서는 1주일에 8시간 이상 기준을 적용할 수도 있다.)

③ 무급가족종사자의 경우 1주일에 18시간 이상 일을 한 경우 취업자

cf. 무급가족종사자가 1주일에 18시간 미만 일을 한 경우에, 구직활동을 하고 있다면 실업자, 구직활동을 하고 있지 않다면 비경제활동인구

④ 휴직자도 포함

5) 실업자

① 일할 능력도 있고, 일할 의사도 있으나, 취업하지 못한 자

② 조사대상 기간, 지난 4주간 적극적 구직활동을 하였으나, 수입이 있는 일을 하지 못했고, 일이 주어질 경우 즉시 일할 수 있는 경우

2 실업관련지표

1) 경제활동참가율

① 15세 이상 인구(생산가능인구) 중에서 경제활동인구(= 취업자 + 실업자)가 차지하는 비율

② 경제활동인구 / 생산가능인구
③ 경제활동인구 / 경제활동인구 + 비경제활동인구

2) 실업률

① 경제활동인구 중에서 실업자가 차지하는 비율
② 실업자 / 경제활동인구
③ 실업자 / 실업자 + 취업자
④ 고령자, 환자, 주부, 학생, 실망실업자(구직단념자) 등 비경제활동인구는 실업자가 아님
⑤ 실망실업자를 실업률 계산에서 제외하기 때문에 실업률이 실제 실업상태를 과소평가
⑥ 실망실업자를 실업자로 분류할 경우 실업률이 더 높아짐
⑦ 실망실업자를 실업자로 분류할 경우 경제활동참가율은 더 높아짐
⑧ 실망실업자를 실업자로 분류하더라도 고용률은 불변
⑨ 실업자가 구직활동을 포기하고 실망실업자로 되는 경우 실업률은 하락

3) 고용률

① 생산가능인구 중에서 취업자가 차지하는 비율
② 취업자 / 생산가능인구
③ 취업자 / 실업자 + 취업자 + 비경제활동인구

4) 경제활동참가율, 실업률, 고용률 간의 관계

① 고용률 = 경제활동참가율(1 - 실업률)
② 경제활동참가율과 실업률이 주어지면 고용률을 알 수 있음
③ 경제활동참가율이 일정할 때 실업률이 높아지면 고용률이 낮아짐
④ 경제활동참가율은 고용률의 달성가능한 최대치
⑤ 경제활동참가율과 고용률의 차이는 고용률이 추가로 최대한 늘어날 수 있는 %포인트
⑥ 증명

$$\text{고용률} = \frac{\text{취업자}}{\text{생산가능인구}} = \frac{\text{경제활동인구} - \text{실업자}}{\dfrac{\text{경제활동인구}}{\text{경제활동참가율}}} = \text{경제활동참가율} - \frac{\text{실업자}}{\dfrac{\text{경제활동인구}}{\text{경제활동참가율}}}$$

$$= \text{경제활동참가율} - \text{경제활동참가율} \times \frac{\text{실업자}}{\text{경제활동인구}}$$

$$= \text{경제활동참가율} - \text{경제활동참가율} \times \text{실업률}$$

$$= \text{경제활동참가율}(1 - \text{실업률})$$

5) 실업률 계산 Frame

<table>
<tr><td rowspan="6">15세 이상 생산가능인구(P)</td><td rowspan="4">경제활동인구(L)</td><td rowspan="3">취업자(E)</td><td>임금근로자</td></tr>
<tr><td>질병휴직자</td></tr>
<tr><td>무급가족종사자
(18시간 이상)</td></tr>
<tr><td colspan="2">실업자(U)</td></tr>
<tr><td rowspan="2">비경제활동인구(NL)</td><td colspan="2">주부</td></tr>
<tr><td colspan="2">학생
(대학원생, 진학준비생, 취업준비생)</td></tr>
</table>

필수예제

경제 내의 생산가능연령인구가 3,000만 명이다. 이 중 취업자는 1,500만 명, 실업자는 500만 명이다. 이 경제의 경제활동인구, 실업률, 고용률은 각각 얼마인가? ▸ 2015년 감정평가사

① 2,000만명, 20%, 50% ② 2,000만명, 25%, 50% ③ 2,000만명, 30%, 75%
④ 3,000만명, 25%, 75% ⑤ 3,000만명, 30%, 75%

출제이슈 실업률

핵심해설 **정답** ②

실업률이란 경제활동인구 중에서 실업자가 차지하는 비율을 말한다. 경제활동인구는 실업자와 취업자를 더한 개념이다. 실업률을 계산함에 있어서는 다음과 같은 Frame을 활용하면 매우 편리하다. Frame 안에 생산가능인구, 경제활동인구, 비경제활동인구, 취업자, 실업자 등의 데이터를 입력하고 경제활동참가율, 고용률, 실업률을 쉽게 구할 수 있다. 이를 통해 실업률, 경제활동참가율, 고용률 그리고 3자 사이의 관계도 쉽게 이해할 수 있다.

<table>
<tr><td rowspan="6">15세 이상 생산가능인구(P)
3,000</td><td rowspan="4">경제활동인구(L)
2,000</td><td rowspan="3">취업자(E)
1,500</td><td>임금근로자</td></tr>
<tr><td>질병휴직자</td></tr>
<tr><td>무급가족종사자
(18시간 이상)</td></tr>
<tr><td colspan="2">실업자(U) 500</td></tr>
<tr><td rowspan="2">비경제활동인구(NL)
1,000</td><td colspan="2">주부</td></tr>
<tr><td colspan="2">학생
(대학원생, 진학준비생, 취업준비생)</td></tr>
</table>

1) 경제활동참가율
= 경제활동인구 / 생산가능인구 = 경제활동인구 / 경제활동인구 + 비경제활동인구

2) 실업률 = 500/2,000 = 0.25
= 실업자 / 경제활동인구 = 실업자 / 실업자 + 취업자

3) 고용률 = 1,500/3,000 = 0.5
= 취업자 / 생산가능인구 = 취업자 / 실업자 + 취업자 + 비경제활동인구

4) 경제활동참가율, 실업률, 고용률 간 관계
고용률 = 경제활동참가율(1 - 실업률)

> **갑국의 실업률은 5%, 경제활동참가율은 70%, 비경제활동인구는 600만 명이다. 이 나라의 실업자 수는?**
> ▸ 2018년 감정평가사
>
> ① 30만명 ② 50만명 ③ 70만명
> ④ 100만명 ⑤ 120만명

출제이슈 실업률

핵심해설 **정답** ③

실업률이란 경제활동인구 중에서 실업자가 차지하는 비율을 말한다. 경제활동인구는 실업자와 취업자를 더한 개념이다. 실업률을 계산함에 있어서는 다음과 같은 Frame을 활용하면 매우 편리하다. Frame 안에 생산가능인구, 경제활동인구, 비경제활동인구, 취업자, 실업자 등의 데이터를 입력하고 경제활동참가율, 고용률, 실업률을 쉽게 구할 수 있다. 이를 통해 실업률, 경제활동참가율, 고용률 그리고 3자 사이의 관계도 쉽게 이해할 수 있다.

<table>
<tr><td rowspan="6">15세 이상 생산가능인구(P)
$x+600=2,000$</td><td rowspan="4">경제활동인구(L)
$x=1,400$</td><td rowspan="3">취업자(E)
$1,400-y$</td><td>임금근로자</td></tr>
<tr><td>질병휴직자</td></tr>
<tr><td>무급가족종사자
(18시간 이상)</td></tr>
<tr><td colspan="2">실업자(U) $y=70$</td></tr>
<tr><td rowspan="2">비경제활동인구(NL)
600</td><td colspan="2">주부</td></tr>
<tr><td colspan="2">학생
(대학원생, 진학준비생, 취업준비생)</td></tr>
</table>

1) 경제활동참가율 = $x/x + 600 = 0.7$ 따라서 $x = 1,400$
경제활동인구 / 생산가능인구 = 경제활동인구 / 경제활동인구 + 비경제활동인구

2) 실업률 = $y/1,400 = 0.05$ 따라서 $y = 70$
= 실업자 / 경제활동인구 = 실업자 / 실업자 + 취업자

3) 고용률
= 취업자 / 생산가능인구 = 취업자 / 실업자 + 취업자 + 비경제활동인구

4) 경제활동참가율, 실업률, 고용률 간 관계
고용률 = 경제활동참가율(1 - 실업률)

A국의 실업자 수가 200만 명, 취업자 수가 3,800만 명, 경제활동참가율이 80%일 때 고용률은?

(단, 고용률은 $\frac{\text{취업자}}{\text{생산가능인구}} \times 100(\%)$이다.)

▸ 2013년 감정평가사

① 50%　② 65%　③ 72%
④ 76%　⑤ 78%

출제이슈 실업률

핵심해설 **정답** ④

실업률이란 경제활동인구 중에서 실업자가 차지하는 비율을 말한다. 경제활동인구는 실업자와 취업자를 더한 개념이다. 실업률을 계산함에 있어서는 다음과 같은 Frame을 활용하면 매우 편리하다. Frame 안에 생산가능인구, 경제활동인구, 비경제활동인구, 취업자, 실업자 등의 데이터를 입력하고 경제활동참가율, 고용률, 실업률을 쉽게 구할 수 있다. 이를 통해 실업률, 경제활동참가율, 고용률 그리고 3자 사이의 관계도 쉽게 이해할 수 있다.

<table>
<tr><td rowspan="6">15세 이상 생산가능인구(P)
4,000 + x = 5,000</td><td rowspan="4">경제활동인구(L)
4,000</td><td rowspan="3">취업자(E)
3,800</td><td>임금근로자</td></tr>
<tr><td>질병휴직자</td></tr>
<tr><td>무급가족종사자
(18시간 이상)</td></tr>
<tr><td colspan="2">실업자(U) 200</td></tr>
<tr><td rowspan="2">비경제활동인구(NL)
x = 1,000</td><td colspan="2">주부</td></tr>
<tr><td colspan="2">학생
(대학원생, 진학준비생, 취업준비생)</td></tr>
</table>

1) 경제활동참가율 = 4,000/(4,000 + x) = 0.8, x = 1,000
= 경제활동인구 / 생산가능인구 = 경제활동인구 / 경제활동인구 + 비경제활동인구

2) 실업률 = 200/4,000 = 0.05
= 실업자 / 경제활동인구 = 실업자 / 실업자 + 취업자

3) 고용률 = 3,800/5,000 = 0.76
= 취업자 / 생산가능인구 = 취업자 / 실업자 + 취업자 + 비경제활동인구

4) 경제활동참가율, 실업률, 고용률 간 관계
고용률 = 경제활동참가율(1 − 실업률)
0.76 = 0.8(1 − 0.05)

> **생산가능인구가 1,000만 명인 어떤 나라가 있다고 하자. 이 가운데 취업자가 570만 명이고 실업자가 30만 명인 경우에 관한 설명으로 옳지 않은 것은?** ▸ 2017년 공인노무사
>
> ① 실업률은 5%이다.
> ② 비경제활동률은 40%이다.
> ③ 경제활동인구는 600만 명이다.
> ④ 고용률은 60%이다.
> ⑤ 이 나라의 전체 인구는 알 수 없다.

출제이슈 실업률

핵심해설 **정답** ④

실업률이란 경제활동인구 중에서 실업자가 차지하는 비율을 말한다. 경제활동인구는 실업자와 취업자를 더한 개념이다. 실업률을 계산함에 있어서는 다음과 같은 Frame을 활용하면 매우 편리하다. Frame 안에 생산가능인구, 경제활동인구, 비경제활동인구, 취업자, 실업자 등의 데이터를 입력하고 경제활동참가율, 고용률, 실업률을 쉽게 구할 수 있다. 이를 통해 실업률, 경제활동참가율, 고용률 그리고 3자 사이의 관계도 쉽게 이해할 수 있다.

<table>
<tr><td rowspan="6">15세 이상 생산가능인구(P)
1,000</td><td rowspan="4">경제활동인구(L)
600</td><td rowspan="3">취업자(E)
570</td><td>임금근로자</td></tr>
<tr><td>질병휴직자</td></tr>
<tr><td>무급가족종사자
(18시간 이상)</td></tr>
<tr><td colspan="2">실업자(U) 30</td></tr>
<tr><td rowspan="2">비경제활동인구(NL)
400</td><td colspan="2">주부</td></tr>
<tr><td colspan="2">학생
(대학원생, 진학준비생, 취업준비생)</td></tr>
</table>

1) 경제활동참가율 = 600/1,000 = 0.6
= 경제활동인구 / 생산가능인구 = 경제활동인구 / 경제활동인구 + 비경제활동인구

2) 실업률 = 30/600 = 0.05
= 실업자 / 경제활동인구 = 실업자 / 실업자 + 취업자

3) 고용률 = 570/1,000 = 0.57
= 취업자 / 생산가능인구 = 취업자 / 실업자 + 취업자 + 비경제활동인구

4) 경제활동참가율, 실업률, 고용률 간 관계
고용률 = 경제활동참가율(1 − 실업률)

위의 내용에 따라서 설문을 검토하면 다음과 같다.

① 옳은 내용이다.
위의 프레임에서 실업률은 5%이다.

② 옳은 내용이다.
위의 프레임에서 경제활동참가율은 60%이다. 따라서 비경제활동률은 40%이다.

③ 옳은 내용이다.
위의 프레임에서 경제활동인구는 600만 명이다.

④ 틀린 내용이다.
위의 프레임에서 고용률은 57%이다.

⑤ 옳은 내용이다.
15세 미만의 인구는 주어지지 않았기 때문에 전체 인구는 알 수 없다.

THEME 03 실업과 국민소득 : 오쿤의 법칙

1 의의

총생산이 감소하면 파생적 수요로서의 노동수요가 감소하게 되므로 실업이 발생하게 된다. 이렇게 실업률의 변동은 총생산의 변동과 밀접한 관련이 있다. 그런데 실업률의 변동은 총생산의 변동에 비하여 작은 것이 일반적인데 총생산량의 변동과 실업률의 변동 간의 관계를 오쿤의 법칙이라고 한다.

참고로 오쿤(Arthur Okun)은 1960년대 미국의 케네디 행정부에서 활약한 경제학자로서 총생산량의 변동(총생산갭)과 실업률의 변동(실업률갭) 간의 경험적 관계식을 이끌어 내었다.

2 오쿤의 법칙

오쿤의 법칙은 총생산과 실업률 간의 관계로서 좀 더 엄밀하게는 총생산갭과 실업률갭 간의 관계를 의미한다. 이때 실업률갭이란 실업률과 자연실업률의 차이이고 총생산갭이란 총생산에서 완전고용생산을 차감하여 다시 완전고용생산으로 나눈 값($\frac{\text{총생산} - \text{완전고용생산}}{\text{완전고용생산}}$)이다.

오쿤의 법칙을 수식으로 간단히 표현하면 다음과 같다.

$$\text{실업률갭} = -0.5 \times \text{총생산갭} = -0.5 \times \frac{\text{총생산} - \text{완전고용생산}}{\text{완전고용생산}}$$

3 해석

오쿤의 법칙에 의하면 총생산갭 수준의 절반 정도가 실업률갭이 된다는 것이다. 총생산갭이 1퍼센트 포인트 상승하면 실업률은 0.5퍼센트 포인트 하락한다는 의미이다. 예를 들어, 현재 생산이 완전고용생산의 95퍼센트 수준이고(총생산 95, 완전고용생산 100, 총생산갭 −5%) 자연실업률이 5퍼센트 수준이라고 하자. 오쿤의 법칙에 의하면, 실제실업률은 7.5퍼센트 수준이 될 것으로 예측된다.

4 특징

오쿤의 법칙에서 총생산갭과 실업률갭 간의 관계를 나타내는 0.5라는 수치는 실증적·경험적 추정치로서 만고불변의 연역적 수치가 아니라 대상국가, 추정기간, 경제적 상황 등에 따라서 다양한 추정치로 도출될 수 있다. 다만, 그 추정치가 모두 1보다는 작았다.

5 왜 실업률의 변동이 총생산의 변동에 비하여 작은가?

1) 수요가 변화하여 생산을 줄여야 할 때 기업들은 고용 또는 해고를 통하여 대응하기보다는 기존 직원들의 작업시간을 변화시켜 대응할 수 있기 때문에 생산의 변화보다는 실업의 변화가 작다.

2) 총생산 변동에 따라 일자리 수가 변동하는 경우 그 일자리 수가 바로 실업 혹은 취업으로 이어지지 않을 수 있다. 예를 들어 일자리 수가 100개 줄었더라도 실업자 수는 100개 보다 적은 80명 정도로만 늘어날 수 있다. 이는 실업자들 중 일부가 아예 구직을 포기하고 실망실업자로 편입되었음을 의미한다.

THEME 04 자발적 실업의 결정이론(자연실업률 결정이론)

1 자연실업률의 정의

노동시장이 균형일 때도 실업 특히 자발적 실업은 존재한다. 이때 균형에서의 실업률, 즉 노동시장이 균형을 이룰 때의 실업률을 자연실업률이라고 한다. 자연실업률은 다음과 같이 여러 가지 형태로 표현될 수 있다.

1) 완전고용상태에서의 실업률

2) 완전고용 GDP , 잠재 GDP 일 때의 실업률

3) 경제가 장기적으로 수렴해가는 실업률, 장기적인 실업률

4) 마찰적 실업과 구조적 실업만 존재할 때의 실업률

5) 노동시장의 불완전성으로 인하여 시간이 경과하여도 사라지지 않는 실업

6) 인플레이션을 가속화하지 않고 달성할 수 있는 가장 낮은 수준의 실업률

2 자연실업률의 측정

자연실업률은 마찰적 실업률과 구조적 실업률의 합으로 측정할 수 있다.

3 자연실업률 결정모형

1) 가정

① 경제활동인구는 L 로서 외생적으로 주어진다고 하자.

② 취업자 수는 E 이고 실업자 수 U 는 경제활동인구에서 취업자 수를 차감한 것으로 $U=L-E$ 가 된다.

③ 이때, 실업률 u 는 경제활동인구에서 실업자 수가 차지하는 비율이므로 $\frac{U}{L}$ 가 된다.

④ 실직률과 구직률

i) 실직률 s 는 주어진 기간에 취업자 중 직업을 잃는 비율을 의미한다.

ii) 구직률 f 는 주어진 기간에 실업자 중 직업을 얻는 비율을 의미한다.

⑤ 취업자 수와 실업자 수의 변동

i) 취업자군에 속해 있던 사람 중 일부가 실직하여 실업자군으로 편입하게 된 숫자는 취업자 수에 실직률을 곱한 sE가 된다.

ii) 실업자군에 속해 있던 사람 중 일부가 취직하여 취업자군으로 편입하게 된 숫자는 실업자 수에 구직률을 곱한 fU가 된다.

2) 자연실업률의 결정

자연실업률은 노동시장이 균형을 이룰 때의 실업률로서 균형의 특성상 다른 교란요인이 없는 한 계속 유지되므로 자연실업률도 균형에서 불변이다. 이는 실업자의 수와 취업자의 수가 일정하게 유지됨을 의미한다. 현실적으로 취업자 수와 실업자 수가 변동하는 상황하에서 실업자의 수와 취업자의 수가 일정하게 유지된다는 것은 취업자군에 속해 있던 사람 중 실직한 사람의 수(sE)와 실업자군에 속해 있던 사람 중 취직한 사람의 수(fU)가 같음을 의미한다.

3) 자연실업률의 도출

① 산식

위에서 도출한 $sE=fU$에 $E=L-U$를 대입하여 정리하면 다음과 같다.

$$s(L-U)=fU$$

$$\Rightarrow s\frac{(L-U)}{L}=f\frac{U}{L}$$

$$\Rightarrow s-s\frac{U}{L}=f\frac{U}{L}$$

$\therefore \frac{U}{L}=\frac{s}{s+f}$ 즉, 자연실업률 = $\frac{\text{실직률}}{\text{실직률}+\text{구직률}}$

② 의미

자연실업률은 $\frac{\text{실직률}}{\text{실직률}+\text{구직률}}$이므로 자연실업률의 변화요인은 실직률과 구직률에 영향을 미치는 요인들이라고 할 수 있다. 자연실업률을 낮추려면, 구직률을 높이거나 실직률을 낮춰야 하는데 이를 위해서는 구직률을 높이는 요인과 실직률을 낮추는 요인에 초점을 맞춰 정책을 시행해야 한다.

4 자연실업률의 결정요인

1) 실업보험

실업보험은 노동자가 취업 중에 보험료를 납부한 후 실업자가 될 경우 보험금으로 받는 제도로서 우리나라는 1995년부터 고용보험이라는 실업보험을 도입하였다. 실업보험이 잘 완비되어 있을 경우 실업상태에 있는 노동자가 여유를 가지고 직장을 구할 수 있게 되어, 새로운 직장을 찾는 데 더 오랜 시간이 소요되므로 구직률이 하락하게 된다. 그리고 실업보험에 가입한 노동자들은 좀 더 쉽게 직장을 떠날 수 있게 되므로 실직률은 상승한다. 따라서 실업보험으로 인하여 구직률이 하락하고 실직률이 상승하게 되어 자연실업률은 상승한다.

2) 인구구성의 변화

출산률이 높을 경우, 그때를 반영한 연령대의 인구가 많아지고 그 연령대의 실업률이 높아지는 경향이 있다. 일시에 많은 인구가 노동시장에 진입하기 때문에 실업의 가능성이 커진다.

3) 노동시장의 구조 및 제도

취업알선기관과 직업훈련기관이 잘 정비되어 있고 취업정보가 효율적으로 전달되는 경우 직장탐색기간이 줄어들어 취업률이 상승하고 실업률은 낮아지게 된다. 또한 정부가 쇠퇴하는 산업 부문의 기업들에게 보조금을 제공하는 경우 실직률을 낮출 수 있게 되어 실업률을 낮출 수 있다.

5 자연실업률을 낮추는 것이 과연 바람직한가?

실업은 국가차원에서 자원의 낭비일 뿐만 아니라 비효율적인 자원배분이며, 개인이나 가계차원에서는 절실한 생계의 문제이다. 그렇다면, 무조건 실업을 줄이는 것이 바람직할까? 특히 자연실업률을 낮추는 정책이 반드시 필요한 것인가?

예를 들어, 시대의 흐름에 따라 산업구조가 재편되어 가는 과정에서 발생하는 구조적 실업을 줄이기 위해서 정부가 사양산업부문에 보조금을 지급하여 일자리를 유지시킴으로써 자연실업률을 어느 정도 낮출 수는 있다. 그러나 이는 노동력이라는 중요한 자원을 쇠퇴해가는 산업부문에 계속 묶어두고 새로이 발전해가는 산업부문으로의 이동을 막게 되어 오히려 국가 전체적으로 그리고 장기적인 관점에서 바람직하지 않을 수도 있다.

필수예제

자연실업률에 관한 설명 중 옳은 것은? ▸ 2018년 보험계리사

① 자연실업률은 마찰적 실업을 포함하지 않는다.
② 자연실업률은 구조적 실업을 포함하지 않는다.
③ 실업수당이 증가하면 자연실업률은 낮아진다.
④ 경기호황기에 실업률은 자연실업률보다 낮다.

출제이슈 **자연실업률**

핵심해설 **정답** ④

설문을 검토하면 다음과 같다.

① 틀린 내용이다.
자연실업률은 마찰적 실업을 포함하고 있다. 자연실업률은 산업구조의 재편 등 경제구조의 변화로 인하여 발생하는 구조적 실업(structural unemployment)과 직장을 탐색하는 과정에서 발생하는 마찰적 혹은 탐색적 실업이 존재할 때의 실업률이다.

② 틀린 내용이다.
자연실업률은 구조적 실업을 포함하고 있다. 자연실업률은 산업구조의 재편 등 경제구조의 변화로 인하여 발생하는 구조적 실업(structural unemployment)과 직장을 탐색하는 과정에서 발생하는 마찰적 혹은 탐색적 실업이 존재할 때의 실업률이다.

③ 틀린 내용이다.
실업수당의 증가는 탐색적 실업에 영향을 미쳐서 자연실업률에도 영향을 미칠 수 있다. 실업보험은 노동자가 취업 중에 보험료를 납부한 후 실업자가 될 경우 보험금으로 받는 제도로서 우리나라는 1995년부터 고용보험이라는 실업보험을 도입하였다. 실업수당이 증가하면 실업상태에 있는 노동자가 여유를 가지고 직장을 구할 수 있게 되어, 새로운 직장을 찾는 데 더 오랜 시간이 소요되므로, 구직률이 하락하여 자발적 실업기간이 증가하게 되어 탐색적 실업은 증가하고 자연실업률은 높아진다.

④ 옳은 내용이다.
경기호황기에는 경제의 산출수준이 완전고용산출수준을 초과하므로 실제실업률은 자연실업률보다 낮다. 반대로 경기침체기에는 경제의 산출수준이 완전고용산출수준을 하회하므로 실제실업률은 자연실업률보다 높다.

어느 경제에서 취업자들은 매기 5%의 확률로 일자리를 잃어 실업자가 되며, 실업자들은 매기 45%의 확률로 새로운 일자리를 얻어 취업자가 된다. 이 경제의 균제상태에서의 실업률은? (단, 경제활동인구의 변동은 없다.) ▸ 2014년 지방직 7급

① 5% ② 10% ③ 15% ④ 20%

출제이슈 자연실업률

핵심해설 **정답** ②

자연실업률이란 노동시장이 균형(안정상태)을 이룰 경우의 실업률로서 균제상태에서의 실업률, 완전고용상태에서의 실업률, 완전고용GDP·잠재GDP일 때의 실업률, 마찰적 실업과 구조적 실업만 존재할 때의 실업률, 노동시장의 불완전성으로 인하여 시간이 경과하여도 사라지지 않는 실업률 등의 특징을 갖는다.

자연실업률의 결정은 다음과 같다.

① 경제활동인구 L(외생적으로 주어짐)
② 취업자수 E, 실업자수 $U=L-E$
③ 실업률 U/L
④ 실직률과 구직률
 i) s(실직률) : 주어진 기간에 취업자 중 직업을 잃는 비율
 ii) f(구직률) : 주어진 기간에 실업자 중 직업을 얻는 비율

⑤ 균제상태 $sE=fU$이므로 자연실업률 = $\frac{\text{실직률}}{\text{실직률}+\text{구직률}}=\frac{U}{L}=\frac{s}{s+f}$

위의 내용에 따라서 문제를 풀면 다음과 같다.

설문에서 실직률은 0.05, 구직률 0.45이므로 자연실업률은 $\frac{0.05}{0.05+0.45}=0.1$이다.

갑국은 경제활동인구가 1,000만 명으로 고정되어 있으며 실업률은 변하지 않는다. 매 기간 동안 실업자 중 새로운 일자리를 얻는 사람의 수가 47만 명이고, 취업자 중 일자리를 잃는 사람의 비율(실직률)이 5%로 일정하다. 갑국의 실업률은?

▸ 2019년 감정평가사

① 3%　　② 4%　　③ 4.7%
④ 5%　　⑤ 6%

출제이슈 자연실업률

핵심해설 **정답** ⑤

자연실업률이란 노동시장이 균형(안정상태)을 이룰 경우의 실업률로서 균제상태에서의 실업률, 완전고용상태에서의 실업률, 완전고용GDP·잠재GDP일 때의 실업률, 마찰적 실업과 구조적 실업만 존재할 때의 실업률, 노동시장의 불완전성으로 인하여 시간이 경과하여도 사라지지 않는 실업률 등의 특징을 갖는다.

자연실업률의 결정은 다음과 같다.

① 경제활동인구 L(외생적으로 주어짐)
② 취업자수 E, 실업자수 $U=L-E$
③ 실업률 U/L
④ 실직률과 구직률
　i) s(실직률) : 주어진 기간에 취업자 중 직업을 잃는 비율
　ii) f(구직률) : 주어진 기간에 실업자 중 직업을 얻는 비율

⑤ 균제상태 $sE=fU$이므로 자연실업률 = $\frac{\text{실직률}}{\text{실직률}+\text{구직률}}=\frac{U}{L}=\frac{s}{s+f}$

위의 내용에 따라서 문제를 풀면 다음과 같다.

1) 균제상태

설문에서 매 기간 동안 실업자 중 새로운 일자리를 얻는 사람의 수가 47만 명이므로 실업률은 불변인 균제상태에서는 취업자 중 일자리를 잃는 사람의 수도 47만 명으로 동일하게 된다.
즉 $sE=fU=47$(만 명)이 성립한다.

2) 취업자 및 실업자 구하기

① 취업자 중 일자리를 잃는 사람의 비율은 5%이고, 그 수가 47만 명임을 고려하면, 취업자의 수는 940(만 명)이 된다.

② 경제활동인구가 1,000(만 명)으로 고정되어 있으므로 실업자의 수는 60(만 명)이 된다.

3) 실업률 구하기

실업률은 경제활동인구에서 실업자가 차지하는 비율이므로 60/1,000 = 0.06이 된다.

THEME 05 비자발적 실업의 결정이론(노동시장 불균형의 원인)

1 비자발적 실업의 발생원인

앞에서 살펴본 자발적 실업은 노동시장이 균형일 때의 실업인 반면, 비자발적 실업은 노동시장이 불균형일 때의 실업이다. 이는 노동시장에서 노동수요가 노동공급에 비하여 부족함에 따라 발생하는 초과노동에 의하여 발생하는 실업이다. 노동시장에서 불균형이 존재하는 경우 임금이 변화하면서 불균형이 조정되어 균형을 회복하게 되는데, 만일 임금이 변화하지 않고 경직성을 보인다면 노동시장의 불균형이 유지되며 실업이 발생하게 된다. 따라서 비자발적 실업의 원인은 임금경직성이라고 할 수 있다.

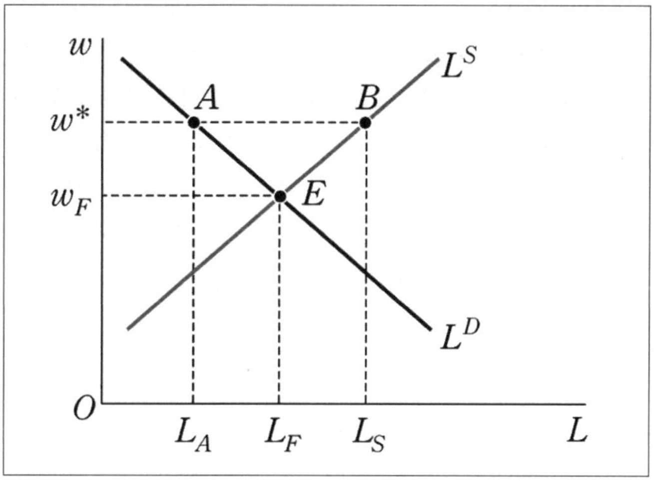

그림 9-1 비자발적 실업

2 임금경직성의 원인

1) 명목임금의 경직성

① 최저임금제

최저임금은 한번 결정되어 다시 바뀌기 전까지는 경직성을 보이며 특히 시장균형임금보다 높게 책정되기 때문에 노동시장은 초과공급의 불균형 상태에 빠지게 된다. 그러나 최저임금제만으로는 현실의 실업과 노동시장의 불균형을 설명하는 데 한계가 있다. 왜냐하면 최저임금제가 적용되는 대상은 매우 제한적이어서 일부 저숙련 노동자 이외에는 적용될 여지가 없기 때문이다.

② 장기임금계약

대개의 경우 노동계약에 있어서 명목임금기준으로 장기계약이 일단 맺어지면 해당 계약기간 동안에는 다른 경제상황이 발생하더라도 임금은 조정되지 않는다. 따라서 그 기간 동안에는 명목임금이 경직성을 보이게 된다.

③ 중첩임금계약(staggered wage contracts)

경제에 충격이 발생하면 이에 따라서 임금이 조정되는데, 명목임금의 경직성이라는 것은 바로 임금이 서서히 조정(sluggish adjustment)되기 때문에 나타나는 것이라고 할 수 있다. 이렇게 임금이 서서히 조정되는 이유는 다양한 임금계약이 동시에 발생하는 것이 아니라 서로 중첩되어 이루어지기 때문에 가능하다.

예를 들어, 모두 1년 단위의 노동계약이라고 하더라도 어떤 계약은 3월 1일자로 이루어지고 어떤 계약은 9월 1일자로 이루어질 수 있다. 만일 부(-)의 총수요 충격이 12월 1일에 발생했다고 가정하자. 만약 경제 내의 모든 임금계약이 3월 1일에 동시에 이루어진다면, 적어도 다음 해 3월 1일에는 임금하락요인이 새로운 임금계약과 함께 새로운 임금에 모두 반영될 것이다. 그러나 실제로 임금계약은 중첩적으로 이루어지므로 12월 1일에 발생한 하락요인은 일단 3월 1일자 계약에만 반영된다. 9월 1일자 임금계약은 그대로 유지되므로 총수요 충격이 반영되지 않는다. 더구나, 3월 1일자 계약에도 임금하락요인이 100퍼센트 완전히 반영되기는 어렵다. 왜냐하면 같은 회사 내에서 9월 1일자 임금계약그룹의 임금은 불변인데, 3월 1일자 임금계약그룹의 임금만 삭감하는 것은 쉽지 않기 때문이다.

이제 9월이 되어 9월 1일자 임금계약그룹을 보면, 3월 1일자 임금계약그룹의 임금을 완전히 삭감하지 못했기 때문에 역시 같은 이유로 9월 1일자 임금계약그룹도 완전히 삭감하기는 어렵다. 이러한 과정을 거쳐서 임금은 임금변화요인을 충분히 반영하지 못하고 서서히 조정된다. 결국 임금변화요인이 모두 임금에 반영되려면 상당한 기간이 소요될 수밖에 없다. 경제에 충격이 가해져서 경기변동이 발생하더라도 임금의 변동폭은 경기변동폭보다 작게 되는 것이다.

2) 명목임금 경직성에 대한 비판

① 최저임금제에 대한 비판

최저임금제가 적용되는 대상은 상당히 제한적이어서, 일부의 저숙련 노동자들을 제외한 대부분의 노동자들의 경우 균형임금이 최저임금보다 높은 것이 일반적이다.

② 장기계약에 대한 비판

장기계약 그 존재 자체만으로는 명목임금의 경직성을 설명할 수 없다. 왜냐하면, 장기계약을 하더라도 계약의 내용을 꼭 명목단위로 할 필요가 없기 때문이다(예를 들어, 임금이 소비자물가상승률에 따라서 자동으로 조정되도록 계약한다면, 명목임금이 계약기간 동안 가변적).

③ 명목임금에 대한 비판

궁극적으로 노동시장의 불균형을 발생시키는 문제의 가격변수는 실질임금이다. 실제 데이터를 분석해보면, 실업률은 경기변동에 따라서 크게 변하는 반면, 실질임금은 그다지 변하지 않고 있다. 따라서 실질임금의 경직성 문제가 대두되면서 명목임금의 경직성이 아니라 실질임금의 경직성으로 인해서 비자발적 실업이 발생할 수 있음을 보여주는 여러 이론들이 개발되었다. 아래에서 상술한다.

3 암묵적 계약이론

1) 의의

아자리아디스(Costas Azariadis)와 베일리(Martin Baily)에 의하면 현실에서 실제 노동계약상에 모든 내용이 일일이 명시되지는 않는데 이는 암묵적 계약을 의미한다. 현실에서 많은 경우 경기가 좋고 나쁨에 따라서 임금을 변화시켜 가며 지급하는 것이 아니라 적절한 수준에서 안정적으로 지급하는 것을 고용관행으로 하고 있다. 특히, 노동자와 기업 양자 모두 암묵적인 동의 하에 실질임금을 고정시켜 놓는 계약을 하는데 이러한 상황에서 경제가 나빠질 경우, 실질임금은 고정이 되어 있기 때문에, 노동시장의 불균형은 유지되고 비자발적 실업은 지속된다. 이렇게 실질임금을 고정시키는 계약은 노동자와 기업 모두에게 득이 될 수 있기 때문에 용인가능하다.

2) 실질임금을 고정시키는 이유

암묵적 계약이론은 기본적으로 노동자와 기업의 위험에 대한 태도가 상이하다고 전제하고 출발한다. 노동시장에 가해지는 충격에 따른 실질임금의 변화가 노동자에게는 위험으로 인식된다. 노동자는 기본적으로 위험기피적이기 때문에, 안정적인 실질임금을 보장받기를 원한다. 한편 노동자에게 안정적인 실질임금을 보장하는 것은 기업 입장에서는 위험을 늘리는 것이다. 왜냐하면, 경제환경의 변화에 따라 임금을 변동시켜서 위험을 줄일 수 있음에도 불구하고 이를 포기하는 것이기 때문이다. 그런데 기업은 노동자에 비하여는 위험을 줄일 수 있는 다양한 방법을 보유하고 있기 때문에 극단적인 경우에는 위험중립적이라고 볼 수 있다. 따라서 위험중립적인 기업은 위험기피적인 노동자가 요구하는 안정적인 실질임금의 보장에 동의할 수 있다.

또는 반대로 기업이 먼저 노동자에 대하여 평균임금을 살짝 낮추는 대신 실질임금을 고정시켜주겠다고 제안을 하면 위험기피적인 노동자는 이에 동의할 가능성이 있다. 왜냐하면, 노동자는 평균임금이 낮아져도 위험이 사라지는 편익이 증가하므로 고정임금을 선호할 수 있다. 이는 기업 입장에서도 임금을 낮출 수 있기 때문에 선호될 수 있다. 결국 노동자, 기업 양자 모두 경기변동에 상관없이 고정된 실질임금에 동의하게 되어 실질임금은 경직성을 보인다. 이는 실제 데이터상으로 실질임금의 변동이 매우 작은 것을 통해 확인할 수 있다.

3) 실질임금 경직성의 효과

노동자와 기업 간의 암묵적 계약에 따라서 실질임금이 고정되면, 경제 상황이 나빠지더라도 실질임금이 조정되기 어렵다. 따라서 노동시장의 불균형이 해소되지 못하고 지속되므로 비자발적인 실업이 발생하게 된다.

4) 한계

실질임금의 경직성을 설명하는 암묵적 계약이론은 왜 노동자와 기업이 계약하는 과정에서 실질임금에만 집중하는지에 대한 설명이 부족하다. 노동자는 실질임금도 중요시하지만, 이에 못지않게 중요한 고용에 대한 확실한 보장도 기업에 대해 요구할 수 있는 것이다. 즉 실질임금만 중시하여 이를 경직적으로 유지하는 계약은 오히려 그 경직성으로 인해서 노동시장의 불균형을 가져와 실업을 증가시켜 고용안정을 크게 위협할 수 있다. 결국 위험기피적인 노동자가 고용불안을 스스로 용인하는 모순이 발생하는 문제가 있다.

4 내부자 – 외부자 이론

1) 의의

린드백과 스노우어는 내부자와 외부자의 협상력의 차이가 비자발적 실업을 발생시킨다고 주장하였다. 이때 내부자는 이미 기업에 고용되어 있는 노동자이며, 외부자는 실업자를 의미한다. 현실에서 노동시장은 내부시장과 외부시장으로 분리되어 있기 때문에 내부자에 의해서 높은 수준의 실질임금이 책정되어 있음에도 불구하고 외부자는 내부시장에 진입하지 못한다. 외부자는 낮은 수준의 실질임금을 받고 일할 의사가 있음에도 불구하고 아예 내부시장에 진입할 수 없기 때문에, 현재의 높은 실질임금하에서 노동시장의 불균형이 나타나고 비자발적 실업은 지속된다. 이렇게 내부시장과 외부시장의 분리에 의하여 실질임금의 경직성과 실업이 나타나는 것을 설명하는 이론을 내부자 – 외부자 이론이라고 한다.

2) 높은 수준의 경직적 실질임금이 책정되는 이유

이미 기업에 고용된 내부자는 임금협상과정에서 외부자에 비하여 우월한 협상력을 행사할 수 있기 때문에 전체 노동시장을 균형시키는 실질임금 수준보다 높은 수준의 임금으로 기업과 계약을 맺을 수 있다. 내부자들이 균형 수준보다 높은 실질임금을 받고 일할 때 외부자는 그보다 낮은 실질임금을 받고 일할 용의가 있음에도 불구하고 내부시장에 진입할 수 없게 되므로 노동시장은 불균형은 지속되고 실업은 발생한다.

또한 고용 중인 내부자들은 노동조합에 가입되어 있는 경우가 대부분으로서 파업 등을 통해서 자신들의 요구를 관철시킬 수 있으므로 실업자들은 더더욱 취업에 성공하기 어렵게 된다. 결국 내부자들에 의하여 높은 수준의 실질임금이 지속되고 경직성을 보이게 된다.

3) 실질임금 경직성의 효과

더 낮은 임금을 받고도 일할 용의가 있는 외부자들은 내부시장에 진입할 수 없게 되므로 노동시장의 불균형 및 실업은 지속된다. 시간이 흘러도 실업자들은 더욱 더 취업하기가 힘들게 되고, 임금도 균형 수준으로 회복되지 않는다.

4) 내부자와 외부자의 분리 기준

앞에서 본 바와 같이 이미 취업한 노동자를 내부자, 실업자를 외부자로 볼 수 있으며 노동조합 가입 여부에 따라서 구분할 수도 있다. 또한 노조 가입 여부와 같은 명시적인 이유가 아니라, 계속되는 실직을 겪어온 노동자와 그렇지 않고 계속 취업해 있는 노동자 사이에 암묵적인 경계가 생김에 따라서 외부자와 내부자가 구분될 수 있다. 즉, 실업자는 실업 사실 자체만으로 무능력하다는 낙인이 찍혀 이후의 취업에 어려움을 겪게 되고, 자연스럽게 외부시장에 속하게 될 수 있다.

5 효율적 임금이론

1) 의의

효율적 임금이론에 의하면 기업은 노동자에게 높은 실질임금을 제공함으로써 생산성을 높일 수 있다. 전통적인 미시경제이론에 의하면, 노동자가 받는 임금은 노동생산성에 의해서 결정되지만, 효율적 임금이론에' 의하면 노동임금이 노동생산성을 결정한다. 즉, 기업은 노동자들의 높은 생산성을 유도하기 위하여 균형실질임금보다 더 높은 실질임금을 책정할 유인이 생긴다. 또한 노동시장이 초과공급상태에 있다고 하더라도 기업은 생산성 하락이 염려되어 계속하여 높은 실질임금을 유지할 유인이 있다. 이러한 지속적인 높은 수준의 실질임금에 의해 노동시장에 초과균형의 불균형이 발생하고 비자발적 실업이 지속된다.

2) 높은 실질임금이 높은 생산성을 유도하는 이유

① 근무태만모형(shirking model)

기업은 근무태만을 방지하기 위해서 시장임금보다 높은 수준의 임금을 지급할 수 있다. 왜냐하면, 노동자가 근무에 태만하다가 발각되어 해고될 경우 새로운 직장을 찾는다고 해도 현재의 직장보다 높은 임금을 받기가 어렵다. 이러한 임금격차가 크면 클수록 근무태만에 따른 불이익이 크다는 것을 노동자는 스스로 잘 인식하게 된다. 따라서 노동자는 현재 높은 임금을 받을수록 해고당하지 않도록 태만하지 않고 근로노력을 높일 것으로 기대된다.

② 역선택모형(adverse selection model)

기업은 우수한 직원을 채용하기 위하여 높은 수준의 임금을 지급할 수 있다. 만일 기업이 임금을 삭감할 경우 가장 우수한 직원들이 더 높은 임금을 주는 다른 직장을 찾아서 먼저 이직할 것이다. 결국 다른 직장을 구하기 어려운 열등한 직원들만 남게 되는 역선택의 상황이 발생한다. 따라서 기업은 이를 방지하기 위해서 임금을 삭감하지 않고 높은 임금을 지급하게 된다.

③ 이직모형(job turnover model)

기업은 직원의 이직을 막기 위해서 높은 임금을 지급할 수 있다. 기업이 낮은 임금을 지급할 경우 낮은 임금에 만족하지 못하는 직원들은 다른 직장으로 이직을 시도할 것이며 임금이 낮으면 낮을수록 직원의 이직은 빈번하게 발생할 것이다. 이에 따라서 이직한 직원을 대신할 새로운 직원을 채용하고 교육훈련을 시키게 되는데 이에는 막대한 비용이 들게 된다. 따라서 기업은 직원의 이직에 따른 비용을 줄이기 위해 높은 임금을 지급하여 이직을 막고 근로효율을 높이 유지하려 한다.

3) 실질임금 경직성의 효과

기업은 높은 실질임금으로 인하여 노동시장에 초과공급이 있다고 하더라도 생산성 향상을 위해서 임금을 낮추지 않고 계속하여 높은 수준을 유지하게 된다. 따라서 노동시장의 불균형 및 실업은 지속된다.

4) 내부자 – 외부자 이론과의 차이점

효율적 임금이론이 실질임금의 경직성과 비자발적인 실업의 원인을 기업 측면에서 찾고 있는 이론이라면, 내부자 – 외부자 이론은 그 원인을 노동자 측면에서 찾고 있다는 차이가 있다.

6 실업의 이력현상(hysteresis)

경제에 가해진 어떤 충격이 지속적으로 경제에 영향을 미치는 것을 이력현상이라고 한다. 특히 부정적 충격에 의하여 실업이 발생할 경우 향후에도 실업이 사라지지 않아서 실제실업률이 지속적으로 상승하게 되고 결국 자연실업률도 상승하게 되는데 이를 실업의 이력현상이라고 한다.

실업의 이력현상에 의하면 일시적으로 부정적 충격이 발생하여 실업률이 상승한 경우에 나중에 부정적 충격이 사라지더라도 한 번 상승한 실업률은 다시 내려오지 않고 계속하여 높은 상태를 유지하게 되는데 이는 자연실업률 자체가 상승한 현상으로 해석할 수 있다. 이러한 실업의 이력현상의 이유는 다음을 들 수 있다.

첫째, 내부자 – 외부자 이론은 실질임금의 경직성과 비자발적 실업을 설명할 뿐만 아니라 실업의 이력현상을 설명해 줄 수 있다. 경제에 부정적 충격이 오게 되면 내부자 중에서 생산성이 떨어지는 일부를 해고하게 될 것이다. 따라서 내부자의 전체 규모는 축소되고 남아 있는 내부자들의 생산성은 향상된다. 남아 있는 내부자가 더 높은 임금을 요구하게 되면 실업의 규모는 더욱 커지고 실업률은 상승하게 된다.

둘째, 경제에 부정적 충격이 발생하여 직장에서 해고되어 실업자로 편입되면, 실업이라는 사실이 노동자가 무능력하다는 낙인과 같은 신호로 작용하여 향후 재취업은 더욱 어려워지게 되어 실업률은 상승한다.

필수예제

효율임금이론에 관한 설명으로 옳지 않은 것은? ▸ 2020년 감정평가사

① 높은 임금을 지급할수록 노동자 생산성이 높아진다.
② 높은 임금은 이직률을 낮출 수 있다.
③ 높은 임금은 노동자의 도덕적 해이 가능성을 낮출 수 있다.
④ 효율임금은 시장균형임금보다 높다.
⑤ 기업이 임금을 낮출 경우 생산성이 낮은 노동자보다 높은 노동자가 기업에 남을 확률이 높다.

출제이슈 효율적 임금이론

핵심해설 **정답** ⑤

실업이란 일할 능력과 의사가 있는 사람이 직장을 갖지 못한 상태를 의미한다. 실업은 크게 자발적 실업과 비자발적 실업으로 분류할 수 있다. 자발적 실업(voluntary unemployment)이란 일할 능력은 있으나, 일할 의사가 없어서 발생하는 실업으로, 주어진 임금수준에서 일할 의사가 없음을 의미한다. 직장을 옮기는 과정에서 발생하는 실업으로 마찰적 실업(frictional unemployment)이 대표적인 자발적 실업이다. 비자발적 실업(involuntary unemployment)이란 주어진 임금수준에서 일할 의사가 있음에도 취업을 못하고 있어서 발생하는 실업이다. 경기변동 때문에 발생하는 경기적 실업(cyclical unemployment)과 산업구조의 재편 등 경제구조의 변화로 인하여 발생하는 구조적 실업(structural unemployment)이 대표적인 비자발적 실업이다.

자발적 실업이 균형상태에서의 실업이라면 비자발적 실업은 불균형상태에서의 실업이라고 할 수 있으며 비자발적 실업의 발생원인은 노동시장의 불균형상태를 초래하는 임금경직성이라고 할 수 있다. 임금경직성은 장기임금계약, 중첩임금계약 등에 의한 명목임금의 경직성과 암묵적 계약, 효율적 임금 등에 의한 실질임금의 경직성으로 구분된다.

실질임금의 경직성을 설명하는 효율적 임금이론은 다음과 같다.
기업은 노동자에게 높은 실질임금을 제공함으로써 생산성을 높일 수 있다. 즉, 기업은 노동자들의 높은 생산성을 유도하기 위하여 균형실질임금보다 더 높은 실질임금을 책정할 유인이 생긴다. 또한 노동시장이 초과공급 상태에 있다고 하더라도 기업은 생산성 하락이 염려되어 계속하여 높은 실질임금을 유지할 유인이 있다. 이러한 지속적인 높은 수준의 실질임금에 의해 노동시장에 초과공급이 발생한다고 하더라도 기업은 생산성 향상을 위해서 높은 수준의 실질임금을 유지한다. 따라서 노동시장의 불균형 및 비자발적 실업은 지속된다.

특히, 높은 실질임금이 높은 생산성을 유도하는 이유로는 다음을 들 수 있다.

① 근무태만모형(shirking model)에 의하면, 기업은 근무태만을 방지하기 위해서 시장임금보다 높은 수준의 임금을 지급한다.

② 역선택모형(adverse selection model)에 의하면, 기업은 우수한 직원을 채용하기 위하여 높은 수준의 임금을 지급한다.

③ 이직모형(job turnover model)에 의하면, 기업은 직원의 이직을 막고 교육훈련비용의 절감을 위해서 높은 임금을 지급한다.

위의 내용에 따라서 설문을 검토하면 다음과 같다.

① 옳은 내용이다.
효율적 임금이론에 의하면 기업은 노동자에게 높은 실질임금을 제공함으로써 생산성을 높일 수 있다. 즉, 기업은 노동자들의 높은 생산성을 유도하기 위하여 균형실질임금보다 더 높은 실질임금을 책정할 유인이 생긴다.

② 옳은 내용이다.
이직모형(job turnover model)에 의하면, 기업은 직원의 이직을 막고 교육훈련비용의 절감을 위해서 높은 임금을 지급한다.

③ 옳은 내용이다.
근무태만모형(shirking model)에 의하면, 기업은 근무태만을 방지하기 위해서 시장임금보다 높은 수준의 임금을 지급한다.

④ 옳은 내용이다.
기업은 노동자들의 높은 생산성을 유도하기 위하여 균형실질임금보다 더 높은 실질임금을 책정할 유인이 있다. 균형임금보다 높은 효율임금으로 인하여 노동시장이 초과공급상태에 있다고 하더라도 기업은 생산성 하락이 염려되어 계속하여 높은 실질임금을 유지하게 된다.

⑤ 틀린 내용이다.
역선택모형(adverse selection model)에 의하면, 기업은 우수한 직원을 채용하기 위하여 높은 수준의 임금을 지급한다. 만일 기업이 임금을 낮출 경우 생산성이 높은 노동자는 자발적으로 퇴사하고 보다 생산성이 떨어지는 노동자가 기업에 남을 확률이 높다.

Chapter 10

인플레이션과 필립스곡선 이론

THEME 01 인플레이션의 의의와 비용

1 인플레이션의 정의

1) 물가

먼저 물가란 모든 생산물의 평균적인 가격수준을 의미하며 물가는 경기변동과 동행하여 움직이는 경향이 강하다. 즉 경기가 좋으면 물가는 오르는 경향이 있고, 경기가 나쁘면 물가는 내리는 경향이 있다. 물론 경기가 나쁠 때에 물가가 오르는 예외적인 경우도 있다.

2) 인플레이션

인플레이션이란 물가수준이 지속적으로 상승하는 현상으로서 이는 화폐가치가 지속적으로 하락하는 것을 의미한다. 반대로 물가수준이 지속적으로 하락하는 현상은 디플레이션이라고 한다.

2 인플레이션의 측정

1) 물가지수

물가 혹은 물가의 변동을 구체적으로 측정하여 객관적인 수치로 나타내는 지표로서 이는 일반적으로 특정 기준 시점의 물가를 100으로 두고 다른 시점의 물가를 측정하는 방식이다. 따라서 비교되는 다른 시점의 물가를 나타낼 뿐만 아니라 기준 시점에 비하여 물가의 변동을 나타낼 수도 있는 것이다. 물가지수는 수량 가중치를 사용하는 방식에 따라서 라스파이레스 방식과 파쉐 방식으로 작성된다. 물가지수는 대표적으로 소비자 물가지수, 생산자 물가지수를 들 수 있으며 넓게는 GDP 디플레이터도 포함한다.

2) 인플레이션율

① 실제인플레이션율

인플레이션율 혹은 물가상승률은 특정한 두 기간 동안에 물가가 얼마나 상승했는지를 측정해주는 지표로서 물가지수의 변화율을 통해서 구할 수 있다. 예를 들어 t 기의 물가지수를 P_t 라고 할 때, 인플레이션율 π_t는 다음과 같이 계산된다.

$$\pi_t = \frac{P_t - P_{t-1}}{P_{t-1}}$$

② 기대인플레이션율

위의 인플레이션율은 사후적으로 측정되는 실제인플레이션율이며 만일 사전적으로 물가를 예상하여 미래 물가의 예상된 인플레이션율을 구할 수도 있다. 이를 기대인플레이션율 혹은 예상인플레이션율 π_t^e 이라고 하며 다음과 같이 계산된다.

$$\pi_t^e = \frac{P_t^e - P_{t-1}}{P_{t-1}}$$

3) 인플레이션율의 활용

실제인플레이션율과 기대인플레이션율은 명목이자율과 실질이자율을 구분시켜주는 특징이 된다. 명목이자율은 이자를 화폐단위로 측정하며 실질이자율은 이자를 실물단위로 측정한다. 이 둘 간의 차이가 인플레이션율이 된다.

3 인플레이션의 종류

1) 수요견인 인플레이션

총수요가 증가하게 되면 총수요곡선이 우상방으로 이동하여 국민소득이 증가하고 물가는 상승하게 된다. 호황기에 물가상승을 보이게 되는 것이다. 이때 총수요가 증가하게 되는 원인으로는 통화량의 증가와 민간투자나 정부지출의 증가를 들 수 있다.

2) 비용상승 인플레이션

총공급이 감소하게 되면 총공급곡선이 좌상방으로 이동하여 국민소득이 감소하고 물가는 상승하게 된다. 불황기에 물가상승을 보이게 되는 것으로서 경기침체하의 인플레이션이라는 의미로 스태그플레이션이라고도 한다. 이때 총공급이 감소하게 되는 원인으로는 1970년대의 오일쇼크와 같은 원자재 가격의 상승이나 가뭄 혹은 태풍과 같은 기후조건의 변화 그리고 노동자 측에 의한 지속적인 임금상승 요구 등을 들 수 있다.

3) 혼합형 인플레이션

실제 현실에서 발생하는 인플레이션은 수요 측 요인과 공급 측 요인이 혼재되어 있는 경우가 일반적이다. 총수요의 증가로 인한 총수요곡선의 우측 이동과 총공급의 감소로 인한 총공급곡선의 좌측 이동으로 물가가 상승하게 되는 것이다.

4 인플레이션과 예상

인플레이션은 예상 여부에 따라서 예상된 인플레이션과 예상치 못한 인플레이션으로 구분할 수도 있다. 누구나 인플레이션을 정확하게 예상할 수 있다면 그에 맞춰서 각자 의사결정을 조정할 것이다. 예를 들어서 자금차입계약의 경우에는 대부자와 차입자 모두 인플레이션을 정확하게 예상하므로 나중에는 화폐가치가 하락할 것임을 알고 있다. 따라서 이를 반영하여 대부자가 불합리한 손해를 보거나 차입자가 불합리한 이득을 보지 않도록 이자를 적절히 인상하는 계약으로 조정될 것이다. 노동자와 기업 간 임금계약도 같은 논리가 적용된다.

5 예상된 인플레이션의 비용

계약당사자들이 모두 인플레이션을 사전에 정확히 예상할 수 있다면 인플레이션을 고려하여 계약조건을 조정하므로 큰 문제는 없으나 아래와 같은 비용은 불가피하게 나타난다.

1) 조세부담

① 인플레이션세

화폐를 보유하고 있는 사람은 인플레이션으로 물가가 상승하면 화폐가치가 하락하기 때문에 실질화폐잔고가 감소하는 것을 경험하게 된다. 즉 민간이 보유하는 실질화폐는 물가상승률만큼 가치가 하락한다고 할 수 있다. 만일 인플레이션이 정부의 통화량 증가에 의하여 발생한 경우라면 민간은 정부에 하락한 화폐가치만큼 세금을 내는 것과 같은 것이다. 이와 같이 인플레이션에 의하여 마치 조세부담을 지는 것을 인플레이션세라고 하며 이는 민간부문에서 정부부문으로 부의 재분배가 발생함을 나타낸다. 인플레이션세는 다음과 같이 계산된다.

인플레이션세 = 물가상승률 × 실질화폐량

② 화폐발행이득

정부는 통화량을 증가시켜서 그만큼 이득을 얻은 것으로 해석할 수 있으며 이를 주조차익 혹은 시뇨리지(seigniorage)라고 하며 다음과 같이 계산된다.

주조차익 혹은 시뇨리지 = 통화증가율 × 실질화폐량

③ 인플레이션세와 주조차익

만일 물가상승이 오로지 통화증가에 의해서만 발생하는 극단적인 경우라면 화폐발행이득은 인플레이션세가 된다.

i) 화폐발행자와 주조차익

㉠ 정부는 통화량을 증가시킴에 따라서 주조차익을 획득할 수 있다.

㉡ 정부가 세금부과나 차입 등으로 재원을 조달할 수 없는 경우 주로 발생한다.

㉢ 주조차익(시뇨리지)은 통화증가율에 유통되는 실질화폐량을 곱한 만큼이 된다.
(주조차익 = 통화증가율 × 실질화폐량)

ii) 화폐보유자와 인플레이션세

㉠ 인플레이션세의 부담자는 화폐를 보유한 민간경제주체가 된다.

㉡ 물가상승에 따라서 실질잔고가 감소한다(민간의 화폐실질잔고는 물가상승률만큼 가치하락).

㉢ 인플레이션세는 물가상승률에 보유한 실질화폐량을 곱한 만큼이 된다.
(인플레이션세 = 물가상승률 × 실질화폐량)

2) 구두창비용

현금보유자는 물가상승에 따라 화폐가치가 감소하므로 가급적 화폐를 적게 보유하려고 할 것이다. 이에 따라 필요할 때마다 은행에 방문하여 현금을 인출해야 한다. 이를 위해서는 은행방문에 따른 시간이나 교통비용 등이 소요되는데 이를 구두창비용이라고 한다.

3) 메뉴비용

물가상승에 따라서 가격을 인상해야 하는 경우 가격표를 변경해야 하는데 이에 소요되는 제반비용을 총칭하여 메뉴비용이라고 한다.

4) 계산단위비용

인플레이션으로 인하여 화폐가치가 계속 변화할 경우 경제주체들이 화폐가치를 정확하게 평가할 수 없게 된다. 이에 따라 경제주체들의 경제적 의사결정에 오류가 생길 가능성이 커지고 자원배분의 효율성이 저해된다.

6 예상치 못한 인플레이션의 비용

예상된 인플레이션과는 달리 예상치 못한 인플레이션은 사전에 계약조건을 조절할 수 없기 때문에 인플레이션 발생 이후에 이로 인해 손해를 보고 반대로 이익을 보는 주체가 생겨나게 된다.

1) 부와 소득의 재분배

예상치 못한 인플레이션이 발생한 경우 돈을 빌려줬거나 은행에 예금을 가지고 있는 채권자는 손해를 보고, 돈을 꾼 채무자는 이익을 보게 된다. 또 고정된 급여를 지급받는 근로자는 손해를 보고, 고정 급여를 지급하는 기업은 이익을 본다.

2) 불확실성

예상치 못한 인플레이션으로 인하여 경제에 불확실성이 커지게 되면 거래 등이 위축되어 감소하여 결국 거래로 인한 이득을 얻을 수 없게 되고 사회후생은 감소한다.

3) 자원의 비효율적인 배분

인플레이션으로 인한 일반적인 물가상승을 만일 상대가격 상승으로 혼동할 경우에는 잘못된 의사결정으로 인해서 생산이 증대하여 자원의 비효율적 배분을 초래한다. 또한 인플레이션이 모든 가격을 똑같이 변화시키는 것은 아니므로, 높은 인플레이션은 상대가격의 왜곡을 심화시켜서 소비자의 의사결정에 교란을 가져와 효율을 저해한다.

필수예제

수요견인(demand pull) 인플레이션이 발생되는 경우에 해당하는 것은? ▸ 2011년 감정평가사

① 수입 자본재 가격의 상승
② 임금의 삭감
③ 정부지출의 증가
④ 환경오염의 증가
⑤ 국제 원자재 가격의 상승

출제이슈 수요견인 인플레이션

핵심해설 **정답** ③

거시경제의 균형은 총수요와 총공급이 일치할 때 달성된다. 인플레이션이란 일반물가수준이 지속적으로 상승하는 것이므로 이는 총수요의 지속적인 증가에서 찾아볼 수 있으며 이러한 인플레이션을 수요견인 인플레이션이라고 한다. 이러한 수요증가를 가져오는 요인은 크게 두 가지가 있다. 첫째는 통화량 증가와 같은 화폐적 요인이 있고 둘째는 소비, 투자, 정부지출의 증가와 같은 실물적 요인이 있다.

설문에서 수입 자본재나 국제 원자재의 가격이 상승하면 총공급곡선이 좌상방으로 이동하면서 물가가 상승하는 비용상승형 인플레이션이 나타난다. 임금이 삭감되면 총공급곡선이 우하방으로 이동하면서 물가가 하락한다. 환경오염은 총수요나 총공급에 직접적으로 반영되지 않으므로 그러한 전제하에서는 인플레이션과 관련 없다.

예상보다 높은 인플레이션이 발생할 경우 나타나는 효과에 관한 설명으로 옳지 않은 것은?

▸ 2021년 감정평가사

① 누진세 체계하에서 정부의 조세수입은 감소한다.
② 채무자는 이익을 보지만 채권자는 손해를 보게 된다.
③ 고정된 화폐소득을 얻는 봉급생활자는 불리해진다.
④ 명목 국민소득이 증가한다.
⑤ 화폐의 구매력이 감소한다.

출제이슈 인플레이션의 효과(비용)
핵심해설 **정답** ①

인플레이션과 예상의 관계 및 경제에 미치는 영향은 다음과 같다.

1. 인플레이션과 예상

1) 예상된 인플레이션
① 예상되는 물가상승을 고려하여 계약당사자 간 계약조건이 변경되므로 비용이 크지 않다.
② 노동자 측과 기업 간 임금인상 협상, 기업의 상품가격 인상 계획으로 반영된다.
③ 인플레이션세, 구두창비용, 메뉴비용, 계산단위비용 등이 발생한다.
④ 피셔방정식 : 명목이자율 = 실질이자율 + 기대인플레이션율

2) 예상치 못한 인플레이션
① 손해를 보는 측과 이익을 보는 측이 생기게 되며, 부의 재분배가 나타난다.
② 불확실성이 증대되며 자원배분의 비효율성도 나타난다.

2. 인플레이션의 효과

1) 인플레이션과 부와 소득의 재분배
① 인플레이션으로 인하여 채권자는 손해를 보고, 채무자는 이익을 보게 된다.
② 고정급여 근로자는 손해를 보고, 급여지급기업은 이익을 본다.

2) 인플레이션과 불확실성
① 경제에 불확실성이 증대되어 거래 등이 감소하고 후생도 감소한다.
② 특히 장기계약의 체결이 어려워질 수 있다.

위의 내용에 따라서 설문을 검토하면 다음과 같다.

① 틀린 내용이다.
예상보다 높은 인플레이션으로 명목임금이 상승할 경우 누진세 체계를 고려하면 정부의 조세수입은 증가하게 된다.

② 옳은 내용이다.
예상보다 높은 인플레이션으로 인하여 부와 소득의 재분배가 나타나는데 특히 인플레이션으로 인하여 화폐가치가 하락함에 따라 고정된 채무액을 변제받는 채권자는 손해를 보고, 반대로 고정된 채무액을 변제하는 채무자는 이익을 보게 된다.

③ 옳은 내용이다.
인플레이션으로 인하여 화폐가치가 하락함에 따라 고정된 화폐소득을 얻는 봉급생활자는 불리해진다.

④ 옳은 내용이다.
인플레이션으로 인하여 전반적으로 물가가 상승하기 때문에 명목국민소득은 증가한다.

⑤ 옳은 내용이다.
인플레이션으로 인하여 화폐가치가 하락함에 따라 화폐의 구매력은 감소한다.

인플레이션에 관한 설명으로 옳지 않은 것은? ▸ 2023년 감정평가사

① 메뉴비용은 인플레이션에 맞춰 가격을 변경하는 데에 발생하는 각종 비용을 말한다.
② 디스인플레이션(disinflation) 상황에서는 물가상승률이 감소하고 있지만 여전히 물가는 상승한다.
③ 초인플레이션은 극단적이고 장기적인 인플레이션으로 통제가 어려운 상황을 말한다.
④ 구두창비용은 인플레이션에 따라 발생하는 현금 관리 비용을 말한다.
⑤ 디플레이션은 인플레이션이 진행되는 상황에서 경제가 침체하는 상황을 말한다.

출제이슈 인플레이션의 의의와 효과(비용)

핵심해설 **정답 ⑤**

① 옳은 내용이다.
물가상승에 따라서 가격을 인상해야 하는 경우 가격표를 변경해야 하는데 이에 소요되는 제반 비용을 총칭하여 메뉴비용이라고 한다.

② 옳은 내용이다.
인플레이션이 물가수준이 지속적으로 "상승"하는 현상을 의미한다면, 반면 디플레이션(deflation)은 물가수준이 지속적으로 "하락"하는 현상을 의미한다. 구별할 개념으로 디스인플레이션(disinflation)이란 물가상승률의 하락으로서 반인플레이션정책 혹은 물가억제정책에서 사용하는 개념이다.

③ 옳은 내용이다.
초인플레이션(hyperinflation)이란 어느 한 경제의 일반 물가수준이 매우 급격히 증가하는 현상으로서 대략 1개월 기준으로 50% 이상의 물가상승이 1년 이상 지속되는 것을 말한다. 초인플레이션의 원인으로는 통화공급의 급격한 증가를 들 수 있다. 초인플레이션을 경험한 국가에서는 가계 종업원들이 가격표 교체에 많은 시간을 투입하는 등 메뉴비용이 급증하게 되며 통화가치의 급변에 따라서 채권자와 채무자 사이의 부의 재분배현상이 나타날 수 있다.

④ 옳은 내용이다.
현금보유자는 물가상승에 따라 화폐가치가 감소하므로 가급적 화폐를 적게 보유하려고 할 것이다. 이에 따라 필요할 때마다 은행에 방문하여 현금을 인출해야 한다. 이를 위해서는 은행방문에 따른 시간이나 교통비용 등이 소요되는데 이를 구두창비용이라고 한다.

⑤ 틀린 내용이다.
유가 상승, 원자재 가격 상승 등 불리한 공급충격 혹은 부의 공급충격이 발생할 경우 총공급곡선이 좌상방으로 이동하게 된다. 따라서 물가는 상승하고 생산은 감소하고 실업률은 상승한다. 이를 경기침체 상태에서의 인플레이션이라는 의미로 스태그플레이션이라고 한다.

THEME 02 인플레이션과 통화량

1 인플레이션의 원인으로서의 통화량

프리드만에 의하면 "인플레이션은 언제 어디서나 화폐적인 현상이다(Inflation is always and everywhere a monetary phenomenon)." 즉 통화량 증가는 물가수준의 상승을 가져온다는 것으로서 이는 다음과 같이 화폐시장을 통해서 분석가능하다.

2 화폐시장의 균형과 물가

1) 화폐수요

화폐수요는 소득에 비례하고 이자율과 역의 관계에 있으므로 소득과 이자율의 함수라고 할 수 있다. 이때, 장기에서 실질소득과 이자율이 화폐시장과 관계없이 일정하게 다른 실물요인에 의해 결정되어 외생변수로서 그 값이 주어진 경제를 가정해보자. 이런 경우 명목화폐수요는 물가수준의 크기에 따라서 비례적으로 결정된다. 이를 함수식으로 표현하면 다음과 같다.

$$\frac{M^D}{P} = L(Y, i) \qquad \therefore\ M^D = P \cdot L(Y, i) = kP$$

(단, P, M^D, Y, i는 각각 물가, 화폐수요, 소득, 이자율이며, 장기에 $L(Y, i) = k$를 가정한다.)

2) 화폐공급

화폐공급은 통화당국에 의하여 독립적으로 외생적으로 주어졌다고 하면 화폐공급은 다음과 같다.

$M^S = M_0$ (단, M^S, M_0는 각각 화폐공급, 외생적으로 주어진 통화량)

3) 화폐시장의 균형

화폐시장의 균형은 화폐수요와 화폐공급이 일치하는 수준에서 결정되며 이를 수식으로 나타내면 다음과 같다.

$M_0 = kP$

이를 해석하면, 결국 물가는 통화량이 결정하며 통화량의 변화는 물가수준을 비례적으로 변화시킨다는 것이다. 이 모형은 이자율과 화폐 평면이 아니라 물가와 화폐 평면에서 분석되는 모형이라는 것에 유의하기 바란다.

3 통화량 증가와 화폐시장 균형의 변화

만일 화폐시장에서 통화량이 증가할 경우 현재의 물가수준에서 화폐의 초과공급이 발생한다. 그 초과공급된 화폐를 사용하여 물건을 구매할 것이므로 재화에 대한 수요가 증가한다. 따라서 재화의 가격이 상승하면서 전반적인 물가수준은 상승한다.

4 화폐의 중립성과 고전적 이분성

화폐시장의 균형을 해석함에 있어서 고전학파는 통화량이 실물변수에 영향을 미치지 못하고 명목변수만을 변화시킨다고 하였다. 명목변수인 통화량의 변화는 명목변수인 물가수준만을 비례적으로 변화시킬 뿐 실물변수는 실물경제에서 독립적으로 결정되기 때문에 전혀 변화가 없는 것을 화폐의 중립성이라고 한다. 이는 명목변수와 실물변수가 완전히 분리되어 있다는 고전적 이분성(dichotomy)을 의미한다. 그러나 고전학파의 견해와는 달리 통화론자는 고전적 이분법을 받아들이지 않으며 화폐가 실물부문에 미치는 영향이 강력하다고 주장한다. 물론 장기의 경우에는 대부분의 학파와 경제학자 모두 화폐의 중립성을 인정한다.

THEME 03 인플레이션과 이자율

1 명목이자율과 실질이자율

1) 명목이자율

명목이자율이란 이자율을 화폐단위로 측정하는 것으로서 명목자산으로부터의 수익률을 의미한다. 명목자산의 수익률이란 명목자산을 보유함으로써 일정 기간 후에 얻게 되는 수익의 증가를 비율로 나타낸 것이다. 예를 들어 은행에 돈을 예금하고 일정 기간 후에 받게 되는 이자가 명목이자율의 개념이다. 명목이자율은 명목자산시장을 통해서 결정된다.

2) 실질이자율

실질이자율이란 이자율을 실물단위로 측정하는 것으로서 실물자산으로부터의 수익률을 의미한다. 실물자산의 수익률이란 실물자산을 보유함으로써 일정 기간 후에 얻게 되는 수익의 증가를 비율로 나타낸 것이다. 예를 들어 어미돼지 구입 후 얻게 되는 새끼돼지가 실질이자율의 개념이다. 실질이자율은 실물자산시장을 통해 결정되는데 실물자산을 구입하여 얻는 수익률인 실질이자율은 쉽게 관찰할 수 없다.

3) 명목이자율과 실질이자율의 관계

인플레이션이 있을 경우, 명목이자율과 실질이자율이 괴리된다. 특히 실질이자율은 관찰하기 어렵기 때문에 관찰가능한 명목이자율과 인플레이션율을 통해서 도출할 수 있다. 이는 명목자산을 구입하든 실물자산을 구입하든 결국 명목자산시장과 실물자산시장의 균형에서는 양측의 수익률이 동일하게 되는 무차익거래조건이 성립함을 의미한다.

① 명목자산을 구입한 경우

대표적인 명목자산으로 화폐 1단위를 예금한 경우 1기 후에 원리합계는 $(1+i_t)$가 된다. 물론 여기서 i_t 는 명목이자율이다.

② 실물자산을 구입한 경우

실물자산 1단위를 구입한 경우 1기 후에 $(1+r_t)(1+\pi_t)$가 된다. 예를 들어 대표적인 실물자산으로 건물을 구입한 경우 1기 후에 건물로부터의 임대료 수입과 건물의 가격상승분을 모두 고려하여 실질이자율을 구하면 $(1+r_t)(1+\pi_t)$가 됨을 알 수 있다. 여기서 r_t, π_t는 각각 실질이자율, 물가상승률이다.

③ 무차익거래조건의 성립

명목자산의 수익률과 실물자산의 수익률이 일치하는 무차익거래조건하에서 $1+i_t=(1+r_t)(1+\pi_t)$이 성립한다. 이때 $(1+r_t)(1+\pi_t)\approx 1+r_t+\pi_t$임을 고려하면, $1+i_t=1+r_t+\pi_t$ 이 되어 $i_t=r_t+\pi_t$ 이 성립한다. 이는 관찰이 어려운 실질이자율을 관찰가능한 명목이자율과 물가상승률을 통해서 계산할 수 있음을 의미한다.

④ 사전적 혹은 사후적 개념의 도입

사후적 실질이자율은 $r_t=i_t-\pi_t$ 이 되고 사전적 실질이자율은 $r_t^e=i_t-\pi_t^e$ 이 된다. 명목이자율의 경우 사전적 혹은 사후적 개념이 동일하기 때문이다. 보통 실질이자율은 사전적인 개념이지만 표기는 r_t 로 하기로 약속하면 $r_t=i_t-\pi_t^e$ 가 된다.

2 피셔방정식과 피셔효과

1) 피셔방정식

앞에서 구한 명목자산과 실물자산의 무차익거래조건으로부터 도출된 관계식 $r_t=i_t-\pi_t^e$ 을 피셔방정식이라고 한다. 피셔방정식은 명목이자율은 실질이자율과 기대인플레이션율의 합이며 실질이자율은 명목이자율에서 기대인플레이션율을 차감하여 구한다는 것을 의미한다.

2) 피셔효과

실질이자율이 불변인 경우에, 기대인플레이션율이 상승할 경우 그에 따라 명목이자율이 상승하는데 기대인플레이션율과 명목이자율 간의 일대일 대응관계를 피셔효과라고 한다. 이때 주의할 것은 통화량이 증가하더라도 위와 같은 경우에는 명목이자율이 하락하지 않고 상승 가능하다는 것이다.

PART • 05

3 먼델-토빈 효과

만일 위의 가정과는 달리 실질이자율이 변화할 경우에는 피셔효과가 성립하지 않게 된다. 즉 기대인플레이션율이 변화하더라도 명목이자율 간의 일대일 관계는 성립하지 않는다. 예를 들어 기대인플레이션율이 상승할 경우에는 명목자산에 대한 수요가 감소하고 실물자산에 대한 수요가 증가할 수 있다. 실물자산 수요 증가로 인해 실물자산의 가격이 상승하면서 실물자산의 공급이 늘어나 실물자산량이 증가하면 자본의 한계생산성이 하락한다.

자본의 한계생산성은 실질이자율을 의미하므로 자본의 한계생산성 하락은 실질이자율이 하락함을 나타낸다. 정리하면, 인플레이션 상승 시, 실질이자율이 감소하여 투자가 증가할 수 있는데 이를 먼델-토빈 효과라고 한다.

4 다비효과

지금까지는 자산의 수익률 분석에 있어서 조세를 고려하지 않았다. 만일 조세를 명시적으로 고려하는 경우에는 조세에 의하여 수익률이 하락하게 되므로 이를 거래에 반영하여 약속된 수익률을 상승시킬 수 있는데 이를 다비효과라고 한다.

5 화폐수익률 vs 채권수익률

1) 화폐수익률

화폐보유의 명목수익률은 0이므로, 피셔방정식 $i_t = r_t + \pi_t^e$ 에 따르면 화폐보유의 실질수익률은 $-\pi_t^e$ 이 된다.

2) 채권수익률

채권보유의 명목수익률 i_t이므로, 피셔방정식 $i_t = r_t + \pi_t^e$ 에 따르면, 채권보유의 실질수익률은 $i_t - \pi_t^e$ 가 된다.

3) 수익률 차이

채권보유의 실질수익률 $i_t - \pi_t^e$ 은 화폐보유의 실질수익률 $-\pi_t^e$ 보다 i_t 만큼 높다.

6 세전수익률 vs 세후수익률

1) 세전수익률

은행예금의 세전 명목수익률은 i_t이므로, 피셔방정식 $i_t = r_t + \pi_t^e$ 에 따르면, 은행예금의 세전 실질수익률은 $i_t - \pi_t^e$ 가 된다.

2) 세후수익률

은행예금의 세후 명목수익률은 $i_t(1-t)$ 이므로, 피셔방정식 $i_t = r_t + \pi_t^e$ 에 따르면 은행예금의 세후 실질수익률 $i_t(1-t) - \pi_t^e$ 가 된다.

3) 수익률 차이

은행예금의 세후 실질수익률 $i_t(1-t) - \pi_t^e$ 는 은행예금의 세전 실질수익률 $i_t - \pi_t^e$ 보다 $i_t t$ 만큼 낮다.

필수예제

실질이자율이 가장 높은 것은? ▸ 2016년 감정평가사

① 명목이자율 = 1%, 물가상승률 = 1%
② 명목이자율 = 1%, 물가상승률 = −10%
③ 명목이자율 = 5%, 물가상승률 = 1%
④ 명목이자율 = 10%, 물가상승률 = 1%
⑤ 명목이자율 = 10%, 물가상승률 = 10%

출제이슈 피셔방정식
핵심해설 정답 ②

피셔방정식은 명목이자율과 실질이자율, 인플레이션율 간의 식으로서 아래와 같다.

명목이자율 i_t = 실질이자율 r_t + 기대인플레이션율 π_t^e

피셔방정식에 의하면, 통화량이 증가하더라도 명목이자율이 하락하지 않고 오히려 상승할 수 있음을 알 수 있다. 즉, 화폐시장에서 통화량이 증가하여 단기적으로 명목이자율이 하락하더라도 인플레이션 기대가 상승할 경우에는 장기적으로 명목이자율이 상승할 수 있다.

만일 실질이자율이 불변인 경우, 기대인플레이션율과 명목이자율 간 일대일 대응관계를 나타내는데 이를 피셔효과라고 한다. 그러나, 예상치 못한 인플레이션으로 인하여 인플레이션율을 예상하기 어려운 경우에는 피셔방정식 및 피셔효과가 성립하기 어렵게 된다.

위의 내용에 따라서 설문을 검토하면 다음과 같다.

① 명목이자율 = 1%, 물가상승률 = 1%
따라서 피셔방정식에 의하면 실질이자율은 명목이자율에서 물가상승률을 차감한 0%가 된다.

② 명목이자율 = 1%, 물가상승률 = −10%
따라서 피셔방정식에 의하면 실질이자율은 명목이자율에서 물가상승률을 차감한 11%가 된다.

③ 명목이자율 = 5%, 물가상승률 = 1%
따라서 피셔방정식에 의하면 실질이자율은 명목이자율에서 물가상승률을 차감한 4%가 된다.

④ 명목이자율 = 10%, 물가상승률 = 1%
따라서 피셔방정식에 의하면 실질이자율은 명목이자율에서 물가상승률을 차감한 9%가 된다.

⑤ 명목이자율 = 10%, 물가상승률 = 10%
따라서 피셔방정식에 의하면 실질이자율은 명목이자율에서 물가상승률을 차감한 0%가 된다.

명목이자율이 15%이고 예상 인플레이션율은 5%이다. 이자소득에 대해 20%의 이자소득세가 부과된다면 세후 실질이자율은? ▸ 2016년 국가직 7급

① 3% ② 5%
③ 7% ④ 9%

출제이슈 피셔방정식과 과세
핵심해설 **정답** ③

실질이자율은 현실적으로 관찰하는 것이 어려우므로 다음과 같이 피셔방정식을 통하여 계산한다.

이때, 과세 여부에 주의해야 한다. 세전의 경우에는 세전명목이자율을 사용하고, 세후의 경우에는 세후명목이자율을 사용하여 세전과 세후의 실질이자율의 구해야 한다. 만일 세율을 t 라고 하면, 세전명목이자율이 i_t 라면, 세후명목이자율은 $i_t(1-t)$ 가 된다. 그리고, 세전이든 세후든 기대인플레이션율은 동일한 것으로 한다. 이를 정리하면 다음과 같다.

1) **피셔방정식** : 명목이자율 i_t = 실질이자율 r_t + 기대인플레이션율 π_t^e
2) **세전의 경우** : 세전명목이자율 i_t = 세전실질이자율 r_t + 기대인플레이션율 π_t^e
   따라서 세전실질수익률은 $i_t - \pi_t^e$ 가 된다.
3) **세후의 경우** : 세후명목이자율 $i_t(1-t)$ = 세후실질이자율 r_t + 기대인플레이션율 π_t^e
   따라서 세후실질수익률 $i_t(1-t) - \pi_t^e$ 가 된다.

설문에서 주어진 자료를 이용하여 세후실질이자율을 구하면 다음과 같다.

설문에서 세전명목이자율 $i_t = 0.15$, 기대인플레이션율 $\pi_t^e = 0.05$, 소득세율은 20%로 주어졌다.

1) 먼저 세후명목이자율은 $i_t(1-t) = 0.15(1-0.2) = 0.12$가 된다.
2) 따라서 세후실질이자율은 $i_t(1-t) - 0.05 = 0.15(1-0.2) - 0.05 = 0.12 - 0.05 = 0.07$이 된다.

철수는 서울은행에 저축을 하려고 한다. 저축예금의 이자율이 1년에 10%이고, 물가상승률은 1년에 5%이다. 이자소득에 대한 세율은 50%가 부과된다고 하자. 이때 피셔(Fisher)가설에 따를 경우 이 저축예금의 '실질 세후'(real after tax) 이자율은? ▸ 2015년 서울시 7급

① 0% ② 2.5% ③ 5% ④ 15%

출제이슈 피셔방정식과 과세

핵심해설 **정답** ①

실질이자율은 현실적으로 관찰하는 것이 어려우므로 다음과 같이 피셔방정식을 통하여 계산한다.

이때, 과세 여부에 주의해야 한다. 세전의 경우에는 세전명목이자율을 사용하고, 세후의 경우에는 세후명목이자율을 사용하여 세전과 세후의 실질이자율을 구할 수 있다. 만일 세율을 t라고 하면, 세전명목이자율이 i_t라면, 세후명목이자율은 $i_t(1-t)$가 된다. 그리고, 세전이든 세후든 기대인플레이션율은 동일한 것으로 한다. 이를 정리하면 다음과 같다.

1) 피셔방정식 : 명목이자율 i_t = 실질이자율 r_t + 기대인플레이션율 π_t^e
2) 세전의 경우 : 세전명목이자율 i_t = 세전실질이자율 r_t + 기대인플레이션율 π_t^e
   따라서 세전실질수익률은 $i_t-\pi_t^e$ 가 된다.
3) 세후의 경우 : 세후명목이자율 $i_t(1-t)$ = 세후실질이자율 r_t + 기대인플레이션율 π_t^e
   따라서 세후실질수익률 $i_t(1-t)-\pi_t^e$ 가 된다.

설문에서 주어진 자료를 이용하여 세후실질이자율을 구하면 다음과 같다.

설문에서 세전명목이자율 $i_t=0.1$, 기대인플레이션율 $\pi_t^e=0.05$, 소득세율은 50%로 주어졌다.

1) 먼저 세후명목이자율은 $i_t(1-t)=0.1(1-0.5)=0.05$가 된다.
2) 따라서 세후실질이자율은 $i_t(1-t)-\pi_t^e=0.1(1-0.5)-0.05=0.05-0.05=0$이 된다.

먼델-토빈효과에 따르면, 기대인플레이션율이 상승할 경우 옳은 것은? ▸ 2013년 국가직 7급 ① 명목이자율이 하락한다. ② 화폐수요가 감소한다. ③ 투자가 감소한다. ④ 실질이자율이 상승한다.

출제이슈 피셔효과와 먼델-토빈효과

핵심해설 **정답 ②**

피셔방정식은 명목이자율과 실질이자율, 인플레이션율 간의 식으로서 아래와 같다.

명목이자율 i_t = 실질이자율 r_t + 기대인플레이션율 π_t^e

피셔방정식에 의하면, 통화량이 증가하더라도 명목이자율이 하락하지 않고 오히려 상승할 수 있음을 알 수 있다. 즉, 화폐시장에서 통화량이 증가하여 단기적으로 명목이자율이 하락하더라도 인플레이션 기대가 상승할 경우에는 장기적으로 명목이자율이 상승할 수 있다.

만일 실질이자율이 불변인 경우, 기대인플레이션율과 명목이자율 간 일대일 대응관계를 나타내는데 이를 피셔효과라고 한다. 그러나, 만일 실질이자율이 변화하는 경우에는 기대인플레이션율이 변화하더라도 명목이자율 간의 일대일 관계는 성립하지 않는다. 특히, 기대인플레이션율이 상승하는 경우 실질이자율이 하락하여 투자가 증가하게 되는데 이를 먼델-토빈효과라고 한다.

먼델-토빈효과에 의하면 기대인플레이션율이 상승할 경우 명목자산(화폐)에 대한 수익률이 하락하므로 명목자산에 대한 수요가 감소하고 대신 실물자산에 대한 수요가 증가한다. 이는 실물자산 가격의 상승으로 이어져서 실물자산의 공급이 증가한다. 이에 따라 자본의 한계생산성이 하락하게 되므로 실질이자율은 하락한다. 결국 기대인플레이션율의 상승으로 실질이자율이 하락하여 투자가 증가하게 되는 것이다.

위의 내용에 따라서 설문을 검토하면 다음과 같다.

① 틀린 내용이다.
먼델-토빈효과에 의하면, 기대인플레이션율이 상승하는 경우 실질이자율이 하락하므로 틀린 내용이다.

② 옳은 내용이다.
먼델-토빈효과에 의하면, 기대인플레이션율이 상승할 경우 명목자산(화폐)에 대한 수익률이 하락하므로 명목자산(화폐)에 대한 수요가 감소하고 대신 실물자산에 대한 수요가 증가한다.

③, ④ 모두 틀린 내용이다.
먼델-토빈효과에 의하면, 기대인플레이션율이 상승할 경우 명목자산(화폐)에 대한 수익률이 하락하므로 명목자산(화폐)에 대한 수요가 감소하고 대신 실물자산에 대한 수요가 증가한다. 이는 실물자산 가격의 상승으로 이어져서 실물자산의 공급이 증가한다. 이에 따라 자본의 한계생산성이 하락하게 되므로 실질이자율은 하락한다. 결국 기대인플레이션율의 상승으로 실질이자율이 하락하여 투자가 증가하는 것이다.

다음 중 옳은 것을 모두 고른 것은? (단, 피셔효과가 성립한다.) ▸ 2015년 감정평가사

ㄱ. 실질이자율은 명목이자율에서 인플레이션율을 뺀 것이다.
ㄴ. 예상보다 높은 인플레이션율은 채무자에게 유리하고 채권자에게는 불리하다.
ㄷ. 예상되는 미래인플레이션율의 상승은 예상되는 실질이자율을 상승시킨다.

① ㄱ ② ㄴ ③ ㄱ, ㄴ
④ ㄱ, ㄷ ⑤ ㄴ, ㄷ

출제이슈 피셔방정식, 피셔효과, 먼델-토빈효과

핵심해설 정답 ③

피셔방정식은 명목이자율과 실질이자율, 인플레이션율 간의 식으로서 아래와 같다.

명목이자율 i_t = 실질이자율 r_t + 기대인플레이션율 π_t^e

피셔방정식에 의하면, 통화량이 증가하더라도 명목이자율이 하락하지 않고 오히려 상승할 수 있음을 알 수 있다. 즉, 화폐시장에서 통화량이 증가하여 단기적으로 명목이자율이 하락하더라도 인플레이션 기대가 상승할 경우에는 장기적으로 명목이자율이 상승할 수 있다.

만일 실질이자율이 불변인 경우, 기대인플레이션율과 명목이자율 간 일대일 대응관계를 나타내는데 이를 피셔효과라고 한다. 그러나, 예상치 못한 인플레이션으로 인하여 인플레이션율을 예상하기 어려운 경우에는 피셔방정식 및 피셔효과가 성립하기 어렵게 된다.

위의 내용에 따라서 설문을 검토하면 다음과 같다.

ㄱ. 옳은 내용이다.
피셔방정식은 명목이자율과 실질이자율, 인플레이션율 간의 식으로서 실질이자율은 명목이자율에서 인플레이션율을 뺀 것이다.

ㄴ. 옳은 내용이다.
예상하지 못한 인플레이션으로 인하여 화폐의 가치가 하락하게 되므로 고정된 금전소비대차금액을 지불하는 측인 채무자는 실질이자율의 하락으로 이득을 보고 지불받는 측인 채권자는 실질이자율의 하락으로 손해를 본다. 따라서 인플레이션으로 인해서 채권자에게서 채무자에게로 소득재분배가 나타난다. 참고로 기대인플레이션율이 상승하는 경우 명목이자율이 일정할 때, 실질이자율이 하락하게 되는데 이를 먼델-토빈효과라고 한다.

ㄷ. 틀린 내용이다.
본 설문을 단순히 피셔방정식 차원에서 풀면 다음과 같다.
피셔방정식은 "명목이자율 i_t = 실질이자율 r_t + 기대인플레이션율 π_t^e"이므로 예상되는 미래인플레이션의 상승은 단순히 기계적으로 계산되어 나오는 실질이자율의 하락으로 이어짐을 알 수 있다.

그러나 이를 좀더 엄밀하게 피셔효과와 먼델-토빈효과 차원에서 풀면 다음과 같다.

1) 만일 실질이자율이 불변인 경우, 기대인플레이션율과 명목이자율 간 일대일 대응관계를 나타내는데 이를 피셔효과라고 한다. 따라서 예상되는 미래인플레이션율의 상승은 명목이자율을 상승시킨다.

2) 만일 실질이자율이 변화하는 경우에는 기대인플레이션율이 변화하더라도 명목이자율 간의 일대일 관계는 성립하지 않는다. 특히, 기대인플레이션율이 상승하는 경우 명목이자율이 일정할 때, 실질이자율이 하락하여 투자가 증가하게 되는데 이를 먼델-토빈 효과라고 한다. 따라서 예상되는 미래인플레이션율의 상승은 실질이자율을 하락시킨다.

THEME 04 인플레이션과 디플레이션

1 디플레이션의 정의

인플레이션이 물가수준이 지속적으로 "상승"하는 현상을 의미한다면, 반면 디플레이션(deflation)은 물가수준이 지속적으로 "하락"하는 현상을 의미한다. 구별할 개념으로 디스인플레이션(disinflation)이란 물가상승률의 하락으로서 반인플레이션정책 혹은 물가억제정책에서 사용하는 개념이다.

2 디플레이션의 발생원인

1) 공급 측 요인

기술진보와 생산성의 향상으로 인하여 생산비용이 하락하면 총공급곡선이 우측으로 이동하면서 국민소득은 증가하고 물가는 하락한다.

2) 수요 측 요인

투자가 감소하거나 통화공급이 감소하여 총수요가 감소하면 총수요곡선이 좌측으로 이동하면서 국민소득은 감소하고 물가는 하락한다. 특히 1930년대 대공황 시기에 소비와 투자가 감소하고 통화공급도 감소하면서 총수요가 감소하였고 이때, 미국의 소비자물가는 20% 이상 하락하고 실질총생산도 30% 감소한 바 있다.

3 디플레이션의 비용(효과)

1) 소비 연기와 총수요 위축

현실의 디플레이션으로 인하여 소비자들에게 디플레이션 기대가 발생할 경우 소비자들은 앞으로 물가가 하락할 것으로 생각하기 때문에 지금 소비하기보다는 미래로 소비를 연기시키게 된다. 이로 인해서 현재의 총수요는 더욱 위축된다.

2) 부채디플레이션 발생

앞에서 예상치 못한 인플레이션으로 인하여 채권자가 손해를 보고 채무자가 이득을 봄을 살펴보았다. 디플레이션의 경우 이와는 반대로 채무자가 손해를 보고 채권자가 이득을 보게 된다. 특히 디플레이션으로 인해 채무자의 부담이 가중되어 부도가능성이 증가하면, 금융기관이 부실화되고 결국 금융기관에 의한 자금공급이 줄어들어 금융시장에서 자금조달이 어려워져서 총수요가 감소한다. 이렇게 감소된 총수요는 디플레이션을 더욱 가중시키게 된다. 디플레이션이 신용경색을 가져오고 이는 또다시 디플레이션을 심화시키게 되는데 이와 같은 디플레이션-신용경색-디플레이션의 현상을 부채-디플레이션이라고 한다.

3) 통화정책의 작동에 문제 초래

앞에서 인플레이션으로 인하여 인플레이션 기대가 형성되면 실질이자율이 하락함을 살펴보았다. 반면 디플레이션으로 인하여 디플레이션 기대가 형성되면 실질이자율이 상승하게 된다. 실질이자율의 상승으로 소비, 투자가 감소하여 총수요가 감소한다.

만일 실질이자율의 상승이 상당히 클 경우, 중앙은행이 통화공급을 증가시켜 명목이자율을 낮추더라도 명목이자율 "0"의 하한 제약으로 인하여 실질이자율 하락에 한계가 발생한다. 따라서 통화정책을 통해서 총수요를 증가시키기 어렵게 되어 결국 디플레이션으로 인하여 통화정책의 효과가 나타나지 않는 문제가 발생할 수 있다.

따라서 디플레이션이 만연할 경우에는 전통적인 통화정책으로는 총수요를 효과적으로 증대시키기 어렵기 때문에 양적완화(quantitative easing)와 같은 비전통적인 통화정책을 사용할 수도 있다. 디플레이션이 예상되거나 만연한 경우에 명목이자율을 사실상 0으로 수렴하도록 통화정책을 집행하면서 정부에서 직접 장기채권 등을 매입하여 예외적으로 통화량을 늘리는 것을 양적완화라고 한다. 양적완화를 통해서 디플레이션 기대가 감소하고 인플레이션 기대가 형성될 경우 실질이자율이 하락하면서 총수요가 증가하여 디플레이션을 탈출할 수 있다.

필수예제

디플레이션(deflation)이 경제에 미치는 효과로 볼 수 없는 것은? ▸ 2016년 국가직 9급

① 고정금리의 경우, 채무자의 실질 채무부담이 증가한다.
② 명목이자율이 일정할 때 실질이자율이 내려간다.
③ 명목연금액이 일정할 때 실질연금액은 증가한다.
④ 디플레이션이 가속화될 것이라는 예상은 화폐수요를 증가시킨다.

출제이슈 디플레이션의 효과(비용)
핵심해설 **정답** ②

인플레이션이 물가수준이 지속적으로 "상승"하는 현상이라면 디플레이션은 물가수준이 지속적으로 "하락"하는 현상을 의미한다.

디플레이션의 원인은 먼저 공급 측 요인으로서 생산성의 향상으로 인하여 생산비용이 하락하는 경우 총공급곡선이 우측으로 이동하여 물가가 하락하게 된다. 그리고 수요 측 요인으로서 투자감소, 통화공급 감소 등으로 인한 총수요가 감소하여 총수요곡선이 좌측으로 이동하는 경우 물가가 하락한다.

디플레이션의 비용(효과)은 다음과 같다.

1) 디플레이션과 부와 소득의 재분배
인플레이션으로 인하여 채권자는 손해를 보고, 채무자는 실질 채무부담이 감소하여 이익을 보게 된다. 반대로 디플레이션으로 인하여 채권자는 이익을 보고, 채무자는 실질 채무부담이 증가하여 손해를 보게 된다. 고정급여 근로자는 이익을 보고, 급여지급기업은 손해를 본다.

2) 소비 연기와 총수요 위축
디플레이션으로 인하여 소비자들은 미래로 소비를 연기시키고 이로 인해 총수요는 더욱 위축된다.

3) 실질이자율 상승
① 물가가 하락할 것이라는 디플레이션 기대는 화폐에 대한 수요를 증가시킨다.
② 따라서 디플레이션 기대가 형성되면 실질이자율이 상승하고, 투자가 감소한다.
③ 만일 실질이자율의 상승이 상당히 클 경우, 중앙은행이 통화공급을 증가시켜 명목이자율을 낮추더라도 명목이자율 "0"의 하한 제약으로 인하여 실질이자율 하락에 한계가 발생한다.
④ 따라서 통화정책을 통해서는 총수요를 증가시키기 어렵게 된다.
⑤ 결국 디플레이션으로 인하여 통화정책의 효과가 나타나지 않는 문제점이 생긴다.

4) 부채디플레이션의 발생

① 디플레이션으로 인하여 채무자는 손해, 채권자는 이익을 보게 된다.

② 채무자 부담가중으로 부도가능성이 증가하면, 이에 따라 금융기관이 부실화되고 결국 자금공급이 줄어들어서 금융시장에서 자금조달이 어려워져서 총수요가 감소한다.

③ 감소된 총수요는 디플레이션을 더욱 심화시킨다.

④ 디플레이션-신용경색-디플레이션을 부채-디플레이션이라고 한다.

위의 내용에 따라서 설문을 검토하면 다음과 같다.

① 옳은 내용이다.
인플레이션으로 인하여 채권자는 손해를 보고, 채무자는 실질 채무부담이 감소하여 이익을 보게 된다. 반대로 디플레이션으로 인하여 채권자는 이익을 보고, 채무자는 실질 채무부담이 증가하여 손해를 보게 된다. 따라서 고정금리의 경우라면 채무자의 실질 채무부담이 가중된다.

② 틀린 내용이다.
물가가 하락할 것이라는 디플레이션 기대는 화폐에 대한 수요를 증가시키고 실물자산에 대한 수요를 감소시킨다. 디플레이션 기대가 형성되면 명목자산(화폐)에 대한 수익률이 상승하므로 명목자산에 대한 수요가 증가하고 대신 실물자산에 대한 수요가 감소한다. 이는 실물자산 가격의 하락으로 이어져서 실물자산의 공급이 감소한다. 이에 따라 자본의 한계생산성이 상승하게 되므로 실질이자율은 상승한다.

특히 지문에서 명목이자율이 일정한 경우라면 피셔방정식에서 디플레이션으로 인한 예상물가상승률의 감소를 고려하면, 실질이자율이 상승하는 것을 쉽게 알 수 있다. 따라서 명목이자율이 일정할 때 실질이자율이 내려간다는 것은 잘못된 설명이다.

③ 옳은 내용이다.
명목연금액은 일정하더라도 디플레이션으로 인해 물가가 하락하므로 결국 실질연금액은 증가한다.

④ 옳은 내용이다.
물가가 하락할 것이라는 디플레이션 기대는 실물자산보다는 화폐자산에 대한 수요를 증가시킨다. 반대로 물가가 상승할 것이라는 인플레이션 기대는 화폐자산보다는 실물자산에 대한 수요를 증가시킨다. 왜냐하면, 인플레이션 하에서는 화폐가치가 하락하고 디플레이션 하에서는 화폐가치가 상승하기 때문이다.

THEME 05 인플레이션과 실업률(국민소득) : 필립스곡선

1 의의

1) 명목임금상승률과 실업률 간의 관계

뉴질랜드 경제학자 필립스는 영국의 명목임금상승률과 실업률 간 산포도를 통해서 둘 간에 부의 관계가 있다는 것을 발견하였다. 실업률이 낮으면 노동시장에서 초과수요가 있다는 것을 의미하며 이로 인해서 임금이 빠르게 상승하게 됨을 의미한다. 명목임금상승률과 실업률 간의 부의 관계를 나타내는 곡선을 필립스곡선이라고 한다.

2) 인플레이션율과 실업률 간의 관계

명목임금상승률-실업률 이외에 인플레이션율-실업률도 역시 부의 상관관계가 있음이 발견되었다. 따라서 필립스곡선은 인플레이션과 실업의 관계를 나타내는 것으로 해석할 수 있다.

3) 인플레이션과 국민소득 간의 관계

실업률을 오쿤의 법칙에 따라서 국민소득으로 치환할 경우 인플레이션과 실업 간 부의 관계는 인플레이션과 국민소득 간 정의 관계로 변형할 수 있다. 따라서 필립스곡선은 인플레이션과 국민소득의 관계를 나타내는 것으로도 해석할 수 있다.

2 발견과 해석

1) 실증적 발견

필립스는 영국의 실증자료를 분석하여 명목임금상승률과 실업률 간의 관계를 도출하였다. 이렇게 필립스곡선이 처음 발견되었을 때는 이론적 근거 없이 단지 경험적이고 실증적인 사실관계에서 출발하였다. 인플레이션율과 실업률 간의 부의 관계를 실업률-인플레이션율 평면에 기하적으로 표시하면 다음의 그래프와 같다. 아래는 특히 단기에 있어서 필립스곡선(SPC)을 나타낸다.

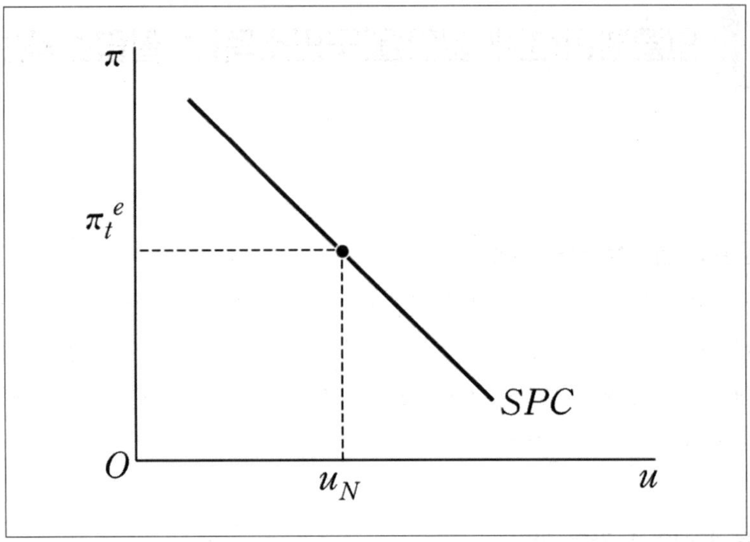

그림 10-1 필립스곡선

2) 논리적 해석

필립스곡선을 경제논리에 따라서 해석하면 다음과 같다. 인플레이션율이 상승하면 실질임금은 하락하게 된다. 실질임금의 하락으로 인해 노동시장에서 수요가 증가하여 고용이 증가한다. 고용증가는 실업률 하락을 가져온다. 따라서 인플레이션율과 실업률 간에는 부의 관계에 있음을 알 수 있다.

3 정책적 함의

1) 반인플레이션의 비용

인플레이션과 실업률 간 부의 관계에 따르면, 정책당국이 실업률을 낮추려고 할 경우 인플레이션율이 상승할 것이고, 인플레이션율을 낮추려고 할 경우 실업률이 상승할 것이다. 즉 실업률을 낮추려는 정책은 인플레이션율의 상승을 유발하고 반대로 인플레이션율을 낮추려는 정책은 실업률 상승을 유발하게 된다. 따라서 인플레이션율과 실업률을 동시에 낮추는 것은 불가능함을 알 수 있다.

2) 정책당국의 제약조건

정책당국의 목표는 완전고용과 물가안정이라고 할 수 있다. 그런데 필립스곡선에서 의미하는 대로 인플레이션율과 실업률을 동시에 낮추는 것은 불가능하며 인플레이션을 낮추려고 하면 실업률의 상승이라는 비용을 감수해야 한다. 따라서 필립스곡선은 완전고용과 물가안정을 추구하는 정책당국에게 있어서 감내해야만 하는 제약조건이 된다.

4 필립스곡선과 스태그플레이션

실증분석자료에 의하면 1960년대까지는 필립스곡선에 의한 인플레이션과 실업률 간의 부의 상관관계가 안정적으로 성립되고 있었다. 그러나 1970년대 발생한 스태그플레이션으로 인해 인플레이션율과 실업률 간의 안정적 부의 상관관계가 파괴되고 그 둘이 모두 상승하는 현상이 발생하였다. 이에 따라서 우하향하는 필립스곡선에 대한 의문이 제기되고 이를 풀어내기 위한 노력이 전개되었다.

즉, 우하향하는 필립스곡선은 단기에서만 성립하는 안정적인 관계로 보고 장기에는 안정적 관계가 소멸한다고 볼 수 있다. 이 경우 장기의 관계는 단기의 필립스곡선이 이동하면서 새로운 균형점을 만들어 내는 것으로 해석할 수 있다. 그렇다면 단기필립스곡선이 이동하는 이유는 무엇인가? 이에 대하여 프리드만과 펠프스는 기대인플레이션율의 변화가 필립스곡선을 이동시킬 수 있다고 하며 기대가 부가된 필립스곡선(expectation augmented Phillips curve)을 도입하였다.

먼저, 기대가 없는 필립스곡선을 간단히 표시하면 다음과 같다.

$$\pi_t = -b(u_t - u_N)$$

(단, π_t, u_t, u_N 은 각각 물가상승률, 실제실업률, 자연실업률이며 $b > 0$)

이제 프리드만과 펠프스의 견해대로 기대인플레이션율을 도입해보자. 인플레이션이 극심한 시기에는 기대인플레이션율도 커질 것이므로 단순히 실제인플레이션율과 기대인플레이션율이 비례하도록 다음과 같이 표시할 수 있다.

$$\pi_t = \pi_t^e - b(u_t - u_N)$$

(단, π_t^e, π_t, u_t, u_N 은 각각 기대인플레이션율, 물가상승률, 실제실업률, 자연실업률이며 $b > 0$)

위의 필립스곡선은 물가상승에 대한 예상 혹은 기대가 첨가되었다는 의미에서 기대가 부가된 필립스곡선이라고 불리운다.

5 필립스곡선의 도출

앞에서 실업률을 오쿤의 법칙에 따라서 국민소득으로 치환할 경우 인플레이션과 실업 간 부의 관계는 인플레이션과 국민소득 간 정의 관계로 변형할 수 있음을 살펴보았다. 이를 이용하면 다음과 같이 단기총공급곡선과 오쿤의 법칙을 통해서 필립스곡선을 도출할 수 있다.

1) 단기총공급곡선

① AS : $Y = Y_N + \alpha(P - P^e)$

② P 에 대하여 정리 : $P = P^e + \frac{1}{\alpha}(Y - Y_N)$

③ 시간을 고려 : $P_t = P_t^e + \frac{1}{\alpha}(Y_t - Y_N)$

④ 공급충격을 포함 : $P_t = P_t^e + \frac{1}{\alpha}(Y_t - Y_N) + \epsilon_t$

⑤ 물가 대신 인플레이션을 고려 : $P_t - P_{t-1} = P_t^e - P_{t-1} + \frac{1}{\alpha}(Y_t - Y_N) + \epsilon_t$

$P_t = P_t^e + \frac{1}{\alpha}(Y_t - Y_N) + \epsilon_t$의 양변에서 P_{t-1} 을 차감

⑥ 로그차분 및 인플레이션율을 이용하여 표현 : $\pi_t = \pi_t^e + \beta(Y_t - Y_N) + \epsilon_t$

2) 오쿤의 법칙

① $(g_t - g_N) = -b_1(u_t - u_N)$

② $(Y_t - Y_N) = -b_2(u_t - u_N)$

③ $\beta(Y_t - Y_N) = -b(u_t - u_N)$

3) 필립스곡선

위에서 살펴본 단기총공급곡선과 오쿤의 법칙을 동시에 고려하면 다음과 같다.

단기총공급곡선 : $\pi_t = \pi_t^e + \beta(Y_t - Y_N) + \epsilon_t$
오쿤의 법칙 : $\beta(Y_t - Y_N) = -b(u_t - u_N)$

이제 $\beta(Y_t - Y_N) = -b(u_t - u_N)$을 단기총공급곡선에 대입하면 다음과 같은 필립스곡선이 도출된다.

$$\pi_t = \pi_t^e - b(u_t - u_N) + \epsilon_t$$

6 단기필립스곡선과 장기필립스곡선

1) 단기필립스곡선

단기에는 물가에 대한 정보의 불완전성으로 인해 노동자들은 실제물가상승률을 알지 못해서 기대물가상승률에 의해 의사결정을 할 수밖에 없으며 이러한 사정이 총공급곡선에 반영되어 총공급곡선이 우상향하는 것으로 나타난다. 소득과 물가 평면에서 우상향하는 총공급곡선은 실업률과 인플레이션율 평면에서 우하향하는 필립스곡선을 의미한다. 특히 이때 우하향하는 필립스곡선은 단기의 필립스곡선으로서 기대물가상승률에 따라서 필립스곡선의 위치가 결정된다.

단기필립스곡선 : $\pi_t = \pi_t^e - b(u_t - u_N) + \epsilon_t$

참고로 단기필립스곡선을 살펴보면 물가상승률 π_t는 π_t^e, $(u_t - u_N)$, ϵ_t에 의하여 결정됨을 알 수 있다. 첫째, 인플레이션은 $(u_t - u_N)$에 의하여 발생하는데 이는 총수요가 증가하여 호황이 되면 실업률이 자연실업률보다 낮아지기 때문에 물가가 상승하는 것으로 해석할 수 있다. 즉 수요견인 인플레이션을 의미한다.

둘째, 인플레이션은 ϵ_t에 의하여 발생하는데 이는 불리한 공급 측 충격이 오면 기업의 생산비용이 증가하여 결국 상품의 가격이 상승하여 물가가 상승하는 것으로 해석할 수 있다. 즉 비용인상 인플레이션을 의미한다.

셋째, 인플레이션은 π_t^e에 의하여 발생하는데 이는 물가가 더욱 상승하리라고 기대를 하면 노동자 측에서는 물가상승으로 실질임금이 하락할 것을 염려하여 미리부터 명목임금의 상승을 요구하게 된다. 이로 인해 명목임금이 상승하면 기업의 생산비용이 증가하므로 결국 상품의 가격이 상승하여 물가가 상승하는 것으로 해석할 수 있다. 즉 임금이 오르면 물가가 오르고 물가가 오르면 또 임금이 오르는 Wage-Price spiral에 의한 인플레이션을 의미한다.

2) 장기필립스곡선

단기와는 달리 장기에는 노동자와 기업의 물가상승률에 대한 기대가 정확하므로, 실제물가상승률을 반영할 수 있어서 기대물가상승률과 실제물가상승률이 일치한다. 이런 경우 필립스곡선은 자연실업률 수준에서 수직인 형태가 되는데 이러한 필립스곡선을 장기필립스곡선이라고 한다.

장기필립스곡선 : $u_t = u_N$ (단, $\pi_t = \pi_t^e$)

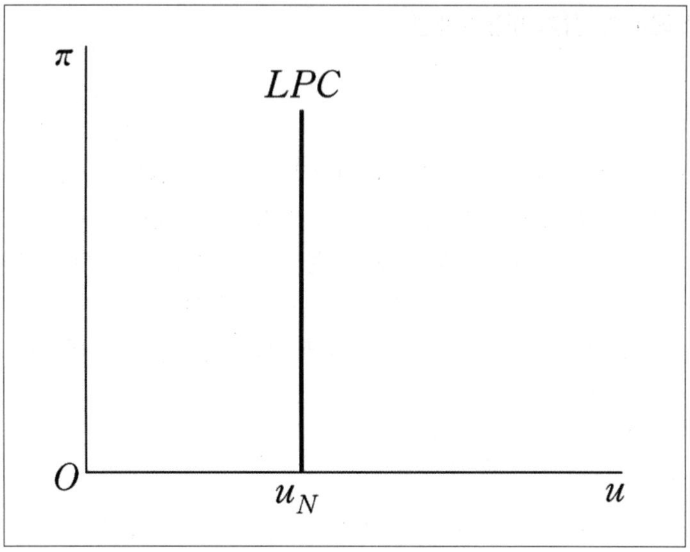

그림 10-2 장기필립스곡선

7 필립스곡선과 총공급곡선

필립스곡선은 인플레이션율(명목임금상승률)과 실업률 간에 단기적으로 부의 상관관계에 있음을 나타내는 곡선이다. 오쿤의 법칙을 적용할 경우, 필립스곡선은 총공급곡선을 의미한다. 즉, 필립스곡선이 인플레이션과 실업의 분석이라면, 총공급곡선은 물가와 소득(산출)의 분석이다.

만일 단기총공급곡선이 가파르다면, 물가가 상승하는 경우 산출의 증가가 크지 않은 경우이므로 이를 단기필립스곡선에서 해석하면, 물가가 상승하는 경우 실업률의 감소가 크지 않은 경우라고 할 수 있다. 따라서 물가가 상승하면 실업률이 감소하는데 만일 물가가 상승해도 실업률이 많이 감소하지 않는다면, 단기필립스곡선은 가파르다고 할 수 있다. 정리하자면, 단기총공급곡선이 가파를수록 단기필립스곡선도 가파르다. 극단적으로 장기에 총공급곡선이 완전고용산출량 수준에서 수직이면 장기에 필립스곡선도 자연실업률 수준에서 수직이 된다.

필수예제

인플레이션율과 실업률에 대한 설명으로 옳은 것은? ▶ 2015년 국가직 9급

① 단기필립스곡선에 따르면 인플레이션율과 실업률은 양(+)의 관계에 있다.
② 인플레이션율과 실업률은 장기적으로 양(+)의 관계에 있지만 단기적으로는 음(−)의 관계에 있다.
③ 스태그플레이션은 인플레이션율이 높아지면서 실업률이 높아지는 현상이다.
④ 인플레이션율과 실업률이 동시에 높아지는 현상은 장기필립스곡선의 이동으로 설명할 수 있다.

출제이슈 필립스곡선
핵심해설 정답 ③

경제학자 필립스에 의하면 필립스곡선은 원래 명목임금상승률과 실업률 간에 부의 상관관계에 있음을 나타내는 곡선이다. 이후 필립스곡선은 인플레이션율과 실업률 간에 부의 상관관계를 나타내는 것으로 발전하였다. 단기필립스곡선은 인플레이션율(명목임금상승률)과 실업률 간에 단기적으로 부의 상관관계에 있음을 나타내는 곡선이다. 장기에는 노동자와 기업의 물가상승률에 대한 기대가 정확하므로, 실제물가상승률을 반영할 수 있어서 기대물가상승률과 일치한다. 이런 경우 필립스곡선은 자연실업률 수준에서 수직인 형태가 되는데 이를 장기필립스곡선이라고 한다.

설문을 검토하면 다음과 같다.

① 틀린 내용이다.
필립스곡선은 인플레이션율(명목임금상승률)과 실업률 간에 단기적으로 부의 상관관계에 있음을 나타내는 곡선이다. 오쿤의 법칙을 적용할 경우, 필립스곡선은 총공급곡선을 의미한다. 즉, 필립스곡선이 인플레이션과 실업의 분석이라면, 총공급곡선은 물가와 소득(산출)의 분석이다.

② 틀린 내용이다.
물가에 대한 예상이 노동시장과 총생산에 큰 영향을 미칠 수 있음을 고려하면 필립스곡선도 기대를 반영하여 $\pi_t = \pi_t^e - b(u_t - u_N)$와 같이 표현할 수 있다. 이를 기대가 부가된 필립스곡선이라고 한다. 특히 이는 적응적 기대가 반영된 것으로서 프리드만과 펠프스에 의하여 개발되었다.

그런데 장기에는 노동자와 기업의 물가상승률에 대한 기대가 정확하므로, 기대물가가 실제물가상승률을 반영할 수 있어서 기대물가상승률과 실제물가상승률이 일치한다. 즉, $\pi_t = \pi_t^e$가 되므로 결국 $u_t = u_N$이 된다. 이때의 필립스곡선은 자연실업률 수준에서 수직이며 이를 장기필립스곡선이라고 한다. 장기적으로 실업률은 자연실업률 수준에서 머물지만, 인플레이션율은 통화량 증가율에 따라서 상승 혹은 하락할 수 있다. 따라서 틀린 내용이다.

참고로 적응적 기대는 기대형성 방식 중의 하나로서 다음과 같다.
적응적 기대(adaptive expectation)란 경제주체들이 예상을 함에 있어서 과거 예측오차의 일부를 반영하

여 새로운 기대를 형성하는 방식을 의미한다. 예를 들어 과거의 물가예상에 있어서 기대인플레이션율이 3%이고, 실제인플레이션율이 5%라고 하면 예측오차가 2%가 된다. 이제 새로운 물가예상에 있어서 적응적 기대를 사용한다면, 이 경제주체는 과거의 기대인플레이션율 3%에 예측오차 2%의 일부를 반영하여 3%에서 5% 사이로 예상물가를 결정할 것이다. 이를 수식으로 나타내면 다음과 같다.

$P^e{}_{t+1} = P^e{}_t + \theta(P_t - P^e{}_t)$ (단, $0 \leq \theta \leq 1$)

$P^e{}_{t+1}$: t기에 예상하는 $t+1$기의 예상물가

$P^e{}_t$: $t-1$기에 예상한 t기의 예상물가

θ : 예측오차의 반영비율

P_t : t기의 실제물가

③ 옳은 내용이다.
유가 상승, 원자재 가격 상승 등 불리한 공급충격이 발생할 경우 총공급곡선이 좌상방으로 이동하게 된다. 따라서 물가는 상승하고 생산은 감소하고 실업률은 상승한다. 이를 경기침체 상태에서의 인플레이션이라는 의미로 스태그플레이션이라고 한다. 스태그플레이션을 필립스곡선에서 해석하면, 실업률과 인플레이션율이 동시에 상승하는 현상이다.

④ 틀린 내용이다.
스태그플레이션이 총공급곡선의 좌상방 이동을 의미한다면, 이는 필립스곡선의 우상방 이동과 같은 의미이다. 이는 단기필립스곡선의 이동이며 장기필립스곡선은 불변이다. 장기필립스곡선이 이동하려면 자연실업률이 변화하여야 하며 이는 완전고용총생산의 변동을 의미하며 장기총공급곡선의 이동과 관련이 깊다.

필립스곡선에 대한 설명으로 옳은 것은? ▸ 2016년 지방직 7급

① 물가연동제를 실시하는 고용계약의 비중이 클수록 단기필립스곡선은 더 가파른 기울기를 갖는다.
② 단기필립스곡선이 장기필립스곡선보다 더 가파른 기울기를 갖는다.
③ 자연실업률이 증가하면 필립스곡선은 왼쪽으로 이동한다.
④ 예상 물가상승률이 증가하면 단기필립스곡선은 왼쪽으로 이동한다.

출제이슈 필립스곡선
핵심해설 정답 ①

경제학자 필립스에 의하면 필립스곡선은 원래 명목임금상승률과 실업률 간에 부의 상관관계에 있음을 나타내는 곡선이다. 이후 필립스곡선은 인플레이션율과 실업률 간에 부의 상관관계를 나타내는 것으로 발전하였다. 단기필립스곡선은 인플레이션율(명목임금상승률)과 실업률 간에 단기적으로 부의 상관관계에 있음을 나타내는 곡선이다.

물가에 대한 예상이 노동시장과 총생산에 큰 영향을 미칠 수 있음을 고려하면 필립스곡선도 기대를 반영하여 $\pi_t = \pi_t^e - b(u_t - u_N)$와 같이 표현할 수 있다. 이를 기대가 부가된 필립스곡선이라고 한다. 특히 이는 적응적 기대가 반영된 것으로서 프리드만과 펠프스에 의하여 개발되었다.

기대가 부가된 필립스곡선 $\pi_t = \pi_t^e - b(u_t - u_N)$을 해석하면 다음과 같다.

① 실제 인플레이션 < 기대 인플레이션, 실제 실업률 > 자연실업률
② 실제 인플레이션 = 기대 인플레이션, 실제 실업률 = 자연실업률
③ 인플레이션을 완전히 예상하는 경우 실제실업률 = 자연실업률

특히 ③의 경우는 장기를 의미하는데, 장기에는 노동자와 기업의 물가상승률에 대한 기대가 정확하므로, 기대물가가 실제물가상승률을 반영할 수 있어서 기대물가상승률과 실제물가상승률이 일치한다. 즉, $\pi_t = \pi_t^e$가 되므로 결국 $u_t = u_N$이 된다. 이때의 필립스곡선은 자연실업률 수준에서 수직이며 이를 장기필립스곡선이라고 한다. 장기적으로 실업률은 자연실업률 수준에서 머물지만, 인플레이션율은 통화량증가율에 따라서 상승 혹은 하락할 수 있다.

설문을 검토하면 다음과 같다.

① 옳은 내용이다.
물가연동계약이 도입될 경우 물가상승에 따라서 명목임금이 자연스럽게 상승하게 되어 실질임금이 일정하게 유지된다. 따라서 노동시장에서 균형고용량이 일정하게 유지되어 총공급곡선은 수직이며 필립스곡선도 수직이 된다. 만일 거시경제 단기균형이 장기수준에서 달성된다고 하면 고용은 완전고용량 수준이 되어 실업은 자연실업률을 보이게 된다. 단기에 있어서 물가연동계약을 실시하는 기업이 일국의 경제 내에 많아지게 되면 단기필립스곡선이 장기필립스곡선의 모습에 근접하게 되어 물가연동계약이 없는 경우에 비해 상대적으로 가파른 모습을 보이게 된다. 따라서 옳은 내용이다.

② 틀린 내용이다.
단기필립스곡선은 $\pi_t = \pi_t^e - b(u_t - u_N)$와 같이 우하향하지만, 장기필립스곡선은 $u_t = u_N$ 이 되어 자연실업률 수준에서 수직이다. 따라서 단기보다 장기에서 필립스곡선은 가파르다.

③ 틀린 내용이다.
단기필립스곡선은 $\pi_t = \pi_t^e - b(u_t - u_N)$, 장기필립스곡선은 $u_t = u_N$ 임을 고려할 때, 설문에서처럼 자연실업률이 증가하면 단기 및 장기 필립스곡선 모두 왼쪽이 아니라 오른쪽으로 이동한다. 따라서 틀린 내용이 된다.

④ 틀린 내용이다.
단기필립스곡선은 $\pi_t = \pi_t^e - b(u_t - u_N)$, 장기필립스곡선은 $u_t = u_N$ 임을 고려할 때, 설문에서처럼 예상 물가상승률이 증가하면 단기필립스곡선은 우상방 이동하지만 장기필립스곡선은 불변이다.

필립스곡선에 관한 설명으로 옳은 것을 모두 고른 것은? ▸ 2013년 감정평가사

ㄱ. 원유가격의 상승은 단기필립스곡선을 아래쪽으로 이동시킨다.
ㄴ. 기대인플레이션의 상승은 단기필립스곡선을 아래쪽으로 이동시킨다.
ㄷ. 합리적 기대하에서 예상치 못한 통화정책은 인플레이션율과 실업률의 조합점을 단기필립스곡선 상에서 이동시킨다.
ㄹ. 적응적 기대하에서 통화정책은 인플레이션과 실업률의 조합점을 단기필립스곡선상에서 이동시킨다.

① ㄱ, ㄴ ② ㄱ, ㄷ ③ ㄴ, ㄷ
④ ㄴ, ㄹ ⑤ ㄷ, ㄹ

출제이슈 필립스곡선
핵심해설 정답 ⑤

기대가 부가된 단기필립스곡선 $\pi_t = \pi_t^e - b(u_t - u_N)$은 기대물가상승률이 상승하면 우상방으로 이동하게 된다. 이는 필립스곡선 자체의 이동으로서 필립스곡선상에서의 이동과 구별해야 한다. 재정정책과 통화정책과 같은 총수요관리정책이 시행되면 필립스곡선상에서의 이동으로 나타나지만, 기대물가상승이 변하거나 자연실업률이 변하는 경우에는 필립스곡선 자체의 이동으로 나타난다.

설문을 검토하면 다음과 같다.

ㄱ. 틀린 내용이다.
원유가격의 상승으로 인해 단기필립스곡선은 왼쪽이 아니라 우상방으로 이동한다. 유가 상승, 원자재 가격 상승 등 불리한 공급충격이 발생할 경우 총공급곡선이 좌상방으로 이동하게 된다. 이는 공급측면에서 생산비용의 상승으로 나타나는 것이다. 이로 인해서 물가는 상승하고 생산은 감소하고 실업률은 상승한다. 이를 경기침체 상태에서의 인플레이션이라는 의미로 스태그플레이션이라고 한다. 스태그플레이션을 필립스곡선에서 해석하면, 필립스곡선이 우상방으로 이동하면서 실업률과 인플레이션율이 동시에 상승하는 현상이다.

ㄴ. 틀린 내용이다.
프리드만과 펠프스에 의하면 적응적 기대가 반영된 기대부가 필립스곡선은 $\pi_t = \pi_t^e - b(u_t - u_N)$이며 기대인플레이션의 상승은 필립스곡선을 상방으로 이동시킨다.

ㄷ, ㄹ. 옳은 내용이다.
통화정책이 실시되면 총수요곡선이 이동하면서 산출과 물가가 변화하게 된다. 이를 필립스곡선을 통해 살펴보면 통화정책으로 인하여 인플레이션율과 실업률의 조합점이 단기필립스곡선상에서 이동하는 것으로 나타난다. 확장적 통화정책에 의하면 높은 인플레이션과 낮은 실업률의 조합점으로 반대로 긴축적 통화정책에 의하면 낮은 인플레이션과 높은 실업률의 조합점으로 이동한다.

만일 합리적 기대하에서 예상된 정책이 시행되었다면 장기필립스곡선상에서 이동하게 되지만, 합리적 기대하이더라도 예상치 못한 정책이 시행되었다면 단기적으로는 단기필립스곡선상에서 이동하게 되어 정책효과가 발현된다.

THEME 06 인플레이션과 기대 : 자연실업률 가설

1 의의

앞에서 이미 단기총공급곡선으로부터 단기필립스곡선을 유도하였으며 이 과정에서 단기필립스곡선은 기대인플레이션율을 반영하고 있음을 살펴보았다. 단기총공급곡선이 노동시장을 반영하고 있음을 고려하여 단기필립스곡선도 노동시장을 반영하고 있음을 알 수 있다.

노동시장에서 노동공급자는 명목임금이 아니라 실질임금을 기준으로 노동공급의 의사결정을 한다. 그런데 단기에는 물가에 대한 정보가 부족하여 실제 실질임금이 아니라 예상되는 실질임금에 기하여 의사결정을 할 수밖에 없으며, 예상되는 실질임금은 기대인플레이션율에 영향을 받는다. 따라서 단기총공급곡선과 단기필립스곡선은 기대인플레이션율을 반영하고 있는 것이다. 이하에서는 기대가 반영된 단기필립스곡선을 이용하여 자연실업률 가설을 살펴보도록 하자.

2 기대부가 필립스곡선과 자연실업률 가설

1) 자연실업률 가설

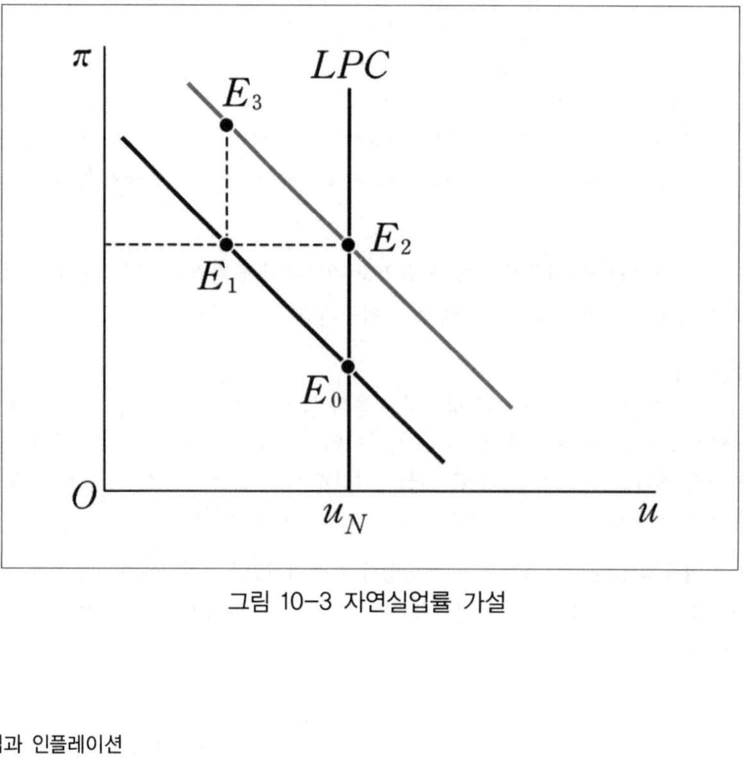

그림 10-3 자연실업률 가설

현재 상황은 기대인플레이션율이 π_0^e 으로서 장단기균형은 장단기필립스곡선이 교차하는 E_0 에서 성립하고 있다. 이제 실업률 감소를 위해서 정부의 확장적 정책이 실시되었다고 하자. 그러면 E_0 에서 실업률은 감소하고 인플레이션율은 상승하는 E_1 으로 이동하였음을 의미한다. 이는 단기필립스곡선상에서 이동하는 것이다.

그런데 확장적 정책의 실시로 인하여 물가가 상승하면서 기대인플레이션율도 점점 오르게 될 것이다. 이에 따라서 새로운 기대인플레이션율 π_1^e 를 반영한 새로운 단기필립스곡선은 이전에 비해 상방이동하게 된다. 그리고 균형은 이를 반영하여 E_2 에서 새롭게 달성된다. 결국 정부의 확장적 정책은 국민소득과 실업률에는 영향을 주지 못하고 물가만 상승시키게 된다. 특히 단기적으로 하락했던 실업률은 다시 올라서 장기적으로 원래의 자연실업률을 회복하게 되는데 이를 자연실업률 가설이라고 한다.

2) 정책적 시사점

정부가 만일 총수요확대정책을 통하여 실업률을 낮추고자 한다면, 단기적으로는, 즉 민간이 인플레이션을 완전히 예상하지 못하는 동안에는 일시적으로 자연실업률보다 낮은 실업률을 달성할 수 있다. 그러나 시간이 흐름에 따라서 민간은 자신의 예상이 잘못되었음을 깨닫고 이를 재조정하게 되고 이는 단기필립스곡선의 이동으로 나타난다. 결국 단기에 총수요확대정책을 통해서 일시적으로 하락한 실업률은 장기에는 종전의 실업률 수준인 자연실업률로 회귀하게 된다.

실업률을 낮추기 위한 정부의 팽창적 정책은 실업률과 국민소득에 영향을 주지 못하고 장기적으로 물가만을 상승시킬 뿐이다. 즉 정부정책은 단기적으로 유효하나 장기에는 효과가 없다. 이는 장기필립스곡선이 자연실업률 수준에서 수직이며, 인플레이션율과 실업률 간에 상충관계는 없음을 의미한다.

3) 자연실업률과 NAIRU

만일 정부가 최초에 확장적 정책으로 인하여 달성했던 E_1 에서의 낮은 실업률 수준을 반드시 달성하기를 원한다면, 이제 E_2 에서 또다시 확장적 정책을 써서 E_3 로 옮겨 갈 수 있다. 그러나 이때도 역시 단기적으로는 E_3 에서 낮은 실업률에 머물 수는 있지만 장기적으로는 기대인플레이션율이 상승하면서 또다시 자연실업률 수준으로 돌아오게 된다.

극단적으로 정부가 자연실업률보다 낮은 수준의 실업률을 달성하려면 매기마다 지속적으로 확장적 정책을 사용해야 하고 이는 지속적인 인플레이션율의 상승을 가져오게 된다. 즉 인플레이션을 영구적으로 가속화시키지 않고서는 자연실업률보다 낮은 실업률을 달성하는 것이 불가능하다.

이러한 의미에서 자연실업률을 인플레이션을 가속화시키지 않는 최소한도의 실업률(NAIRU, non-accelerating inflation rate of unemployment)라고 부른다.

3 새고전학파와 새케인즈학파의 필립스곡선

1) 새고전학파의 필립스곡선

단기는 정부정책이 효과를 발휘하는 기간으로서 새고전학파는 이를 매우 짧은 기간이라고 본다. 만일 현재의 물가를 예측하는 데 필요한 정보가 주어지기만 한다면, 합리적 기대하에서 즉각적으로 물가에 대한 예상을 조정하기 때문에 단기필립스곡선조차도 자연실업률 수준에서 수직이라고 할 수 있다.

2) 새케인즈학파의 필립스곡선

새고전학파와 달리 새케인즈학파에 의하면 정부정책이 효과를 발휘하는 기간으로서의 단기는 결코 짧지 않은 기간이다. 특히 현재의 물가를 예측하는 데 필요한 정보가 주어진다고 하더라도, 메뉴비용 등의 존재로 인하여 가격은 상당히 경직성을 보이므로 여전히 단기필립스곡선은 우하향한다.

필수예제

필립스(Phillips)곡선에 관한 설명으로 옳은 것은? ▸ 2017년 감정평가사

① 필립스(A.W.Phillips)는 적응적 기대 가설을 이용하여 최초로 영국의 실업률과 인플레이션 간의 관계가 수직임을 그래프로 보였다.
② 1970년대 석유파동 때 미국의 단기필립스곡선은 왼쪽으로 이동되었다.
③ 단기총공급곡선이 가파를수록 단기필립스곡선은 가파른 모양을 가진다.
④ 프리드먼(M. Friedman)과 펠프스(E. Phelps)에 따르면 실업률과 인플레이션 간에는 장기 상충(trade-off)관계가 존재한다.
⑤ 자연실업률 가설은 장기필립스곡선이 우상향함을 설명한다.

출제이슈 필립스곡선과 자연실업률 가설
핵심해설 **정답** ③

경제학자 필립스에 의하면 필립스곡선은 원래 명목임금상승률과 실업률 간에 부의 상관관계에 있음을 나타내는 곡선이다. 이후 필립스곡선은 인플레이션율과 실업률 간에 부의 상관관계를 나타내는 것으로 발전하였다. 단기필립스곡선은 인플레이션율(명목임금상승률)과 실업률 간에 단기적으로 부의 상관관계에 있음을 나타내는 곡선이다.

물가에 대한 예상이 노동시장과 총생산에 큰 영향을 미칠 수 있음을 고려하면 필립스곡선도 기대를 반영하여 $\pi_t = \pi_t^e - b(u_t - u_N)$와 같이 표현할 수 있다. 이를 기대가 부가된 필립스곡선이라고 한다. 특히 이는 적응적 기대가 반영된 것으로서 프리드만과 펠프스에 의하여 개발되었다.

기대가 부가된 필립스곡선 $\pi_t = \pi_t^e - b(u_t - u_N)$을 해석하면 다음과 같다.
① 실제인플레이션 < 기대인플레이션, 실제실업률 > 자연실업률
② 실제인플레이션 = 기대인플레이션, 실제실업률 = 자연실업률
③ 인플레이션을 완전히 예상하는 경우 실제실업률 = 자연실업률

특히 ③의 경우는 장기를 의미하는데, 장기에는 노동자와 기업의 물가상승률에 대한 기대가 정확하므로, 기대물가가 실제물가상승률을 반영할 수 있어서 기대물가상승률과 실제물가상승률이 일치한다. 즉, $\pi_t = \pi_t^e$ 가 되므로 결국 $u_t = u_N$이 된다. 이때의 필립스곡선은 자연실업률 수준에서 수직이며 이를 장기필립스곡선이라고 한다. 장기적으로 실업률은 자연실업률 수준에서 머물지만, 인플레이션율은 통화량 증가율에 따라서 상승 혹은 하락할 수 있다.

설문을 검토하면 다음과 같다.

① 틀린 내용이다.
경제학자 필립스에 의하면 필립스곡선은 원래 명목임금상승률과 실업률 간에 부의 상관관계에 있음을 나타

PART • 05

내는 곡선이다. 이후 필립스곡선은 인플레이션율과 실업률 간에 부의 상관관계를 나타내는 것으로 발전하였다. 즉, 필립스곡선은 수직이 아니라 우하향한다. 한편 프리드만과 펠프스에 의하면 적응적 기대가 반영된 기대부가 필립스곡선은 장기에는 자연실업률 수준에서 수직이 된다.

② 틀린 내용이다.
유가 상승, 원자재 가격 상승 등 불리한 공급충격이 발생할 경우 총공급곡선이 좌상방으로 이동하게 된다. 이는 공급측면에서 생산비용의 상승으로 나타나는 것이다. 이로 인해서 물가는 상승하고 생산은 감소하고 실업률은 상승한다. 이를 경기침체 상태에서의 인플레이션이라는 의미로 스태그플레이션이라고 한다. 스태그플레이션을 필립스곡선에서 해석하면, 필립스곡선이 우상방으로 이동하면서 실업률과 인플레이션율이 동시에 상승하는 현상이다. 비용상승 인플레이션 즉 스태그플레이션이 발생할 경우, 총수요관리정책으로는 물가하락과 경기진작의 두 가지 목표를 동시에 잡을 수 없기 때문에 무력하다. 설문에서 1970년대 석유파동 때 단기필립스곡선은 왼쪽이 아니라 오른쪽으로 이동한 것으로 볼 수 있다.

③ 옳은 내용이다.
필립스곡선은 인플레이션율(명목임금상승률)과 실업률 간에 단기적으로 부의 상관관계에 있음을 나타내는 곡선이다. 오쿤의 법칙을 적용할 경우, 필립스곡선은 총공급곡선을 의미한다. 즉, 필립스곡선이 인플레이션과 실업의 분석이라면, 총공급곡선은 물가와 소득(산출)의 분석이다.

만일 단기총공급곡선이 가파르다면, 물가가 상승하는 경우 산출의 증가가 크지 않은 경우이므로 이를 단기 필립스곡선에서 해석하면, 물가가 상승하는 경우 실업률의 감소가 크지 않은 경우라고 할 수 있다. 따라서 물가가 상승하면 실업률이 감소하는데 만일 물가가 상승해도 실업률이 많이 감소하지 않는다면, 단기 필립스곡선은 가파르다고 할 수 있다. 정리하자면, 단기총공급곡선이 가파를수록 단기필립스곡선도 가파르다. 극단적으로 장기에 총공급곡선이 완전고용산출량 수준에서 수직이면 장기에 필립스곡선도 자연실업률 수준에서 수직이 된다.

④ 틀린 내용이다.
프리드만과 펠프스에 의하면 적응적 기대가 반영된 기대부가 필립스곡선은 $\pi_t = \pi_t^e - b(u_t - u_N)$이다. 장기에는 노동자와 기업의 물가상승률에 대한 기대가 정확하므로, 기대물가가 실제물가상승률을 반영할 수 있어서 기대물가상승률과 실제물가상승률이 일치한다. 즉, $\pi_t = \pi_t^e$가 되므로 결국 $u_t = u_N$이 된다. 이때의 필립스곡선은 자연실업률 수준에서 수직이 되는데 이를 장기필립스곡선이라고 한다. 따라서 단기에는 실업률과 인플레이션 간에 상충관계가 있지만 장기에는 그렇지 아니하다.

⑤ 틀린 내용이다.
자연실업률 가설은 다음과 같이 기대가 부가된 필립스곡선을 통해서 설명할 수 있다.

정부가 만일 총수요확대정책을 통하여 실업률을 낮추고자 한다면, 단기적으로는 즉, 민간이 인플레이션을 완전히 예상하지 못하는 동안에는 일시적으로 자연실업률보다 낮은 실업률을 달성할 수 있다. 그러나 시간이 흐름에 따라서 민간은 자신의 예상이 잘못되었음을 깨닫고 이를 재조정하게 되고, 이는 단기필립스곡선의 이동으로 나타난다. 결국 단기에 총수요확대정책을 통해서 일시적으로 하락한 실업률은 장기에는 종전의 실업률 수준인 자연실업률로 회귀하게 된다. 이를 자연실업률 가설이라고 한다.

따라서 자연실업률가설에 따르면 장기에는 실업률이 다시 종전의 자연실업률 수준으로 되돌아가게 되므로 장기필립스곡선은 수직이 된다. 따라서 이 경우 총수요확대정책은 자연실업률에 영향을 줄 수 없게 된다.

이를 화폐의 중립성 관점에서 재해석할 수도 있다. 단기에는 확대통화정책에 의해서 실업률을 자연실업률보다 낮은 수준으로 달성시킬 수 있으므로 화폐가 실물부문에 영향을 미침을 의미한다. 즉, 단기에는 화폐가 비중립적이다. 그러나 장기에는 실업률이 다시 종전의 자연실업률 수준으로 되돌아가게 되므로 결국 화폐가 실물부문에 영향을 주지 못함을 의미한다. 즉, 장기에는 화폐가 중립적이다.

다음 그림은 필립스곡선을 나타낸다. 현재 균형점이 A인 경우, (가)와 (나)로 인한 새로운 단기 균형점은?

▸ 2017년 국가직 7급

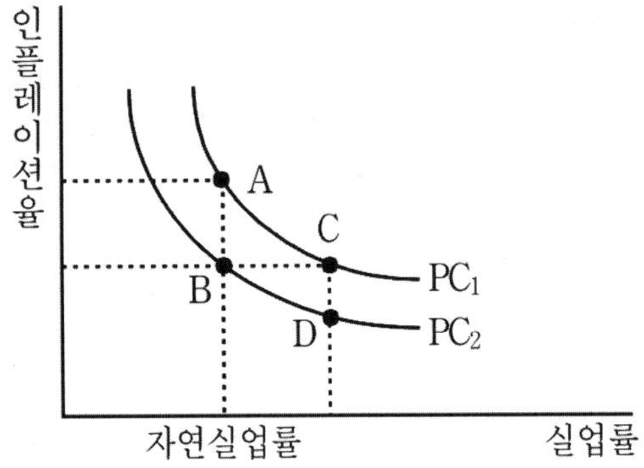

(가) 경제주체들의 기대형성이 적응적 기대를 따르고 예상하지 못한 화폐공급의 감소가 일어났다.
(나) 경제주체들의 기대형성이 합리적 기대를 따르고 화폐공급의 감소가 일어났다(단, 경제주체들은 정부를 신뢰하며, 정부 정책을 미리 알 수 있다).

	(가)	(나)
①	B	C
②	B	D
③	C	B
④	C	D

출제이슈 필립스곡선과 정책의 효과

핵심해설 **정답** ③

설문 (가)의 경우는 다음과 같다.

정부가 만일 총수요축소정책을 통하여 인플레이션율을 낮추고자 한다면, 단기적으로는 즉, 민간이 인플레이션을 완전히 예상하지 못하는 동안에는 일시적으로 자연실업률보다 높은 실업률이 나타난다.
이는 PC_1 선상의 A점에서 C점으로의 이동으로 표시된다.

참고로 시간이 흐른 경우의 효과를 추가적으로 살펴보면 다음과 같다. 시간이 흐름에 따라서 민간은 자신의 예상이 잘못되었음을 깨닫고 적응적 기대에 따라 이를 재조정하게 되고, 이는 단기필립스곡선의 이동으로 나타난다. 이는 PC_1에서 PC_2로 필립스곡선의 자체의 이동으로 나타난다.

결국 단기에 총수요축소정책을 통해서 일시적으로 상승한 실업률은 장기에는 종전의 실업률 수준인 자연실업률로 회귀하게 된다. 이는 C점에서 B점으로의 이동으로 표시된다.

참고로 적응적 기대는 기대형성 방식 중의 하나로서 다음과 같다.
적응적 기대(adaptive expectation)란 경제주체들이 예상을 함에 있어서 과거 예측오차의 일부를 반영하여 새로운 기대를 형성하는 방식을 의미한다. 예를 들어 과거의 물가예상에 있어서 기대인플레이션율이 3%이고, 실제인플레이션율이 5%라고 하면 예측오차가 2%가 된다. 이제 새로운 물가예상에 있어서 적응적 기대를 사용한다면, 이 경제주체는 과거의 기대인플레이션율 3%에 예측오차 2%의 일부를 반영하여 3%에서 5% 사이로 예상물가를 결정할 것이다. 이를 수식으로 나타내면 다음과 같다.

$P^e{}_{t+1} = P^e{}_t + \theta(P_t - P^e{}_t)$ (단, $0 \leq \theta \leq 1$)

$P^e{}_{t+1}$: t기에 예상하는 $t+1$기의 예상물가

$P^e{}_t$: $t-1$기에 예상한 t기의 예상물가

θ : 예측오차의 반영비율

P_t : t기의 실제물가

설문 (나)의 경우는 다음과 같다.

만일 위의 적응적 기대에 따른 PC_1에서 PC_2로 필립스곡선의 자체의 이동이 예상된 정부정책임과 동시에 합리적 기대와 정부정책의 신뢰를 전제하는 경우 신속하게 이동이 나타난다. 이는 A점에서 B점으로의 이동으로 표시된다.

한편 위의 적응적 기대는 경제주체들의 합리적 사고 및 행동에 부합하지 않는다는 문제가 있다. 왜냐하면 적응적 기대에 의하면 경제주체들이 기대를 형성함에 있어서, 예를 들어 물가를 예상함에 있어서, 오직 과거 물가와 과거에 예상한 물가 등 과거의 정보만을 사용하고 있기 때문이다. 합리적인 경제주체라면, 과거 정보와 과거 경험뿐만 아니라 활용가능한 모두 정보를 이용할 것이다.

합리적 기대(rational expectation)란 이용가능한 모든 정보를 활용하여 기대를 형성하는 방식을 의미한다. 이를 수식으로 나타내면 다음과 같다.

$P^e{}_{t+1} = E_t(P_{t+1} | \Omega_t)$

$P^e{}_{t+1}$: t기에 예상하는 $t+1$기의 예상물가

$E_t(P_{t+1})$: $t+1$기의 물가를 현재 t기에 예상한다는 의미

Ω_t : t기의 이용가능한 모든 정보를 이용한다는 의미

정리하면 다음과 같다.

적응적 기대에 따르면, 예상치 못한 화폐공급의 감소로 인하여 인플레이션율은 하락하고 실업률은 증가하게 되므로 설문의 A에서 C로 이동함을 의미한다.

합리적 기대에 따르면, 민간이 정부를 신뢰하고 통화감축의 정부정책을 예상할 수 있었다면, 그에 따라 기대인플레이션율이 곧바로 하락 조정되었기 때문에 설문의 A에서 B로 이동함을 의미한다.

단기필립스곡선은 우하향하고 장기필립스곡선은 수직일 때, 인플레이션율을 낮출 경우 발생하는 현상으로 옳은 것은? ▸ 2021년 감정평가사

① 단기적으로 실업률이 증가한다.
② 단기적으로 실업률이 감소한다.
③ 장기적으로 인플레이션 저감비용은 증가한다.
④ 장기적으로 실업률은 자연실업률보다 높다.
⑤ 단기적으로 합리적 기대가설과 동일한 결과가 나타난다.

출제이슈 필립스곡선과 정책의 효과

핵심해설 **정답** ①

정부가 만일 총수요축소정책을 통하여 인플레이션율을 낮추고자 한다면, 단기적으로는, 즉 민간이 인플레이션을 완전히 예상하지 못하는 동안에는 일시적으로 자연실업률보다 높은 실업률이 나타난다. 이는 아래의 그래프에서 PC_1 선상의 A점에서 C점으로의 이동으로 표시할 수 있다.

한편 시간이 흐른 경우의 효과를 보면 다음과 같다. 시간이 흐름에 따라서 민간은 자신의 예상이 잘못되었음을 깨닫고 적응적 기대에 따라 이를 재조정하게 되고 이는 단기필립스곡선의 이동으로 나타난다. 이는 PC_1 에서 PC_2 로 필립스곡선의 자체의 이동으로 나타난다.

결국 단기에 총수요축소정책을 통해서 일시적으로 상승한 실업률은 장기에는 종전의 실업률 수준인 자연실업률로 회귀하게 된다. 이는 C점에서 B점으로의 이동으로 표시된다.

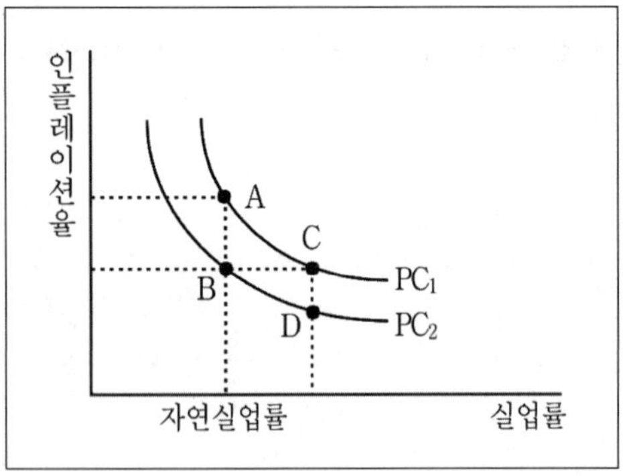

만일 위의 적응적 기대에 따른 PC_1 에서 PC_2 로 필립스곡선의 자체의 이동이 예상된 정부정책임과 동시에 합리적 기대와 정부정책의 신뢰를 전제하는 경우 신속하게 이동이 나타난다. 이는 A 점에서 B 점으로의 이동으로 표시된다.

한편 위의 적응적 기대는 경제주체들의 합리적 사고 및 행동에 부합하지 않는다는 문제가 있다. 왜냐하면, 적응적 기대에 의하면, 경제주체들이 기대를 형성함에 있어서 예를 들어 물가를 예상함에 있어서 오직 과거 물가와 과거에 예상한 물가 등 과거의 정보만을 사용하고 있기 때문이다. 합리적인 경제주체라면, 과거 정보와 과거 경험뿐만 아니라 활용가능한 모두 정보를 이용할 것이다.

합리적 기대(rational expectation)란 이용가능한 모든 정보를 활용하여 기대를 형성하는 방식을 의미한다. 이를 수식으로 나타내면 다음과 같다.

$P^e{}_{t+1} = E_t(P_{t+1}|\Omega_t)$

$P^e{}_{t+1}$: t기에 예상하는 $t+1$기의 예상물가

$E_t(P_{t+1})$: $t+1$기의 물가를 현재 t기에 예상한다는 의미

Ω_t : t기의 이용가능한 모든 정보를 이용한다는 의미

정리하면 다음과 같다.

적응적 기대에 따르면, 정부의 인플레이션 감축정책에 의하여 인플레이션율은 하락하고 실업률은 증가하게 되므로 위의 그래프의 A에서 C로 이동함을 의미한다.

합리적 기대에 따르면, 민간이 정부를 신뢰하고 통화감축의 정부정책을 예상할 수 있었다면, 그에 따라 기대인플레이션율이 곧바로 하락 조정되었기 때문에 위의 그래프의 A에서 B로 이동함을 의미한다.

위의 분석내용에 따라 설문을 검토하면 다음과 같다.

① 옳은 내용이다.
단기적으로는, 즉 민간이 인플레이션을 완전히 예상하지 못하는 동안에는 일시적으로 자연실업률보다 높은 실업률이 나타난다.

② 틀린 내용이다.
단기적으로는, 즉 민간이 인플레이션을 완전히 예상하지 못하는 동안에는 일시적으로 자연실업률보다 높은 실업률이 나타난다.

③ 틀린 내용이다.
시간이 흐름에 따라서 민간은 자신의 예상이 잘못되었음을 깨닫고 적응적 기대에 따라 이를 재조정하게 되고 이는 단기필립스곡선의 이동으로 나타난다. 결국 단기에 총수요축소정책을 통해서 일시적으로 상승한 실업률은 장기에는 종전의 실업률 수준인 자연실업률로 회귀하게 된다. 따라서 장기에는 인플레이션율은 하락하고 자연실업률을 유지하기 때문에 인플레이션 저감비용은 없다.

④ 틀린 내용이다.
시간이 흐름에 따라서 민간은 자신의 예상이 잘못되었음을 깨닫고 적응적 기대에 따라 이를 재조정하게 되고 이는 단기필립스곡선의 이동으로 나타난다. 결국 단기에 총수요축소정책을 통해서 일시적으로 상승한 실업률은 장기에는 종전의 실업률 수준인 자연실업률로 회귀하게 된다.

⑤ 틀린 내용이다.
적응적 기대에 따르면, 정부의 인플레이션 감축정책에 의하여 인플레이션율은 하락하고 실업률은 증가하게 되므로 위의 그래프의 A에서 C로 이동함을 의미한다. 반면, 합리적 기대에 따르면, 민간이 정부를 신뢰하고 통화감축의 정부정책을 예상할 수 있었다면, 그에 따라 기대인플레이션율이 곧바로 하락 조정되었기 때문에 위의 그래프의 A에서 B로 이동함을 의미한다. 따라서 단기적으로 합리적 기대가설과는 상이한 결과가 나타난다.

다음 그림은 장단기 총공급곡선과 장단기 필립스곡선을 나타낸 것이다. 현재 경제가 'C'점과 '3'점에서 균형을 이루고 있다고 하자. 예상하지 못한 화폐공급의 감소로 총수요곡선이 이동하였을 때, 새로운 단기 균형점으로 적절한 것은? ▸ 2017년 국가직 9급

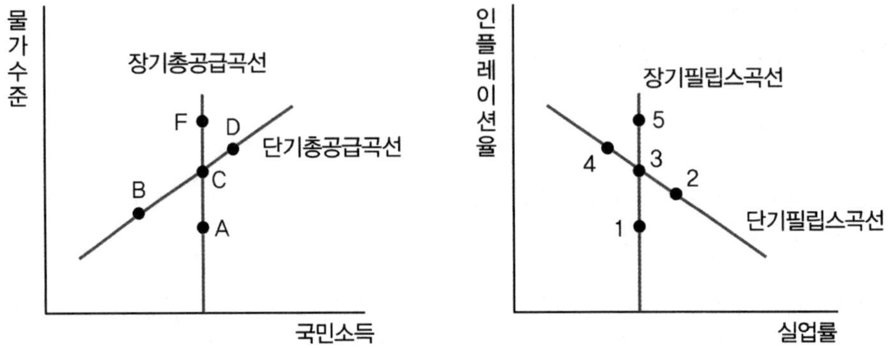

① B와 1 ② B와 2 ③ D와 2 ④ D와 4

출제이슈 필립스곡선과 정책의 효과

핵심해설 **정답** ②

설문을 검토하면 다음과 같다.

정부가 만일 총수요축소정책을 통하여 인플레이션율을 낮추고자 한다면, 단기적으로는 즉, 민간이 인플레이션을 완전히 예상하지 못하는 동안에는 일시적으로 자연실업률보다 높은 실업률이 나타난다. 즉, 예상치 못한 정책(화폐공급의 감소)이 발생할 경우, 단기적으로 기대인플레이션이 조정될 수 없었기 때문에 단기필립스곡선상의 이동, 단기총공급곡선상의 이동으로 정책의 효과가 나타난다.

이는 단기필립스곡선상의 3점에서 2점으로의 이동으로 표시되며, 단기총공급곡선상의 C점에서 B점으로의 이동으로 표시된다.

정책의 효과를 정리하면, 화폐공급의 감소로 인하여 국민소득은 감소, 물가는 하락, 실업률은 상승, 인플레이션율은 하락하는 것이다.

THEME 07 인플레이션과 물가안정정책

1 의의

반인플레이션 즉, 물가안정을 위해서 정부는 총수요의 증가를 억제해야 한다. 총수요의 긴축은 예를 들어 긴축적 통화공급정책에 의하여 이론상으로는 가능하다. 그러나 실제로 반인플레이션을 위해서는 실업률 증가, 경기침체라는 부작용 또는 비용이 발생함을 필립스곡선을 통해서 이미 살펴보았다. 따라서 무턱대고 총수요를 긴축하기만 해서는 안 되며 그 부작용을 고려하여 신중하게 접근해야 한다. 한편 반인플레이션 정책의 부작용은 그 정책을 얼마나 빨리 혹은 얼마나 지속적으로 집행하는가와 밀접한 관련이 있다. 이하에서는 정부의 반인플레이션 정책을 어느 정도의 속도로 집행해야 하는가의 문제에 대해 살펴본다.

2 반인플레이션 정책과 속도

정부가 반인플레이션의 달성을 위해서 고려할 수 있는 전략은 물가상승률의 하락을 신속하게 달성하는 전략과 점진적으로 달성하는 전략이라고 할 수 있다. 정부는 급격한 통화감축을 통하여 물가상승률을 조기에 하락시킬 수도 있지만 이 과정에서 실업률의 급격한 상승을 감수해야 한다. 혹은 정부는 점진적인 통화감축을 통하여 물가상승률을 단계적으로 낮출 수도 있지만 이 과정에서 오랜동안 실업률의 상승을 용인해야만 한다.

3 급랭전략(cold turkey strategy)

1) 의의

급랭전략이란 물가상승률을 여러 기간에 걸쳐서 점차적으로, 단계적으로 낮추는 것이 아니라 단기간 내에 목표수준으로 신속하게 하락시키는 정책을 의미한다. 점진적으로 물가를 낮추는 긴축정책을 시행할 경우 오랜동안 물가수준이 상당히 높게 지속되는 문제가 생길 수 있으므로 통화당국은 신속하게 물가를 낮추는 전략을 사용할 수 있다.

2) 기하적 분석

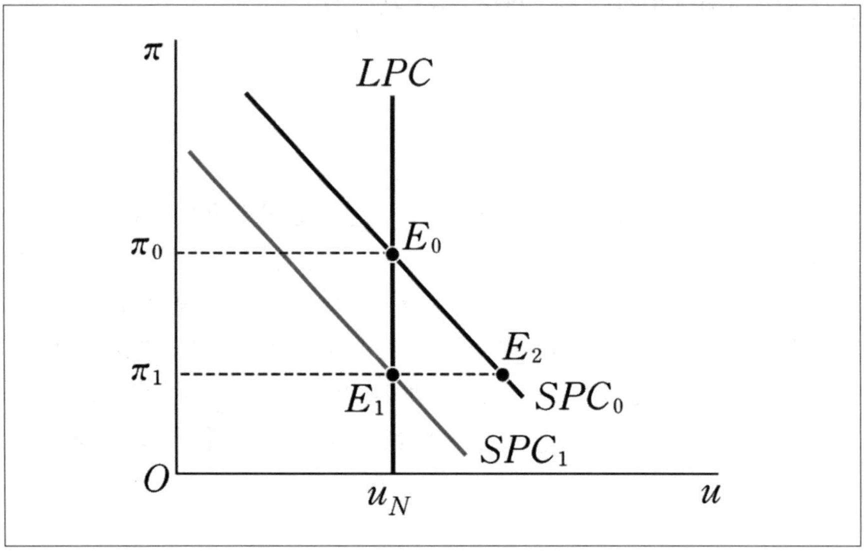

그림 10-4 급랭전략(Cold-Turkey)

① $E_0 \rightarrow E_1$

예를 들어 현재 E_0 수준에서 인플레이션율 π_0가 6%라고 하자. 이때 통화당국은 인플레이션율을 π_1 = 2%로 내리는 것을 목표로 하여 이번 기에 곧바로 신속하게 낮추는 정책을 선택했다고 하자. 이때 E_0에서 긴축정책을 통하여 이번 기에 E_2로 이동하여 인플레이션 2%를 달성하였지만 실업률은 크게 증가하게 됨을 알 수 있다. 그러나 시간이 흐르면 다시 물가에 대한 기대가 하락하므로 단기필립스곡선이 좌하방으로 이동($SPC_0 \rightarrow SPC_1$)하여 자연실업률 수준을 회복하여 장기필립스곡선상에서 균형을 달성하게 된다.

② 이렇게 급랭전략을 사용하게 되면 짧은 기간 동안만 급격한 경기침체와 증가된 실업률을 경험하게 된다.

4 점진전략(gradualism strategy)

1) 의의

점진전략이란 물가상승률을 단기간 내에 목표수준으로 하락시키는 것이 아니라, 여러 기간에 걸쳐서 점차적으로, 단계적으로 낮추는 정책을 의미한다. 급격하게 물가를 낮추는 긴축정책을 시행할 경우 경기가 급속히 냉각되면서 실업률이 급격하게 상승하는 문제가 생길 수 있으므로 통화당국은 단계적으로 물가를 낮춰가는 전략을 사용할 수 있다.

2) 기하적 분석

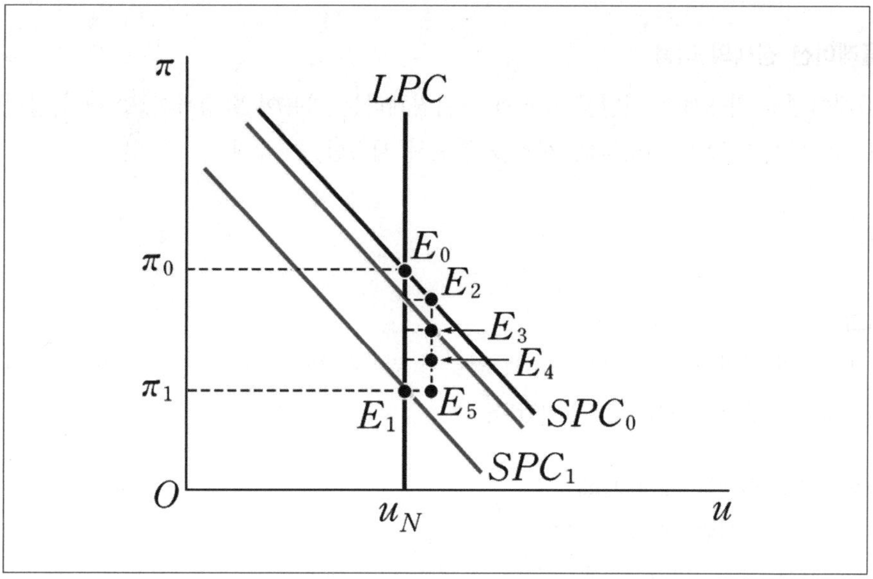

그림 10-5 점진전략(Gradualism)

① $E_0 \rightarrow E_2$

예를 들어 현재 E_0 수준에서 인플레이션율 π_0가 6%라고 하자. 이때 통화당국은 인플레이션율을 π_1 = 2%로 내리는 것을 목표로 하여 매기마다 1%씩만 낮추는 정책을 선택했다고 하자. 이때 E_0에서 긴축정책을 통하여 첫해에 E_2로 이동하여 인플레이션 5%를 달성하였지만 실업률은 증가하게 됨을 알 수 있다. 그러나 시간이 흐르면 다시 물가에 대한 기대가 하락하므로 단기필립스곡선이 좌하방으로 이동하여 자연실업률 수준을 회복하고, 장기필립스곡선상에서 균형을 달성하게 된다.

② $E_2 \rightarrow E_3$

만일 통화당국이 즉각적으로 긴축정책을 또다시 사용한다면 E_2에서 E_3로 신속하게 이동하게 될 것이다. 이때 인플레이션율은 4%라고 하자. 그러나 역시 시간이 흐르면 다시 물가에 대한 기대가 하락하므로 단기필립스곡선은 더욱 좌하방으로 이동하여 자연실업률 수준을 회복하고, 또다시 장기필립스 곡선상에서 균형을 달성하게 된다.

③ $E_3 \rightarrow E_4 \rightarrow E_5 \rightarrow E_1$

위와 같은 과정이 반복되어 인플레이션율은 3%를 거쳐서 결국 경제는 E_1에서 균형을 이루어 인플레이션율 2%를 달성하게 된다.

④ 이렇게 점진전략을 사용하게 되면 오랜 기간 동안 완만한 경기침체와 증가된 실업률을 경험하게 된다.

5 반인플레이션 정책의 비교

1) 반인플레이션 정책의 비용

반인플레이션을 위해서는 실업률 증가와 경기침체라는 비용이 발생하며, 이러한 물가안정정책의 비용은 다음과 같이 희생률의 개념을 통해서 계측할 수 있다.

2) 희생률

① 의의

희생률이란 물가상승률을 1% 포인트 낮추기 위해서 발생하는 실업률의 증가분(혹은 실질총생산의 감소분)의 누적치를 의미한다.

② 급랭전략의 희생률 계산 사례

i) 현재 자연실업률이 3% 수준
ii) 물가상승률을 연간 5%에서 2%로 낮추는, 3% 포인트 낮추는 반인플레이션 정책 실시
iii) 정책의 효과 발생에 1년 소요
iv) 이 기간 동안 실업률이 6%
v) 이 기간 동안 실업률의 증가분은 3%
vi) 물가상승률을 3% 포인트 낮추는 데 있어서 실업률 증가분의 누적치는 3%
vii) 따라서 물가상승률을 1% 포인트 낮추는 데 있어서 실업률 증가분의 누적치는 1% 포인트

③ 점진전략의 희생률 계산 사례

i) 현재 자연실업률이 3% 수준
ii) 물가상승률을 연간 5%에서 2%로 낮추는, 3% 포인트 낮추는 반인플레이션 정책 실시
iii) 정책의 효과 발생에 3년 소요
iv) 이 기간 동안 실업률이 각각 4.5%, 4%, 3.5%
v) 이 기간 동안 실업률의 증가분은 1.5%, 1%, 0.5%
vi) 물가상승률을 3% 포인트 낮추는 데 있어서 실업률 증가분의 누적치는 3%
vii) 따라서 물가상승률을 1% 포인트 낮추는 데 있어서 실업률 증가분의 누적치는 1% 포인트

3) 희생률과 필립스곡선의 기울기

필립스곡선은 실업률과 인플레이션율 간의 관계를 나타내므로 사실상 희생률은 필립스곡선의 기울기와 역의 관계에 있다고 할 수 있다. 필립스곡선의 기울기가 커서 가파를수록 희생률은 작고, 필립스곡선의 기울기가 작아서 완만할수록 희생률은 크다.

4) 반인플레이션 정책의 비교

급랭전략을 사용할 경우 단기간에 실업률의 증가 폭은 큰 반면, 그 기간이 짧다. 반면, 점진전략을 사용할 경우에는 실업률의 증가 폭은 작은 반면, 그 기간이 길다. 따라서 희생률에 의해 계측된 비용이 점진전략의 경우가 급랭전략에 의한 경우보다 반드시 작다고 하기는 어렵다.

6 고통없는 반인플레이션 정책

1) 새고전학파의 주장

만일 정부의 정책 변화에 따라서 민간의 기대인플레이션율이 즉각적으로 변화한다면, 실업률의 증가라는 고통이 없이도 인플레이션율을 줄이는 것이 가능해지는데 이를 새고전학파는 고통 없는 인플레이션 감축(painless disinflation)이라고 한다.

2) 고통 없는 인플레이션 감축의 메커니즘

루카스 등 새고전학파에 의하면 점진전략에 의한 반인플레이션 정책은 오랜 기간 동안 경기침체를 유발하기 때문에 목표한 바대로 끝까지 가지 못하고 중도에 포기되는 경우가 많다고 한다. 만일 통화당국이 물가안정을 위해서 긴축적인 통화정책을 시행할 것을 사전에 공표하고 이에 대해 민간부문이 정부정책을 신뢰한다면, 합리적인 민간부문은 기대인플레이션율을 낮게 조정할 것이다. 이제 정책이 시행됨과 동시에 곧바로 기대인플레이션율이 하락하여 단기필립스곡선이 하방으로 이동하게 될 것이다. 이 경우에는 실업률의 증가라는 고통이 없이도 물가만 하락시키는 것이 가능하다.

3) 고통 없는 인플레이션 감축의 전제조건

첫째, 민간은 합리적으로 기대하고 행동하여야 한다. 둘째, 정부의 정책이 사전에 공표되어 민간에 알려져야 한다. 셋째, 민간은 정부를 신뢰하여야 한다. 이러한 조건들이 충족되지 않으면 고통 없는 인플레이션 감축은 불가능하다.

4) 새케인즈학파의 반박

고통 없는 인플레이션 감축의 전제조건이 충족되더라도 현실경제에서 명목임금은 경직적이기 때문에 기대인플레이션율의 변화가 임금을 통해서 노동공급과 생산비용 그리고 총공급에 반영되는 데는 시간이 소요된다. 따라서 긴축적 정책은 상당 기간 동안 실업률을 상승시키게 되어 고통이 실재하게 된다.

필수예제

오쿤의 법칙(Okun's law)에 따라 실업률이 1% 포인트 증가하면 실질GDP는 약 2% 포인트 감소한다고 가정하자. 중앙은행이 화폐공급 증가율을 낮추어 인플레이션율을 낮추어 인플레이션율은 10%에서 8%로 하락하였으나 실업률은 4%에서 8%로 증가하였을 경우 희생비율(sacrifice ratio)은?

(단, 희생비율 $= \dfrac{\text{실질}GDP\text{ 감소율}}{\text{인플레이션 하락율}}$ 이다.)

▸ 2015년 감정평가사

① 약 2 ② 약 4 ③ 약 6
④ 약 8 ⑤ 약 10

출제이슈 디스인플레이션 정책과 희생률

핵심해설 **정답** ②

먼저 반인플레이션과 희생률은 다음과 같다.

1) 희생률
반인플레이션을 위해서는 실업률 증가, 경기침체라는 비용이 발생한다. 이는 필립스곡선을 통해서 쉽게 확인할 수 있으며, 이런 의미에서 필립스곡선이 정책당국에게 있어서 제약으로 작용하는 것이다. 물가안정정책 혹은 디스인플레이션 정책의 비용은 희생률을 통해서 계측할 수 있는데, 인플레이션율을 1% 포인트 낮추기 위해 발생하는 실업률 증가분(혹은 생산 감소분)의 누적치를 희생률이라고 한다.

2) 희생률과 필립스곡선의 기울기
필립스곡선은 실업률과 인플레이션율 간의 관계를 나타내므로 사실상 희생률은 필립스곡선의 기울기와 역의 관계에 있다고 할 수 있다. 필립스곡선의 기울기가 커서 가파를수록 희생률은 작고, 필립스곡선의 기울기가 작아서 완만할수록 희생률은 크다.

위의 내용에 따라서 설문을 검토하면 다음과 같다.

희생률은 인플레이션율을 1% 포인트 낮추기 위해 발생하는 생산 감소분이 x% 포인트라는 것이므로 인플레이션율을 2% 포인트 낮추기 위해 발생하는 생산감소분은 2x% 포인트가 된다. 따라서 이제 여기에 제시된 오쿤의 법칙을 적용하면, 생산감소 2x% 포인트는 실업율의 증가 x% 포인트 = 4% 포인트에 대응된다. 결론적으로 인플레이션율을 2% 포인트 낮추면, 경기적 실업이 4% 포인트 증가한다.

설문에서 묻고 있는 희생률은 인플레이션율을 1% 포인트 낮추기 위해 발생하는 생산 감소분이 x% 포인트라는 것이므로 희생률 x = 4가 된다.

A국의 단기필립스곡선은 $\pi = \pi^e - 0.4(u - u_n)$이다. 현재 실제인플레이션율이 기대인플레이션율과 동일하고 기대인플레이션율이 변하지 않을 경우 실제인플레이션율을 2%P 낮추기 위해 추가로 감수해야 하는 실업률의 크기는? (단, u는 실제실업률, u_n는 자연실업률, π는 실제인플레이션율, π^e는 기대인플레이션율이고 자연실업률은 6%이다.) ▸ 2016년 감정평가사

① 5.0%P ② 5.2%P ③ 5.4%P
④ 5.6%P ⑤ 5.8%P

출제이슈 디스인플레이션 정책과 희생률
핵심해설 **정답** ①

먼저 반인플레이션과 희생률은 다음과 같다.

1) 반인플레이션과 희생률
반인플레이션을 위해서는 실업률 증가, 경기침체라는 비용이 발생한다. 이는 필립스곡선을 통해서 쉽게 확인할 수 있으며, 이런 의미에서 필립스곡선이 정책당국에게 있어서 제약으로 작용하는 것이다. 물가안정정책 혹은 디스인플레이션 정책의 비용은 희생률을 통해서 계측할 수 있는데, 인플레이션율을 1% 포인트 낮추기 위해 발생하는 실업률 증가분(혹은 생산 감소분)의 누적치를 희생률이라고 한다.

2) 희생률과 필립스곡선의 기울기
필립스곡선은 실업률과 인플레이션율 간의 관계를 나타내므로 사실상 희생률은 필립스곡선의 기울기와 역의 관계에 있다고 할 수 있다. 필립스곡선의 기울기가 커서 가파를수록 희생률은 작고, 필립스곡선의 기울기가 작아서 완만할수록 희생률은 크다.

위의 내용에 따라서 설문을 검토하면 다음과 같다.

주어진 필립스곡선의 기울기는 −0.4이므로 이는 희생률과 역의 관계에 있다. 따라서 인플레이션율을 1%P 하락시키기 위해서는 필립스곡선의 기울기의 역수만큼의 실업률이 상승하게 된다. 따라서 0.4의 역수인 2.5%P 만큼 실업률이 상승함을 알 수 있다. 그러므로 설문에서 실제인플레이션율을 2%P 낮추기 위해 추가로 감수해야 하는 실업률의 크기는 5%P가 된다.

필립스곡선이 단기에는 우하향하고 장기에는 수직인 경제에서 중앙은행은 테일러준칙(Taylor's rule)에 의해 통화정책을 시행한다. 중앙은행이 높은 인플레이션율을 낮추기 위해 인플레이션 감축 정책(디스인플레이션 정책)을 시행할 때, 이에 관한 설명으로 옳은 것을 모두 고른 것은?

▸ 2024년 감정평가사

ㄱ. 기대인플레이션이 빨리 조정될수록 장기균형에 빨리 도달한다.
ㄴ. 단기에는 실질이자율이 하락한다.
ㄷ. 단기에는 총생산이 감소하여 경기침체가 나타난다.

① ㄱ ② ㄴ ③ ㄱ, ㄷ
④ ㄴ, ㄷ ⑤ ㄱ, ㄴ, ㄷ

출제이슈 디스인플레이션정책과 먼델-토빈효과

핵심해설 **정답** ③

인플레이션감축정책으로 인하여 단기적으로 실업률이 상승하고 인플레이션율은 하락한다. 따라서 총생산은 감소하고 경기는 침체된다. 이제 민간부문이 자신의 예상을 재조정하게 되면서 기대인플레이션율이 하락하면서 단기필립스곡선은 하방이동한다. 이 과정에서 다시 장기균형을 회복하게 되어 단기적으로 상승했던 실업률은 다시 자연실업률 수준으로 회귀한다. 이때 기대인플레이션율의 조정속도가 빠를수록 장기균형에 빨리 도달할 수 있다.

만일 실질이자율이 불변인 경우, 기대인플레이션율과 명목이자율 간 일대일 대응관계를 나타내는데 이를 피셔 효과라고 한다. 그러나 만일 실질이자율이 변화하는 경우에는 기대인플레이션율이 변화하더라도 명목이자율 간의 일대일 관계는 성립하지 않는다. 특히, 기대인플레이션율이 상승하는 경우 실질이자율이 하락하여 투자가 증가하게 되는데 이를 먼델-토빈 효과라고 한다.

먼델-토빈효과에 의하면 기대인플레이션율이 상승할 경우 명목자산(화폐)에 대한 수익률이 하락하므로 명목자산에 대한 수요가 감소하고 대신 실물자산에 대한 수요가 증가한다. 이는 실물자산 가격의 상승으로 이어져서 실물자산의 공급이 증가한다. 이에 따라 자본의 한계생산성이 하락하게 되므로 실질이자율은 하락한다. 결국 기대인플레이션율의 상승으로 실질이자율이 하락하여 투자가 증가하게 되는 것이다. 반대로 기대인플레이션율이 하락할 경우에는 실질이자율은 상승한다.

PART

06

경기변동이론

Chapter 11

경기변동총론

THEME 01 국가경제의 단기적 변동

1 경기변동의 의의

경기변동이란 국민경제의 총체적 경제활동이 변동하는 현상으로서 특히 거시경제가 장기추세선을 중심으로 상승과 하락을 반복하는 현상을 의미한다. 경기변동은 생산, 고용, 물가 등 주요 거시경제 변수들이 동시에 또는 시차를 가지면서 상승과 하락을 거듭하며 호경기와 불경기가 계속 번갈아 나타나는 현상으로 표출된다.

경기변동은 기업의 판매, 이윤에 영향을 미쳐 고용 및 투자에 영향을 준다. 또한 고용에의 영향으로 인해 가계의 소비에도 영향을 준다. 경기변동은 경제주체의 의사결정에 교란을 초래하고 실업 및 인플레이션으로 인해 사회후생을 감소시키기 때문에 정부는 이러한 사회적 비용을 줄이기 위해서 각종 안정화 정책을 입안하고 실시한다.

이하에서는 경기변동의 원인이 무엇이고 어떻게 경제전반으로 충격이 전파되어 가는지 그리고 경기변동의 예측에 대하여 살펴본다. 특히 경기하락이나 상승을 상당 기간 지속시키는 원인이 무엇이고, 지속되고 있는 경기하락이나 상승을 반대방향으로 전환시키는 요인이 무엇인지가 핵심이다. 거시경제학은 바로 경기변동의 원인을 알아내고 예측하여 경기변동을 미연에 방지하거나 완화시키는 것을 주된 과제로 하고 있다.

2 경기변동의 발생사례

대표적인 경기변동으로는 1930년대 대공황, 1970년대 스태그플레이션, 1990년대 아시아 외환금융위기 그리고 2008년 미국 글로벌 금융위기 등을 들 수 있다.

3 경기변동의 성질

1) 공행성

경기변동과정에서 GDP 등 일부 개별변수만 변하는 것이 아니라 총체적으로 대부분의 거시변수가 변동한다. 즉, 실업, 고용, 물가, 통화, 소비, 투자 등 다양한 변수들이 GDP와 일정한 관계를 가지며 함께 변화한다.

2) 팽창성과 수축성

경기변동은 총체적 경제활동이 팽창하기도 하고 수축하기도 한다. 즉 호황기(boom)가 찾아오기도 하고 불황기(recession)에 직면하기도 한다.

3) 반복성과 불규칙성

경기변동은 끊임없이 반복적(recurrent)으로 나타나지만, 언제 어떻게 나타날지 그 주기와 진폭이 일정하지 않기 때문에 불규칙적(irregular)이다. 물론 불규칙적인 경기변동에서 규칙성을 찾으려는 시도는 계속되어 왔다. 대표적으로 슘페터의 경우 경기변동을 재고변동에 따른 3년 정도 주기의 키친순환, 개별적 기술혁신에 의한 10년 정도 주기의 쥬글러순환 그리고 전기나 철도 등 대발명에 기인한 약 50년 정도 주기의 콘드라티에프 파동으로 구분하기도 하였다.

4) 지속성과 비대칭성

경기변동은 일단 시작되면 상당 기간 지속된다. 그런데 대체로 호황국면은 완만히 오래 지속되는 반면, 불황국면은 급속하고 짧게 지속되는 비대칭성을 보인다.

4 경기변동의 단계(국면)

1) 단계구분

① 2단계 구분

경기변동은 저점(trough)에서 정점(peak)까지의 확장국면(호황국면, 올라가는 구간), 정점에서 저점까지의 수축국면(불황국면, 내려가는 구간)의 2단계로 구분될 수 있다.

② 4단계 구분

경기변동은 확장국면을 회복기와 호황기(확장기)로 세분하고, 수축국면을 후퇴기, 불황기(수축기)로 세분하여 4단계로 구분할 수도 있다.

2) 주기와 진폭

주기(cycle)는 하나의 최저점(trough)에서 다른 최저점에 이르는 기간을 말하고 진폭(amplitude)은 최저점(trough)과 최고점(peak)의 차이 혹은 높이를 말한다.

5 경기변동과 거시경제변수

1) 경기변동과 실질 GDP

국민경제의 총체적 경제활동이 변동하는 것을 가장 명확히 보여주는 변수는 실질 GDP 로서, 총체적 경제활동이 활발하면 호황으로서 GDP 는 증가하거나 성장률은 높은 값을 보인다. 반면 총체적 경제활동이 둔화되면 불황으로서 GDP 는 감소하거나 성장률은 낮은 값을 보인다.

2) 경기변동과 공행성

경기변동의 과정에서 실질 GDP 와 여러 거시경제변수들은 일정한 관계를 가지고 움직이며 이를 공행성이라고 하고, 공행성의 방향과 시차를 기준으로 아래와 같이 분류할 수 있다.

① 변동방향을 기준으로 한 분류

실질 GDP 와 같은 방향으로 움직이는지 아니면 반대 방향으로 움직이는지에 따라서 분류하는 방식이다. 첫째, 실질 GDP 와 같은 방향으로 움직이는 경우 경기순행적(procyclical)이라고 하며 소비, 투자, 고용량, 산업생산량, 통화량, 인플레이션율, 주가, 명목이자율 등이 대표적인 경기순행적 변수이다. 둘째, 실질 GDP 와 반대 방향으로 움직이는 경우 경기역행적(countercyclical)이라고 하며 실업률이 대표적인 경기역행적 변수이다.

② 변동시점을 기준으로 한 분류

실질 GDP 와 같은 시점에서 움직이는지 아니면 시차를 두고 움직이는지에 따라서 분류하는 방식이다. 첫째, 실질 GDP 와 거의 동시에 움직이는 경우 경기동행적(coincident)이라고 하며 소비, 고정투자, 고용, 수입 등이 대표적인 경기동행변수이다. 둘째, 실질 GDP 의 변화에 앞서 움직이는 경우 경기선행적(leading)이라고 하며 화폐공급, 수출, 주가, 건축수주면적 등이 대표적인 경기선행변수이다. 셋째, 실질 GDP 의 변화보다 늦게 움직이는 경우 경기후행적(lagging)이라고 하며 인플레이션, 이자율 등이 대표적인 경기후행변수이다.

6 경기변동의 판단과 예측

1) 경기변동의 판단

경기변동을 판단한다는 것은 현재 경제가 경기변동의 어느 국면(단계)에 위치하고 있는지를 판정내린다는 의미이다. 미국 국립경제연구원(NBER, National Bureau of Economic Research)에 의하면 불황이란 경제 전반에 걸쳐서 *GDP*, 고용, 생산 등의 경제행위가 상당 기간 현저하게 감소하는 경우를 의미한다. 이때 상당 기간은 통상 2분기 연속 마이너스 성장을 한 경우를 의미하고 1분기만 마이너스 성장을 한 경우는 불황으로 보지 않는다. 한국의 경우 통계청에서 경기종합지수를 작성하여 이를 기초로 경기변동을 판단 및 예측하고 있다.

2) 경기종합지수(Composite Economic Indexes)

① 의의

경기종합지수는 경기변동의 국면을 판단하고 예측하기 위하여 통계청에서 매월 발표하는 지수로서 국민경제의 각 부문을 대표하는 여러 경제지표들로 구성되어 있다. 이는 경기변동의 국면・전환점과 속도・진폭을 측정할 수 있도록 고안된 경기지표의 일종으로, 국민경제의 각 부문을 대표하고 경기를 잘 반영하는 경제지표들을 선정한 후 이를 가공・종합하여 작성한다. 이 지표들이 증가하는 경우 경기확장, 감소하는 경우 경기수축을 의미한다.

② 작성(통계청 경제동향통계심의관 산업동향과)

우리나라의 경기종합지수는 선행종합지수, 동행종합지수, 후행종합지수 3개가 작성되고 있으며, 기준연도 수치가 100(예 2015=100)이 되도록 하여 산출하고 있다. 매월 통계청에서 19개(선행 7개, 동행 7개, 후행 5개) 구성지표의 자료를 수집하고 이를 가공・종합하여 작성・공표한다.

③ 선행종합지수

i) 의의

선행종합지수는 건설수주, 재고순환, 경제심리지수 등의 지표처럼 실제 경기순환에 앞서 변동하는 개별지표를 가공・종합하여 만든 지수로 향후 경기변동의 단기 예측에 이용된다.

ii) 선행종합지수 구성지표 7개

재고순환지표, 경제심리지수, 건설수주액(실질), 기계류내수출하지수(선박 제외), 수출입물가비율, 코스피, 장단기금리차

④ 동행종합지수

i) 의의

동행종합지수는 공급 측면의 광공업생산지수, 서비스업생산지수 등과 수요 측면의 내수출하지수 등과 같이 실제 경기순환과 함께 변동하는 개별지표를 가공·종합하여 만든 지수로 현재 경기상황의 판단에 이용된다.

ii) 동행종합지수 구성지표 7개

광공업생산지수, 서비스업생산지수(도소매업 제외), 소매판매액지수, 내수출하지수, 건설기성액(실질), 수입액(실질), 비농림어업취업자수

⑤ 후행종합지수

i) 의의

후행종합지수는 재고, 취업자 수 등 실제 경기순환에 후행하여 변동하는 개별지표를 가공·종합하여 만든 지표로 현재 경기의 사후 확인에 이용된다.

ii) 후행종합지수 구성지표 5개

생산자제품재고지수, 소비자물가지수변화율(서비스), 소비재수입액(실질), 취업자 수, CP유통수익률

필수예제

우리나라의 경기변동에 관한 설명으로 옳지 않은 것은? ▸ 2017년 보험계리사

① 경기의 저점에서 정점까지의 기간을 확장국면이라고 하고 정점에서 저점까지의 기간을 수축국면이라 한다.
② 현재 통계청이 확장국면과 수축국면의 2분법으로 통계를 공표하고 있다.
③ 제1순환부터 현재까지 확장국면이 수축국면보다 평균적으로 짧은 경기의 비대칭성을 보인다.
④ 경기변동은 지속성과 비대칭성의 특징을 갖는다.

출제이슈 경기변동의 단계와 특징

핵심해설 **정답 ③**

① 옳은 내용이다.
경기의 저점에서 정점까지의 구간을 호황구간(boom) 혹은 확장국면이라고 하고 정점에서 저점까지의 구간을 불황구간(recession) 혹은 수축국면이라 한다. 견해에 따라서는 장기균형에서 정점까지의 구간을 호황구간(boom), 장기균형에서 저점까지의 구간을 불황구간(recession)으로 보기도 한다.

② 옳은 내용이다.
현재 통계청이 확장국면과 수축국면의 2분법으로 통계를 공표하고 있다.

③ 틀린 내용이다.
경기변동은 호황기와 불황기가 비대칭적이다. 호황기는 상대적으로 완만하고 길게 지속되지만, 불황기는 상대적으로 급격히 짧게 진행된다. 우리나라의 경우 제1순환부터 현재까지 확장국면이 수축국면보다 평균적으로 오래 지속되는 경기의 비대칭성을 보인다. 미국경제의 경우 1990년대 초 시작된 경기호황이 10여년간 오래 지속되었으나 곧바로 진행된 불황기는 2001년에 약 1년간 진행되고 끝난 바 있다.

④ 옳은 내용이다.
경기변동에 있어서 호황기나 불황기는 일단 시작되면 상당 기간 지속된다는 특징(persistence)이 있다. 그러나 호황기는 상대적으로 완만하고 길게 지속되지만, 불황기는 상대적으로 급격히 짧게 진행되는 비대칭성을 보인다.

THEME 02 경기변동의 본질 · 원인과 분석도구

1 경기변동의 본질

1) 장기균형으로부터 이탈한 불균형

케인즈에 의하면 경기변동이란 장기균형에서 단기적으로 이탈하는 현상이다. 경제에 어떤 충격이 가해질 때, 여러 마찰적 요인 때문에 경제가 즉각 장기균형으로 회복되지 못하고 단기적으로 벗어나 있다가 다시 장기균형으로 회복하는 과정이 경기변동이라는 것이다.

2) 단기균형의 연속

이렇게 단기적으로 장기균형에서 벗어난 상태를 불균형으로 간주할 수도 있지만, 경제는 장기균형에서 벗어난 상태에서 상당 기간 머물러 있기 때문에 이를 일종의 균형, 즉 단기균형으로 볼 수 있다. 따라서 경기변동이란 경제에 어떤 충격이 가해졌을 때, 장기균형에서 이탈하였다가 다시 장기균형을 회복하는 과정에서 나타나는 단기균형의 연속이라고 볼 수도 있다.

2 경기변동의 원인 1(마찰적 요인)

경제에 어떤 충격이 가해졌을 때 경제가 즉각 단기적으로 장기균형에서 벗어나지 않도록 조정되지 못하는 이유를 마찰적 요인이라고 한다. 대표적 마찰적 요인으로는 케인즈학파 및 새케인즈학파가 강조하는 가격의 경직성을 들 수 있다.

새고전학파의 경우 가격의 신축성을 가정하기 때문에 경제는 불균형상태가 될 수 없으며 항상 균형상태이다. 경기변동을 균형 자체가 변화하는 현상으로 보는 새고전학파모형에서 어떻게든 장기에서 단기적으로 이탈하는 현상으로서의 경기변동을 설명하려면 무언가 다른 마찰적 요인이 필요했다. 새고전학파의 루카스는 정보의 불완전성을 마찰적 요인으로 강조하였다.

3 경기변동의 원인 2(충격 혹은 교란요인)

1) 투자지출변화에 의한 수요 측면의 충격 : 케인즈

케인즈에 의하면 민간의 장래에 대한 기대의 변화로 인해서 투자지출이 변화하면 경기변동이 촉발될 수 있다. 투자 변화에 따른 총수요 변화가 생산의 불안정한 변동을 유발하여 경기변동이 파급된다.

2) 통화량 변화에 따른 화폐적 충격

통화론자인 프리드먼과 새고전학파인 루카스에 의하면 자본주의는 본질적으로 안정적이나 통화당국의 자의적 통화량 조정이 경기변동을 야기한다고 한다. 실제로 시계열 데이터를 분석한 결과, 통화량 변동이 실질 GDP의 변동에 선행하였음에 초점을 맞춰서 경기변동에 있어 화폐적 요인을 강조하고 있다.

그런데 가격의 신축성과 합리적 기대를 도입한 새고전학파의 경우 통화량 변동이 경기변동을 야기하는 것을 설명하는 데 한계가 있다. 따라서 루카스는 불완전정보의 상황을 이용하여 경기변동을 설명하려고 하였다. 루카스에 의하면 경제주체들이 합리적으로 기대를 하더라도 불완전정보의 상황은 필연적이기 때문에 예측오차가 발생한다. 이런 불완전정보 상황에서의 판단 오류로 인한 잘못된 의사결정이 총공급을 변화시키기 때문에 경기변동이 촉발될 수 있는 것이다.

3) 기술, 생산성 변화에 따른 공급 측 충격

슘페터는 기술혁신에 의하여 경기가 변동하고 경제가 발전한다고 보았으며 실물적 경기변동론자에 의하면 기술의 변화뿐 아니라 이를 더욱 확대하여 다양한 실물적 충격이 경기변동의 원인이 될 수 있다고 하였다. 이를 공급 측 충격이라고 한다.

4 경기변동의 전통적 분석도구 및 최신이론

1) 의의

경제가 단기적으로 장기균형에서 이탈하여 상당 기간 머물러 있다가 다시 장기균형으로 회복하는 과정을 체계적으로 분석하는 틀을 경기변동의 분석도구라고 한다.

2) 종류

이미 살펴본 바 있는 $IS-LM$ 모형, $AD-AS$ 모형이 쉬우면서도 대표적인 경기변동의 분석도구이다.

3) 최신경기변동이론

최신의 경기변동이론으로서 새고전학파의 화폐적 균형경기변동이론(MBC)과 실물적 균형경기변동이론(RBC) 및 새케인즈학파의 이론을 이하에서 살펴보기로 한다.

Chapter 12

새고전학파의 경기변동이론

THEME 01 새고전학파 경기변동이론의 대두

1 케인즈학파의 경기변동

1) 경기변동의 원인

케인즈는 총수요의 변화가 경기변동의 가장 중요한 원인이라고 보았다. $IS-LM$모형은 총수요의 변화가 어떻게 경기변동을 초래하는지 잘 보여주고 있다. 총수요의 변화가 경기변동을 초래하는 것은 가격이 단기에 고정되어 있기 때문이다. 이 때문에 경제는 불균형 상태가 유지되고 결국 총생산이 변하게 되는 경기변동이 생긴다. 단기에는 장기균형에서 이탈한 불균형 상태지만, 장기에는 총생산이 원래의 자연율총생산 수준으로 복귀한다.

2) 경기변동의 파급

경기변동의 가장 중요한 원인인 수요 측면의 독립투자가 어떻게 생산과 소득을 변화시키는지 분석하기 위해 승수효과와 가속도원리를 통해 경기변동모형을 구축하였다. 즉, 독립투자의 변동은 승수효과를 통해 소득을 변화시키고 소득의 변화는 가속도원리를 통해 다시 투자를 변화시키게 된다.

3) 경기변동과 정책

총수요변동에 의해서 단기에 발생하는 경기변동은 정부의 적절한 재정정책과 같은 총수요관리정책을 통하여 그 변동을 억제할 수 있다는 기본적인 정책적 처방이다. 이를 위해서 케인즈학파는 소비, 투자함수 등을 포함한 $IS-LM$모형을 이용하여 거시경제를 정교하게 모형화하고 이 모형 내 함수들의 계수값들을 추정하여 거시경제정책의 효과를 분석하였다.

2 새고전학파의 비판

1) 경기변동의 본질

루카스는 단기에서 불균형 상태라는 케인즈의 견해를 비판하면서 최초 균형에서 이탈한 상태도 균형이라고 주장한다. 루카스에 의하면 경제는 신축적 가격조정을 통해 항상 수요와 공급이 일치하는 균형상태이므로, 경기변동이란 균형GDP 자체가 잠재GDP 수준으로부터 이탈과 회복을 반복하는 현상이다.

2) 경기변동의 원인

경기변동이 발생하기 위해서는 최초 장기균형상태에서 이탈해야 하기 때문에 교란요인으로서의 충격과 마찰적 요인이 필요하다. 특히 마찰적 요인으로서 케인즈학파가 주장하는 단기의 가격경직성을 비판하면서 대신에 정보불완전성을 이용하였다. 즉, 어떤 형태로든 단기에 마찰적 요인이 있어야만 경기변동이 성립하기 때문에 정보의 불완전성을 도입한 것이다.

3) 경기변동과 정책

① 스태그플레이션에 대한 비판

1970년대 오일쇼크 등 공급 측 인플레이션인 스태그플레이션이 발생하자 케인즈학파의 경기변동이론은 크게 비판받기 시작하였다. 케인즈적인 총수요관리정책은 스태그플레이션에 대하여 무력할 뿐만 아니라 정부의 개입정책이 오히려 경기변동을 심화시키는 부작용을 드러내게 되었다.

② 거시경제모형에 대한 루카스비판

루카스는 정부정책의 변화는 민간경제주체들의 기대를 변화시키고 이에 따라 최적 경제행위를 변화시키기 때문에 소비나 투자함수들의 계수가 변할 수 있음을 지적하였다. 따라서 케인즈학파의 거시경제모형처럼 개별함수를 임의적(ad hoc)으로 설정해서는 안 되며, 불확실성하에서 합리적 기대를 하는 민간의 최적화행동의 결과를 도출하여 설정해야 한다고 주장하였다.

4) 새고전학파 경기변동이론의 발전

루카스는 경기변동이론의 새로운 방법론과 함께 경기변동의 원인으로서 예상치 못한 통화량을 강조하는 화폐적 균형경기변동이론을 발전시켰다. 루카스의 이론은 1980년에 들어서 키들랜드와 프레스컷에 의해서 기술충격과 같은 실물적 요인이 경기변동의 가장 중요한 원인이라고 보는 실물적 균형경기변동으로 발전하였다. 실물적 균형경기변동이론은 경기변동을 균형현상으로 파악한다는 점에서 화폐적 균형경기변동이론과 궤를 같이하지만, 경기변동을 유발하는 외부적 충격으로 화폐적 요인이 아니라 기술변화와 같은 실물적 요인을 강조하는 점에서 차별화된다.

THEME 02 화폐적 균형경기변동이론

1 의의

1) 화폐의 중립성

기본적으로 새고전학파에 의하면, 단기에서도 가격이 즉각적이고 연속적으로 조정되기 때문에 화폐는 중립적이다. 즉, 명목통화량의 변화는 비례적으로 물가만을 변화시킬 뿐이고 실질변수에는 아무런 영향을 미치지 못한다. 이러한 화폐의 중립성 견해에 따르면 통화량의 변화는 경기변동의 원인이 될 수 없다.

2) 화폐의 비중립성

통화정책에 대한 실증적 분석에 따르면, 화폐는 단기에서 비중립적이다. 프리드먼과 슈워르츠는 미국의 실질GDP와 통화량의 시계열 자료분석을 통해서 통화량 변동이 실질GDP의 변동에 선행함을 보이면서 통화량의 변화가 실질GDP를 변화시킨다고 주장하였다.

이는 화폐가 비중립적이라는 것으로서, 루카스는 이를 설명하기 위하여 합리적 기대와 정보의 불완전성을 도입하였다. 루카스에 의하면 합리적 기대와 정보의 불완전성하에서 예상치 못한 통화량의 변화는 실질국민소득을 변화시키는 경기변동을 야기하는데 이를 화폐적 균형경기변동이론이라고 한다.

2 내용

1) 통화정책의 실시

정보의 완전성과 완전예견을 가정하는 고전학파모형에서는 통화정책이 실질국민소득이나 고용량과 같은 실질변수에 영향을 미치지 못한다. 그러나 루카스모형에서는 정보가 불완전하기 때문에 기업은 예상치 못하게 갑작스러운 통화량의 변화를 정확하게 알 수 없으므로 이로 인한 실제물가의 변화를 부정확하게 예상하는 실수를 범하게 된다. 실제물가와 예상물가가 불일치하면서 실제산출량은 완전고용산출량 수준을 벗어나게 된다.

2) 경기변동의 촉발 및 파급

예상치 못한 통화량의 변화로 실제물가가 예상물가보다 높으면 자신들의 생산물가격상승이 물가상승에 기인한 것이 아니라 상대가격 변화에 따른 것으로 보고 생산량을 증가시킨다. 통화량 변화로 인한 물가변화에 대하여 정보가 완전하지 못한 기업들은 물가상승을 자신들의 생산물 가격상승으로 오인하여 생산량을 증가시키게 된다. 이로 인해서 결국 경제 전체의 생산량이 증가하는 경기변동이 촉발된다.

3 평가

1) 균형모형과 정부불개입

루카스모형은 신축적 가격조정을 통해서 경제가 항상 수요가 공급이 일치하는 균형상태에 있으므로 루카스모형에서 경기변동이란 케인즈에서처럼 불균형이 아니라 균형 자체이다. 다만, 그 단기의 균형 GDP 자체가 장기의 잠재 GDP 수준에서 벗어난 것이다. 경기변동과정에서 나타나는 균형 GDP 자체는 민간 경제주체의 최적화행동의 결과이기 때문에 정부개입은 불필요하다.

2) 화폐의 비중립성

루카스모형은 새고전학파의 화폐의 중립성을 단기에는 비중립적이라고 수정한 이론이다. 이러한 화폐의 비중립성의 핵심적 근거는 정보의 불완전성에 따른 물가 오인식에 기인한다.

3) 지속성의 문제

민간부문의 정보가 불완전하여 장기균형에 이탈하더라도 민간이 다시금 불완전정보를 알아차리고 수정하는 정보시차(information lag)가 짧기 때문에 곧바로 장기균형을 회복하게 된다. 루카스모형으로 지속적인 경기변동을 설명하기 위해서는 민간의 판단착오를 유발하는 예상치 못한 화폐충격이 지속되어야 하는데 이는 사실상 비현실적이다. 따라서 루카스모형은 경기변동이 상당 기간 지속되는 현상을 적절히 설명하지 못한다는 한계가 있다.

THEME 03 실물적 균형경기변동이론

1 의의

앞서 살펴본 화폐적 균형경기변동이론에 의하면, 일회적인 화폐적 충격만으로는 현실에서 나타나는 지속적인 경기변동현상을 설명할 수가 없다. 따라서 이러한 경기변동의 지속성을 설명하기 위하여 키들랜드와 프레스컷은 경기변동의 원인을 화폐적 충격이 아닌 실물부문에서의 기술충격에서 찾고 있다. 합리적 기대하에서 공급 측면의 실물적 기술충격은 지속적으로 실질국민소득을 내생적으로 변화시키는 경기변동을 야기하는데, 이를 실물적 균형경기변동이론이라고 한다.

2 내용

1) 기술충격(솔로우잔차)

기술충격 혹은 생산성충격이란 생산요소의 투입량은 고정되어 있는 상태에서 산출량이 증가 또는 하락하는 교란원인을 의미한다. 유리한 기술충격은 경기호황을 가져오고 불리한 기술충격은 경기침체를 가져온다.

2) 모형과 미시적 기초

모형의 펀더멘털은 가계의 효용함수, 기업의 생산함수이다. 이를 이용하여 가계의 효용극대화와 기업의 이윤극대화라는 미시적 최적화 모형을 구축한다. 가계와 기업은 노동시장과 자본시장에서 만나게 되는데, 노동시장과 자본시장에서 가계는 공급자, 기업은 수요자의 역할을 담당한다. 각각의 시장에서 가계와 기업은 최적화행동을 한다.

3) 노동시장의 균형

① 노동수요와 노동공급

기업은 이윤극대화 과정에서 노동을 수요하며 가계는 효용극대화 과정에서 노동을 공급한다.

② 노동공급의 기간 내 대체

i) 의의

가계의 노동공급 과정에서 실질임금이 변화함에 따라서 여가와 소득 사이의 선택을 두고 대체가 발생하는데 이를 노동공급의 기간 내 대체라고 한다.

ii) 원인과 효과

기간 내 대체에 영향을 주는 요인은 여가와 소득의 상대가격으로서 이는 여가의 기회비용을 의미하며 구체적으로는 현재의 실질임금이 된다. 만일 실질임금이 상승하는 경우, 대체효과가 소득효과보다 크다면, 노동공급은 증가하게 될 것이다.

③ 노동공급의 기간 간 대체

i) 의의

경기변동이란 시간이 흐름에 따라 거시변수들이 변동하는 과정이므로 모형에 시간을 고려할 수 있는데, 시간이 도입되면 현재와 미래 사이 노동공급의 배분 문제가 발생하게 된다. 이는 현재 노동공급과 미래 노동공급 사이의 대체를 의미하게 되며 이를 노동공급의 기간 간 대체라고 한다.

ii) 원인과 효과

기간 간 대체에 영향을 주는 요인은 현재 노동공급과 미래 노동공급에 따른 상대가격으로서 구체적으로는 기간 간 상대실질임금이다. 기간 간 상대실질임금은 현재실질임금, 미래실질임금 그리고 이자율에 의해서 결정된다. 만일 이자율이 상승하는 경우 현재실질임금의 상대적 가치가 커지게 되어 현재 노동공급은 증가하고 미래 노동공급은 감소하게 될 것이다.

iii) 기술충격과 노동공급의 기간 간 대체

만일 유리한 충격이 발생하면 노동생산성이 향상되고 노동수요가 증가하여 현재 실질임금이 상승한다. 가계는 효용극대화원리에 따라서 가급적 실질임금이 높은 때에 노동을 공급하는 것이 유리하다. 왜냐하면 같은 시간의 노동을 공급하여도 실질임금이 높은 때에는 더 많은 노동소득을 받을 수 있어서 효용이 증가하기 때문이다. 따라서 현재와 미래 간 노동공급의 배분에 있어서 미래에 노동공급을 줄이더라도 지금 현재의 높은 실질임금 하에서 노동공급을 늘리는 것이 유리하다. 이것이 기술충격에 의한 노동공급의 기간 간 대체이다.

iv) 충격의 지속성과 노동공급의 기간 간 대체

㉠ 일시적 충격인 경우

만일 유리한 충격이 일시적인 경우에는 지금 당장 노동공급을 증가시키지 않는다면, 미래에는 높은 실질임금이 보장되는 것이 아니므로 유리한 기회를 놓치게 된다. 따라서 이 경우에는 현재 노동공급이 크게 증가하여 노동공급의 기간 간 대체가 크게 된다.

㉡ 영구적 충격인 경우

만일 유리한 충격이 영구적인 경우에는 지금 당장 노동공급을 증가시키지 않는다고 하더라도, 미래에도 여전히 이미 높아진 실질임금이 유지될 것이므로 그때 가서 노동공급을 늘려서 실질임금 상승의 혜택을 누릴 수 있게 된다. 따라서 이 경우에는 현재 노동공급이 조금 증가하여 노동공급의 기간 간 대체가 작게 된다.

④ 경기변동과 노동공급

위의 내용을 정리하면, 유리한 충격에 의하여 실질임금이 상승하는 경우 소득효과보다 기간 내 대체효과와 기간 간 대체효과가 더 크다고 하면 노동공급은 증가한다.

4) 자본시장의 균형

① 자본수요와 자본공급

기업은 이윤극대화 과정에서 자본을 수요한다. 가계의 경우 자본을 기업에 공급하지 않는다면 다른 용도로도 쓸 수 없기 때문에 자본의 기회비용이 0이라고 가정할 수 있다. 그러면 가계는 모든 자본을 기업에 공급해야 하며 자본공급은 고정되어 있다고 할 수 있다.

② 기술충격과 자본의 건설기간(time to build)

만일 유리한 충격이 발생하면 자본의 한계생산이 증가하므로 기업의 자본수요가 증가한다. 자본공급은 고정되어 있으므로 자본의 실질임대료만 상승하고 자본량은 불변이다. 유리한 기술충격으로 생산이 늘고 호황기가 오더라도 자본량은 곧바로 늘기 어렵다. 왜냐하면 자본공급을 늘리기 위한 투자가 발생하더라도 자본의 건설기간에 시간이 소요되므로 자본량은 즉각적으로 늘지 못한다.

③ 경기변동과 자본

위의 내용을 정리하면, 유리한 충격에 의하여 실질임대료가 상승하는 경우 자본의 건설기간에는 시간이 소요되기 때문에 자본량은 단기적으로는 거의 늘지 못한다. 따라서 자본은 경기변동과는 무관한 비경기적(acyclical) 성격을 보이는 반면 경제성장과는 밀접한 관련이 있는 것이다.

3 기술충격과 경기변동

1) 노동시장

유리한 충격이 발생하게 되면 노동시장에서 실질임금이 상승한다. 실질임금이 상승하면 소득효과에 의하여 노동공급이 감소한다. 반면, 실질임금 상승 시 기간 내 대체효과 및 기간 간 대체효과에 의하여 노동공급은 증가한다. 실질임금의 상승은 기간 내, 기간 간 대체효과에 의해 노동공급을 증가시킨다. 두 개의 대체효과가 소득효과보다 크다고 한다면, 유리한 기술충격에 의한 실질임금의 상승은 노동공급을 증가시킨다. 따라서 단기에 노동공급의 증가로 생산이 증가한다.

2) 자본시장

유리한 충격이 발생하게 되면 자본시장에서 실질임대료는 상승한다. 실질임대료가 상승하더라도 자본의 건설기간 때문에 자본공급은 단기적으로는 불변이다. 그러나 장기적으로는 자본이 증가하기 때문에 장기에는 자본증가로 생산이 증가한다.

3) 경기변동의 지속성

유리한 충격이 있을 경우, 기간 내 대체효과와 기간 간 대체효과에 의해서 노동공급이 증가하여 경제의 총산출량이 증가하는 경기변동이 발생한다. 일반적으로 유리한 기술충격은 영구적이지 않기 때문에 기간 간 대체효과는 크며, 이는 현재와 미래의 노동공급 조정을 크게 가져오게 되므로 단 한 번의 충격이 여러 기간의 총생산에 지속적으로 영향을 미치게 된다. 그리고 금기의 기술충격으로 인하여 발생한 자본재 건설의 완결은 미래에 가능하므로 미래에까지 지속적인 영향을 미치게 된다.

4) 일시적 충격과 영구적 충격

① 일시적 충격과 노동공급의 기간 간 대체효과

기술충격이 일시적인 경우, 노동공급의 기간 간 대체효과가 커져서 노동공급의 변화가 커지게 되어 경기변동폭이 커진다.

② 영구적 충격과 노동공급의 기간 간 대체효과

기술충격이 영구적인 경우, 노동공급의 기간 간 대체효과가 작아져서 노동공급의 변화가 크지 않고 경기변동폭이 작다. 즉, 노동고용의 큰 변화 없이 경제가 마치 장기적인 성장경로를 따라 성장하는 모습을 보이게 된다.

③ 영구적 충격과 자본의 건설기간

프레스컷은 기술충격이 영구적인 경우에도, 노동고용에 큰 변화가 일어나서 경기변동폭이 커질 수 있다고 보았다. 왜냐하면, 유리한 기술충격은 기업의 노동수요와 자본수요(투자수요)를 모두 증가시키는데 이에 따라서 먼저 노동공급이 증가한다.

그러나 자본공급은 자본축적의 건설기간이 필요하므로 일거에 점프하듯 증가하는 것이 아니라 서서히 증가하게 된다. 따라서 자본축적이 완료되기 전까지는 기존의 자본이 부족한 셈이며 이는 기존의 자본이 노동을 대체하지 못하는 것이므로 노동수요가 꾸준히 증가한다. 따라서 노동실질임금은 높은 수준을 유지한다. 사람들은 자본의 건설기간 동안에는 노동수요가 커서 실질임금이 높다는 것을 알기 때문에 기간 간 대체효과에 의해서 노동공급을 늘리게 된다. 따라서 단기적으로는 높은 수준의 고용이 유지되기 때문에 경기변동폭이 커지는 것이다.

4 평가

1) 기술충격

실물적 균형경기변동은 경기변동의 근본적 원인을 기술충격으로 보고 있다. 이에 대하여 비판론자들은 음(−)의 기술충격은 불가능하다는 점을 들어 비판한다. 또한 기술충격이 경제 전체의 경기변동을 가져올 만큼 클 것인지에 대하여 비판적 견해를 보인다.

그러나 실물적 균형경기변동론자들은 기술충격을 확대하여 해석하면 음의 충격이 가능하다고 본다. 예를 들어 기후악화나 석유같은 원료가격 상승도 음의 생산성 충격으로 이해할 수 있다. 또한 기술진보가 한 산업에서만 발생하더라도 현대 경제에서는 산업 간 연관관계가 심화되어 가고 있으므로 한 산업의 기술진보는 다른 산업에도 영향을 미치게 된다. 예를 들어 전자산업의 기술진보는 유통이나 금융과 같은 서비스산업에도 큰 영향을 미친다. 이를 통해 경제 전체의 경기변동을 가져오게 되는 것이다.

2) 합리적 기대

실물적 균형경기변동이론은 기대형성방식에 있어서 합리적 기대를 적극적으로 수용하고 있다. 특히 가계는 합리적 기대하에서 미래소득을 예상하고 현재소비를 결정한다. 실물적 기술충격에 의해서 나타나는 현재소득과 미래소득의 변화를 합리적으로 예상하고 소비를 최적으로 유지할 수 있다는 것이다. 또한 가계는 합리적 기대를 바탕으로 하여 현재임금과 미래임금 사이에서 노동의 기간 간 대체를 결정함으로써 노동의 공급도 최적으로 유지할 수 있다.

3) 경기변동의 지속성

화폐적 균형경기변동이론은 외생적으로 주어지는 화폐적 충격이 사라지고 나서 추가적인 외적 충격이 없다면 더 이상 경기변동은 나타나지 않을 것이라고 설명한다. 즉, 지속적인 외적 충격이 있어야만 현실에서 실제 나타나는 경기변동의 지속성을 설명할 수 있다. 그러나 실물적 균형경기변동이론은 경기변동의 지속성을 외적 충격이 아닌 내생적 변화과정으로 설명한다. 따라서 일회적 충격만으로도 노동의 기간 간 대체와 자본의 건설기간을 통해서 경기변동의 지속성을 설명할 수 있다.

4) 화폐의 중립성

실물적 균형경기변동이론의 모형에서는 화폐가 등장하지 않으며 통화량의 변화는 실물경제에 전혀 영향을 주지 못한다. 극단적으로 단기에서조차 중립적이라고 주장한다. 이에 대한 비판론자들은 실증분석상 화폐가 비중립적이며 통화량의 변화와 경기변동은 밀접하다고 비판하면서 화폐의 중립성 견해가 실물적 균형경기변동이론의 가장 큰 약점이라고 공격한다.

그러나 이에 대해 실물적 균형경기변동론자들은 실증분석상 통화량의 변화가 경기변동과 밀접한 관련을 가지는 것은 통화정책이 효과가 있어서가 아니라, 경기변동에 따라서 통화량이 내생적으로 변화한 것이기 때문이라고 주장한다. 즉, 통화량의 변화는 경기변동의 원인이 아니라 결과이다. 경기변동의 원인은 실물적 충격이며 통화량은 그 결과로서 변화한 것에 불과하다는 것으로서 이른바 역의 인과관계를 주장한다.

5) 정부의 개입

실물적 균형경기변동이론은 경기변동을 지속적인 충격에 대한 시장의 최적 대응으로 해석한다. 따라서 경기변동은 시장메커니즘이 효율적으로 작동한 결과이기 때문에 경기안정을 위한 정부의 개입은 바람직하지 않다고 주장한다.

6) 장단기 구분

실물적 균형경기변동이론은 경기변동이 불균형 현상이 아니라 언제나 균형이며 다만, 균형이 이동하는 현상으로 경기변동을 파악한다. 따라서 실질적으로 단기와 장기의 구분도 중요하지 않다는 결론이 도출될 수 있다.

필수예제

실물경기변동이론(real business cycle theory)에 관한 설명으로 옳은 것은? ▸ 2017년 보험계리사

① 상품가격은 완전신축적이지만 임금은 경직적이다.
② 불경기에도 가계는 효용을 극대화한다.
③ 총수요 충격이 경기변동의 원인이다.
④ 일부 시장은 불완전한 경쟁구조이다.

출제이슈 실물적 균형경기변동이론
핵심해설 **정답** ②

설문을 검토하면 다음과 같다.

① 틀린 내용이다.
실물적 균형경기변동이론에 의하면 경제는 신축적 가격 및 임금 조정을 통해서 항상 수요와 공급이 일치하는 균형상태를 달성한다. 임금 및 가격이 경직적이라고 보는 학파는 새케인즈학파이다.

② 옳은 내용이다.
실물적 균형경기변동이론은 기본적으로 가계의 효용극대화와 기업의 이윤극대화라는 미시적 최적화과정을 통하여 모형을 구축한다. 가계와 기업은 노동시장과 자본시장에서 만난다. 노동시장과 자본시장에서 가계는 공급자, 기업은 수요자의 역할을 담당한다. 각각의 시장에서 가계와 기업은 최적화행동을 하는 것이다. 따라서 실물적 균형경기변동이론에 따른 경기변동은 생산성 충격이 있을 경우, 가계 및 기업과 같은 경제주체들이 새로운 최적화 선택을 찾아가는 과정에서 나타나는 동태적 결과가 되는 것이다. 호황기이든 불경기이든 관계없이 경제주체들이 제약하에서 최적화 행동을 선택한다. 이 과정에서 노동시장과 자본시장의 균형이 새롭게 변화하여 달성되는 것이다. 결국 경기변동이란 충격에 대한 시장의 최적대응이며, 시장메커니즘이 효율적으로 작동한 결과로서 효율성이 달성된다.

③ 틀린 내용이다.
실물적 균형경기변동이론은 경기변동의 원인을 실물부문에서의 기술충격에서 찾고 있다. 기술충격은 공급측면의 충격으로서 거시경제총생산함수에 충격을 가해 이동시키는 역할을 한다. 이는 생산요소의 투입량은 고정되어 있는 상태에서 산출량이 증가 또는 하락하도록 만드는 교란원인이 된다. 유리한 기술충격은 경기호황을 가져오고 불리한 기술충격은 경기침체를 가져온다.

④ 틀린 내용이다.
새케인즈학파에 의하면 경기변동의 원인을 설명하면서 총수요 충격과 가격변수의 경직성을 들고 있다. 특히 가격변수의 경직성은 불완전적 경쟁구조하의 기업의 가격설정으로 나타난다고 설명하고 있는데 대표적으로 메뉴비용 등을 고려한 경직적 가격설정을 들 수 있다.

실물적 경기변동이론(real business cycle theory)에 대한 설명으로 옳은 것만을 모두 고른 것은?

▸ 2014년 국가직 7급

ㄱ. 메뉴비용(menu cost)은 경기변동의 주요 요인이다.
ㄴ. 비자발적 실업이 존재하지 않아도 경기가 변동한다.
ㄷ. 경기변동이 발생하는 과정에서 가격은 비신축적이다.
ㄹ. 정책결정자들은 경기침체를 완화시키는 재정정책을 자제해야 한다.

① ㄱ, ㄷ ② ㄴ, ㄷ ③ ㄴ, ㄹ ④ ㄷ, ㄹ

출제이슈 새고전학파와 새케인즈학파의 경기변동이론
핵심해설 **정답** ③

경기변동에 있어서 케인즈적인 전통에 의하면 총수요가 변화할 때 가격이 고정되어 있기 때문에 경제는 불균형상태가 유지되고 결국 총생산이 변하게 되는 경기변동이 생긴다. 단기에는 불균형상태(장기균형에서 이탈한 상태)이지만, 장기에는 총생산이 원래의 자연율총생산 수준으로 복귀한다. 따라서 총수요변동에 의해서 단기에 발생하는 경기변동은 정부의 적절한 재정정책과 같은 총수요관리정책을 통하여 그 변동을 억제할 수 있다는 기본적인 정책적 처방이다.

이와 달리 새고전학파는 단기에서 불균형상태라는 케인즈의 견해를 비판하면서 최초 균형에서 이탈한 상태도 그 자체로서 균형이라고 주장한다. 새고전학파에 의하면 경제는 <u>신축적 가격조정("ㄷ")</u>을 통해서 항상 수요와 공급이 일치하는 균형상태이므로, 결국 경기변동이란 균형 *GDP* 자체가 잠재 *GDP* 수준으로부터 이탈과 회복을 반복하는 현상이다.

특히 새고전학파의 실물적 균형경기변동이론에 따른 경기변동은 생산성 충격이 있을 경우, 가계 및 기업과 같은 경제주체들이 새로운 최적화 선택을 찾아가는 과정에서 나타나는 동태적 결과가 되는 것이다. 이 과정에서 노동시장과 자본시장의 균형이 새롭게 변화하여 달성되는 것이다. <u>이는 "ㄴ"의 비자발적 실업이 존재하지 않아도 경기가 변동한다는 것과 일맥상통한다. 결국 경기변동이란 충격에 대한 시장의 최적대응이며, 시장메커니즘이 효율적으로 작동한 결과이기 때문에 경기안정을 위한 정부개입은 바람직하지 않게 된다("ㄹ")</u>.

"ㄱ"에서 실물적 균형경기변동이론은 경기변동의 원인을 실물부문에서의 기술충격에서 찾고 있다. 실물적 기술충격은 거시경제 총생산함수에 가해지는 충격으로서 생산함수를 이동시키는 역할을 한다. 이는 생산요소의 투입량은 고정되어 있는 상태에서 산출량이 증가 또는 하락하는 교란원인이다. 유리한 기술충격은 경기호황을 가져오고 불리한 기술충격은 경기침체를 가져온다. 예를 들어 기술진보와 같은 유리한 기술충격에 의해 산출이 증가하면서 노동 및 자본에 대한 수요가 증가하여 실질임금 및 실질임대료가 상승한다.

<u>"ㄱ"에서 제시된 메뉴비용은 새케인즈학파가 제시</u>한 경기변동의 원인이다. 총수요 충격 시 어떤 기업들은 메뉴비용의 존재로 인하여 가격을 조정하는 것이 어렵기 때문에 총수요 변화에 대응하여 가격 대신에 산출량을 조정한다. 이렇게 기업들의 산출량 조정이 바로 총수요 충격에 따른 경제전체의 총생산이 변화하는 경기변동을 의미한다.

Chapter 13

새케인즈학파의 경기변동이론

THEME 01 새케인즈학파의 경기변동이론

1 케인즈의 경기변동

케인즈는 총수요의 변화가 경기변동의 가장 중요한 원인이라고 보았다. 총수요의 변화가 경기변동의 원인이 되기 위해서는 가격이 단기에 고정되어야 한다. 총수요가 변화할 때 가격이 고정되어 있기 때문에 경제는 불균형 상태가 유지되고 결국 총생산이 변하게 되는 경기변동이 생기는 것이다. 장기에는 총생산이 원래의 자연율총생산 수준으로 복귀하지만, 단기에는 장기균형으로부터 이탈한 불균형상태가 지속된다.

2 새케인즈학파의 보완

1) 합리적 기대와 미시적 기초 수용

기본적으로 새케인즈학파는 총수요의 변화가 경기변동의 가장 중요한 원인이라고 보는 케인즈의 전통을 그대로 따르고 있다. 그러나 새케인즈학파는 케인즈의 직관과 통찰을 중시하면서도 새고전학파의 공헌을 충분히 인정하고 일정부분 받아들이고 있다. 새케인즈학파는 새고전학파의 기본적 방법론인 합리적 기대와 경제주체의 최적화 행동의 원리로서의 미시적 기초를 도입하여 케인즈가 간과한 가격경직성에 대한 이론적 토대를 정립하였다.

2) 가격과 임금의 경직성

새케인즈학파는 새고전학파와는 달리 경기변동을 균형국민소득 수준으로부터 이탈한 현상로 보고 있으며 이탈의 핵심적 원인이 바로 가격 및 임금의 경직성이다. 새케인즈학파는 가격 및 임금의 경직성이 단순한 가정이 아니라 경제주체들의 최적화 행동의 결과로 나타나는 합리적인 것임을 증명하고, 총수요 충격이 가격조정이 아닌 생산 수준의 변화를 유발하여 경기변동을 촉발하는 것이라고 설명한다. 본장에서는 가격경직성을 살펴볼 것이며, 임금경직성에 대하여는 제9장 실업이론을 참조하라.

3) 불균형

새고전학파는 경제는 신축적 가격조정을 통해서 항상 수요와 공급이 일치하는 균형상태이므로, 경기변동은 균형 GDP 자체가 잠재 GDP 수준으로부터 이탈과 회복을 반복하는 현상으로 보고 있다. 그러나 거시경제에 현재 별다른 외부적인 충격도 가해지지 않고 있는 상황임에도 불구하고 완전고용소득 수준과 자연실업률을 달성하지 못하는 것이 대부분이다. 더욱이 이렇게 자연율로부터 이탈하는 것이 상당 기간 지속되고 있다. 이에 따라 새케인즈학파는 새고전학파의 이러한 시장의 완전성에 대하여 회의적이며 경제가 자연율로부터 이탈하는 것이 오히려 매우 자연스러울 수 있다는 입장을 취한다.

4) 불완전한 시장과 정부개입

새케인즈학파는 경제가 자연율로부터 이탈하는 원인을 시장에서 경제주체 간 상호작용 과정에 있어 시장가격기구가 완전하게 작동하는 것을 가로막는 요인이 내재되어 있기 때문이라고 본다. 그렇다면, 그러한 이탈은 일시적인 것이 아니라 구조적인 것으로서 불완전한 시장구조에 기인한다고 한다. 경직적인 가격과 불완전한 시장구조하에서 시장청산은 신속하고 완벽하게 이루어지지 않기 때문에 시장기능에 문제가 있고 결국 정부의 시장개입이 정당화된다.

THEME 02 가격경직성과 메뉴비용

1 메뉴비용과 경기변동

총수요 충격이 발생하면 어떤 기업들은 메뉴비용의 존재로 인하여 가격을 조정하는 것이 어렵기 때문에 총수요 변화에 대응하여 가격 대신에 산출량을 조정한다. 이러한 기업들의 산출량 조정이 바로 총수요 충격에 따른 경제 전체의 총생산이 변화하는 경기변동을 촉발하게 된다. 이 과정에서 메뉴비용이 가격경직성을 유발하고 경기변동을 일으키는 중요한 요인이 된다.

2 메뉴비용과 총수요 외부성

1) 가정

① 메뉴비용의 존재
메뉴비용이란 문자적으로는 가격을 변경하고 이를 알리기 위하여 메뉴판을 다시 제작하는 데 드는 비용이지만, 이를 넓게 해석하여 명목가격의 변화에 수반되는 모든 비용을 총칭한다.

② 총수요 충격 시 대응을 위한 의사결정
가격을 변화시킬 때는 메뉴비용이 들기 때문에 가격변화 시 이러한 비용과 편익을 동시에 고려하여 가격을 변화시킬지에 대한 의사결정을 내려야 한다.

③ 독점적 경쟁
다수의 기업들이 존재하며, 각 개별기업이 자신의 제품에 대해 어느 정도의 독점력을 가지고 있는 상황을 가정한다. 기존의 거시모형에서는 암묵적으로 경쟁체제를 가정하고 있다. 그러나 기업이 경직적으로 가격을 설정하는 것을 합리적 판단의 과정으로 도입하기 위해서는 먼저 기업이 가격을 설정할 수 있는 시장에서 활동하고 있는 것으로 가정해야 한다.

2) 메뉴비용 이론

① 총수요 감소 충격
총수요가 감소하는 충격이 발생했다고 하자. 이에 따라 기업의 제품에 대한 수요가 감소($D \rightarrow D'$)하여 기업의 한계수입도 감소한다($MR \rightarrow MR'$).

② 메뉴비용이 없는 기업

메뉴비용이 없는 경우의 기업이라면, 총수요 충격으로 인하여 바뀐 한계수입과 한계비용을 고려하여 생산의 의사결정을 내리게 된다. 따라서 $MR' = MC$에서 생산하게 되므로, 총수요 감소 충격 이전에 비해서 산출이 감소하고 가격은 인하된다.

③ 메뉴비용이 있는 기업

ⅰ) 가격을 인하하는 경우

메뉴비용이 있는 기업의 경우, 만일 메뉴비용이 모두 고정비용으로서 매몰비용적 성격을 가진다고 하면, 메뉴비용이 없는 기업의 의사결정과 동일하게 된다. 따라서 이 기업은 $MR' = MC$에서 생산하게 되므로, 총수요 감소 충격 이전에 비해서 산출이 감소하고 가격은 인하된다. 여기에 소요된 메뉴비용만큼을 고려하여 이윤을 구할 수 있다.

ⅱ) 가격을 유지하는 경우

만일 이 기업이 가격을 인하하지 않고 기존의 가격을 그대로 유지한다면 총수요 감소 충격에 따라서 줄어든 수요를 고려하여 기존의 가격 $= DC'$에서 생산하게 되므로, 산출이 감소할 것이다. 이때의 산출 감소는 위에서 가격을 인하한 경우보다 더 많이 감소하게 되므로 메뉴비용을 고려할 필요 없이 이윤을 구할 수 있다. 그런데 이때는 한계비용보다 가격이 높은 수준이므로 가격을 낮춰서 생산량을 늘릴 유인이 있다.

ⅲ) 최종적인 의사결정

따라서 메뉴비용이 있는 기업은 가격을 낮추고 생산량을 증가시킴에 따른 이윤증가분과 메뉴비용을 고려하고 이를 다시 가격을 유지할 때의 이윤과 비교하여 최종적인 의사결정을 하게 될 것이다.

④ 메뉴비용과 경기변동

만일 메뉴비용 때문에 기업이 가격을 유지하기로 결정하였다면, 이는 총수요 감소 충격에도 가격이 경직적으로 유지되는 것이므로 가격이 조정되는 경우에 비해 산출량의 감소가 더 크다. 작은 메뉴비용이지만 그 존재만으로도 가격의 경직성을 초래할 수 있고 이로 인해 큰 경기변동을 유발할 수도 있다는 것이다.

3) 총수요 외부성

① 논의배경

총수요 감소 충격하에서 메뉴비용으로 인한 가격경직성으로 경제가 불황에 빠져 있다고 하자.

결국 이는 작은 메뉴비용으로 큰 경기변동으로서의 불황이 초래된 것이다. 불황의 고통비용이 메뉴비용보다 큰 것은 자명하기 때문에 기업으로서는 작은 메뉴비용을 무시하고 가격을 인하하여 불황을 탈출하는 것이 합리적일 것이다. 따라서 메뉴비용이론만으로는 불황을 설명하는 데 한계가 있다는 비판이 대두되었다.

이에 대해 새케인즈학파는 기업들이 가격인하의 편익, 즉 불황을 빠져나올 수 있는 편익을 제대로 고려할 수 없기 때문에 작은 메뉴비용으로도 불황을 충분히 설명할 수 있다고 반박하였다. 여기서 가격인하의 편익이 바로 총수요 외부성이며, 총수요 외부성 때문에 가격이 인하되지 않고 유지된다고 보았다.

② 의의

어느 한 개별기업의 가격인하는 해당 기업의 제품에 대한 수요를 증가시킬 뿐만 아니라 다른 모든 기업의 제품에 대한 수요를 증가시키는 효과를 가져온다. 이렇게 개별기업의 가격조정이 다른 기업 제품의 수요에 미치는 효과를 총수요 외부성이라고 한다.

③ 발생원인

어느 한 개별기업이 가격을 인하하면, 전반적인 물가하락에 기여하는 것이고 이로 인하여 실질통화량이 증가하여 경제 내 모든 기업의 제품에 대한 수요가 증가하게 된다. 이러한 총수요 외부성은 가격변화가 가져오는 사회적 외부편익이 된다.

④ 가격경직성과 총수요 외부성

i) 가격인하에 대한 사회적 의사결정

기업이 가격을 인하하는 경우 메뉴비용은 자신이 모두 지불해야 하지만, 그로 인한 편익은 총수요의 증가를 통해서 다른 모든 기업들에게도 나눠진다. 따라서 기업이 가격을 인하하는 것에 대한 의사결정을 할 때는 자신이 지불해야 하는 메뉴비용과 자신이 얻게 되는 편익 그리고 총수요 외부성에 의한 사회적 외부편익을 모두 고려하는 것이 합리적이다.

ii) 가격인하에 대한 사적 의사결정

그러나 개별기업은 총수요 외부성으로 인한 외부적 편익은 무시하고 사적 메뉴비용에 의해서만 의사결정을 하게 된다. 가격인하로 인해 얻는 편익에서 총수요 외부성으로 인한 사회적 외부편익이 빠지게 되므로 개별기업의 입장에서는 편익이 그렇게 크지 않을 수 있고, 이로 인해서 가격을 그대로 유지하는 것이 합리적인 상황이 되어버린다.

4) 가격경직성의 복합적 원인과 그 효과

결국 메뉴비용에 의해서 가격인하의 비용이 작음에도 불구하고 총수요 외부성에 의해서 가격인하의 편익도 작아지기 때문에 가격의 경직성이 나타난다. 메뉴비용과 총수요 외부성에 의해서 개별기업은 경직적 가격을 유지하는 것이 최적의 선택이지만, 경제 전체로는 비효율성을 초래한다.

3 평가

1) 정부개입의 근거

경제에 총수요 감소 충격이 온 경우에 메뉴비용과 총수요 외부성으로 인하여 이 경제가 도달하는 균형은 결코 파레토효율적 성격이 아니다. 기업들이 사회적 관점에서 의사결정을 하였다면 불황을 탈출할 수 있었겠지만 그렇지 못하기 때문이다. 따라서 이로 인해서 정부의 적극적 개입이 정당성을 얻을 수 있게 된다.

2) 메뉴비용이론의 한계

가격조정에 따른 마찰적 비용은 고려하지만 수량조정에 따라 발생할 수 있는 마찰적 비용은 고려하지 않고 있다는 한계가 있다.

THEME 03 가격경직성과 조정실패

1 논의배경

앞에서 불황이 닥쳐왔을 때 가격인하에 대한 개별기업의 사적 의사결정과 사회적 차원의 의사결정이 달라지게 되어 작은 메뉴비용에도 불구하고 큰 경기변동을 야기할 수 있음을 살펴보았다. 총수요외부성은 개별기업의 의사결정 시 편익에 고려되지 않기 때문에 개별기업의 가격변경에 작은 메뉴비용만 소요됨에도 불구하고 개별기업의 편익도 작음을 암시한다. 따라서 이러한 경우에는 가격을 변경하기보다는 기존가격을 유지하는 것이 합리적이기 때문에 가격의 경직성이 나타난다. 여기에서는 가격이 인하되지 못하고 경직적으로 유지되는 이유에 대하여 조정실패이론을 통해서 자세히 살펴보기로 한다. 조정실패는 바로 가격경직성이 나타나고 심화되는 원인이다.

2 조정실패모형

1) 의의

조정실패(coordination failure)란 경제에 총수요 충격이 가해졌을 때 기업들이 상호협조를 통해 가격을 인하하면 총수요가 증가하여 사회총이익이 증가함에도 불구하고 기업들 간 상호협조가 이루어지지 않아서 가격이 인하되지 않는 상태를 의미한다. 가격인하에 따른 편익이 창출되지 못하고, 오히려 가격이 경직적으로 유지되면서 사회 전체적으로 부담해야 하는 비용으로서의 거시경제외부성(macroeconomic externality)이 나타나는 상태이다.

2) 조정실패게임모형

① 보수행렬

기업1 \ 기업2	가격인하	가격유지
가격인하	80 \ 80	30 \ 50
가격유지	50 \ 30	40 \ 40

② 보수행렬의 분석

불리한 총수요 충격이 왔다고 가정한다. 이때 두 기업 모두 가격을 인하할 경우 총수요가 증가하여 판매가 증대되어 이윤이 증대될 수 있다. 두 기업 모두 가격을 유지할 경우 불리한 총수요 충격에 의하여 판매가 감소하고 이윤이 감소할 것이다. 만일 어느 한 기업은 가격을 인하하지만 다른 기업은 이에 동의하지 않고 그대로 유지한다고 하자. 가격을 그대로 유지한 기업은 다른 기업의 가격인하에 따른 총수요 외부성의 혜택을 고스란히 받게 된다. 그러나 가격을 인하한 기업은 가격인하의 메뉴비용 때문에 가격을 유지한 기업보다 이윤이 작아지게 된다.

③ 내쉬균형의 도출

두 기업 모두 우월전략은 없는 상황이다. 이때 내쉬균형을 구해보면, (가격인하, 가격인하), (가격유지, 가격유지)가 되어 복수로 존재하게 된다. 특히 (가격인하, 가격인하)는 다른 균형에 비해 파레토 우월한 내쉬균형이며, (가격유지, 가격유지)는 다른 균형에 비해 파레토 열등한 내쉬균형이다.

④ 조정실패게임의 결과

총수요 충격이 발생했을 때 기업들 간 상호협조를 통해서 파레토 우월한 내쉬균형을 달성할 수 있다. 그러나 총수요 충격 시 기업들 간 가격변경에 대한 조정이 실패하면 파레토 열등한 내쉬균형이 달성되어 경기침체에 이를 수 있다.

3 가격경직성과 조정실패

가격을 인하한 기업은 총수요 외부성을 창출하여 다른 기업의 편익을 증진시키지만, 자신은 메뉴비용을 부담해야만 한다. 다른 기업의 가격인하로 인해서 자사 제품의 수요가 증가하게 된 기업은 총수요 외부성의 혜택을 받게 되어 아무런 부담을 지지 않은 상태에서 편익이 증진된다. 총수요 충격이 발생했을 때 메뉴비용과 총수요 외부성으로 인해서 손해를 보는 기업과 혜택을 보는 기업 간에 조정이 원활히 잘 이루어지면 총수요 충격에서 벗어날 수 있으나, 조정에 실패하면 경기침체에 이를 수 있다.

조정실패이론은 총수요 충격 시 기업이 가격변경 의사결정을 함에 있어서 가격조정에 따른 비용을 부담하는 기업이 가격조정에 따른 혜택을 많이 얻지 못해서 가격조정이 원활히 이루어지지 못하고 있는 상황을 잘 설명해 주고 있다.

필수예제

실물경기변동(real business cycle)이론과 신케인지언(new Keynesian)경제학에 관한 설명으로 옳지 않은 것은?

▸ 2019년 보험계리사

① 실물경기변동이론은 가격이 신축적이라고 가정한다.
② 실물경기변동이론은 경기변동에서 공급충격이 중요하다고 주장한다.
③ 신케인지언 경제학에서는 화폐의 중립성이 성립하지 않는다.
④ 신케인지언 경제학은 경제주체의 최적화 행태를 가정하지 않는다.

출제이슈 새고전학파와 새케인즈학파의 경기변동이론
핵심해설 **정답 ④**

설문을 검토하면 다음과 같다.

① 옳은 내용이다.
실물적 균형경기변동이론에 의하면 경제는 신축적 가격 및 임금 조정을 통해서 항상 수요와 공급이 일치하는 균형상태를 달성한다. 임금 및 가격이 경직적이라고 보는 학파는 새케인즈학파이다.

② 옳은 내용이다.
실물적 균형경기변동이론은 경기변동의 원인을 실물부문에서의 기술충격에서 찾고 있다. 기술충격은 공급측면의 충격으로서 거시경제총생산함수에 충격을 가해 이동시키는 역할을 한다. 이는 생산요소의 투입량은 고정되어 있는 상태에서 산출량이 증가 또는 하락하도록 만드는 교란원인이 된다. 유리한 기술충격은 경기호황을 가져오고 불리한 기술충격은 경기침체를 가져온다.

③ 옳은 내용이다.
새케인즈학파에 의하면, 단기에 통화정책의 실시는 가격경직성으로 인해서 실질국민소득을 변화시킬 수 있기 때문에 화폐의 중립성이 성립하지 않는다. 한편 이는 합리적 기대와 정보의 불완전성하에서 예상치 못한 통화량의 변화가 실질국민소득을 변화시키는 경기변동을 야기시킨다고 하는 화폐적 균형경기변동이론과 구별을 요한다.

④ 틀린 내용이다.
새케인즈학파도 새고전학파와 같이 합리적 기대하에서 경제주체의 최적화 행태를 적극 받아들이고 있다. 다만, 이러한 미시적 기초를 활용하여 가격변수의 경직성을 입증하는 데 주력한다는 점에서 새고전학파와 차이가 있을 뿐이다.

경기변동이론에 대한 설명으로 옳은 것은? ▸ 2017년 감정평가사

① 실물경기변동이론(real business cycle)은 통화량 변동 정책이 장기적으로 실질 국민소득에 영향을 준다고 주장한다.
② 실물경기변동이론은 단기에는 임금이 경직적이라고 전제한다.
③ 가격의 비동조성(staggered pricing)이론은 새고전학파(New Classical) 경기변동이론에 포함된다.
④ 새케인즈학파(New Keynesian) 경기변동이론은 기술충격과 같은 공급충격이 경기변동의 근본 원인이라고 주장한다.
⑤ 실물경기변동이론에 따르면 불경기에도 가계는 기간별 소비선택의 최적조건에 따라 소비를 결정한다.

출제이슈 새고전학파와 새케인즈학파의 경기변동이론

핵심해설 정답 ⑤

설문을 검토하면 다음과 같다.

① 틀린 내용이다.

실물적 균형경기변동이론에 의하면, 통화량은 장기뿐만 아니라 단기에도 실질국민소득에 영향을 줄 수 없다. 이는 고전학파의 화폐의 중립성 견해와 맥을 같이 한다. 고전학파에 의하면, 단기에서도 가격이 즉각적이고 연속적으로 조정되기 때문에 화폐는 중립적이다. 즉, 명목통화량의 변화는 비례적으로 물가만을 변화시킬 뿐이고 실질변수에는 아무런 영향을 미치지 못한다. 이러한 화폐의 중립성 견해에 따르면 통화량의 변화는 경기변동의 원인이 될 수 없다.

그러나 통화정책에 대한 실증적 분석에 의하면, 화폐는 단기에서 비중립적이다. 즉, 통화량의 변화는 실질국민소득을 변화시킨다. 합리적 기대와 정보의 불완전성하에서 예상치 못한 통화량의 변화는 실질국민소득을 변화시키는 경기변동을 야기하는데 이를 화폐적 균형경기변동이론이라고 한다.

이에 대하여 실물적 균형경기변동이론에 의하면, 통화량의 변화가 경기변동과 밀접한 관련을 가지는 것은 통화정책이 효과가 있어서가 아니라, 경기변동에 따라서 통화량이 내생적으로 변화한 것이기 때문이라고 주장한다. 즉, 통화량의 변화는 경기변동의 원인이 아니라 결과라는 것이며, 따라서 여전히 화폐는 장기뿐만 아니라 단기에서도 중립적이며 이분성이 성립한다는 것이다.

②, ③ 모두 틀린 내용이다.

경기변동에 있어서 케인즈적인 전통에 의하면 총수요가 변화할 때 가격이 고정되어 있기 때문에 경제는 불균형 상태가 유지되고 결국 총생산이 변하게 되는 경기변동이 생긴다. 이와 달리 실물적 경기변동이론을 비롯한 새고전학파는 단기에서 불균형상태라는 케인즈의 견해를 비판하면서 최초 균형에서 이탈한 상태도 그 자체로서 균형이라고 주장한다. 새고전학파에 의하면 경제는 신축적 가격조정을 통해서 항상 수요와 공급이 일치하는 균형상태이므로, 결국 경기변동이란 균형 *GDP* 자체가 잠재 *GDP* 수준으로부터 이탈과 회복을 반복하는 현상이다.

④ 틀린 내용이다.
새케인즈학파는 가격의 경직성이 경기변동의 주된 원인이라고 하는 반면, 실물적 경기변동에 의하면 기술충격과 같은 실물충격이 경기변동의 원인이 된다.

⑤ 옳은 내용이다.
실물적 균형경기변동이론은 기본적으로 가계의 효용극대화와 기업의 이윤극대화라는 미시적 최적화과정을 통하여 모형을 구축한다. 가계와 기업은 노동시장과 자본시장에서 만난다. 노동시장과 자본시장에서 가계는 공급자, 기업은 수요자의 역할을 담당한다. 각각의 시장에서 가계와 기업은 최적화행동을 하는 것이다. 따라서 실물적 균형경기변동이론에 따른 경기변동은 생산성 충격이 있을 경우, 가계 및 기업과 같은 경제주체들이 새로운 최적화 선택을 찾아가는 과정에서 나타나는 동태적 결과가 되는 것이다. 호황기이든 불경기이든 관계없이 경제주체들이 제약하에서 최적화 행동을 선택한다.

PART

07

경제정책과 경제학파

Chapter

14 거시경제이론의 발전

THEME 01 고전학파 vs 케인즈

1 고전학파

1) 시장에 대한 신뢰

고전학파는 시장에서 가계의 효용극대화, 기업의 이윤극대화를 달성시키는 개별 경제주체들의 사익추구가 사회적으로 가장 최적인 상태를 달성시키는 것으로 보았다. 이는 시장에서 가격기구라는 보이지 않는 손에 의하여 항상 불균형이 해소되고 균형 및 효율이 달성되는 것이다.

2) 완전고용

노동시장에서는 임금이 신축적으로 조정되어 노동시장의 균형이 항상 달성되며 완전고용이 실현된다. 완전고용 노동량에 의한 완전고용 산출량은 세이의 법칙에 의하여 항상 수요를 창출하여 총수요와 총공급은 항상 일치하고 신속한 이자율의 조정에 의하여 대부자금시장은 항상 균형을 달성할 수 있다.

3) 화폐의 중립성과 고전적 이분성

노동시장과 총생산함수를 통해서 결정된 완전고용 산출량의 유통 및 거래를 위해서 화폐가 공급되고 이에 따라서 물가가 결정된다. 통화량의 증가는 완전고용 산출량을 변화시키지 못하고 오직 물가만 상승시키는데 이를 화폐의 중립성이라고 한다. 이는 완전고용 산출량의 결정은 실물부문에서, 물가의 결정은 화폐부문에서 분리되어 결정되는 고전적 이분성을 의미한다.

4) 재정정책의 무력성

재정정책의 시행으로 정부지출이 증가할 경우 정부저축이 감소하여 대부자금의 공급이 줄어들게 되어 이자율이 상승하므로 민간의 소비와 투자가 감소하는데 이를 구축효과라고 한다. 재정정책은 국민소득에 영향을 주지 못하고 국민소득의 구성비율만 변화시킬 뿐이다. 따라서 재정정책은 무력하다고 하며 정부의 시장개입을 비판하면서 자유방임(laissez-faire)을 주장하였다.

2 케인즈

1) 대공황

1930년대 대공황의 원인은 본질적으로 총수요의 불안정성, 즉 외부충격에 따른 총수요의 급격한 감소에 기인한다. 특히, 총수요의 감소 중 기업의 투자지출이 매우 불안정적으로 감소하였다. 케인즈에 의하면 기업의 투자지출은 자본의 한계효율의 변동에 따라서 변화할 뿐만 아니라 기업가의 심리적 요인인 이른바 야성적 충동에 의하여 결정되기 때문에 매우 불안정할 수밖에 없다. 케인즈는 이렇게 불안정한 투자가 대공황의 주된 원인이라고 주장하였다. 또한 고전학파가 공급이 수요를 창출한다고 주장하였다면, 케인즈의 주장에서는 대공황의 상황에서 수요가 공급을 창출한다는 것이 핵심적인 논리이다.

2) 시장에 대한 불신과 정부개입

케인즈는 시장 및 자본주의를 불확실하며 불안정적인 것으로 보고 있다. 불확실한 상황에서의 가계의 소비 및 화폐수요 그리고 기업의 투자는 그들의 심리를 반영한 한계소비성향, 유동성 선호, 야성적 충동에 의하여 결정된다. 따라서 심리적인 요소가 소비와 투자를 결정하고 소비와 투자는 총수요를 구성하고 총생산을 결정하게 된다. 심리적인 요인에 의해 크게 영향을 받는 민간의 소비와 투자부문은 본질적으로 불안정성을 보이므로 시장의 안정화를 위해서 정부의 개입은 필수적이라고 본다.

3) 실업

실업이 만연하고 재고가 넘치는 대공황의 상황에서 국민소득은 수요부문이 결정한다. 가장 고통스러운 실업은 노동시장만의 문제가 아니고 재화시장과 연계되어 있으므로 재화시장에서 총수요의 부족이 노동시장에서 노동수요의 부족으로 이어져 실업이 발생하는 것이다. 더구나 실업이 발생하여도 고전학파의 견해와는 달리 명목임금은 상당히 경직적이어서 노동의 초과공급이 해결되지 않으므로 실업은 지속된다. 이러한 노동시장의 환경하에서는 명목임금의 변화로 실업을 없애고 노동시장의 균형을 달성하기는 어려우므로 재화시장에서의 총수요 증대를 통해서 새로운 노동수요를 창출할 필요가 있다고 주장하였다.

4) 인플레이션

케인즈에 의하면 실업이 총수요 부족의 상황에서 발생하는 것이라면, 인플레이션은 총수요가 총공급 수준을 초과하는 이른바 총수요 과잉의 상황에서 발생하는 것이다. 이때, 부족한 총수요는 디플레이션갭이라고 하며 과잉의 총수요는 인플레이션갭이라고 한다.

필수예제

고전학파와 케인즈학파의 거시경제관에 대한 설명으로 옳지 않은 것은? ▸ 2011년 지방직 7급

① 고전학파는 공급이 수요를 창출한다고 보는 반면 케인즈학파는 수요가 공급을 창출한다고 본다.
② 고전학파는 화폐가 베일(veil)에 불과하다고 보는 반면 케인즈학파는 화폐가 실물경제에 영향을 미친다고 본다.
③ 고전학파는 저축과 투자가 같아지는 과정에서 이자율이 중심적인 역할을 한다고 본 반면 케인즈학파는 국민소득이 중심적인 역할을 한다고 본다.
④ 고전학파는 실업문제 해소에 대해 케인즈학파와 동일하게 재정정책이 금융정책보다 더 효과적이라고 본다.

출제이슈 고전학파와 케인즈학파

핵심해설 **정답** ④

설문을 검토하면 다음과 같다.

① 옳은 내용이다.
고전학파는 공급이 수요를 창출한다고 보는 반면 케인즈학파는 수요가 공급을 창출한다고 본다. 고전학파에 의하면, 노동시장에서 임금의 신축적 조정에 의하여 항상 노동시장 균형은 달성되어 완전고용이 실현된다. 따라서 완전고용에 의한 완전고용산출량은 항상 달성되며 이렇게 공급된 생산물은 항상 모두 수요가 된다. 이를 공급이 수요를 스스로 창출하는 세이의 법칙이라고 한다. 반면 케인즈학파는 가격변수가 고정된 상황에서 초과공급은 스스로 해소될 수 없기 때문에 결국 산출량 자체가 조정된다. 즉, 수요가 공급을 견인하고 결정하고 창출해낸다. 이를 케인즈의 법칙이라고 한다.

② 옳은 내용이다.
고전학파는 화폐가 베일(veil)에 불과하다고 보는 반면 케인즈학파는 화폐가 실물경제에 영향을 미친다고 본다. 고전학파는 노동시장의 균형에서 결정된 완전고용에 의한 완전고용산출량의 유통을 위해 통화가 공급되고 이에 따라 물가가 결정될 뿐이라고 보았다. 통화량의 증가는 완전고용산출량을 변화시키지 못하고 오직 물가만 상승시키는 화폐의 중립성을 주장하였다. 이는 실질총생산의 결정은 실물부문에서, 물가의 결정은 화폐부문에서 분리되어 결정되는 고전적 이분성을 의미하며, 화폐는 오직 실물부문을 덮고 있는 베일에 불과하다고 하는 화폐의 베일관을 의미한다. 그러나 케인즈학파에 의하면, 화폐시장에서 수요와 공급에 의하여 이자율이 변화할 경우, 이는 실물부문의 투자에 영향을 미치고 총수요를 변화시켜 국민소득에 영향을 미친다고 보았다.

③ 옳은 내용이다.
고전학파는 거시경제균형을 달성하는 데 있어서 대부자금시장에서의 자금의 수요와 공급의 역할이 중요하다고 보았다. 대부자금시장의 균형은 저축과 투자가 같아지는 과정에서 달성되며 이때 가격변수인 이자율이 중심적인 역할을 한다. 반면, 케인즈학파는 거시경제균형의 달성에 있어서 재화시장에서의 수요가 공급

을 견인하여 결정하며, 경제 내에 충격이 발생하여 균형에서 이탈할 경우 가격변수의 경직성으로 인하여 산출 및 소득변수가 직접 조정되는 것으로 보았다. 즉, 왈라스적 가격조정이 아니라 마샬적 수량조정에 의하여 균형이 달성되는 것이다. 이 과정에서 국민소득이 중심적 역할을 한다.

④ 틀린 내용이다.
고전학파에 의하면, 노동시장에서 임금의 신축적 조정에 의하여 항상 노동시장 균형은 달성되어 완전고용이 실현된다. 따라서 완전고용에 의한 완전고용산출량은 항상 달성되며 이렇게 공급된 생산물은 항상 모두 수요가 된다. 이를 공급이 수요를 스스로 창출하는 세이의 법칙이라고 한다. 따라서 실업문제는 발생하지 않으며, 재정정책을 만일 사용할 경우에는 민간부문의 투자와 소비를 완전구축하는 효과밖에 발생하지 않는다.

THEME 02 케인즈학파 vs 통화론자

1 케인즈학파와 신고전파종합

1) 정책을 통한 미세조정

케인즈 이후 케인즈의 이론을 정교하게 모형화하여 힉스-한센의 $IS-LM$모형이 탄생하였다. 케인즈학파는 $IS-LM$모형을 바탕으로 계량거시모형을 구축하여 현 상황을 진단하고 적절한 정책을 처방하여 경제를 원하는 방향으로 미세조정(fine-tuning)할 수 있다고 주장하였다. 케인즈의 정책적 처방은 실업률과 인플레이션율 간의 역관계를 나타내는 필립스곡선상에서의 적절한 선택으로 귀결되어 미세조정이 가능한 것이다.

2) 케인즈 이론의 비판적 보완 및 확장

한편 케인즈의 이론은 다양한 분야에서 비판적으로 보완되고 확장되었다. 먼저 케인즈의 소비이론은 모딜리아니의 평생소득이론, 프리드먼의 항상소득이론으로 보완되었고 투자이론은 조겐슨의 신고전적 투자이론으로 그리고 화폐수요이론은 보몰-토빈의 재고자산이론으로 보완되고 확장되었다. 또한 단기에 초점을 맞춘 케인즈 이론은 장기를 고려한 솔로우 성장모형으로 보완되었다. 이렇게 케인즈 이후 1970년대 초까지는 케인즈 이론과 그에 대한 보완이 눈부시게 이루어졌다. 계량거시모형을 활용한 케인즈 이론에 따른 정부의 적극적 개입을 통해서 1940년대부터 1970년대 초까지 세계 경제는 안정적으로 성장하였는데 이때를 황금기(golden age)라고 한다.

3) 신고전파종합

특히 케인즈 이론에 대한 동조자들과 비판자들 간에도 일정한 의견일치가 이루어졌는데 이들을 신고전파종합(neoclassical synthesis)이라고 한다. 이들에 의하면 단기적으로 불안정적인 시장경제가 케인즈의 처방대로 정부개입을 통해서 안정을 되찾고 완전고용을 회복하게 되면 그 이후에는 고전학파의 이론대로 일반균형에 의한 시장효율의 달성이 가능하다는 것이다.

2 통화론자

1) 스태그플레이션

1973년 전세계적으로 스태그플레이션이 나타나면서 세계 경제의 황금기가 저물기 시작하였다. 이 시기는 고실업, 고인플레이션, 저성장의 시대로서 케인즈적 총수요관리정책은 이러한 스태그플레이션에 대해서 속수무책이었다.

2) 케인즈 이론에 대한 비판 1 : $k\%$ 준칙과 화폐수량설

프리드만을 중심으로 한 통화론자는 경기안정화 목적의 재량적 통화정책은 정책효과의 시차 및 불확실성으로 인하여 경제를 오히려 불안정화시킨다고 주장하였다. 이들은 재량적 통화정책을 비판하면서 장기적 경제성장률에 대응하는 일정비율로 통화량을 증가시키는 것이 최선이라고 하는 $k\%$ 준칙을 주장하였으며, 이는 통화량과 명목국민소득 간 매우 안정적인 관계인 화폐수량설 및 신화폐수량설에 근거한 것이었다. 심지어 1930년대 대공황도 통화정책의 실패에 기인하다고 주장하며, 안정적인 경제를 위해서 준칙에 의한 통화공급을 주장하였다.

3) 케인즈 이론에 대한 비판 2 : 자연실업률 가설

통화론자는 케인즈적 개입정책의 기초가 되는 안정적인 필립스곡선에 의문을 제기하고, 기대가 부가된 프리드만-펠프스의 필립스곡선을 통해 장기적으로 실업률은 자연실업률 수준에서 일정하다고 주장하였다. 이들은 단기적으로 총수요정책을 통해 실업률을 낮추더라도 결국 민간의 기대물가수준을 상승시켜 장기적으로 실업률이 다시 원상으로 복귀하면서 결국 오직 물가만 상승하게 된다는 자연실업률 가설을 주장하였다.

4) 케인즈 이론에 대한 비판 3 : 항상소득이론

프리드먼은 항상소득가설을 통해서 일시적 소득의 증가는 소비로 쉽게 이어지지 않고 오직 소득의 증가가 소비를 증가시키기 때문에 케인즈의 한계소비성향이 과대 측정되고 있음을 비판하며 승수효과가 제약된다고 주장하였다.

필수예제

경기변동에 대한 설명으로 옳은 것은? ▸ 2020년 지방직 7급

① 케인즈는 경기변동의 원인으로 총수요의 변화를 가장 중요하게 생각하였다.
② $IS-LM$ 모형에 의하면 통화정책은 총수요에 영향을 미칠 수 없다.
③ 케인즈에 의하면 불황에 대한 대책으로 재정정책은 효과를 갖지 않는다.
④ 재정정책은 내부시차보다 외부시차가 길어서 효과가 나타날 때까지 시간이 오래 걸린다.

출제이슈 케인즈와 케인즈학파
핵심해설 **정답** ①

설문을 검토하면 다음과 같다.

① 옳은 내용이다.
케인즈는 총수요가 변화할 때 가격이 고정되어 있기 때문에 경제는 불균형 상태가 유지되고, 결국 총생산이 변하게 되는 경기변동이 생긴다고 하면서 총수요의 변화가 경기변동의 가장 중요한 원인이라고 보았다. 총수요의 변화가 경기변동의 원인이 되기 위해서는 가격이 단기에 고정되어야 한다.

② 틀린 내용이다.
$IS-LM$ 모형에 의하면 통화정책은 총수요에 영향을 미친다. 확장적 통화정책을 통해 LM곡선이 우측으로 이동하여 이자율이 하락하고 균형국민소득은 증가한다. 그 과정을 보면, 통화량의 증가로 인하여 화폐시장에서 이자율이 하락하여 실물부분의 소비와 투자가 증가한다. 이자율 하락은 또한 원화가치를 하락시키고 환율상승을 가져와 순수출이 증가하도록 한다. 투자 증가 및 순수출 증가로 수요가 증가하여 균형국민소득은 증가한다.

③ 틀린 내용이다.
케인즈에 의하면, 총수요변동에 의해서 단기에 발생하는 경기변동은 정부의 적절한 재정정책과 같은 총수요관리정책을 통하여 그 변동을 억제할 수 있다는 기본적인 정책적 처방이다. 특히, 불황의 시기에 시행되는 확대재정정책은 직접적으로 총수요를 늘릴 뿐만 아니라 소득증가를 통하여 소비를 자극하므로 총수요가 더 큰 폭으로 늘게 된다. 즉, 재정정책의 승수효과에 의하여 확실하게 총수요 및 소득을 늘려서 경기를 회복시킬 수 있다는 것이 케인즈의 견해이다.

④ 틀린 내용이다.
정책효과의 시차에는 내부시차와 외부시차가 있다. 내부시차(inside lag)는 정책의 필요성을 인지하고 적절한 정책을 시행하는 데 걸리는 시간을 의미한다. 재정정책의 경우 정부의 정책수립과 국회의 협력 등의 과정이 법적으로 필수적인 경우가 많아서 내부시차가 상대적으로 길다. 외부시차(outside lag)는 정책이 시행된 후 기대되는 효과가 발생하는 데 걸리는 시간을 의미한다. 통화정책의 경우 통화량의 변동이 실물부문에 영향을 주기까지 외부시차가 상대적으로 길다.

THEME 03 새고전학파 vs 새케인즈학파

1 새고전학파

1) 합리적 기대의 수용

1970년대 들어 스태그플레이션의 상황에서 통화론자는 케인즈 이론을 신랄하게 비판하였으나 통화론자 역시 당시의 저성장, 고인플레이션의 문제를 해결하기엔 역부족이었다. 이런 상황에서 통화론자 이론의 방법론적 기초에 대한 보완 작업이 이루어졌는데 특히 통화론자의 적응적 기대를 비판하고 합리적 기대를 수용하는 것으로부터 시작되었다. 새고전학파의 경제모형은 방법론적 측면의 합리적 기대하에서 미시경제학적인 최적화에 기초하여 거시경제의 다양한 집계변수와 거시변수 간 관계로서의 행태함수를 구축하였다.

2) 루카스비판과 정책무력성 명제

새고전학파인 루카스는 미세조정이 가능하다고 한 케인즈 모형에 대해서 정책변화로 인해 계량거시모형의 파라미터가 모두 바뀔 수 있기 때문에 무용하다고 비판하였는데 이를 루카스비판이라고 한다. 또한 재량적인 총수요관리정책은 장기뿐만 아니라 심지어는 단기에서도 합리적 기대를 하는 민간의 반응을 고려할 때 무력하다고 비판하였는데 이를 정책무력성 명제라고 한다.

3) 균형경기변동이론

새고전학파는 장기균형에서 단기적으로 이탈한 불균형상태를 경기변동이라고 보는 케인즈 이론을 비판하면서, 경기변동은 본질적으로 균형이므로 정부가 개입하여 안정화시킬 필요가 없다고 주장하였다. 이러한 새고전학파의 견해를 균형경기변동이론이라고 하며 화폐적 균형경기변동이론과 실물적 균형경기변동이론으로 나눌 수 있다.

4) 화폐적 균형경기변동이론과 실물적 균형경기변동이론

먼저 화폐충격을 중시하는 화폐적 균형경기변동이론에 의하면 경기변동을 일으키는 원인은 정책당국의 재량적 화폐공급의 변화이며 이에 따른 물가변화가 민간부문의 생산을 변화시켜 경기변동이 촉발된다고 한다. 이들은 민간부문의 생산이 변화하는 과정은 합리적 기대하 불완전정보 상황에서 발생한다고 주장한다. 한편 실물충격을 중시하는 실물적 균형경기변동이론에 의하면 경기변동을 일으키는 원인은 다양한 실물적 충격이며, 이에 따른 가계와 기업의 최적화행위에 의해 생산이 변화하여 경기변동이 촉발된다고 한다. 이들에 의하면 극단적으로 실업이란 노동자의 자발적 직장탐색과정에서 발생하는 마찰적 현상으로서 노동자들이 자발적으로 취업을 거부한 것에 불과하며 다만 이는 고용량의 증가 혹은 감소 개념일 뿐이다.

2 새케인즈학파

1) 새고전학파의 한계

1980년대 초의 미국의 극심한 인플레이션 상황하에서 시행된 반인플레이션 정책은 대공황 이후 최악의 실업사태를 초래하였다. 이때 당시 레이건 행정부는 반인플레이션 정책을 국민들에게 자세히 알렸을 뿐만 아니라 당시 인플레이션에 비추어 반인플레이션 정책은 충분히 예상된 것이었다. 만일 새고전학파의 이론이 옳다면 충분히 예상된 반인플레이션 정책에 따른 산출량 감소와 실업률 상승은 매우 낮아야 함에도 불구하고 현실에서는 높은 실업률과 저성장의 문제가 여전히 노정되고 있었다. 1930년대 대공황이 고전학파 이론에 치명상을 안겨준 것처럼, 1980년대 경기침체가 새고전학파 이론에 마찬가지로 불리하게 작용하면서 새케인즈학파가 등장하게 되었다.

2) 새고전학파의 방법론 수용

새케인즈학파는 케인즈학파와는 달리 사전적으로 결정된 거시경제모형에 의하여 정책효과를 예측하는 것에 대하여 비판적 태도를 취하였다. 즉 거시경제모형의 행태방정식은 가계와 기업과 같은 민간경제주체들이 합리적 기대하에서 최적화 행동의 결과로 도출되는 것이라는 새고전학파의 방법론을 그대로 수용한 것이다.

3) 가격경직성의 미시적 기초

새케인즈학파는 합리적 기대를 받아들이면서도 가격변수가 경직적이면 예상되지 않은 정책은 물론이고 심지어 예상된 정책도 여전히 효과가 있음을 주장하면서 새고전학파의 정책무력성 명제를 비판하였다. 이를 뒷받침하기 위해서 가격이 경직적인 이유를 미시적으로 증명하는 데 초점을 맞췄다.

4) 불균형경기변동이론

새케인즈학파는 경기변동이 외부충격에 따른 경제주체들의 최적화 과정에서 나타나는 시장청산이라는 새고전학파의 견해를 부정하였다. 새케인즈학파에 의하면 가격이 경직적인 상황에서 경제에 충격이 오게 되면 경제는 균형에서 상당 기간 이탈하게 되고, 한참 후 균형을 회복하면서 경기변동이 자연스럽게 발생한다. 이들은 새고전학파와는 달리 경기변동은 본질적으로 불균형이며 그 상황은 복수균형과 조정실패를 통해서 파레토 열등함을 주장하였다. 따라서 시장에 맡겨서는 파레토 열등한 상태를 벗어날 수 없기 때문에 정부개입을 통해서 균형으로 이동해야 한다고 주장하였다.

필수예제

새고전학파와 새케인즈학파의 정책효과에 대한 설명으로 가장 옳은 것은? ▸ 2016년 서울시 7급

① 새고전학파에 따르면 예상치 못한 정부지출의 증가는 장기적으로 국민소득을 증가시킨다.
② 새고전학파에 따르면 예상된 통화 공급의 증가는 단기적으로만 국민소득을 증가시킨다.
③ 새케인즈학파에 따르면 예상치 못한 통화 공급의 증가는 장기적으로 국민소득을 증가시킨다.
④ 새케인즈학파에 따르면 예상된 정부지출의 증가는 단기적으로 국민소득을 증가시킨다.

출제이슈 새고전학파와 새케인즈학파

핵심해설 **정답 ④**

1) 새고전학파와 정책의 효과

새고전학파는 재량적인 총수요관리정책은 장기뿐만 아니라 합리적 기대를 하는 민간주체가 예상한 경우 단기에서도 무력하다고 비판하였다(정책무력성 정리). 예상되지 못한 정책은 일시적으로 유효하지만 시간이 흐르면서 민간의 기대가 조정됨에 따라 정책은 효과가 없게 된다.

①에서 새고전학파에 따르면 예상치 못한 정부지출의 증가는 단기적으로는 국민소득을 증가시킬 수 있지만, 장기적으로 국민소득을 증가시키지 못하므로 틀린 내용이 된다.

②에서 새고전학파에 따르면 예상된 통화 공급의 증가는 단기적으로도 국민소득을 증가시킬 수 없으므로 틀린 내용이 된다.

2) 새케인즈학파와 정책의 효과

새케인즈학파는 합리적 기대를 받아들이면서도 가격변수가 경직적이면 예상되지 않은 정책은 물론이고 예상된 정책도 여전히 효과가 있음을 주장하며 경직성을 미시적으로 증명하였다. 가격이 경직적인 상황에서 경제에 충격이 오면 경제는 균형에서 상당 기간 이탈하게 되고, 한참 후에 균형을 회복하면서 경기변동이 자연스럽게 발생하는 것이다(메뉴비용 등으로 가격에 경직성을 보이게 되면 산출량 조정을 통해서 경기변동 발생).

③에서 새케인즈학파에 따르면 예상치 못한 통화 공급의 증가는 단기적으로 국민소득을 증가시키는 효과가 있으나 장기적으로는 효과가 없다. 따라서 틀린 내용이 된다.

④에서 새케인즈학파에 따르면 예상된 정부지출의 증가는 단기적으로 국민소득을 증가시킨다. 이는 가격변수가 경직적이기 때문에 예상된 정책이건 예상되지 못한 정책이건 모두 효과가 있는 것이다. 따라서 옳은 내용이 된다.

PART • 07

거시경제이론과 관련된 경제학파에 대한 설명으로 옳은 것은? ▸ 2024년 감정평가사

① 새케인즈학파(New Keynesian)는 단기 필립스곡선이 수직이라고 주장한다.
② 새케인즈학파는 가격 신축성에 근거하여 경기변동을 설명한다.
③ 새케인즈학파는 단기에서 화폐중립성이 성립한다고 주장한다.
④ 실물경기변동이론에 따르면 경기변동국면에서 소비의 최적화가 달성된다.
⑤ 새고전학파는 메뉴비용의 존재가 경기변동에 중요한 역할을 한다고 주장한다.

출제이슈 새고전학파와 새케인즈학파

핵심해설 **정답 ④**

실물적 경기변동이론 모형의 펀더멘털은 가계의 효용함수, 기업의 생산함수이다. 이를 이용하여 가계의 효용극대화와 기업의 이윤극대화라는 미시적 최적화 모형을 구축한다. 가계와 기업은 노동시장과 자본시장에서 만나게 되는데 노동시장과 자본시장에서 가계는 공급자, 기업은 수요자의 역할을 담당한다. 각각의 시장에서 가계와 기업은 최적화행동을 한다. 가계는 합리적 기대하에서 미래소득을 예상하고 현재소비를 결정한다. 실물적 기술충격에 의해서 나타나는 현재소득과 미래소득의 변화를 합리적으로 예상하고 소비를 최적으로 유지할 수 있다는 것이다. 또한 가계는 합리적 기대를 바탕으로 하여 현재임금과 미래임금 사이에서 노동의 기간 간 대체를 결정함으로써 노동의 공급도 최적으로 유지할 수 있다.

새케인즈학파는 새고전학파와는 달리 경기변동을 균형국민소득 수준으로부터 이탈한 현상으로 보고 있으며 이탈의 핵심적 원인이 바로 가격 및 임금의 경직성이라고 한다. 새케인즈학파는 가격 및 임금의 경직성이 단순한 가정이 아니라 경제주체들의 최적화 행동의 결과로 나타나는 합리적인 것임을 증명하고, 총수요 충격이 가격조정이 아닌 생산 수준의 변화를 유발하여 경기변동을 촉발하는 것이라고 설명한다.

Chapter 15

경기안정화정책 논쟁

THEME 01 적극적 정책 vs 소극적 정책

1 적극적 정책(active policy) vs 소극적 정책(passive policy)

케인즈 경제학을 지지하는 견해는 경기변동을 완화하고 경제를 안정화시키기 위해 적극적으로 경제에 개입해야 한다고 주장한다. 가격과 임금의 경직성으로 인한 불균형을 제거하고 미세조정을 통하여 경기변동에 적극적으로 대처해야 한다는 입장이다. 반면 적극적 개입정책에 대하여 부정적인 견해도 많다. 이들은 경제안정화를 위한 정부개입이 오히려 경기변동을 심화시킨다고 보고 있다.

2 적극적 정책에 대한 비판

적극적 정부개입을 비판하는 견해의 소극론자들은 정책의 시차와 민간의 반응 때문에 정부정책의 효과가 불확실하다고 비판한다.

1) 정책효과가 불확실한 이유 1 : 정책효과의 시차 문제

① 의의

정책을 시행하더라도 그 시차가 매우 길어서 그 효과가 언제 어떻게 나타날지가 불확실하게 된다. 현실에서 정책의 효과가 상당한 시간을 두고 나타난다면, 만일 그때 가서 비로소 정책효과가 원하지 않는 방향으로 나타나고 있음을 알게 되어 그제서야 정책을 수정하더라도 이미 부정적인 효과가 만연하여 정책을 사용하지 않은 것만 못하게 되는 것이다.

② 시차의 종류

내부시차(inside lag)는 정책의 필요성을 인지하고 적절한 정책을 시행하는 데 걸리는 시간을 의미하며, 외부시차(outside lag)는 정책이 시행된 후부터 기대되는 효과가 발생하기까지 걸리는 시간을 의미한다.

③ 적극적 정책에 대한 비판

정책의 효과가 나타날 때까지 시차가 클 뿐만 아니라 그 크기가 얼마나 될지도 알 수 없으므로 이러한 정책을 통하여 경기안정을 이루는 것은 쉽지 않다. 특히 정책효과가 나타날 때까지 시간이 길게 걸린다면, 정책효과가 나타날 무렵의 경제상황은 이전에 정책의 필요성을 인식하던 시점에서의 경제상황과 다를 수도 있다. 따라서 경기변동을 안정화시키기보다는 심화시킬 가능성이 있다.

2) 정책효과가 불확실한 이유 2 : 정책과 기대형성 간 상호작용 문제

① 의의

정책이 시행되더라도 경제주체들의 기대와 반응에 어떠한 영향을 미치느냐에 따라서 정책의 효과가 달라져서 그 효과는 불확실하다. 정책에 따른 기대와 반응의 변화는 민간의 소비와 노동공급, 기업의 투자와 고용에 큰 영향을 미치고 변화시킴으로써 원래 정책이 기대한 바와는 다른 결과를 초래할 수도 있는 것이다.

② 적극적 정책에 대한 비판

적극론자들은 계량거시모형에 의하여 정책효과에 대한 예측이 충분히 가능하므로 적극개입을 통한 미세조정을 주장한다. 그러나 소극론자들은 정부정책이 시행되면 민간의 기대에 영향을 주게 되므로 계량거시모형의 변수 간 관계가 변하게 된다고 한다. 따라서 정책에 따른 민간의 기대를 고려하지 않을 경우 정책효과의 예측은 문제가 있다고 비판한다(본장 Theme 4 루카스비판).

필수예제

경제정책에 관한 설명으로 옳은 것을 모두 고른 것은? ▸ 2018년 감정평가사

ㄱ. 외부시차는 경제에 충격이 발생한 시점과 이에 대한 정책 시행 시점 사이의 기간이다.
ㄴ. 자동안정화장치는 내부시차를 줄여준다.
ㄷ. 루카스(R.Lucas)는 정책이 변하면 경제주체의 기대도 바뀌게 되는 것을 고려해야 한다고 주장하였다.
ㄹ. 시간적 불일치성 문제가 있는 경우 자유재량적 정책이 바람직하다.

① ㄱ, ㄴ ② ㄱ, ㄷ ③ ㄱ, ㄹ
④ ㄴ, ㄷ ⑤ ㄴ, ㄹ

출제이슈 안정화정책
핵심해설 **정답** ④

설문을 검토하면 다음과 같다.

ㄱ. 틀린 내용이다.
정책효과가 불확실한 이유로서 정책효과의 시차를 들 수 있다. 시차에는 내부시차와 외부시차가 있다. 내부시차(inside lag)는 정책의 필요성을 인지하고 적절한 정책을 시행하는 데 걸리는 시간을 의미한다. 재정정책의 경우 정부의 정책수립과 국회의 협력 등의 과정이 법적으로 필수적인 경우가 많아서 내부시차가 상대적으로 길다. 외부시차(outside lag)는 정책이 시행된 후 기대되는 효과가 발생하는 데 걸리는 시간을 의미한다. 통화정책의 경우 통화량의 변동이 실물부문에 영향을 주기까지 외부시차가 상대적으로 길다. 설문에서 경제에 충격이 발생한 시점과 이에 대한 정책 시행 시점 사이의 기간은 외부시차가 아니라 내부시차이다.

ㄴ. 옳은 내용이다.
내부시차(inside lag)는 정책의 필요성을 인지하고 적절한 정책을 시행하는 데 걸리는 시간을 의미한다. 재정정책의 경우 정부의 정책수립과 국회의 협력 등의 과정이 법적으로 필수적인 경우가 많아서 내부시차가 상대적으로 긴 편인데, 자동안정화장치가 있는 경우에는 충격에 대응하여 자동적으로 정책이 집행되기 때문에 내부시차가 대폭 줄어든다.

ㄷ. 옳은 내용이다.
루카스비판(Lucas critique)에 따르면 사람들의 기대형성은 정책변화의 영향을 받으므로 정책이 바뀌면 사람들의 기대도 바뀐다. 즉, 정책이 바뀌면 사람들은 새로운 기대를 형성하고, 새로운 기대는 경제변수 간의 관계에 영향을 미쳐서 행태방정식 자체를 변경시키게 된다. 정책의 효과를 올바르게 분석하려면, 거시경제모형의 행태방정식을 임의적으로 가정해서는 안 되고, 합리적 기대하에서 경제주체의 최적화 행동 및 시장균형의 결과로 도출해야 한다.

ㄹ. 틀린 내용이다.

시간적 불일치성 문제가 있는 경우 자유재량적 정책보다는 준칙에 의한 정책이 더 바람직하다. 동태적 비일관성(dynamic inconsistency) 혹은 최적정책의 비일관성(동태적 불일치)은 t기에 결정되어 t+1기에 실시될 것으로 예상되는 정책과 실제로 t+1기에 실시되는 정책이 불일치하는 경우를 의미하며, 재량에 의한 정책에서 발생한다.

정부정책이 재량적으로 이루어질 수 있다면, 정부로서는 당연히 사전에 발표한 것과는 다른 정책을 시행하고자 할 것이기 때문에 동태적 비일관성은 재량적 정책에서 발생하게 된다. 만일 정부의 최적정책에 있어서 동태적 불일치가 있음을 민간부문이 인지하게 되면 결국엔 정책 자체를 불신하게 될 것이다. 이에 따라서 정부가 사전에 정책의도 및 목표를 민간에 공표하더라도 민간경제주체의 기대에 영향을 줄 수 없게 된다(물가안정 및 통화량감축을 발표하더라도 인플레이션 기대를 바꿀 수 없게 된다).

따라서 재량에 의한 최적정책보다는 준칙에 의한 비최적정책이 오히려 바람직한 균형을 달성할 수 있다. 즉, 재량에 의한 최적정책의 비일관성보다는 준칙에 의한 일관된 정책의 비최적성이 더 우월하다.

THEME 02 재량에 의한 정책 vs 준칙에 의한 정책

1 재량에 의한 정책 vs 준칙에 의한 정책

재량에 의한 정책(policy by discretion)이란 그때그때의 상황에 따라 정책담당자가 적절하다고 판단하는 정책을 선택하고 시행하는 것인 반면에 준칙에 의한 정책(policy by rule)이란 변화하는 경제상황에 따라서 어떤 정책을 선택하고 시행할 것인지를 미리 밝히고 이에 근거하여 정책을 집행할 것을 약속하여 실시하는 것을 의미한다.

2 준칙에 의한 정책 vs 소극적 정책

준칙에 의한 정책을 소극적 정책이라고 오해할 수도 있는데 전혀 그렇지 않다. 준칙에 의한 정책이 무조건 소극적인 정책인 것은 아니다. 즉, 준칙 vs 재량의 선택 문제는 적극 vs 소극의 선택 문제와는 다른 문제이다.

예를 들어 연간 통화증가율을 무조건 일정수준으로 묶어두는 준칙은 소극적인 정책이지만, 통화증가율을 실업률갭에 비례하여 증가시키도록 하는 준칙은 적극적인 정책이라고 할 수 있다. 즉, 경제상황이 변함에 따라 어떠한 정책을 쓸 것인지 미리 정해놓고 이를 따른다면, 정책의 내용이 미리 정해져 있기는 하지만, 상황에 따라 계속 정책이 바뀔 수 있는 것이다.

3 재량적 정책에 대한 비판

재량적 정책은 경제상황의 변화에 따라 유연하게 대처할 수 있다는 장점이 있다. 정책담당자의 상황판단하에 국민경제에 가장 유리한 정책을 택할 수 있는 능력과 의지가 있다면 재량적 정책은 바람직하다. 그러나 정말로 가장 유리한 정책인지에 대한 불신과 정책을 집행하는 정책담당자에 대한 불신 및 최적정책의 비일관성 문제로 인하여 재량적 정책이 반드시 우월하다고 보기는 어렵다.

4 통화정책의 준칙

1) 통화량준칙

통화량준칙이란 통화량 증가율을 정해진 규칙에 따라 설정하는 것으로서 예를 들어 매기의 통화량 증가율을 k%로 일정하게 정하는 경우 변화하지 않는 준칙이 된다. 그러나 대체로 통화량은 실질경제성장률과 물가상승률을 고려하여 설정되며 변화하는 준칙이다. 그런데 이러한 준칙은 고전학파의 교환방정식에서 화폐의 유통속도가 안정적이고 생산이 자연율산출량 수준일 때 물가안정을 위해서 통화의 공급을 규제하는 것이다. 문제는 화폐수요가 불안정하여 유통속도가 불안정적일 경우에는 이런 준칙에 의한 통화 공급은 적절하지 않다는 비판이 있다. 이러한 비판적 견해에서는 물가안정을 위한 통화량 목표가 아니라 명목GDP 안정을 위해서 통화량을 조절하는 이른바 명목GDP 목표를 지지한다.

2) 이자율준칙

현재 우리나라와 미국 모두 통화정책의 수행에 있어서 이자율을 조절하는 방식을 사용하고 있다. 즉, 실제통화정책은 통화량을 조절하는 것이 아니라 이자율 조절을 단기적인 운용목표로 잡고 있으며 설정된 이자율 목표의 달성을 위해서 통화량이 조절되어 조력하는 것이다.

통화당국이 이자율을 정책적으로 설정함에 있어서 명시적인 방법에 의해서 혹은 묵시적인 방법에 의해서 이자율 설정의 규칙을 적용할 수 있다. 이렇게 이자율을 정해진 규칙에 따라 설정하는 것을 이자율준칙이라고 한다. 예를 들어 이자율을 인플레이션(물가)과 총생산에 반응하도록 미리 정해놓고 따르는 것이 이에 해당한다.

3) 테일러준칙

① 의의

테일러준칙이란 대표적인 이자율준칙으로서 1990년대에 테일러가 미국의 통화당국이라고 할 수 있는 연방준비제도가 특정한 이자율준칙을 따르고 있음을 주장하면서 대두되었다. 물론 미국 연방준비제도는 어떠한 규칙에 의하여 연방금리를 설정하고 있는지에 대해 명확하게 공개한 바는 없다. 따라서 테일러준칙은 미국 통화정책의 규칙에 대한 테일러의 합리적인 추측이지만 실증연구 결과 과거의 이자율 설정행태를 어느 정도 잘 설명해주고 있어서 흥미를 끌고 있다.

② 산식

$$i = r^* + \pi + 0.5(\pi - \pi^*) + 0.5\left(\frac{Y - Y_F}{Y_F}\right)$$

(i : 정책목표이자율, r^* : 균형이자율 혹은 목표실질이자율, π : 실제인플레이션율, π^* : 목표인플레이션율, Y : 실제GDP, Y_F : 완전고용GDP)

③ 의미

ⅰ) 인플레이션에 대한 대처

위의 테일러준칙 산식에 따르면 실제인플레이션율이 목표인플레이션율을 1% 포인트 초과하면, 정책목표이자율은 0.5% 포인트 상승한다. 즉, 인플레이션율이 오름에 따라서 정책목표이자율도 오르는 것으로 대응한다.

ⅱ) 불황에 대한 대처

위의 테일러준칙 산식에 따르면 *GDP* 갭이 음수인 경우 경기는 불황이므로 정책목표이자율은 하락하는 것으로 대응한다.

ⅲ) 적극적 준칙

준칙이라고 하더라도 경제에 소극적 자세로 불개입하는 것이 아니라 경제상황이 변함에 따라 이는 인플레이션율이나 *GDP* 갭의 변화로 테일러준칙에 반영되어 정책목표이자율이 변화함으로써 적극적으로 경제에 개입하는 것이다. 이에 반해 재량적 통화정책은 정해진 통화량준칙이나 이자율준칙 없이 경제상황의 변화에 따라서 통화당국이 그때마다 최선의 정책이라고 판단하는 정책을 사용하는 것이다. 그렇다면 재량에 의한 정책과 준칙에 의한 정책 중 어느 것이 더 우월한가? 이에 대하여 다음 Theme에서 살펴보기로 하자.

④ 테일러준칙에 의한 통화정책

ⅰ) 실제인플레이션율이 목표인플레이션율보다 높은 경우 연방자금금리는 균형이자율 수준보다 높게 설정되는데 이는 긴축적 통화정책을 의미한다. 반대의 경우는 연방자금금리가 균형이자율 수준보다 낮게 설정되는데 이는 확장적 통화정책을 의미한다.

ⅱ) 실질*GDP*가 잠재*GDP*보다 높은 경우 연방자금금리는 균형이자율 수준보다 높게 설정되는데 이는 긴축적 통화정책을 의미한다. 반대의 경우는 연방자금금리가 균형이자율 수준보다 낮게 설정되는데 이는 확장적 통화정책을 의미한다.

필수예제

정부의 거시경제정책 중 재량적 정책과 준칙에 따른 정책에 대한 설명으로 옳은 것은?

▸ 2017년 국가직 7급

① 준칙에 따른 정책은 소극적 경제정책의 범주에 속한다.
② 매기의 통화증가율을 k%로 일정하게 정하는 것은 통화공급량이 매기 증가한다는 점에서 재량적 정책에 해당한다.
③ 동태적 비일관성(dynamic inconsistency)은 재량적 정책 때문이 아니라 준칙에 따른 정책 때문에 발생한다.
④ 케인즈 경제학자들의 미세조정 정책은 준칙에 따른 정책보다는 재량적 정책의 성격을 띤다.

출제이슈 안정화정책
핵심해설 **정답** ④

설문을 검토하면 다음과 같다.

① 틀린 내용이다.
준칙에 의한 정책이 무조건 소극적인 정책인 것은 아니다. 즉, 준칙 vs 재량의 선택 문제는 적극 vs 소극의 선택 문제와는 다른 문제이다. 예를 들어 연간 통화증가율을 무조건 일정수준으로 묶어두는 준칙은 소극적인 정책이지만, 통화증가율을 실업률갭에 비례하여 증가시키도록 하는 준칙은 적극적인 정책이다. 즉, 경제상황이 변함에 따라 어떠한 정책을 쓸 것인지 미리 정해놓고 이를 따른다면, 정책의 내용이 미리 정해져 있기는 하지만, 상황에 따라 계속 정책이 바뀔 수 있는 것이다.

② 틀린 내용이다.
매기의 통화증가율을 k%로 일정하게 정하는 것은 재량이 아니라 준칙에 의한 정책이다.

③ 틀린 내용이다.
동태적 비일관성(dynamic inconsistency) 혹은 최적정책의 비일관성(동태적 불일치)은 t기에 결정되어 t+1기에 실시될 것으로 예상되는 정책과 실제로 t+1기에 실시되는 정책이 불일치하는 경우를 의미하며, 재량에 의한 정책에서 발생한다.

정부정책이 재량적으로 이루어질 수 있다면, 정부로서는 당연히 사전에 발표한 것과는 다른 정책을 시행하고자 할 것이기 때문에 동태적 비일관성은 재량적 정책에서 발생하게 된다. 만일 정부의 최적정책에 있어서 동태적 불일치가 있음을 민간부문이 인지하게 되면 결국엔 정책 자체를 불신하게 될 것이다. 이에 따라서 정부가 사전에 정책의도 및 목표를 민간에 공표하더라도 민간경제주체의 기대에 영향을 줄 수 없게 된다. (물가안정 및 통화량감축을 발표하더라도 인플레이션 기대를 바꿀 수 없게 된다.)

따라서 재량에 의한 최적정책보다는 준칙에 의한 비최적정책이 오히려 바람직한 균형을 달성할 수 있다. 즉, 재량에 의한 최적정책의 비일관성보다는 준칙에 의한 일관된 정책의 비최적성이 더 우월하다.

④ 옳은 내용이다.
케인즈 경제학자들의 미세조정 정책은 경제상황에 따라서 정부가 적절히 확장적 혹은 긴축적 총수요관리 정책을 펴는 것으로서 이는 준칙에 따른 정책이 아니라 재량적 정책의 성격이다.

A국에서 인플레이션갭과 산출량갭이 모두 확대될 때, 테일러준칙(Taylor's rule)에 따른 중앙은행의 정책은?
▸ 2020년 감정평가사

① 정책금리를 인상한다.
② 정책금리를 인하한다.
③ 정책금리를 조정하지 않는다.
④ 지급준비율을 인하한다.
⑤ 지급준비율을 변경하지 않는다.

출제이슈 테일러준칙
핵심해설 **정답** ①

준칙에 의한 적극적 정책의 사례로 이자율준칙의 일종인 테일러준칙을 들 수 있다.
테일러준칙은 물가안정과 경기안정화를 동시에 달성하기 위해서 미국의 연방준비제도가 통화정책을 시행하는 방식에 대하여 테일러가 추정한 식을 의미한다. 이는 통화정책의 수단으로서 연방자금금리(federal funds rate)를 정책적으로 설정함에 있어서 물가안정과 경기안정화를 모두 고려하고 있음을 잘 보여준다. 일반적인 테일러준칙은 다음과 같다.

$$i = (\pi + r^*) + 0.5(\pi - \pi^*) + 0.5\left(\frac{Y - Y_F}{Y_F}\right)$$

r^* : 균형이자율, π: 실제인플레이션율, π^* : 목표인플레이션율, Y: 실질 GDP, Y_F: 잠재 GDP
(참고로 테일러는 균형이자율 2%, 목표인플레이션율 2%를 제안하였다.)

테일러준칙에 따른 연방자금금리의 정책적 설정은 다음과 같은 요인에 의해 결정된다.

1) $(\pi - \pi^*)$: 실제인플레이션율과 목표인플레이션율의 차이
실제인플레이션율이 목표인플레이션율보다 높은 경우 연방자금금리는 균형이자율 수준보다 높게 설정되는데 이는 긴축적 통화정책을 의미한다. 반대의 경우는 연방자금금리가 균형이자율 수준보다 낮게 설정되는데 이는 확장적 통화정책을 의미한다.

2) $(Y - Y_F)$: 실질 GDP와 잠재 GDP의 차이
실질 GDP가 잠재 GDP보다 높은 경우 연방자금금리는 균형이자율 수준보다 높게 설정되는데 이는 긴축적 통화정책을 의미한다. 반대의 경우는 연방자금금리가 균형이자율 수준보다 낮게 설정되는데 이는 확장적 통화정책을 의미한다.

3) $(\pi + r^*)$: 완전고용을 달성하는 균형이자율(인플레이션율과 단기실질이자율의 합)
인플레이션율이 상승하는 경우 연방자금금리를 올려야 함을 의미한다.

위의 내용에 따라서 설문을 검토하면 다음과 같다.

A국에서 인플레이션갭과 산출량갭이 모두 확대될 때는 바로 경기가 호황이어서 실제인플레이션율과 목표인플레이션율의 차이$(\pi - \pi^*)$가 커지고 실질 GDP와 잠재 GDP의 차이$(Y - Y_F)$가 커지는 경우를 의미한다. 이러한 경우 앞에서 살펴본 테일러준칙의 산식 $i = (\pi + r^*) + 0.5(\pi - \pi^*) + 0.5\left(\frac{Y - Y_F}{Y_F}\right)$에 따르면 $(\pi - \pi^*)$와 $(Y - Y_F)$가 커지는 상황이므로 정책금리를 인상하여야 할 것이다.

중앙은행은 아래와 같은 테일러준칙(Taylor rule)에 따라 명목이자율을 조정한다. 이에 관한 설명으로 옳지 않은 것은? (단, i는 명목이자율, π는 인플레이션율, π^*는 목표인플레이션율, Y^*는 잠재 GDP, Y는 실제GDP, $\frac{Y^*-Y}{Y^*}$는 총생산갭이다.) ▸ 2012년 감정평가사

$$i = 0.05 + \pi + 0.5(\pi - \pi^*) - 0.5\left(\frac{Y^* - Y}{Y^*}\right)$$

① 목표 인플레이션율이 낮아지면 중앙은행은 명목이자율을 인상한다.
② 실제GDP가 잠재GDP보다 더 큰 경우에 중앙은행은 명목이자율을 인상한다.
③ 총생산갭은 0이고 인플레이션율이 3%에서 4%로 상승하는 경우에 중앙은행은 명목이자율을 0.5%포인트(%P) 인상한다.
④ 인플레이션율이 목표치와 같고 실제GDP가 잠재GDP와 같다면 실질이자율은 5%가 된다.
⑤ 인플레이션율은 목표치와 같고 총생산갭이 0%에서 1%로 상승하는 경우에 중앙은행은 명목이자율을 0.5%포인트(%P) 인하한다.

출제이슈 테일러준칙
핵심해설 **정답** ③

준칙에 의한 적극적 정책의 사례로 이자율준칙의 일종인 테일러준칙을 들 수 있다.
테일러준칙은 물가안정과 경기안정화를 동시에 달성하기 위해서 미국의 연방준비제도가 통화정책을 시행하는 방식에 대하여 테일러가 추정한 식을 의미한다. 이는 통화정책의 수단으로서 연방자금금리(federal funds rate)를 정책적으로 설정함에 있어서 물가안정과 경기안정화를 모두 고려하고 있음을 잘 보여준다. 일반적인 테일러준칙은 다음과 같다.

$$i = (\pi + r^*) + 0.5(\pi - \pi^*) + 0.5\left(\frac{Y - Y_F}{Y_F}\right)$$

r^* : 균형이자율, π : 실제인플레이션율, π^* : 목표인플레이션율, Y : 실질GDP, Y_F : 잠재GDP
(참고로 테일러는 균형이자율 2%, 목표인플레이션율 2%를 제안하였다.)

① 옳은 내용이다.
테일러준칙에 따른 연방자금금리의 정책적 설정은 실제인플레이션율과 목표인플레이션율의 차이($\pi - \pi^*$)에 의해 결정된다. 실제인플레이션율이 목표인플레이션율보다 높은 경우 연방자금금리는 균형이자율 수준보다 높게 설정되는데 이는 긴축적 통화정책을 의미한다. 반대의 경우는 연방자금금리가 균형이자율 수준보다 낮게 설정되는데 이는 확장적 통화정책을 의미한다.

② 옳은 내용이다.
테일러준칙에 따른 연방자금금리의 정책적 설정은 실질GDP와 잠재GDP의 차이 ($Y - Y_F$)에 의해 결정된다. 실질GDP가 잠재GDP보다 높은 경우 연방자금금리는 균형이자율 수준보다 높게 설정되는데 이는

긴축적 통화정책을 의미한다. 반대의 경우는 연방자금금리가 균형이자율 수준보다 낮게 설정되는데 이는 확장적 통화정책을 의미한다.

③ 틀린 내용이다.
총생산갭은 0이고 인플레이션율이 3%에서 4%로 상승하는 경우에 테일러준칙에 따라 중앙은행은 명목이자율을 1.5%포인트(%P) 인상한다.

④ 옳은 내용이다.
인플레이션율이 목표치와 같고 실제 GDP가 잠재 GDP와 같다면 테일러준칙에 따라 $i=0.05+\pi$이므로 실질이자율은 5%가 된다.

⑤ 옳은 내용이다.
인플레이션율은 목표치와 같고 총생산갭이 0%에서 1%로 상승하는 경우에 테일러준칙에 따라 중앙은행은 명목이자율을 0.5%포인트(%P) 인하한다.

다음은 A국 중앙은행이 따르는 테일러준칙이다. 현재 인플레이션율이 4%이고 GDP갭이 1%일 때, A국의 통화정책에 대한 설명으로 옳지 않은 것은? (단, r은 중앙은행의 목표 이자율, π는 인플레이션율, Y^*는 잠재GDP, Y는 실제 GDP이다.)
▸ 2018년 국가직 7급

$$r = 0.03 + \frac{1}{4}(\pi - 0.02) - \frac{3}{4}\frac{Y^* - Y}{Y^*}$$

① 목표 이자율은 균형 이자율보다 높다.
② 목표 인플레이션율은 2%이다.
③ 균형 이자율은 3%이다.
④ 다른 조건이 일정할 때, 인플레이션갭 1%p 증가에 대해 목표 이자율은 0.25%p 증가한다.

출제이슈 테일러준칙
핵심해설 **정답** ①

준칙에 의한 적극적 정책의 사례로 이자율 준칙의 일종인 테일러준칙을 들 수 있다.
테일러준칙은 물가안정과 경기안정화를 동시에 달성하기 위해서 미국의 연방준비제도가 통화정책을 시행하는 방식에 대하여 테일러가 추정한 식을 의미한다. 이는 통화정책의 수단으로서 연방자금금리(federal funds rate)를 정책적으로 설정함에 있어서 물가안정과 경기안정화를 모두 고려하고 있음을 잘 보여준다. 일반적인 테일러준칙은 다음과 같다.

$$i = (\pi + r^*) + 0.5(\pi - \pi^*) + 0.5(\frac{Y - Y_F}{Y_F})$$

r^* : 균형이자율, π : 실제인플레이션율, π^* : 목표인플레이션율, Y : 실질GDP, Y_F : 잠재GDP
(참고로 테일러는 균형이자율 2%, 목표인플레이션율 2%를 제안하였다.)

설문에서 "A"국의 테일러준칙은 $r = 0.03 + \frac{1}{4}(\pi - 0.02) - \frac{3}{4}\frac{Y^* - Y}{Y^*}$과 같다.
현재 인플레이션율이 4%이고 GDP갭이 1%로 주어졌다. 이 수치를 위의 테일러준칙에 대입하면
$r = 0.03 + \frac{1}{4}(0.04 - 0.02) - \frac{3}{4} \times 0.01 = 0.0275$가 된다.

① 틀린 내용이다. 목표 이자율 0.0275는 균형이자율 0.03보다 낮다.
② 옳은 내용이다. 목표 인플레이션율은 2%이다.
③ 옳은 내용이다. 균형 이자율은 3%이다.
④ 옳은 내용이다. 다른 조건이 일정할 때, 인플레이션갭 1%p 증가에 대해 목표 이자율은 테일러준칙에 따라 25%만큼에 해당하는 0.25%p 증가한다.

THEME 03 최적정책의 비일관성(동태적 불일치)

1 의의

1) 최적정책

최적정책이란 여러 제약하에서 사회후생을 극대화시키는 정부의 정책을 의미한다.

2) 정책의 일관성과 비일관성

정책의 일관성이란 t기에 결정되어 t+1기에 실시될 것으로 예상되는 정책과 실제로 t+1기에 실시되는 정책이 일치하는 경우를 의미한다. 그렇지 않은 경우를 정책의 비일관성이라고 한다.

2 최적정책의 비일관성

1) 개념

① 0기 기준 정책

정부는 현재 0기 기준으로 0, 1, 2, 3기의 최적정책을 x_0, x_1, x_2, x_3으로 수립하였다.

② 1기 기준 정책

이제 1기가 도래하자 1기 기준으로 1, 2, 3기의 최적정책은 x_1', x_2', x_3'가 되었다.

③ 최적정책의 비일관성

0기에 결정되어 1기에 실시될 것으로 예상되는 정책은 x_1이지만, 실제로 1기가 도래되었을 때 1기의 최적정책은 x_1'이 되어 이 정책이 실시된 경우를 최적정책의 비일관성이라고 한다. 즉 시간이 흐름에 따라서 최적정책이 달라지는 경우로서 동태적 불일치라고도 한다.

2) 사례

① 정책의 결정

예를 들어 t기에 결정되어 t+1기에 실시될 것으로 예상되는 최적정책은 긴축적 통화정책이지만, 실제로 t+1기에 실시되는 최적정책은 팽창적 통화정책이다.

② 민간의 기대와 반응

t기에 결정되어 t+1기에 실시될 것으로 예상되는 최적정책인 긴축적 통화정책이 민간에게 알려져 있을 경우 이를 신뢰한 민간은 기대를 조정하여 기대물가를 낮추게 된다.

③ 정책의 재량적 변경

결국 실제 t+1기가 도래할 경우, 민간의 기대조정에 의하여 이미 정부의 정책목표인 물가인하는 달성되었고, 더 이상 정부는 실시하기로 공약한 정책인 긴축적 통화정책을 실시할 필요가 없게 된다. 오히려 t+1기에는 당면한 다른 과제 예를 들면, 물가문제는 해결되었으니 이제는 실업문제를 해결하기 위해 다른 정책 즉, 팽창적 통화정책을 쓰려고 할 것이다.

3) 최적정책의 비일관성이 발생하는 이유

정부정책이 엄격한 준칙이나 약속에 의해서 집행되는 것이 아니라 그때마다 당국의 재량에 의하여 이루어질 수 있다면, 정부로서는 당연히 사전에 발표한 것과는 다른 정책을 시행하고자 할 것이다.

3 최적정책의 비일관성의 효과

1) 민간의 불신

만일 민간경제주체들이 정부가 발표한 정책이 동태적 불일치성을 갖고 있음을 알고 있다면, 그들은 정부의 정책 자체를 불신하게 될 것이다.

2) 정책의 실패

이에 따라서 정부가 사전에 정책의도 및 목표를 민간에 공표하더라도 민간경제주체의 기대에 영향을 줄 수 없게 된다. 즉, 정부가 아무리 물가안정 및 통화량 감축 계획을 발표하더라도 민간의 인플레이션 기대를 낮출 수 없거나 오히려 높이게 되는 것이다. 왜냐하면 민간이 정부의 의도대로 낮은 기대인플레이션율을 갖더라도 실제로는 정부가 예상치 못한 인플레이션을 일으킬 수 있음을 알고 있기 때문에 오히려 기대인플레이션율을 높이는 것이다.

3) 최적정책의 비일관성 vs 일관된 정책의 비최적성

결국 민간의 기대인플레이션율이 상승하면서 총공급이 감소하여 정부는 원하는 대로 물가안정을 달성하는 데 실패하게 된다. 만일 정부가 일관되게 긴축정책을 사용했더라면 민간의 기대도 이에 부응하여 기대인플레이션율이 하락하게 되어 자연실업률 수준에서 원래 정책 의도대로 물가를 낮출 수 있었을 것이다. 재량에 의한 최적정책보다는 준칙에 의한 비최적정책이 더 우월한 것이다.

4 동태적 비일관성 모형

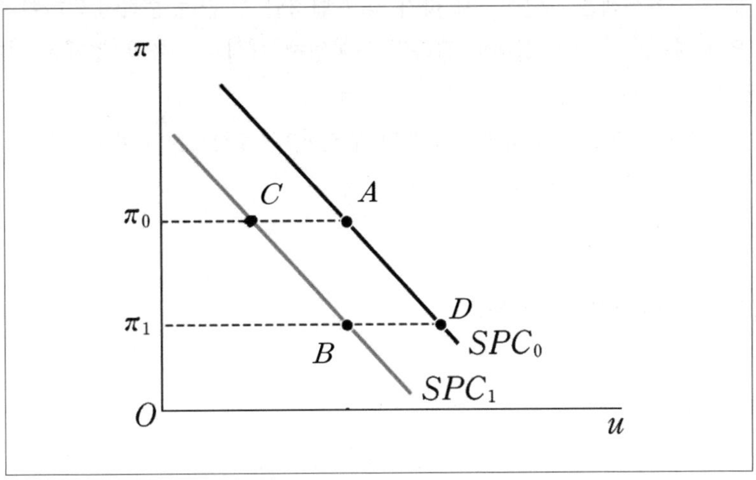

그림 15-1 최적정책의 비일관성과 일관된 정책의 비최적성

1) 최적정책의 비일관성

① 현재 경제는 A점에 있다.
② 정부는 정책선호를 나타내는 손실함수에 따라서 A보다는 B를 더 선호한다.
③ B를 달성하기 위해서는 민간의 기대인플레이션율이 감소해야 한다.
④ 이를 위하여 정부는 민간의 기대에 영향을 주기 위해 반인플레이션정책을 발표한다.
⑤ 모든 민간주체가 정부의 발표를 신뢰하고 정부 계획대로 물가기대를 한다면 필립스곡선은 좌하방으로 이동하여 B점 달성이 가능해진다.
⑥ 그런데 필립스곡선이 이동한 후 정부는 C점도 선택이 가능해진다.
⑦ 만일 손실함수에 따라서 정부가 B점보다 C점을 선호한다면 원래 계획된 정책을 파기한다.
⑧ B점은 계획된 최적정책, C점은 실제 시행된 최적정책, 이 둘의 불일치가 최적정책의 비일관성이다.

2) 최적정책의 비일관성의 정책적 효과

① 민간이 만일 정부의 통화정책이 재량적으로 변경될 수 있음을 알게 된다면, 긴축적 통화정책은 더 이상 신뢰할 수 없는 정책이 된다. 따라서 정부가 긴축적 통화정책을 실시하겠다고 민간에 공표하더라도 민간의 기대물가상승률은 변하지 않는다.
② 이런 상황에서 정부가 발표한 대로 긴축적 통화정책을 실시한다면, 경제는 D로 가게 된다.
③ D점은 정부의 손실함수에 의하면 가장 손실이 높은 점이 되어 버린다.

3) 일관된 정책의 비최적성의 정책적 효과

① 만일 정부가 통화정책을 재량적으로 하지 않고 변경할 수 없는 준칙에 의하여 한다면, 민간의 신뢰를 얻을 수 있게 되어 실제로 긴축적 통화정책이 실시된 경우 경제는 현재의 A점에서 B점으로 가게 된다.

② B점은 정부의 손실함수에 의하면 D점보다 우월하며, A점과 비교했을 때도 실업률 증가라는 비용을 치르지 않고 물가안정이 가능하다.

5 동태적 비일관성 문제의 해결방안

1) 위임(delegation)

정부정책의 실업과 인플레이션에 대한 손실함수와는 다른 선호를 가진 사람을 통화정책의 책임자로 임명하는 것이다. 예를 들어서 해당 책임자의 손실함수에 따르면 정부의 손실함수와 달리 실업률에 대한 손실 크기가 현저히 작기 때문에 이 정책 책임자는 실업을 희생해서라도 물가를 안정시키는데 최선을 다하게 될 것이다.

2) 준칙

정부가 사전에 발표한 정책을 민간이 신뢰할 수 있도록 만들어야만, 민간의 인플레이션 기대에 영향을 줄 수 있게 된다. 이를 위해서 정부는 정책 자체를 재량에 의해서 변경할 수 없도록 준칙으로 확정할 필요가 있다.

6 손실함수와 필립스곡선

필립스곡선은 통화당국의 정책 수립 시 제약조건 역할을 한다. 따라서 필립스곡선의 제약하에서 목적함수인 손실함수를 극소화하도록 목표인플레이션율을 설정해야 한다.

1) 제약조건

통화당국의 정책 관련 제약조건은 필립스곡선으로 나타난다. 예를 들면 $\pi = \pi^e - \frac{1}{2}(u - u_n)$와 같이 실업률과 인플레이션율 간의 관계를 나타내는 필립스곡선을 상정할 수 있다.

2) 목적함수

목적함수는 통화당국의 손실함수로서 예를 들면 $L(\pi,\ u) = u + \frac{1}{2}\pi^2$와 같이 실업률과 인플레이션율에 의한 손실함수를 상정할 수 있다.

3) 목적함수의 극소화

위에서 예로 든 필립스곡선 $\pi = \pi^e - \frac{1}{2}(u - u_n)$을 변형하면, $u = -2\pi + 2\pi^e + u_n$이 된다. 변형된 제약조건 $u = -2\pi + 2\pi^e + u_n$을 목적함수에 대입하면, $L = -2\pi + 2\pi^e + u_n + \frac{1}{2}\pi^2$이 된다. 손실을 극소화하기 위해서 목적함수를 π로 미분하여 0으로 두면 다음과 같다.

$$\frac{dL}{d\pi} = -2 + \pi = 0$$

따라서 목표인플레이션율은 $\pi = 2$가 된다.

필수예제

적극적인 경기 안정화 정책의 사용이 바람직한지에 대한 논쟁에서 정책의 동태적인 비일관성(또는 시간 비일관성)의 의미에 대한 서술로 가장 옳은 것은? ▸ 2019년 서울시 7급

① 정책의 집행과 효과 발생 과정에 시차가 존재하기 때문에 정책 효과가 의도한 대로 나타나지 않을 수 있다.
② 정책 당국은 시장의 암묵적 신뢰를 깨고 단기적인 정책목표를 추구할 인센티브를 가진다.
③ 정권마다 다른 정책의 방향을 가지므로 거시 경제정책은 장기적으로 일관성을 가지기 어렵다.
④ 시장의 상황은 지속적으로 변화하므로 정책의 방향을 시의적절하게 선택하는 것이 바람직하다.

출제이슈 정책의 동태적인 비일관성

핵심해설 **정답** ②

설문을 검토하면 다음과 같다.

① 틀린 내용이다.
정책의 동태적 비일관성에 대한 서술이 아니라 정책의 시차에 대한 설명이다.

② 옳은 내용이다.
동태적 비일관성(dynamic inconsistency) 혹은 최적정책의 비일관성(동태적 불일치)은 t기에 결정되어 t+1기에 실시될 것으로 예상되는 정책과 실제로 t+1기에 실시되는 정책이 불일치하는 경우를 의미하며, 재량에 의한 정책에서 발생한다. 정부정책이 재량적으로 이루어질 수 있다면, 정부로서는 당연히 사전에 발표한 것과는 다른 정책을 시행하고자 할 것이기 때문에 동태적 비일관성은 재량적 정책에서 발생하게 된다.

예를 들어 t기에 결정되어 t+1기에 실시될 것으로 예상되는 최적정책은 긴축적 통화정책이지만, 실제로 t+1기에 실시되는 최적정책은 팽창적 통화정책이다. t기에 결정되어 t+1기에 실시될 것으로 예상되는 최적정책인 긴축적 통화정책이 민간에게 알려져 있을 경우 이를 신뢰한 민간은 기대를 조정하여 기대물가를 낮추게 된다. 결국 실제 t+1기가 도래할 경우, 민간의 기대조정에 의하여 이미 정부의 정책목표인 물가인하는 달성되어 버렸고, 더이상 정부는 실시하기로 공약한 긴축적 통화정책을 실시할 필요가 없게 된다. 오히려 t+1기에는 당면한 다른 과제(예를 들면, 물가인하는 해결되었으니 실업문제)를 해결하기 위해 다른 정책 즉, 팽창적 통화정책을 쓰려고 할 것이다. 따라서 정책 당국은 시장의 암묵적 신뢰를 깨고 단기적인 정책목표를 추구할 인센티브를 가진다(설문 ②).

③ 틀린 내용이다.
정책의 동태적 불일치는 시간이 흐름에 따라서 최적정책이 일치하지 않는 것이지 정권이 바뀜에 따라서 불일치하는 것이 아니다.

④ 틀린 내용이다.

정부정책이 재량적으로 이루어질 수 있다면, 정부로서는 당연히 사전에 발표한 것과는 다른 정책을 시행하고자 할 것이기 때문에 동태적 비일관성은 재량적 정책에서 발생하게 된다. 만일 정부의 최적정책에 있어서 동태적 불일치가 있음을 민간부문이 인지하게 되면 결국엔 정책 자체를 불신하게 될 것이다. 이에 따라서 정부가 사전에 정책의도 및 목표를 민간에 공표하더라도 민간경제주체의 기대에 영향을 줄 수 없게 된다. (물가안정 및 통화량감축을 발표하더라도 인플레이션 기대를 바꿀 수 없게 된다.)

따라서 재량에 의한 최적정책보다는 준칙에 의한 비최적정책이 오히려 바람직한 균형을 달성할 수 있다. 즉, 재량에 의한 최적정책의 비일관성보다는 준칙에 의한 일관된 정책의 비최적성이 더 우월하다.

설문에서 시장의 상황이 지속적으로 변화한다고 해서 정책의 방향을 시의적절하게 선택하는 것은 바람직하지 않으므로 틀린 내용이 된다.

중앙은행이 아래와 같은 손실함수를 최소화하도록 인플레이션율을 결정하려고 한다. ▸ 2024년 감정평가사

$$L(\pi_t) = -0.5(\pi_t - \pi_t^e) + 0.5(\pi_t)^2$$

중앙은행의 정책결정 이전에 민간의 기대인플레이션율이 0으로 고정되어 있을 때, 중앙은행이 결정하는 인플레이션율은? (단, $L(\pi_t)$, π_t, π^{e_t}는 각각 손실함수, 인플레이션율, 민간의 기대인플레이션율이다.)

① 0 ② 0.5 ③ 1
④ 1.5 ⑤ 2

출제이슈 손실함수와 손실극소화

핵심해설 **정답 ②**

원칙적으로 손실함수의 손실극소화모형은 필립스곡선이 통화당국의 정책 수립 시 제약조건 역할을 한다. 따라서 필립스곡선의 제약하에서 목적함수인 손실함수를 극소화하도록 목표 인플레이션율을 설정해야 한다. 다만, 본 문제에서는 필립스곡선이 주어지지 않았고 민간의 기대인플레이션율이 0으로 고정되어 있다는 제약조건만 주어졌으므로 다음과 같이 쉽게 풀 수 있다.

$L = -0.5(\pi - \pi^e) + 0.5\pi^2$, $\pi^e = 0$

이때, 손실을 극소화하기 위해서 목적함수인 손실함수를 π로 미분하여 0으로 두면 다음과 같다.

$\frac{dL}{d\pi} = 0$, $\pi = 0.5$

갑국 통화당국의 손실함수와 필립스곡선이 다음과 같다. 인플레이션율에 대한 민간의 기대가 형성되었다. 이후 통화당국이 손실을 최소화하기 위한 목표 인플레이션율은? (π, π^e, u, u_n 은 각각 인플레이션율, 민간의 기대인플레이션율, 실업률, 자연실업률이고 단위는 %이다.) ▸ 2018년 감정평가사

통화당국의 손실함수 : $L(\pi, u) = u + \frac{1}{2}\pi^2$

필립스곡선 : $\pi = \pi^e - \frac{1}{2}(u - u_n)$

① 0% ② 1% ③ 2%
④ 3% ⑤ 4%

출제이슈 손실함수와 손실극소화

핵심해설 **정답** ③

필립스곡선은 통화당국의 정책 수립 시 제약조건 역할을 한다. 따라서 필립스곡선의 제약하에서 목적함수인 손실함수를 극소화하도록 목표 인플레이션율을 설정해야 한다.

1) 제약조건

주어진 필립스곡선 $\pi = \pi^e - \frac{1}{2}(u - u_n)$을 변형하면, $u = -2\pi + 2\pi^e + u_n$이 된다.

2) 목적함수

변형된 제약조건 $u = -2\pi + 2\pi^e + u_n$을 목적함수에 대입하면, $L = -2\pi + 2\pi^e + u_n + \frac{1}{2}\pi^2$이 된다.

3) 목적함수의 극소화

손실을 극소화하기 위해서 목적함수를 π로 미분하여 0으로 두면 다음과 같다.

$$\frac{dL}{d\pi} = -2 + \pi = 0$$

따라서 목표 인플레이션율은 $\pi = 2$가 된다.

THEME 04 루카스비판

1 케인즈학파 거시경제모형의 문제점

케인즈학파는 과거의 시계열자료를 이용하여 거시경제모형의 계수들을 추정하고 이를 불변이라고 가정하여 정책의 효과를 분석한다. 그리고 그 결과에 근거하여 최적의 정책을 입안하여 집행하는 것이다. 그러나 정책이 바뀌면 사람들은 정책에 반응하여 행동을 바꾸고 그에 따라서 경제변수 간에 새로운 관계가 형성된다.

2 루카스비판

1) 정책변화와 민간의 기대 및 반응

사람들의 기대형성과 이에 기한 반응적 행동은 정책변화의 영향을 받으므로 정책이 바뀌면 사람들의 기대도 바뀌고 반응도 바뀔 수 있다. 예를 들어 통화량을 증가시키는 정책이 실시되면, 사람들은 예상물가수준을 상향 조정한다.

또 다른 예로 케인즈의 소비함수 $C=a+bY$(C : 소비, a : 독립소비, b : 한계소비성향, Y : 소득)에서 정책 실시 이전에 a와 b는 정부정책이 변화하게 되면 a'와 b'로 변화하게 된다는 것이다. 따라서 사람들이 과거의 행동양식을 그대로 유지할 것이라 보고 정책의 효과를 분석하고 이에 기하여 정책을 실시하는 것은 명백한 오류이다.

정책이 바뀌면 사람들은 새로운 기대를 형성하고, 새로운 기대는 경제변수 간의 관계에 영향을 미쳐서 행태방정식 자체를 변경시키게 된다. 정책변화에 따라서 계량거시모형의 변수 간 관계인 파라미터들이 바뀐다는 뜻이다. 그럼에도 불구하고 기존 거시경제모형은 이러한 기대의 역할을 명시적으로 고려하지 않은 채 과거의 변수들로만 행태방정식을 구성하고 있다는 문제가 있다.

2) 미시적 기초

정책의 효과를 올바르게 분석하려면, 거시경제모형의 행태함수를 케인즈와 같이 임의적으로 가정해서는 안 되고, 합리적 기대하에서 경제주체의 최적화 행동 및 시장균형의 결과로 도출해야만 한다. 즉, 거시경제이론에서도 미시경제학적 최적화이론에 기초하여야만 올바른 분석을 이끌어 낼 수 있다.

3 루카스비판과 케인즈의 절대소득이론

케인즈학파에 의하면 정부는 과거의 자료를 이용하여 한계소비성향, 조세승수를 추정해내고 감세의 효과를 감세액과 조세승수를 곱한 값으로 추정할 것이다. 그러나 사람들은 현재의 조세감소가 미래의 가처분소득을 감소시킬 것이라고 합리적으로 예상하면, 소비성향을 낮추어 대응할 수 있다. 따라서 감세에 따른 총수요 증가의 효과가 나타나지 않을 수 있다.

4 루카스비판과 총공급곡선

정부정책에 따라서 총공급곡선의 계수가 변경된다면 총공급곡선의 모습이 바뀌게 된다. 예를 들어 정부가 경기부양책을 자주 사용한다면, 합리적 기대를 하는 민간의 인플레이션 기대가 시간이 흐름에 따라 정확하게 형성되므로 정책은 점차 무력해진다. 국가별 총공급곡선을 비교한 결과 경기부양정책을 빈번하게 사용하여 인플레이션율이 높은 나라일수록 총공급곡선이 수직에 가깝다는 것이 발견되었다.

THEME 05 정책무력성 정리

1 기대형성방식

1) 정태적 기대

정태적 기대(static expectation)란 이미 실현된 과거의 값을 그대로 미래 예상치로 사용하는 방식을 의미한다. 예를 들어 올해 물가상승률이 3%였다면 내년에도 물가상승률이 3%라고 예상하는 방식으로서 경직적 가격을 보인다. 이를 수식으로 나타내면 다음과 같다.

$$P^{e}{}_{t+1} = P_t$$

2) 적응적 기대

적응적 기대(adaptive expectation)란 경제주체들이 예상을 함에 있어서 과거 예측오차의 일부를 반영하여 새로운 기대를 형성하는 방식을 의미한다. 기대형성에 오직 과거정보만을 이용하며 예측오차의 "일부분"만을 반영하여 새롭게 기대를 형성하므로 같은 실수가 지속적으로 반복되는 체계적 오류를 범한다.

예를 들어 과거의 물가예상에 있어서 기대인플레이션율이 3%이고, 실제인플레이션율이 5%라고 하면 예측오차가 2%가 된다. 이제 새로운 물가예상에 있어서 적응적 기대를 사용한다면, 이 경제주체는 과거의 기대인플레이션율 3%에 예측오차 2%의 일부를 반영하여 3%에서 5% 사이로 예상물가를 결정할 것이다. 이를 수식으로 나타내면 다음과 같다.

$$P^{e}{}_{t+1} = P^{e}{}_{t} + \theta(P_t - P^{e}{}_{t}) \text{ (단, } 0 \leq \theta \leq 1)$$

$P^{e}{}_{t+1}$: t기에 예상하는 $t+1$기의 예상물가, $P^{e}{}_{t}$: $t-1$기에 예상한 t기의 예상물가

θ : 예측오차의 반영비율, P_t : t기의 실제물가

3) 합리적 기대

합리적 기대(rational expectation)란 과거 경험뿐 아니라 이용가능한 모든 정보(Ω_t)를 활용하여 기대를 형성하는 방식을 의미한다. 이는 다음기의 물가인 P_{t+1}를 합리적으로 예상함에 있어 그 기댓값은 $P^{e}_{t+1} = E(P_{t+1}|\Omega_t)$가 된다는 의미이다.

$P^e_{t+1} = E_t(P_{t+1} | \Omega_t)$

P^e_{t+1} : t기에 예상하는 $t+1$기의 예상물가

$E_t(P_{t+1})$: $t+1$기의 물가를 현재 t기에 예상한다는 의미

Ω_t : t기의 이용가능한 모든 정보를 이용한다는 의미

2 기대 변화의 효과

1) 기대와 총공급곡선

앞에서 총공급곡선을 도출함에 있어서 기대가 중요한 역할을 하는 것을 살펴보았다. 따라서 미래물가에 대한 기대가 변화하는 경우 총공급곡선이 영향을 받아서 변화하게 된다.

2) 물가상승기대의 효과

학파별로 총공급곡선을 도출하는 논리가 다르기 때문에 기대가 변화할 때 총공급곡선에 영향을 미치는 논리도 당연히 다르다. 이하에서는 명목임금이 경직적인 상황을 살펴보기로 한다. 예를 들어 물가상승을 기대한다고 하자. 명목임금이 경직적인 상황이라면, 물가상승을 예상한 민간은 실질임금을 유지하기 위하여 명목임금의 계약과정에서 더 높은 명목임금을 요구한다. 더 높은 명목임금을 요구받게 되는 기업은 비용이 증가하게 되므로 고용을 줄이게 된다. 결국 경제의 총생산이 감소하여 총공급곡선이 좌상방으로 이동하게 된다. 만일 미래의 물가가 하락할 것이라고 기대한다면 위의 과정과 반대의 과정을 거치면 된다.

3 합리적 기대를 도입한 $AD-AS$모형과 정책의 효과 분석

1) 정책의 시행과 총수요곡선

중앙은행이 통화량을 늘렸다고 하면 통화량 증가로 인하여 총수요곡선이 우상방으로 이동한다.

2) 민간의 기대와 총공급곡선

합리적 기대를 가정하면 민간은 통화량 증가로 인하여 물가가 상승할 것을 미리 합리적으로 예상하고 있기 때문에 물가예측에 따라서 적절히 의사결정을 조정할 것이다. 민간의 P_{t+1}기 물가에 대한 예측은 합리적 기대에 따라서 다음과 같다.

$P^e_{t+1} = E(P_{t+1} \mid \Omega_t) = P^*$

합리적 기대를 하는 민간주체는 궁극적으로 물가가 올라서 P^*가 되리라는 것을 예상하고 이러한 예상은 기대가 부가된 총공급곡선에 반영되어 총공급곡선은 좌상방으로 이동한다.

3) 균형의 변화

결국 통화량 증가에 따라서 총수요는 확대되고 총수요곡선은 우상방으로 이동한다. 반면 합리적 기대에 따라서 총공급은 축소되고 총공급곡선은 좌상방으로 이동한다. 결국 새롭게 달성된 균형에서는 물가만 상승할 뿐 경제의 총생산은 불변이다.

4 정책무력성 명제 혹은 정리(Policy Ineffectiveness Proposition)

1) 새고전학파의 견해

경제주체들이 합리적으로 기대를 한다면, 정부가 총수요정책을 사용하는 경우, 민간이 그 정책에 대한 정보를 충분히 가지고 있다면 합리적 기대를 통해 최종적인 물가변화를 예상하게 되고, 이에 따라서 의사결정을 하게 된다. 따라서 합리적 기대를 사용할 경우 단기적 조정과정 없이 바로 장기균형이 즉각적으로 달성된다. 결국 실물 총생산의 변화는 없게 되고 물가만 변하게 되어 총수요정책은 전혀 효과가 없다. 이를 정책무력성 명제 혹은 정책무효성 명제라고 한다.

2) 새케인즈학파의 비판

새고전학파에 의하면 민간이 정책에 대한 정보를 충분히 가지고 있고 합리적 기대를 한다면, 정부정책은 국민소득이나 고용과 같은 실질변수에 영향을 주지 못한다는 것이다. 그러나 새케인즈학파는 만일 가격이 경직적이라면 민간이 충분한 정보를 가지고 합리적 기대를 하더라도 정부정책은 최소한 단기에서는 실질변수에 영향을 줄 수 있다고 비판한다. 이를 입증하기 위해서 새케인즈학파는 경제주체들의 미시적 최적화과정에서 가격의 경직성을 도출해 내고 있다.

PART

08

거시경제의 미시적 기초

Chapter 16

소비함수이론

THEME 01 절대소득이론

1 소비함수

1) 소비의 특징

소비지출은 총생산에서 차지하는 비중이 60% 수준 내외로 가장 큰 비중을 차지한다. 따라서 경기변동을 이해하기 위해서는 소비에 대한 이해가 필수적이다. 소비지출은 내구재, 비내구재, 서비스에 대한 지출로 나눌 수 있다. 서비스와 비내구재 소비지출은 변동성이 낮은 반면, 내구재의 경우 변동성이 높다. 내구재 소비기간은 장기간이므로 내구재 소비의 변동성은 오히려 총생산의 변동성보다 크다. 그러나 소비를 서비스와 비내구재의 소비로만 제한하면, 소비의 변동성은 총생산의 변동성보다 작다. 내구재 소비는 현재 지출되지만, 혜택은 미래에 걸치므로 오히려 투자와 유사하다.

2) 소비함수의 의의

소비함수란 소비에 영향을 미치는 요인들과 소비와의 관계를 나타낸 식을 의미한다. 소비에 영향을 주는 요인들을 소득, 이자율, 자산 등이라고 하면, 소비함수는 소비와 소득, 이자율, 자산 등 간의 관계식이 된다.

2 절대소득이론의 의의와 가정

1) 의의

절대소득이론이란 케인즈 및 케인지언의 이론으로서 소비에 대하여 비교적 단순한 가정을 통해 현재가처분소득의 절대적인 수준이 현재소비를 결정한다는 것이다.

2) 가정

① 소비의 독립성

개인의 소비는 타인의 소비와는 관계없이 독립적으로 결정된다.

② 소비의 가역성

개인의 소비는 현재 상태에서 소득이 증가하거나 감소하는 것에 관계없이 즉 소득변화의 방향과 관계없이 소득변화분의 절댓값에 동일하게 영향을 받는다. 소비의 증가분은 소비의 감소분과 방향만 반대일 뿐 동일한 크기의 효과를 갖는다는 것이다.

3 절대소득이론과 소비의 특징

1) 소득은 현재가처분소득에 의해 결정된다.

소비는 주로 해당 기간 동안의 소득수준에 의존하며, 미래소득은 중요하지 않으며, 따라서 이자율도 소비의 결정에 중요하지 않다.

2) 한계소비성향은 0보다 크고 1보다 작다.

소득이 증가하는 경우 사람들은 소비를 증가시키지만, 소득증가분을 모두 소비하는 것이 아니라 이 중의 일부만을 소비를 증가시키는 데 사용된다.

3) 평균소비성향은 소득증가에 따라서 감소한다.

소득수준이 높아짐에 따라 소득 중에서 소비가 차지하는 비중이 감소한다.

4) 독립적인 소비가 존재한다.

소득이 없다고 하더라도 생활을 유지하기 위해서 반드시 필요한 최저생계 소비라든지 소득과는 무관하게 정해지는 독립적인 소비가 존재한다.

4 모형분석

1) 모형의 설정

$C = a + bY$ (단, $a > 0$, $0 < b < 1$, C : 소비, a : 독립소비, b : 한계소비성향)

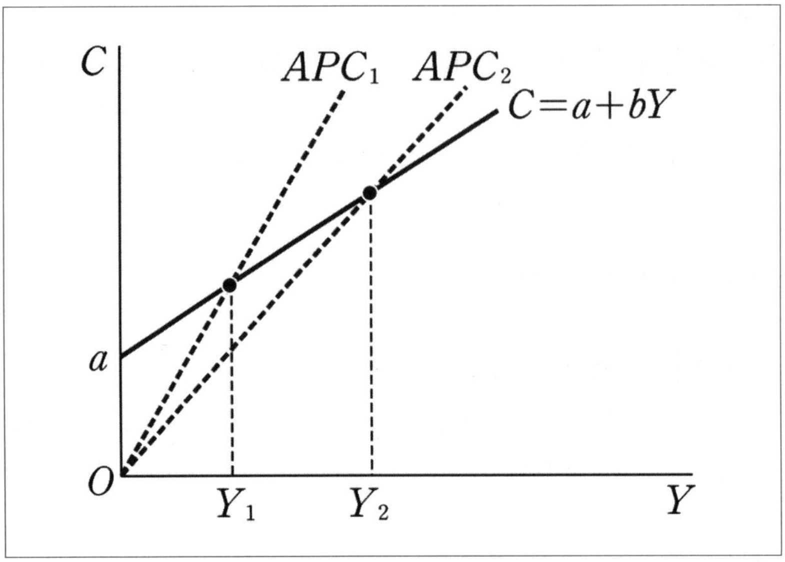

그림 16-1 케인즈의 소비함수

2) 소비함수의 해석

케인즈의 소비함수 $C=a+bY$ $(a>0,\ 0<b<1)$에 의하면 현재의 절대적인 소득이 소비를 결정한다. 한계소비성향은 0과 1 사이이며 평균소비성향은 소득증가에 따라서 감소함을 알 수 있다.

5 절대소득이론에 대한 실증분석

1) 횡단면분석과 시계열분석

① 횡단면분석

횡단면분석이란 동일한 기간 동안 소득이 서로 다른 여러 가구들의 소득과 소비 데이터를 통하여 소비행태를 비교하는 분석을 말한다.

② 시계열분석

시계열분석이란 동일한 가구를 대상으로 하여 시간의 흐름에 따라 소득이 변화할 때 그에 따른 소비행태를 비교하는 분석을 말한다.

2) 횡단면분석

횡단면자료를 분석한 결과, 소득수준이 높은 가계일수록 소비와 저축이 모두 높아진다는 사실이 발견되었다. 이는 한계소비성향이 0과 1 사이에 있음을 의미한다. 그리고 소득수준이 높은 가계일수록 평균소비액은 감소한다. 이는 소득증가에 따라서 평균소비성향이 감소함을 의미한다.

3) 단기시계열분석

단기시계열자료를 분석한 결과, 소득이 낮은 시기일수록 소비가 소득에서 차지하는 비중이 크다는 점이 발견되었다. 이는 소득증가에 따라서 평균소비성향이 감소함을 의미한다.

4) 장기시계열분석

장기시계열자료를 분석한 결과, 시간이 흐름에 따라서 소득이 증가하였음에도 불구하고 평균소비성향은 거의 불변이었다. 이는 평균소비성향과 한계소비성향이 일치함을 의미한다.

6 소비퍼즐

1) 케인즈 소비함수의 문제점

① 횡단면분석 및 단기시계열분석 결과 소득이 증가하는 경우 평균소비성향은 감소한다. 이는 케인즈 소비함수의 특징과 일치한다.

② 장기시계열분석 결과 소득이 크게 증가하여도 평균소비성향이 거의 변하지 않았다. 그러나 케인즈 소비함수에 의하면 소득증가에 따라 평균소비성향은 감소한다.

③ 즉, 케인즈의 소비함수는 횡단면분석과 단기시계열분석에서는 성립하지만 장기시계열분석에서는 성립하지 않는다는 것을 의미한다.

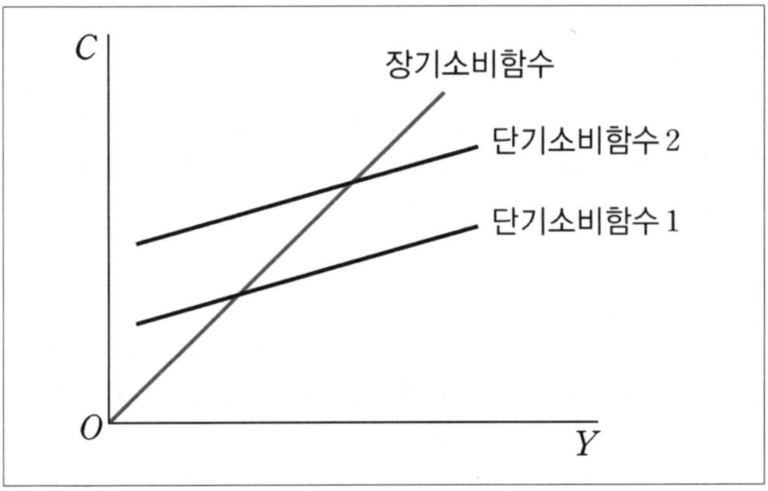

그림 16-2 소비퍼즐과 장단기 소비함수

2) 쿠즈네츠의 소비퍼즐

1946년 쿠즈네츠는 1800년대부터 1900년대의 장기 데이터를 이용하여 분석한 결과 장기에서 평균소비성향은 안정적이며 소득이 증가하더라도 감소하지 않는다는 것을 발견하였다. 단기에서는 평균소비성향이 감소하지만 장기에서는 평균소비성향이 일정하여 장단기에 평균소비성향이 달라지는 것을 소비퍼즐이라고 한다. 케인즈 이후 소비이론들, 즉 상대소득이론, 평생소득이론, 항상소득이론 등은 소비퍼즐을 푸는 데 집중하였다.

7 소비함수의 추정과 해석

1) 소비함수의 추정

경제학에서 주로 다루는 경제모형은 다양한 경제변수 간의 관계식들로 이루어져 있다. 이러한 경제모형은 연역적 논리에 의하여 수리경제모형으로 제시되지만 이 모형의 적합성을 검증하기 위해서는 실제 데이터를 수집하여 계량경제프로그램을 통한 추정과 해석이 필요하다.

우리는 이미 다양한 가정하에서 도출되었던 케인즈의 절대소득이론을 공부한 바 있고 이를 수리적으로 표현하면, 소비함수 $C = a + bY$가 된다. 그 의미는 소비는 현재가처분소득에 의해 결정된다는 것이다. 이제 이 함수가 과연 현실을 얼마나 적절히 설명하고 있는지 검증하는 것이 필요하다. 이를 위해서 소비와 소득에 대한 데이터를 수집하여 둘 간의 관계식을 구해낼 수 있다. 예를 들어 추정된 소비함수가 $C_t = 2.48 + 0.56\,Y_t + \epsilon_t$ 라고 하자. 이러한 소비함수가 추정되는 과정 즉, 회귀분석의 방법은 일단 배제하고 여기서는 그 해석에 초점을 맞추면 다음과 같다.

2) 소비함수의 해석

① 회귀분석

회귀분석이란 두 변수 혹은 그 이상의 변수 간에 얼마나 그리고 어떠한 관계를 가지고 있는지를 나타내는 식으로 만일 독립변수와 종속변수 간의 선형함수관계를 가정한다면, $2.48 + 0.56\,Y_t$와 같은 확정적인 부분과 ϵ_t 와 같은 확률적인 오차항 부분으로 나눌 수 있다.

② 회귀방정식에 대한 검정

회귀분석을 통해 구한 식을 회귀방정식이라고 하는데 이에 대한 적합도 검정(goodness-of-fit-test)이 필요하다. 적합도는 회귀분석의 설명변수들이 피설명변수를 얼마나 잘 설명하고 있는지를 보는 것인데, 통상 회귀분석의 표본회귀식을 통해서 설명된 편차와 설명되지 않는 편차를 이용한다. 직관적으로 보면, 총편차 중에서 설명된 편차가 클수록 회귀분석이 적합하다는 것이다.

③ 결정계수

회귀방정식에 대한 검정을 위해서 수리적으로는 결정계수(coefficient of determination) R^2을 이용하고 있다. 결정계수 R^2은 설명된 제곱합을 총제곱합으로 나눈 것이다. 설명된 제곱합은 앞에서 본 바와 같이 설명된 편차와 관련이 있으며, 설명 안 된 제곱합은 설명 안 된 편차와 관련이 있다. 따라서 결정계수 R^2이 크면 클수록 표본회귀식이 이론을 잘 설명하고 있음을 의미한다. 이는 표본회귀식에 포함된 구성요소들이 종속변수를 잘 설명하고 있다는 뜻이다.

④ 사례

다음은 소비함수에 대한 추정 결과이다. C_t와 Y_t는 각각 t기의 소비(조원)와 소득(조원)을 나타내며 안정적인 시계열이다. 괄호 안의 t통계량에 따르면 절편과 계수의 추정치는 통계적으로 유의하다. 모형은 회귀분석의 기본가정을 모두 만족하며, ϵ_t는 잔차이다.

$$C_t = 2.48 + 0.56\,Y_t + \epsilon_t$$
$$(3.51)\ (4.04)$$
$$R^2 = 0.85$$

i) 결정계수

결정계수 $R^2 = 0.85$라는 것은 종속변수가 독립변수의 1차식에 의하여 85% 정도 설명된다는 의미이다. 따라서 본 사례에서 소비라는 종속변수는 소득이라는 독립변수를 포함한 1차식으로 85% 설명 가능하다는 것이다.

ii) 한계소비성향

소득의 계수 0.56은 한계소비성향이 0.56임을 의미한다. 한계소비성향은 소비증가분이 소득증가분에서 차지하는 비중으로서 다음과 같이 계산된다.

한계소비성향 $MPC = \dfrac{\Delta C}{\Delta Y} = b$

사례의 $C_t = 2.48 + 0.56\,Y_t + \epsilon_t$에서 소비 C_t를 소득 Y_t로 미분한 값이 한계소비성향 0.56이다.

iii) 소비의 소득탄력성

소득의 계수 0.56은 소득이 1(원) 증가할 때, 소비가 0.56(원) 증가함을 나타낸다. 만약에 본 사례에서 소비함수식이 위와 같이 선형함수 형태가 아니라 자연로그함수 형태로 주어졌다면, 소득이 1% 상승할 때 소비가 0.56% 상승함을 의미한다.

즉, $\ln C_t = 2.48 + 0.56 \ln Y_t + \epsilon_t$였다면, 소득이 1% 증가할 때 소비는 0.56% 증가함을 의미하며 이는 0.56이 바로 탄력성 개념이 됨을 의미한다.

필수예제

케인즈 소비함수에 관한 설명으로 옳지 않은 것은? ▸ 2017년 공인노무사

① 한계소비성향은 0보다 크고 1보다 작다.
② 소비는 현재 소득의 함수이다.
③ 소득이 없어도 기본적인 소비는 있다.
④ 소득이 증가할수록 평균소비성향은 증가한다.
⑤ 소득과 소비의 장기적 관계를 설명할 수 없다.

출제이슈 케인즈 소비함수

핵심해설 **정답** ④

케인즈의 소비이론인 절대소득이론은 다음과 같다.

1) 소비함수 $C=a+bY$
  ① 소비는 현재가처분소득에 의해 결정된다.
  ② 이자율이 아니라 소득에 의해 결정된다.

2) 한계소비성향 $MPC=\dfrac{\Delta C}{\Delta Y}=b$
  ① 소비증가분 / 소득증가분
  ② 한계소비성향은 0보다 크고 1보다 작다. $(0<b<1)$
  ③ 한계저축성향 = 1 − 한계소비성향

3) 평균소비성향 $APC=\dfrac{C}{Y}$
  ① 평균소비성향은 소득증가에 따라서 감소한다.
  ② 고소득일 때의 평균소비가 저소득일 때의 평균소비보다 작다.

위의 내용에 따라서 설문을 검토하면 다음과 같다.

① 옳은 내용이다.
한계소비성향은 소득증가분에서 소비증가분이 차지하는 비중으로서 0보다 크고 1보다 작다.

② 옳은 내용이다.
소비는 현재 가처분소득에 의해 결정된다.

③ 옳은 내용이다.
소득이 없어도 기본적인 소비가 있을 수 있다. 이는 소비함수 $C=a+bY$에서 a라는 독립소비가 존재할 수 있음을 의미한다.

④ 틀린 내용이다.
평균소비성향은 소득에서 소비가 차지하는 비중으로서 소득증가에 따라서 감소한다. 고소득일 때의 평균소비가 저소득일 때의 평균소비보다 작음을 의미한다. 이는 소비함수 $C=a+bY$를 기하적으로 표시하면, 종축절편에서 출발함을 의미한다.

⑤ 옳은 내용이다.
소비와 소득에 대한 실증분석 결과, 횡단면분석 및 단기시계열분석에서는 소득이 증가하는 경우 평균소비성향은 감소하고, 장기시계열분석에서는 소득이 크게 증가하여도 평균소비성향이 거의 불변이었다. 실증분석에 의하면 케인즈의 소비함수는 횡단면분석과 단기시계열분석에서는 성립하지만 장기시계열분석에서는 성립하지 않는다는 것을 의미한다. 즉, 소득과 소비의 장기적 관계를 설명할 수 없다.

THEME 02 평생소득이론(생애주기이론)

1 의의

미시경제이론에서 설명한 바 있는 시점 간 자원배분모형을 통해서 소비퍼즐을 해결하려는 노력이 1950년대에 안도, 모딜리아니, 브럼버그에 의하여 평생소득이론으로 나타났다. 평생소득이론이란 평생소득(평생 동안 사용할 수 있는 소득)이 소비를 결정한다는 것으로서, 전 생애에 걸친 소득의 패턴이나 흐름을 고려하여 소비행위를 결정함을 의미한다.

2 가정

1) 소비기간의 구분

평생소득이론은 소비기간을 단순히 현재 혹은 단기로 한정짓는 것이 아니라 평생에 걸쳐서 소비가 이루어지는 것으로 접근하였다. 평생소득이론에 의하면 평생의 시기는 시간의 흐름에 따라서 유년기, 청장년기, 노년기로 구분된다.

2) 소비의 재원

소비를 위해 필요한 재원은 평생 동안 사용할 수 있는 평생소득을 구성하며 이에는 근로소득뿐만 아니라 주택, 주식, 채권 등의 자산도 포함된다.

3) 소비의 균등화

시점 간 자원배분모형을 통해서 최적의 소비는 균등화된 소비(consumption smoothing)임이 입증된 바, 평생소득이론도 이에 입각하고 있다.

3 분석

1) 모형의 설정

① **평생소득**

평생 동안의 소비를 결정하는 재원으로서의 평생소득은 자산(부) 및 근로소득으로 구성되어 있다. 인적자산의 경우 매기 근로소득의 현재가치 축적으로 가정하면 자산과 근로소득을 인적자산 및 비인적자산으로 나누어 다음과 같이 표시할 수 있다.

$W = NW + HW$

HW : 인적자산, NW : 주식, 채권, 주택 등 비인적자산

$$HW = Y_1 + \frac{Y_2}{(1+r)} + \cdots + \frac{Y_n}{(1+r)^{n-1}}$$

② 소비

매기의 소비는 평생소득에 의해서 결정되며, 특히 균등화된 소비로 결정된다. 매기 균등화된 소비를 다음과 같은 간단한 모형으로 도출할 수 있다.

i) 현재 나이가 t세인 소비자를 가정하자.

ii) 비인적자산은 NW이다.

iii) 인적자산은 소비자가 R세에 은퇴할 때까지 매기 Y의 근로소득의 축적분이다.

iv) 평생소득은 비인적자산과 인적자산의 합으로서 $NW+Y(R-t)$이 된다. 단, 이자율은 0으로서 현재가치를 무시하고 조세가 없다고 가정하자.

v) 평생소비는 N세에 사망할 때까지 균등하게 이루어진다고 가정하면, $C(N-t)=NW+Y(R-t)$의 식이 성립한다.

vi) 따라서 위의 식으로부터 균등화된 소비를 계산하면 $C=\frac{NW}{(N-t)}+\frac{Y(R-t)}{(N-t)}$가 된다.

vii) 이때, $\alpha=\frac{1}{(N-t)}$, $\beta=\frac{(R-t)}{(N-t)}$라고 하면 소비함수는 $C=\alpha NW+\beta Y$와 같이 표시된다.

viii) 평생소득이론의 소비함수 $C=\alpha NW+\beta Y$는 케인즈의 소비함수 $C=a+bY$와 매우 유사하다. 다만, 케인즈의 소비함수에서 a는 독립소비로서 임의의 상수로 가정되었지만, 평생소득이론의 소비함수에서 절편 $\frac{NW}{(N-t)}$는 비인적자산 즉, 부의 크기와 생애에 의해 결정된다.

2) 단기

① 소득의 증가와 단기소비성향

평생소득이론에서 소비함수는 $C=\alpha NW+\beta Y$이므로 평균소비성향은 $\frac{C}{Y}=\alpha\frac{NW}{Y}+\beta$가 된다. 이때, 비인적자산 NW는 오랜 기간 동안 저축에 의해서 형성되는 것이므로 단기에는 그 크기가 고정되어 있다고 할 수 있다. 즉 비인적자산은 단기적인 경기변동에 민감하게 반응하지 않는다. 따라서 단기적으로 경기가 상승하는 국면에서 소득이 증가하면 평균소비성향의 식 $\frac{C}{Y}=\alpha\frac{NW}{Y}+\beta$에서 $\frac{NW}{Y}$는 감소하므로 단기평균소비성향은 소득증가에 따라서 감소한다고 할 수 있다.

② 기하적 해석

소비함수 $C=\alpha NW+\beta Y$에서 단기에 비인적자산 NW는 불변이므로 절편이 움직이지 않는다. 이때 평균소비성향은 기하적으로 원점과 소비함수상의 한 점을 잇는 반직선의 기울기가 된다. 따라서 종축절편이 고정되어 있는 경우 소득이 증가함에 따라서 그 기울기는 감소하게 된다.

3) 장기

① 소득의 증가와 장기소비성향

비인적자산 NW는 단기에는 그 크기가 고정되어 있지만, 장기에서는 증가할 것이다. 만일 비인적자산이 증가하는 속도가 근로소득이 증가하는 속도와 같다고 가정하면 평균소비성향의 식 $\frac{C}{Y}=\alpha\frac{NW}{Y}+\beta$에서 $\frac{NW}{Y}$는 일정하게 된다. 따라서 장기평균소비성향은 소득이 증가함에도 불구하고 일정하다고 할 수 있다.

② 기하적 해석

시간이 흐름에 따라서 장기에 비인적자산 NW가 증가하므로 단기소비함수의 종축절편이 지속적으로 증가하여 단기소비함수가 상방으로 평행이동하게 된다. 따라서 기존의 단기소비함수에서 소득과 소비의 조합점을 찾은 후에 상방으로 이동한 새로운 단기소비함수에서 증가한 소득에 대응하여 증가한 소비를 찾아서 이으면 장기소비함수를 도출할 수 있다. 이는 원점을 통과하는 것으로 나타나므로 그 기울기는 일정하다.

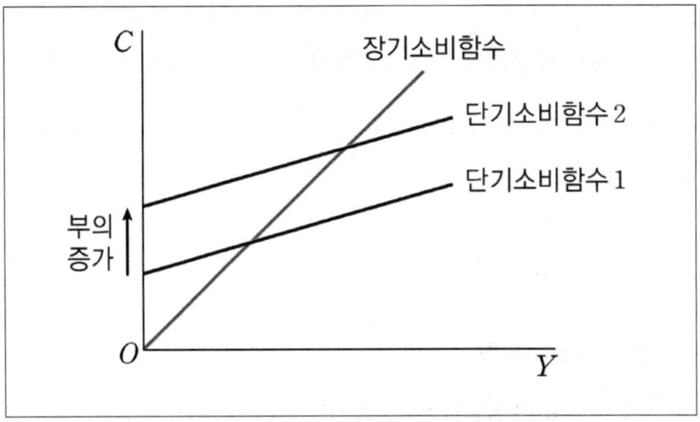

그림 16-3 소비함수의 이동

4 평가

1) 평생소득

평생소득이론에서 소득은 일생을 거치면서, 유년기, 청장년기, 노년기에 따라서 변화한다. 이때 소득은 확정적으로 측정가능하다고 가정한다.

2) 소비

평생 동안의 소득은 변화하지만 이러한 소득변화에도 불구하고 각 소비자는 자신의 소비를 평준화하여 효용을 극대화하려고 한다. 따라서 소득 수준이 매우 낮은 유년기와 노년기에는 평균소비성향이 높아지며, 활발한 경제활동으로 소득 수준이 높은 청장년기에는 저축으로 인하여 평균 소비성향이 낮아진다.

3) 인구통계학적 요인과 소비

평생소득이론은 인구의 연령구성 변화, 기대수명 연장 등 인구통계학적 요인이 경제 전체의 소비와 저축에 미치는 영향을 분석하는 데 유용하다.

4) 한계

평생소득이론에 의하면 평생 동안 벌어들인 소득을 생애 내에 모두 소비하여 소진시킨다고 가정한다. 그러나 현실에서는 노년기에도 소비를 줄이고 저축을 보유할 뿐만 아니라 자산을 모두 소진하지 않고 상당히 남겨서 자녀들에게 상속되도록 하고 있다.

① 예비적 저축(precautionary saving)

노년기에 예상치 못한 질병이나 지출에 대비하여 소비를 줄이고 음의 저축을 줄일 수도 있는데 이렇게 불확실성에 대비하여 소비를 줄이고 음의 저축을 줄이는 것을 예비적 저축이라고 한다. 음의 저축이란 은퇴한 노년기에 그동안 축적한 저축을 통하여 소비를 해야 하는 것을 말하며 소비를 줄이게 되면 음의 저축이 감소한다.

한편, 반드시 노년기의 소비자뿐만 아니라 일반적인 소비자의 경우에도 불확실성에 대비하여 소비를 줄이고 저축을 늘리는 의사결정을 내릴 수 있다. 특히 캐롤(Carroll)에 의하면 예비적 목적을 위해 저축을 하는 것은 미래에 소득이 감소할 때를 대비하여 이른바 완충기금(buffer stock)을 만들어 두는 것이다. 그리고 완충기금이 소비자의 목표대로 어느 정도 적립될 때까지는 소득이 변화하더라도 소비는 크게 변하지 않을 수 있다. 완충기금이 목표한 대로 적립되면 더 이상 예비적으로 저축을 할 필요가 없으므로 이때는 소득이 증가하면 소비가 늘어날 수 있다.

② 전략적 유산(strategic bequest)

노년기에 평생소득을 모두 소진하는 것이 아니라 자녀의 효용을 고려하여 어느 정도 유산을 남겨줄 수 있다. 특히 자녀의 효용뿐만 아니라 노년기에 자신의 품위를 유지하고 존경을 받기 위하여 즉, 스스로의 효용을 위하여 전략적으로 유산을 남겨둘 수도 있는데 이를 전략적 유산이라고 한다.

필수예제

소비이론 중 생애주기(life-cycle)가설에 대한 설명으로 옳지 않은 것은? ▸ 2011년 국가직 7급

① 소비자는 일생 동안 발생할 소득을 염두에 두고 적절한 소비수준을 결정한다.
② 청소년기에는 소득보다 더 높은 소비수준을 유지한다.
③ 저축과 달리 소비의 경우는 일생에 걸쳐 거의 일정한 수준이 유지된다.
④ 동일한 수준의 가처분소득을 갖고 있는 사람들은 같은 한계소비성향을 보인다.

출제이슈 평생소득이론
핵심해설 **정답** ④

평생소득이론 혹은 소비의 생애주기가설의 주요내용은 다음과 같다.

1) 평생소득
① 평생소득이란 일생 동안 벌어들여서 사용할 수 있는 소득을 말한다.
② 근로소득뿐만 아니라, 주택, 주식, 채권 등의 자산도 포함한다.

2) 소비함수 $C = \alpha NW + \beta Y$ (NW : 비인적 부, Y : 소득)
① 평생소득이 소비를 결정한다.
② 전 생애에 걸친 소득의 흐름을 고려, 소비행위를 결정하고 소비의 균등화를 추구한다.

3) 소득은 일생을 거치면서, 유년기, 청장년기, 노년기에 따라서 변화한다. 그러나 이와 같은 소득변화에도 불구하고 각 소비자는 자신의 소비를 평준화하려고 한다.

① 소득흐름은 역U자형, 소비흐름은 평탄한 모습을 보인다.
② 유년기와 노년기에는 평균소비성향이 높아진다.
③ 청장년기에는 평균소비성향이 낮아진다.

참고로 소비의 균등화 혹은 평준화(consumption smoothing)란 소득의 수준이 시점에 따라서 달라지더라도 소비자의 효용을 극대화시키는 최적의 소비는 매기에 비슷한 수준을 유지하려고 하는 경향을 의미한다. 이는 우리가 이미 미시경제이론에서 학습한 시점 간 소비선택모형을 통해서 증명되었다. 항상소득이론 및 평생소득이론은 모두 소비의 평준화를 기본적으로 목표로 하고 있다.

4) 단기의 평균소비성향
단기에 있어서 소득이 증가하더라도 비인적부 NW는 단기적인 경기변동에 민감하게 반응하지 않는다. 비인적부는 오랜 기간 동안 저축에 의해서 형성되므로 단기에 변동이 크지 않다. 따라서 단기적인 경기상승국면에서 단기평균소비성향은 소득증가에 따라서 감소한다.

5) 장기의 평균소비성향

그러나 장기에 소득이 증가할 경우, 비인적부 NW도 근로소득과 유사한 속도로 성장한다고 할 수 있다. 따라서 장기에서는 비인적부의 증가율과 근로소득 증가율이 비슷하다. 장기에 소득증가 시 장기평균소비성향은 일정하다.

위의 내용에 따라서 설문을 검토하면 다음과 같다.

① 옳은 내용이다.
생애주기이론에 의하면 소비자는 소비를 결정함에 있어서 지금 당장의 소득보다는 일생 동안 벌어들여서 사용할 수 있는 소득을 염두에 두고 소비평준화를 위한 적절한 소비수준을 결정한다.

② 옳은 내용이다.
생애주기이론에 의하면 청소년기나 노년기에는 소득이 없거나 매우 줄게 된다. 따라서 소비수준은 소득수준보다 높을 수밖에 없다. 이를 위해서 장년기의 소득을 저축하여 전 생애 동안의 소비평준화를 위해서 적절한 소비수준을 결정한다.

③ 옳은 내용이다.
생애주기이론에 의하면 청소년기나 노년기에는 소득이 없거나 매우 줄게 된다. 그럼에도 소비는 적절한 생활을 영위하려면 평준화하여 유지될 필요가 있다. 따라서 저축은 소비평준화와는 달리 소득과 소비의 차이에 따라서 상당한 변동을 보일 수밖에 없다.

④ 틀린 내용이다.
동일한 수준의 가처분소득을 갖고 있는 사람들이 같은 한계소비성향을 보이는 것은 절대소득이론에 해당하며, 평생소득이론에서는 동일한 수준의 가처분소득이더라도 평생소득이 어느 정도인지 그리고 생애의 어느 단계에 있느냐에 따라서 즉, 장년기에 있는 사람과 노년기에 있는 사람의 소비성향이 달라진다.

PART · 08

대학생 K는 매월 30만원을 용돈으로 받아 전부 소비하는 생활을 하고 있었다. 그러던 중 2014년 8월에 취업이 확정되어 2015년 1월부터 매월 300만원을 급여로 받을 예정이다. 그러나 2015년 1월 이전까지는 용돈 이외에 추가적인 소득은 없다. 취업이 확정된 직후 각 소비이론에 따른 K의 소비 변화량을 비교한 것 중 옳은 것은? ▸ 2015년 공인회계사

A = 절대소득가설에 따른 소비 변화량
B = 차입제약(borrowing constraint)이 없는 경우, 생애주기이론(life-cycle theory)에 따른 소비 변화량
C = 차입제약이 있는 경우 생애주기이론에 따른 소비변화량

① A < B ≤ C ② A ≤ C ≤ B ③ C ≤ A < B
④ C ≤ B < A ⑤ B = A < C

출제이슈 절대소득이론과 평생소득이론

핵심해설 **정답** ②

절대소득이론에 의하면 소비함수는 $C=a+bY$로서 소비는 현재가처분소득에 의해 결정될 뿐 미래의 예상되는 소득이라든지 이자율에 의해서 결정되는 것이 아니다. 따라서 2014년 8월에 취업이 확정되어 2015년 1월부터 매월 300만원을 급여로 받을 예정이라고 하더라도 지금 당장 현재 가처분소득이 증가하는 것은 아니므로 소비는 증가하지 않는다.

B와 같이 차입제약(borrowing constraint)이 없는 경우, 생애주기이론(life-cycle theory)에 따른 소비는 즉각 증가한다. 평생소득이론에 의하면, 소비는 평생소득에 의해 결정되며 평생소득이란 일생 동안 벌어들여서 사용할 수 있는 소득으로서 근로소득뿐만 아니라, 주택, 주식, 채권 등의 자산도 포함한다. 이때 소비함수는 $C=\alpha NW+\beta Y$(NW : 비인적 부, Y : 소득)로 표시할 수 있다. 소비는 현재소득이 아니라 평생소득에 의해 결정되기 때문에 일정하게 유지된다. 즉, 전 생애에 걸친 소득의 흐름을 고려하여 소비행위를 결정하고 소비의 균등화를 추구한다. 따라서 2014년 8월에 취업이 확정되어 2015년 1월부터 매월 300만원을 급여로 받을 예정인 사실이 평생소득 정보에 반영되므로 평생소득이 증가하고 이에 따라서 소비가 증가한다.

C와 같이 차입제약이 있는 경우 생애주기이론에 따르면, 2014년 8월에 취업이 확정되어 2015년 1월부터 매월 300만원을 급여로 받을 예정인 사실이 평생소득 정보에 반영되므로 평생소득은 위 B에서 본 바와 같이 역시 증가한다. 그러나 이에 따라서 소비가 증가하려면, 차입이 자유로워야 하는데 만일 차입에 제약이 있다면 소비 증가에 제약이 걸리게 되어 차입제약의 정도에 따라서 차이는 있으나 소비 증가가 크지 않을 수 있다.

위의 내용에 따라서 소비변화는 A ≤ C ≤ B가 된다.

THEME 03 항상소득이론

1 의의

프리드만의 항상소득이론에 의하면 소비는 현재의 소득에만 의존하는 것이 아니고 장기적인 평균소득 수준에 의해 결정된다. 항상소득이란 장기 평균소득으로서 미래에 항구적으로 벌어들일 수 있는 소득이다. 앞서 살펴본 평생소득이론(생애주기이론)이 전 생애에 따라서 소득흐름이 달라진다는 것과 소비기간의 구분에 주안점이 있는 반면, 항상소득이론은 생애에 걸친 소득흐름뿐만 아니라 그 흐름 안에서 소득이 항상소득의 부분과 일시소득의 부분으로 구성된다는 점에 포커스가 맞춰져 있다.

2 가정

1) 소득의 구성

소득은 항상소득과 일시소득으로 구별된다. 특히 일시소득은 양일 수도 있고 음일 수도 있으며 장기적으로 그 평균은 0으로 가정한다.

$$Y_t = Y_t^P + Y_t^T$$

2) 소비의 구성

견해에 따라서는 소비를 항상소비와 일시소비로 구별하기도 한다. 이때, 주의할 것은 항상소비와 일시소비는 아무런 관련이 없으며 일시소득과 일시소비도 아무런 관련이 없다는 것이다. 물론 항상소득과 일시소득도 관련이 없다. 이하에서는 항상소비만이 소비이며 일시소비는 음의 일시소득으로 취급하여 이론을 전개할 것이다.

3) 소비의 균등화

시점 간 자원배분모형을 통해서 최적의 소비는 균등화된 소비(consumption smoothing)임이 입증된 바 평생소득이론도 이에 입각하고 있다.

3 분석

1) 모형의 설정

① 소득

i) 실제소득의 흐름과 항상소득

매기의 실제소득을 Y_t, 항상소득을 Y^P라고 하자. 항상소득은 장기평균소득 수준이므로 미래 실제소득흐름의 가치와 항상소득흐름의 가치는 일치하므로 다음과 같은 식이 성립한다(편의상 2기간 가정).

$$Y_1 + \frac{Y_2}{1+r} = Y^P + \frac{Y^P}{1+r}$$

ii) 실제소득의 흐름과 일시소득

매기의 실제소득 Y_t는 항상소득 Y^P와 일시소득 Y^T로 이루어져 있다. 따라서 일시소득은 매기의 실제소득 Y_t와 항상소득 Y^P의 차이라고 할 수 있다.

② 소비

i) 소비와 항상소득

소비는 소득에 의해서 결정되므로 다음과 같이 표현가능하다.

$$C = f\left(Y_1 + \frac{Y_2}{1+r}\right)$$

앞에서 $Y_1 + \frac{Y_2}{1+r} = Y^P + \frac{Y^P}{1+r}$이므로 이를 위의 소비에 대입하면 다음과 같다.

$$C = f\left(Y_1 + \frac{Y_2}{1+r}\right) = f\left(Y^P + \frac{Y^P}{1+r}\right)$$

이를 간단히 정리하면 다음과 같다. 여기서 β는 항상소득 중에서 소비되는 비율을 나타낸다.

$$C = g(Y^P) = \beta Y^P$$

위의 식을 해석해보면, 소비는 항상소득의 함수로서 항상소득에 의해서 결정됨을 알 수 있다. 특히 소비는 항상소득에 비례한다. 소비는 미래에도 항구적으로 벌어들일 수 있는 항상소득 혹은 장기평균소득에 의해서 결정된다. 따라서 소비는 매기 일정함을 알 수 있으며 이는 실제소득이 매기 변동하더라도 사람들은 소비를 평준화시키기를 원한다는 것을 의미한다.

ii) 소비와 일시소득

앞에서 살펴본 대로 소비는 항상소득에 의하여 결정되므로 일시소득은 소비에 영향을 미치지 못한다. 일시소득은 일시적으로만 주어질 뿐, 곧 사라지기 때문에 전 생애에 걸친 소득과 무관하다. 일시소득이 일시적으로 주어져 양이 되는 경우, 일시소득은 소비에 영향을 주지 않으므로 모두 저축이 됨을 의미한다. 반면 일시소득이 일시적으로 음이 되는 경우(예를 들어 갑자기 병이 들어 일을 못하게 되어 소득을 벌지 못하게 된 경우) 양의 일시소득으로 인한 양의 저축을 상쇄하는 음의 저축이 된다.

2) 단기

항상소득이론에서 소비함수는 $C = g(Y^P) = \beta Y^P$이므로 평균소비성향은 $\frac{C}{Y} = \frac{\beta Y^P}{Y}$가 된다. 이때 단기에 있어서 소득이 증가할 경우, 사람들은 이 중 일부만을 항상소득의 증가로 간주한다. 일시소득의 증가로 된 부분은 소비를 전혀 변화시키지 못한다. 따라서 소득의 증가분보다 소비의 증가분은 작게 된다. 이는 한계소비성향이 0보다 크고 1보다 작음을 의미한다.

한편, 단기에 소득 증가 시 일시소득이 존재할 수 있다는 것은 소득 증가보다 항상소득 증가가 작다는 것을 의미한다. 이는 단기에 소득 증가 시 항상소득이 소득에서 차지하는 비율(항상소득/소득)이 작아짐을 의미하며, 결국 단기평균소비성향이 감소하게 된다.

3) 장기

이제 위에서 살펴본 단기가 아니라 장기에 있어서 소득이 증가할 경우 즉, 소득증가가 장기적으로 계속 지속되면 사람들은 이 소득증가분 전체가 항상소득의 증가라고 생각하게 된다. 따라서 장기에서는 소득의 증가가 항상소득의 증가와 일치하게 된다. 이는 장기에 소득 증가 시 항상소득이 소득에서 차지하는 비율(항상소득/소득)이 일정함을 의미하므로 장기평균소비성향은 일정하게 된다.

4 적용

1) 소비와 저축

① 일시적 실업자라고 하더라도 소비가 크게 줄지 않는다.
② 장기간의 소득세 감면이 이루어지면 소비증가, 경기활성화에 도움이 된다.
③ 유동성제약이 존재할 경우 현재소득에 대한 현재소비의 의존도는 커진다.
④ 현재시점에 있어서 미래 항구적인 정책변화(예 세율)를 미리 공표할 경우, 현재 즉각 소비가 변화할 수 있다.

⑤ 직장에서 승진하여 소득이 증가하면 소비가 증가한다.
⑥ 경기호황기에 일시소득이 증가하면 저축률이 상승한다.

2) 소비성향

① 항상소득에 대한 한계소비성향이 일시소득에 대한 소비성향보다 크다.
② 복권당첨으로 얻은 소득은 일시소득이고, 안정된 직장에서 발생한 소득은 항상소득에 영향을 주기 때문에 각각 다른 소비성향을 보인다.

5 평가

1) 항상소득

소득은 항상소득과 일시소득으로 구성되며, 전 생애에 걸친 소득흐름으로부터 항상소득을 도출할 수 있다. 일시소득은 전 생애의 소득에 영향을 주지 못하므로 오직 항상소득만이 소비를 결정하게 된다.

2) 소비

항상소득이론에서는 항상소득의 일정비율이 소비되는 것으로 보고 있다. 그런데 미시적 기초하의 소비자 예산제약식으로서 전 기간 동안의 소비흐름과 소득흐름이 동일하다는 제약을 도입할 경우, 결국 매기 최적의 소비량은 바로 매기 동일한 항상소득만큼을 그대로 소비하는 것으로 귀결된다. 즉, 극단적으로 $C=\beta Y^P$에서의 β값은 1이 된다.

$C^* + \dfrac{C^*}{1+r} = Y^P + \dfrac{Y^P}{1+r}$이므로 $C^* = \beta Y^P = Y^P$가 된다.

3) 한계소비성향

한계소비성향이란 소득의 변화에 따른 추가적인 소비변화의 비율이다. 소득이 변화함에 따라서 항상소득이 변화하고 이에 따라서 소비도 변화한다. 이 과정에서 소득의 변화가 어떤 소득의 변화를 반영하는가에 따라서 한계소비성향은 일정한 값이 아니며 달라질 수 있다. 즉 한계소비성향이 변화하는 이유는 일시소득의 존재 때문이며 이로 인해서 승수효과가 안정적으로 나타나지 못하고 그 효과는 반감될 수 있음에 유의하자.

4) 한계

현실의 데이터를 분석해보면 현재소득의 변화에 대하여 현재의 소비가 민감하게 반응하고 있음을 알 수 있다. 만일 현재소득의 변화가 대부분 항상소득을 변화시킨다면 가능한 일이지만, 그렇지 않다면 항상소득가설의 현실설명력이 현저히 떨어지는 것이라고 할 수 있다. 이하에서 상술한다.

6 소비의 과잉민감성

앞에서 항상소득이론의 현실설명력이 떨어지는 예로 현재소득의 변화에 대하여 현재의 소비가 민감하게 반응함을 들었다. 현실에서 왜 이런 일이 발생하는지 살펴보자.

1) 예측하지 못한 충격과 소비

항상소득이론에 의하면 소비자는 언제나 전 생애의 소득흐름에 대한 기대를 바탕으로 소비를 하며, 소비를 평탄하게 유지하려고 노력한다. 소비자는 "예측하지 못한 충격"이 발생하지 않는 한 소비계획을 수정하지 않는다. 왜냐하면 이미 수립된 소비계획은 "예측한 충격"까지 이미 반영하여 합리적으로 선택된 계획이기 때문이다. 따라서 오직 기대하지 못한 정책 변화와 같은 충격만이 소비를 변화시킬 수 있을 뿐이다. 예측할 수 있는 소득의 변화가 발생한 경우 소비를 변화시키지 않는다. 소득이 증가하는 정보에 대응하여 이미 소비를 조절해 놓았기 때문이다.

2) 예측한 충격과 소비

그러나 실증분석결과에 의하면 사람들은 예측 가능한 소득의 변화에 대해서도 반응하는 것으로 나타나고 있다. 이것은 일부 사람들이 합리적 기대를 하지 않는다는 것을 의미한다(예를 들어 근시안적 소비의 행태). 이렇게 소비가 예측하지 못한 소득 변화뿐만 아니라 예측한 소득 변화에도 예민하게 영향을 받는 것을 소비의 과잉민감성이라고 한다.

3) 소비의 과잉민감성의 원인

그렇다면 현재소득의 변화에 대하여 현재소비가 민감하게 반응하는 이유는 무엇인가? 이는 소비자의 근시안성과 유동성제약을 들 수 있다.

① 소비자의 근시안성

항상소득이론에 의하면 합리적인 소비자는 미래의 소득흐름을 모두 면밀히 고려하여 현재소비를 결정한다. 그리고 미래소득흐름에 변화가 생길 경우에도 이를 반영하여 의사결정을 한다. 그러나 만일 소비자가 미래소득흐름보다는 현재소득에 따라서 소비를 하는 근시안성을 보일 경우에는 항상소득이론의 현실성이 떨어지게 된다.

② 유동성제약

항상소득이론에 의하면 현재소득이 항상소득보다 작은 경우라도 항상소득에 따라 소비를 하기 때문에 균등화된 소비가 현재소득을 초과할 수도 있다. 이렇게 현재소득보다 더 많은 소비를 하기 위해서는 기본적으로 차입이 자유로워야 함을 전제로 하고 있는 것이다. 그러나 만일 현실에서 소비자가 차입제약 혹은 유동성제약에 직면해 있다면 항상소득이론으로 소비를 설명할 수 없으며, 유동성제약에 처한 소비자는 현재소득 증가 시에 극단적으로 항상소득에는 변화가 없더라도 소비를 늘리게 될 것이다.

7 소비의 과잉둔감성

1) 충격과 소비

항상소득이론에 의하면, 소비자는 항구적인 충격에 의한 항상소득의 변화에 영향을 받아 소비를 결정하고 일시적인 충격에 의한 일시소득의 변화에는 소비가 영향을 받지 않는다. 즉, 소득의 변화가 일시적이라면 한계소비성향은 0이 되어야 하고, 영구적이라면 한계소비성향은 1이 되어야 한다.

2) 소득과 소비

소득의 변화에는 항상소득의 변화와 일시소득의 변화가 혼재되어 있기 때문에 소비는 소득의 변화에 영향을 받게 된다. 즉 소득이 변동하면 소비는 변동한다. 그런데 실증분석결과에 의하면, 소비의 변동성은 소득의 변동성과 비교할 때 지나치게 둔감하다. 이를 소비의 과잉둔감성이라고 한다.

3) 과잉둔감성의 원인

소득의 변화를 소비가 제대로 반영하고 있지 못하는 원인으로는 앞에서 살펴본 소비자의 근시안성을 들 수 있다. 현재소득이 변화하여 분명히 장래의 평균소득수준이 어느 정도 증가했음에도 불구하고 근시안적 사고에 빠진 소비자는 이를 무시하여 소비를 늘리지 않을 수 있다는 것이다.

필수예제

국회가 2014년 1월 1일에 연간 개인 소득에 대한 과세표준 구간 중 8,800만 ~ 1억 5천만원에 대해 종전에는 24%를 적용했던 세율을 항구적으로 35%로 상향 조정하고, 이를 2015년 1월 1일부터 시행한다고 발표했다고 하자. 밀톤 프리드만(Milton Friedman)의 항상소득가설에 의하면 이 소득 구간에 속하는 개인들의 소비 행태는 어떤 변화를 보일까? (단, 이 외의 다른 모든 사항에는 변화가 없다고 가정하라.)

▸ 2014년 서울시 7급

① 소비는 즉각적으로 증가할 것이다.
② 소비는 즉각적으로 감소할 것이다.
③ 2014년에는 소비에 변화가 없고, 2015년 1월 1일부터는 감소할 것이다.
④ 2014년에는 소비가 감소하고 2015년 1월 1일부터는 변화가 없을 것이다.
⑤ 2014년이나 2015년 등의 시간에 상관없이 소비에는 변화가 없을 것이다.

출제이슈 항상소득이론
핵심해설 정답 ②

항상소득이론에 의하면, 소비는 항상소득에 의해 결정된다. 항상소득이란 미래에도 항구적으로 벌어들일 수 있는 소득으로서 장기평균소득수준을 의미한다. 따라서 소비함수는 $C=\beta Y^P$로 표시할 수 있다. 소비는 현재소득이 아니라 항상소득에 의해 결정되기 때문에 일정하게 유지된다. 이때, 평균소비성향은 $APC=\frac{C}{Y}=\frac{\beta Y^P}{Y}$로서 소득과 항상소득의 비에 의하여 결정된다.

그런데 평균소비성향 $APC=\frac{C}{Y}=\frac{\beta Y^P}{Y}$는 단기와 장기에 있어서 다른 추이를 보인다.

1) 단기의 평균소비성향

단기에 있어서 소득이 증가할 경우, 사람들은 이 중 일부만을 항상소득의 증가로 간주한다. 소득 증가 시 일시소득이 존재하므로 소득 증가보다 항상소득 증가가 작다. 소득 증가 시 항상소득이 소득에서 차지하는 비율(항상소득/소득)이 작아지므로 평균소비성향은 감소한다. 평균소비성향 $\frac{C}{Y}=\beta\frac{Y^P}{Y}$ 에서 Y^P의 증가율이 Y의 증가율보다 작아서 평균소비성향이 감소한다는 의미이다.

2) 장기의 평균소비성향

그러나 장기에 소득이 증가할 경우, 사람들은 소득증가분 전체를 항상소득의 증가라고 생각한다. 장기에서는 소득의 증가율이 항상소득의 증가율과 일치하게 된다. 평균소비성향 $\frac{C}{Y}=\beta\frac{Y^P}{Y}$ 에서 Y^P, Y의 증가율이 같아서 평균소비성향이 일정하다.

PART • 08

3) 단기간의 소득세 감면의 경우(예 코로나19 문제로 인한 한시적인 조세특례들)

단기간의 소득세 감면은 위의 1)에서 본 바와 같이 단기에 있어서 임시소득의 증가로 해석가능하다. 물론 단기에 있어서의 소득증가는 항상소득의 증가와 임시소득의 증가가 혼재되어 있지만, 만일 단기간 소득세 감면 특례가 시행될 경우에는 거의 대부분을 임시소득의 증가로 간주할 것이다. 따라서 임시소득이 증가하고 항상소득은 증가하지 않기 때문에 소비가 늘지 않게 된다. 이러한 임시소득의 증가는 저축으로 이어지기 때문에 저축률이 상승한다.

4) 장기간의 소득세 감면의 경우

장기간의 소득세 감면은 위의 2)에서 본 바와 같이 장기에 있어서 소득의 증가로 해석가능하다. 사람들은 장기간의 소득세 감면에 의하여 발생한 소득증가분을 항상소득의 증가라고 생각한다. 따라서 항상소득의 증가에 따라서 소비가 증가하게 된다. 특히 유의할 점은 현재 시점에서 미래의 항구적인 정책변화(예 세율)를 미리 공표할 경우 곧바로 그 정보는 항상소득에 반영되어 항상소득을 변경시키고 이에 따라서 소비도 항상소득이 변경되는 즉시 변경된다.

위의 내용에 따라서 설문을 검토하면 다음과 같다.

설문에서 세율을 항구적으로 35%로 상향 조정하는 것은 항상소득을 감소시키는 것이다. 특히, 정책발표와 동시에 민간은 곧바로 항상소득의 변화를 감지하고 이에 따라 소비를 조정하게 된다. 따라서 세율인상을 2015년 1월 1일부터 시행한다고 하더라도 이미 발표시점인 2014년 1월 1일에 항상소득이 감소하고 즉각적으로 소비가 감소한다.

① 틀린 내용이다.
소비는 증가하는 것이 아니라 세율 인상으로 인하여 항상소득이 감소하기 때문에 소비도 감소한다.

② 옳은 내용이다.
세율을 항구적으로 35%로 상향 조정하는 것은 항상소득을 감소시키는 것이다. 특히, 정책발표와 동시에 민간은 곧바로 항상소득의 변화를 감지하고 이에 따라 소비를 조정하게 된다. 따라서 세율인상을 2015년 1월 1일부터 시행한다고 하더라도 이미 발표시점인 2014년 1월 1일에 항상소득이 감소하고 즉각적으로 소비가 감소한다.

따라서 위의 ②의 해설에 따라서 ③, ④, ⑤ 모두 틀린 내용이 된다.

사람들의 소비행태 이론들에 대한 설명으로 옳지 않은 것은? ▸ 2015년 국가직 9급

① 항상소득이론에 따르면 사람들은 복권 당첨으로 얻은 소득과 안정된 직장에서 발생하는 소득에 대하여 다른 소비성향을 보인다.
② 항상소득이론에 따르면 사람들은 비교적 일정한 수준에서 소비를 유지하고 싶어한다.
③ 생애주기이론에 따르면 사람들은 일생에 걸친 소득의 변화양상을 염두에 두고 적절한 소비수준을 결정한다.
④ 생애주기이론에 따르면 개인의 저축은 나이에 따라 U자형으로 나타날 가능성이 크다.

출제이슈 항상소득이론과 평생소득이론
핵심해설 **정답** ④

①과 ②는 항상소득이론에 관한 것이므로 이를 먼저 검토한다.

항상소득이론에 의하면, 소비는 항상소득에 의해 결정된다. 항상소득이란 미래에도 항구적으로 벌어들일 수 있는 소득으로서 장기평균소득수준을 의미한다. 따라서 소비함수는 $C=\beta Y^P$로 표시할 수 있다. 소비는 현재 소득이 아니라 항상소득에 의해 결정되기 때문에 일정하게 유지된다. 이때, 평균소비성향은 $APC=\frac{C}{Y}=\frac{\beta Y^P}{Y}$로서 소득과 항상소득의 비에 의하여 결정된다.
그런데 평균소비성향 $APC=\frac{C}{Y}=\frac{\beta Y^P}{Y}$는 단기와 장기에 있어서 다른 추이를 보인다.

1) **단기의 평균소비성향**

단기에 있어서 소득이 증가할 경우, 사람들은 이 중 일부만을 항상소득의 증가로 간주한다. 소득 증가 시 일시소득이 존재하므로 소득 증가보다 항상소득 증가가 작다. 소득 증가 시 항상소득이 소득에서 차지하는 비율(항상소득/소득)이 작아지므로 평균소비성향은 감소한다. 평균소비성향 $\frac{C}{Y}=\beta\frac{Y^P}{Y}$ 에서 Y^P의 증가율이 Y의 증가율보다 작아서 평균소비성향이 감소한다는 의미이다.

2) **장기의 평균소비성향**

그러나 장기에 소득이 증가할 경우, 사람들은 소득증가분 전체를 항상소득의 증가라고 생각한다. 장기에서는 소득의 증가율이 항상소득의 증가율과 일치하게 된다. 평균소비성향 $\frac{C}{Y}=\beta\frac{Y^P}{Y}$ 에서 Y^P, Y의 증가율이 같아서 평균소비성향이 일정하다.

3) **단기간의 소득세 감면의 경우(예 코로나19 문제로 인한 한시적인 조세특례들)**

단기간의 소득세 감면은 위의 1)에서 본 바와 같이 단기에 있어서 임시소득의 증가로 해석가능하다. 물론

단기에 있어서의 소득증가는 항상소득의 증가와 임시소득의 증가가 혼재되어 있지만, 만일 단기간 소득세 감면 특례가 시행될 경우에는 거의 대부분을 임시소득의 증가로 간주할 것이다. 따라서 임시소득이 증가하고 항상소득은 증가하지 않기 때문에 소비가 늘지 않게 된다. 이러한 임시소득의 증가는 저축으로 이어지기 때문에 저축률이 상승한다.

4) 장기간의 소득세 감면의 경우

장기간의 소득세 감면은 위의 2)에서 본 바와 같이 장기에 있어서 소득의 증가로 해석가능하다. 사람들은 장기간의 소득세 감면에 의하여 발생한 소득증가분을 항상소득의 증가라고 생각한다. 따라서 항상소득의 증가에 따라서 소비가 증가하게 된다. 특히 유의할 점은 현재 시점에서 미래의 항구적인 정책변화(예 세율)를 미리 공표할 경우 곧바로 그 정보는 항상소득에 반영되어 항상소득을 변경시키고 이에 따라서 소비도 항상소득이 변경되는 즉시 변경된다.

위의 내용에 따라서 ①과 ②를 검토하면 다음과 같다.

① 옳은 내용이다.
항상소득이론에 의하면 복권 당첨으로 얻은 소득은 일시소득이며 안정된 직장에서 발생하는 소득은 항상소득을 구성한다고 볼 수 있다. 그런데 소비는 일시소득이 아니라 항상소득이 결정한다는 것이 항상소득이론이다. 따라서 일시소득에 대하여는 주로 저축으로 흘러갈 가능성이 매우 커서 항상소득에 비하여 소비성향이 낮다. 소득에 따라서 다른 소비성향을 보이므로 옳은 내용이다.

② 옳은 내용이다.
항상소득이론은 장기간에 걸친 소득의 흐름을 고려하여 장기평균소득을 구하여 이에 근거하여 소비행위를 결정하고 소비의 균등화를 추구한다.

소비의 균등화 혹은 평준화(consumption smoothing)란 소득의 수준이 시점에 따라서 달라지더라도 소비자의 효용을 극대화시키는 최적의 소비는 매기에 비슷한 수준을 유지하려고 하는 경향을 의미한다. 이는 우리가 이미 미시경제이론에서 학습한 시점 간 소비선택모형을 통해서 증명되었다. 항상소득이론 및 평생소득이론은 모두 소비의 평준화를 기본적으로 목표로 하고 있다.

이제 ③과 ④는 평생소득이론에 관한 것이므로 이를 검토한다.

평생소득이론에 의하면, 소비는 평생소득에 의해 결정되며 평생소득이란 일생동안 벌어들여서 사용할 수 있는 소득으로서 근로소득뿐만 아니라 주택, 주식, 채권 등의 자산도 포함한다. 이때 소비함수는 $C = \alpha NW + \beta Y$ (NW : 비인적 부, Y : 소득)로 표시할 수 있다. 소비는 현재소득이 아니라 평생소득에 의해 결정되기 때문에 일정하게 유지된다. 즉, 전 생애에 걸친 소득의 흐름을 고려하여 소비행위를 결정하고 소비의 균등화를 추구한다. 반면, 소득은 일생을 거치면서 유년기, 청장년기, 노년기에 따라서 변화한다. 이와 같은 소득변화에도 불구하고 각 소비자는 자신의 소비를 평준화(앞의 내용 참조하기 바람)하려고 하기 때문에 소득흐름은 역U자형이지만 소비흐름은 평탄한 모습을 보인다. 이에 따라 유년기와 노년기에는 평균소비성향이 높아지고 청장년기에는 평균소비성향이 낮아진다.

1) 단기의 평균소비성향

단기에 있어서 소득이 증가하더라도 비인적부 NW는 단기적인 경기변동에 민감하게 반응하지 않는다. 비인적부는 오랜 기간 동안 저축에 의해서 형성되므로 단기에 변동이 크지 않다. 따라서 단기적인 경기상승국면에서 단기평균소비성향은 소득증가에 따라서 감소한다.

2) 장기의 평균소비성향

그러나 장기에 소득이 증가할 경우, 비인적부 NW도 근로소득과 유사한 속도로 성장한다고 할 수 있다. 따라서 장기에서는 비인적부의 증가율과 근로소득 증가율이 비슷하다. 장기에 소득증가 시 장기평균소비성향은 일정하다.

위의 내용에 따라서 ③과 ④를 검토하면 다음과 같다.

③ 옳은 내용이다.

평생소득이론에 의하면 소비는 현재소득이 아니라 평생소득에 의해 결정되기 때문에 일정하게 유지된다. 즉, 전 생애에 걸친 소득의 흐름을 고려하여 소비행위를 결정하고 소비의 균등화를 추구한다. 특히 유년기, 청장년기, 노년기의 소득변화를 염두에 두고 소비를 결정한다.

④ 틀린 내용이다.

평생소득이론에 의하면 소득은 일생을 거치면서 유년기, 청장년기, 노년기에 따라서 변화한다. 이와 같은 소득변화에도 불구하고 각 소비자는 자신의 소비를 평준화(앞의 내용 참조하기 바람)하려고 한다. 소비의 균등화 혹은 평준화(consumption smoothing)란 소득의 수준이 시점에 따라서 달라지더라도 소비자의 효용을 극대화시키는 최적의 소비는 매기에 비슷한 수준을 유지하려고 하는 경향을 의미한다. 이는 우리가 이미 미시경제이론에서 학습한 시점 간 소비선택모형을 통해서 증명되었다. 항상소득이론 및 평생소득이론은 모두 소비의 평준화를 기본적으로 목표로 하고 있다.

소득은 일생을 거치면서 유년기, 청장년기, 노년기에 따라서 변화하며, 역U자형의 모습을 갖게 된다. 반면, 소비는 균등화를 추구하기 때문에 저축은 역U자형의 모습을 갖게 된다. 유년기와 노년기에는 소득이 없고 소비가 있어서 저축이 음이 되고, 청장년기에는 저축이 양이 된다.

THEME 04 랜덤워크가설

1 의의

1970년대에 로버트 홀은 앞서 살펴본 항상소득이론에 합리적 기대를 도입하여 소비는 임의보행의 확률과정을 따른다는 것을 입증하였다. 이를 소비의 랜덤워크가설이라고 한다.

2 가정

1) 불확실성과 기대효용극대화

경제에 불확실성이 존재함을 가정하여 미래소득이 불확정적이기 때문에 소비자는 일반적인 효용극대화가 아니라 기대효용극대화를 목표로 한다.

2) 합리적 기대

합리적 기대를 도입하여 소비자는 현재 이용가능한 모든 정보를 활용하여 미래의 불확실한 소득 및 소비를 예측한다.

3 분석

1) 모형의 설정

항상소득이론에서 도출한 항상소득은 미래소득흐름을 안다는 가정하에서 도출되며, 그러한 경우 최적의 소비는 매기 동일한 항상소득수준으로 도출된다. 그러나 이제 불확실성하에서라면 미래소득흐름을 알 수 없으므로 미래소득에 대한 예측이 필요하다. 이러한 경우 미래소비에 대한 예상치는 $C_t = E_t(C_{t+1})$로 도출된다. $C_t = E_t(C_{t+1})$를 다시 쓰면 $C_{t+1} = C_t + \epsilon_{t+1}$를 의미한다. 상세한 도출과정은 본서의 수준을 넘으므로 생략한다.

① ϵ_{t+1} : $t+1$기에 발생한 충격으로서 t기에는 예측할 수 없었다.

② $E_t(\epsilon_{t+1}) = 0$ 의 특성을 갖는다.

③ ϵ_{t+1}는 t기에는 예측할 수 없으므로 소비는 임의보행을 따른다고 한다.

2) 모형의 해석

① 소비의 예측불가능성

앞에서 도출된 식 $C_{t+1} = C_t + \epsilon_{t+1}$ 에 의하면, 합리적 기대하의 항상소득이론에서 불확실성이 존재하면 미래소득이 불확정적이기 때문에 소비의 변화를 예측할 수 없다. 이미 알려진 정보만으로는 미래의 소비변화를 예측하는 것이 불가능하다.

② 현재소비

앞에서 도출된 식 $C_t = E_t(C_{t+1})$에 의하면, 소비변화는 예측불가능하므로 현재소비가 미래소비의 최적 예측치가 된다. 이는 그만큼 현재소비에는 많은 정보가 담겨 있음을 의미한다. 소비자는 앞으로 예상되는 평생소득을 계산하여 시간의 흐름에 맞게 소비계획을 세운다. 그 중 일부인 현재의 소비수준도 그러한 복잡하고 치밀한 계획의 하나이다. 따라서 현재 소비수준은 많은 정보를 내포하고 있다고 할 수 있다.

필수예제

소비이론에 관한 설명으로 옳지 않은 것은? ▸ 2020년 감정평가사

① 생애주기가설에 따르면 장기적으로 평균소비성향이 일정하다.
② 항상소득가설에 따르면 단기적으로 소득 증가는 평균소비성향을 감소시킨다.
③ 케인즈(J.M.Keynes)의 소비가설에서 이자율은 소비에 영향을 주지 않는다.
④ 피셔(I.Fisher)의 기간 간 소비선택이론에 따르면 이자율은 소비에 영향을 준다.
⑤ 임의보행(random walk)가설에 따르면 소비의 변화는 예측할 수 있다.

출제이슈 소비이론 종합

핵심해설 **정답** ⑤

설문을 검토하면 다음과 같다.

① 옳은 내용이다.
평생소득이란 일생동안 벌어들여서 사용할 수 있는 소득으로서 근로소득뿐만 아니라, 주택, 주식, 채권 등의 자산도 포함한다. 평생소득이론에서의 소비는 평생소득이 소비를 결정하며, 전 생애에 걸친 소득의 흐름을 고려, 소비행위를 결정하고 소비의 균등화를 추구한다. 소득은 일생을 거치면서 유년기, 청장년기, 노년기에 따라서 변화한다. 그러나 이와 같은 소득변화에도 불구하고 각 소비자는 자신의 소비를 평준화하려고 한다. 따라서 소비함수는 $C = \alpha NW + \beta Y$ (NW: 비인적 부, Y: 소득)와 같다.

단기에 있어서 소득이 증가하더라도 비인적부 NW는 단기적인 경기변동에 민감하게 반응하지 않는다. 비인적부는 오랜 기간 동안 저축에 의해서 형성되므로 단기에 변동이 크지 않다. 따라서 단기적인 경기상승국면에서 단기평균소비성향은 소득증가에 따라서 감소한다.

그러나 장기에 소득이 증가할 경우, 비인적부 NW도 근로소득과 유사한 속도로 성장한다고 할 수 있다. 따라서 장기에서는 비인적부의 증가율과 근로소득 증가율이 비슷하다. 장기에 소득증가 시 장기평균소비성향은 일정하다.

② 옳은 내용이다.
항상소득이론에 의하면, 소비는 항상소득에 의해 결정된다. 항상소득이란 미래에도 항구적으로 벌어들일 수 있는 소득으로서 장기평균소득수준을 의미한다. 따라서 소비함수는 $C = \beta Y^P$로 표시할 수 있다. 소비는 현재소득이 아니라 항상소득에 의해 결정되기 때문에 일정하게 유지된다.

이때, 평균소비성향은 $APC = \frac{C}{Y} = \frac{\beta Y^P}{Y}$로서 소득과 항상소득의 비에 의하여 결정된다. 그런데 평균소비성향 $APC = \frac{C}{Y} = \frac{\beta Y^P}{Y}$는 단기와 장기에 있어서 다른 추이를 보인다.

단기에 있어서 소득이 증가할 경우, 사람들은 이 중 일부만을 항상소득의 증가로 간주한다. 소득 증가 시 일시소득이 존재하므로 소득 증가보다 항상소득 증가가 작다. 소득 증가 시 항상소득이 소득에서 차지하는 비율(항상소득/소득)이 작아지므로 평균소비성향은 감소한다. 평균소비성향 $\frac{C}{Y}=\beta\frac{Y^P}{Y}$ 에서 Y^P의 증가율이 Y의 증가율보다 작아서 평균소비성향이 감소한다는 의미이다.

그러나 장기에 소득이 증가할 경우, 사람들은 소득증가분 전체를 항상소득의 증가라고 생각한다. 장기에서는 소득의 증가율이 항상소득의 증가율과 일치하게 된다. 평균소비성향 $\frac{C}{Y}=\beta\frac{Y^P}{Y}$ 에서 Y^P, Y의 증가율이 같아서 평균소비성향이 일정하다.

③ 옳은 내용이다.
케인즈(J.M.Keynes)의 절대소득이론에 의하면 소비함수는 $C=a+bY$로서 소비는 현재가처분소득에 의해 결정될 뿐 미래의 예상되는 소득이라든지 이자율에 의해서 결정되는 것이 아니다.

④ 옳은 내용이다.
피셔(I.Fisher)의 기간 간 소비선택이론에 따르면 이자율은 소비에 영향을 준다.

⑤ 틀린 내용이다.
홀의 랜덤워크가설은 항상소득이론에 합리적 기대를 도입하고 경제에 불확실성을 가정하여 소비함수를 도출한다. 랜덤워크가설에 소비함수는 임의보행의 확률과정을 따르기 때문에 $C_{t+1}=C_t+\epsilon_{t+1}$가 되는데, 이는 합리적 기대하의 항상소득이론에서도 불확실성이 존재하면 소비의 변화를 예측할 수 없으며 이미 알려진 정보만으로는 미래의 소비변화를 예측하는 것은 불가능하다는 것이다. 따라서 현재소비가 미래소비의 최적 예측치가 된다. 즉, $C_t=E_t(C_{t+1})$가 된다.

THEME 05 상대소득이론

1 의의

앞에서 살펴본 케인즈의 소비이론은 기본적으로 소비의 독립성과 가역성을 전제한다. 즉 개인의 소비는 타인의 소비와는 관계없이 독립적으로 결정된다. 그리고 소비의 증가분은 소비의 감소분과 방향만 반대일 뿐 동일한 크기의 효과를 갖는다는 것이다. 따라서 자신의 과거 소비수준과도 관계없이 독립적으로 결정된다.

그러나 듀센베리에 의하면, 현실적으로 개인의 소비는 타인의 소비에 영향을 받을 뿐만 아니라 소비가 일단 증가하면 소득이 감소하더라도 쉽게 줄이는 것은 어렵다. 이와 같이 소비가 사회적, 시간적으로 상대성을 보이는 것을 소비의 상대소득이론이라고 한다.

2 가정

1) 소비의 의존성

개인의 소비는 타인의 소비에 영향을 받는다는 것으로서 소비행위의 외부성 혹은 전시효과라고 한다.

2) 소비의 비가역성

소비는 한번 증가하면 이를 다시 줄이기는 매우 어렵다는 것으로서 소비의 톱니효과라고 한다.

3 분석

1) 소비의 의존성(전시효과)

소비는 절대적인 수준도 중요하지만, 다른 사람의 소비를 고려한 상대적인 수준도 중요하다. 개인의 소비는 자신의 소득 및 타인의 소비수준의 증가함수이다. 어떤 사람의 소비가 다른 사람의 소비에 외부효과를 초래하는 것으로 해석할 수 있다.

특히 소득수준이 높은 경우 소득분포상 상대적으로 자기보다 못 사는 사람을 더 많이 보게 된다. 이와 같은 사실이 개인의 소비에 영향을 미쳐서 자신의 높은 소득에 비하면 과소소비를 하게 될 수 있다. 이는 횡단면분석 시 소득이 증가함에 따라서 평균소비성향이 감소함을 의미한다. 소비의 전시효과를 소비함수를 통해서 살펴보면 다음과 같다. 타인의 소비수준을 일정하다고 가정하고 소비함수의 양변을 자신의 소득으로 나누면, 소득이 증가할 때 평균소비성향은 감소하는 것으로 나타난다.

2) 소비의 비가역성(톱니효과)

소비는 자신의 과거 소비수준에 영향을 받는다. 따라서 개인의 소비는 자신의 과거 다른 시점에서의 소비수준의 증가함수이다. 과거 최고소득 수준에서의 높은 수준의 소비가 현재의 소비에 영향을 주는 것이다.

① 단기의 경우

일시적으로 소득이 감소하는 경우에도 과거의 최고 수준의 소득 및 소비가 현재의 소비 수준에 영향을 미치므로 현재소비가 크게 감소하지 않는다. 따라서 소득이 감소하는 경우 평균소비성향은 평균보다 높아지게 된다. 반대로 소득이 증가하는 경우 평균소비성향은 평균보다 낮아지게 된다.

② 장기의 경우

자신의 현재소득 및 다른 시점에서의 소득과 소비의 수준이 장기에는 모두 증가한다. 따라서 현재소득과 과거소득이 일정한 비율을 유지할 것이다. 현재의 평균적인 소비(현재소비와 현재소득의 비율)가 현재소득과 과거 최고소득 수준의 비율에 영향을 받는다고 하면, 그 비율은 장기적으로 일정하므로 평균소비성향이 일정하다.

필수예제

소비이론에 관한 설명으로 옳은 것을 모두 고른 것은? ▸ 2018년 감정평가사

ㄱ. 케인즈 소비함수에 의하면 평균소비성향이 한계소비성향보다 크다.
ㄴ. 상대소득가설에 의하면 장기소비함수는 원점을 통과하는 직선으로 나타난다.
ㄷ. 항상소득가설에 의하면 항상소비는 평생 부(wealth)와 관계없이 결정된다.
ㄹ. 생애주기가설에 의하면 중년층 인구비중이 상승하면 국민저축률이 하락한다.

① ㄱ, ㄴ ② ㄱ, ㄷ ③ ㄴ, ㄷ
④ ㄴ, ㄹ ⑤ ㄷ, ㄹ

출제이슈 소비이론 종합
핵심해설 **정답** ①

설문을 검토하면 다음과 같다.

ㄱ. 옳은 내용이다.
평균소비성향은 소득에서 소비가 차지하는 비중으로서 소득증가에 따라서 감소하고 평균소비성향이 한계소비성향보다 크다. 이는 고소득일 때의 평균소비가 저소득일 때의 평균소비보다 작음을 의미한다. 이는 소비함수 $C=a+bY$를 기하적으로 표시하면, 종축절편에서 출발함을 의미한다.

ㄴ. 옳은 내용이다.
상대소득가설에 의하면 개인의 소비는 자신의 소득 및 자신의 과거시점에서의 소득 및 소비수준의 증가함수가 된다. 단기의 경우에는 소득이 감소하는 경우에도 과거의 소득 및 소비수준이 현재의 소비수준에 영향을 미치므로 현재소비가 크게 감소하지 않는다. 따라서 소득이 감소하는 경우 평균소비성향이 평균보다 높아지게 된다. 장기의 경우에는 자신의 소득 및 다른 시점에서의 소비수준이 모두 증가하므로 현재소득과 과거소득이 일정한 비율을 유지할 것이다. 따라서 장기적으로는 평균소비성향이 일정하고, 장기소비함수는 원점을 통과하는 직선으로 나타난다.

ㄷ. 틀린 내용이다.
항상소득이론에 의하면, 소비는 항상소득에 의해 결정된다. 항상소득이란 미래에도 항구적으로 벌어들일 수 있는 소득으로서 자산 등을 고려한 장기평균소득수준을 의미한다. 따라서 소비함수는 $C=\beta Y^P$로 표시할 수 있다. 소비는 현재소득이 아니라 항상소득에 의해 결정되기 때문에 일정하게 유지된다. 이때, 평균소비성향 $APC=\frac{C}{Y}=\frac{\beta Y^P}{Y}$로서 소득과 항상소득의 비에 의하여 결정된다.

ㄹ. 틀린 내용이다.

평생소득이론에 의하면, 소비는 평생소득에 의해 결정되며 평생소득이란 일생 동안 벌어들여서 사용할 수 있는 소득으로서 근로소득뿐만 아니라 주택, 주식, 채권 등의 자산도 포함한다. 이때 소비함수는 $C = \alpha NW + \beta Y$ (NW: 비인적 부, Y: 소득)로 표시할 수 있다. 소비는 현재소득이 아니라 평생소득에 의해 결정되기 때문에 일정하게 유지된다. 즉, 전 생애에 걸친 소득의 흐름을 고려하여 소비행위를 결정하고 소비의 균등화를 추구한다. 반면, 소득은 일생을 거치면서 유년기, 청장년기, 노년기에 따라서 변화한다. 이와 같은 소득변화에도 불구하고 각 소비자는 자신의 소비를 평준화하려고 하기 때문에 소득흐름은 역U자형이지만 소비흐름은 평탄한 모습을 보인다. 이에 따라 유년기와 노년기에는 평균소비성향이 높아지고 청장년기에는 평균소비성향이 낮아진다. 따라서 중년층 인구비중이 상승하면 노년기에 대비하여 국민저축률은 상승한다.

소비이론에 관한 설명으로 옳지 않은 것은? ▸ 2015년 감정평가사

① 절대소득가설에 의하면 소비의 이자율탄력성은 0이다.
② 절대소득가설에 의하면 기초소비가 있는 경우 평균소비성향이 한계소비성향보다 크다.
③ 항상소득가설에 의하면 임시소비는 임시소득에 의해 결정된다.
④ 상대소득가설에 의하면 장기소비함수는 원점을 통과하는 직선의 형태로 도출된다.
⑤ 생애주기가설에 의하면 사람들은 일생에 걸친 소득 변화 양상을 염두에 두고 적절한 소비수준을 결정한다.

출제이슈 소비이론 종합

핵심해설 **정답** ③

설문을 검토하면 다음과 같다.

① 옳은 내용이다.
절대소득이론에 의하면 소비함수는 $C=a+bY$로서 소비는 현재가처분소득에 의해 결정된다. 이는 소비는 이자율이 아니라 소득에 의해 결정됨을 보여주고 있다. 이를 달리 표현하면, 소비는 이자율 탄력성이 0이라고 할 수 있다.

② 옳은 내용이다.
절대소득이론에 의하면 소비함수는 $C=a+bY$로서 소득이 없어도 기본적인 소비는 있을 수 있다. 이는 소비함수 $C=a+bY$에서 a라는 독립소비가 존재할 수 있을 수 있음을 의미한다. 이러한 소비함수를 기하적으로 표시하면 종축절편에서 출발하므로 평균소비성향이 한계소비성향보다 크게 된다.

③ 틀린 내용이다.
항상소득이론에 의하면, 소비는 항상소득에 의해 결정되며, 임시소비는 임시소득과 무관하다. 항상소득이란 미래에도 항구적으로 벌어들일 수 있는 소득으로서 자산 등을 고려한 장기평균소득수준을 의미한다. 따라서 소비함수는 $C=\beta Y^P$로 표시할 수 있다. 소비는 현재소득이 아니라 항상소득에 의해 결정되기 때문에 일정하게 유지된다.

④ 옳은 내용이다.
상대소득가설에 의하면 개인의 소비는 자신의 소득 및 자신의 과거시점에서의 소득 및 소비수준의 증가함수가 된다. 단기의 경우에는 소득이 감소하는 경우에도 과거의 소득 및 소비수준이 현재의 소비수준에 영향을 미치므로 현재소비가 크게 감소하지 않는다. 따라서 소득이 감소하는 경우 평균소비성향이 평균보다 높아지게 된다. 장기의 경우에는 자신의 소득 및 다른 시점에서의 소비수준이 모두 증가하므로 현재소득과 과거소득이 일정한 비율을 유지할 것이다. 따라서 장기적으로는 평균소비성향이 일정하다. 따라서 장기소비함수는 원점을 통과하는 직선으로 나타난다.

⑤ 옳은 내용이다.

생애주기이론 혹은 평생소득이론에 의하면, 소비는 평생소득에 의해 결정되며 평생소득이란 일생 동안 벌어들여서 사용할 수 있는 소득으로서 근로소득뿐만 아니라, 주택, 주식, 채권 등의 자산도 포함한다. 이때 소비함수는 $C = \alpha NW + \beta Y$(NW : 비인적 부, Y : 소득)로 표시할 수 있다. 소비는 현재소득이 아니라 평생소득에 의해 결정되기 때문에 일정하게 유지된다. 즉, 소비자는 소비를 결정함에 있어서 지금 당장의 소득보다는 일생동안 벌어들여서 사용할 수 있는 소득을 염두에 두고 소비평준화를 위한 적절한 소비수준을 결정한다. 소득은 일생을 거치면서, 유년기, 청장년기, 노년기에 따라서 변화한다. 청소년기나 노년기에는 소득이 없거나 매우 줄게 되어 소비수준은 소득수준보다 높을 수밖에 없다. 이를 위해서 장년기의 소득을 저축하여 전 생애 동안의 소비평준화를 위해서 적절한 소비수준을 결정한다.

소비이론에 관한 설명 중 옳은 것은? ▸ 2024년 감정평가사

① 케인즈(Keynes)의 소비이론에 따르면 이자율이 소비의 주요 결정요인이다.
② 생애주기가설에 따르면 은퇴연령의 변화 없이 기대수명이 증가하면 소비가 감소한다.
③ 리카도 등가(Ricardian equivalence)정리는 케인즈의 소비함수에 기초한 이론이다.
④ 케인즈의 소비이론은 소비자들의 소비평탄화(consumption smoothing)를 강조한다.
⑤ 소비에 대한 임의보행(random walk)가설은 유동성제약에 직면한 소비자의 소비 선택을 설명한다.

출제이슈 소비이론 종합

핵심해설 **정답** ②

생애주기가설 혹은 평생소득이론이란 평생소득(평생 동안 사용할 수 있는 소득)이 소비를 결정한다는 것으로서, 전 생애에 걸친 소득의 패턴이나 흐름을 고려하여 소비행위를 결정함을 의미한다. 매기의 소비는 평생소득에 의해서 결정되며, 특히 균등화된 소비로 결정된다.

만일 다른 조건의 변화가 없다면, 특히 은퇴연령에 변화가 없다면 평생 동안 사용할 수 있는 평생소득은 불변이다. 이때 소득이 불변인 상황에서 기대수명만 증가하면 매기의 균등화된 소비는 감소한다.

참고로, 매기 균등화된 소비를 다음과 같은 간단한 모형으로 도출할 수 있다.

i) 현재 나이가 t세인 소비자를 가정하자.
ii) 비인적자산은 NW이다.
iii) 인적자산은 소비자가 R세에 은퇴할 때까지 매기 Y의 근로소득의 축적분이다.
iv) 평생소득은 비인적자산과 인적자산의 합으로서 $NW+Y(R-t)$이 된다. 단, 이자율은 0으로서 현재가치를 무시하고 조세가 없다고 가정하자.
v) 평생소비는 N세에 사망할 때까지 균등하게 이루어진다고 가정하면 $C(N-t)=NW+Y(R-t)$의 식이 성립한다.
vi) 따라서 위의 식으로부터 균등화된 소비를 계산하면 $C=\frac{NW}{(N-t)}+\frac{Y(R-t)}{(N-t)}$가 된다.
vii) 이때, 기대여명이 증가하여 N이 증가하면 C는 감소한다.

Chapter

17

투자함수이론

THEME 01 투자

1 투자의 의의

기업이 현재 보유하고 있는 자본량(예 공장, 건물, 기계, 차량, 재고 등)이 최적의 자본량에서 괴리되어 있을 때 이를 메우기 위해서 자본량을 조정하는 것을 투자라고 한다. 투자는 단기에 경기변동의 원인이 되기도 하고 장기에 경제성장의 원동력이 되기도 한다. 투자는 총수요를 구성하는 중요한 부분이며, 소비에 비하여 그 비중은 작지만 변동이 심하기 때문에 경기변동에서 매우 중요하다.

2 투자의 유형

1) 고정투자와 재고투자

① 고정투자

고정투자는 자본을 형성하는 투자로서 국민소득계정상 총고정자본형성으로 나타나며 건설투자와 설비투자로 나뉜다.

i) 건설투자 : 공장, 상업용 건물, 주택 등의 신축과 보수를 위한 기업의 지출을 의미한다.
ii) 설비투자 : 기계, 차량, 컴퓨터와 같은 자본재를 확충하기 위한 기업의 지출을 의미한다.

② 재고투자(재고의 증감 - 국민소득계정상)

재고투자는 기업이 보유하고 있는 원자재, 생산 중에 있는 재공품, 완성품 등과 같은 재고를 증가시키는 투자로서 국민소득계정상 재고의 증감으로 나타난다.

i) 의도하지 않은 재고투자 : 기업의 착오로 인하여 판매되지 않은 제품의 증가를 의미한다.
ii) 의도한 재고투자 : 사전에 계획된 재고투자를 의미한다.

2) 총투자, 순투자와 대체투자

① 대체투자 : 마모된 자본재를 보충하는 데 이용되는 투자로서 감가상각을 보전하는 투자이다.
② 순투자 : 자본재를 증가시키는 데 이용되는 투자로서 신규자본재를 구입하는 투자이다.
③ 총투자 : 대체투자와 순투자를 합한 것을 의미한다.

3 투자의 성격

1) 현재 및 미래 측면

투자는 현재와 미래의 경제생활을 연결해 주는 역할을 한다. 기업의 투자는 현재소비보다는 미래소비를 위해서 자원이 배분되었음을 의미한다.

2) 수요 및 공급 측면

투자는 소비 등과 함께 총수요의 주요 구성요소를 이룰 뿐만 아니라 주요 생산요소인 자본을 확충(총자본형성)하여 공급능력을 증가시킬 수 있다. 이를 투자의 이중성(dual character)이라고 한다.

3) 경기변동 및 경제성장 측면

① 투자와 경기변동

투자는 소비 등에 비하여 불안정적이며 변동이 매우 커서 경기변동의 주된 원인이 된다. 시계열 자료에 의하면, 투자의 변동은 실질 *GDP* 변동의 3배가 넘는다. 투자와는 달리 소비의 변동은 실질 *GDP* 변동의 0.8에서 1.1배 수준으로 투자에 비하면 매우 안정적이다(출처 : 한국은행 경제통계시스템).

② 투자와 경제성장

투자는 생산요소인 자본을 확충하여 공급능력을 증가시킴으로써 장기적으로 경제성장을 견인한다.

4 투자와 자본의 관계

1) 투자와 자본

① t기에 기업이 보유하는 자본의 규모를 K_t라고 하자.

② 매기의 감가상각률이 δ인 경우 t기의 대체투자는 δK_t가 된다.

③ t기의 순투자를 $I_t^{\,n}$, t기의 총투자를 $I_t^{\,g}$라고 하자.

④ 이때, 대체투자는 총투자에서 순투자를 차감한 것이므로 $I_t^{\,g} - I_t^{\,n} = \delta K_t$가 성립한다.

2) 자본축적의 기본식

① $t+1$기 기업이 보유하는 자본규모는 t기의 자본규모에 순투자를 더한 것이므로 $K_{t+1} = K_t + I_t^{\,n}$가 성립한다.

② 위의 식과 $I_t^{\,g} - I_t^{\,n} = \delta K_t$에 의하여 $K_{t+1} = K_t + I_t^{\,n} = K_t + I_t^{\,g} - \delta K_t = I_t^{\,g} + (1-\delta)K_t$가 되며 이를 자본축적의 기본식이라고 한다.

5 투자함수

1) 의의

투자에 영향을 미치는 요인들과 투자와의 관계를 나타내는 함수식을 의미한다.

2) 투자에 영향을 미치는 요인

이하에서 투자의사결정과정을 분석하면서 투자에 영향을 미치는 요인을 알아본다.

THEME 02 현재가치법과 내부수익률법

1 현재가치법

1) 의의

투자로부터 기대되는 수익의 현재가치와 투자에 따른 현재의 비용을 비교하여 높은 경우에 투자를 결정하는 방법을 현재가치법이라고 한다.

2) 순현재가치의 도출

$$NPV = \frac{R_1}{(1+i)} + \frac{R_2}{(1+i)^2} + \frac{R_3}{(1+i)^3} + \cdots + \frac{R_n}{(1+i)^n} - C$$

(단, NPV, R_t, i, C는 각각 순현재가치, t기의 수익, 할인율, 투자비용)

3) 투자의 결정

① 투자여부의 결정

순현재가치가 0보다 큰 경우에 투자를 한다.

② 투자순위의 결정

여러 투자안 가운데 순위를 정할 경우 순현재가치가 큰 순으로 우선순위를 결정한다. 단, 이 경우에는 투자안의 규모에 따라서 순현재가치를 고려할 필요가 있다.

4) 투자의 결정과 이자율

이자율은 투자의 순현재가치에 큰 영향을 미치고 있다. 이자율이 작은 경우에는 투자의 순현재가치를 증가시켜 투자를 증가시킬 수 있다. 따라서 투자는 이자율과 역의 관계에 있으며 이자율의 감소함수라고 할 수 있다.

2 내부수익률법

1) 의의

투자로부터 기대되는 수익흐름의 현재가치와 현재의 투자비용을 같게 만드는 할인율, 즉 투자의 수익률(내부수익률)을 구하여 이를 이자율 등 정해진 기준과 비교하여 투자를 결정하는 방법을 내부수익률법이라고 한다.

2) 내부수익률의 도출

$$\frac{R_1}{(1+\rho)}+\frac{R_2}{(1+\rho)^2}+\frac{R_3}{(1+\rho)^3}+\cdots+\frac{R_n}{(1+\rho)^n}=C$$

(단, R_t, ρ, C는 각각 t기의 수익, 내부수익율, 투자비용)

이때, 내부수익률은 좌변(투자수익의 현재가치)과 우변(투자비용)을 일치시켜 도출할 수 있다.

3) 투자의 결정

① 투자여부의 결정

내부수익률이 사전에 미리 정해진 이자율과 비교하여 더 큰 경우 투자를 한다.

② 투자순위의 결정

여러 투자안 사이에서 순위를 정할 경우 내부수익률이 큰 투자안부터 투자를 한다.

4) 투자의 결정과 이자율

이자율은 투자의사결정에 있어서 내부수익률과 비교해야 하는 기준의 역할을 하여 영향을 미치고 있다. 이자율이 작은 경우에는 상대적으로 내부수익률이 커지는 효과가 있으므로 투자가 증가한다. 따라서 투자는 이자율과 역의 관계에 있으며 이자율의 감소함수라고 할 수 있다.

3 한계

1) 최적의 투자안 미고려

현재가치법 및 내부수익률법은 주어진 투자안에 대하여 투자 실행여부, 우선순위에 대하여 판단할 수 있을 뿐, 최적의 투자를 결정하지는 못한다. 최적의 투자를 위해서는 최적의 자본량을 결정해야 하는데 현재가치법 및 내부수익률법에서는 이에 대하여 다루고 있지 않다.

2) 상이한 판단

현재가치법과 내부수익률법에 의한 투자의사결정이 항상 동일한 결과를 보장하는 것은 아니며 상반된 결론을 도출하는 경우도 있다. 내부수익률의 도출에 있어서 복수의 해가 도출되는 경우에 선택의 문제가 있다.

필수예제

두 개의 사업 A와 B에 대한 투자 여부를 결정하려고 한다. A의 내부수익률(IRR)은 10%, B의 내부수익률은 8%로 계산되었다. 이에 대한 설명으로 옳지 않은 것은? ▸ 2013년 지방직 7급

① 비용과 편익을 현재가치화할 때 적용하는 할인율이 6%라면, 두 사업의 순현재가치(NPV)는 양(+)이다.
② 내부수익률 기준에 의해 선택된 사업은 순현재가치 기준에 의해 선택된 사업과 항상 일치한다.
③ 비용과 편익을 현재가치화할 때 적용하는 할인율이 10%라면, 사업 A의 편익의 현재가치는 비용의 현재가치와 같다.
④ 비용과 편익을 현재가치화할 때 적용하는 할인율이 9%라면, 사업 B의 경제적 타당성은 없다고 판정할 수 있다.

출제이슈 순현재가치법과 내부수익률법

핵심해설 **정답** ②

1) 순현재가치법

순현재가치법은 투자로부터 기대되는 수익의 현재가치와 투자에 따른 현재의 비용을 비교하여 높은 경우에 투자를 결정하는 방법을 말한다. 이때, 순현재가치는 다음과 같이 도출된다.

$$NPV = \frac{R_1}{(1+i)} + \frac{R_2}{(1+i)^2} + \frac{R_3}{(1+i)^3} + \cdots + \frac{R_n}{(1+i)^n} - C$$

순현재가치법에 의한 투자의사결정은 다음과 같다.

① 투자여부의 결정은 순현재가치가 0보다 큰 경우에 투자를 한다. ($NPV > 0$인 경우 투자)
② 투자순위의 결정은 여러 투자안 가운데 순위를 정할 경우 순현재가치가 큰 순으로 우선순위를 결정한다. 단, 이 경우에는 투자안의 규모에 따라서 의사결정이 왜곡되지 않도록 고려할 필요가 있다.

순현재가치법에 따르면 이자율이 상승할 경우, 미래기대수익의 현재가치가 감소하여 투자가 감소한다.

2) 내부수익률법

내부수익률법은 투자로부터 기대되는 수익흐름의 현재가치와 현재의 투자비용을 같게 만드는 할인율 즉, 투자의 수익률(내부수익률)을 구하여 이를 이자율 등 정해진 기준과 비교하여 투자를 결정하는 방법이다. 이때, 내부수익률은 다음과 같이 도출된다.

$$\frac{R_1}{(1+\rho)} + \frac{R_2}{(1+\rho)^2} + \frac{R_3}{(1+\rho)^3} + \cdots + \frac{R_n}{(1+\rho)^n} = C$$를 만족하는 ρ가 내부수익률

내부수익률법에 의한 투자의사결정은 다음과 같다.

① 투자 여부의 결정은 내부수익률이 사전에 미리 정해진 이자율과 비교하여 더 큰 경우 투자를 한다. ($\rho > r$인 경우 투자)
② 투자순위의 결정은 여러 투자안 사이에서 순위를 정할 경우 내부수익률이 큰 투자안부터 투자한다.

내부수익률법에 따르면 이자율은 투자의사결정에 있어서 내부수익률과 비교해야 하는 기준의 역할을 하여 영향을 미치고 있다. 이자율이 작은 경우에는 상대적으로 내부수익률이 커지는 효과가 있으므로 투자가 증가한다. 따라서 투자는 이자율과 역의 관계에 있으며 이자율의 감소함수이다.

위의 내용에 따라서 설문을 검토하면 다음과 같다. 설문에서는 현재 두 개의 사업 A와 B에 대한 투자 여부를 결정하려고 하는데 A의 내부수익률(IRR)은 10%, B의 내부수익률은 8%로 계산된 상황이다.

① 옳은 내용이다.
비용과 편익의 현재가치에 적용하는 할인율이 6%인 경우 두 사업의 순현재가치(NPV)는 양(+)이다.
왜냐하면, $\frac{R_1}{(1+\rho)}+\frac{R_2}{(1+\rho)^2}+\frac{R_3}{(1+\rho)^3}+\cdots+\frac{R_n}{(1+\rho)^n}=C$를 만족하는 ρ가 내부수익률인데 이는 사업별로 각각 10%, 8%이다.

따라서 만일 할인율 6%를 적용하여 현재가치를 구한다면, 두 사업 모두에서 현재가치는 앞에서의 $\frac{R_1}{(1+\rho)}+\frac{R_2}{(1+\rho)^2}+\frac{R_3}{(1+\rho)^3}+\cdots+\frac{R_n}{(1+\rho)^n}=C$보다는 큰 값으로 도출된다.

그러므로 비용은 동일하다고 하면, 현재가치가 커지기 때문에 순현재가치는 양수가 된다.
즉, 할인율이 내부수익률보다 작은 경우에는 순현재가치가 0보다 커서 투자가치가 있다.

② 틀린 내용이다.
내부수익률 기준에 의해 선택된 사업은 순현재가치 기준에 의해 선택된 사업과 항상 일치하는 것은 아니다. 단일한 투자안을 놓고 그에 대한 투자 여부를 판단하는 경우 두 기준에 의한 결과가 일치한다. 그러나 복수의 투자안(투자우선순위의 결정이나 상호배타적인 투자안) 중 하나를 선택하는 경우에는 두 기준에 의한 결과가 일치하지 않을 수도 있다.

③ 옳은 내용이다.
비용과 편익을 현재가치화할 때 적용하는 할인율이 10%라면, 사업 A의 편익의 현재가치는 비용의 현재가치와 같다. 왜냐하면 $\frac{R_1}{(1+\rho)}+\frac{R_2}{(1+\rho)^2}+\frac{R_3}{(1+\rho)^3}+\cdots+\frac{R_n}{(1+\rho)^n}=C$를 만족하는 ρ가 내부수익률인데 이것이 사업 A의 경우 10%이기 때문이다.

④ 옳은 내용이다.
비용과 편익을 현재가치화할 때 적용하는 할인율이 9%라면, 사업 B의 경제적 타당성은 없다고 판정할 수 있다. 왜냐하면, $\frac{R_1}{(1+\rho)}+\frac{R_2}{(1+\rho)^2}+\frac{R_3}{(1+\rho)^3}+\cdots+\frac{R_n}{(1+\rho)^n}=C$를 만족하는 ρ가 내부수익률인데 이것이 사업 B의 경우 8%이기 때문에, 만일 할인율 9%를 적용하여 현재가치를 구한다면 앞에서의 $\frac{R_1}{(1+\rho)}+\frac{R_2}{(1+\rho)^2}+\frac{R_3}{(1+\rho)^3}+\cdots+\frac{R_n}{(1+\rho)^n}=C$보다는 작은 값으로 도출된다.
그러므로 비용은 동일하다고 하면, 현재가치가 작아지기 때문에 순현재가치는 음수가 된다.
즉, 할인율이 내부수익률보다 큰 경우에는 순현재가치가 0보다 작아서 투자가치가 없다.

PART • 08

THEME 03 자본의 한계효율이론

1 의의

자본을 추가적으로 한 단위 증가시킴에 따라서 기대되는 수익의 증가분의 현재가치와 투자비용을 일치시키는 내부수익률을 자본의 한계효율이라고 한다. 자본의 한계효율은 자본의 양이 증가함에 따라서 감소한다. 왜냐하면, 기업이 투자를 할 경우 내부수익률이 가장 높은 투자대상에 우선순위를 두기 때문에 자본의 양이 늘어날수록 자본의 한계생산은 감소하여 수익의 증가분은 작아지기 때문이다.

2 자본의 한계효율의 도출

$$\frac{\Delta R_1}{(1+\rho)} + \frac{\Delta R_2}{(1+\rho)^2} + \frac{\Delta R_3}{(1+\rho)^3} + \cdots + \frac{\Delta R_n}{(1+\rho)^n} = C$$

(단, ΔR_t, ρ, C는 각각 t기의 수익, 자본의 한계효율, 자본 1단위 증가에 따른 비용(자본가격P_K)이다.)

이때, 자본의 한계효율은 좌변(자본의 추가적 증가에 따른 수익의 증가분)과 우변(자본의 추가적 증가에 따른 비용의 증가분)을 일치시켜 도출할 수 있다.

3 최적자본량 및 투자의 결정

자본의 한계효율이론에 의하면, 자본의 한계효율이 자본의 조달비용인 이자율보다 높으면 투자를 계속하고 자본의 한계효율이 자본의 조달비용인 이자율과 같아질 때 최적의 자본량을 달성할 수 있다.

4 투자함수의 도출

자본의 한계효율이론에 의하면, 이자율이 하락하면 최적자본량이 증가하여 투자도 증가하므로 투자는 이자율의 감소함수라고 할 수 있으며 다음과 같이 표시된다.

$I = I(r)$, $I' < 0$ (이때, I, r은 각각 투자와 이자율이다.)

5 자본의 한계효율과 투자의 한계효율

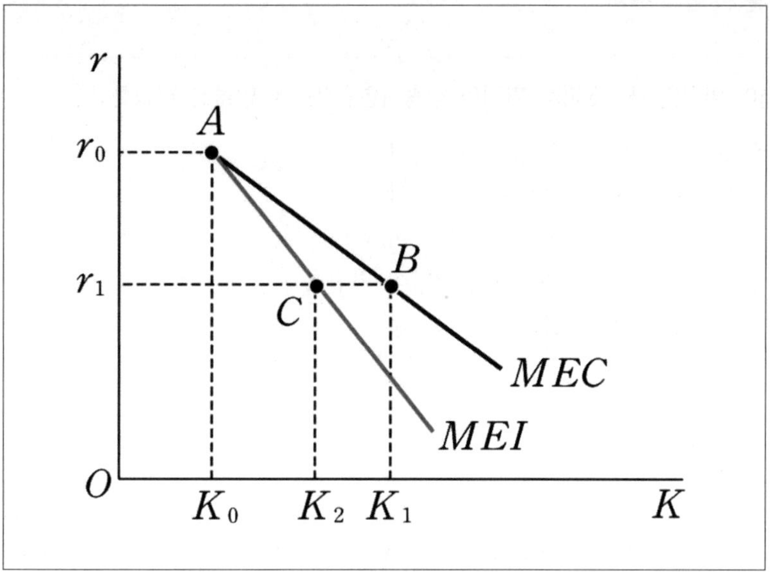

그림 17-1 자본의 한계효율과 투자의 한계효율

1) 투자증가의 효과

투자증가로 인하여 자본량이 증가하여 투자수익이 하락하는 경우 자본의 한계효율은 하락한다. 또한 투자증가가 자본재 가격을 상승시키는 경우 자본의 한계효율은 더욱 하락한다.

2) 투자의 한계효율

투자증가에 따른 자본재 가격 상승효과를 고려할 경우 자본의 한계효율의 변화를 나타내는 곡선을 투자의 한계효율곡선이라고 한다. 기하적으로 표시할 경우, 투자의 한계효율곡선은 자본의 한계효율곡선보다 하방에 위치한다.

필수예제

자본재 가격이 일정할 때, 소비재 가격이 상승하면? (단, 할인율은 일정하다.) ▸ 2016년 국회직 8급

① 자본의 한계효율곡선이 우측으로 이동한다.
② 자본의 한계효율곡선이 좌측으로 이동한다.
③ 자본의 한계효율곡선의 기울기의 절댓값이 작아진다.
④ 자본의 한계효율곡선의 기울기의 절댓값이 커진다.
⑤ 자본의 한계효율곡선은 변하지 않는다.

출제이슈 자본의 한계효율이론
핵심해설 **정답** ①

케인즈에 의하면 자본의 한계효율이란 투자에 따른 추가적 수익과 비용을 일치시키는 수익률 즉, 내부수익률의 일종으로서 다음과 같은 산식으로 도출된다.

$$\frac{\Delta R_1}{(1+\rho)}+\frac{\Delta R_2}{(1+\rho)^2}+\frac{\Delta R_3}{(1+\rho)^3}+\cdots+\frac{\Delta R_n}{(1+\rho)^n}=C(=P_K)$$ (단, C : 자본 1단위 증가에 따른 비용)

그런데 위의 산식에서 유의할 것은 투자가 계속되어 자본의 양이 증가할수록 자본의 한계생산은 감소하기 때문에 투자로 인한 한계적인 수익은 점점 줄어든다. 따라서 자본의 한계효율은 자본량과 역의 관계에 있다.

설문에서 소비재 가격이 상승하는 경우 자본 1단위 증가의 투자의 추가적 수익이 증가함을 의미한다. 따라서 자본의 한계효율이 상승하게 되므로 자본의 한계효율곡선은 우측으로 이동한다.

참고로, 투자의사결정을 분석해보자. 투자의 수익률로서의 자본의 한계효율과 자본 혹은 투자의 조달비용인 이자율을 비교하여 자본의 한계효율이 조달비용인 이자율보다도 큰 경우에는 계속 자본량을 늘리는 투자가 이루어지게 된다. 결국 자본의 한계효율과 이자율이 일치할 때 최적자본량이 달성된다. 만일 이자율이 하락하면 최적의 자본량이 증가하고, 반대로 이자율이 상승하면 최적의 자본량은 감소하게 된다. 따라서 이자율과 투자는 역의 관계에 있다.

한편, 투자의 한계효율이란 자본의 한계효율 개념에서 투자가 증가함에 따른 자본재 가격의 상승까지 추가적으로 고려한 것으로서 일반적으로 자본의 한계효율곡선에 비하여 투자의 한계효율곡선은 더 가파르다고 할 수 있다.

THEME 04 자본의 사용자비용이론

1 의의

자본의 사용자비용이란 자본재 구입 및 사용에 따른 비용으로서 자본재 구입자금 차입비용, 자본재 마모비용, 자본재 가격변화로 인한 비용을 의미한다. 이는 자본재 한 단위를 증가시킬 때 드는 기회비용을 나타낸다.

2 도출

1) 자본재 구입자금 차입비용 : iP_K (i, P_K는 각각 명목이자율과 자본가격)

2) 자본재 마모비용 : δP_K (δ는 자본의 마모율)

3) 자본재 가격변화로 인한 비용 : ΔP_K (ΔP_K는 자본가격의 변화분)

4) 자본의 사용자비용 = $iP_K + \delta P_K - \Delta P_K = P_K\left(i - \dfrac{\Delta P_K}{P_K} + \delta\right)$

① 자본재의 가격상승률이 일반 물가상승률(π)과 같다고 가정하면 $\dfrac{\Delta P_K}{P_K} = \dfrac{\Delta P}{P} = \pi$가 된다.

② $i - \pi = r$ (실질이자율)이므로 이를 대입하면 자본의 사용자비용은 $P_K(r+\delta)$가 된다.

③ 자본의 사용자비용을 실질값으로 구하면 $uc = \dfrac{P_K(r+\delta)}{P}$가 된다.

3 최적자본량의 결정과 투자

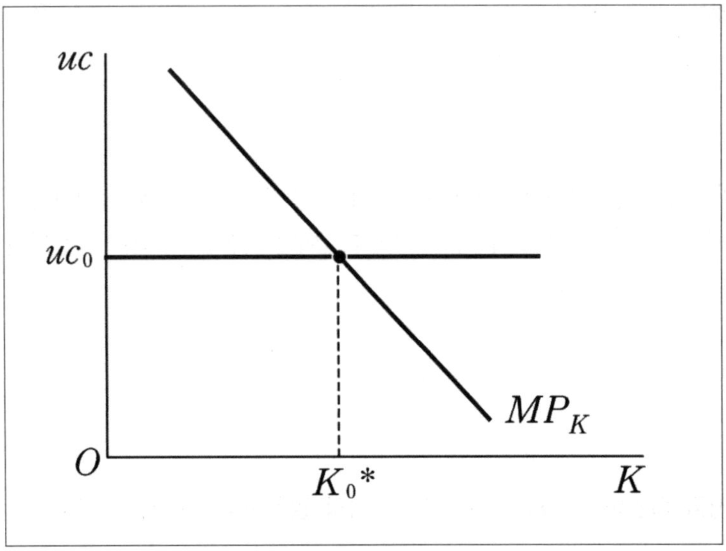

그림 17-2 최적자본량의 결정과 투자

1) 자본의 한계수입 : MP_K

2) 자본의 한계비용 : $\dfrac{P_K(r+\delta)}{P}$

3) 투자의 결정

① $MP_K > \dfrac{P_K(r+\delta)}{P}$ 인 경우에는 투자를 증가시킨다.

② $MP_K < \dfrac{P_K(r+\delta)}{P}$ 인 경우에는 투자를 감소시킨다.

③ 최적자본량의 결정과 투자

기업은 자본의 한계수입과 자본의 한계비용이 일치하는 수준에서 최적의 자본량을 보유하게 된다.

4 투자함수의 도출

1) 자본의 한계생산

현재 균형상태에서 만일 자본의 한계생산 MP_K가 증가하면 $MP_K > \frac{P_K(r+\delta)}{P}$가 되어 최적자본량이 증가하므로 투자는 증가한다.

2) 자본재의 실질가격

현재 균형상태에서 만일 자본재의 실질가격 $\frac{P_K}{P}$가 상승하면 $MP_K < \frac{P_K(r+\delta)}{P}$가 되어 최적자본량이 감소하므로 투자는 감소한다.

3) 실질이자율

현재 균형상태에서 만일 실질이자율 r이 상승하면 $MP_K < \frac{P_K(r+\delta)}{P}$가 되어 최적자본량이 감소하므로 투자는 감소한다.

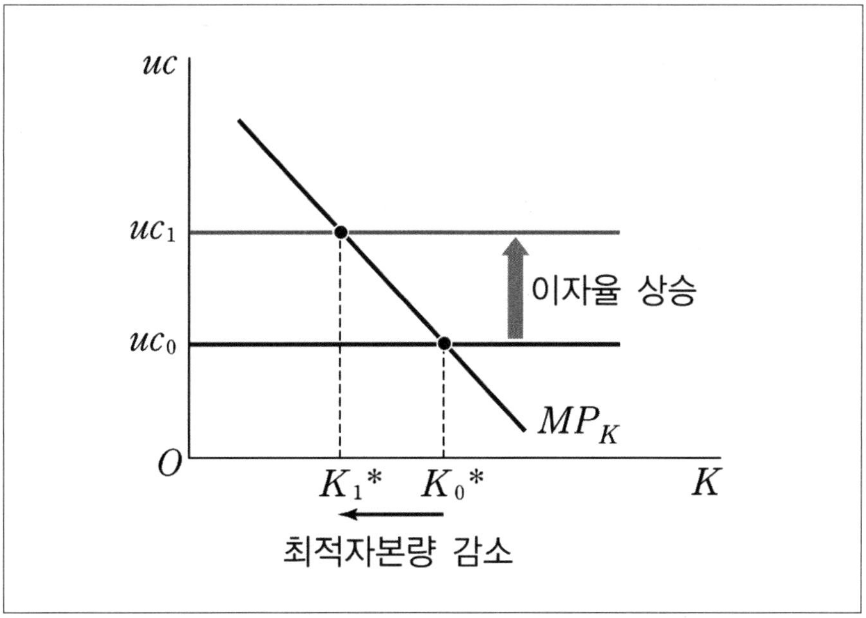

그림 17-3 투자와 이자율

4) 투자함수의 도출

실질이자율의 상승과 최적자본량 및 투자는 역의 관계에 있다. 따라서 투자함수와 실질이자율 간의 관계를 다음과 같은 투자함수로 표시할 수 있다.

$$I = I(MP_K, \frac{P_K}{P}, r)$$

(단, I, MP_K, P_K, P, r은 각각 투자, 자본의 한계생산, 자본가격, 물가수준, 이자율이다.)

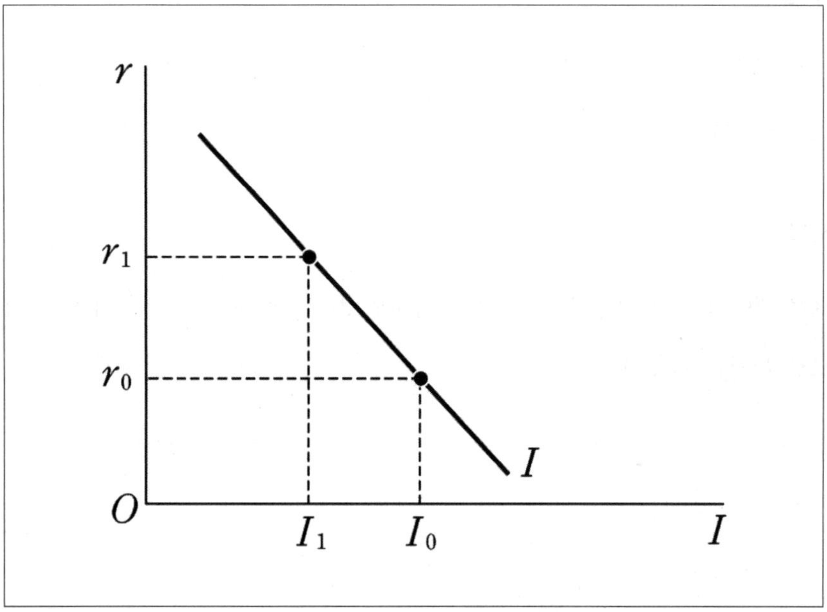

그림 17-4 투자와 이자율

필수예제

신고전학파(Neoclassical) 투자이론에 관한 설명으로 옳지 않은 것은? (단, 모든 단위는 실질단위이며, 자본비용은 자본 한 단위당 비용이다.) ▸ 2017년 감정평가사

① 자본량이 증가하면, 자본의 한계생산물은 감소한다.
② 감가상각률이 증가하면 자본비용도 증가한다.
③ 자본량이 균제상태(steady state)수준에 도달되면 자본의 한계생산물은 자본비용과 일치한다.
④ 자본의 한계생산물이 자본비용보다 크다면 기업은 자본량을 증가시킨다.
⑤ 실질이자율이 상승하면 자본비용은 감소한다.

출제이슈 자본의 사용자비용이론
핵심해설 **정답** ⑤

신고전학파 투자이론에 의하면 자본의 한계수입(한계생산)이 자본의 한계비용(사용자비용)을 초과하면 최적자본량이 증가하여 투자가 증가한다.

신고전학파의 자본의 사용자비용은 ① 자본재 구입자금 차입비용 iP_K, ② 자본재 마모비용 δP_K, ③ 자본재 가격변화 비용 ΔP_K로 이루어진다. 이를 합하면 자본의 사용자비용은 $iP_K + \delta P_K - \Delta P_K = P_K(i+\delta-\frac{\Delta P_K}{P_K})$가 된다. 이를 실질값으로 구하면 사용자비용 $uc = \frac{P_K(r+\delta)}{P}$이며, 이는 자본의 한계비용을 의미한다.

신고전학파의 자본의 사용자비용이론에 의하면 자본의 한계수입(한계생산)이 자본의 한계비용(사용자비용)과 일치할 때 최적자본량이 결정된다. 즉, 자본의 한계생산 MP_K = 자본의 한계비용 $\frac{P_K(r+\delta)}{P}$가 된다.

위의 내용에 따라서 설문을 검토하면 다음과 같다.

① 옳은 내용이다.
신고전학파 투자이론에 따르면, 자본의 한계수입 혹은 한계생산 MP_K는 자본량이 증가하면 감소한다.

② 옳은 내용이다.
신고전학파의 자본의 사용자비용은 ① 자본재 구입자금 차입비용 iP_K, ② 자본재 마모비용 δP_K, ③ 자본재 가격변화 비용 ΔP_K로 이루어진다. 따라서 감가상각률이 증가하면 자본재 마모비용이 증가하므로 자본의 사용자비용도 증가한다.

③ 옳은 내용이다.
자본의 한계수입(한계생산)이 자본의 한계비용(사용자비용)과 일치할 때 최적자본량이 결정된다. 즉, 자본의 한계생산 MP_K = 자본의 사용자비용 $\frac{P_K(r+\delta)}{P}$가 된다.

④ 옳은 내용이다.
자본의 한계수입(한계생산)이 자본의 한계비용(사용자비용)을 초과하면 최적자본량이 증가하여 투자가 증가한다. 따라서 기업은 자본량을 증가시키게 된다.

⑤ 틀린 내용이다.
실질이자율이 상승하면 자본비용은 감소한다.

신고전학파의 자본의 사용자비용은 ① 자본재 구입자금 차입비용 iP_K, ② 자본재 마모비용 δP_K, ③ 자본재 가격변화 비용 ΔP_K로 이루어진다. 이를 합하면 자본의 사용자비용은 $iP_K + \delta P_K - \Delta P_K = P_K(i+\delta-\frac{\Delta P_K}{P_K})$가 된다. 이를 실질값으로 구하면 사용자비용 $uc = \frac{P_K(r+\delta)}{P}$이며, 이는 자본의 한계비용을 의미한다. 이때 실질이자율이 상승하면, 사용자비용이 증가하게 된다.

THEME 05 가속도모형

1 의의

1) 최적자본량

앞에서는 케인즈의 자본의 한계효율이론과 신고전학파의 자본의 사용자비용이론을 통해서 최적자본량의 결정과정에 대하여 살펴보았다.

2) 투자속도

투자는 현재자본량과 최적자본량 간의 격차를 메우는 작업인데, 이제 최적자본량을 알아낸 기업은 최적자본량을 달성하기 위해서 투자를 얼마나 빠른 속도로 할 것인가를 선택해야 한다.

2 단순 가속도모형

1) 의의

목표로 삼는 최적자본량을 한 기간 내에 달성하도록 투자가 이루어지는 경우를 단순 가속도라고 한다.

2) 수식

$I_t = K^* - K_t$

(단, I_t, K^*, K_t 는 각각 투자, 최적자본량, 현재자본량이다.)

3 신축적 가속도모형

1) 의의

목표로 삼는 최적자본량을 한 기간 내에 달성하는 것이 아니라 시간을 두고 다기간 동안 점진적으로 조절해가는 경우를 신축적 가속도라고 한다.

2) 수식

$I_t = \lambda (K^* - K_t)$

(단, $0 < \lambda < 1$, I_t, K^*, K_t 는 각각 투자, 최적자본량, 현재자본량이다.)

3) 기업의 투자속도에 영향을 미치는 요인

① 투자속도와 추가적 비용

목표로 하는 자본량의 달성에 소요되는 기간을 단축하는 경우 추가적인 비용이 든다면, 기간을 단축하기보다는 보다 점진적으로 투자를 하게 된다.

② 투자속도와 신용할당

차입자 위험에 따라 신용할당이 존재하는 경우 자금차입이 제약된다. 따라서 이러한 경우 투자는 조달가능한 자금범위 내로 축소되어 투자속도가 조절된다.

③ 투자속도와 불확실성

경제 내에 존재하는 불확실성으로 인하여 최적자본량이 변화할 수 있는 경우에는 투자속도가 지연될 수 있는데 이는 아래의 투자옵션모형에서 따로 상술한다.

4) 투자옵션모형(딕싯, 핀다이크)

① 불확실성과 투자의 비가역성

현재의 예측하에서 최적자본량이라고 판단한 것이 불확실성에 의해서 최적자본량이 아닐 수도 있다. 이미 투자를 했다면 빨리 자본량규모를 조정하여 최적자본량을 다시 달성해야 하는데 이는 투자의 비가역성으로 인해서 쉽지 않다. 투자의 가역성이란 투자 이후에 제품수요가 예상에 미치지 못할 경우 자본량을 줄여 원래의 투자금액을 회수할 수 있는 것을 의미하며, 투자의 비가역성은 반대의 상황을 의미한다.

② 투자의 비가역성과 투자

투자의 비가역성이 크면 클수록 불확실성이 있는 상황에서 투자속도는 지연되게 된다. 이렇게 투자의 비가역성 상황에서는 언제 투자를 해야 할지 그 시점이 중요하다. 왜냐하면, 당장 수익성이 있어 보여서 투자를 했다가 나중에 자본량을 줄일 필요가 생길 경우에는 큰 손해를 보기 때문이다. 따라서 이런 경우에는 기업은 지금 투자를 할 것인지 또는 투자를 미루고 대신 다른 새로운 정보를 기다릴 것인지를 결정할 필요가 있다.

③ 투자옵션모형

기업이 이렇게 투자시점을 미룰 수 있는 것은 마치 옵션을 보유하는 것과 유사하다. 따라서 만일 지금 투자를 했다면, 옵션을 상실하는 것이므로 투자의 비용에 포함된다. 결국 투자비용은 옵션가치만큼을 더해서 결정되므로 투자수익률이 옵션가치를 포함한 투자비용을 크게 상회해야만 투자가 이루어지게 된다. 즉, 결론적으로 불확실성은 투자를 감소시키고 지연시킨다.

※ 가속도원리

1) 의의

소득, 생산의 변화가 투자변동을 야기하는 것을 가속도원리라고 한다.

2) 가정

① 소득, 생산과 최적의 균형자본량 간에 비례관계가 있다고 가정한다. $K^{*}= vy$

② 현재의 자본량은 전기의 균형자본량이었다. $K= K_{-1}{}^{*}= vy_{-1}$

3) 도출

① 투자는 균형자본량과 실제자본량 간 차이를 보완하는 것이다. $I= K^{*}-K$

② 따라서 $I= K^{*}-K= vy-vy_{-1}= v(y-y_{-1})= v\Delta y$ 가 성립한다.

③ 즉, 투자는 소득, 생산의 변화에 의해서 변동되는 것이 가정으로부터 증명된다.

4) 적용

① 소득과 투자

가속도원리를 적용하면 투자는 이자율의 감소함수일 뿐만 아니라 소득의 증가함수가 된다. 따라서 이자율 하락 시 투자가 증가하고, 투자의 증가에 따라 소득이 증가하면 다시 가속도원리에 의하여 투자가 증가한다. 따라서 가속도원리를 IS곡선에 적용하면, 이자율 하락에 따라서 소득이 크게 증가할 수 있기 때문에 훨씬 완만해지게 된다.

② 가속도원리와 재정정책

확장적 재정정책을 사용하면 이자율이 상승하여 투자가 감소한다. 그러나 가속도원리를 고려하면, 소득 증가에 따라서 투자가 증가하게 된다. 따라서 투자의 이자율 탄력성과 소득탄력성을 모두 고려하여야만 투자변화의 방향이 결정된다. 만일 LM곡선이 상당히 완만하다고 하면, 재정정책에 따른 이자율 상승폭이 크지 않을 것이므로 투자가 증가할 가능성이 크다.

PART • 08

THEME 06 q이론

1 의의

q이론은 주식시장이 기업의 투자계획을 반영하여 주가에 의해 기업가치를 평가하면 이를 근거로 하여 기업은 투자의사결정(투자여부 및 투자량 결정)을 한다는 이론이다. 기존의 투자이론이 자본재시장에서 자본재에 대한 최적수요과정에서 투자를 도출하여 이자율 및 생산량을 통해 투자를 설명하였다면, q이론은 주식시장의 주식 및 기업가치 평가과정에서 주가를 통해서 투자를 설명하고 있다.

2 투자와 주식시장

1) 투자재원의 조달 방식

앞에서 살펴본 자본의 사용자비용이론의 경우 투자자금을 차입하는 경우를 상정하여 분석하였다. 그러나 현실에서는 금융기관 대출, 채권발행뿐만 아니라 주식발행에 의하여도 자금조달이 가능하다.

2) 주식시장과 투자

투자재원을 주식을 통해서 마련할 수 있다는 것은 투자와 주식시장이 긴밀하게 연결될 수 있음을 의미한다.

3 q의 정의

1) 정의

q는 설치된 자본의 시장가치와 설치된 자본의 대체비용 간의 비율로 정의된다.

$$q = \frac{\text{설치된 자본의 시장가치}}{\text{설치된 자본의 대체비용}}$$

2) 설치된 자본의 시장가치

주식시장에서 평가되는 자본의 가치로서 기업이 발행한 주식의 수에 주식의 가격을 곱한 값이다. 직관적으로 설명하면, 이미 형성되어 있는 자본을 보유하는 기업을 주식시장에서 매수하는 데 드는 비용을 의미한다.

3) 설치된 자본의 대체비용

자본을 각각의 자본재시장에서 새로 구입할 경우에 드는 비용을 의미한다.

4 투자의 결정

1) 설치된 자본의 시장가치가 설치된 자본의 대체비용보다 큰 경우

설치된 자본에 대하여 주식시장이 높은 가치를 부여하는 경우로서 이때는 기업은 더 많은 자본을 설치함으로써 기업의 가치를 높게 인정받을 수 있다. 따라서 새로운 자본을 설치하는 것이 유리하기 때문에 투자가 증가한다.

2) 설치된 자본의 대체비용이 설치된 자본의 시장가치보다 큰 경우

설치된 자본에 대하여 주식시장이 낮은 가치를 부여하는 경우로서 이때는 기업은 자본을 줄이는 것이 더 유리하기 때문에 투자가 감소한다.

3) 설치된 자본의 시장가치와 설치된 자본의 대체비용이 동일한 경우

이 둘이 일치할 때 q = 1이 되고, 투자의 증감이 없으며 최적의 목표자본량이 된다.

5 투자함수의 도출

토빈에 의하면 q = 1이 되는 경우 최적의 자본량이 유지되며, q가 클수록 투자가 증가하므로 q의 크기가 순투자와 정의 관계에 있다. 따라서 투자함수는 다음과 같다.

$$I = I(q),\ \ I' > 0$$

(단, I, q 는 각각 투자, 설치된 자본의 시장가치와 대체비용의 비율)

6 신고전학파 투자이론과 q이론

1) 두 이론의 차이점

① 신고전학파 이론

실제로 관측이 어려운 자본의 한계생산이나 사용자비용 등의 개념을 사용하고 있다.

② q이론

이에 비해 q이론은 실제로 관측이 용이한 주식가격, 대체비용 등의 개념을 사용하고 있다.

2) 두 이론의 연관성

① 신고전학파 이론

자본의 한계생산이 증가하면 $MP_K > \frac{P_K(r+\delta)}{P}$가 되어 최적자본량이 증가하므로 투자는 증가한다.

② q이론

자본의 한계생산이 증가하면 이윤이 증가하므로 주가가 상승하고 q가 상승하여 투자가 증가한다.

7 q이론의 한계

주식시장에서 거품이 존재하는 경우 주가가 기업가치를 정확하게 반영한다고 보기 어렵다. 또한 주가는 단기적 등락이 매우 심한데 장기적인 실물투자가 단기적 주가에 의해 결정된다고 보기는 어렵다.

8 q이론의 보완

토빈의 q는 그 산식을 보면 평균의 q인데 이론적으로는 한계의 q가 타당하다. 한계 q의 산식은 다음과 같다.

$$\text{한계 q} = \frac{\text{자본 1단위 추가설치에 따른 기업가치의 변화분}}{\text{자본 1단위 추가설치에 따른 대체비용의 증가분(= 자본 1단위 가격)}}$$

필수예제

토빈(J. Tobin)의 q 에 관한 설명으로 옳은 것은? ▸ 2018년 감정평가사

① 자본 1단위 구입비용이다.
② 자본의 한계생산에서 자본 1단위 구입비용을 뺀 값이다.
③ 기존 자본을 대체하는 데 드는 비용이다.
④ 시장에서 평가된 기존 자본의 가치이다.
⑤ q 값이 1보다 큰 경우 투자를 증가시켜야 한다.

출제이슈 토빈의 q 이론
핵심해설 정답 ⑤

q 이론은 주식시장이 기업의 투자계획을 반영하여 주가에 의해 기업가치를 평가하면 이를 근거로 하여 기업은 투자의사결정(투자여부 및 투자량 결정)을 한다는 이론이다. 기존의 투자이론이 자본재시장에서 자본재에 대한 최적수요과정에서 투자를 도출하여 이자율 및 생산량을 통해 투자를 설명하고 있다면 q 이론은 주식시장의 주식 및 기업가치 평가과정에서 주가를 통해 투자를 설명하고 있다.

①, ②, ③, ④ 모두 틀린 내용이다.

투자를 설명하는 q 이론에 의하면 $q = \frac{\text{설치된 자본의 시장가치}}{\text{설치된 자본의 대체비용}}$ 로 정의된다. 따라서 ①, ②, ③, ④ 모두 틀린 내용이 된다.

설치된 자본의 시장가치란 주식시장에서 평가되는 자본의 가치로서 기업이 발행한 주식의 수에 주식의 가격을 곱한 값이다. 직관적으로 설명하면, 이미 형성되어 있는 자본을 보유하는 기업을 주식시장에서 매수하는 데 드는 비용을 의미한다. 한편, 설치된 자본의 대체비용은 자본을 각각의 자본재시장에서 새로 구입할 경우에 드는 비용을 의미한다.

⑤ 옳은 내용이다.

토빈은 '설치된 자본의 시장가치 = 설치된 자본의 대체비용'이 되어 $q=1$이 되는 경우 최적의 자본량이 유지되며, q가 1보다 클수록 투자가 증가한다고 하였다. 왜냐하면, 설치된 자본의 시장가치가 설치된 자본의 대체비용보다 클 때는 설치된 자본에 대하여 주식시장이 높은 가치를 부여하는 경우로서 이때 기업은 더 많은 자본을 설치함으로써 기업의 가치를 높게 인정받을 수 있다. 따라서 새로운 자본의 설치가 증가하여 투자가 증가하게 된다. 결국 q가 클수록 투자가 증가하므로 q의 크기가 순투자와 정의 관계에 있다. 따라서 투자함수는 $I = I(q)$, $I' > 0$으로서 q의 변화가 투자의 주요 요인이 된다.

PART・08

Chapter 18

재정이론과 재정정책

THEME 01 재정과 재정적자

1 재정의 의의

재정 특히 정부재정이란 한 나라의 살림살이로서 기본적으로 재정수입과 재정지출로 구성된다. 정부가 재원을 조달하고 지출을 하는 것을 재정활동이라고 한다. 정부는 국방, 치안, 일반행정, 사회복지 등 본연의 정부활동을 위해서 다양한 지출을 한다. 이러한 지출을 위해서 재원을 마련하는 것을 재원조달이라고 하며, 재원조달은 조세, 국공채 발행 등을 통해 이루어지고 있다.

2 통합재정수지의 의의와 기능

1) 의의

통합재정수지란 공공부문의 재정수입과 재정지출의 내역으로서 해당 연도의 일반회계, 특별회계, 기금을 모두 포괄한 수지를 의미한다. 이는 기금 간 내부거래 및 차입, 채무상환 등 보전거래를 제외한 순수한 재정수입에서 순수한 재정지출을 차감한 수치로 측정된다. 통합재정수지에 정부구매, 이전지출은 포함되지만 이자지급은 제외되는데, 이는 해당 연도의 정부의 재정활동에 초점을 맞추기 위한 것이다.

2) 기능

통합재정수지는 재정이 얼마나 건전하게 운용되었는지에 대한 판단의 지표가 되며 국민경제에 대한 정부 재정활동의 효과를 분석하는 도구라고 할 수 있다. 특히 IMF 회원국들은 통합재정수지를 작성하고 보고할 의무가 있기 때문에, 국제적인 비교도 가능하다.

3 재정수입과 재정지출

1) 재정수입

재정수입은 조세, 세외수입, 자본수입으로 구성된다. 조세와 관련한 지표로서 조세부담률은 국세, 지방세 수입이 국내총생산에서 차지하는 비율인데 통상 20% 전후로 측정된다. 한편, 국민부담률은 국세, 지방세 수입, 사회보장기여금이 국내총생산에서 차지하는 비율인데 통상 25% 전후로 측정된다.

2) 재정지출

재정지출은 경상지출, 자본지출, 순융자로 구성된다. 경상지출은 재화 및 용역의 구입, 이자지출, 보조금, 경상이전(사회보장지출 등)에 따른 재정지출이다. 자본지출은 사회간접자본 투자, 자산취득에 따른 재정지출을 말한다. 그리고 순융자는 국민주택기금 융자, 제조업 육성 융자, 농어촌 융자 등에 따른 재정지출을 의미한다.

4 재정적자(government budget deficit, BD)

1) 의의

재정적자란 재정지출이 재정수입을 초과하는 것을 의미한다.

2) 산식

재정적자를 계산함에 있어서 재정수입과 재정지출 중에서 중요한 요소만 고려한다고 가정하면 재정적자는 재정지출에서 조세수입을 차감하여 구할 수 있다. 이때 재정지출은 정부구매, 이전지출 그리고 순지급이자의 합이 된다. 한편, 본연적 재정적자라 함은 재정지출 중에서 이자지급을 제외하고 구한 재정적자로서 정부구매와 이전지출을 더한 후에 조세수입을 차감한 값이 된다.

5 재정적자의 분류

1) 완전고용 재정적자

완전고용 재정적자란 경제가 완전고용 상태에 있을 경우에 나타나게 될 가상적인 재정적자의 규모를 의미한다. 이는 국내총생산이 변함에 따른 재정수입과 재정지출을 추정한 후에 국내총생산이 완전고용 상태일 경우의 재정수입과 재정지출을 계산하여 구할 수 있다.

2) 구조적 재정적자

구조적 재정적자란 경기변동과 관계없이 발생하는 재정적자로서 통상 완전고용 재정적자를 의미한다. 이는 실제 재정적자에 비해서 재정정책의 기조를 보다 정확하게 보여준다는 특징이 있다.

3) 경기순환적 재정적자

경기순환적 재정적자란 경기변동에 따라서 발생하는 재정적자를 의미한다.

6 정부지출의 효과

1) 총수요 증대 효과 및 부작용

① 정부지출 증가로 총수요가 증가하고 국민소득이 증가한다. 그러나 이 과정에서 이자율이 상승하여 민간의 소비와 투자가 감소하는 구축효과가 발생할 수도 있다.

② 정부지출을 위한 재원마련을 위해서 소득세를 증가시킬 경우 가처분소득이 감소하고 소비가 감소한다. 그리고 법인세를 증가시킬 경우에는 투자가 감소한다.

2) 민간의 효용 증가 및 부작용

① 정부지출을 통해서 민간부문에 유용한 공공재가 공급되거나 이전지출로 인하여 구매력이 이전된 경우에는 민간경제주체들의 효용이 증가할 수 있다.

② 그러나 공공재 및 공공서비스 증대로 인하여 대체관계에 있는 민간부문의 재화 및 서비스가 감소하게 된다면, 정부지출을 통한 민간의 효용증대는 제약될 수 있다.

3) 민간의 생산증대 효과

① 정부지출을 통해 민간에 공급된 공공재가 생산에 생산요소로 투입될 경우 생산이 증대하게 된다(예 도로와 같은 사회간접자본 등). 광의로 보면, 정부의 장기적인 제도개선 노력이 민간의 생산성을 향상시킬 수도 있다.

② 그러나 공공재 및 공공서비스 증대는 해당 부문에서의 정부규제가 심화되는 것을 의미하며 한정된 재원을 놓고 민간과 경합하기 때문에 민간부문의 재원을 감소시킬 수 있다.

필수예제

2010년의 통계를 이용하여 다음 물음에 답하시오. ▸ 2016년 보험계리사

	2010년
GDP	8,000억원
세출(정부지출)	1,100억원
세입(조세)	1,000억원

다른 조건이 일정할 때, 2009년 말의 정부부채가 1,900억원이면, 2010년 *GDP* 대비 2010년 말의 정부부채 비율은 얼마인가?

① 15% ② 20%

③ 25% ④ 30%

출제이슈 정부부채비율

핵심해설 **정답** ③

먼저 재정적자(deficit)란 정부지출이 정부수입을 초과하는 것으로서 연도를 기준으로 한 유량변수이다. 한편 정부부채(debt)는 정부가 갚아야 할 빚으로서 국공채와 차입금을 합한 금액으로서 저량변수이다.

재정적자가 발생한 경우 이를 메우기 위해 국공채 발행과 차입이 발생하므로 정부부채는 재정적자의 누적이라고 할 수 있다. 따라서 재정적자가 발생한 경우 재정적자와 정부부채의 증가분은 동일하게 된다.

설문을 검토하면 다음과 같다.

1) 2010년 재정적자 구하기
2010년 한 해 동안 발생한 재정적자는 2010년 정부지출 1,100억원에서 2010년 조세 1,000억원을 차감하면 100억원이 된다.

2) 2010년 말 정부부채 구하기
2009년 말 정부부채 1,900억원에 2010년 한 해 동안 발생한 재정적자 100억원을 가산하면, 2010년 말의 정부부채는 2,000억원이 된다.

3) *GDP* 대비 정부부채 비율 구하기
설문에서는 2010년 *GDP* 대비 2010년 말의 정부부채 비율을 구하라고 하였으므로 2010년 말 정부부채 2,000억원을 2010년 *GDP* 8,000억원으로 나눈 0.25가 정부부채 비율이 된다.

THEME 02 재정정책의 효과와 리카도 동등성 정리

1 재정정책의 의의

정부가 정부지출이나 조세를 사용하여 총수요를 조절함으로써 정부의 정책목표를 실현하는 정책을 재정정책이라고 한다. 재정정책은 재정적자의 규모를 변화시키는 정책 혹은 재정적자를 국공채 발행을 통하여 조달하는 정책으로도 표현할 수 있다.

2 재정정책의 전달경로

1) 케인즈

케인즈에 의하면 재정정책은 승수효과를 통해서 직접적이고 확실하게 국민소득에 영향을 미친다.

2) 통화론자

통화론자에 의하면 국공채 발행을 통한 재정정책은 통화량을 변동시키지는 않지만 이자율을 상승시켜 실물부문에서 소비와 투자를 감소시킨다.

3 배로의 리카도 동등성 정리

1) 의의

$IS-LM$ 모형 및 $AD-AS$ 모형에 의하면 정부지출을 증가시키거나 조세를 감면하는 것이 적어도 단기에 있어서는 국민소득을 증가시키는 효과를 가진다는 측면에서 동일하다. 그러나 리카도 등 고전학파 경제학자들은 정부지출의 변화 없이 조세수입의 변화만으로는 재정적자 규모가 변화해도 경제에는 아무런 영향을 미치지 못한다고 주장하였다. 이들의 주장을 배로가 리카도의 동등성 정리라고 명명하였다.

2) 내용

① 정부지출의 변화 없이 조세수입을 감소시키는 것은 재정적자와 정부부채의 증가를 의미한다.

② 이러한 재정적자와 정부부채 때문에 정부는 어쩔 수 없이 국채를 발행해야만 한다. 정부지출은 불변인데, 수입이 감소했으니 어떻게든 그 부족해진 수입분을 조달해야만 하는 것이다.

③ 그런데 민간은 이 국채를 자산으로 인식하지 않고 나중에 상환해야 할 부채로 인식한다.

④ 왜냐하면, 정부지출의 변화가 없다는 가정하이므로 현재 정부부채의 증가는 향후 정부부채의 필연적인 감소를 의미하므로 이는 미래의 조세부담 증가가 될 수밖에 없다. 따라서 민간은 국채를 자산이 아니라 부채로 인식한다.

i) 합리적이고 미래지향적인 소비자들은 정부가 정부지출을 감소시키지 않고 조세만을 감소시켰기 때문에 당장 국채를 통해 자금을 조달한 것으로 이해한다.
ii) 또한 미래에는 국채상환을 위해서 반드시 조세를 증가시킬 것을 예상한다.
iii) 따라서 지금의 감세를 통한 가처분소득의 증가는 미래의 가처분소득의 감소를 의미한다.
iv) 양자는 현재가치로 계산하면 정확히 일치할 것이므로 전 생애에 걸친 소비자의 소득흐름에는 변화가 없다.

⑤ 따라서 민간은 조세가 감면되고 국채가 발행되더라도 평생 소득흐름의 현재가치는 불변이므로 조세 감면과 국채 발행 이전의 소비선택을 변경할 이유가 전혀 없다.

⑥ 아래에서 i)=ii)를 의미하는 동일한 정부지출을 위해서 i)은 조세수입으로 충당한 셈이고 ii)는 국채 발행으로 충당한 셈이므로 결국 정부지출의 재원이 조세수입이든, 국채 발행이든 간에 민간에 미치는 영향은 변함없이 동일하다는 것으로 해석된다.

i) 조세감면, 국채 발행 이전 정부지출
ii) 조세감면, 국채 발행 이후 정부지출

⑦ 리카도 동등성 정리는 정부지출이 민간에 미치는 효과가 없다는 것이 아니라, 조세감면이 민간에 미치는 효과가 없다는 것이다.

⑧ 또한 리카도 동등성 정리에 의하면, 조세수입이든, 국채 발행이든 민간에 미치는 효과는 동일하므로 정부지출을 위한 그 재원조달방법이 무차별하다는 것이다.

⑨ 금기에 발행되는 국채는 민간부문의 자산이 아니며 미래의 부채이며 조세증가이다.

i) 정부의 조세감면으로 인해서 민간부문은 가처분소득이 늘어난다.
ii) 늘어난 가처분소득으로 국채를 매입한다.
iii) 결국 조세감면액만큼 민간의 자산이 증대한다.
iv) 그러나 리카도 동등성 정리에 의하면, 민간은 국채를 순자산으로 간주하지 않는다.

4 리카도 동등성 정리에 대한 비판

1) 유동성제약

유동성제약에 직면한 소비자는 현재 가처분소득의 변화에 대하여 매우 민감하게 반응하게 된다. 만일 정부가 조세를 감면하게 되면 현재가처분소득이 바로 증가하므로 소비가 증가할 수 있다. 현재 조세감면으로 인하여 미래에 조세가 증가하더라도 현재의 조세가 감면되는 것이 훨씬 중요하기 때문에 현재의 소비를 증가시키는 것이다.

2) 근시안적 소비

리카도 동등성 정리가 성립하기 위해서는 합리적인 소비자들이 현재의 조세감면이 미래의 증세로 돌아오는 것을 잘 알고 있어야 한다. 그런데 만일 소비자들이 미래보다 현재를 중시하는 근시안적 소비행태를 보이게 되면 미래의 증세를 제대로 고려하지 않기 때문에 현재 조세감면으로 인하여 소비를 늘리게 되는 것이다.

3) 미래 경제활동인구의 증가

미래에 경제활동인구가 증가하는 경우, 현재 세대의 미래 조세부담이 감소하게 되어 조세감면 시 소비가 증가할 수 있다.

필수예제

리카디언 등가(Ricardian equivalence) 정리에 관한 설명으로 옳지 않은 것은? ▸ 2020년 감정평가사

① 민간 경제주체는 합리적 기대를 한다.
② 소비자가 차입 제약에 직면하면 이 정리는 성립되지 않는다.
③ 소비자가 근시안적 견해를 가지면 이 정리는 성립되지 않는다.
④ 현재의 감세가 현재의 민간소비를 증가시킨다는 주장과는 상반된 것이다.
⑤ 정부가 미래의 정부지출을 축소한다는 조건에서 현재 조세를 줄이는 경우에 현재의 민간소비는 변하지 않는다.

출제이슈 리카도 동등성 정리

핵심해설 **정답** ⑤

본 문제는 리카도 동등성 정리에 대한 것으로서 먼저 그 내용을 살펴보면 다음과 같다.

$IS-LM$모형 및 $AD-AS$모형에 의하면 정부지출을 증가시키거나 조세를 감면하면 적어도 단기에 있어서는 국민소득을 증가시키는 효과를 가진다는 측면에서 동일하다. 그러나 리카도 등 고전학파 경제학자들은 정부지출의 변화 없이 조세수입의 변화만으로는 재정적자 규모가 변화해도 경제에는 아무런 영향을 미치지 못한다고 주장하였다. 이들의 주장을 배로가 리카도의 대등 혹은 동등성 정리라고 명명하였다.

정부지출의 변화 없이 조세수입을 감소시키고 국채를 발행하는 경우 국채를 통한 정부부채의 증가는 반드시 미래 조세부담 증가로 나타난다. 따라서 민간은 현재 감세를 통한 가처분소득의 증가는 미래 가처분소득의 감소라는 것을 잘 알고 있기 때문에 조세감면에 의한 가처분소득의 증가는 저축의 증가로 나타난다. 현재 증가한 가처분소득으로 국채를 구입하더라도 이를 자산으로 인식하지 않고 나중에 상환해야 할 부채로 인식하기 때문에 소비가 늘지 않는다.

특히 항상소득의 관점에서 전 생애에 걸친 소비자의 소득흐름은 변화가 없기 때문에 조세감면·국채 발행 이전의 소비선택을 조세감면·국채 발행 이후에 변경할 이유가 없다. 따라서 정부지출 재원이 조세수입이든, 국채 발행이든지 간에 정부지출이 불변이면 민간에 미치는 영향은 동일하다.

그러나 이러한 리카도 대등 정리에 대하여 비판의 견해도 존재하는데 그 논거는 다음과 같다.

첫째, 정부지출의 변화 없이 조세수입을 감소시키고 국채를 발행하는 경우 국채를 통한 정부부채의 증가는 반드시 미래 조세부담 증가로 나타나더라도 민간은 현재 감세를 통한 가처분소득의 증가를 미래 가처분소득의 감소보다 훨씬 더 중요하게 생각할 수도 있다. 이는 민간이 미래보다 현재를 중시하는 근시안적 소비행태를 보인다든지, 유동성제약(차입제약)에 직면한 경우 많이 나타나는데 이 경우 현재의 조세감면과 그로 인한 현재 소득의 증가가 매우 중요할 수도 있다. 이로 인해서 소비가 증가한다.

또한 조세감면을 받는 현재 세대가 미래 조세증가를 미래 세대의 부담으로 떠넘겨버리게 되면 현재 세대는 조

세감면으로 인하여 소비를 늘리게 된다. 미래 조세증가는 미래 세대의 의무이지 현재 세대의 의무가 아니라고 생각하는 것으로서 현재 소득의 증가와 현재 조세감면을 중요하게 여겨 소비가 증가할 수 있다.

둘째, 차입제약이 있어서 차입이 불완전한 상황이면 소비자는 유동성제약을 겪게 되어 현재 조세감면을 저축에 활용하는 것이 아니라 소비에 즉각 쓰는 상황이 되어 리카도 동등성 정리가 성립하지 않게 된다. 리카도 대등 정리가 성립하려면 저축과 차입이 자유로워야 하지만 현실에서는 그렇지 못하며, 저축이자율과 차입이자율이 상이한 경우가 일반적이다. 따라서 리카도 대등 정리는 그 가정부터 비현실적이라고 비판하는 것이다.

위의 내용에 따라서 설문을 검토하면 다음과 같다.

① 옳은 내용이다.
리카도 동등성 정리에 의하면 민간 경제주체는 정부지출의 변화 없이 조세수입을 감소시키고 국채를 발행하는 경우 국채를 통한 정부부채의 증가는 반드시 미래 조세부담 증가로 나타나는 것을 합리적으로 예상하고 있다. 또한 각종 정책의 변화에 대응하여 합리적으로 판단하여 의사결정을 내린다.

② 옳은 내용이다.
차입제약이 있어서 차입이 불완전한 상황이면 소비자는 유동성제약을 겪게 되어 현재 조세감면을 저축에 활용하는 것이 아니라 소비에 즉각 쓰는 상황이 되어 리카도 동등성 정리가 성립하지 않게 된다.

③ 옳은 내용이다.
민간이 미래보다 현재를 중시하는 근시안적 소비행태를 보이게 되면, 미래 조세부담 증가를 경시하게 되어 현재 조세감면을 저축에 활용하는 것이 아니라 소비에 즉각 쓰는 상황이 되어 리카도 동등성 정리가 성립하지 않게 된다.

④ 옳은 내용이다.
리카도 동등성 정리에 의하면 조세감면에 의한 가처분소득의 증가는 저축의 증가로 나타난다. 현재 증가한 가처분소득으로 국채를 구입하더라도 이를 자산으로 인식하지 않고 나중에 상환해야 할 부채로 인식하기 때문에 소비가 늘지 않는다. 따라서 현재의 감세가 현재의 민간소비를 증가시킨다는 주장과는 상반된 것이다.

⑤ 틀린 내용이다.
리카도 동등성 정리는 정부지출의 변화 없이 조세수입을 감소시키고 국채를 발행하는 경우 민간소비에 미치는 영향을 분석하는 것으로서 설문에서처럼 정부가 미래의 정부지출을 축소한다는 조건에서 분석하는 것이 아니다. 만일 정부가 미래의 정부지출을 축소한다는 조건에서 현재 조세를 줄이는 경우라면, 미래 조세부담이 늘지 않을 수 있기 때문에 현재의 민간소비는 증가할 수 있다.

리카도 대등 정리(Ricardian equivalence theorem)는 정부지출의 재원조달 방식에 나타나는 변화가 민간부문의 경제활동에 아무런 영향을 주지 못한다는 것이다. 이 정리가 성립하기 위한 가정으로 옳은 것을 모두 고른 것은? ▶ 2019년 감정평가사

ㄱ. 유동성제약
ㄴ. 경제활동인구 증가율 양(+)의 값
ㄷ. 일정한 정부지출수준과 균형재정
ㄹ. '합리적 기대'에 따라 합리적으로 행동하는 경제주체

① ㄱ, ㄴ
② ㄴ, ㄷ
③ ㄷ, ㄹ
④ ㄱ, ㄷ, ㄹ
⑤ ㄴ, ㄷ, ㄹ

출제이슈 리카도 동등성 정리

핵심해설 **정답** ③

본 문제는 리카도 동등성 정리에 대한 것으로서 먼저 그 내용을 살펴보면 다음과 같다.

$IS-LM$모형 및 $AD-AS$모형에 의하면 정부지출을 증가시키거나 조세를 감면하는 것이 적어도 단기에 있어서는 국민소득을 증가시키는 효과를 가진다는 측면에서 동일하다. 그러나 리카도 등 고전학파 경제학자들은 정부지출의 변화 없이 조세수입의 변화만으로는 재정적자 규모가 변화해도 경제에는 아무런 영향을 미치지 못한다고 주장하였다. 이들의 주장을 배로가 리카도의 대등 혹은 동등성 정리라고 명명하였다.

정부지출의 변화 없이 조세수입을 감소시키고 국채를 발행하는 경우 국채를 통한 정부부채의 증가는 반드시 미래 조세부담 증가로 나타난다. 따라서 민간은 현재 감세를 통한 가처분소득의 증가는 미래 가처분소득의 감소라는 것을 잘 알고 있기 때문에 조세감면에 의한 가처분소득의 증가는 저축의 증가로 나타난다. 현재 증가한 가처분소득으로 국채를 구입하더라도 이를 자산으로 인식하지 않고 나중에 상환해야 할 부채로 인식하기 때문에 소비가 늘지 않는다.

특히 항상소득의 관점에서 전 생애에 걸친 소비자의 소득흐름은 변화가 없기 때문에 조세감면・국채 발행 이전의 소비선택을 조세감면・국채 발행 이후에 변경할 이유가 없다. 따라서 정부지출 재원이 조세수입이든, 국채 발행이든지 간에 정부지출이 불변이면 민간에 미치는 영향은 동일하다.

위의 내용에 따라서 설문을 검토하면 다음과 같다.

ㄱ. 틀린 내용이다.
소비자는 유동성제약을 겪는 경우에는 현재 조세감면을 저축에 활용하는 것이 아니라 소비에 즉각 쓰는 상황이 되어 리카도 동등성 정리가 성립하지 않게 된다. 리카도 동등성 정리가 성립하려면 저축과 차입이 자유롭고 유동성제약이 없어야 한다.

ㄴ. 틀린 내용이다.

경제활동인구란 조세의 부담을 지는 경제주체들의 집합을 의미하는데, 만일 경제활동인구의 증가율이 양의 값을 갖게 되면 미래 경제활동인구가 증가하므로 미래 조세부담이 분산되는 효과가 나타난다. 이 경우 조세감면을 받는 현재 세대는 미래 조세부담의 증가가 감소하기 때문에 리카도 동등성 정리가 성립하지 않게 되는 것이다. 따라서 리카도 동등성 정리가 성립하려면, 경제활동인구의 증가율이 0이어야 한다.

ㄷ. 옳은 내용이다.

리카도 동등성 정리는 고려하고 있는 기간 동안의 정부지출과 재정수입이 일치해야 하는 제약, 즉 균형재정의 제약이 있으며 특히 정부지출은 변화가 없어야 그 정리가 성립한다.

ㄹ. 옳은 내용이다.

리카도 동등성 정리는 민간이 현재 감세를 통한 가처분소득의 증가는 미래 가처분소득의 감소라는 것을 합리적으로 판단하여 잘 알고 있어야 성립한다. 만일 민간이 합리적이지 못한 의사결정에 의해서 현재 가처분소득의 증가만 고려하게 되면 리카도 동등성 정리는 성립하지 않는다.

Chapter

19

화폐수요이론

THEME 01 케인즈의 유동성선호이론

1 의의

케인즈는 저서 일반이론에서 화폐수요를 거래적 동기, 예비적 동기, 투기적(투자적) 동기로 나누어 설명하면서 화폐수요는 소득 및 이자율의 함수(소득의 증가함수, 이자율의 감소함수)라고 보고 있다.

2 거래적 동기에 의한 화폐수요

1) 의의

경제주체는 계획된 거래, 계획된 지출을 위해서 화폐를 보유하는데 소득수준이 높을수록 계획된 지출의 규모도 클 것이다. 이를 거래적 화폐수요라고 한다.

2) 거래적 화폐수요

거래적 동기에 의한 화폐수요는 소득과 정의 관계에 있으며 소득의 증가함수이다.

3) 고전학파의 화폐수량설

화폐수량설은 거래적 동기에 의한 화폐수요를 강조한 이론으로서 케인즈, 고전학파 모두 화폐수요가 소득수준에 비례한다는 측면에서 공통점이 있다.

3 예비적 동기에 의한 화폐수요

1) 의의

경제주체는 예상치 못한 지출, 계획되지 않은 지출에 대비하기 위하여 화폐를 보유한다. 그런데 소득수준이 높다고 해서 예상치 못하게 지출할 일이 자주 발생하는 것은 아니다. 그러나 소득수준이 높을수록, 예상치 못한 지출에 대비하여 더욱 많은 화폐를 보유할 여유가 있기 때문에 이러한 화폐수요는 소득과 정의 관계에 있다. 이를 예비적 화폐수요라고 한다.

2) 예비적 화폐수요

예비적 동기에 의한 화폐수요는 소득의 증가함수이다.

4 투기적(투자적) 동기에 의한 화폐수요

1) 의의

수익성 금융자산(예 채권 등)에 투자하기 위한 과정에서 일시적으로 화폐를 보유할 수도 있는데 이를 투기적 화폐수요라고 한다. 투기적(투자적) 화폐수요는 가치저장수단으로서의 화폐, 즉 자산으로서의 화폐를 수요하는 것으로서 미래의 이자율이 불확실하기 때문에 존재한다.

이자율이 불확실한 상황에서 만일 앞으로 이자율이 상승하리라고 예상하는 경우(현재 이자율이 낮은 수준임을 의미한다)에는 그때 가서 채권을 구입하기 위하여 현재 일시적으로 화폐를 보유하게 된다. 그런데, 화폐보유에는 이자율이라는 기회비용이 든다. 왜냐하면, 수익률이 0인 화폐를 보유하는 것은 채권보유를 통해서 얻을 수 있는 수익을 포기하는 것이기 때문이다. 따라서 투기적(투자적) 화폐수요는 이자율과 부의 관계에 있다고 할 수 있다.

2) 투기적(투자적) 화폐수요

① 이자율이 높은 수준인 경우

이자율이 높아서 채권의 가격은 낮은 수준이고 향후 이자율이 하락할 것으로 예상되므로 채권가격은 상승할 것으로 보아, 지금 채권구입을 위해서 화폐를 수요하지 않는다.

② 이자율이 낮은 수준인 경우

이자율이 낮아서 채권의 가격은 높은 수준이고 향후 이자율이 상승할 것으로 예상되므로 채권가격은 하락할 것으로 보아, 지금 채권을 수요하지 않고 향후 구입을 위해서 화폐를 수요한다.

③ 투기적(투자적) 화폐수요와 이자율

앞으로 이자율이 어떻게 될 것인가에 대한 예상은 사람마다 다르겠지만 현재 이자율이 낮을수록 앞으로 이자율이 상승할 것으로 믿는 사람들이 많아질 것이고 이러한 예상을 하는 사람들은 지금 화폐를 보유하려고 할 것이다. 따라서 투기적 동기에 의한 화폐수요는 이자율의 감소함수이다.

5 케인즈의 화폐수요함수

거래적 화폐수요가 소득의 증가함수이고 투기적(투자적) 화폐수요가 이자율의 감소함수임을 수식으로 표현하면 다음과 같다.

$$\frac{M^D}{P} = L(Y, r) = kY - lr$$

($\frac{M^D}{P}$: 화폐수요, Y : 소득, r : 이자율, k : 화폐수요의 소득탄력성, l : 화폐수요의 이자율 탄력성)

6 유동성함정

한 경제의 이자율이 매우 낮은 수준이라고 경제주체들이 공통적으로 생각할 때, 통화당국이 통화량을 증가시킬 경우 그 증가된 통화량은 모두 투기적(투자적) 화폐수요로 흡수된다. 따라서 LM곡선이 수평이 되는데 이러한 영역을 유동성함정이라고 한다. 유동성함정은 이자율이 매우 낮은 수준일 경우, 화폐수요가 무한히 증가하는 영역이다(화폐수요의 이자율 탄력성이 무한대).

7 유동성함정과 정책효과

유동성함정이 나타날 경우 화폐수요의 이자율 탄력성이 무한대로서 LM곡선이 수평이 된다. 따라서 재정정책은 최대로 효과가 나타나지만, 통화정책은 효과가 없다.

8 유동성함정과 피구효과

1) 피구효과

피구에 의하면, 민간의 소비함수는 자산의 증가함수이다. 따라서 민간의 실질자산이 증가하는 경우, 민간소비는 자산의 증가함수이므로 자산증가에 따라 소비가 증가하기 때문에 결국 총수요가 증가하게 된다. 피구효과를 IS곡선에 반영하면, 민간의 실질자산이 증가하는 경우 수요가 증가하면서 IS곡선이 우측으로 이동한다.

2) 유동성함정과 피구효과

경제가 유동성함정에 있는 경우 LM곡선이 수평이며 통화정책의 효과가 없음을 앞에서 살펴보았다. 그러나 피구효과를 고려하게 되면 경제가 유동성함정에 있더라도 통화정책을 통해서 민간의 실질자산이 변화하고 IS곡선이 이동하여 국민소득에 영향을 줄 수 있다. 즉, 피구효과는 유동성함정이 있는 경우에 통화정책의 유효성을 높여준다.

9 케인즈의 화폐수요와 고전학파의 화폐수요

1) 케인즈의 화폐수요

케인즈는 명목이자율이 0인 화폐도 하나의 자산으로서 경제주체들이 화폐를 보유하려는 유동성 선호 성향을 가지고 있음을 강조하였다. 이러한 화폐수요에 있어서 이자율이 분명히 영향을 주고 있음을 입증하였다.

2) 고전학파의 화폐수요

케인즈와는 달리 고전학파는 화폐수요란 오직 거래의 필요에 의해서만 이루어지는 것이므로 소득수준에 의해서 결정되고 이자율에 의해서는 결정되지 않는다고 하였다. 케인즈의 유동성선호설의 공헌은 바로 화폐수요에 있어서 이자율의 역할을 명시적으로 강조한 것이라고 할 수 있다.

필수예제

케인즈의 화폐수요이론에 대한 설명으로 옳지 않은 것은? ▸ 2016년 국가직 7급

① 개인은 수익성 자산에 투자하는 과정에서 일시적으로 화폐를 보유하기도 한다.
② 화폐수요의 이자율 탄력성이 0이 되는 것을 유동성함정이라고 한다.
③ 소득수준이 높아질수록 예비적 동기의 화폐수요는 증가한다.
④ 거래적 동기의 화폐수요는 소득수준과 관련이 있다.

출제이슈 케인즈의 화폐수요이론
핵심해설 **정답** ②

케인즈의 화폐수요함수는 $\frac{M^D}{P}=L(Y,r)=kY-lr$ (k : 화폐수요의 소득탄력성, l : 화폐수요의 이자율 탄력성)로서 소득과 이자율의 함수로 표시된다.

케인즈에 의하면 화폐수요는 거래적 화폐수요, 예비적 화폐수요와 투기적 화폐수요로 나뉜다.

거래적 화폐수요는 거래목적을 위해서 화폐를 수요하는 것으로서 소득이 증가하면 거래규모가 커지면서 거래적 화폐수요도 증가한다. 화폐수요(거래적 수요)의 소득탄력성이 작을수록 LM곡선은 완만하다.

예비적 화폐수요는 예상치 못한 지출, 계획되지 않은 지출에 대비하기 위하여 화폐를 보유하는 것으로서 소득수준이 높을수록, 예상치 못한 지출에 대비하여 더욱 많은 화폐를 보유할 여유가 있기 때문에 예비적 화폐수요는 소득과 정의 관계에 있다.

투기적 화폐수요는 채권 등 수익성 자산에 투자하는 과정에서 일시적으로 화폐를 수요하는 것으로서 이자율과 역의 관계에 있다. 왜냐하면 현재 이자율이 매우 낮다면 채권가격은 높은 상황이며, 미래에 이자율 상승 및 채권가격 하락을 기대하면서 경제주체들은 미래 채권구입을 위해 현재 화폐를 보유하게 될 것이기 때문이다. 화폐수요(투기적 수요)의 이자율 탄력성이 클수록 LM곡선은 완만하다.

위의 내용에 따라 ①, ③, ④를 먼저 검토하면 다음과 같다.

① 옳은 내용이다.
투기적 화폐수요로서 채권 등 수익성 자산에 투자하는 과정에서 일시적으로 화폐를 수요하며 이자율과 역의 관계에 있다.

③ 옳은 내용이다.
예비적 화폐수요로서 예상치 못한 지출, 계획되지 않은 지출에 대비하기 위하여 화폐를 보유하며 소득수준이 높을수록, 예상치 못한 지출에 대비하여 더욱 많은 화폐를 보유할 여유가 있기 때문에 예비적 화폐수요는 소득과 정의 관계에 있다.

④ 옳은 내용이다.
거래적 화폐수요로서 거래목적을 위해서 화폐를 수요하는 것으로서 소득이 증가하면 거래규모가 커지면서 거래적 화폐수요도 증가한다.

이제 ②를 검토하면 다음과 같다.

② 틀린 내용이다.
한 경제의 이자율이 매우 낮은 수준이라고 경제주체들이 공통적으로 생각할 때, 통화당국이 통화량을 증가시킬 경우 그 증가된 통화량은 모두 투기적 화폐수요로 흡수된다(화폐수요의 이자율 탄력성이 무한대). 따라서 LM곡선이 수평이 되는데 이러한 영역을 유동성함정이라고 한다. 즉, 유동성함정은 이자율이 매우 낮은 수준일 경우, 화폐수요가 무한히 증가하는 영역이다. 유동성함정이 나타날 경우 재정정책은 최대로 효과가 나타나지만, 통화정책은 효과가 없다. 화폐수요의 이자율 탄력성이 0이 아니라 무한대가 되는 경우에 유동성함정이라고 하는데 제시된 설문은 반대로 이자율 탄력성이 0이라고 하였기 때문에 틀린 내용이다.

THEME 02 고전학파 및 통화주의학파의 화폐수량설

1 거래수량설

1) 의의

거래수량설은 거래량과 화폐량의 관계로서 교환의 매개수단으로서의 화폐의 기능을 강조한다. 이는 일정 기간 동안에 어떤 경제에서 이루어진 모든 거래를 성사시키기 위해서는 화폐가 평균적으로 몇 번씩 지출되어야 하는가의 문제에서 출발하였다. 피셔는 이로부터 교환방정식을 도출하였으며 교환방정식을 해석하여 화폐수요를 도출할 수 있다.

2) 교환방정식

거래대금과 지불된 화폐액 간의 동등관계로부터 거래와 화폐 간의 교환방정식은 다음과 같이 표시될 수 있다.

$$MV = PT$$

(M : 경제 내에 존재하는 화폐량, V : 화폐의 거래유통속도(화폐의 평균지출횟수),
P : 물가(거래당 평균단가), T : 전체거래량)

이때, MV는 화폐지급액(화폐수취액)을 의미하고 PT는 총거래대금(판매된 재화의 가치)을 나타내므로 이 둘은 항상 일치하게 되어 항등식이 성립한다. 만일 모든 거래를 의미하는 PT 대신에 국민소득의 집계에 포착되는 거래로 한정하면 명목국민소득 PY를 이용할 수 있다. 이 경우 위의 교환방정식은 다음과 같이 표시되며 실제 경제분석에서 많이 활용된다. 이때의 화폐유통속도는 엄밀하게는 화폐의 거래유통속도가 아니라 화폐의 소득유통속도가 되어 다르다는 점에 유의하자.

$$MV = PY$$

(M : 경제 내에 존재하는 화폐량, V : 화폐의 소득유통속도(화폐의 평균지출횟수),
P : 물가(거래당 평균단가), Y : 국민소득)

3) 화폐수요

화폐공급 $M^S = M$이라고 하고, 화폐수요 M^D와 화폐공급 M^S가 일치한다고 하면 위의 교환방정식은 다음과 같이 화폐수요의 형태로 표현할 수 있다.

$$M^D = \frac{1}{V}PY$$

(M^D : 화폐수요량, V : 화폐의 유통속도(화폐의 평균지출횟수),
P : 물가(거래당 평균단가), Y : 국민소득)

교환방정식은 화폐수요가 명시적으로 드러나지 않았지만 화폐공급과 균형을 통해서 화폐수요를 위와 같이 도출할 수 있다. 단순한 항등식으로서 교환방정식을 화폐수요로 해석할 수 있게 된 것이다. 이때 화폐수요는 경제 내의 모든 거래들을 성사시키기 위해서 필요한 화폐량을 의미한다. 특히 국민소득 Y나 거래량 T가 일정하다고 가정하면 교환방정식은 화폐와 물가의 관계를 나타내는 물가이론으로 해석할 수 있다.

4) 화폐수요의 결정요인

화폐의 유통속도 V는 지불과 관련된 기술이나 관습에 의해 영향을 받으며, 이들은 단기적으로 변화가 없다고 할 수 있으므로 화폐유통속도 또한 단기적으로 일정하다고 피셔는 주장하였다. 그렇다면 화폐수요 $M^D = \frac{1}{V}PY$에서 V가 일정하므로 결국 화폐수요는 명목국민소득 PY의 크기에 의해서 결정된다고 할 수 있다.

2 현금잔고수량설

1) 의의

앞서 살펴본 교환방정식과 거래수량설은 화폐의 교환수단으로서의 기능만을 강조하는 반면, 케임브리지학파 마샬의 현금잔고수량설은 가치저장수단 즉 자산으로서의 화폐의 기능을 강조하였다. 자산으로서의 화폐수요란 전체 자산 가운데 화폐를 얼마나 보유하고 다른 형태의 자산을 얼마나 보유하느냐의 문제이다. 즉 화폐는 선택가능한 다양한 자산 가운데 하나이다. 이때, 화폐보유량의 결정은 화폐자산을 보유함으로 인해 발생하는 효용과 비화폐자산 보유에 따른 효용을 비교하여 이루어진다. 이렇게 결정된 화폐자산 보유량이 바로 화폐수요가 된다.

케임브리지학파 마샬과 피구는 교환방정식을 통해 현금잔고방정식을 도출하였다.

2) 현금잔고방정식과 화폐수요

마샬에 의하면 자산으로서의 화폐보유는 전체 자산의 일부분을 구성하며 전체 자산의 크기에 비례한다. 그리고 소득이 자산의 크기에 비례한다고 하면 결국 화폐보유는 소득의 크기에 비례하므로 다음과 같이 표시할 수 있다.

$M^D = kPY$

(M^D : 화폐수요, k : 마샬의 k, PY : 명목소득)

이 식을 현금잔고방정식이라고 하는데 이는 자산으로서의 화폐에 대한 명시적인 수요를 의미한다. 이때 k는 화폐수요주체가 소득 중에서 얼마만큼을 화폐로 보유할 것인지를 나타내는 지표로서 마샬의 k라고 한다.

3) 화폐수요의 결정요인

마샬은 전체 보유자산 중의 일부분을 화폐로 보유하는 것으로 보았다. 직관적으로 보면, 자산이 많을수록 화폐자산도 많을 것이므로 이는 화폐수요가 많다는 것이다. 자산으로서의 화폐수요는 보유자산의 크기에 비례한다. 그런데 자산과 소득의 관계를 생각해보면 소득이 높을수록 자산이 많이 축적될 것이므로 소득과 자산은 비례한다. 결국 소득이 높으면 자산으로서의 화폐수요가 많으며, 자산으로서의 화폐수요를 결정하는 것은 소득이라고 할 수 있다.

3 거래수량설과 현금잔고수량설의 비교

1) 묵시성 vs 명시성

거래수량설은 교환방정식의 해석으로부터 도출되는 묵시적인 화폐수요이나, 현금잔고방정식은 명목소득의 일부를 화폐로 보유하고자 하는 데서 나타나는 명시적인 화폐수요이다.

2) 교환수단 vs 가치저장수단

거래수량설이 거래를 성사시키기 위한 화폐의 교환기능을 중시했다면, 현금잔고방정식은 자산의 하나로서 화폐의 가치저장기능을 중시했다.

3) 화폐유통속도 vs 마샬의 k

거래수량설의 화폐유통속도 V는 국민소득을 만들어내기 위해 화폐가 순환한 횟수인 반면, 현금잔고방정식의 k는 경제주체가 소득 중 화폐로 보유하고자 하는 비율을 나타낸다.

4) 유량적 vs 저량적

거래수량설이 경제 전체에서 일정 기간 동안에 행해진 거래를 대상으로 한 거시적, 유량적 접근이라면, 현금잔고방정식은 화폐를 보유하는 개별경제주체가 일정 시점에서 자산보유를 대상으로 한 미시적, 저량적 접근이다.

4 신화폐수량설

1) 의의

고전적인 화폐수량설에 의하면 화폐의 유통속도는 지불과 관련된 기술이나 관습에 의해 영향을 받기 때문에 일정하다고 보고 있다. 그러나 현실에서 화폐의 유통속도는 단기적으로 상당한 변동이 있는 편이다. 대체로 호황일 경우에는 유통속도가 빨라지고, 불황일 경우에는 유통속도가 느려진다. 이에 따라 프리드만은 유통속도의 단기적 변동을 설명할 수 있도록 기존의 화폐수량설을 발전시켜서 신화폐수량설을 제기하였다. 신화폐수량설은 케임브리지학파의 현금잔고수량설과 같이 화폐의 자산으로서의 기능을 강조하여 화폐는 자산의 한 형태로서 수요된다고 보았다.

2) 케인즈 vs 통화론자

신화폐수량설은 통화론자의 화폐수요이론으로서 기본적으로는 고전학파의 화폐수량설적 관점에서 접근하되 케인즈가 강조한 화폐수요의 요인을 대폭 수용하였다. 통화론자인 프리드먼은 케인즈의 투기적 화폐수요를 결정하는 이자율을 화폐수요함수로 편입시켰으며 나아가 각종 자산의 수익률을 명시적으로 고려하였다.

3) 화폐수요

① 화폐수요와 개인의 미시적 자산선택

프리드먼에 의하면 화폐수요는 개인이 자산선택을 하는 과정에서 결정되는 것으로서 최적의 자산선택은 제약조건하에서의 효용극대화에서 도출될 수 있다. 화폐보유의 제약조건은 경제주체의 총보유자산 혹은 총부를 의미한다. 화폐수요는 최적의 화폐보유량 결정으로서 화폐보유의 한계적인 편익과 한계적인 비용을 비교하여 결정된다. 이때 화폐보유의 편익은 화폐의 수익률을 의미하며, 화폐보유의 비용은 기회비용의 관점에서 화폐와 대체적인 자산의 수익률을 의미한다.

② 화폐수요의 결정요인

자산으로서의 화폐는 화폐의 수익률과 대체자산들의 수익률에 의하여 결정되므로 다음과 같은 함수식으로 표현할 수 있다.

$$\frac{M^D}{P} = L(Y^P, i - i_m, \pi)$$

($\frac{M^D}{P}$: 실질화폐수요, Y^P : 항상소득, i : 다른 자산의 수익률, i_m : 화폐의 수익률, π : 인플레이션율)

i) 항상소득

프리드먼의 신화폐수량설에서 항상소득은 비인적자산과 인적자산을 포함하는 부를 대신하는 개념으로 볼 수 있다. 즉 자산으로서의 화폐수요는 부에 비례하는데 이는 항상소득에 비례한다고 볼 수 있다.

ii) 화폐의 수익률

화폐의 수익률은 명목적으로는 0으로 볼 수 있다. 그러나 화폐를 확장하여 보면 통화지표로 포함된 금융상품 중에는 수익률이 있는 상품이 있을 뿐만 아니라, 그에 부가된 혜택 및 서비스가 있으므로 이런 것들이 수익의 역할을 한다고 볼 수 있다. 이 경우에는 화폐의 수익률은 0을 초과할 수 있다.

iii) 대체자산의 수익률

화폐의 대체자산은 주식, 채권, 실물자산 등이며, 주식이나 채권과 같은 금융자산의 수익률을 i 라고 한다면, 실물자산의 수익률은 인플레이션율 π 라고 할 수 있다. 특히 인플레이션율은 실물자산을 보유한 경우 기대되는 투자수익률이기도 하지만, 물가상승으로 인해서 화폐의 가치가 하락하므로 화폐보유의 편익을 감소시켜 화폐수요에 영향을 주는 요인으로 볼 수 있다. 대체자산의 수익률이 상승할수록 화폐보유의 기회비용이 커지기 때문에 화폐수요는 감소하게 될 것이다.

③ 화폐수요함수

i) 화폐수요함수

이상의 논의들을 모두 반영하면, 화폐수요는 항상소득의 증가함수, 이자율의 감소함수, 인플레이션율의 감소함수가 되며 이를 함수식으로 표현하면 다음과 같다.

$$\frac{M^D}{P} = L(Y^P, i, \pi)$$

($\frac{M^D}{P}$: 실질화폐수요, Y^P : 항상소득, i : 이자율, π : 인플레이션율)

ii) 이자율에 대한 프리드먼의 견해

프리드먼은 화폐수요가 대체자산의 수익률에 그다지 민감하지 않다고 보았다. 그러나 케인즈는 자산으로서의 화폐수요는 이자율에 대해 대단히 민감하다고 보았다. 프리드먼이 화폐수요가 대체자산의 수익률에 민감하지 않다고 본 이유는 다음과 같다. 만일 대체자산의 수익률이 상승할 경우 금융기관들은 통화지표에 포함된 금융상품의 수익률을 인상하거나 혜택을 증가시킬 것이므로 다른 자산의 수익률과 화폐의 수익률의 격차는 큰 변화가 없게 된다. 결국 대체자산의 수익률은 화폐수요에 큰 영향을 주지 못한다. 이를 반영하면

프리드먼의 화폐수요함수는 다음과 같다.

$$\frac{M^D}{P} = L(Y^P)$$

($\frac{M^D}{P}$: 실질화폐수요, Y^P : 항상소득)

4) 화폐유통속도

① 신화폐수량설의 화폐유통속도 도출

화폐유통속도는 $V = \frac{PY}{M} = \frac{Y}{\frac{M}{P}}$ 이므로 여기에 프리드먼의 화폐수요함수 $\frac{M^D}{P} = L(Y^P)$를 대입하면 $V = \frac{Y}{L(Y^P)}$가 된다.

② 경기변동과 화폐유통속도

경기변동에 따라서 Y는 증가 혹은 감소한다. 그러나 항상소득 Y^P는 소득 Y보다는 작게 반응한다. 따라서 경기변동 시 화폐유통속도 $V = \frac{Y}{L(Y^P)}$에서 분자는 크게, 분모는 작게 변화한다는 의미이다. 그렇기 때문에 경기상승 시 유통속도 V는 커지고, 경기하강 시 유통속도 V는 작아진다. 이와 같이 신화폐수량설은 거래수량설이나 현금잔고방정식과는 달리 경기변동에 따라서 유통속도가 변화하는 현상을 잘 설명할 수 있다는 차이가 있다.

필수예제

수량방정식(quantity equation)은 통화량과 산출량의 명목가치 사이의 관계를 나타낸다. 물가가 10이고 통화량이 1,000억원일 때, 수량방정식이 성립하는 화폐유통속도와 산출량(실질 GDP)의 조합으로 옳게 짝지은 것은? ▸ 2020년 국가직 9급

	화폐유통속도	산출량(실질 GDP)
①	500	20억원
②	20	500억원
③	200	2억원
④	2	200억원

출제이슈 화폐수량설

핵심해설 **정답** ④

고전학파의 화폐수량설(거래수량설)에 의하면, 교환의 매개수단으로서의 화폐의 기능을 강조한다. 이를 잘 표현하고 있는 것이 다음과 같은 피셔의 교환방정식이다.

교환방정식 $MV = PY$
(M : 경제 내에 존재하는 화폐량, V : 유통속도(화폐의 평균지출횟수),
P : 물가(거래당 평균단가), Y : 실질국민소득)

교환방정식은 항상 일치하는 항등식으로서 일정 기간 동안에 어떤 경제에서 이루어진 모든 거래를 성사시키기 위해서는 화폐가 평균적으로 몇 번씩 지출되어야 하는가의 문제이다.

위의 내용에 따라서 설문을 검토하면 다음과 같다.

설문에서 주어진 물가는 10, 통화량은 1,000억원이므로 이를 교환방정식 $MV = PY$에 대입하면 다음과 같다.

$1{,}000\,V = 10\,Y$이 된다. 이는 $\frac{Y}{V} = \frac{1{,}000}{10} = 100$임을 의미한다.
산출량과 화폐유통속도의 비율이 100인 경우를 찾으면 화폐유통속도 2, 산출량 200억원이 된다.

어느 경제에서 1년 동안 쌀만 100kg 생산되어 거래되었다고 하자. 쌀가격은 1kg당 2만원이고 공급된 화폐량은 50만원이다. 이 경우 화폐의 유통속도는 얼마인가? (단, 화폐수량설이 성립한다.)

▸ 2019년 감정평가사

① 1 ② 2 ③ 3
④ 4 ⑤ 5

출제이슈 **화폐수량설**

핵심해설 **정답 ④**

고전학파의 화폐수량설(거래수량설)에 의하면, 교환의 매개수단으로서의 화폐의 기능을 강조한다. 이를 잘 표현하고 있는 것이 다음과 같은 피셔의 교환방정식이다.

교환방정식 $MV = PY$
(M : 경제 내에 존재하는 화폐량, V : 유통속도(화폐의 평균지출횟수),
P : 물가(거래당 평균단가), Y : 실질국민소득)

교환방정식은 항상 일치하는 항등식으로서 일정 기간 동안에 어떤 경제에서 이루어진 모든 거래를 성사시키기 위해서는 화폐가 평균적으로 몇 번씩 지출되어야 하는가의 문제이다. 이 교환방정식의 해석으로부터 다음과 같은 화폐수요를 도출할 수 있다.

화폐수요함수 $M^D = \frac{1}{V}PY = kPY$ (화폐유통속도는 안정적)

그리고 위의 교환방정식 $MV = PY$에서 이를 변화율 형태로 바꾸면 $\hat{M} + \hat{V} = \hat{P} + \hat{Y}$로서 통화증가율 + 유통속도변화율 = 물가상승률 + 실질소득증가율(경제성장률)이 된다.

설문의 자료를 위의 교환방정식 $MV = PY$에 대입하여 풀면 다음과 같다.

$500,000(원)\,V = 20,000(원/kg) \times 100(kg)$, $V = 4$

폐쇄경제인 A국에서 화폐수량설과 피셔방정식(Fisher equation)이 성립한다. 화폐유통속도가 일정하고, 실질 경제성장률이 2%, 명목이자율이 5%, 실질이자율이 3%인 경우 통화증가율은?

▸ 2017년 감정평가사

① 1% ② 2% ③ 3%
④ 4% ⑤ 5%

출제이슈 화폐수량설
핵심해설 정답 ④

1) 피셔방정식
피셔효과가 성립하는 경우, 피셔방정식에 따라서 인플레이션율은 명목이자율(5%)에서 실질이자율(3%)을 차감한 값이므로 2%가 된다.

2) 교환방정식
고전학파의 화폐수량설(거래수량설)에 의하면, 교환의 매개수단으로서의 화폐의 기능을 강조한다. 이를 잘 표현하고 있는 것이 다음과 같은 피셔의 교환방정식이다.

교환방정식 $MV = PY$
(M : 경제 내에 존재하는 화폐량, V : 유통속도(화폐의 평균지출횟수),
P : 물가(거래당 평균단가), Y : 실질국민소득)

교환방정식은 항상 일치하는 항등식으로서 일정 기간 동안에 어떤 경제에서 이루어진 모든 거래를 성사시키기 위해서는 화폐가 평균적으로 몇 번씩 지출되어야 하는가의 문제이다. 이 교환방정식의 해석으로부터 다음과 같은 화폐수요를 도출할 수 있다.

화폐수요함수 $M^D = \frac{1}{V}PY = kPY$ (화폐유통속도는 안정적)

그리고 위의 교환방정식 $MV = PY$에서 이를 변화율 형태로 바꾸면 $\widehat{M} + \widehat{V} = \widehat{P} + \widehat{Y}$로서 통화증가율 + 유통속도변화율 = 물가상승률 + 실질소득증가율(경제성장률)이 된다.

설문의 자료를 위의 교환방정식의 변화율 형태의 식 $\widehat{M} + \widehat{V} = \widehat{P} + \widehat{Y}$에 대입하여 풀면 다음과 같다.

위의 피셔방정식에서 인플레이션율은 2%이고, 설문에서 화폐유통속도변화율은 0%, 실질 경제성장률은 2%로 주어졌음을 고려하면, $\widehat{M} + 0\% = 2\% + 2\%$이 성립하므로 통화증가율은 $\widehat{M} = 4\%$가 된다.

PART • 08

A국에서는 고전학파의 이론인 화폐수량설이 성립한다. 현재 A국의 실질 GDP는 20,000, 물가수준은 30, 그리고 통화량은 600,000일 때, 옳지 않은 것은? ▸ 2017년 국가직 7급

① A국에서 화폐의 유통속도는 1이다.
② A국 중앙은행이 통화량을 10% 증가시켰을 때, 물가는 10% 상승한다.
③ A국 중앙은행이 통화량을 10% 증가시켰을 때, 명목 GDP는 10% 증가한다.
④ A국 중앙은행이 통화량을 4% 증가시켰을 때, 실질 GDP는 4% 증가한다.

출제이슈 화폐수량설
핵심해설 **정답 ④**

고전학파의 화폐수량설(거래수량설)에 의하면, 교환의 매개수단으로서의 화폐의 기능을 강조한다. 이를 잘 표현하고 있는 것이 다음과 같은 피셔의 교환방정식이다.

교환방정식 $MV = PY$
(M : 경제 내에 존재하는 화폐량, V : 유통속도(화폐의 평균지출횟수),
P : 물가(거래당 평균단가), Y : 실질국민소득)

교환방정식은 항상 일치하는 항등식으로서 일정 기간 동안에 어떤 경제에서 이루어진 모든 거래를 성사시키기 위해서는 화폐가 평균적으로 몇 번씩 지출되어야 하는가의 문제이다. 이 교환방정식의 해석으로부터 다음과 같은 화폐수요를 도출할 수 있다.
화폐수요함수 $M^D = \frac{1}{V}PY = kPY$ (화폐유통속도는 안정적)

그리고 위의 교환방정식 $MV = PY$에서 이를 변화율 형태로 바꾸면 $\widehat{M} + \widehat{V} = \widehat{P} + \widehat{Y}$ 로서 통화증가율 + 유통속도변화율 = 물가상승률 + 실질소득증가율(경제성장률)이 된다.

설문의 자료를 위의 교환방정식 및 교환방정식의 증가율 형태의 식에 대입하면 다음과 같다.

① $MV = PY$, $600{,}000\,V = 30 \times 20{,}000$, 따라서 화폐의 유통속도 $V = 1$

② $\widehat{M} + \widehat{V} = \widehat{P} + \widehat{Y}$, $10 + 0 = \widehat{P} + 0$, $\widehat{P} = 10$, 따라서 물가상승률 $\widehat{P} = 10(\%)$

③ $\widehat{M} + \widehat{V} = \widehat{P} + \widehat{Y}$, $10 + 0 = \widehat{PY}$, $\widehat{PY} = 10$, 따라서 명목국민소득의 증가율 $\widehat{PY} = 10(\%)$

④ $\widehat{M} + \widehat{V} = \widehat{P} + \widehat{Y}$, $4 + 0 = \widehat{PY}$, $\widehat{PY} = 4$, 따라서 명목국민소득의 증가율 $\widehat{PY} = 4(\%)$

실질국민소득의 증가율이 4%라고 했으므로 틀린 내용이 된다.

다음의 교환방정식에 대한 설명으로 옳지 않은 것은? ▸ 2016년 국가직 7급

$MV = PY$(단, M은 통화량, V는 화폐의 유통속도, P는 물가, Y는 실질GDP이다.)

① 통화량이 증가하면, 물가나 실질GDP가 증가하거나 화폐유통속도가 하락해야 한다.
② V와 Y가 일정하다는 가정을 추가하면 화폐수량설이 도출된다.
③ V와 M이 일정할 때, 실질GDP가 커지면 물가가 상승해야 한다.
② V와 Y가 일정할 때, 인플레이션율과 통화증가율은 비례관계에 있다.

출제이슈 화폐수량설
핵심해설 정답 ③

고전학파의 화폐수량설(거래수량설)에 의하면, 교환의 매개수단으로서의 화폐의 기능을 강조한다. 이를 잘 표현하고 있는 것이 다음과 같은 피셔의 교환방정식이다.

교환방정식 $MV = PY$
(M : 경제 내에 존재하는 화폐량, V : 유통속도(화폐의 평균지출횟수),
P : 물가(거래당 평균단가), Y : 실질국민소득)

교환방정식은 항상 일치하는 항등식으로서 일정 기간 동안에 어떤 경제에서 이루어진 모든 거래를 성사시키기 위해서는 화폐가 평균적으로 몇 번씩 지출되어야 하는가의 문제이다. 이 교환방정식의 해석으로부터 다음과 같은 화폐수요를 도출할 수 있다.

화폐수요함수 $M^D = \frac{1}{V}PY = kPY$ (화폐유통속도는 안정적)

위의 화폐수량설의 내용에 근거하여 설문을 검토하면 다음과 같다.

① 옳은 내용이다.
교환방정식 $MV = PY$에 의하면 통화량 증가 시 교환방정식의 항등관계를 만족시키기 위해서는 물가나 실질GDP가 증가하거나 화폐유통속도가 하락해야 한다.

② 옳은 내용이다.
교환방정식 $MV = PY$은 항상 일치하는 항등식으로서 일정 기간 동안에 어떤 경제에서 이루어진 모든 거래를 성사시키기 위해서는 화폐가 평균적으로 몇 번씩 지출되어야 하는가의 문제이다. 여기에 화폐유통속도가 일정하고 실질GDP도 완전고용생산 수준으로 일정하다고 가정하면 화폐수량설이 도출된다. 그리고 이의 해석으로부터 화폐수요를 도출할 수 있다.

③ 틀린 내용이다.
교환방정식 $MV=PY$에서 화폐유통속도와 통화량이 일정할 때, 실질GDP가 커지면 교환방정식의 항등관계를 만족시키기 위해서는 물가가 하락해야 한다.

④ 옳은 내용이다.
교환방정식 $MV=PY$에서 이를 변화율 형태로 바꾸면 $\widehat{M}+\widehat{V}=\widehat{P}+\widehat{Y}$로서 통화증가율 + 유통속도변화율 = 물가상승률 + 실질소득증가율(경제성장률)이 된다. 만일 화폐유통속도와 실질GDP가 일정하다면, 변화율이 0이므로 통화증가율 = 물가상승률이 되어 정확하게 비례관계에 있게 된다.

어느 경제의 화폐수요함수가 다음과 같다.

$$\frac{M^d}{P} = \frac{Y}{4i}$$

M^d, P, Y, i 는 각각 명목화폐수요, 물가수준, 총생산, 명목이자율을 나타낸다. 이 경제의 화폐유통 속도는?

▸ 2019년 공인회계사

① i　② $4i$　③ $\frac{1}{4i}$

④ $\frac{1}{4}$　⑤ 4

출제이슈 **화폐수량설**

핵심해설 **정답** ②

고전학파의 화폐수량설(거래수량설)에 의하면, 교환의 매개수단으로서의 화폐의 기능을 강조한다. 이를 잘 표현하고 있는 것이 다음과 같은 피셔의 교환방정식이다.

교환방정식 $MV = PY$
(M : 경제 내에 존재하는 화폐량, V : 유통속도(화폐의 평균지출횟수),
P : 물가(거래당 평균단가), Y : 실질국민소득)

교환방정식은 항상 일치하는 항등식으로서 일정 기간 동안에 어떤 경제에서 이루어진 모든 거래를 성사시키기 위해서는 화폐가 평균적으로 몇 번씩 지출되어야 하는가의 문제이다. 이 교환방정식의 해석으로부터 다음과 같은 화폐수요를 도출할 수 있다.

화폐수요함수 $M^D = \frac{1}{V}PY = kPY$ (화폐유통속도는 안정적)
특히 이는 교환거래에 사용된 화폐수요이므로 거래적 화폐수요라고 할 수 있다.

위의 내용에 따라서 설문을 검토하면 다음과 같다.

설문에서 $\frac{M^d}{P} = \frac{Y}{4i}$ 이므로 이를 위의 화폐수요함수의 형태로 변형하면 다음과 같다.

$M^d = \frac{1}{V}PY = \frac{1}{4i}PY$

따라서 화폐유통속도는 $V = 4i$가 된다.

THEME 03 보몰의 재고자산이론

1 의의

보몰 및 토빈은 경제주체들의 최적의 의사결정의 결과로서 화폐수요를 도출하였는데 이를 화폐수요에 대한 미시적 기초라고 한다. 이들은 케인즈의 거래적 화폐수요이론을 현대적으로 발전시켜서 투기적 화폐수요뿐만 아니라 거래적 화폐수요도 이자율의 영향을 받는다고 강조하였다. 즉, 아무리 거래적 화폐수요라도 화폐보유에는 이자수익의 포기라는 기회비용이 들기 때문에 거래적 수요도 이자율의 영향을 피해갈 수는 없는 것이다.

2 접근논리

1) 재고보유의 논리

상기업은 제품의 입고와 출고 사이에 시간적 불일치가 있기 때문에 얼마간의 재고를 보유하고 있어야만 한다. 개인도 소득수취시점과 지출시점 사이에 시간적 격차가 존재하기 때문에 일정액의 화폐를 보유하고 있어야만 한다.

2) 최적재고보유 결정의 논리

① 상기업의 최적재고보유

기업이 재고를 보유하게 되면 고객의 수요에 신속하게 대응할 수 있는 장점이 있다. 그러나 재고 보유로 인해서 재고에 자금이 투입되어야 하므로 재고 보유 시점부터 판매 시점까지 이자수익을 포기해야 하는 비용이 발생한다. 따라서 기업은 재고의 보유에 따른 비용을 최소화하는 방향으로 최적의 재고보유량을 결정한다.

② 개인의 최적화폐보유

개인은 화폐를 보유하게 되면 향후 발생할 수 있는 거래에 신속하게 대응할 수 있는 장점이 있다. 그러나 화폐의 보유에 있어서 거래비용이나 이자수익과 같은 기회비용이 들기 때문에 이러한 비용을 최소화하는 방향으로 최적의 화폐보유량을 결정한다.

i) 개인이 화폐를 보유하게 되면 유동성 보유에 따른 다양한 편의 향유라는 장점이 있다.
ii) 그러나 화폐 보유로 인해서 화폐 보유 시점부터 사용 시점까지 이자수익을 포기해야 하는 비용이 들게 된다.

3 모형의 설정

1) 모형의 가정

매기 초에 소득 PY원을 받는다(P : 물가수준, Y : 실질소득). 이를 은행에 예금해둘 경우 이자율 i의 수익을 얻는다. 은행에서 현금을 인출할 경우에는 인출에 따른 거래비용 Pb(P : 물가, b : 실질거래비용으로서 인출 1회당 고정비용을 의미)이 소요된다. 매번 동일하게 화폐 M원을 인출하며, 1번 인출한 현금은 다음 인출 시까지 즉, 고려되는 기간 동안 균일하게 지출한다. 따라서 고려되는 기간에서 평균적인 화폐수요는 $\frac{M}{2}$이 된다.

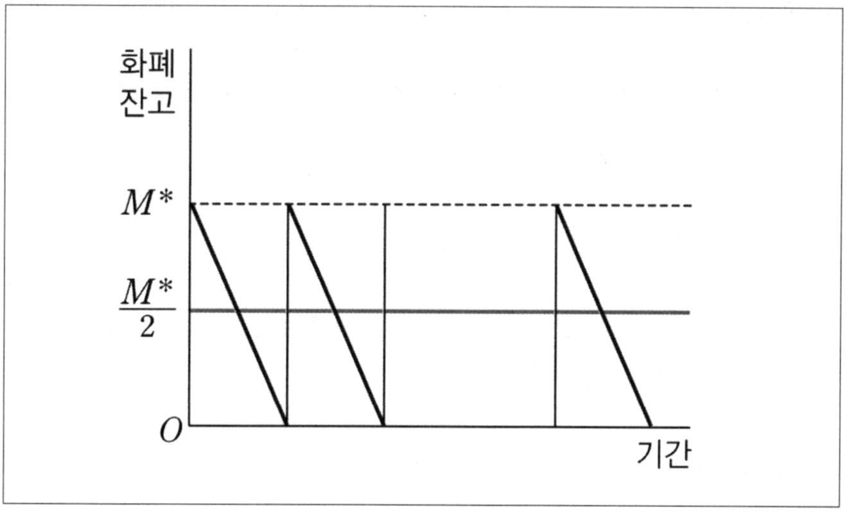

그림 19-1 거래적 화폐수요

2) 화폐보유의 비용

① 화폐인출에 따른 거래비용

$$\frac{PY}{M}(\text{인출횟수}) \times Pb(\text{1회당 인출비용}) = \frac{P^2Yb}{M}$$

② 화폐보유의 기회비용

$$\frac{M}{2}(M\text{원을 인출, 균일 지출할 경우 평균잔고}) \times i\,(\text{화폐보유의 기회비용})$$

③ 화폐보유의 총비용

$$C = \frac{P^2Yb}{M} + \frac{M}{2}i$$

3) 화폐보유비용 최소화

위의 총비용식을 M으로 미분하여 0과 일치시키면, 화폐보유의 총비용을 최소화하는 최적의 화폐 인출액을 구할 수 있다. 따라서 이를 풀면 최적의 화폐인출액은 $M^* = P\sqrt{\frac{2bY}{i}}$ 가 된다.

4 보몰 – 토빈의 화폐수요함수

1) 화폐수요함수의 도출

화폐보유비용을 최소화시키는 최적의 화폐인출액 $M^* = P\sqrt{\frac{2bY}{i}}$ 이므로 M^*원을 인출하여 균일하게 지출할 경우 평균잔고는 $\frac{M^*}{2}$가 되고 이것이 바로 화폐수요를 의미한다. 따라서 화폐수요함수는 다음과 같다.

$$M^D = \frac{M^*}{2} = P\sqrt{\frac{bY}{2i}}\ , \quad \frac{M^D}{P} = \sqrt{\frac{bY}{2i}}$$

(M^D : 화폐수요, M^* : 최적의 화폐인출액, P : 물가수준, Y : 실질소득, i : 이자율, b : 실질거래비용으로서 인출 1회당 고정비용)

2) 화폐수요의 결정요인

보몰의 화폐수요함수 $\frac{M^D}{P} = \sqrt{\frac{bY}{2i}}$ 에 의하면 소득이 높을수록 화폐수요는 증가하며, 이자율이 높을수록 화폐수요는 감소한다. 그리고 거래비용이 많이 들수록 화폐수요는 증가한다. 거래비용을 넓게 보면, 화폐 이외의 자산을 화폐자산으로 전환하는 데 드는 비용을 의미한다.

5 보몰 – 토빈 화폐수요함수와 케인즈 화폐수요함수의 비교

1) 화폐수요와 소득

소득이 2배로 증가할 경우 거래적 화폐수요는 케인즈와 보몰에 있어서 다음과 같이 차이가 있다.

① 케인즈 화폐수요함수 $\frac{M^D}{P} = l_T(Y) + l_S(r) = kY - lr$에 의하면 소득이 2배로 증가할 때, 거래적 화폐수요 $l_T(Y) = kY$도 2배 증가한다.

$$l_T(Y) = kY \quad \rightarrow \quad l_T(Y) = 2kY$$

② 그러나 보몰 - 토빈 화폐수요함수 $\frac{M^D}{P} = \sqrt{\frac{bY}{2i}}$ 에 의하면 거래적 화폐수요는 2배 이하 증가한다.

$$\frac{M^D}{P} = \sqrt{\frac{bY}{2i}} \quad \rightarrow \quad \frac{M^D}{P} = \sqrt{\frac{b \times 2Y}{2i}} = \sqrt{2}\sqrt{\frac{bY}{2i}} < 2\sqrt{\frac{bY}{2i}}$$

③ 즉, 소득 1원당 화폐수요가 케인즈 화폐수요함수에서는 k 로 일정하지만, 보몰 - 토빈 화폐수요함수에서는 소득 증가에 따라서 감소하게 된다.

2) 화폐수요와 규모의 경제

소득이 증가할 때 화폐수요는 증가한다. 그런데 케인즈에 의하여 정비례하여 증가하는 반면, 보몰 - 토빈에 의하면 체감적으로 증가한다. 이는 소득이 증가함에 따라서 경제주체의 현금관리 능력이 커지기 때문에 나타나는 현상으로서 화폐보유에 있어서 규모의 경제가 있다고 표현한다. 화폐보유에 규모의 경제가 존재하기 때문에 통화정책의 효과가 커진다. 왜냐하면, 통화량 증가 시 화폐시장균형을 이루기 위해서 케인즈의 화폐수요함수에 비해 보몰의 경우에는 소득이 더 많이 증가해야 하기 때문이다.

필수예제

보몰(W.Boumol)의 거래적 화폐수요이론에 대한 설명으로 옳지 않은 것을 〈보기〉에서 모두 고르면?

▸ 2016년 국회직 8급

〈보기〉

ㄱ. 거래적 화폐수요는 이자율의 감소함수이다.
ㄴ. 한 번에 인출하는 금액이 커지면 거래비용이 증가한다.
ㄷ. 화폐수요에 있어서 규모의 불경제가 존재한다.
ㄹ. 거래비용이 증가하면 화폐수요는 증가한다.
ㅁ. 한 번에 인출하는 금액이 커지면 화폐수요도 커진다.

① ㄱ, ㄴ ② ㄴ, ㄷ ③ ㄴ, ㄹ
④ ㄹ, ㅁ ⑤ ㄴ, ㄷ, ㅁ

출제이슈 보몰의 재고자산이론

핵심해설 **정답** ②

보몰 및 토빈은 케인즈의 유동성선호설을 토대로 하여 경제주체들의 최적의 의사결정의 결과로서 화폐수요를 도출하였다. 특히 케인즈의 거래적 화폐수요이론을 현대적으로 발전시켜서 투기적 화폐수요뿐만 아니라 거래적 화폐수요도 이자율의 영향을 받는다고 강조하였다. 즉, 아무리 거래적 화폐수요라도 화폐보유에는 이자수익의 포기라는 기회비용이 들기 때문에 거래적 수요도 이자율의 영향을 피해갈 수는 없는 것이다. 보몰-토빈의 재고자산이론에서 도출한 화폐수요함수는 다음과 같다.

매기 초 소득이 PY원, 매기 M원을 인출, 인출에 따른 거래비용이 Pb(P : 물가, b : 실질거래비용으로서 인출 1회당 고정비용), 이자율이 i일 경우 화폐보유의 총비용은 화폐보유에 따른 기회비용과 화폐인출에 따른 거래비용의 합이 된다.

1) 거래비용 : $\frac{PY}{M}$(인출횟수) × Pb (1회당 인출비용) $= \frac{P^2Yb}{M}$

2) 기회비용 : $\frac{M}{2}$(M원을 인출, 균일 지출할 경우 평균잔고) × i (화폐보유의 기회비용)

3) 화폐보유의 총비용 : $C = \frac{P^2Yb}{M} + \frac{M}{2}i$

4) 화폐보유비용을 최소화하는 화폐인출액 : $M^* = P\sqrt{\frac{2bY}{i}}$

5) 화폐수요 : $M^D = \frac{M^*}{2} = P\sqrt{\frac{bY}{2i}} \quad \therefore \frac{M^D}{P} = \sqrt{\frac{bY}{2i}}$ (b : 거래비용, i : 이자율, Y : 소득)

이에 따르면 소득이 높을수록 화폐수요는 증가하며, 이자율이 높을수록 화폐수요는 감소한다. 특히 화폐수요의 소득탄력성은 0.5가 된다. 이는 소득이 증가할 때 화폐수요는 증가하지만 체감적으로 증가함을 의미한다. 소득이 증가할수록 경제주체의 현금관리능력이 커지기 때문에 체감적으로 증가한다고 볼 수 있으며 이를 화폐보유에 있어서 규모의 경제라고 한다.

보몰의 재고자산이론에 따라서 설문을 검토하면 다음과 같다.

ㄱ. 옳은 내용이다.

보몰에 의하면 화폐수요함수는 $\frac{M^D}{P} = \sqrt{\frac{bY}{2i}}$ (b : 거래비용, i : 이자율, Y : 소득)가 된다.

소득이 높을수록 화폐수요는 증가하며, 이자율이 높을수록 화폐수요는 감소한다.

ㄴ. 틀린 내용이다.

매기 초 소득이 PY원, 매기 M원을 인출, 인출에 따른 거래비용이 Pb(P : 물가, b : 실질거래비용으로서 인출 1회당 고정비용), 이자율이 i일 경우 화폐보유의 총비용은 화폐보유에 따른 기회비용과 화폐인출에 따른 거래비용의 합이 된다.

① 거래비용 : $\frac{PY}{M}$(인출횟수) × Pb (1회당 인출비용) $= \frac{P^2Yb}{M}$

② 기회비용 : $\frac{M}{2}$(M원을 인출, 균일 지출할 경우 평균잔고) × i (화폐보유의 기회비용)

위에서 거래비용은 $\frac{P^2Yb}{M}$이며 한번에 인출하는 금액 M이 클수록 거래비용이 작아짐을 알 수 있다.

ㄷ. 틀린 내용이다.

보몰의 화폐수요함수 $\frac{M^D}{P} = \sqrt{\frac{bY}{2i}}$ (b : 거래비용, i : 이자율, Y : 소득)에서 화폐수요의 소득탄력성은 0.5가 된다. 이는 소득이 증가할 때 화폐수요는 증가하지만 체감적으로 증가함을 의미한다. 소득이 증가할수록 경제주체의 현금관리능력이 커지기 때문에 체감적으로 증가한다고 볼 수 있으며 이를 화폐보유에 있어서 규모의 경제라고 한다.

ㄹ. 옳은 내용이다.

보몰의 화폐수요함수 $\frac{M^D}{P} = \sqrt{\frac{bY}{2i}}$ (b : 거래비용, i : 이자율, Y : 소득)에서 인출에 따른 거래비용 b(실질거래비용으로서 인출 1회당 고정비용)가 커질수록 화폐수요는 증가한다.

ㅁ. 옳은 내용이다.

보몰의 화폐수요함수 도출과정에서 화폐수요 $M^D = \frac{M^*}{2} = P\sqrt{\frac{bY}{2i}}$ 가 되는데 이는 한 번에 인출하는 금액 M^*가 커질수록 화폐수요가 증가함을 의미한다.

THEME 04 토빈의 자산선택이론

1 의의

토빈은 케인즈의 유동성선호설을 토대로 하여 경제주체들의 최적의 의사결정의 결과로서 화폐수요를 도출하였는데 이를 화폐수요에 대한 미시적 기초라고 한다. 특히 토빈의 자산선택이론은 투기적(투자적) 동기에 의한 화폐수요를 분석한 이론으로서 교환수단이 아니라 자산으로서 화폐가 어떻게 수요되는지를 보여주고 있다. 자산선택(portfolio selection)이란 경제주체의 총자산 혹은 총부를 어떤 형태의 자산으로 얼마만큼 보유할지를 결정하는 것을 의미한다. 이때, 포트폴리오(portfolio)란 주식, 채권, 화폐 등과 같은 다양한 자산의 묶음을 의미한다.

2 화폐수요의 접근논리

1) 가치저장수단의 논리

화폐는 채권, 부동산 등과 같은 자산의 일종이라고 할 수 있다. 따라서 경제주체는 자산구성(포트폴리오)의 일부로 화폐를 보유하는데, 각각의 자산은 수익과 위험에 있어서 모두 차이가 있다. 특히 화폐는 특성상 명목수익률이 항상 0으로 고정되어 있어서 기대수익률이 낮다. 그럼에도 불구하고 화폐를 보유하는 이유는 화폐는 주식, 채권 등 다른 자산에 비해 안전하기 때문이다. 불확실성의 시대에 특정자산에 올인하는 것은 매우 위험한 행동이다. 위험기피자인 경우 자신의 총부를 각 자산별로 적절히 나눠 투자함으로써 위험을 분산(diversification)한다.

2) 화폐보유로 인한 효용의 극대화 논리

화폐 및 채권의 보유는 수익 및 위험이 동시에 발생한다. 화폐 및 채권의 보유로 인한 수익 및 위험이 창출해내는 효용을 극대화하는 과정에서 위험을 분산하고 최적의 화폐수요가 달성된다.

3 포트폴리오 선택 모형

1) 포트폴리오의 구성

케인즈의 화폐수요는 화폐와 채권 중에서 어느 하나만을 선택하는 것이라면 포트폴리오 모형에서는 화폐와 채권을 적절히 섞어서 자산 포트폴리오를 구성한다. 이때, 포트폴리오의 화폐보유비율, 채권보유비율을 구할 수 있다. 여기서 문제는 최적 포트폴리오를 구성하는 것, 즉 최적의 화폐 및 채권보유비율을 구하는 것이다. 최적의 포트폴리오를 구성하는 과정에서 화폐수요가 발생하는 것이다.

2) 포트폴리오의 수익률

포트폴리오는 화폐와 자산으로 구성되어 있으므로 포트폴리오의 수익률은 화폐의 수익률과 자산의 수익률을 가중평균하여 구할 수 있다. 가중평균 시 화폐보유비율, 채권보유비율이 사용된다.

3) 포트폴리오의 수익성과 위험성

포트폴리오의 수익성은 포트폴리오 수익률의 평균 혹은 기댓값으로 측정된다. 반면, 포트폴리오의 위험성은 포트폴리오 수익률의 분산 혹은 표준편차로 측정된다. 따라서 포트폴리오 모형을 수익-위험 모형 혹은 평균-분산 모형이라고도 한다.

4) 포트폴리오의 예산제약식

포트폴리오 수익률의 기댓값, 표준편차를 통해서 투자자의 예산제약을 구해낼 수 있다. 직관적으로 설명하자면, 수익이 크면 위험도 역시 클 것이며 수익이 작으면 위험도 역시 작을 것이다. 즉 고수익-고위험과 저수익-저위험의 상황이 제약으로서 이를 종축인 기댓값축과 횡축 분산 혹은 표준편차축의 평면 좌표에서 표시하면 우상향하는 반직선의 형태로 나타난다.

5) 포트폴리오의 효용

포트폴리오 모형의 중요한 특징은 투자자의 효용은 평균과 분산을 통해 나타낼 수 있다는 것이다. 포트폴리오 수익률의 기댓값은 효용수준, 그리고 수익률의 분산 혹은 표준편차는 비효용수준을 나타낸다. 이때, 무차별곡선은 종축인 기댓값축과 횡축인 분산 혹은 표준편차축의 평면 좌표에서 우상향하는 곡선으로 나타난다.

4 최적 포트폴리오의 선택

앞서 구한 예산제약선과 무차별곡선이 접하는 점에서 최적의 포트폴리오가 달성된다. 그 점에서 최적의 화폐보유비율 및 채권보유비율이 결정된다. 즉 안전자산과 위험자산의 최적보유비율이 결정된다.

5 최적 포트폴리오의 변화

1) 이자율 변화와 최적 포트폴리오의 변화

이자율이 변화하면 투자자의 제약선이 변화한다. 예를 들어 이자율이 상승하면 동일한 위험에 대하여 수익률이 더 커지는 것을 의미하므로 제약선이 시계반대방향으로 회전이동, 즉 상방으로 회전이동하게 된다. 반대로 이자율이 하락하면 동일한 위험에 대하여 수익률이 작아지는 것을 의미하므로 이번에는 제약선이 시계방향으로 회전이동, 즉 하방으로 회전이동하게 된다. 제약선이 이동하면서 다시 새로운 균형을 찾는 과정에서 최적 포트폴리오는 변화하게 된다.

2) 이자율 상승의 효과 분석

① 대체효과

이자율이 상승하면 화폐보유의 기회비용이 커지고 채권보유의 수익이 커지게 되므로 화폐보유를 줄이고 채권보유를 늘리게 된다.

② 소득효과

이자율 상승으로 인해 실질소득이 증가하므로 안전자산인 화폐보유를 늘리고, 위험자산인 채권보유를 줄인다.

③ 총효과

이자율이 상승할 때, 대체효과는 화폐보유를 줄이는 방향으로 작용하고 소득효과는 화폐보유를 늘리는 방향으로 작용한다. 만일 대체효과가 소득효과보다 더 크다면 이자율 상승으로 인해 화폐보유는 감소한다.

6 화폐수요함수의 도출

앞에서 이자율이 상승할 때, 대체효과가 소득효과보다 더 크다면 화폐보유는 감소함을 분석하였다. 따라서 투기적(투자적) 화폐수요는 가치저장수단으로서의 화폐수요로서 이자율과 역의 관계에 있다고 할 수 있다.

필수예제

불확실성하에서 자산보유에 따른 위험을 줄이기 위해 무위험자산인 화폐에 대한 수요를 강조한 이론은?

▸ 2013년 지방직 7급

① 케임브리지학파의 현금잔고방정식(Cash Balance Equation)이론
② 프리드만의 신화폐수량설(New Quantity Theory of Money)
③ 토빈의 화폐수요에 관한 자산선택이론(Portfolio Theory)
④ 보몰 – 토빈의 거래적 화폐수요이론(Transactions Demand for Money)

출제이슈 토빈의 자산선택이론

핵심해설 정답 ③

토빈의 자산선택이론은 투기적 동기에 의한 화폐수요에 대한 분석으로서 화폐의 가치저장수단의 기능을 강조하고 있다. 즉, 화폐는 채권, 부동산 등과 같은 자산의 일종으로서 경제주체는 자산구성(포트폴리오)의 일부로 화폐를 보유한다. 특히 화폐는 다른 자산에 비해 구별되는 다른 수익과 위험을 주는데 화폐는 주식, 채권 등 다른 자산에 비해 안전한 반면, 명목수익률이 항상 0으로 고정되어 있어서 기대수익률은 낮다. 화폐의 수익률이 낮음에도 불구하고, 화폐수요를 하는 것은 화폐가 무위험자산이기 때문이다. 주식이나 화폐, 채권 등을 보유하게 되면 수익뿐만 아니라 동시에 위험이 발생하기 때문에 이를 동시에 고려하여 화폐가 보유되는 것이 바로 토빈의 자산선택이론에 의한 화폐수요이다.

경제주체의 포트폴리오 구성이 화폐와 채권으로만 이루어진다고 가정하면, 경제주체는 화폐 및 채권의 보유로 인한 수익 및 위험으로부터의 효용을 극대화하는 차원에서 화폐를 보유하며 이때, 화폐 및 채권의 포트폴리오의 수익률은 화폐의 수익률과 채권의 수익률을 각 보유비율로 가중평균하여 구할 수 있다. 이 수익률의 기댓값 혹은 평균이 바로 포트폴리오의 수익이 되고, 수익률의 분산 혹은 표준편차가 포트폴리오의 위험이 된다.

토빈에 의하면, 효용을 극대화하는 최적의 포트폴리오의 위험과 수익의 무차별곡선과 제약선이 접하는 곳에 달성되며, 이때 최적의 화폐보유비율과 채권보유비율이 결정되어 화폐수요가 결정되는 것이다. 이러한 효용극대화는 이자율이 변화하는 경우 변화하게 되므로 결국 토빈의 화폐수요는 이자율에 의해서 결정된다고 할 수 있다.

이자율이 상승하는 경우 화폐보유의 기회비용이 커지기 때문에 화폐수요가 줄고 채권보유가 늘어난다. 이를 대체효과라고 한다. 한편, 이자율 상승은 자산소유자의 실질소득을 증가시키므로 안전자산인 화폐수요가 늘고 위험자산인 채권보유가 줄어든다. 이를 소득효과라고 한다. 결국 이자율이 상승하는 경우 대체효과에 의한 화폐수요감소와 소득효과에 의한 화폐수요증가를 종합하여 그 상대적인 크기에 따라서 최종적인 화폐수요가 결정된다.

설문에서 불확실성하에서 자산보유에 따른 위험을 줄이기 위해 무위험자산인 화폐에 대한 수요를 강조한 이론은 바로 위에서 설명한 토빈의 자산선택이론을 의미한다.

Chapter

20 화폐공급이론과 통화정책

THEME 01 화폐 및 통화의 의의

1 화폐의 개념

화폐란 여러 금융자산 중의 하나로서 재화 및 서비스의 거래에 있어서 일반적인 거래수단으로 사용되는 자산을 의미한다. 화폐가 거래수단으로 널리 통용되는 이유는 유동성이 매우 높기 때문이다. 여기서 유동성(liquidity)이란 어떤 자산이 소유자가 원하는 때에 신속하고 용이하게 다른 자산으로 교환될 수 있는 성질로서 화폐는 유동성이 매우 높아서 유동성 그 자체라고 볼 수 있다. 예를 들면 요구불예금은 유동성이 매우 높은 자산이며 주식이나 채권은 예금보다는 유동성이 낮은 자산이라고 할 수 있다.

2 화폐의 기능

1) 교환의 매개수단 혹은 지불수단

화폐는 모든 거래에 있어서 지불수단으로 사용된다. 화폐를 매개로 하는 거래가 아닌 물물교환 거래가 성사되기 위해서는 이른바 욕망의 이중적 일치가 일어나야 하는데 이에는 막대한 거래 비용이 소요된다. 화폐는 거래에 소요되는 막대한 비용을 절감시켜주는 거래 및 교환의 매개수단 혹은 지불수단으로서의 기능을 하는 것이다.

2) 가치저장수단

특정 시점 사이에서 화폐를 보유하는 것은 두 시점 간에 구매력을 저장하고 현재의 구매력을 미래로 이전시키는 것을 의미한다. 물론 화폐만이 구매력을 저장 및 이전하는 것이 아니라 채권이나 주식, 금은 등도 마찬가지의 기능을 한다. 다만 화폐는 시점 간에 구매력이 훼손될 가능성이 낮은 편인 반면, 채권이나 주식은 구매력의 훼손 가능성이 높은 편이다.

3) 가치의 척도

화폐는 계산의 단위 혹은 회계의 단위로서의 기능을 한다. 상품의 가격을 표기함에 있어서 화폐 단위로 한다는 것은 주지의 사실이다.

3 통화의 개념

1) 통화

한 나라의 경제 내에 유통되고 있는 돈으로서, 법정화폐인 현금과 현금으로 쉽게 전환될 수 있는 유동성이 높은 금융자산을 합하여 통화라고 한다. 앞에서 이미 살펴본 바 유동성이란 어떤 자산이 필요한 때에 얼마나 쉽게 다른 자산으로 교환될 수 있는가를 나타내는 척도를 의미한다. 화폐 이외의 자산 중에서도 비교적 쉽게 다른 자산으로 교환되어 형태를 바꿀 수 있는 바 이는 어느 정도 화폐의 본질적인 성격으로서의 유동성을 보유하고 있다. 따라서 화폐를 좀 더 넓은 의미로 보자면 어느 정도의 유동성을 가진 자산을 화폐 혹은 통화로 포함시켜야 할지가 매우 중요하다.

2) 통화량

일정 시점에서 경제 내에 유통되고 있는 통화의 양을 의미한다. 이에는 화폐로서 현금뿐만 아니라 유동성이 높은 다른 자산도 포함될 수 있다. 이는 아래에서 다시 살펴본다.

3) 통화의 종류(통화지표 및 유동성지표)

① 현금통화

② 협의 통화 $M1$ = 현금통화 + 요구불예금 + 수시입출식 저축성예금

③ 광의 통화 $M2$ = $M1$ + 정기예적금, CD, RP, 금융채, 금전신탁, 수익증권, 외화예금

④ 금융기관 유동성 Lf = $M2$ + 정기예적금(2년 이상)

⑤ 광의 유동성 L = Lf + 국채, 지방채, 예금보험공사채, 자산관리공사채, 회사채, 기업어음

4 리디노미네이션

1) 개념

리디노미네이션은 통화의 명목가치변경 혹은 화폐단위의 변경으로서 화폐개혁(currency reform)이라고도 하며, 이는 화폐의 실질가치의 하락(devaluation)과는 구별되는 개념이다.

2) 목적

① 물가상승으로 인하여 가격의 화폐단위 자릿수가 늘어나게 되어 나타나는 계산 및 거래의 불편과 오류를 줄이기 위해서 일괄적으로 자릿수를 절사하여 간략하게 표시하려는 목적이다.

② 국가적 차원에서 자국화폐의 가치나 품격을 제고하고자 하는 목적도 있으며 특히 OECD 국가 중에서 한국이 화폐단위가 크다는 점에서 화폐개혁 문제가 계속 대두되고 있다.

3) 특징

① 리디노미네이션으로 인해서 계산 및 거래의 불편이 줄고 회계처리도 간편해질 수 있다.
② 시행과정에서 경제 전반적인 혼란의 문제는 엄청난 거래비용으로 작용할 수 있다.
③ 리디노미네이션 과정에서 화폐단위의 절사로 인하여 많은 품목의 가격이 상승할 뿐만 아니라 줄어든 화폐단위를 실질가치의 하락으로 받아들이는 민간의 혼동으로 인해서 수요가 증가하게 되어 인플레이션이 발생할 가능성이 매우 크다.

필수예제

다음 화폐의 기능에 대한 설명이 옳게 짝지어진 것은? ▸ 2017년 국가직 9급

(가) 욕망의 상호일치(double coincidence of wants)를 위해 아까운 시간과 노력을 써야 할 필요가 없어진다.
(나) 한 시점에서 다른 시점까지 구매력을 보관해 준다.

	(가)	(나)
①	교환의 매개수단	가치의 저장수단
②	교환의 매개수단	회계의 단위
③	가치의 저장수단	교환의 매개수단
④	가치의 저장수단	회계의 단위

출제이슈 화폐의 기능
핵심해설 **정답** ①

화폐는 교환의 매개수단, 가치의 척도(회계의 단위), 가치저장수단(현재의 구매력을 미래로 이전)으로서의 기능을 가지고 있다.

화폐는 교환의 매개수단으로서 큰 비용을 들이지 않고도 다른 자산과의 교환이 가능하게 해주어 유동성이 매우 높다. 특히 화폐는 교환에 있어서의 거래비용을 절감시켜 거래를 촉진시킨다.

화폐는 채권, 부동산 등과 같은 자산의 일종으로서 경제주체는 자산구성(포트폴리오)의 일부로 화폐를 보유한다. 가치의 저장수단으로서의 화폐는 특정시점의 구매력을 다른 시점으로 이전시켜준다. 특히 화폐는 다른 자산에 비해 구별되는 다른 수익과 위험을 주는데 화폐는 주식, 채권 등 다른 자산에 비해 안전한 반면, 명목수익률이 항상 0으로 고정되어 있어서 기대수익률은 낮다.

위의 내용에 따라서 설문을 검토하면 다음과 같다.

(가) 욕망의 상호일치(double coincidence of wants)를 위해 아까운 시간과 노력을 써야 할 필요가 없어지도록 만들어주는 화폐의 기능은 교환의 매개수단으로서의 기능이다.

(나) 한 시점에서 다른 시점까지 구매력을 보관해 주는 화폐의 기능은 가치의 저장수단으로서의 기능이다.

THEME 02 화폐의 공급(현금통화의 공급)

1 화폐의 공급

화폐 혹은 통화는 현금통화와 예금통화로 구성된다. 현금통화는 중앙은행에 의하여 공급되는 반면, 예금통화는 예금은행에 의하여 공급된다. 이하에서는 중앙은행에 의한 현금통화를 중심으로 살펴본다.

2 중앙은행에 의한 현금통화의 공급

1) 본원통화의 개념 및 구성

① **본원통화**
중앙은행이 발행하는 현금으로서 이 중 일부는 예금은행이 보유하고, 일부는 유통이 되어 민간부문이 보유한다.

② **현금통화**
본원통화 중에서 유통이 되어 민간부문이 보유하고 있는 것을 현금통화라고 한다.

③ **지급준비금**
본원통화 중에서 예금은행이 보유하고 있는 것인데, 이는 민간의 예금 인출 요구에 대응하기 위해 보유하고 있는 것으로서 지급준비금이라고 한다.

i) **지급준비금 = 필요지급준비금 + 초과지급준비금**
지급준비금은 필요지급준비금과 초과지급준비금으로 구성되어 있다. 필요지급준비금이란 예금의 일정비율을 지급준비금으로 보유하라는 중앙은행의 요구에 의해서 보유하는 준비금을 의미한다. 초과지급준비금이란 필요지급준비금에 추가하여 은행이 자발적으로 보유하는 지급준비금을 의미한다.

ii) **지급준비금 = 시재금 + 지준예치금**
지급준비금은 시재금과 지준예치금으로도 구성된다고 할 수 있다. 시재금이란 예금은행이 지급준비금의 일부를 자신의 금고에 현금으로 보관하고 있는 것을 의미하며, 지준예치금이란 예금은행이 지급준비금의 일부를 중앙은행에 예치하고 있는 것을 의미한다.

iii) **지급준비금 = 예금 − 대출**

은행은 예금에서 일부를 남기고 대출을 하게 될 것이므로 결과적으로 지급준비금은 예금에서 대출을 차감한 것이 된다.

④ **화폐발행액**

현금통화와 시재금을 합하여 화폐발행액이라고 한다.

⑤ **본원통화의 구성**

본원통화를 현금통화, 지급준비금, 시재금, 지준예치금, 화폐발행액을 모두 고려하여 도식해 보면 다음과 같다.

본원통화의 구성 = 현금통화 + 지급준비금
= *현금통화 + 시재금* + 지준예치금
= *화폐발행액* + 지준예치금

2) 본원통화의 공급

① 중앙은행의 대차대조표

자산	부채와 자본
국내자산 – 유가증권매입 – 재할인대출 – 대정부대출	국내부채 – 화폐발행 – 지준예치금
해외자산 – 외화매입	해외부채

중앙은행의 자산은 국내자산과 해외자산으로 구성된다. 국내자산은 국내거주자에 대하여 중앙은행이 보유하는 채권으로서 유가증권, 재할인대출, 대정부대출 등으로 구성된다. 해외자산은 해외거주자에 대하여 중앙은행이 보유하는 채권이다. 이는 해외거주자가 발행한 외화표시증권 등이 있다.

한편, 중앙은행의 부채도 국내부채와 해외부채로 구성되는데 먼저 국내부채는 국내거주자에 대한 채무적 성격으로서 중앙은행이 국내자산을 매입하면서 지급한 화폐(지폐와 동전)와 지준예치금으로 구성된다. 해외부채는 해외거주자에 대한 채무적 성격으로서 외화를 매입하면서 지급한 화폐이다. 특히 화폐와 지준예치금을 합하여 본원통화라고 한다.

② 본원통화의 공급경로

i) 공개시장매입

중앙은행은 예금은행이 보유한 유가증권을 매입하면서 그 대금을 현금으로 지급하거나 지준예치금 잔고를 늘려줌으로써 지급하게 되는데 이 과정에서 본원통화가 공급된다.

ii) 재할인대출

중앙은행이 예금은행에 대출을 해주면서 그 대출금을 현금으로 지급하거나 지준예치금 잔고를 늘려줌으로써 지급하게 되는데 이 과정에서 본원통화가 공급된다.

iii) 대정부대출

중앙은행이 정부에 현금을 대출을 하는 경우 본원통화가 공급된다.

iv) 해외자산의 취득

중앙은행이 달러화나 엔화와 같은 외화를 매입하고 그 대금을 원화로 지급하게 되면 본원통화가 공급된다.

필수예제

고성능화폐(high-powered money)인 본원통화에 해당하는 것은 무엇인가? ▸ 2015년 보험계리사

① 시중은행이 보유한 채권, 대출잔액 및 지급준비금
② 현금통화 및 지급준비금
③ 현금통화 및 요구불예금
④ 시중은행이 보유한 채권 및 요구불예금

출제이슈 본원통화

핵심해설 **정답** ②

본원통화는 중앙은행이 발행하는 현금으로서 이 중 일부는 예금은행이 보유하고, 일부는 유통되어 민간부문이 보유한다.

1) 현금통화
본원통화 중에서 유통이 되어 민간부문이 보유하고 있는 것을 현금통화라고 한다.

2) 지급준비금
본원통화 중에서 예금은행이 보유하고 있는 것인데 이는 민간의 예금 인출 요구에 대응하기 위해 보유하고 있는 것으로서 지급준비금이라고 한다.

3) 본원통화의 구성은 다음과 같으니 알아두기 바란다.

본원통화 = 현금통화 + 지급준비금
= [현금통화 + 시재금] + 지준예치금
= [화폐발행액] + 지준예치금

PART · 08

지급준비율과 관련하여 옳지 않은 것은? ▸ 2017년 국가직 7급

① 우리나라는 부분지급준비제도를 활용하고 있다.
② 은행들은 법정지급준비금 이상의 초과지급준비금을 보유할 수 있다.
③ 100% 지급준비제도하에서는 지급준비율이 1이므로 통화승수는 0이 된다.
④ 지급준비율을 올리면 본원통화의 공급량이 변하지 않아도 통화량이 줄어들게 된다.

출제이슈 지급준비율

핵심해설 정답 ③

①은 옳은 내용이고 ③은 틀린 내용이다.

지급준비제도에는 지급준비율이 1 미만인 부분지급준비제도와 지급준비율이 1인 완전지급준비제도가 있다. 부분지급준비제도(fractional reserve banking system)는 은행이 예금액의 일부만을 지급준비금으로 보유하는 제도이며 완전지급준비제도(100% reserve banking system)는 은행이 예금액의 전부를 지급준비금으로 보유하는 제도로서 은행은 금고와 같은 역할밖에 하지 못하며 화폐공급과정에서 역할이 없다.

지급준비율은 지급준비금을 예금액으로 나눈 비율을 의미한다. 우리나라는 부분지급준비제도를 활용하고 있으며, 예금액의 일부만을 지급준비금으로 남기고 나머지는 대출 등에 사용할 수 있다(따라서 ①은 옳은 내용이 된다). 100% 완전지급준비제도하에서는 지급준비율이 1이므로 통화승수는 1이 된다(따라서 ③은 틀린 내용이 된다).

② 옳은 내용이다.

지급준비금은 예금액의 일부분으로서 예금액 중 대출되지 않고 남은 금액이다. 이는 필요지급준비금과 초과지급준비금으로 이루어진다. 필요지급준비금은 예금의 일정비율을 지급준비금으로 보유하라는 중앙은행의 요구에 의해서 보유하는 준비금이며 초과지급준비금은 필요지급준비금에 추가하여 은행이 자발적으로 보유하는 지급준비금이다. 은행들은 필요지급준비금 이외에도 필요한 경우 자발적으로 초과지급준비금을 보유할 수 있다.

④ 옳은 내용이다.

지급준비율을 올리면 본원통화의 공급량이 변하지 않아도 통화량이 줄어들게 된다.
본원통화와 통화량 간의 관계식이 통화공급방정식이다. 이는 본원통화 1단위가 통화량을 얼마나 증가시키는지를 나타내는 식으로 다음과 같다.

$$M = mH = \frac{1}{(c+r-cr)}H = \frac{k+1}{k+r}H$$

$H = C + R$ (본원통화 = 현금통화 + 지급준비금)
$r = R/D$ (지급준비율 = 지급준비금 / 예금통화)
$c = C/M$ (현금통화비율 = 현금통화 / 통화)
$k = C/D$ (현금예금비율 = 현금통화 / 예금통화)
$M = C + D$ (통화량 = 현금통화 + 예금통화)

통화공급방정식에 의할 경우 지급준비율이 커지면 통화승수는 작아진다. 따라서 본원통화의 공급량이 불변이더라도 지급준비율이 커지면 통화량은 감소하게 된다.

갑은행의 대차대조표는 요구불예금 5,000만원, 지급준비금 1,000만원, 대출금 4,000만원으로만 구성되어 있다. 법정지급준비율이 5%라면 갑은행이 보유하고 있는 초과지급준비금은?

▸ 2015년 감정평가사

① 250만원 ② 500만원 ③ 600만원
④ 750만원 ⑤ 800만원

출제이슈 지급준비금의 계산

핵심해설 **정답** ④

먼저 지급준비금과 지급준비율에 대한 기본적 내용은 다음과 같다.

1) 지급준비금

지급준비금은 예금액의 일부분으로서 예금액 중 대출되지 않고 남은 금액이다. 이는 필요지급준비금과 초과지급준비금으로 이루어진다. 필요지급준비금은 예금의 일정비율을 지급준비금으로 보유하라는 중앙은행의 요구에 의해서 보유하는 준비금이며 초과지급준비금은 필요지급준비금에 추가하여 은행이 자발적으로 보유하는 지급준비금이다.

※ 지급준비금 = 예금액 − 대출액 = 법정지급준비금 + 초과지급준비금 = 지급준비율 × 예금액

2) 지급준비율

지급준비율은 지급준비금을 예금액으로 나눈 비율을 의미한다. 특히 필요지급준비금을 예금액으로 나눈 비율을 필요지급준비율이라고 하고, 초과지급준비금을 예금액으로 나눈 비율을 초과지급준비율이라고 한다.

※ 지급준비율 = (법정지급준비금 + 초과지급준비금) / 예금액 = 법정지급준비율 + 초과지급준비율

3) 시재금

시재금은 지급준비금 중에서 은행의 금고에 현금으로 보관되고 있는 것을 의미한다. 지급준비금 중 시재금을 제외한 나머지는 중앙은행에 지준예치금으로 예치되어 있다.

※ 지급준비금 = 시재금 + 지준예치금

설문의 자료를 위의 산식에 대입하여 설문을 검토하면 다음과 같다.

지급준비금 = 예금액 − 대출액 = 법정지급준비금 + 초과지급준비금 = 지급준비율 × 예금액
따라서 1,000 = 5,000 − 4,000 = 0.05 × 5,000 + 초과지급준비금의 식이 성립한다.

이를 계산하면, 초과지급준비금은 750(만원)이 된다.

본원통화에 관한 설명으로 옳지 않은 것은? ▸ 2023년 감정평가사

① 본원통화는 현금통화와 은행의 지급준비금의 합과 같다.
② 본원통화는 중앙은행의 화폐발행액과 은행의 중앙은행 지급준비예치금의 합과 같다.
③ 중앙은행의 대차대조표상의 순대정부대출이 증가하면 본원통화는 증가한다.
④ 중앙은행의 대차대조표상의 순해외자산이 증가하면 본원통화는 증가한다.
⑤ 추가로 발행된 모든 화폐가 은행의 시재금(vault cash)으로 보관된다면 본원통화는 증가하지 않는다.

출제이슈 본원통화
핵심해설 **정답** ⑤

① 옳은 내용이다.
본원통화는 현금통화와 지급준비금으로 구성된다. 즉, 다음과 같은 식이 성립한다.

본원통화(H) = 현금통화(C) + 지급준비금(R)

② 옳은 내용이다.
시재금은 지급준비금 중에서 은행의 금고에 현금으로 보관되고 있는 것을 의미한다. 지급준비금 중 시재금을 제외한 나머지는 중앙은행에 지준예치금으로 예치되어 있다. 즉, 다음의 식이 성립한다.

지급준비금 = 시재금 + 지준예치금
본원통화 = 현금통화 + 시재금 + 지준예치금

이때, 현금통화와 시재금을 더한 것을 화폐발행액이라고 하며, 다음의 식이 성립한다.

본원통화 = 화폐발행액 +지준예치금

③, ④ 모두 옳은 내용이다.
중앙은행의 대차대조표는 다음과 같이 구성된다.

자산	부채와 자본
국내자산 - 유가증권매입 - 재할인대출 - 대정부대출	국내부채 - 화폐발행 - 지준예치금
해외자산 - 외화매입	해외부채

중앙은행의 자산은 국내자산과 해외자산으로 구성된다. 국내자산은 국내거주자에 대하여 중앙은행이 보유하는 채권으로서 유가증권, 재할인대출, 대정부대출 등으로 구성된다. 해외자산은 해외거주자에 대하여 중앙은행이 보유하는 채권이다. 이는 해외거주자가 발행한 외화표시증권 등이 있다.

한편, 중앙은행의 부채도 국내부채와 해외부채로 구성되는데 먼저 국내부채는 국내거주자에 대한 채무적 성격으로서 중앙은행이 국내자산을 매입하면서 지급한 화폐(지폐와 동전)와 지준예치금으로 구성된다. 해외부채는 해외거주자에 대한 채무적 성격으로서 외화를 매입하면서 지급한 화폐이다. 특히 화폐와 지준예치금을 합하여 본원통화라고 한다.

따라서 정부대출이나 해외자산이 증가하면 본원통화는 증가하게 된다.

⑤ 틀린 내용이다.
본원통화는 현금통화와 시재금, 지준예치금의 합이 되며, 추가로 발행된 화폐로 인하여 시재금이 증가하면 본원통화도 증가한다.

THEME 03 화폐의 공급(예금통화의 공급)

1 화폐의 공급

화폐 혹은 통화는 현금통화와 예금통화로 구성된다. 현금통화는 중앙은행에 의하여 공급되는 반면, 예금통화는 예금은행에 의하여 공급된다. 이하에서는 예금은행에 의한 예금통화를 중심으로 살펴본다.

2 예금은행에 의한 예금통화의 공급

1) 예금통화의 개념

예금통화란 중앙은행이 공급하는 본원통화를 원천으로 하여 대출을 통해 예금은행이 창조해내는 통화를 의미한다.

2) 가정

① 현금 관련한 가정

현금을 취득한 민간은 이를 모두 예금은행에 예금한다고 가정한다. 이하 모형에서 민간은 취득한 현금 10,000원을 모두 자신의 거래은행에 예금한다고 가정한다.

② 예금 관련한 가정

i) 요구불예금

예금은 저축성예금은 없으며 요구불예금만 존재한다고 가정한다.

ii) 부분지급준비제도(fractional reserve banking system)

은행은 요구불예금액의 일부만을 지급준비금으로 보유하고 나머지는 전액대출한다고 가정한다.

> ※ 부분지급준비제도와 전부지급준비제도
> 부분지급준비제도는 은행이 예금액의 일부만을 지급준비금으로 보유하는 제도이며 이에 반해 전부지급준비제도(100% reserve banking system)는 은행이 예금액의 전부를 지급준비금으로 보유하는 제도로서 은행은 금고와 같은 역할밖에 하지 못하며 화폐공급과정에서 아무런 역할이 없다.

iii) 필요지급준비금

지급준비금은 필요지급준비금과 초과지급준비금으로 구성되는데 은행은 필요지급준비금만 보유한다고 가정하고 이하 모형에서 필요지급준비율은 10%라고 가정한다.

3) 예금창조과정

① 민간1 → A은행 : 예금(본원적 예금)

민간이 현금으로 보유하던 10,000원을 A은행에 처음으로 예금한다. 이는 예금은행 밖에 존재하던 현금 10,000원이 처음으로 예금은행으로 흘러 들어온 것으로서 10,000원 예금을 본원적 예금이라고 한다. 본원적 예금이 시작된 시점에 현금통화는 감소하고 예금통화는 증가하였으므로 현금통화와 예금통화를 합친 통화량에는 변동이 없다.

② A은행 → 민간2 : 대출

A은행은 본원적 예금 10,000원을 받았기 때문에 현금자산이 10,000원 증가하고, 부채(요구불예금)가 10,000원 증가한다. 이때, A은행은 예금으로부터 발생한 현금자산 10,000원을 필요지급준비금 1,000원만 남기고 나머지 9,000원은 민간부문에 대출한다.

③ 민간2 → B은행 : 예금

A은행으로부터 9,000원을 대출받은 민간2는 자신의 거래은행인 B은행에 바로 예금한다. 혹은 이 가정을 조금 완화하여 민간2가 받은 대출금 9,000원을 자신의 거래에 사용하여 지출한다고 해도 무방하다. 이 경우에는 민간2와 거래한 상대방이 민간2로부터 9,000원을 수취하게 되고, 수취대금 9,000원을 B은행에 예금한다고 보는 것이다. 따라서 어떠한 논리구조를 따르든지 무방하다.

④ B은행 → 민간3 : 대출

이제 B은행은 예금 9,000원을 받았기 때문에 현금자산이 9,000원 증가하고, 부채(요구불예금)가 9,000원 증가한다. B은행은 예금으로부터 발생한 현금자산 9,000원을 필요지급준비금 900원만 남기고 나머지 8,100원은 민간부문의 민간3에 대출한다.

⑤ 이제 앞에서의 ③과 ④의 예금과 대출이 무한 반복된다고 하면, 경제 내의 각 은행이 수취한 요구불예금과 지급준비금, 대출은 다음의 표와 같다.

은행	요구불예금	지급준비금	대출
A	10,000	1,000	9,000
B	9,000	900	8,100
C	8,100	810	7,290
D	7,290	729	6,561
E	6,561	656	5,905
…	…	…	…
은행권전체	100,000	10,000	90,000

4) 예금창조액

① 총예금창조액

총예금창조액은 경제 내의 모든 요구불예금의 합계로서 다음과 같이 무한등비급수로 계산된다.

총예금창조액
= 10,000 + 9,000 + 8,100 + ⋯ = 10,000(1 + 0.9 + 0.92 + ⋯) = 10,000 × 1 / 1 − 0.9
= 100,000

∴ 총예금창조액 (D) = 본원적 예금 (P) / 필요지급준비율 (r)

총예금창조와 관련하여 유의할 점은 최초에 요구불예금 10,000원이 은행으로 예금됨으로 인해서 전체 요구불예금은 100,000원으로 크게 늘었다는 것이다. 이것은 바로 대출의 힘이며 대출에 의하여 예금창조가 발생하고 통화량이 크게 증가한 것이다. 이때, 본원적 예금을 총예금창조액으로 증가시키는 요인을 신용승수라고 하며 이는 지급준비율의 역수인 $\frac{1}{r}$이 된다. 신용승수는 위의 가정에서 살펴본 바와 같이 민간의 현금보유가 없으며, 은행의 초과지급준비가 없는 상황에서 본원적 예금이 창조하는 총예금창조액이 얼마나 되는지를 보여준다.

② 순예금창조액

총예금창조액에서 본원적 예금을 제외한 것으로서 본원적 예금이 순수하게 창조해낸 요구불예금의 합계액을 의미한다.

∴ 순예금창조액 = 총예금창조액 − 본원적 예금 = 100,000 − 10,000 = 90,000

5) 본원적 예금과 예금통화

본원적 예금을 원천으로 하여 연속적인 대출과정을 통하여 예금통화가 창조된다. 대출과정에서 모든 은행의 지급준비금의 합계는 본원적 예금과 일치한다. 그리고 대출을 통하여 창조된 예금통화의 금액은 본원적 예금을 지급준비율로 나눈 것과 일치한다.

필수예제

현재 A은행의 T-계정은 표와 같고, 법정지급준비율은 7.5%이다. 다른 모든 은행들은 지급준비금을 법정지급준비금만 보유할 때, A은행이 지급준비금을 법정지급준비금 수준까지 줄인다면 이 경제의 통화량 증가는 최대 얼마인가? ▸ 2014년 국가직 9급

자산		부채	
지급준비금	900만원	예금	1억원
대출	9,100만원		

① 866.67만원
② 1,666.67만원
③ 2,000만원
④ 2,666.67만원

출제이슈 예금통화의 공급(대출을 통한 은행의 예금창조)
핵심해설 **정답** ③

먼저 예금은행에 의한 예금통화의 공급(대출을 통한 은행의 예금창조)은 다음과 같다.

1) 예금통화의 개념
중앙은행이 공급하는 본원통화를 원천으로 하여 예금은행이 창조하는 통화

2) 가정
① 현금을 취득한 민간은 이를 모두 예금은행에 예금한다고 가정

② 예금은 요구불예금만 존재한다고 가정(저축성예금은 없음)

③ 부분지급준비제도(fractional reserve banking system)
i) 은행이 예금액의 일부만을 지급준비금으로 보유하는 제도
ii) 이하에서는 예금액의 일부만을 지급준비금으로 보유하며 나머지는 전액대출한다고 가정

④ 100% reserve banking system
i) 은행이 예금액의 전부를 지급준비금으로 보유하는 제도
ii) 은행은 금고와 같은 역할밖에 하지 못하며 화폐공급과정에서 역할이 없다.

⑤ 은행은 필요지급준비금만 보유한다고 가정(필요지급준비율은 10%라고 가정)

3) 예금창조과정

① 민간1 → A은행 : 예금(본원적 예금)

i) 민간이 현금으로 보유하던 10,000원을 A은행에 처음으로 예금한다.

ii) 예금은행 밖에 존재하던 현금이 처음으로 예금은행으로 흘러 들어온 것을 본원적 예금이라고 한다.

iii) 본원적 예금이 시작된 시점에 현금통화는 감소하고 예금통화는 증가하였으므로 현금통화와 예금통화를 합친 통화량에는 변동이 없다.

② A은행 → 민간2 : 대출

i) A은행은 본원적 예금 10,000원을 받았기 때문에 현금자산이 10,000원 증가하고, 부채(요구불예금)가 10,000원 증가한다.

ii) A은행은 예금으로부터 발생한 현금자산 10,000원을 필요지급준비금 1,000원을 남기고 9,000원은 민간부문에 대출한다.

③ 민간2 → B은행 : 예금

i) 대출받은 민간의 개인은 대출금 9,000원을 자신의 거래에 사용하여 지출한다.

ii) 그 거래의 상대방은 9,000원을 수취하게 되고, 수취대금 9,000원을 B은행에 예금한다.

iii) 혹은 민간2가 자신의 거래은행인 B은행에 바로 예금한다고 가정해도 된다.

④ B은행 → 민간3 : 대출

i) B은행은 예금 9,000원을 받았기 때문에 현금자산이 9,000원 증가하고, 부채(요구불예금)가 9,000원 증가한다.

ii) A은행은 예금으로부터 발생한 현금자산 9,000원을 필요지급준비금 900원을 남기고 8,100원은 민간부문에 대출한다.

⑤ 이제 앞에서의 ③과 ④의 예금과 대출이 무한 반복된다.

은행	요구불예금	지급준비금	대출
A	10,000	1,000	9,000
B	9,000	900	8,100
C	8,100	810	7,290
D	7,290	729	6,561
E	6,561	656	5,905
…	…	…	…
은행권전체	100,000	10,000	90,000

4) 예금창조액

① 총예금창조액 : 요구불예금의 합계

= 10,000 + 9,000 + 8,100 + ⋯ = 10,000(1 + 0.9 + 0.92 + ⋯) = 10,000 × 1 / 1 − 0.9

= 100,000

∴ 총예금창조액(D) = 본원적 예금(P) / 필요지급준비율(r)

총예금창조액이란 파생된 모든 요구불 예금의 합계가 되며 특히 $\frac{1}{r}$ 을 신용승수라고 한다.

② 순예금창조액 : 총예금창조액에서 본원적 예금을 제외한 것

∴ 순예금창조액 = 총예금창조액 - 본원적 예금 = 100,000 - 10,000 = 90,000

5) 본원적 예금과 예금통화

① 본원적 예금을 원천으로 하여 예금통화가 창조된다.
② 본원적 예금은 지급준비금의 합계와 일치한다.
③ 본원적 예금을 지급준비율로 나누면 예금통화와 일치한다.

위의 내용에 따라서 문제를 풀면 다음과 같다.

1) 신용승수

① 설문에서 경제의 통화량 증가가 최대가 되어야 한다는 것은 민간의 현금통화비율은 $c = C/M = 0$임을 의미한다. 따라서 위에서 살펴본 예금창조의 가정과 동일하다.

② $r = 0.075$이므로 신용승수는 $\frac{1}{r} = \frac{1}{0.075} = 13.333\cdots$이 된다. 참고로 이러한 경우(민간의 현금통화비율이 0인 경우)에는 신용승수와 통화승수는 같다.

2) 예금창조액

① 설문에서 은행의 대출은 9,100(만원), 예금은 10,000(만원), 지급준비금은 900(만원)이다.
② 법정지급준비율은 7.5%이므로 법정지급준비금은 750(만원)이 된다.
③ 따라서 초과지급준비금은 150(만원)이 된다.
④ 그런데 설문에서 제시하는 대로 초과지급준비금을 모두 대출할 경우, 현재 대출이 9,100(만원)인데 150(만원)을 추가로 더 대출함을 의미한다.
⑤ 해당 은행이 150(만원)을 추가로 대출하게 되면, 다시 위와 같은 예금창조과정이 발생하게 되므로 150(억원)에 신용승수 $\frac{1}{r} = \frac{1}{0.075} = 13.333\cdots$를 곱한 $150 \times \frac{1}{0.075} = 2{,}000$(만원)만큼 예금창조가 되어 그만큼 통화량이 증가할 수 있다.

THEME 04 통화공급방정식

1 도입배경

본원적 예금이 대출과정을 통해서 예금통화를 얼마나 증가시키는지를 살펴보았다. 본원적 예금은 민간의 현금통화를 원천으로 시작되며, 현금통화는 본원통화에 의해서 이루어진다. 따라서 좀 더 포괄적으로 본원통화가 현금통화, 예금통화, 그리고 통화량에 어떻게 영향을 미치며 그들을 얼마나 증가시키는지를 알아볼 필요가 있다. 여기서는 앞서 배운 본원통화 – 현금통화 – 예금통화 – 통화량의 관계를 종합적으로 분석한다.

2 의의 및 계산식

통화공급방정식이란 본원통화 1단위가 통화량을 얼마나 증가시키는지를 나타내는 식으로서 다음과 같이 통화승수를 이용하여 표현할 수 있다.

$M = mH$ (M : 통화량, m : 통화승수, H : 본원통화)

3 통화공급방정식 및 통화승수의 도출

1) 기본식

통화공급방정식은 본원통화와 통화량 간의 관계식으로서 통화승수를 구하는 것이 핵심이다. 이를 위해서는 본원통화와 통화량의 정의식이 필요하며, 지급준비율과 현금통화비율의 정의식이 필요하다. 각각의 정의식은 다음과 같다.

① $H = C + R$ (본원통화 = 현금통화 + 지급준비금)

② $r = R/D$ (지급준비율 = 지급준비금 / 예금통화)

③ $c = C/M$ (현금통화비율 = 현금통화 / 통화)

④ $M = C + D$ (통화량 = 현금통화 + 예금통화)

2) 도출

위의 정의식들을 적절히 활용하면 통화공급방정식을 다음과 같은 과정을 거쳐서 도출할 수 있다.

① 통화량과 예금통화

우선 ④ $M = C + D$에서 $D = M - C$이고 여기에 ③을 대입하면 다음과 같다.

$D = M - C = M - cM = (1-c)M$

② 본원통화와 현금통화

그리고 ① $H = C + R$에 ②, ③을 대입하면 다음과 같다.

$H = C + R = cM + rD$

③ 본원통화와 통화량

이제 ①에서 구한 $D = (1-c)M$을 ②에서 구한 $H = C + R = cM + rD$에 대입하면 다음과 같다.

$H = C + R = cM + rD = cM + r(1-c)M = (c + r - cr)M$

④ 통화공급방정식

위 ③에서 도출된 식을 정리하면 $M = mH = \frac{1}{(c + r - cr)} H$가 되며, 이것이 통화공급방정식이다.

⑤ 통화승수

통화공급방정식에서 통화승수는 본원통화 1단위가 통화량을 얼마나 증가시킬 수 있는지를 나타내는 지표로서 통화승수 $m = \frac{1}{(c + r - cr)}$ 이 된다.

⑥ 통화승수의 또다른 표현

i) 앞에서 이용한 식 ③ $c = C / M$(현금통화비율 = 현금통화 / 통화) 대신에 $k = C / D$(현금예금비율 = 현금통화 / 예금통화)를 이용할 수도 있다.

ii) 현금예금비율 k를 변형하면, $k = \frac{C}{D} = \frac{cM}{M - C} = \frac{cM}{M - cM} = \frac{c}{1-c}$ 가 된다.

iii) $k = \frac{c}{1-c}$ 를 풀어보면, $c = \frac{k}{1+k}$ 가 된다.

ⅳ) $c=\dfrac{k}{1+k}$ 를 통화승수 $m=\dfrac{1}{(c+r-cr)}$ 에 대입한다.

ⅴ) 따라서 통화승수는 $m=\dfrac{1}{(\frac{k}{1+k}+r-\frac{k}{1+k}r)}=\dfrac{k+1}{k+r}$ 으로도 표현될 수 있다.

4 통화승수의 구성요소

통화승수는 현금통화비율, 지급준비율로 구성되어 있다. 현금통화비율, 현금예금비율이 클수록 통화승수는 작아진다. 그리고 지급준비율이 클수록 통화승수는 작아진다.

5 통화공급방정식의 함의

1) 본원통화

통화공급방정식은 화폐공급으로서 본원통화와 통화량의 관계로서 통화승수를 통해서 본원통화가 통화량에 큰 영향을 미칠 수 있음을 보여준다.

2) 통화승수

통화승수는 현금통화비율, 지급준비율로 구성되어 있는데 현금통화비율 및 지급준비율은 현금통화, 예금통화에 영향을 줄 수 있다.

3) 통화공급방정식

결국 통화공급방정식은 본원통화가 현금통화, 예금통화를 통해서 통화량에 영향을 주는 과정을 분석하고 있다. 따라서 본원통화를 비롯하여 통화량에 영향을 미치는 요인을 조절함으로써 중앙은행이 통화량을 조절할 수 있다는 결론을 얻을 수 있다. 그러나 이 과정에서 중앙은행을 제외한 예금자와 예금은행의 의사결정도 통화량에 영향을 미치고 있음을 분명히 알 수 있다.

6 중앙은행의 의사결정과 통화량 조절의 수단

1) 공개시장 개입(본원통화 H에 영향)

통화공급방정식에 의하면 본원통화가 늘어날수록 통화량이 늘어남을 알 수 있다. 따라서 여러가지 방식으로 본원통화를 공급하면 통화량을 늘릴 수 있다. 본원통화를 공급하는 대표적인 방법은 중앙은행이 증권시장에 개입하는 것이다. 중앙은행이 예금은행으로부터 증권을 사들이는 대가로 현금을 지불하면 시중에 본원통화가 증가하게 된다.

2) 재할인율의 조절(본원통화 H에 영향)

본원통화를 늘리는 또 하나의 방법은 재할인율의 조절이다. 재할인율은 중앙은행이 예금은행에 대출하는 자금에 대해 부과하는 대출이자율이다. 이러한 대출이자율을 낮추면, 예금은행은 중앙은행으로부터 낮은 이자율로 대출을 더 많이 받아 민간부문에 대출을 늘리려는 유인이 커진다. 예금은행이 중앙은행으로부터 대출을 받게 되면 본원통화가 증가하게 된다.

3) 지급준비율 r의 조절(통화승수 m에 영향)

통화공급방정식에 의하면 본원통화 이외에 통화승수도 통화량에 영향을 미친다. 특히 지급준비율이 낮을수록 통화승수는 커지므로 통화량은 많아진다. 따라서 법정지급준비율을 낮춰서 통화량을 늘리거나, 지급준비율을 높여서 통화량을 줄일 수 있다. 그러나 문제는 법정지급준비율 이외에 초과지급준비율의 존재로 인하여 통화승수에 미치는 효과가 불확실할 수 있다는 점이다.

7 예금자의 의사결정과 현금통화비율

1) 의의

민간은 화폐를 전부 예금의 형태로 보유하는 것은 아니며, 이 중 일부는 예금하지만 나머지는 화폐로 보유한다. 민간이 화폐로 보유하는 만큼 예금액이 줄어들기 때문에 은행의 대출이 줄어서 예금통화량이 감소하고 통화량이 감소한다. 이 과정에서 대출의 감소로 인하여 통화승수가 작아지게 된다.

2) 민간의 현금보유에 영향을 주는 요인

민간이 어느 정도나 현금을 보유하려고 하는지에 영향을 주는 요인은 다양하다. 몇 가지 예를 들어보면 다음과 같다. 요구불예금의 이자율이 낮을수록 현금보유의 기회비용이 낮아지므로 현금보유가 늘어난다. 은행의 부도위험성이 높을수록 예금을 하기보다는 현금보유가 늘어난다. 불법경제행위(밀수, 탈세 등)가 만연할수록 당국에 포착되는 예금보다는 포착이 어려운 현금을 선호하기 때문에 현금수요가 늘어난다. 정리하면 이자율이 낮고, 은행 부도위험성이 높고, 지하경제규모가 커질수록 현금수요가 증가하고 이로 인해서 통화승수는 작아진다.

8 예금은행의 의사결정과 지급준비율(초과지급준비율)

1) 의의

예금은행의 의사결정도 통화승수를 변경시켜서 통화량에 영향을 미칠 수 있다. 만일 은행이 초과지급준비율을 높이게 되면 그에 따라서 대출여력이 없어지므로 예금통화는 감소하고 통화량은 줄어든다. 이 과정에서 대출의 감소로 인하여 통화승수가 작아지게 된다.

2) 예금은행의 초과지급준비에 영향을 주는 요인

예금은행이 어느 정도나 초과지급준비금을 보유할 것인지에 대한 의사결정은 초과지급금 보유에 따른 편익과 비용에 달려있다. 만일 이자율이 높을수록 초과지급준비금 보유에 따른 기회비용이 커지는 것이므로 초과지급준비금은 감소하게 된다. 초과지급준비금의 감소로 인해 대출이 증가하면 통화승수는 커짐을 의미한다.

반면 은행은 예금인출요구가 커질 것으로 예상되면, 초과지급준비금을 늘려서 대응하게 되고 이는 초과지급준비금 보유의 편익이 커지는 것이므로 초과지급준비금은 증가하게 된다. 초과지급준비금의 증가로 인해 대출이 감소하면 통화승수는 작아짐을 의미한다.

필수예제

다른 조건이 일정할 때 통화승수의 증가를 가져오는 요인으로 옳은 것을 모두 고른 것은?

▸ 2015년 공인노무사

ㄱ. 법정지급준비금 증가
ㄴ. 초과지급준비율 증가
ㄷ. 현금통화비율 하락

① ㄱ ② ㄴ ③ ㄷ
④ ㄱ, ㄷ ⑤ ㄴ, ㄷ

출제이슈 통화승수와 통화공급방정식
핵심해설 정답 ③

먼저 본원통화와 통화량 간의 관계를 살펴보면 다음과 같다.

1) 본원통화와 통화량

① 본원통화 $H = C + R$ (본원통화 = 현금통화 + 지급준비금)
② 통화량 $M = C + D$ (통화량 = 현금통화 + 예금통화)

2) 통화공급방정식

본원통화와 통화량 간의 관계식이 통화공급방정식이다. 이는 본원통화 1단위가 통화량을 얼마나 증가시키는지를 나타내는 식으로 다음과 같다.

$$M = mH = \frac{1}{(c + r - cr)} H = \frac{k+1}{k+r} H$$

$H = C + R$ (본원통화 = 현금통화 + 지급준비금)
$r = R / D$ (지급준비율 = 지급준비금 / 예금통화)
$c = C / M$ (현금통화비율 = 현금통화 / 통화)
$k = C / D$ (현금예금비율 = 현금통화 / 예금통화)
$M = C + D$ (통화량 = 현금통화 + 예금통화)

다른 모든 조건이 일정할 때, 현금예금비율($k = C / D$)가 작아지면, 통화승수는 커진다. 또한 지급준비율($r = R / D$)이 작아지거나 현금통화비율($c = C / M$)이 작아져도 통화승수는 커진다.

본원통화량이 불변인 경우, 통화량을 증가시키는 요인만을 모두 고르면? (단, 시중은행의 지급준비금은 요구불예금보다 적다.)

▸ 2018년 지방직 7급

ㄱ. 시중은행의 요구불예금 대비 초과지급준비금이 낮아졌다.
ㄴ. 사람들이 지불수단으로 요구불예금보다 현금을 더 선호하게 되었다.
ㄷ. 시중은행이 준수해야 할 요구불예금 대비 법정지급준비금이 낮아졌다.

① ㄱ, ㄴ　　② ㄱ, ㄷ　　③ ㄴ, ㄷ　　④ ㄱ, ㄴ, ㄷ

출제이슈 통화승수와 통화공급방정식

핵심해설 정답 ②

먼저 본원통화와 통화량 간의 관계를 살펴보면 다음과 같다.

1) 본원통화와 통화량

① 본원통화 $H=C+R$ (본원통화 = 현금통화 + 지급준비금)
② 통화량 $M=C+D$ (통화량 = 현금통화 + 예금통화)

2) 통화공급방정식

본원통화와 통화량 간의 관계식이 통화공급방정식이다. 이는 본원통화 1단위가 통화량을 얼마나 증가시키는지를 나타내는 식으로 다음과 같다.

$$M=mH=\frac{1}{(c+r-cr)}H=\frac{k+1}{k+r}H$$

$H=C+R$ (본원통화 = 현금통화 + 지급준비금)
$r=R/D$ (지급준비율 = 지급준비금 / 예금통화)
$c=C/M$ (현금통화비율 = 현금통화 / 통화)
$k=C/D$ (현금예금비율 = 현금통화 / 예금통화)
$M=C+D$ (통화량 = 현금통화 + 예금통화)

위의 내용에 따라서 설문을 검토하면 다음과 같다.

ㄱ. 통화량 증가
은행의 요구불예금 대비 초과지급준비금이 낮아진 경우, 지급준비율이 하락하게 되어 통화승수가 커져서 통화량을 증가시키는 요인이 된다.

ㄴ. 통화량 감소
사람들이 요구불예금보다 현금을 더 선호하게 된 경우, 현금통화비율 및 현금예금비율이 상승하여 통화승수의 감소를 가져와 통화량을 감소시키는 요인이 된다.

ㄷ. 통화량 증가
시중은행이 법정지급준비율이 하락한 경우, 지급준비율이 하락하게 되어 통화승수가 커지므로 통화량을 증가시키는 요인이 된다.

따라서 통화량을 증가시키는 요인은 ㄱ과 ㄷ이 된다.

통화량(M)을 현금(C)과 요구불예금(D)의 합으로, 본원통화(B)를 현금(C)과 지급준비금(R)의 합으로 정의하자. 이 경우 현금보유비율(cr)은 C/D, 지급준비금 비율(rr)은 R/D로 나타낼 수 있다. 중앙은행이 본원통화를 공급할 때 민간은 현금보유분을 제외하고는 모두 은행에 예금하며, 은행은 수취한 예금 중 지급준비금을 제외하고는 모두 대출한다고 가정한다. cr이 0.2, rr이 0.1이면, 통화승수의 크기는?

▸ 2016년 감정평가사

① 1.5 ② 2.0 ③ 3.7
④ 4.0 ⑤ 5.3

출제이슈 통화승수와 통화공급방정식

핵심해설 정답 ④

먼저 본원통화와 통화량 간의 관계를 살펴보면 다음과 같다.

1) 본원통화와 통화량

① 본원통화 $H= C+ R$ (본원통화 = 현금통화 + 지급준비금)
② 통화량 $M= C+ D$ (통화량 = 현금통화 + 예금통화)

2) 통화공급방정식

본원통화와 통화량 간의 관계식이 통화공급방정식이다. 이는 본원통화 1단위가 통화량을 얼마나 증가시키는지를 나타내는 식으로 다음과 같다.

$$M = mH = \frac{1}{(c+r-cr)}H = \frac{k+1}{k+r}H$$

$H= C+ R$ (본원통화 = 현금통화 + 지급준비금)
$r= R/D$ (지급준비율 = 지급준비금 / 예금통화)
$c= C/M$ (현금통화비율 = 현금통화 / 통화)
$k= C/D$ (현금예금비율 = 현금통화 / 예금통화)
$M= C+ D$ (통화량 = 현금통화 + 예금통화)

설문에서 $k= C/D$(현금예금비율 = 현금통화 / 예금통화)가 0.2, $r= R/D$(지급준비율 = 지급준비금 / 예금통화)가 0.1로 주어져 있다.

따라서 통화승수는 $m = \frac{1}{(c+r-cr)} = \frac{k+1}{k+r} = \frac{0.2+1}{0.2+0.1} = 4$가 된다.

다음 자료를 이용하여 구한 통화량 $M1$의 통화승수는? ▸ 2017년 보험계리사

$M1 = C + D$, $H = C + R$

$c = \frac{C}{M1} = \frac{1}{6}$, $z = \frac{R}{D} = \frac{1}{10}$

(단, C : 현금통화, D : 요구불예금, H : 본원통화, R : 지급준비금, c : 현금통화비율, z : 지급준비율)

① 2　② 3　③ 4　④ 5

출제이슈 통화승수와 통화공급방정식

핵심해설 정답 ③

먼저 본원통화와 통화량 간의 관계를 살펴보면 다음과 같다.

1) 본원통화와 통화량

① 본원통화 $H = C + R$ (본원통화 = 현금통화 + 지급준비금)

② 통화량 $M = C + D$ (통화량 = 현금통화 + 예금통화)

2) 통화공급방정식

본원통화와 통화량 간의 관계식이 통화공급방정식이다. 이는 본원통화 1단위가 통화량을 얼마나 증가시키는지를 나타내는 식으로 다음과 같다.

$$M = mH = \frac{1}{(c + r - cr)}H = \frac{k+1}{k+r}H$$

$H = C + R$ (본원통화 = 현금통화 + 지급준비금)

$r = R/D$ (지급준비율 = 지급준비금 / 예금통화)

$c = C/M$ (현금통화비율 = 현금통화 / 통화)

$k = C/D$ (현금예금비율 = 현금통화 / 예금통화)

$M = C + D$ (통화량 = 현금통화 + 예금통화)

설문에서 $c = C/M = \frac{1}{6}$(현금통화비율 = 현금통화 / 통화), $r = R/D = \frac{1}{10}$(지급준비율 = 지급준비금 / 예금통화)로 주어져 있다.

따라서 통화승수는 $m = \frac{1}{(c + r - cr)} = \frac{1}{\frac{1}{6} + \frac{1}{10} - \frac{1}{6} \times \frac{1}{10}} = 4$가 된다.

THEME 05 화폐공급의 내생성

1 의의

통화공급방정식은 통화량에 영향을 줄 수 있는 요인들 중 민간의 현금통화비율과 은행의 지급준비율은 외생적으로 결정되어 고정된 것으로 간주하고 있다. 그러나 현금통화비율과 지급준비율은 민간과 은행의 의사결정과정에서 여러 요인들에 의해 영향을 받을 수 있음을 앞의 Theme 4에서 분석하였다. 특히 현금통화비율과 지급준비율은 이자율의 영향을 받을 수 있기 때문에 통화승수도 이자율의 영향을 받게 되어 결국 화폐공급도 이자율의 함수로 나타낼 수 있게 된다.

2 민간의 현금통화비율

이자율이 높으면 화폐보유의 기회비용이 높아져서 화폐보유비율을 줄이게 되므로 민간의 현금통화비율은 낮아진다. 따라서 민간의 현금통화비율은 이자율의 감소함수가 되며 다음과 같은 함수식으로 표현할 수 있다.

$c=\dfrac{C}{M}=c(i)$ (c : 현금통화비율, C : 현금, M : 통화량, i : 이자율)

3 은행의 지급준비율

지급준비율은 법정지급준비율과 초과지급준비율이 있으며 은행은 초과지급준비율을 정하게 되므로 결국 최종적으로 지급준비율을 결정하는 것은 은행이라고 할 수 있다. 그런데 은행이 지급준비율을 결정함에 있어서 즉, 은행이 화폐를 얼마나 추가적으로 보유할지 결정함에 있어서는 화폐보유의 기회비용으로서 이자율을 고려하게 된다.

만일 이자율이 높으면 화폐보유의 기회비용이 높아져서 화폐보유비율을 줄이게 되므로 은행의 지급준비율은 낮아진다. 따라서 은행의 지급준비율은 이자율의 감소함수가 되며 다음과 같은 함수식으로 표현할 수 있다.

$r=\dfrac{R}{D}=r(i)$ (r : 지급준비율, R : 지급준비금, D : 예금, i : 이자율)

4 통화공급방정식의 수정

통화승수를 이루고 있는 민간의 현금통화비율과 은행의 지급준비율이 이자율의 함수로 표현될 수 있으므로 통화승수도 이자율의 함수가 된다. 이를 식으로 나타내면 다음과 같다.

$$M = mH = \frac{1}{(c + r - cr)}H = \frac{1}{(c(i) + r(i) - c(i)r(i))}H = M(i)$$

(M : 통화량, m : 통화승수, H : 본원통화, c : 현금통화비율, r : 지급준비율, i : 이자율)

위의 수정된 통화공급방정식은 통화량이 통화당국에 의하여 독립적으로 외생적으로 결정되는 것이 아니라 이자율의 영향을 받아서 결정되는 것으로서 이를 통화량의 내생성이라고 한다. 특히, 이자율이 상승하면 민간의 현금통화비율과 은행지급준비율이 감소하면서 통화승수는 증가한다. 따라서 통화량은 이자율의 증가함수라고 할 수 있다.

5 통화량의 내생성과 LM 곡선

통화량이 이자율의 영향을 받아 내생적으로 결정되면, LM 곡선은 통화공급이 외생적일 때에 비하여 보다 완만해지며, 재정정책의 유효성이 커진다. 이를 살펴보기로 하자.

1) 논리적 도출

① 현재상태와 충격의 발생

현재상태를 균형이라고 가정하면, 현재의 균형상태를 이탈시킨 후 새로운 균형상태를 모색하는 조정과정을 통해서 통화량의 내생성이 LM 곡선에 미치는 효과를 도출할 수 있다. 현재상태를 균형상태(균형국민소득, 균형이자율 수준)라고 할 때, 시장균형을 이탈시키는 인위적 충격으로서 소득증가의 충격이 발생했다고 하자.

② 조정과정

국민소득이 증가하게 되면 화폐시장에서 거래적 화폐수요가 증가하면서 이자율이 상승한다. 그런데 화폐공급이 내생적일 경우에는 이자율 상승으로 화폐공급이 증가하게 되어 거래적 화폐수요의 증가를 일정 부분 상쇄시키는 효과가 나타난다. 따라서 이자율의 상승폭이 제약되는 것이다. 왜냐하면, 거래적 화폐수요 증가로 이자율이 상승하더라도 이자율 상승에 따른 화폐공급이 증가하므로 다시 이자율이 하락하여 이자율 상승을 일정부분 상쇄하게 된다.

③ **새로운 균형상태**

조정이 완료된 새로운 균형상태에서는 소득이 증가하고 이자율은 상승하긴 하지만 통화량이 외생적인 경우에 비하여 상대적으로 이자율의 상승은 작다. 따라서 최초 균형상태와 새로운 균형상태를 잇게 되면 통화량이 내생적인 경우의 LM 곡선을 얻게 되는데 이는 완만하게 됨을 알 수 있다.

2) 기하적 도출

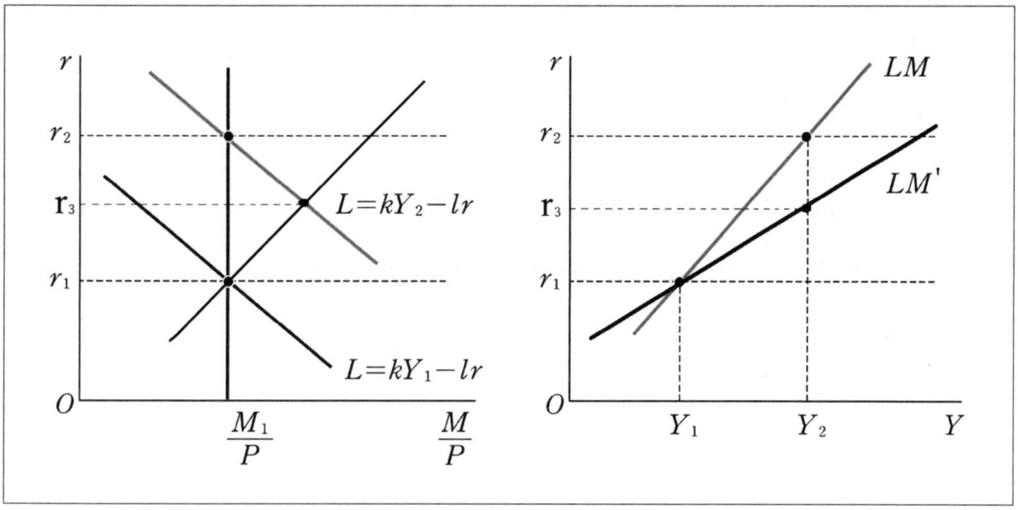

그림 20-1 통화량의 내생성을 고려한 LM 곡선의 도출

3) 수리적 도출

통화량의 내생성을 고려한 LM 곡선은 화폐시장의 균형조건식에서 도출할 수 있다.

① **화폐수요**

화폐수요를 거래적 수요와 투기적(투자적) 수요의 합이라고 하면 다음과 같다.

$$\frac{M^D}{P} = kY - lr$$

($\frac{M^D}{P}$: 화폐수요, k : 화폐수요의 소득탄력성, Y : 소득, l : 화폐수요의 이자율 탄력성, r : 이자율)

② 화폐공급

화폐공급에 내생성이 있어서 통화량이 이자율의 증가함수임을 고려하면 다음과 같다.

$$\frac{M^S}{P}=\frac{M_0+\lambda r}{P}$$

($\frac{M^S}{P}$: 화폐공급, M_0 : 외생적·독립적 통화공급, r : 이자율, 단, $\lambda>0$)

③ 화폐시장의 균형

화폐수요와 화폐공급이 일치할 때 화폐시장의 균형이 달성되고 다음과 같이 LM곡선이 도출된다.

$$kY-lr=\frac{M_0+\lambda r}{P}$$

$$\therefore\ r=\frac{Pk}{Pl+\lambda}Y-\frac{M_0}{Pl+\lambda}$$

통화량이 외생적일 때의 LM 곡선의 기울기가 $\frac{k}{l}$이고 내생적일 때의 LM 곡선의 기울기가 $\frac{Pk}{Pl+\lambda}$이므로 내생적일 때 기울기가 작아짐을 알 수 있다.

필수예제

통화승수에 관한 설명으로 옳지 않은 것은? ▸ 2018년 공인노무사

① 통화승수는 법정지급준비율을 낮추면 커진다.
② 통화승수는 이자율 상승으로 요구불예금이 증가하면 작아진다.
③ 통화승수는 대출을 받은 개인과 기업들이 더 많은 현금을 보유할수록 작아진다.
④ 통화승수는 은행들이 지급준비금을 더 많이 보유할수록 작아진다.
⑤ 화폐공급에 내생성이 없다면 화폐공급곡선은 수직선의 모양을 갖는다.

출제이슈 통화승수와 화폐공급의 내생성

핵심해설 **정답 ②**

먼저 본원통화와 통화량 간의 관계를 살펴보면 다음과 같다.

1) 본원통화와 통화량

① 본원통화 $H= C+ R$ (본원통화 = 현금통화 + 지급준비금)

② 통화량 $M= C+ D$ (통화량 = 현금통화 + 예금통화)

2) 통화공급방정식

본원통화와 통화량 간의 관계식이 통화공급방정식이다. 이는 본원통화 1단위가 통화량을 얼마나 증가시키는지를 나타내는 식으로 다음과 같다.

$$M= m\,H= \frac{1}{(c+r-cr)}H = \frac{k+1}{k+r}H$$

$H= C+ R$ (본원통화 = 현금통화 + 지급준비금)
$r= R/D$ (지급준비율 = 지급준비금 / 예금통화)
$c= C/M$ (현금통화비율 = 현금통화 / 통화)
$k= C/D$ (현금예금비율 = 현금통화 / 예금통화)
$M= C+ D$ (통화량 = 현금통화 + 예금통화)

다른 모든 조건이 일정할 때, 현금예금비율($k= C/D$)이 작아지면, 통화승수는 커진다. 또한 지급준비율($r= R/D$)이 작아지거나 현금통화비율($c= C/M$)이 작아져도 통화승수는 커진다.

위의 내용에 따라서 설문을 검토하면 다음과 같다.

① 옳은 내용이다.

법정지급준비율을 낮추면 대출이 증가하므로 통화승수는 커진다. 이는 통화승수의 식 $m= \frac{1}{(c+r-cr)}$에서 법정지급준비율이 낮아지면, 분모가 작아지므로 통화승수가 커짐을 통해 쉽게 확인할 수 있다.

PART • 08

②는 틀린 내용이고 ⑤는 옳은 내용이다.

통화공급방정식은 통화량에 영향을 줄 수 있는 요인들 중 민간의 현금통화비율과 은행의 지급준비율은 외생적으로 결정되어 고정된 것으로 간주하고 있다. 그러나 현금통화비율과 지급준비율은 민간과 은행의 의사결정과정에서 여러 요인들에 의해서 영향을 받을 수 있다. 특히 현금통화비율과 지급준비율은 이자율의 영향을 받을 수 있으므로 화폐공급을 이자율의 함수로 나타낼 수 있다. 이를 화폐공급의 내생성이라고 한다.

1) 민간의 현금통화비율

이자율이 높으면 화폐보유의 기회비용이 높아지므로 화폐보유비율을 줄이게 되므로 민간의 현금통화비율은 낮아진다. 따라서 민간의 현금통화비율은 이자율의 감소함수이다. $c=\dfrac{C}{M}=c(i)$

2) 은행의 지급준비율

지급준비율은 법정지급준비율과 초과지급준비율이 있으며 은행은 초과지급준비율을 정하게 되므로 지급준비율을 결정하는 것은 은행이라고 할 수 있다. 그런데 은행이 지급준비율을 결정함에 있어서 즉, 은행이 얼마나 화폐를 보유할지 결정함에 있어서는 화폐보유의 기회비용인 이자율을 고려하게 된다. 이자율이 높으면 화폐보유의 기회비용이 높아지므로 화폐보유비율을 줄이게 되므로 은행의 지급준비율은 낮아진다. 따라서 은행의 지급준비율은 이자율의 감소함수이다. $r=\dfrac{R}{D}=r(i)$

3) 통화공급방정식의 수정

$M=mH=\dfrac{1}{(c+r-cr)}H=\dfrac{1}{(c(i)+r(i)-c(i)r(i))}H=M(i)$으로서 화폐공급은 이자율의 증가함수이며 내생적으로 결정된다.

4) 설문②에서 이자율이 상승하는 경우 화폐보유의 기회비용이 높아지고 그에 따라 예금수요가 많아질 것이므로 현금예금비율이 하락한다. 현금예금비율의 하락은 통화승수를 크게 만든다.

5) 설문⑤에서 화폐공급에 내생성이 있다면 화폐공급곡선은 이자율의 증가함수로서 우상향의 모습을 나타내지만, 내생성이 없다면, 수직선의 모양을 보일 것이다.

③ 옳은 내용이다.

개인과 기업들이 더 많은 현금을 보유할수록 예금이 줄어들기 때문에 대출이 감소하므로 통화승수는 작아진다. 이는 통화승수의 식 $m=\dfrac{1}{(c+r-cr)}$에서 현금보유비율이 커지면, 분모가 커지므로 통화승수가 작아짐을 통해 쉽게 확인할 수 있다.

④ 옳은 내용이다.

은행들이 지급준비금을 더 많이 보유할수록 대출이 감소하므로 통화승수는 작아진다. 이는 통화승수의 식 $m=\dfrac{1}{(c+r-cr)}$에서 지급준비율이 커지면, 분모가 커지므로 통화승수가 작아짐을 통해 쉽게 확인할 수 있다.

THEME 06 통화정책의 운용

1 통화정책

통화량과 이자율은 국민소득이나 물가와 같은 주요 거시경제변수와 상당히 밀접한 상관관계를 가지며 같이 움직이고 있다. 통화정책이란 통화량, 이자율과 거시경제변수 간의 상관관계를 이용하여 통화량, 이자율을 조절함으로써 거시경제변수에 목표로 하는 적절한 영향을 미치고자 하는 정책이다. 즉, 통화량이나 이자율을 조절하여 완전고용 및 물가안정 등을 달성하고자 하는 정책이 통화정책이다.

2 통화정책의 최종목표

통화정책을 통해서 달성하고자 하는 국민경제의 목표로서 일반적으로는 완전고용, 물가안정, 국제수지균형 및 금융시장의 안정성 유지 등을 들 수 있다.

3 통화정책의 수단

통화당국이 완전고용, 물가안정 등의 정책목표를 달성하기 위해서 직접적으로 사용, 통제할 수 있는 수단에는 공개시장개입, 재할인율조절, 지급준비율조절 등이 있다. 이들은 모두 통화당국이 통화량이나 이자율에 영향을 미치기 위하여 사용하는 정책도구이다.

4 통화정책의 운용목표

중앙은행은 목표로 하는 물가상승률을 달성하기 위해 기준금리를 정하고 이를 달성하기 위해 공개시장개입 등으로 통화량을 조절함으로써 시중의 단기금리에 영향을 미치는 방식으로 통화정책을 운용한다. 이때, 기준금리와 본원통화를 통화정책의 운용목표라고 한다.

5 통화정책의 중간목표

1) 의의

통화당국이 공개시장개입, 재할인율조절 등과 같은 통화정책수단을 통해서 물가안정, 완전고용과 같은 정책목표를 달성하려고 함은 이미 앞에서 살펴보았다. 그런데 문제는 이러한 통화정책수단들이 정책목표에 영향을 미치기까지는 상당히 시간이 걸린다는 것이다. 만일 상당한 시간이 흐른 후에도 정책목표가 달성되지 못한 문제점이 발견될 경우 정책수단을 재조정해야 하는데 이는 너무 늦은 것이다.

이와 같은 정책시차의 문제를 극복하기 위해서 통화정책수단과 정책목표 사이에 중간목표를 설정하는 것이 필요할 수 있다. 중간목표를 이용함으로써 통화당국은 통화정책이 올바른 방향으로 가고 있는지 여부를 신속하게 판단하고 정책방향을 재조정할 수 있다. 통화정책의 중간목표로는 이자율과 통화량을 들 수 있다.

2) 중간목표의 바람직한 성질

① 안정적 관계성

통화정책의 중간목표는 고용, 물가와 같은 최종정책목표 변수들과 안정적인 관계를 가져야 한다.

② 단기적 반응성

통화정책의 중간목표는 공개시장개입이나 재할인율조절 등과 같은 통화정책수단의 변화에 대해서 단기간 내에 반응을 보여야 한다.

③ 측정가능성

중간목표 변수는 신속하고 정확하게 측정될 수 있어야 한다. $M1$ 등과 같은 통화지표나 명목이자율은 단기간 내에 정확히 측정될 수 있다. 반면 국내총생산, 실업률 등은 측정하는 데 시간이 오래 걸리며, 실질이자율은 정확한 측정이 사실상 불가능하다는 점에서 중간목표로 적합하지 않다.

④ 통제가능성

중간목표 변수는 중앙은행에 의해 효과적으로 통제될 수 있어야 한다. 통화량이나 이자율 등은 중앙은행이 다양한 정책수단을 통해서 효과적으로 영향을 미칠 수 있다. 그러나 국내총생산 등은 중앙은행이 효과적으로 통제할 수 있는 변수가 아니다.

3) 중간목표로서의 통화량과 이자율

통화정책의 중간목표로서 대표적으로 들 수 있는 것은 바로 통화량과 이자율이다. 그런데 통화량과 이자율은 매우 밀접하게 관련이 되어 있어서 화폐시장에서 동시에 결정되므로 이 두 개를 각각 다른 값으로 동시에 통제할 수는 없기 때문에 어느 하나를 선택해야만 한다. 이하에서 각각의 중간목표가 갖는 특징과 한계를 살펴보자.

4) 중간목표로서의 통화량

① 통화론자의 통화량 옹호

화폐수요는 명목소득과 안정적인 관계를 가지고 있기 때문에 따라서 통화량은 명목소득과 안정적인 관계를 가진다. 그리고 통화량은 이자율보다는 측정하기가 쉬울 뿐만 아니라 본원통화에 의해서 결정되기 때문에 본원통화를 통해서 비교적 쉽게 조절이 가능하다.

② 통화량의 한계

통화량은 유동성의 인정범위에 의한 정의에 따라서 여러 가지가 있기 때문에 중간목표로 적당한 통화량의 범위가 불분명하다는 한계가 있다. 대부분의 나라에서는 어떠한 통화지표가 적정한 통화량을 대표하는지에 대하여 끊임없이 논쟁이 계속되고 있는 현실이다. 한편, 화폐공급의 내생성을 고려하면 통화량에 대한 통제는 사실상 불가능하다는 것도 큰 문제이다.

5) 중간목표로서의 이자율

① 케인즈학파의 이자율 옹호

이자율은 투자나 소비 등을 통해 실물경제에 미치는 영향이 매우 크다. 중앙은행은 적어도 단기에서는 명목이자율을 통제할 수 있고 단기에는 물가수준이 고정되어 있으므로 실질이자율도 어느 정도 통제할 수 있다.

② 이자율의 한계

경기호황기에는 대체로 이자율이 상승하는데 중앙은행이 이자율 목표에 따라서 이자율을 안정적으로 관리하기 위해서 통화량을 늘리게 되면 경기호황기에 오히려 더욱 과열을 부채질하게 된다. 즉 통화정책이 경기변동을 안정화시키기는커녕 오히려 심화시킬 수도 있다.

6) 중간목표의 선정

W.Poole은 실물과 화폐부문의 불안정성 정도에 따라서 적절한 중간목표를 선정하였다. Poole은 투자수요의 급격한 변화 등으로 인하여 실물부문이 불안정하고 경기변동의 원인이 될 경우에는 통화량 목표가 우월하다고 하였다. 반면, 화폐수요의 변화로 인하여 화폐부문이 불안정하여 경

기변동의 원인이 될 경우에는 이자율 목표가 우월하다고 하였다. 참고로 Poole의 모형에서 통화량 목표는 안정적인 통상의 우상향하는 LM곡선으로 대변되며, 이자율 목표는 사실상 수평의 LM곡선으로 대변될 수 있다.

① 실물부문

실물부문의 불안정에 따라서 IS곡선의 위치가 불확실하여 경기변동의 원인이 된다면, 통화량을 적절히 타게팅함으로써 경기변동의 진폭을 줄일 수 있게 된다. 따라서 실물부문이 불안정하여 (예 투자수요변화) 경기변동의 원인일 경우에는 통화량 목표가 우월하다.

② 화폐부문

반대로 화폐부문의 불안정에 따라서 LM곡선의 위치가 불확실하여 경기변동의 원인이 된다면, 이자율을 적절히 타게팅함으로써 경기변동의 진폭을 줄일 수 있게 된다. 따라서 화폐부문이 불안정하여 (예 화폐수요변화) 경기변동의 원인일 경우 이자율 목표가 우월하다.

7) 새로운 전략

통화량과 이자율이라는 전통적인 중간목표 외에 새로운 중간목표로서 명목국내총생산, 신용총액(민간부문의 금융부채) 등을 들 수도 있다. 예를 들어 명목국내총생산 중간목표는 중앙은행이 명목국내총생산의 목표를 정하고 실제 측정값이 목표보다 작을 경우에는 통화량을 증가시키는 방식이다.

그리고 아예 중간목표를 정하지 않고 최종정책목표와 밀접한 관계에 있는 다양한 변수들에 대한 정보를 관찰하여 적절히 정책수단을 조절하여 최종목표를 달성하려는 전략도 고려할 수 있는데 이를 정보변수전략이라고 한다. 물가안정목표제는 바로 정보변수전략과 일맥상통한다.

6 통화정책의 파급경로(전달경로 혹은 전달기구)

1) 의의

재정정책은 정부지출, 조세와 같은 실물변수를 조정하여 역시 실물변수인 국민소득에 영향을 미치는 정책이다. 반면, 통화정책은 통화량, 명목이자율과 같은 명목변수를 조정하여 실물변수를 변화시키는 정책이므로 명목변수가 어떤 경로를 통해 실물변수를 자극하여 효과가 파급되는지가 중요하다. 이를 통화정책의 파급경로 혹은 전달기구라고 한다.

2) 이자율경로 : 채권을 통한 파급

① 통화량 변동이 단기, 장기이자율을 변동시키고 결국 투자 및 국민소득에 영향을 미치는 경로이다.
② 통화량이 증가하면 경제주체는 화폐를 초과보유하게 되어 이를 해소하기 위해서 단기증권을 구입하여 단기이자율이 하락한다.
③ 단기이자율 하락에 따른 단기채권가격 상승은 경제주체로 하여금 장기채권을 구입하도록 유도하고 결국 장기이자율이 하락한다.
④ 장기이자율의 하락이 충분한 경우 투자가 증가하고 국민소득이 증가한다.
⑤ 다만, 장단기 채권 간에 대체관계가 약하다는 것과 유동성함정이 존재하거나 투자가 이자율에 대하여 둔감하게 반응하는 경우에는 한계가 있다는 점이 지적된다.

3) 자산경로 : 주식을 통한 파급

① 통화량 변동이 주식가격을 변동시키고 결국 투자 및 국민소득에 영향을 미치는 경로이다.
② 통화량이 증가하면 경제주체는 화폐를 초과보유하게 되어 이를 해소하기 위해서 채권을 구입하고 채권가격이 상승함에 따라서 대체재인 주식을 구입하여 주식가격이 상승한다.
③ 주식가격의 상승에 따라서 기업의 시장가치도 상승하고 주식공급이 확대됨에 따라 기업의 자금조달이 쉬워진다.
④ 기업은 용이해진 자금조달로 인해서 투자를 증가시키게 되고 결국 국민소득이 증가한다.

4) 실질잔고효과 경로 : 화폐자산을 통한 파급

① 통화량 변동이 민간의 부를 변화시키고 결국 소비 및 국민소득에 영향을 미치는 경로이다.
② 피구의 실질잔고효과에 따르면 화폐(실질화폐잔고)는 개인의 부(wealth)로서 소비에 영향을 미칠 수 있다. 통화정책에 의하여 통화량이 변동하면 실질화폐잔고를 변화시켜서 개인의 부를 변화시키고 이것은 바로 직접적으로 소비를 자극하여 국민소득에 영향을 줄 수 있다.
③ 이 경로는 통화론자들의 대표적 통화정책 전달경로로서 통화량 변화가 금융시장을 거치지 않고 바로 직접적으로 실물부문에 영향을 미치는 경로이다.

※ 피구효과
확장적 통화정책으로 인해서 자산이 증가할 경우 소비가 증가하여 총수요가 증가하게 된다. 따라서 민간의 소비함수는 자산의 증가함수가 된다. 이를 피구효과라고 한다. 피구효과를 *IS* 곡선에 반영할 경우 확장적 통화정책에 의한 소비증가로 *IS*곡선이 우측으로 이동할 수 있다. 특히 경제가 유동성함정에 있더라도 통화정책을 통해서 *IS*곡선이 이동하면 국민소득에 영향을 줄 수 있으므로 피구효과는 통화정책의 유효성을 높여준다고 할 수 있다.

※ 유동성함정

한 경제의 이자율이 매우 낮은 수준이라고 경제주체들이 공통적으로 생각할 때, 통화당국이 통화량을 증가시킬 경우 그 증가된 통화량은 모두 투기적 화폐수요로 흡수된다(화폐수요의 이자율 탄력성이 무한대). 따라서 이때는 LM곡선이 수평이 되는데 이러한 영역을 유동성함정이라고 한다. 유동성함정이 나타날 경우 재정정책은 최대효과가 나타나지만, 통화정책은 효과가 없다.

5) 환율경로 : 환율을 통한 파급

① 통화량 변동이 환율을 변동시키고 결국 순수출 및 국민소득에 영향을 미치는 경로이다.
② 통화량이 증가하면 이자율이 하락하여 해외로 자본이 유출되면서 환율이 상승하게 된다.
③ 환율상승에 따라서 순수출이 증가하고 국민소득도 증가한다. 이 경로는 1970년대 이후 세계경제가 고정환율제에서 변동환율제로 이행하면서 그 중요성이 커지게 되었다.
④ 다만, 변동환율제도하에 있더라도 자본이동이 완전히 통제되고 있는 경우에는 환율경로가 나타나지 않는다.

6) 신용경로

① 의의

통화정책이 파급되는 과정에서 이자율이나 다른 변수의 역할도 중요하지만 실제로는 은행을 통해서 신용이 공급되어야만 통화정책이 비로소 민간에 파급될 수 있는 것이다. 통화정책의 파급에서 은행의 역할과 신용액수를 중시하는 견해를 신용경로라고 한다.

② 은행대출경로

대기업의 경우 주식이나 채권 등을 통해서도 자금조달이 가능하지만, 중소기업의 경우 거의 대부분 자금조달은 은행대출을 통해서 이루어진다. 확대통화정책에 의하여 은행대출이 증가하게 되면 주로 은행으로부터의 차입을 통해서만 지출이 가능한 부문, 예를 들면 중소기업부문이 보다 쉽게 차입하여 지출할 수 있게 된다. 반대로 은행이 대출을 줄이게 되면 주식이나 회사채를 발행할 수 없는 비우량기업이나 중소기업들은 자금을 조달하기 어렵게 되어 지출을 줄이게 된다. 이러한 과정을 통해서 은행대출이 총생산 및 국민소득에 영향을 미칠 수 있게 되는데 이를 은행대출경로라고 한다.

③ 대차대조표 경로

기업의 외부자금 조달능력, 즉 차입 가능여부는 원칙적으로 미래현금흐름에 의해서 결정되어야 한다. 그러나 현실적으로 미래현금창출능력에 대한 정보가 불완전하기 때문에 많은 경우 현재 기업이 보유하고 있는 대차대조표상의 자산가치에 따른 담보가치가 차입을 결정하게 된다. 통화정책은 기업이 보유한 자산의 대차대조표상 가치에 영향을 주게 되고, 이 대차대조표상 가치가 기업의 차입 및 지출에 큰 영향을 주게 되는데 이를 대차대조표 경로라고 한다.

④ 신용할당(credit rationing)

은행과 자금차입자 간에는 정보의 비대칭성이 존재한다. 이로 인하여 은행은 대출 시 금리를 높이기보다 신용도 높은 차입자를 선별, 대출하려고 하는데 이를 신용할당이라고 한다.

7 물가안정목표제(inflation targeting scheme)

1) 의의

물가안정목표제란 통화당국이 최종정책목표인 물가안정에 대하여 명시적으로 목표를 설정하고, 통화량, 이자율, 환율, 기대인플레이션 등 다양한 변수들을 활용하여 최종정책목표를 달성하고자 하는 정책방식을 말한다.

2) 배경

완전고용과 같은 최종적 정책목표를 달성하기 위해서 통화정책을 사용할 경우 이는 물가안정이라는 또 다른 정책목표와 상충될 수밖에 없다. 물가안정목표제는 완전고용, 국제수지균형 등과 같은 다른 정책목표보다 물가안정을 통화정책의 최우선의 그리고 단 하나의 목표로 일원화한 것이다.

3) 운용방식

중앙은행은 먼저 물가안정을 위한 구체적인 물가상승률 목표를 설정한다. 이때, 설정된 인플레이션 목표치를 달성하기 위해서 중간목표를 설정하지 않으며 오로지 최종적인 물가상승률 목표의 달성을 위해서 사용할 수 있는 모든 수단을 동원한다. 이 과정에서 이자율, 환율, 실업률 등 다양한 변수를 활용하는데 특히 이자율을 이용하여 정책목표를 달성하는 것이 일반적이므로 이자율 중시 통화정책으로 볼 수 있다.

4) 한국의 물가안정목표제

① 제도의 도입

물가안정목표제는 1990년 뉴질랜드에서 처음으로 실시되었는데 한국의 경우 1997년 한국은행법을 개정하여 물가안정을 통화정책의 목표로 명시하여 물가안정목표제를 채택하였다.

② 목표 물가상승률의 설정

목표로 삼는 물가상승률은 연도별 목표가 아니라 중기목표로 설정한다. 이는 통화정책의 시차가 장기임을 고려한 것이다. 또한 단기적으로 통화정책을 보다 신축적으로 운용할 필요가 있을 수도 있으므로 중기목표가 적합하다. 물론 물가안정목표제는 물가안정을 최우선의 과제로 삼고 있지만 이 과정에서 다른 정책목표를 완전히 배제할 수는 없는 것이 현실이므로 통화정책을 단기에 있어서 신축적으로 운용할 수 있는 것이다.

③ 기준금리의 설정

한국은행은 목표로 하는 최종정책목표로서의 물가상승률을 달성하기 위해서 기준금리를 정한다. 이때, 기준금리(base rate)는 한국은행이 금융기관과 증권매매, 예금 및 대출 등의 거래를 할 때 기준이 되는 정책금리를 의미한다. 한국은행 금융통화위원회는 물가 동향, 국내외 경제 상황, 금융시장 여건 등을 종합적으로 고려하여 연 8회 기준금리를 결정하고 있다. 이렇게 결정된 기준금리는 초단기금리인 콜금리에 즉시 영향을 미치고, 장단기 시장금리, 예금 및 대출금리 등의 변동으로 이어져 궁극적으로 실물경제에 영향을 미치게 된다.

④ 기준금리의 달성

정해진 기준금리를 달성하기 위해서는 통화량 조절이 필요하므로 공개시장조작 등을 통해서 통화량을 조절하여 기준금리를 달성한다.

8 양적완화

1) 기존 통화정책의 한계

기존의 통화정책은 주로 단기국채 매입을 통하여 통화량 증대 및 이자율 하락의 효과에 초점을 맞춘 것이다. 즉 단기국채를 매입하면, 단기금융시장에서의 이자율이 하락하게 되어 민간의 장기국채의 수요가 증가하고 장기이자율이 하락하는 원리이다. 그러나 계속된 통화량 증가로 인하여 이자율이 0의 수준에 가까워짐에 따라 통화량을 늘린다고 해서 이자율이 더 하락하기도 어려운 상황이어서 기존 통화정책은 한계에 봉착하게 되었다.

2) 양적완화정책의 대두

원래 양적완화라는 용어 자체는 일본 중앙은행이 2000년대 초반에 시행한 통화정책을 양적금융완화라고 부르는 데서 시작되었다. 일본 중앙은행은 전통적인 통화정책을 통해서는 이미 0 가까이 내려간 이자율을 더 이상 낮추는 것이 불가능했기 때문에 시중 금융기관의 장기채권 등을 매입하는 방식으로 통화량을 공급하였다.

3) 양적완화정책의 메커니즘

기존 통화정책의 한계를 극복하기 위한 정책으로서 양적완화정책은 단기국채 대신 장기국채, 주택저당증권 등을 매입하여 은행의 활발한 대출을 통해서 시중에 유동성을 공급하고 장기이자율을 하락시키는 효과가 있다.

4) 양적완화정책과 2008년 글로벌 금융위기의 극복

2008년 글로벌 금융위기 당시 미국의 연방준비제도는 2조 달러 이상의 장기국채를 비롯하여 주택저당증권, 상업용건물저당증권 등 여러 채권을 직접 매입하였고 이를 통해서 은행들의 대출여력을 크게 증가시켰다. 특히 미국 연방준비제도는 장기국채와 주택저당증권을 집중적으로 매입하여 장기이자율과 주택대출금리를 하락시켜 투자를 진작하고 주택시장을 안정화시키는 데 목적이 있었다.

필수예제

한국은행의 통화정책 수단과 제도에 관한 설명으로 옳지 않은 것은? ▸ 2021년 감정평가사

① 국채 매입·매각을 통한 통화량 관리
② 금융통화위원회는 한국은행 통화정책에 관한 사항을 심의·의결
③ 재할인율 조정을 통한 통화량 관리
④ 법정지급준비율 변화를 통한 통화량 관리
⑤ 고용증진 목표 달성을 위한 물가안정목표제 시행

출제이슈 통화정책의 수단
핵심해설 **정답** ⑤

① 통화정책의 수단 중 공개시장 개입정책으로서 옳은 내용이다.
통화정책의 수단 중 공개시장 개입정책은 중앙은행이 채권시장에서 국공채 등의 유가증권을 매입 혹은 매각하여 본원통화 H를 변화시키고 이를 통해서 통화량을 조절하는 것이다. 중앙은행이 시장에서 유가증권을 매입하는 경우 본원통화가 증가하고, 그에 따라 통화량이 증가한다. 반면 중앙은행이 시장에서 유가증권을 매도하는 경우 본원통화가 감소하고 그에 따라 통화량이 감소한다. 우리나라의 경우 시장에서 국공채 거래가 충분치 않을 경우 통화안정증권(한국은행이 발행한 유가증권)을 통하여 공개시장개입을 실시하고 있다(통화안정증권을 발행하여 매각하면 통화량이 감소한다).

② 옳은 내용이다.
한국은행법 제28조에 따라서 금융통화위원회는 통화신용정책에 관한 다음 각 호의 사항을 심의·의결한다. 참고로 한국은행법 제28조는 다음과 같다.

한국은행법 제28조 일부발췌

제3절 금융통화위원회의 권한
제28조(통화신용정책에 관한 의결) 금융통화위원회는 통화신용정책에 관한 다음 각 호의 사항을 심의·의결한다.
1. 한국은행권(韓國銀行券) 발행에 관한 기본적인 사항
2. 금융기관의 지급준비율, 최저지급준비금의 보유기간 및 보유방법
3. 한국은행의 금융기관에 대한 재할인 또는 그 밖의 여신업무(與信業務)의 기준 및 이자율
4. 한국은행의 금융기관에 대한 긴급여신에 관한 기본적인 사항
5. 한국은행이 여신을 거부할 수 있는 금융기관의 지정

−이하 후략−

③ 통화정책의 수단 중 재할인율 조정정책으로서 옳은 내용이다.
통화정책의 수단 중 재할인율정책은 중앙은행이 재할인율을 조절하여 통화량을 조절하는 것이다. 재할인율은 중앙은행이 예금은행에 대출하는 자금에 대해 부과하는 대출이자율이다. 이러한 대출이자율을 낮추면,

예금은행은 중앙은행으로부터 낮은 이자율로 대출을 더 많이 받아 민간부문에 대출을 늘리려는 유인이 커진다. 예금은행이 중앙은행으로부터 대출을 받게 되면 본원통화가 증가하게 된다.

④ 통화정책의 수단 중 지급준비율 조정정책으로서 옳은 내용이다.
통화정책의 수단 중 지급준비율 조정정책은 지급준비율 r을 조절하여 통화승수 m에 영향을 미치고 이를 통해서 통화량을 조절하고자 하는 정책이다. 지급준비율이 낮을수록 통화승수는 커지므로 통화량은 많아진다. 통화승수 $m = \dfrac{1}{(c+r-cr)} = \dfrac{k+1}{k+r}$ 이므로 지급준비율을 인하하면 통화승수의 분모가 작아져서 통화승수가 커져서 통화량이 증가한다. (단, $r = R/D$(지급준비율 = 지급준비금 / 예금통화), $c = C/M$(현금통화비율 = 현금통화 / 통화), $k = C/D$(현금예금비율 = 현금통화 / 예금통화))

그러나 통화승수의 구성요소인 지급준비율이 필요지급준비율과 초과지급준비율로 나뉘므로 통화당국이 필요지급준비율을 조절하더라도 개별은행이 초과지급준비율을 재조정할 경우에는 통화승수의 변화방향이 불확실하다. 결국 지급준비율조절정책은 초과지급준비율의 존재로 인하여 통화승수에 미치는 효과가 불확실할 수 있다. 또한 지급준비율을 인상할 경우 은행의 대출여력이 감소하여 은행의 수익성을 악화시킬 수 있다. 따라서 이 정책은 민간부문에 과도하게 개입하는 것으로 평가되어 다른 통화정책의 수단에 비해 잘 사용되지 않는다.

⑤ 틀린 내용이다.
물가안정목표제(inflation targeting scheme)란 통화당국이 최종정책목표인 물가안정에 대하여 명시적으로 목표를 설정하고, 통화량, 이자율, 환율, 기대인플레이션 등 다양한 변수들을 활용하여 최종정책목표를 달성하고자 하는 정책방식을 말한다. 완전고용과 같은 최종적 정책목표를 달성하기 위해서 통화정책을 사용할 경우 이는 물가안정이라는 또 다른 정책목표와 상충될 수밖에 없다. 물가안정목표제는 완전고용, 국제수지균형 등과 같은 다른 정책목표보다 물가안정을 통화정책의 최우선의 그리고 단 하나의 목표로 일원화한 것이다.

물가안정목표제의 운용방식을 보면, 중앙은행은 먼저 물가안정을 위한 구체적인 물가상승률 목표를 설정한다. 이때, 설정된 인플레이션 목표치를 달성하기 위해서 중간목표를 설정하지 않으며 오로지 최종적인 물가상승률 목표의 달성을 위해서 사용할 수 있는 모든 수단을 동원한다. 이 과정에서 이자율, 환율, 실업률 등 다양한 변수를 활용하는데 특히 이자율을 이용하여 정책목표를 달성하는 것이 일반적이므로 이자율 중시 통화정책으로 볼 수 있다.

연혁적으로 물가안정목표제는 1990년 뉴질랜드에서 처음으로 실시되었는데 한국의 경우 1997년 한국은행법을 개정하여 물가안정을 통화정책의 목표로 명시하여 물가안정목표제를 채택하였다. 목표로 삼는 물가상승률은 연도별 목표가 아니라 중기목표로 설정한다. 이는 통화정책의 시차가 장기임을 고려한 것이다. 또한 단기적으로 통화정책을 보다 신축적으로 운용할 필요가 있을 수도 있으므로 중기목표가 적합하다. 물론 물가안정목표제는 물가안정을 최우선의 과제로 삼고 있지만 이 과정에서 다른 정책목표를 완전히 배제할 수는 없는 것이 현실이므로 통화정책을 단기에 있어서 신축적으로 운용할 수 있는 것이다. 한국은행은 목표로 하는 최종정책목표로서의 물가상승률을 달성하기 위해서 기준금리를 정한다. 이때, 기준금리(base rate)는 한국은행이 금융기관과 증권매매, 예금 및 대출 등의 거래를 할 때 기준이 되는 정책금리를 의미한다. 한국은행 금융통화위원회는 물가 동향, 국내외 경제 상황, 금융시장 여건 등을 종합적으로 고려하여 연 8회 기준금리를 결정하고 있다. 이렇게 결정된 기준금리는 초단기금리인 콜금리에 즉시 영향을 미치고, 장단기 시장금리, 예금 및 대출금리 등의 변동으로 이어져 궁극적으로 실물경제에 영향을 미치게 된다. 정해진 기준금리를 달성하기 위해서는 통화량 조절이 필요하므로 공개시장조작 등을 통해서 통화량을 조절하여 기준금리를 달성한다.

통화량 공급을 늘리기 위한 중앙은행의 공개시장조작(open market operation) 정책으로 옳은 것은?

▸ 2015년 국가직 7급

① 정부채권을 매입한다.
② 재할인율을 인하한다.
③ 중앙은행의 지급준비율을 인하한다.
④ 시중 민간은행의 대출한도 확대를 유도한다.

출제이슈 통화정책의 수단으로서 공개시장조작

핵심해설 **정답** ①

통화정책의 수단 중 공개시장개입정책의 특징은 다음과 같다.

1) 공개시장개입정책은 중앙은행이 채권시장에서 국공채 등의 유가증권을 매입 혹은 매각하여 본원통화 H를 변화시키고 이를 통해서 통화량을 조절하는 것이다.

2) 중앙은행이 시장에서 유가증권을 매입하는 경우 본원통화가 증가하고, 그에 따라 통화량이 증가한다. 반면, 중앙은행이 시장에서 유가증권을 매도하는 경우 본원통화가 감소하고 그에 따라 통화량이 감소한다.

3) 우리나라의 경우 시장에서 국공채 거래가 충분치 않을 경우 통화안정증권(한국은행이 발행한 유가증권)을 통하여 공개시장개입을 실시하고 있다(통화안정증권을 발행하여 매각하면 통화량이 감소한다).

위의 내용에 따라서 설문을 검토하면 ①이 옳은 내용이다. 통화량 공급을 늘리기 위해서는 본원통화를 늘려야 하므로, 이를 위해서 정부채권을 매입한다.

통화량을 증가시키기 위한 중앙은행의 정책으로 ( ) 안에 들어갈 내용을 순서대로 옳게 연결한 것은?

▸ 2015년 감정평가사

- 국공채 (ㄱ)
- 법정지불준비율 (ㄴ)
- 재할인율 (ㄷ)

① ㄱ : 매입, ㄴ : 인하, ㄷ : 인하
② ㄱ : 매입, ㄴ : 인하, ㄷ : 인상
③ ㄱ : 매각, ㄴ : 인하, ㄷ : 인상
④ ㄱ : 매각, ㄴ : 인상, ㄷ : 인하
⑤ ㄱ : 매각, ㄴ : 인상, ㄷ : 인상

출제이슈 통화정책의 수단과 효과 (2019년 공인노무사 동일출제)

핵심해설 **정답** ①

먼저 통화정책의 수단은 다음과 같다.

1) 공개시장개입정책

통화정책의 수단 중 공개시장개입정책은 중앙은행이 채권시장에서 국공채 등의 유가증권을 매입 혹은 매각하여 본원통화 H를 변화시키고 이를 통해서 통화량을 조절하는 것이다. 중앙은행이 시장에서 유가증권을 매입하는 경우 본원통화가 증가하고, 그에 따라 통화량이 증가한다.

2) 재할인율정책

통화정책의 수단 중 재할인율정책은 중앙은행이 예금은행에 대출하는 자금에 대해 부과하는 재할인율을 조절하여 통화량을 조절하는 것이다. 중앙은행이 재할인율을 인하하면, 예금은행은 중앙은행으로부터 낮은 이자율의 대출을 더 많이 받아 민간부문에 대출을 늘리려는 유인이 커진다. 따라서 본원통화가 증가하고 통화량이 증가한다.

3) 지급준비율조정정책

통화정책의 수단 중 지급준비율조정정책은 지급준비율 r을 조절하여 통화승수 m에 영향을 미치고 이를 통해서 통화량을 조절하고자 하는 정책이다. 중앙은행이 지급준비율을 인하하면 통화승수는 커지므로 통화량은 증가한다.

위의 내용에 따라서 설문을 검토하면 다음과 같다.
통화량을 증가시키기 위해서는 공개시장개입정책으로 국공채를 매입하고, 지급준비율조정정책으로 법정지급준비율을 인하하고, 재할인율정책으로 재할인율을 인하해야 한다.

기준금리가 제로금리 수준임에도 불구하고 경기가 회복되지 않는다면 중앙은행이 취할 수 있는 정책으로 옳은 것은? ▸ 2016년 지방직 7급

① 기준금리를 마이너스로 조정한다.
② 장기금리를 높인다.
③ 보유한 국공채를 매각한다.
④ 시중에 유동성을 공급한다.

출제이슈 전통적인 통화정책수단과 양적완화정책
핵심해설 **정답** ④

먼저 양적완화정책에 대하여 검토하면 다음과 같다.

1) 기존 통화정책의 한계
기존의 통화정책은 주로 단기국채 매입을 통하여 통화량 증대 및 이자율 하락의 효과에 초점을 맞춘 것이다. 즉 단기국채를 매입하면, 단기금융시장에서의 이자율이 하락하게 되어 민간의 장기국채의 수요가 증가하고 장기이자율이 하락하는 원리이다. 그러나 계속된 통화량 증가로 인하여 이자율이 0의 수준에 가까워짐에 따라 통화량을 늘린다고 해서 이자율이 더 하락하기도 어려운 상황이어서 기존통화정책은 한계에 봉착하게 되었다.

2) 양적완화정책의 대두
원래 양적완화라는 용어 자체는 일본 중앙은행이 2000년대 초반에 시행한 통화정책을 양적금융완화라고 부르는 데서 시작되었다. 일본 중앙은행은 전통적인 통화정책을 통해서는 이미 0에 가까이 내려간 이자율을 더 이상 낮추는 것이 불가능했기 때문에 시중 금융기관의 장기채권 등을 매입하는 방식으로 통화량을 공급하였다.

3) 양적완화정책의 메커니즘 : 장기이자율 하락
기존 통화정책의 한계를 극복하기 위한 정책으로서 양적완화정책은 단기국채 대신 장기국채, 주택저당증권 등을 매입하여 은행의 활발한 대출을 통해서 시중에 유동성을 공급하고 장기이자율을 하락시키는 효과가 있다.

4) 양적완화정책과 2008년 글로벌 금융위기의 극복
2008년 글로벌 금융위기 당시 미국의 연방준비제도는 2조 달러 이상의 장기국채를 비롯하여 주택저당증권, 상업용건물저당증권 등 여러 채권을 직접 매입하였고 이를 통해서 은행들의 대출여력을 크게 증가시켰다. 특히 미국 연방준비제도는 장기국채와 주택저당증권을 집중적으로 매입하여 장기이자율과 주택대출금리를 하락시켜 투자를 진작하고 주택시장을 안정화시키는 데 목적이 있었다.

위의 내용에 따라서 설문을 검토하면 다음과 같다.

① 틀린 내용이다.
기준금리는 명목금리로서 0의 한도 제약이 있다. 따라서 마이너스로 조정하는 것은 불가능하다. 과거 일본 중앙은행은 전통적인 통화정책을 통해서는 이미 0 가까이 내려간 이자율을 더 이상 낮추는 것이 불가능했기 때문에 시중 금융기관의 장기채권 등을 매입하는 방식으로 통화량을 공급하였다. 즉, 전통적인 방식의 통화정책으로는 더 이상 통화공급을 늘리는 것이 어렵기 때문에 양적완화와 같은 새로운 방식의 통화정책이 요구되었다.

② 틀린 내용이다.
장기금리를 높이는 경우 투자에 부정적 영향을 미쳐서 경기회복을 오히려 방해한다.

③ 틀린 내용이다.
통화정책의 수단 중 공개시장개입정책은 중앙은행이 채권시장에서 국공채 등의 유가증권을 매입 혹은 매각하여 본원통화 H를 변화시키고 이를 통해서 통화량을 조절하는 것이다. 설문처럼 중앙은행이 시장에서 유가증권을 매각하는 경우 본원통화가 감소하고, 그에 따라 통화량이 감소한다. 통화량 감소로 인하여 이자율이 상승하여 실물부문의 투자가 감소한다. 따라서 이는 총수요를 감소시켜서 경기회복을 오히려 방해한다.

④ 옳은 내용이다.
기존의 전통적인 통화정책을 통해서는 이미 0 가까이 내려간 이자율을 더 이상 낮추는 것이 불가능했기 때문에 양적완화정책은 시중 금융기관의 장기국채나 주택저당채권 등 주로 장기채권 등을 매입하는 방식을 통하여 유동성을 공급하였다. 시중 금융기관은 보유하고 있던 주택저당채권 등을 정부에 판매하고 이로 인해 새롭게 대출여력이 생겨 대출하게 되어 시중에 유동성이 공급될 수 있었다.

통화정책에 관한 설명으로 옳지 않은 것은? ▸ 2024년 감정평가사

① 공개시장 매입은 본원통화를 증가시켜 이자율을 하락시킨다.
② 재할인율 인상은 재할인대출을 감소시켜 이자율을 상승시킨다.
③ 자산가격경로는 이자율이 하락할 경우 자산가격이 상승하여 부(富)의 효과로 소비가 증가하는 경로이다.
④ 신용경로는 중앙은행이 화폐공급을 축소할 경우 은행대출이 감소되어 기업투자와 가계소비가 위축되는 경로이다.
⑤ 환율경로는 이자율이 상승할 경우 자국통화가치가 하락하여 순수출이 증가하는 경로이다.

출제이슈 통화정책의 전달경로

핵심해설 **정답 ⑤**

재정정책은 정부지출, 조세와 같은 실물변수를 조정하여 역시 실물변수인 국민소득에 영향을 미치는 정책이다. 반면, 통화정책은 통화량, 명목이자율과 같은 명목변수를 조정하여 실물변수를 변화시키는 정책이므로 명목변수가 어떤 경로를 통하여 실물변수를 자극하여 효과가 파급되는지가 중요하다. 이를 통화정책의 전달경로, 파급경로 혹은 전달기구라고 한다.

통화정책의 전달 중 환율경로는 다음과 같다.

i) 통화량 변동이 환율을 변동시키고 결국 순수출 및 국민소득에 영향을 미치는 경로이다.
ii) 통화량이 증가하면 이자율이 하락하여 해외로 자본이 유출되면서 환율이 상승하게 된다.
iii) 환율상승에 따라서 순수출이 증가하고 국민소득도 증가한다. 이 경로는 1970년대 이후 세계경제가 고정환율제에서 변동환율제로 이행하면서 그 중요성이 커지게 되었다.
iv) 다만, 변동환율제도하이더라도 자본이동이 완전히 통제되고 있는 경우에는 환율경로가 나타나지 않는다.

통화정책의 전달경로 중 신용경로(credit channel)에 대한 설명으로 옳지 않은 것은?

▸ 2017년 국가직 7급

① 기준금리가 낮아지면 명목환율이 상승하여 수출입에 영향을 미치는 것이다.
② 통화정책이 가계와 기업의 대차대조표를 변화시킴으로써 소비와 투자에 영향을 미치는 것이다.
③ 팽창적 통화정책이 역선택 및 도덕적 해이 문제를 완화시킴으로써 실물 부문에 영향을 미치는 것이다.
④ 증권화의 진전이나 금융 자유화가 되면 은행의 자금조달 경로가 다양해져 신용경로의 중요성이 작아진다.

출제이슈 통화정책의 경로 중 신용중시견해

핵심해설 **정답** ①

재정정책은 정부지출, 조세와 같은 실물변수를 조정하여 역시 실물변수인 국민소득에 영향을 미치는 정책인 반면 통화정책은 통화량, 명목이자율과 같은 명목변수를 조정하여 실물변수를 변화시키는 정책이므로 명목변수가 어떤 경로를 통해 실물변수를 자극하여 효과가 파급되는지가 중요하다.

통화정책의 파급경로에는 이자율경로, 자산경로, 실질잔고효과경로, 신용경로 등이 있다.
설문에서 묻고 있는 신용경로(credit channel)는 다른 경로와는 달리 은행대출의 역할을 강조한다.
신용경로는 통화정책의 파급에 있어서 이자율이나 통화량보다도 금융기관의 신용공여액과 같은 신용총액이 더 중요함을 강조하고 있다.

1) 은행대출경로(bank lending channel)
통화정책이 긴축적으로 시행될 경우 자연스럽게 은행대출은 감소하게 된다. 이렇게 통화정책은 은행대출에 영향을 주게 되고, 이 은행대출은 민간부문의 차입 및 지출에 큰 영향을 준다. 특히 기업 입장에서 은행대출과 채권은 대체성이 낮다. 왜냐하면, 중소기업들은 현실적으로 채권이나 주식발행을 통한 자금조달이 거의 불가능하기 때문에 전적으로 은행대출에 의존한다. 따라서 은행대출은 기업의 투자지출에 큰 영향을 미친다. 이는 은행을 통한 금융중개가 생산활동에 중요한 영향을 미침을 의미한다. 만일 이 금융중개과정에 있어서 핵심적인 변수인 이자율이 관련 정보를 제대로 반영하지 못할 경우 이자율의 신뢰성이 저하된다. 특히 은행과 자금차입자 간 정보의 비대칭성이 존재하므로 은행은 대출 시 금리를 높이기보다 신용도 높은 차입자를 선별, 대출하려고 하는데 이를 신용할당이라고 한다. 은행은 신용할당을 통하여 역선택 및 도덕적 해이 문제를 완화하고자 한다. 한편, 금융자유화 등을 통해서 자금조달경로가 보다 다양해진다면, 기업으로서는 은행대출 이외에도 자금을 충분히 조달할 수 있기 때문에 통화정책에 있어서 신용경로의 중요성이 작아지게 된다.

2) 대차대조표 경로(balance sheet channel)
통화정책이 긴축적으로 시행될 경우 자연스럽게 기업이 보유한 자산가격은 하락하게 된다. 이렇게 통화정책은 기업의 자산가격 및 대차대조표에 영향을 미치게 되는데 자산가격의 변화는 담보가치를 변화시키게 된다. 은행은 대출 시 기업의 상환능력 및 담보가치를 평가하게 되는데, 이들은 대차대조표상의 자산과 부채규모가 크게 좌우한다. 그런데 기업의 상환능력이라는 것은 기업이 미래에 창출할 수 있는 수익의 흐름에 의해 평가되어야 하지만, 정보가 불완전하기 때문에 은행으로서는 대차대조표에 의존할 수밖에 없다는 한계가 있다. 따라서 대차대조표 정보에 기하여 은행은 대출의사결정을 하게 되고 이를 통해서 민간의 투자에 영향을 미치게 된다.

위의 내용에 따라서 설문을 검토하면 다음과 같다.

① 틀린 내용이다.
기준금리가 낮아져서 이자율이 하락하게 되면 자본유출이 발생한다. 따라서 외환시장에서 환율이 상승하여 수출이 증가하고 수입은 감소하여 경상수지가 개선된다. 통화정책이 환율의 변동을 통해서 실물부문에 영향을 미치는 경로를 환율경로라고 한다.

② 옳은 내용이다.
통화정책은 기업의 자산가격 및 대차대조표에 영향을 미치게 되는데 자산가격의 변화는 담보가치를 변화시키게 된다. 이러한 대조대조표 정보에 기하여 은행은 대출의사결정을 하게 되고 이를 통해 민간의 소비와 투자에 영향을 미치게 된다. 이는 대조대조표 경로로서 신용경로에 해당한다.

③ 옳은 내용이다.
통화정책은 은행대출에 영향을 주게 되고, 이 은행대출은 민간부문의 차입 및 지출에 큰 영향을 준다. 은행대출 시 은행과 자금차입자 간 정보의 비대칭성이 존재하므로 은행은 대출 시 금리를 높이기보다 신용도 높은 차입자를 선별, 대출하려고 하는데 이를 신용할당이라고 한다. 은행은 신용할당을 통하여 역선택 및 도덕적 해이 문제를 완화하고자 한다. 특히 팽창적 통화정책으로 인하여 이자율이 하락하게 되면, 우량한 투자자들도 보다 용이하게 자금을 차입할 수 있게 되므로 역선택 등의 문제가 완화될 수 있다.

④ 옳은 내용이다.
기업입장에서 은행대출과 채권은 대체성이 낮다. 왜냐하면, 중소기업들은 현실적으로 채권이나 주식발행을 통한 자금조달이 거의 불가능하기 때문에 전적으로 은행대출에 의존할 수밖에 없다. 그렇기 때문에 통화정책이 은행대출에 영향을 미치고 그로 인해 실물부문이 영향을 받게 되는 구조가 매우 중요하였다. 그러나 증권화의 진전이나 금융자유화 등을 통해서 자금조달경로가 보다 다양해진다면, 기업으로서는 은행대출 이외에도 자금을 충분히 조달할 수 있기 때문에 통화정책에 있어서 신용경로의 중요성이 작아지게 된다.

PART

09

경제성장론

Chapter 21

경제성장의 기초

THEME 01 국가경제의 장기적 성장

1 경제성장의 의의

경제성장이란 시간이 흐름에 따라서 즉 장기에 걸쳐서 총체적인 경제의 규모가 지속적으로 증가하는 현상이다. 특히 총체적인 경제의 규모의 지속적인 증가로 실질GDP와 1인당 실질GDP가 증가하는 것을 의미한다. 이때, 경제성장률의 측정은 실질GDP 증가율과 1인당 실질GDP 증가율로 한다.

2 경제성장과 경기변동

지금까지는 특정시점 혹은 비교적 짧은 기간을 대상으로 하여 전체 국민경제의 생산 및 배분을 다루었다. 이런 경우에는 국민소득이 왜 증가하는지, 일국경제는 타국경제에 비하여 성장이 빠르거나 느린지를 설명하는 데 한계가 있다. 경제성장은 시간이 흐름에 따라서 경제가 변화하고 국민소득이 증가하며 국가 간에 소득이 어떻게 결정되고 왜 격차를 보이는지를 분석하는 것에 관심을 둔다.

3 경제성장의 중요성

1) 경제성장과 생활수준

경제성장은 시간이 흐름에 따라서 경제주체들로 하여금 더 많은 양의 재화와 서비스를 소비할 수 있도록 해줌으로써 생활수준의 향상을 가져다준다. 여기서 시간이 흐름에 따라 포착되는 경제성장을 분석하기 위해서는 동태적 분석이 필수적임을 알 수 있으며 생활수준의 향상에 있어서는 국가 전체의 생산보다는 1인당 생산이 중요함을 알 수 있다.

2) 경제성장과 국가별 비교

역사적으로 볼 때, 시간이 흐름에 따라서 1인당 생산은 현격히 증가해 왔다. 국가별로 1인당 생산의 수치는 상당히 수렴되어 왔으나 여전히 국가 간 생활수준의 격차 및 성장속도의 격차는 존재한다. 따라서 경제성장론은 무엇이 생활수준과 성장속도의 격차를 가져오는지에 대하여 분석하는 것이 중요하다.

4 경제성장의 요인

장기에 걸쳐서 총체적인 경제의 규모가 증가하기 위해서는 자연자원, 노동 및 자본과 같은 생산요소가 증가하는 것과 기술 및 지식이 향상되는 것이 필요하다. 이에 대하여는 본장 Theme 3에서 성장회계의 방정식을 통해 자세히 살펴보기로 한다.

5 경제성장의 특징

전 세계 여러 나라의 경제성장과 관련한 자료를 분석한 결과 다음과 같은 공통적인 사실이 발견되었는데 이를 경제성장의 정형화된 사실이라고 한다.

1) 소득과 격차

모든 나라의 1인당 소득은 지속적으로 증가해 왔다. 그러나 국가 간에 성장률에 있어서 큰 차이를 보이게 되어 시간이 흐름에 따라서 경제규모의 차이는 확대되어 왔다. 어떤 나라들(일본, 한국 등 동아시아 국가)은 낮은 소득에서 출발하여 높은 성장률로 빠르게 소득격차를 좁혀 나가기도 하였고 또 다른 나라들(아프리카 국가들)은 낮은 소득에서 여전히 벗어나지 못하고 전혀 소득격차를 좁히지 못하였다. 즉 국가 간 소득격차의 장기적 변화에 있어서 정형화된 패턴은 없었다.

2) 소득과 자본

장기적으로 소득의 증가와 자본의 증가가 일정하여 경제성장률은 자본의 성장률로 설명가능하다. 특히 1인당 자본량은 지속적으로 증가해 왔음에도 불구하고 소득과 자본의 비율은 거의 일정하였다. 이는 노동의 증가보다는 자본의 증가가 더 큼을 의미한다.

3) 노동소득과 자본소득

총소득 중 노동소득과 자본소득이 차지하는 비중은 대체로 일정하며 장기적으로 안정적이다.

THEME 02 해로드의 성장모형

1 경제성장에 대한 접근법

경제성장에 대한 고전학파적 접근이 총생산함수 및 생산요소의 투입을 중심으로 성장이론을 전개하는 것이라면 케인즈적 접근은 투자(I)=저축(S)을 중심으로 시간을 도입함으로써 이를 동태화하여 성장이론을 전개하는 것이다.

2 해로드 모형

1) 가정

① 생산함수

생산요소 간 대체는 불가능하다. 생산을 위해서 노동과 자본은 반드시 일정비율로 결합하여야 하는데 이는 레온티에프형 완전보완의 생산함수를 의미한다.

② 인구증가

인구증가율은 n으로 일정하다. 이는 노동증가율과 동일하다고 가정한다.

2) 최적의 성장

① 투자

이 경제의 기업이 사전적으로 의도한 투자는 총생산의 증가에 비례한다. 이를 수식으로 표현하면 다음과 같다.

$I_t^* = v^* dY_t$　(I_t^* : 투자, dY_t : 총생산의 증가, v^* : 가속도계수)

이때, v^*는 $\frac{I_t}{dY_t}$ 로서 $I = dK$임을 고려하면, $v^* = \frac{dK_t}{dY_t}$ 로서 총생산 증가 시 자본의 한계적 증가분을 의미하며 이를 가속도계수라고 한다. v는 경제성장 시 기업의 투자의욕으로서 기업가의 모험정신이라고 할 수 있으며 모형 밖에서 외생적으로 결정된다.

② 저축

이 경제의 저축은 총생산, 총소득에 비례한다. 이를 수식으로 표현하면 다음과 같다.

$S_t = s\,Y_t$ (S_t : 저축, Y_t : 소득, s : 저축성향)

이때, s는 한계저축성향 및 평균저축성향을 의미한다.

③ 균형

앞에서 투자는 $I_t^* = v^* dY_t$이고 저축은 $S_t = s\,Y_t$이므로 투자와 저축을 일치($I_t^* = S_t$)시키는 균형조건식은 $v^* dY_t = s\,Y_t$가 된다. 이를 변형하면, $\frac{s}{v^*} = \frac{dY_t}{Y_t}$ 가 된다. 따라서 이를 해석하면 경제성장률은 $\frac{s}{v^*}$ 가 된다고 할 수 있다. 특히 이때의 경제성장을 사전적 개념의 최적의 성장 혹은 보증성장이라고 한다.

3) 현실의 성장

① 실제의 투자 : $I_t = v\,dY_t$

이 경제에서 기업의 사후적인 실제 투자는 총생산의 증가에 비례한다. 이를 수식으로 표현하면 다음과 같다.

$I_t = v\,dY_t$ (I_t : 투자, dY_t : 총생산의 증가, v : 투자와 총생산증가의 비율)

② 저축 : $S_t = s\,Y_t$

이 경제의 저축은 위에서 본 바와 같으며 총생산, 총소득에 비례한다. 이를 수식으로 표현하면 다음과 같다.

$S_t = s\,Y_t$ (S_t : 저축, Y_t : 소득, s : 저축성향)

이때, s는 한계저축성향 및 평균저축성향을 의미한다.

③ 균형

앞에서 투자는 $I_t = v\,dY_t$이고 저축은 $S_t = s\,Y_t$이므로 투자와 저축을 일치($I_t = S_t$)시키는 균형조건식은 $v\,dY_t = s\,Y_t$가 된다. 이를 변형하면, $\frac{s}{v} = \frac{dY_t}{Y_t}$가 된다. 따라서 이를 해석

하면 경제성장률은 $\frac{s}{v}$가 된다고 할 수 있다. 특히 이때의 경제성장을 사후적 개념으로 현실의 경제성장이라고 한다. 이때 현실의 경제성장은 최적의 경제성장의 산식과 동일하지만 사후적 개념과 사전적 개념이라는 차이가 있음에 유의해야 한다.

4) 자연성장 혹은 최대성장

① 의의

정부의 개입 없이 경제가 시장경제하에서 자유롭게 운영될 때 기업들의 자유로운 경쟁으로 실현되는 성장을 자연성장이라고 한다.

② 자본 – 소득 계수

해로드 모형은 완전보완의 생산함수를 가정하기 때문에 자본 – 생산 계수 및 자본 – 노동 계수가 일정하게 된다. 따라서 자본증가율 = 생산증가율 = 노동증가율이 되어 이 경제의 자연성장률은 노동증가율 n이 됨을 알 수 있다.

5) 해로드 모형의 균형

① 균형의 달성

해로드 모형에서 균형은 다음과 같이 보증성장률, 실제성장률 그리고 자연성장률이 모두 일치할 때 달성된다.

보증성장률 = 실제성장률 = 자연성장률

이때 보증성장률 = $\frac{s}{v^*}$, 실제성장률 = $\frac{s}{v}$, 자연성장률 = n이 된다.

② 균형의 성격

해로드 모형에서 균형은 보증성장률 = 실제성장률 = 자연성장률이 성립해야 하는데 이는 매우 어렵다. 왜냐하면, 이들 성장률을 결정짓는 s, v^*, v, n이 모두 외생적으로서 이미 그 값이 결정되어 있기 때문이다. 설사 달성되었다고 하더라도, 한 번 균형이 깨지면 다시 균형으로 회복되기가 어렵다. 따라서 이러한 의미에서 해로드 모형의 성장을 칼날 혹은 면도날 위에 있는 것과 같은 성장이라고 한다.

THEME 03 성장회계

1 경제성장의 요인

한 나라의 경제는 단기적으로는 총수요와 총공급의 변화에 의해서 경기가 변동한다. 그러나 장기적으로는 총공급 능력의 변화에 의해서 경제가 성장한다. 여기서 총공급 능력이란 경제가 생산해 낼 수 있는 능력으로서 노동과 자본 등 생산요소의 양과 각 생산요소들의 생산성 그리고 생산함수에 달려 있으며 이들이 바로 경제성장의 요인이 된다.

2 경제성장과 성장회계

1) 성장회계의 의의

경제성장의 요인으로서 노동, 자본, 기술이 각각 경제성장에 기여하는 상대적 크기를 비교함으로써 경제성장에서 어떤 요인이 특히 중요한 역할을 하는지 분석하는 것을 성장회계라고 한다.

2) 현실의 사례

실제로 세계 각국의 성장회계를 분석해보면, 미국과 서유럽국가들은 전후 20여 년간 기술진보가 경제성장의 35% 이상을 설명하는 중요한 요인이었다. 그러나 한국 등 동아시아 국가들의 경우 성장에 있어서 기술진보의 기여도가 매우 낮으며, 성장의 대부분은 노동, 자본의 축적에 의하여 이루어졌다.

3 생산요소와 생산성

1) 경제성장과 생산요소

① 생산요소 성장의 한계

생산요소의 증가는 동일한 생산함수에서 더 많은 산출을 가능하게 한다. 그런데 경제가 일단 균제상태에 도달하게 되면 생산요소의 증가는 멈추게 되고 생산요소의 증가를 통한 경제성장은 불가능하다. 결국 지속적인 경제성장은 기술진보만을 통해서 가능하다.

② 생산요소 성장의 중요성

그러나 요소축적을 통한 성장이 무의미하기만 한 것은 아니다. 경제성장에 있어서 지속적인 자본축적이 지속적인 경제성장을 가져오지 않는다고 해서 투자를 하지 않는 것은 잘못된 것이다. 지속적으로 투자를 하되, 지속적인 성장을 위해서 기술발전과 제도개선을 도모해야 한다. 또한 경제성장을 하는 데 있어서 투자를 통한 자본축적이 먼저 어느 정도 이루어지고 나서 이러한 경험을 통해서 기술진보를 할 수 있는 역량과 가능성이 생길 수 있다. 자본축적과 기술진보가 서로 완전히 독립적으로 상관없는 것은 아니기 때문이다.

2) 경제성장과 생산성

① 생산성의 의의

생산성의 증가는 생산함수 자체를 이동시켜서 같은 양의 생산요소를 투입하더라도 더 많은 양을 생산할 수 있게 해준다.

② 생산성의 측정

생산요소의 축적 또는 증가는 쉽게 측정이 가능하다. 그러나 생산성 증가율 혹은 기술진보율은 구체적인 측정이 매우 어렵다. 따라서 일반적으로 성장회계에서는 경제성장율에서 자본 및 노동에 의한 성장률을 뺀 나머지 부분을 생산성 증가율로 해석하는데 이를 잔여항, 솔로우 잔차항이라고 한다. 여기에는 요소투입을 제외하고 경제성장에 기여하는 요소들이 모두 포함된다. 즉 산업구조의 변화, 경제제도 및 문화, 사회관습 등 제반요인이 모두 포괄된다. 따라서 이를 총요소생산성(Total Factor Productivity, TFP)이라고 한다. 이는 자본 및 노동의 투입량 증가로서는 설명되지 않는 생산의 증가율, 경제성장률을 측정한다.

4 구체적인 성장회계

1) Cobb-Douglas 생산함수의 설정

$Y = AK^{\alpha}L^{1-\alpha}$

(Y : 생산량, K : 자본, L : 노동, A : 기술수준 혹은 총요소생산성, 단, $0 < \alpha < 1$)

이때 각 변수값은 시간에 대한 값들이다.

2) Cobb-Douglas 생산함수의 변형

① 위의 생산함수 양변에 자연로그를 취하면 다음과 같다.

$\ln Y = \ln A + \alpha \ln K + (1-\alpha)\ln L$

② 위 식을 시간에 대하여 미분하여 성장률을 구하면 다음과 같다.

$\hat{Y} = \hat{A} + \alpha\hat{K} + (1-\alpha)\hat{L}$

③ 노동의 분배몫

생산함수 $Y = AK^{\alpha}L^{1-\alpha}$ 에서 $MP_L = AK^{\alpha}(1-\alpha)L^{-\alpha}$ 이며, 이는 노동의 보수이다. 따라서, 노동의 총보수는 $LMP_L = AK^{\alpha}(1-\alpha)L^{1-\alpha} = (1-\alpha)Y$가 된다. 이때 $1-\alpha$를 노동의 분배몫이라고 한다.

④ 자본의 분배몫

생산함수 $Y = AK^{\alpha}L^{1-\alpha}$ 에서 $MP_K = A\alpha K^{\alpha-1}L^{1-\alpha}$ 이며, 이는 자본의 보수이다. 따라서, 자본의 총보수는 $KMP_K = A\alpha K^{\alpha}L^{1-\alpha} = \alpha Y$가 된다. 이때 α를 자본의 분배몫이라고 한다.

3) 성장회계의 해석

① 성장회계방정식

$\hat{Y} = \hat{A} + \alpha\hat{K} + (1-\alpha)\hat{L}$ (α : 자본의 분배몫, $1-\alpha$: 노동의 분배몫)

② 경제성장률의 분해

성장회계방정식에서 경제성장률은 다음과 같이 총요소생산성의 증가에 의한 성장률, 자본의 증가에 의한 성장률, 노동의 증가에 의한 성장률의 부분으로 분해된다.

경제성장률 = 총요소생산성 증가율 + (자본의 분배몫 × 자본증가율) + (노동의 분배몫 × 노동증가율)

4) 1인당 성장회계로의 변형

① 1인당 성장회계방정식

$\hat{Y} = \hat{A} + \alpha\hat{K} + (1-\alpha)\hat{L}$ 의 양변에서 노동증가율을 빼면 다음과 같다.

$(\hat{Y} - \hat{L}) = \hat{A} + \alpha(\hat{K} - \hat{L})$

$\hat{y} = \hat{A} + \alpha\hat{k}$

② 1인당 경제성장률의 분해

1인당 성장회계방정식에서 1인당 경제성장률 또는 1인당 소득의 증가율은 다음과 같이 총요소생산성의 증가에 의한 성장률과 1인당 자본의 증가에 의한 성장률의 부분으로 분해된다. 이를 통해 1인당 소득의 증가는 결국 1인당 자본의 축적 또는 기술진보에 의하여 가능함을 알 수 있다.

1인당 경제성장률 = 총요소생산성 증가율 + (자본의 분배몫 × 1인당 자본의 증가율)

필수예제

명목GDP 증가율, 물가상승률, 인구증가율은 각각 연간 5%, 3%, 1%이다. 1인당 실질GDP의 증가율은?

▸ 2019년 감정평가사

① 1% ② 2% ③ 4%
④ 9% ⑤ 10%

출제이슈 성장회계 기초

핵심해설 **정답 ①**

1) 실질GDP의 증가율

실질GDP의 증가율 = 명목GDP의 증가율 − 물가상승률 = 5% − 3% = 2%

2) 1인당 실질GDP의 증가율

1인당 실질GDP의 증가율 = 실질GDP의 증가율 − 인구증가율 = 2% − 1% = 1%

모든 시장이 완전경쟁 상태인 경제에서 총생산함수는 $Y = AL^{\frac{2}{3}}K^{\frac{1}{3}}$이다. 매년 L, K, A가 각각 3%씩 증가하는 경제에 관한 설명으로 옳은 것을 모두 고른 것은? (단, Y는 국내총생산, L은 노동량, K는 자본량, A는 상수이다.)

▸ 2018년 감정평가사

ㄱ. 총생산함수는 규모수익불변이다.
ㄴ. 노동소득분배율은 $\frac{2}{3}$이다.
ㄷ. 경제성장률은 6%이다.

① ㄱ ② ㄴ ③ ㄱ, ㄴ
④ ㄴ, ㄷ ⑤ ㄱ, ㄴ, ㄷ

출제이슈 성장회계

핵심해설 **정답 ⑤**

경제성장의 요인으로서 노동, 자본, 기술이 각각 경제성장에 기여하는 상대적 크기를 비교함으로써 경제성장에서 어떤 요인이 특히 중요한 역할을 하는지 분석하는 것을 성장회계라고 한다.

특히 Cobb-Douglas 생산함수에서 성장회계방정식은 다음과 같다.

1) $Y = AK^{\alpha}L^{1-\alpha}$ (Y : 생산량, K : 자본, L : 노동, A : 기술수준 혹은 총요소생산성, 단, $0 < \alpha < 1$)

2) 자연로그로 변형 $\ln Y = \ln A + \alpha \ln K + (1-\alpha)\ln L$
시간에 대하여 미분하면 $\hat{Y} = \hat{A} + \alpha\hat{K} + (1-\alpha)\hat{L}$

3) $Y = AK^{\alpha}L^{1-\alpha}$에서 $MP_L = AK^{\alpha}(1-\alpha)L^{-\alpha}$이며, 이는 노동의 보수이다.
노동의 총보수는 $LMP_L = AK^{\alpha}(1-\alpha)L^{1-\alpha} = (1-\alpha)Y$가 된다.

4) $Y = AK^{\alpha}L^{1-\alpha}$에서 $MP_K = A\alpha K^{\alpha-1}L^{1-\alpha}$이며, 이는 자본의 보수이다.
자본의 총보수는 $KMP_K = A\alpha K^{\alpha}L^{1-\alpha} = \alpha Y$가 된다.

5) $\hat{Y} = \hat{A} + \alpha\hat{K} + (1-\alpha)\hat{L}$ (α : 자본의 분배몫, $1-\alpha$: 노동의 분배몫)
경제성장률 = 총요소생산성증가율 + (자본분배몫 × 자본증가율) + (노동분배몫 × 노동증가율)

설문을 검토하면 다음과 같다.

ㄱ. 옳은 내용이다.

총생산함수는 $Y = AL^{\frac{2}{3}}K^{\frac{1}{3}}$로서 1차동차 생산함수로서 규모수익불변의 성격을 가진다.

ㄴ. 옳은 내용이다.

노동의 총보수는 $LMP_L = \frac{2}{3}AK^{\frac{1}{3}}L^{\frac{2}{3}} = \frac{2}{3}Y$가 된다. 따라서 노동소득분배율은 $\frac{2}{3}$가 된다.

ㄷ. 옳은 내용이다.

경제성장률은 다음과 같이 분해된다.
경제성장률 = 총요소생산성증가율 + (자본분배몫 × 자본증가율) + (노동분배몫 × 노동증가율)

따라서 설문에서 경제성장률은 $3+(\frac{1}{3}\times 3)+(\frac{2}{3}\times 3)=3+1+2=6(\%)$가 된다.

갑국의 생산함수는 $Y=AK^{0.5}L^{0.5}$이다. 자본량과 노동량의 증가율은 각각 4%와 −2%이고 총생산량 증가율이 5%라면, 솔로우 잔차(Solow residual)는? (단, Y는 총생산량, K는 자본량, L은 노동량, $A>0$이다.)

▸ 2024년 감정평가사

① 1% ② 2% ③ 3%
④ 4% ⑤ 5%

출제이슈 성장회계
핵심해설 **정답** ④

Cobb-Douglas 생산함수에서 성장회계방정식은 다음과 같다.
1) $Y=AK^{\alpha}L^{1-\alpha}$, Y:생산량, K:자본, L:노동, A:기술수준 혹은 총요소생산성, $0<\alpha<1$

2) 자연로그로 변형 $\ln Y=\ln A+\alpha\ln K+(1-\alpha)\ln L$
시간에 대하여 미분 $\hat{Y}=\hat{A}+\alpha\hat{K}+(1-\alpha)\hat{L}$

여기서 A를 총요소생산성 혹은 솔로우 잔차라고 한다. 총요소생산성은 자본과 노동 이외에 경제의 성장에 기여하는 것들을 망라하여 포함하고 있다. 예를 들면, 기술수준, 경제 및 사회제도, 산업의 구조 등이며 이들은 모두 경제의 생산성에 영향을 미칠 수 있다.

문제에서 주어진 자본량과 노동량의 증가율을 위의 식에 대입하면 다음과 같다.

$\hat{Y}=\hat{A}+0.5\hat{K}+0.5\hat{L}$

$5=\hat{A}+2-1$, $\hat{A}=4$

어떤 국가의 총생산함수는 $Y=AK^{0.3}L^{0.5}H^{0.2}$이다. 여기서 A, K, L, H는 각각 총요소생산성, 자본, 노동, 인적자본을 의미한다. 총요소생산성 증가율이 1%, 자본 증가율이 3%, 노동증가율이 4%, 인적자본 증가율이 5%인 경우 이 국가의 경제성장률은? ▸ 2016년 지방직 7급

① 3.2% ② 4.9%
③ 5.5% ④ 6.8%

출제이슈 성장회계

핵심해설 **정답** ②

경제성장의 요인으로서 노동, 자본, 기술이 각각 경제성장에 기여하는 상대적 크기를 비교함으로써 경제성장에서 어떤 요인이 특히 중요한 역할을 하는지 분석하는 것을 성장회계라고 한다.

특히 Cobb-Douglas 생산함수에서 성장회계방정식은 다음과 같다.

1) $Y=AK^{\alpha}L^{1-\alpha}$ (Y : 생산량, K : 자본, L : 노동, A : 기술수준 혹은 총요소생산성, 단, $0<\alpha<1$)
2) 자연로그로 변형 $\ln Y=\ln A+\alpha\ln K+(1-\alpha)\ln L$
   시간에 대하여 미분 $\widehat{Y}=\widehat{A}+\alpha\widehat{K}+(1-\alpha)\widehat{L}$
3) $Y=AK^{\alpha}L^{1-\alpha}$ 에서 $MP_L = AK^{\alpha}(1-\alpha)L^{-\alpha}$ 이며, 이는 노동의 보수이다.
   노동의 총보수는 $LMP_L = AK^{\alpha}(1-\alpha)L^{1-\alpha}=(1-\alpha)Y$가 된다.
4) $Y=AK^{\alpha}L^{1-\alpha}$ 에서 $MP_K = A\alpha K^{\alpha-1}L^{1-\alpha}$ 이며, 이는 자본의 보수이다.
   자본의 총보수는 $KMP_K = A\alpha K^{\alpha}L^{1-\alpha}=\alpha Y$가 된다.
5) $\widehat{Y}=\widehat{A}+\alpha\widehat{K}+(1-\alpha)\widehat{L}$ (α : 자본의 분배몫, $1-\alpha$: 노동의 분배몫)
   경제성장률 = 총요소생산성증가율 + (자본분배몫 × 자본증가율) + (노동분배몫 × 노동증가율)

설문에서 주어진 생산함수는 성장요인을 자본, 노동, 인적자본, 총요소생산성으로 구별하였다. 이 경우에도 성장회계방정식의 원리는 그대로 적용되므로 성장회계방정식을 구해보면 다음과 같다.

$Y=AK^{0.3}L^{0.5}H^{0.2}$ (A, K, L, H는 각각 총요소생산성, 자본, 노동, 인적자본)

주어진 생산함수를 성장률 형태로 변형하면 $\widehat{Y}=\widehat{A}+0.3\widehat{K}+0.5\widehat{L}+0.2\widehat{H}$ 이 된다.

설문에서 주어진 자료를 위의 산식에 대입하면

$\widehat{Y}=1+(0.3\times 3\%)+(0.5\times 4\%)+(0.2\times 5\%)=4.9\%$가 된다. 따라서 경제성장률은 4.9%가 된다.

Chapter 22

외생적 성장이론

THEME 01 솔로우 성장모형 : 균제상태

1 의의

솔로우 성장모형의 핵심적인 내용은 다음과 같다. 노동력증가율과 기술진보율이 일정한 상황에서 자본의 축적으로 생산이 증가하면서 경제는 성장할 수 있다. 그러나 자본의 한계생산은 감소하기 때문에 결국엔 성장은 멈추게 된다. 즉, 자본축적만으로는 지속적인 경제성장이 불가능하며 지속적인 경제성장은 기술진보를 통해서 가능하다. 생산요소의 축적이 아니라 생산성 향상을 통해서 경제는 지속적으로 성장한다. 이하에서는 솔로우 성장모형의 여러 가정으로부터 성장의 균제상태를 도출한다.

2 공급 측 가정

1) 생산함수

생산함수는 $Y = F(L, K)$로서 규모수익불변의 1차동차 생산함수를 가정한다. 즉, 다음이 성립한다.

$jY = F(jL, jK)$

그리고 생산요소의 한계생산은 감소함을 가정한다.

2) 노동

인구증가율을 $\frac{\dot{L}}{L} = n$ 이라고 하고 성장요인으로서 노동의 증가율은 인구증가율과 같다고 가정한다.

※ 기호표시

① $\frac{dX}{dt} = \dot{X}$ ⇒ 변수 X의 시간에 대한 미분값으로서 시간의 흐름에 따른 변수 X의 변화분을 의미한다.

② $\frac{\frac{dX}{dt}}{X} = \frac{\dot{X}}{X}$ ⇒ 변수 X의 시간에 대한 미분값을 변수로 나눈 값으로서 시간의 흐름에 따른 변수 X의 변화율을 의미한다.

3) 자본

성장요인으로서 자본의 경우 노동이 일정한 상황에서 자본투입에 대한 한계생산은 감소함을 가정한다. 자본의 감가상각률은 일정하며(감가상각률 = δ), 자본축적은 투자(I)를 통해서 이루어진다($\dot{K}$ = I)고 가정한다.

3 수요 측 가정

정부부문은 없으며, 폐쇄경제를 가정한다. 투자(I)는 저축(S)을 통해서 이루어지며 저축(S)은 소득에 의해서 결정된다($S = sY, 0 < s < 1$, 저축률은 s 로 일정). 이때, 수요 측 균형으로서 투자(I) = 저축(S)이 성립한다.

4 모형의 설정

1) 경제성장과 1인당 생산

경제성장이란 시간이 흐름에 따라서 1인당 생산이 증가하는 것을 의미한다. 따라서 1인당 생산이 어떻게 결정되는지를 알아야 하는데 이는 1인당 생산함수를 통하여 살펴볼 수 있다. 특히 1인당 생산함수는 총생산함수로부터 도출가능하다.

2) 1인당 생산과 1인당 자본

① 규모수익불변의 1차동차함수

생산함수는 $Y = F(L, K)$이며 규모수익불변의 1차동차 생산함수를 가정하므로 다음이 성립한다.

$$jY = F(jL, jK), \quad \frac{Y}{L} = F(\frac{L}{L}, \frac{K}{L}) = F(\frac{K}{L}, 1)$$

② 1인당 생산함수

이때, 1인당 생산 $\frac{Y}{L} = y$, 1인당 자본 $\frac{K}{L} = k$라고 하면 1인당 생산함수는 $y = f(k)$로서 1인당 생산 $\frac{Y}{L}$은 1인당 자본 $\frac{K}{L}$의 함수가 된다.

③ 1인당 생산함수의 특징

1인당 생산함수의 기울기는 $f'(k)$이며 1인당 자본이 증가함에 따라서 감소한다($f'(k) > 0$, $f''(k) < 0$). 앞에서의 가정으로부터 자본의 한계생산성은 감소하는데, 자본의 한계생산성을 수학적으로 유도하면, 1인당 생산함수의 기울기 $f'(k)$와 같다. 1인당 산출은 1인당 자본이 증가함에 따라서 증가하지만, 그 증가규모는 점차 감소한다.

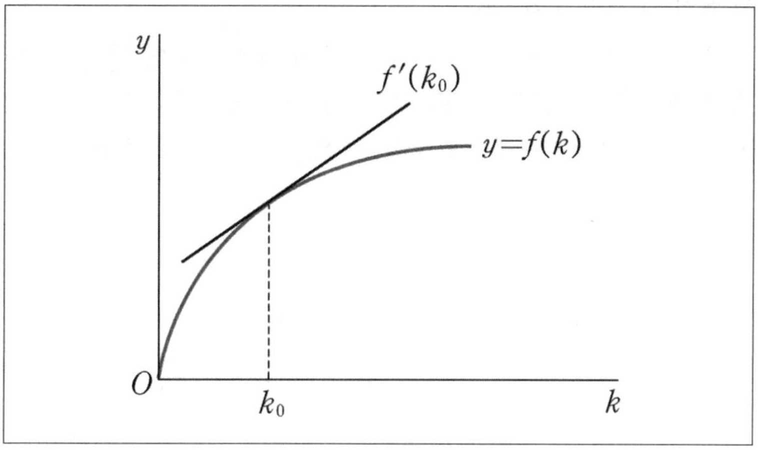

그림 22-1 1인당 생산함수

3) 1인당 자본의 축적

경제성장이란 시간이 흐름에 따라서 1인당 생산이 증가하는 것을 의미하므로 1인당 생산이 증가하기 위해서는 1인당 자본이 증가해야 한다. 시간의 흐름에 따른 1인당 자본의 변화 $\dot{k}$ 는 다음과 같이 1인당 자본을 시간에 대해 미분하는 과정을 통해서 도출할 수 있다.

$$\dot{k} = \frac{d(\frac{K}{L})}{dt} = \frac{dK}{dt}\frac{1}{L} + K\frac{d(\frac{1}{L})}{dt}$$

$$= \frac{\dot{K}}{L} + K\frac{d(\frac{1}{L})}{dL}\frac{dL}{dt} = \frac{\dot{K}}{L} + K(-\frac{1}{L^2})\frac{dL}{dt}$$

$$= \frac{\dot{K}}{L} - K\frac{1}{L^2}\dot{L} = \frac{\dot{K}}{L} - K\frac{1}{L}\frac{1}{L}\dot{L} = \frac{\dot{K}}{L} - \frac{K}{L}\frac{\dot{L}}{L}$$

$$= \frac{\dot{K}}{L} - nk$$

그런데 앞에서 $\dot{K} = I$이고, $I = S$, $S = sY$이다. 따라서 $\dot{k} = \frac{\dot{K}}{L} - nk = \frac{sY}{L} - nk = sy - nk = sf(k) - nk$이 된다. 정리하면, 1인당 자본의 증가 $\dot{k} = sf(k) - nk$가 된다. 이를 자본의 축적방정식이라고 한다.

4) 감가상각과 1인당 자본의 축적

위의 자본축적방정식에 감가상각을 고려해 보자. 감가상각은 감가상각률 δ 에 의해 이루어진다. 경제 전체 자본이 감가상각되면 1인당 자본도 감가상각되며 그 상각률은 동일하다. 1인당 자본의 감가상각은 δk 가 되고 1인당 자본의 감소를 가져온다. 따라서 1인당 자본의 증가 $\dot{k} = sf(k)-(n+\delta)k$ 가 된다.

5) 1인당 자본의 축적방정식의 구성요소

1인당 자본의 축적방정식 $\dot{k} = sf(k)-nk$ 에서 1인당 자본의 증가, 변화, 축적은 $\dot{k}$ 이며 1인당 투자 및 1인당 저축 $sf(k)$ 가 된다. 그리고 1인당 자본의 인구증가로 인한 필요투자 $sf(k)-nk$ 가 된다. 따라서 해당기간의 투자에서 인구증가로 인한 필요투자를 차감하면, 자본의 변화를 구할 수 있다.

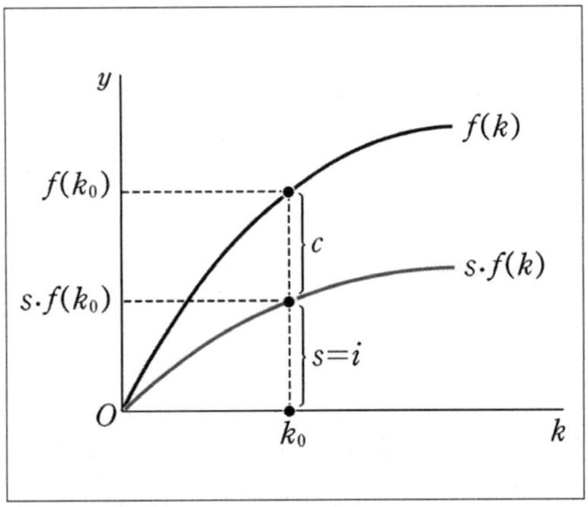

그림 22-2 1인당 생산과 저축, 투자

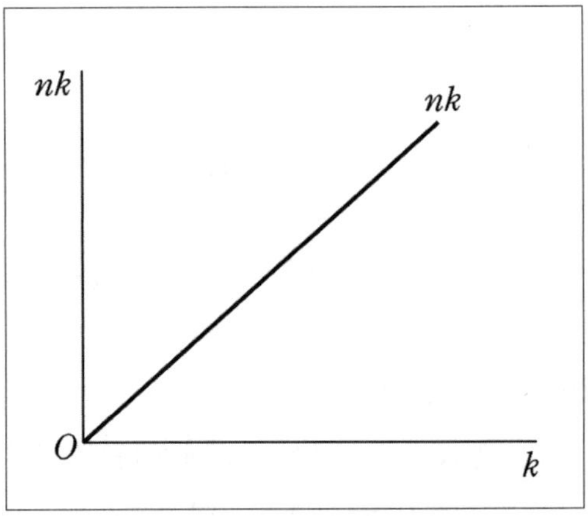

그림 22-3 1인당 필요투자

6) 1인당 자본의 축적 방정식의 의미

$\dot{k} = sf(k) - nk$ 에서 먼저 $sf(k)$는 1인당 소득 중 일부가 저축, 투자되어 1인당 자본량을 증가시키는 데 이용됨을 보여준다. 그리고 $-nk$ 는 인구증가에 따라서 1인당 자본량을 감소시키고 있음을 의미한다. 따라서 $sf(k)$는 1인당 투자의 전체규모이며, 이때 1인당 투자의 전체규모 중 일부인 nk 는 1인당 자본을 증가시키는 것이 아니라 1인당 자본을 유지시키는 투자이며 $sf(k) - nk$ 가 1인당 자본을 증가시키는 투자가 된다. 결국 1인당 자본을 유지시키되, 더 이상 증가시키지 않는 상태에서는 $sf(k)-nk$가 0이 된다.

5 1인당 자본의 증가 혹은 감소 경로

1인당 자본의 축적방정식 $\dot{k} = sf(k)-nk$ 를 이용하면 1인당 자본의 변화경로를 파악할 수 있다.

1) $sf(k) > nk$ 인 경우

1인당 총투자가 1인당 필요투자보다 큰 경우에는 1인당 자본량이 증가한다.

2) $sf(k) < nk$ 인 경우

1인당 총투자가 1인당 필요투자보다 작은 경우에는 1인당 자본량이 감소한다.

3) $sf(k) = nk$ 인 경우

1인당 총투자가 1인당 필요투자와 같은 경우 1인당 자본량은 불변이다. 결국 1)과 2)의 경우에는 1인당 자본량이 변화하여 3)과 같은 상태가 된다.

6 균제상태

1) 균제상태의 의의와 조건

앞에서 본 바와 같이 1인당 자본은 변화하여 결국 1인당 자본량이 불변인 상태로 된다. 이렇게 시간이 지나도 1인당 자본량의 변화 없이 일정하게 유지되는 상태를 균제상태라고 하며 다음과 같이 수식 및 그래프로 표현할 수 있다.

$\dot{k} = sf(k) - nk = 0, \quad sf(k) = nk$

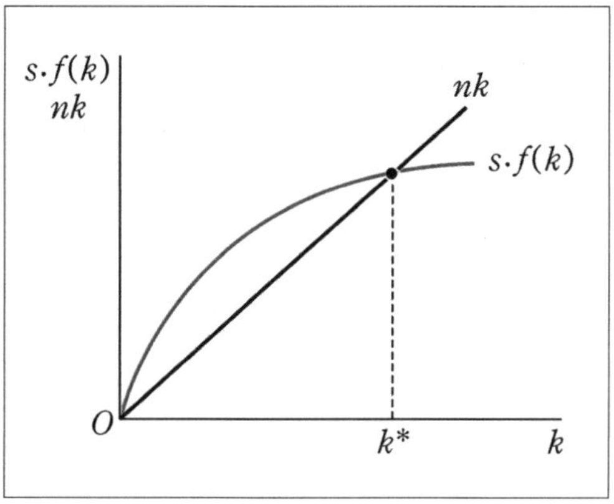

그림 22-4 균제상태의 조건

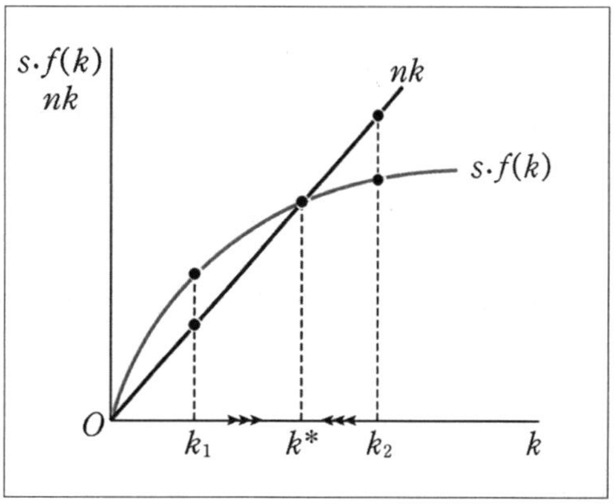

그림 22-5 균제상태의 안정성

2) 균제상태의 특징

1인당 자본량의 변화가 없으며 1인당 자본은 일정하게 유지되어 불변이다. 1인당 자본이 불변이므로 1인당 생산도 불변이고 1인당 생산이 불변이므로 저축률이 일정한 상태에서 1인당 저축도 불변이다. 1인당 저축이 불변이므로 경제의 균형이 유지된 상태에서 1인당 투자도 불변이다.

3) 균제상태에서의 성장률

앞에서 살펴본 바, 균제상태에서는 1인당 자본, 1인당 생산, 1인당 저축, 1인당 투자 모두 불변이다. 따라서 1인당 자본, 1인당 생산, 1인당 저축, 1인당 투자 모두 증가율이 0이다. 그러나 총자본, 총생산, 총저축, 총투자는 모두 인구증가율(n)과 같은 속도로 증가한다.

① 1인당 자본 $\frac{K}{L}$ = k의 증가율 = K의 증가율 − L의 증가율 = K의 증가율 − n = 0

∴ 총자본 K의 증가율 = n

② 1인당 생산 $\frac{Y}{L}$ = y의 증가율 = Y의 증가율 − L의 증가율 = Y의 증가율 − n = 0

∴ 총생산 Y의 증가율 = n

③ 1인당 저축 $\frac{S}{L}$ 의 증가율 = S의 증가율 − L의 증가율 = S의 증가율 − n = 0

∴ 총저축 S의 증가율 = n = 총투자 I의 증가율

위의 식들을 통해서 자본축적을 통해서는 1인당 생산을 영구적으로, 지속적으로 증가시킬 수 없음을 알 수 있다. 즉, 장기적인 경제성장률은 0이다.

7 균제상태의 안정성

현재의 1인당 자본량이 균제상태의 자본량보다 작은 경우($\dot{k} > 0$), 투자가 자본유지분보다 크기 때문에 자본이 축적되어 1인당 자본이 증가하게 된다. 반대로 현재의 1인당 자본량이 균제상태의 자본량보다 큰 경우($\dot{k} < 0$), 투자가 자본유지분보다 작기 때문에 자본이 감소되어 1인당 자본이 감소하게 된다. 따라서 솔로우 성장모형에서는 기존의 1인당 자본량 수준이 얼마이든지 관계없이 경제는 결국 균제상태에 도달하게 되며, 균제상태는 안정적이다. 이는 자본주의 경제성장을 불안정적이라고 본 해로드 모형과는 상이하다.

8 함의

1인당 자본이 축적, 증가하면서, 1인당 생산이 증가하여 경제는 성장한다. 그러나 1인당 자본이 축적되면서 1인당 자본의 한계생산은 계속 감소해 나가고 인구증가 및 감가상각으로 인해서 자본유지를 위해 필요한 투자는 계속 증가해 나간다. 결국 1인당 자본이 더 축적되지 않고 증가하지 않는 상태에 도달한다. 즉, 이 경제는 1인당 자본이 불변이므로 1인당 생산도 고정이다. 이렇게 경제가 시간이 흐름에 따라서 더 이상 성장하지 못하고 정체에 빠진다는 결론이 솔로우 모형의 함의이다.

필수예제

솔로우(R. Solow) 경제성장모형의 가정에 해당하지 않는 것은? ▸ 2013년 국가직 9급

① 생산요소의 한계생산이 체감한다.
② 저축률은 일정하다.
③ 효용의 극대화를 추구한다.
④ 총생산함수는 규모에 대한 수익불변이다.

출제이슈 솔로우 모형의 특징
핵심해설 **정답** ③

솔로우 성장모형의 가정은 다음과 같다.

1) 생산함수

① 생산함수 : $Y = F(L, K)$
② 규모수익불변의 1차동차 생산함수 : $jY = F(jL, jK)$
③ 생산요소의 한계생산은 감소한다.

2) 노동과 자본

① 성장요인으로서 노동과 자본은 대체가 가능하다.
② 인구증가율 $\frac{\dot{L}}{L} = n$
③ 노동이 일정한 상황에서 자본투입에 대한 한계생산은 감소한다.
④ 자본의 감가상각률은 일정하다. (감가상각률 = δ)
⑤ 자본의 축적은 투자(I)를 통해서 이루어진다. ($\dot{K} = I$)

3) 수요 측 가정

① 투자(I)는 저축(S)을 통해서 이루어진다.
② 저축(S)은 소득에 의해서 결정된다. $S = sY$(단, $0 < s < 1$, 저축률은 s로 일정하다.)
③ 정부부문은 없으며, 폐쇄경제를 가정한다.
④ 수요 측 균형으로서 투자(I)=저축(S)이 성립한다.

따라서 설문에서 솔로우 모형의 가정으로서 생산요소의 한계생산 체감, 일정한 저축률, 생산함수의 규모수익불변은 옳은 내용이나 효용극대화는 가정에 해당하지 않는다.

솔로우(Solow) 성장모형에 따를 때 저축의 증가가 지속적인 성장을 초래하지 않는 원인은?

▸ 2014년 감정평가사

① 자본의 한계생산성 감소
② 자본의 한계생산성 증가
③ 노동의 한계생산성 감소
④ 노동의 한계생산성 증가
⑤ 노동의 한계생산성 불변

출제이슈 솔로우 모형의 특징

핵심해설 **정답** ①

솔로우 모형은 자본의 한계생산은 지속적으로 감소함을 가정하고 있다. 1인당 자본이 축적되면서 1인당 자본의 한계생산은 계속 감소해 나가고 인구증가 및 감가상각으로 인해서 자본유지를 위해 필요한 투자는 계속 증가해 나간다. 결국은 1인당 자본이 더 축적되지 않는, 증가하지 않는 상태에 도달한다. 즉, 이러한 상태에 도달하게 되면 1인당 자본이 불변이며 1인당 생산도 고정이다. 이 경제는 더 이상 성장하지 못하고 정체에 빠진다.

저축률이 상승할 경우 저축률이 상승하여 저축함수가 상방 이동하면, 균제상태에서 1인당 자본이 증가한다.

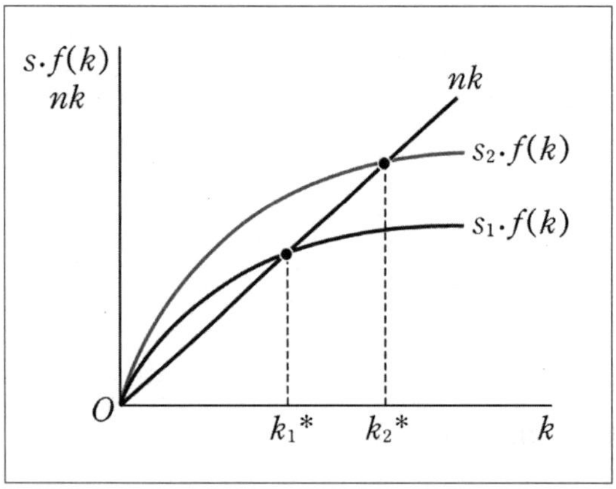

즉, 저축이 증가하여 투자가 증가함으로 인해서 자본의 축적량이 많아지고 1인당 생산이 증가한다(수준효과는 있음). 1인당 생산의 증가율의 경우, 현재 상태에서 저축이 증가할 경우 새로운 균제상태로 이동하는 경로에서 성장률을 높인다. 그러나 이러한 성장률의 상승은 일시적이며, 결국 경제는 균제상태에 도달하게 되고, 1인당 생산의 증가율은 다시 0이 된다(성장효과는 없음). 저축률의 증가는 장기적으로 더 높은 생산수준, 소득수준으로 갈 수 있게 해주고(저축률이 높은 나라일수록 균제상태의 소득수준이 높아질 것), 일시적인 성장률은 높일 수 있지만, 결국 장기균제상태에서의 성장률을 높이지는 못한다.

솔로우(Solow) 성장모형에 대한 설명으로 옳지 않은 것은? ▸ 2017년 지방직 7급

① 기술진보 없이 지속적인 성장을 할 수 없다.
② 정상상태(steady state)에서 인구증가율의 변화는 1인당 경제성장률에 영향을 미치지 않는다.
③ 한계생산이 체감하는 생산함수와 외생적인 기술진보를 가정한다.
④ 자본축적만으로도 지속적인 성장이 가능하다.

출제이슈 솔로우 모형의 특징

핵심해설 **정답** ④

① 옳은 내용이다.
기술진보가 발생하여 생산함수가 상방 이동하면, 균제상태에서 1인당 자본이 증가하고 1인당 생산이 증가한다. 그러나 기술진보로 1인당 생산함수가 상방으로 이동하더라도 생산함수의 오목한 형태가 그대로 유지되기 때문에 여전히 수확체감 법칙이 작동한다. 따라서 새로운 균제상태에서는 지속적인 성장률의 증가를 가져올 수 없다. 만일 기술진보가 꾸준히 지속적으로 이루어진다면, 1인당 자본과 1인당 소득이 지속적으로 증가, 성장하게 되므로 오직 지속적인 기술진보만이 지속적인 경제성장을 가져올 수 있다.

② 옳은 내용이다.
균제상태에서는 1인당 자본, 1인당 생산, 1인당 저축, 1인당 투자 모두 불변이다. 따라서 1인당 자본, 1인당 생산, 1인당 저축, 1인당 투자 모두 증가율이 0이다. 즉 1인당 성장률은 0이 된다. 인구증가율이 변화하여 1인당 필요투자선이 이동하더라도, 결국 균제상태에서 1인당 자본 및 1인당 생산의 증가율은 0이 된다. 즉, 인구증가율의 변화는 1인당 경제성장률에 영향을 주지 않는다. 그러나 총자본, 총생산은 모두 인구증가율 (n)과 같은 속도로 증가한다. 그 이유는 다음과 같다.

i) 1인당 자본 $\frac{K}{L}$ = k의 증가율 = K의 증가율 − L의 증가율 = K의 증가율 − n = 0

$\therefore$ 총자본 K의 증가율 = n

ii) 1인당 생산 $\frac{Y}{L}$ = y의 증가율 = Y의 증가율 − L의 증가율 = Y의 증가율 − n = 0

$\therefore$ 총생산 Y의 증가율 = n

따라서 인구증가율의 변화는 총자본, 총생산의 증가율에는 영향을 줄 수 있다.

③ 옳은 내용이다.
솔로우 성장모형은 생산에 있어서 한계생산의 체감과 기술에 있어서 외생적 결정을 가정하고 있다.

④ 틀린 내용이다.
위의 ③의 가정인 한계생산의 체감때문에 솔로우 모형에서는 1인당 자본이 축적되면서 1인당 자본의 한계생산은 계속 감소해 나가고 인구증가 및 감가상각으로 인해서 자본유지를 위해 필요한 투자는 계속 증가해 나간다. 결국은 1인당 자본이 더 축적되지 않는, 증가하지 않는 상태에 도달하게 되어 이 경제는 더이상

성장하지 못하고 정체에 빠진다. 이때, 정체에 빠진 경제는 오직 지속적인 기술진보를 통해 지속적인 경제성장을 이룰 수 있다. 자본축적만으로는 지속적인 성장이 불가능하다. 이를 성장률 관점에서 보면, 다음과 같다. 균제상태에서는 1인당 자본, 1인당 생산, 1인당 저축, 1인당 투자 모두 불변이다. 따라서 1인당 자본, 1인당 생산, 1인당 저축, 1인당 투자 모두 증가율이 0이다. 즉 1인당 성장률은 0이 된다. 자본축적을 통해서는 1인당 생산을 영구적으로, 지속적으로 증가시킬 수 없다.

THEME 02 솔로우 성장모형 : 균제상태의 변화

1 의의

균제상태를 결정하는 요인이 변화할 경우 균제상태 혹은 균형성장경로가 변화하게 된다. 이때, 균제상태를 결정하는 요인은 다음과 같이 자본축적의 방정식을 구성하는 저축률, 인구증가율, 감가상각률이 된다.

자본축적의 방정식 : $\dot{k} = s\,f(k) - (n+\delta)\,k$, 균제상태 : $s\,f(k) = (n+\delta)\,k$

솔로우 성장모형은 위의 자본축적의 방정식에서 저축률과 인구증가율이 외생적으로 결정되는 일정한 값을 가지는 것으로 가정하고 있으나 현실에 있어서는 저축률과 인구증가율도 경제주체의 선택에 의하여 내생적으로 결정될 수 있다는 비판이 있다.

2 저축률의 변화

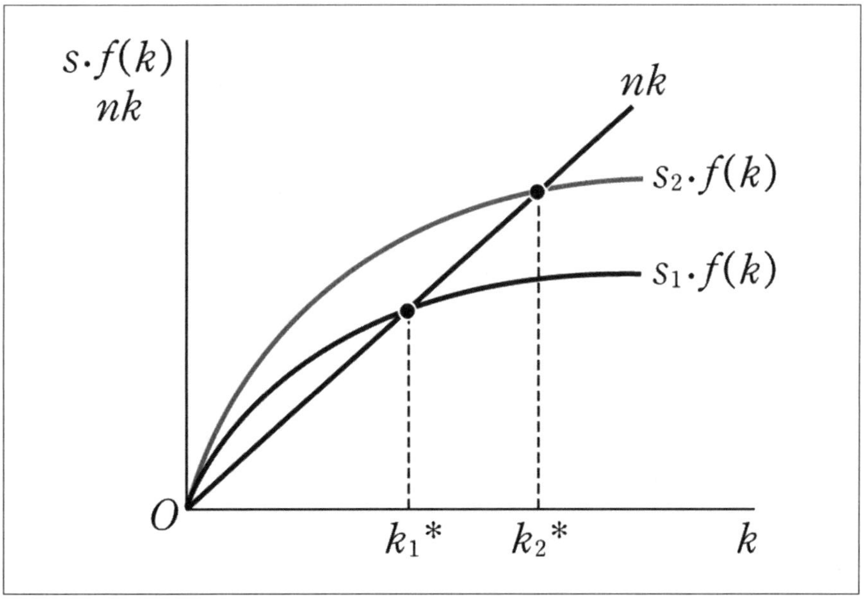

그림 22-6 저축률의 상승

1) 저축률의 상승과 1인당 생산

저축률이 상승하여 저축함수가 상방 이동하면, 균제상태에서 1인당 자본이 증가한다. 즉, 저축이 증가하여 투자가 증가함으로 인해서 자본의 축적량이 많아진다. 따라서 1인당 생산이 증가한다(수준효과는 있음). 또한 1인당 생산의 증가율의 경우, 현재 상태에서 저축이 증가할 경우 새로운 균제상태로 이동하는 경로에서 성장률을 높인다.

2) 수준효과와 성장효과

그러나 이러한 성장률의 상승은 일시적이며, 결국 경제는 균제상태에 도달하게 되고, 1인당 생산의 증가율은 다시 0이 된다(성장효과는 없음). 저축률의 증가는 장기적으로 더 높은 생산수준, 소득수준으로 갈 수 있게 해주고(저축률이 높은 나라일수록 균제상태의 소득수준이 높아짐), 일시적인 성장률은 높일 수 있지만 결국 장기균제상태에서의 성장률을 높이지는 못한다. 이를 두고 저축률의 증가는 수준효과(level effect)만 있고, 성장효과(growth effect)는 없다고 표현한다. 따라서 무조건적으로 저축률을 올리는 것이 장기적으로 지속적인 경제성장을 위한 대안이 될 수는 없음을 알 수 있다.

3 인구증가율의 변화

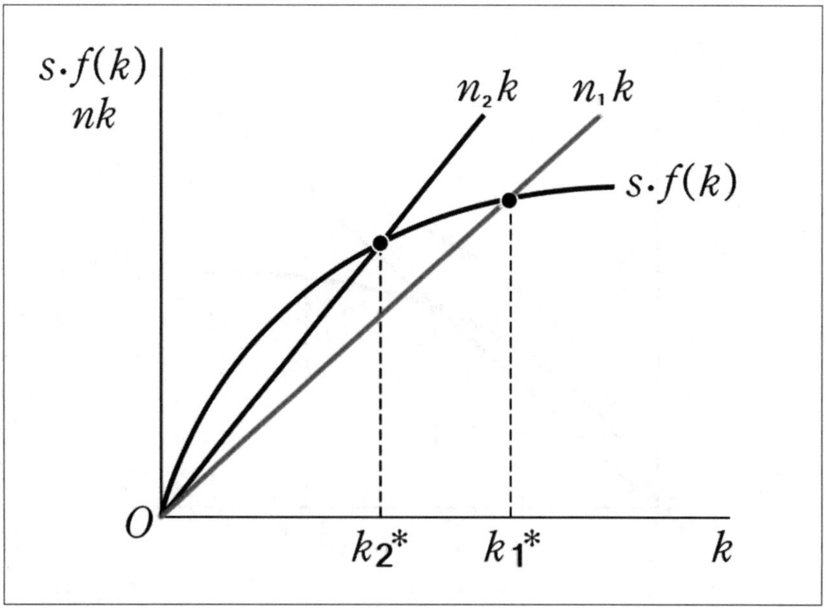

그림 22-7 인구증가율의 상승

인구증가율이 상승하여 1인당 필요투자선이 상방 이동하면, 균제상태에서 1인당 자본이 감소한다. 즉, 인구가 증가하여 1인당 자본유지를 위해서 투자가 소모되므로 결국 1인당 자본은 감소하게 된다. 따라서 1인당 생산은 감소한다. 그러나 인구증가율의 상승은 1인당 생산은 감소시키지만, 경제의 규모를 증가시키기 때문에 경제전체의 성장률은 상승한다. 왜냐하면, 1인당 생산 $\frac{Y}{L}$ = y의 증가율 = Y의 증가율 − L의 증가율 = Y의 증가율 − n = 0이므로 총생산 Y의 증가율 = n이 되기 때문이다.

4 기술진보

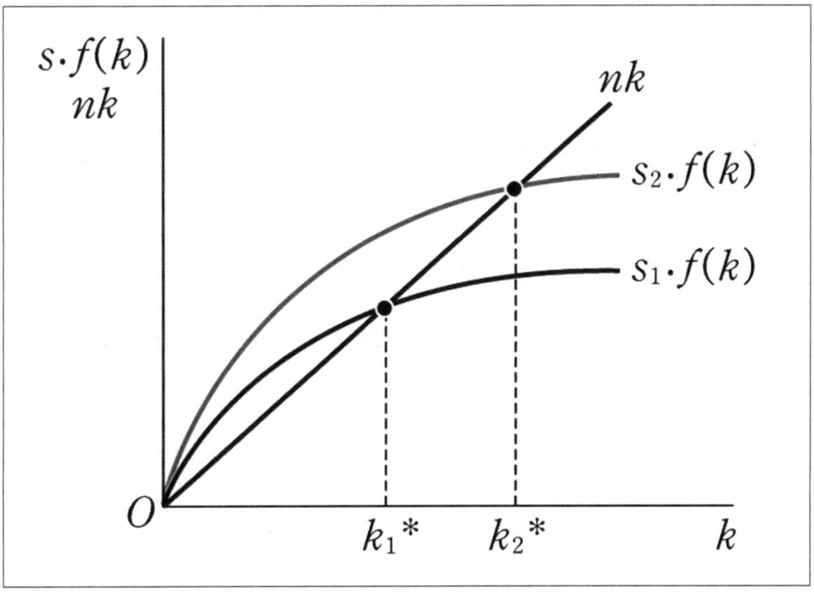

그림 22-8 기술진보

기술진보로 인하여 생산함수가 상방 이동하면, 균제상태에서 1인당 자본이 증가한다. 즉, 기술진보로 산출이 증가하여 투자가 증가함으로 인해서 자본의 축적량이 많아진다. 따라서 1인당 생산이 증가한다. 기술진보로 1인당 생산함수가 상방으로 이동하더라도 생산함수의 오목한 형태가 그대로 유지되기 때문에 여전히 수확체감 법칙이 작동한다. 따라서 새로운 균제상태에서는 지속적인 성장률의 증가를 가져올 수 없다. 만일 기술진보가 꾸준히 지속적으로 이루어진다면, 경제는 한곳에 수렴하지 않고 균제상태가 계속 이동하게 되고, 1인당 자본과 1인당 소득이 지속적으로 증가, 성장하게 된다. 결국 솔로우 모형에서는 오직 지속적인 기술진보만이 지속적인 경제성장을 가져올 수 있다.

필수예제

다음 중 솔로우(Solow) 성장 모형에 대한 설명으로 옳은 것은? ▸ 2018년 국가직 7급

① 자본 투입이 증가함에 따라 경제는 지속적으로 성장할 수 있다.
② 저축률이 상승하면 정상상태(steady state)의 일인당 자본은 증가한다.
③ 자본투입이 증가하면 자본의 한계생산이 일정하게 유지된다.
④ 인구 증가율이 상승하면 정상상태의 일인당 자본이 증가한다.

출제이슈 솔로우 모형의 특징
핵심해설 **정답** ②

①, ③ 둘 다 틀린 내용이다.
자본투입이 증가함에 따라서 자본의 한계생산은 체감하게 되고 결국 경제는 지속적으로 성장할 수 없게 된다.

솔로우 모형은 자본의 한계생산은 지속적으로 감소함을 가정하고 있다. 1인당 자본이 축적되면서 1인당 자본의 한계생산은 계속 감소해 나가고 인구증가 및 감가상각으로 인해서 자본유지를 위해 필요한 투자는 계속 증가해 나간다. 결국은 1인당 자본이 더 축적되지 않는, 증가하지 않는 상태에 도달한다. 즉, 이러한 상태에 도달하게 되면 1인당 자본이 불변이며 1인당 생산도 고정이다. 이 경제는 더이상 성장하지 못하고 정체에 빠진다.

② 옳은 내용이다.
저축률이 상승할 경우 저축률이 상승하여 저축함수가 상방 이동하면, 균제상태 혹은 정상상태에서 1인당 자본이 증가한다.

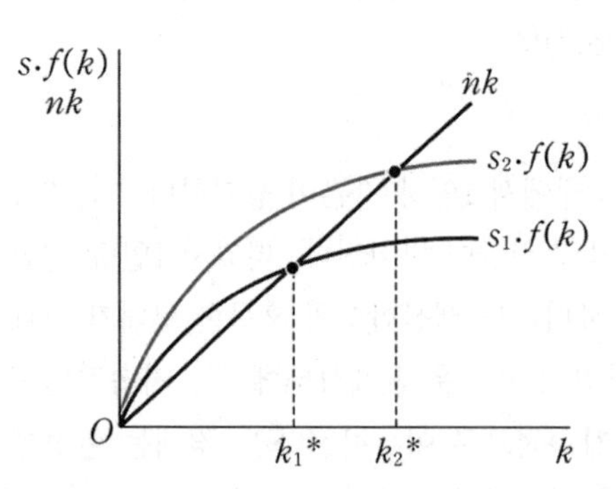

즉, 저축이 증가하여 투자가 증가함으로 인해서 자본의 축적량이 많아지고 1인당 생산이 증가한다(수준효과는 있음). 1인당 생산의 증가율의 경우, 현재 상태에서 저축이 증가할 경우 새로운 균제상태로 이동하는 경로에서 성장률을 높인다. 그러나 이러한 성장률의 상승은 일시적이며, 결국 경제는 균제상태에 도달하게

되고, 1인당 생산의 증가율은 다시 0이 된다(성장효과는 없음). 저축률의 증가는 장기적으로 더 높은 생산수준, 소득수준으로 갈 수 있게 해주고(저축률이 높은 나라일수록 균제상태의 소득수준이 높아질 것), 일시적인 성장률은 높일 수 있지만 결국 장기균제상태에서의 성장률을 높이지는 못한다.

④ 틀린 내용이다.
인구증가율이 상승하여 1인당 필요투자선이 상방 이동하면, 균제상태에서 1인당 자본이 감소한다.

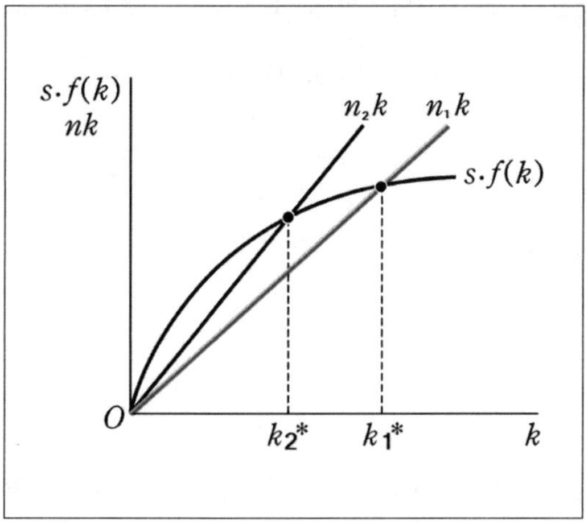

즉, 인구가 증가하여 1인당 자본유지를 위해서 투자가 소모되므로 결국 1인당 자본은 감소하게 되고 1인당 생산은 감소한다. 그러나 인구증가율의 상승은 1인당 생산은 감소시키지만, 경제의 규모를 증가시키기 때문에 경제전체의 성장률은 상승한다. 왜냐하면, 1인당 생산 $\frac{Y}{L}$ = y의 증가율 = Y의 증가율 − L의 증가율 = Y의 증가율 − n = 0이므로 총생산 Y의 증가율 = n이기 때문이다.

솔로우(R.Solow) 경제성장모형에서 균제상태(steady state)의 1인당 산출량을 증가시키는 요인으로 옳은 것을 모두 고른 것은? (단, 다른 조건이 일정하다고 가정함) ▸ 2015년 공인노무사

ㄱ. 저축률의 증가
ㄴ. 인구증가율의 증가
ㄷ. 감가상각률의 하락

① ㄱ　② ㄱ, ㄴ　③ ㄱ, ㄷ
④ ㄴ, ㄷ　⑤ ㄱ, ㄴ, ㄷ

출제이슈 솔로우 모형의 특징
핵심해설 **정답** ③

설문을 검토하면 다음과 같다.

ㄱ. 옳은 내용이다.
저축률이 상승할 경우 저축률이 상승하여 저축함수가 상방 이동하면, 균제상태에서 1인당 자본이 증가한다.

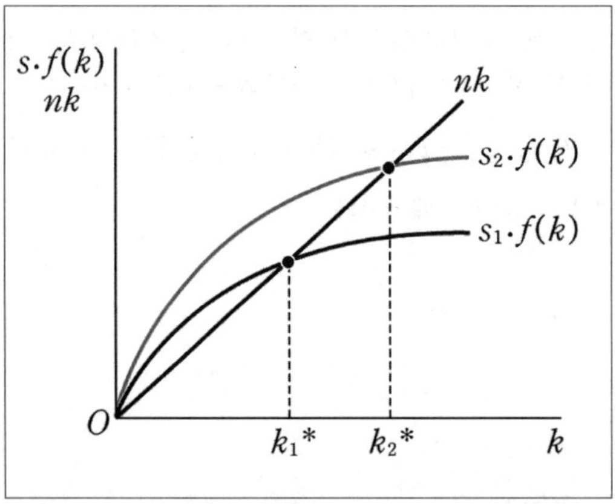

즉, 저축이 증가하여 투자가 증가함으로 인해서 자본의 축적량이 많아지고 1인당 생산이 증가한다(수준효과는 있음). 1인당 생산의 증가율의 경우, 현재 상태에서 저축이 증가할 경우 새로운 균제상태로 이동하는 경로에서 성장률을 높인다. 그러나 이러한 성장률의 상승은 일시적이며, 결국 경제는 균제상태에 도달하게 되고, 1인당 생산의 증가율은 다시 0이 된다(성장효과는 없음). 저축률의 증가는 장기적으로 더 높은 생산수준, 소득수준으로 갈 수 있게 해주고(저축률이 높은 나라일수록 균제상태의 소득수준이 높아질 것), 일시적인 성장률은 높일 수 있지만, 결국 장기균제상태에서의 성장률을 높이지는 못한다.

ㄴ. 틀린 내용이다.
인구증가율이 상승하면, 1인당 생산은 감소한다. 인구증가율이 상승하여 1인당 필요투자선이 상방 이동하면, 균제상태에서 1인당 자본이 감소한다.

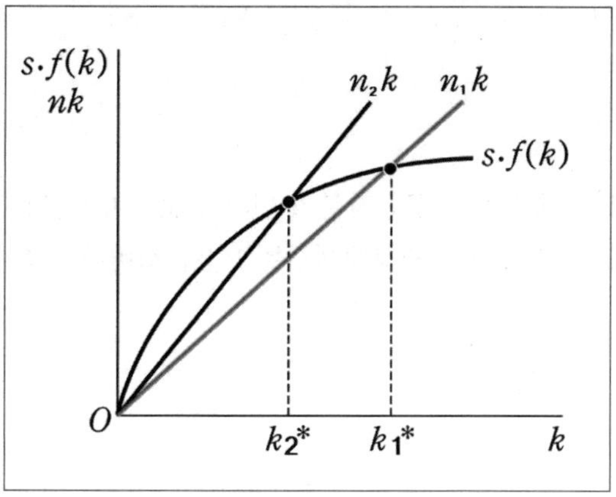

즉, 인구가 증가하여 1인당 자본유지를 위해서 투자가 소모되므로 결국 1인당 자본은 감소하게 되고 1인당 생산은 감소한다. 그러나 인구증가율의 상승은 1인당 생산은 감소시키지만, 경제의 규모를 증가시키기 때문에 경제전체의 성장률은 상승한다. 왜냐하면, 1인당 생산 $\frac{Y}{L}$ = y의 증가율 = Y의 증가율 − L의 증가율 = Y의 증가율 − n = 0 ∴ 총생산 Y의 증가율 = n이기 때문이다.

ㄷ. 옳은 내용이다.
감가상각률이 하락하면, 1인당 생산은 증가한다. 감가상각률이 하락하여 1인당 필요투자선이 하방 이동하면, 균제상태에서 1인당 자본이 증가하고 1인당 생산은 증가한다. 감가상각율이 변화하여 1인당 필요투자선이 이동하더라도, 결국 균제상태에서 1인당 자본 및 1인당 생산의 증가율은 0이 된다. 균제상태에서는 1인당 자본, 1인당 생산, 1인당 저축, 1인당 투자 모두 불변이다. 따라서 1인당 자본, 1인당 생산, 1인당 저축, 1인당 투자 모두 증가율이 0이다. 즉 1인당 성장률은 0이 된다. 설문에서 자본의 감가상각률이 낮아지면 균제상태에서의 일인당 국민소득은 증가하고 일인당 국민소득의 증가율은 0이 된다.

THEME 03 솔로우 성장모형 : 자본축적의 황금률

1 의의

1) 균제상태와 지속가능한 소비

솔로우 성장모형에서 어느 한 균제상태에 도달하게 되면 1인당 자본의 변화가 없으며 1인당 자본이 일정하게 유지되어 매우 안정적인 상태이다. 따라서 균제상태에서는 1인당 소비가 지속된다는 특징이 있다.

2) 다양한 균제상태에 대한 판단

솔로우 성장모형에서 균제상태는 그를 결정짓는 저축률과 인구증가율에 따라서 다양한 균제상태가 나올 수 있다. 다양한 균제상태에서는 각각 상이한 1인당 자본, 1인당 소득, 1인당 소비 수준이 도출된다. 이때, 균제상태의 최적성을 판단함에 있어서 무조건 1인당 소득이 높다고 하여 좋은 것이 아니라 1인당 소비 수준이 높아야 효용 또는 후생이 커지는 것으로 판단기준을 잡아볼 수 있다.

3) 1인당 소비 극대화

다양한 저축률(인구증가율은 주어진 것으로 가정)에 따른 여러 균제상태가 가져다주는 1인당 소비 수준을 비교하여 1인당 소비를 극대화할 수 있는 특정의 균제상태를 도출할 수 있다. 그 특정 균제상태의 자본량을 구할 수 있다. 이러한 자본량을 황금률의 자본축적량이라고 하며 그 특정의 균제상태를 달성시키는 저축률을 찾아낼 수도 있는데 이를 황금률의 저축률이라고 한다.

2 자본축적의 황금률

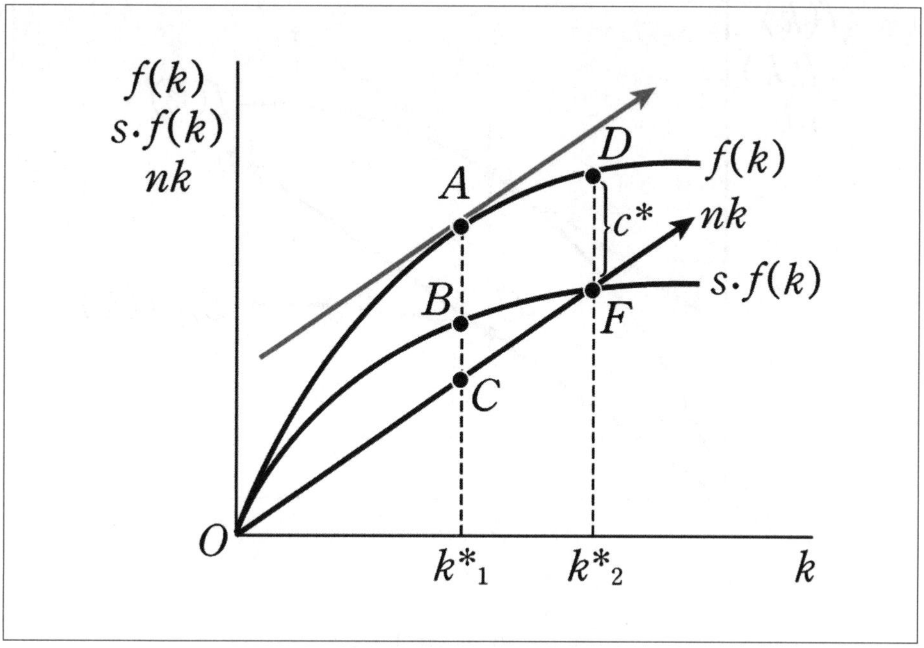

그림 22-9 자본축적의 황금률

1) 균제상태에서 1인당 소비

솔로우 성장모형에서 균제상태 $\dot{k} = sf(k) - nk = 0$인 k^*를 도출할 수 있다. 이때, 균제상태에서 1인당 소득은 $y^* = f(k^*)$이며 균제상태에서 1인당 저축 $sy^* = sf(k^*) = nk^*$가 된다. 따라서 균제상태에서 1인당 소비는 $c^* = y^* - sy^* = f(k^*) - nk^*$가 된다.

2) 균제상태에서의 1인당 소비를 극대화하는 k^*

이제 균제상태에서 1인당 소비 $c^* = y^* - sy^* = f(k^*) - nk^*$가 극대화되려면 $f(k)$의 기울기와 nk의 기울기가 같은 점을 찾아야 하는데 이는 $f'(k) = n$을 만족하는 k^*가 된다. 이것을 황금률의 자본축적량이라고 하며 $k^* = k_G$가 된다. 이때, $f'(k)$는 자본의 한계생산성을 의미한다.

3) 균제상태에서의 1인당 소비를 극대화하는 k^*를 달성시키는 저축률

위에서 구한 $k^* = k_G$를 이용하여 $k = k^*$직선을 표시하면 다음과 같이 $k = k^*$와 자본유지 nk의 교점을 $sf(k)$가 통과하도록 만들어주는 황금률의 저축률 s_G를 도출할 수 있다.

PART • 09

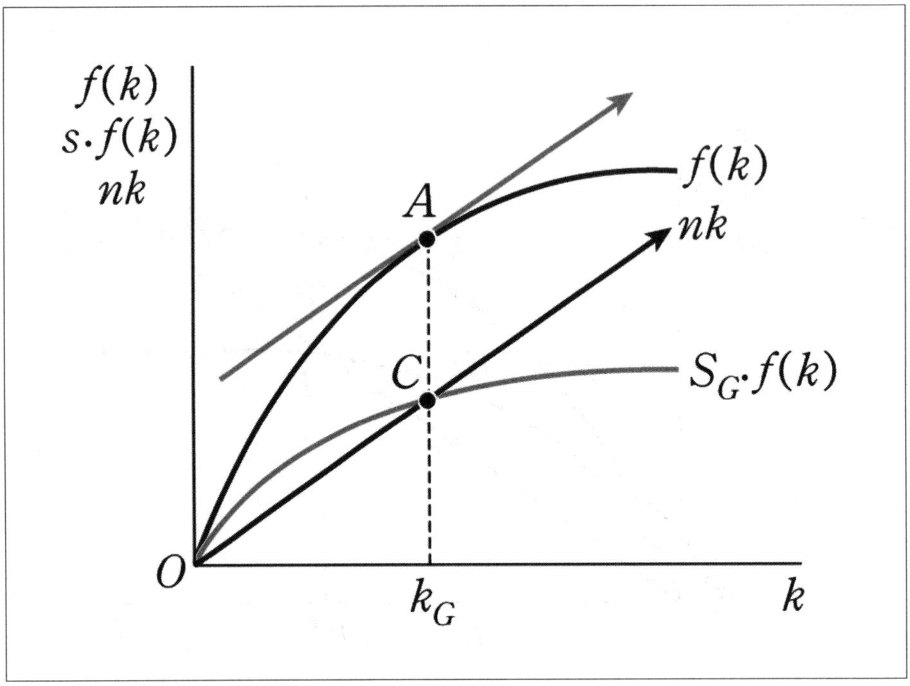

그림 22-10 황금률의 저축률

3 자본축적의 황금률과 실질이자율

자본축적의 황금률은 $f'(k) = n$을 만족하는 k^*의 균제상태에서 달성된다. 이때 감가상각을 고려하면 $f'(k) = n+\delta$이다. $f'(k)$가 자본의 한계생산성임을 고려하면, $MP_K = n+\delta$이다. 따라서 $n = MP_K - \delta$이 성립한다. 그런데 $MP_K - \delta = r$(실질이자율)이라고 할 수 있으므로 실질이자율과 인구증가율이 같을 때 자본축적의 황금률이 달성될 수 있다고 할 수 있다.

4 자본축적의 황금률과 동태적 비효율성

저축률이 지나치게 높아서 황금률의 저축률 수준을 상회할 경우, 현재 균제상태가 과다한 자본축적 상태임을 의미한다. 즉, 높은 저축률로 인해서 그만큼 소비가 희생되었으며, 소비 희생을 통해서 과다하게 자본을 축적한 것이다. 이런 경우에는 저축률을 영구적으로 낮추어서 1인당 자본량을 감소시켜 균제상태에서 1인당 소비 수준을 높일 수 있다. 이렇게 높은 저축률, 과다한 자본축적 상태를 동태적 비효율성이라고 한다.

필수예제

인구증가와 기술진보가 없는 솔로우 성장모형에서 황금률 균제상태가 달성되는 조건은?

▸ 2020년 감정평가사

① 자본의 한계생산이 최대일 때
② 노동자 1인당 자본량이 최대일 때
③ 자본의 한계생산이 감가상각률과 같을 때
④ 노동의 한계생산이 저축률과 같을 때
⑤ 자본의 한계생산이 한계소비성향과 같을 때

출제이슈 **황금률**
핵심해설 **정답** ③

일국의 경제가 어느 한 균제상태에 도달하게 되면 1인당 자본의 변화가 없으며 1인당 자본이 일정하게 유지되어 매우 안정적인 상태가 된다. 따라서 균제상태에서는 1인당 소비가 지속된다는 특징이 있다. 이러한 균제상태의 최적성을 판단함에 있어서 무조건 1인당 소득이 높다고 하여 좋은 것이 아니라 1인당 소비 수준이 높아야 후생이 커지는 것이다.

자본의 황금률 수준은 1인당 소비를 극대화하는 1인당 자본의 수준을 의미하며 이는 다음과 같이 도출할 수 있다. 이하는 기술진보가 없는 모형을 상정하고 있음에 유의하자.

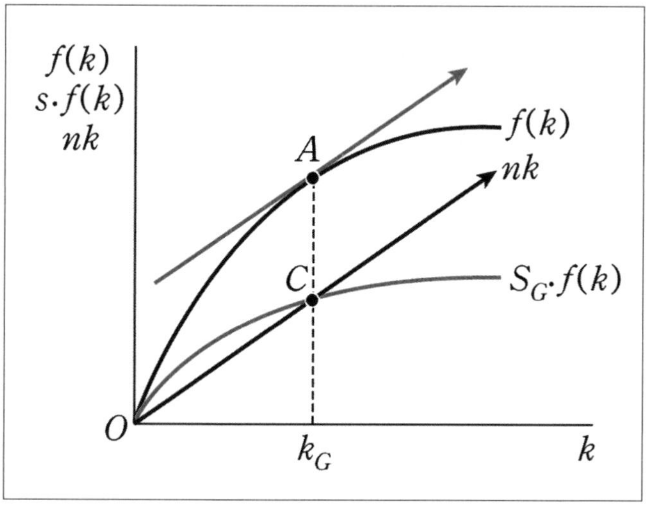

이를 수식으로 표현하면 $C = f(k) - sf(k)$, $sf(k) = (n+\delta)k$, $Max\ C$의 조건을 의미한다.

이때 황금률의 1인당 자본량 k_G은 $\frac{dC}{dk} = 0$이므로 $f'(k) = (n+\delta)$를 풀면 k_G가 도출된다.

황금률의 균제상태는 위의 그래프에서 $f(k)$의 접선의 기울기인 $f'(k)$와 자본유지선 $(n+\delta)k$의 기울기인 $(n+\delta)$가 일치할 때 달성된다.

$f'(k)$는 1인당 자본의 증가에 따른 1인당 생산의 증가로서 1인당 자본의 한계생산을 의미한다. 그런데 1인당 자본의 한계생산은 자본의 한계생산과 동일하게 되어 다음이 성립한다.

$$f'(k) = MP_k = MP_K = n + \delta$$

위에서 살펴본 모형이 기술진보가 없는 모형이므로 여기에 추가적으로 인구증가가 없는 경우를 고려하면, $n=0$을 반영하여야 한다. 이에 따라서 위의 식을 다시 쓰면 다음과 같다.

$$f'(k) = MP_k = MP_K = \delta$$

따라서 자본의 한계생산이 감가상각률과 일치할 때, 황금률의 균제상태가 달성된다.

참고로, 본 문제에서 제시된 것과 달리 인구증가가 있는 경우를 살펴보면 다음과 같다.

$$f'(k) = MP_k = MP_K = n + \delta$$
$$MP_K - \delta = r \text{ (실질이자율)}$$

따라서 실질이자율과 인구증가율이 같을 때 자본축적의 황금률이 달성될 수 있다.

기술진보가 없는 솔로우 성장모형의 황금률(Golden Rule)에 대한 설명으로 옳은 것은?

▸ 2017년 국가직 7급

① 황금률하에서 정상상태(steady state)의 1인당 투자는 극대화된다.
② 정상상태(steady state)의 1인당 자본량이 황금률 수준보다 많은 경우 소비 극대화를 위해 저축률을 높이는 것이 바람직하다.
③ 솔로우 성장모형에서는 저축률이 내생적으로 주어져 있기 때문에 황금률의 자본축적이 항상 달성된다.
④ 황금률하에서 자본의 한계생산물은 인구증가율과 감가상각률의 합과 같다.

출제이슈 솔로우 모형의 황금률

핵심해설 정답 ④

황금률의 균제상태는 1인당 소비수준의 극대화를 달성시키는 상태로서 $f'(k) = n+\delta$을 만족하는 k^*의 균제상태에서 달성된다.

황금률의 균제상태는 그래프에서 $f(k)$의 접선의 기울기인 $f'(k)$와 자본유지선 $(n+\delta)k$의 기울기인 $(n+\delta)$가 일치할 때 달성된다.

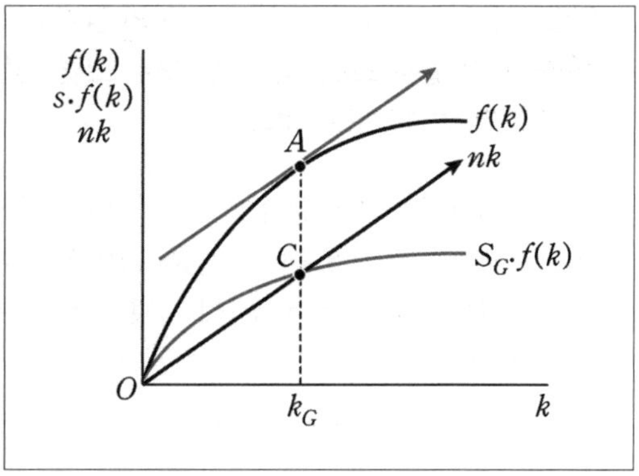

① 틀린 내용이다.
황금률하에서 균제상태 혹은 정상상태에서는 1인당 투자가 아니라 1인당 소비가 극대화된다.

② 틀린 내용이다.
정상상태에서 1인당 자본량이 황금률 수준보다 많은 경우는 황금률의 자본축적 수준보다 과다축적되었음을 의미한다. 이는 저축률이 지나치게 높아서 황금률의 저축률 수준을 상회하여서 나타날 수 있다. 즉, 높은 저축률로 인해서 그만큼 소비가 희생되었으며, 소비 희생을 통해서 과다하게 자본을 축적한 것이다. 이로 인해서 소비가 황금률 수준보다 낮은 상태이다. 이런 경우에는 저축률을 영구적으로 낮추어서 1인당 자본량을 감소시켜서 균제상태에서 1인당 소비 수준을 높일 수 있다. 이렇게 높은 저축률, 과다한 자본축적 상태를 동태적 비효율성이라고 한다.

③ 틀린 내용이다.
솔로우 성장모형에서는 저축률이 모형 밖에서 외생적으로 결정되어 주어져 있다. 이때, 외생적으로 주어진 저축률(인구증가율은 주어진 것으로 가정)에 따른 균제상태가 가져다주는 1인당 소비수준을 검토하여 1인당 소비를 극대화할 수 있는 특정의 균제상태로서의 황금률 상태인지를 판단할 수 있다. 따라서 균제상태라고 해서 항상 황금률의 자본축적이 달성되는 것은 아니다. 소비극대화가 달성되는 균제상태의 자본량이 황금률의 자본축적량이며, 그러한 황금률 상태를 달성시키는 저축률을 황금률의 저축률이라고 한다.

④ 옳은 내용이다.
황금률하에서 자본의 한계생산물은 인구증가율과 감가상각률의 합과 같다. 그 이유는 다음과 같다.

1) 자본축적의 황금률은 $f'(k) = n$을 만족하는 k^*의 균제상태에서 달성된다.
2) 감가상각을 고려하면 $f'(k) = n+\delta$이다.
3) $f'(k)$가 자본의 한계생산성임을 고려하면, $MP_K = n+\delta$이다.
4) 따라서 $n = MP_K - \delta$
5) 그런데 $MP_K - \delta = r$ (실질이자율)
6) 따라서 실질이자율과 인구증가율이 같을 때 자본축적의 황금률이 달성될 수 있다.

1인당 생산함수가 $y = 0.5k^{0.2}$, 자본의 감가상각률이 0.1, 저축률이 0.2인 솔로우(Solow) 경제성장 모형에 관한 설명으로 옳은 것을 모두 고른 것은? (단, y는 1인당 생산량, k는 1인당 자본량이고, 인구증가와 기술진보는 없다.)

▸ 2024년 감정평가사

ㄱ. 현재 1인당 자본량이 2일 때, 1인당 투자는 증가한다.
ㄴ. 현재 1인당 자본량이 2일 때, 1인당 자본의 감가상각은 1인당 저축보다 작다.
ㄷ. 균제상태(steady state)에서 벗어나 있는 경우, 현재 1인당 자본량에 관계없이, 1인당 생산량의 변화율은 0으로 수렴한다.
ㄹ. 균제상태의 1인당 자본량은 황금률(Golden Rule) 수준과 같다.

① ㄱ, ㄴ　② ㄱ, ㄷ　③ ㄴ, ㄷ
④ ㄴ, ㄹ　⑤ ㄷ, ㄹ

출제이슈 솔로우 모형의 균제상태와 황금률 계산
핵심해설 **정답** ⑤

설문에서 1인당 생산함수는 $y = 0.5k^{0.2}$로 주어져 있다. 그리고 저축률이 $s = 0.2$, 감가상각률은 $\delta = 0.1$, 인구증가율 $n = 0$로 주어져 있다. 따라서 균제상태에서의 1인당 자본량은 $k^* = (\frac{sA}{n+\delta})^{\frac{1}{1-\alpha}} = (\frac{0.2\times0.5}{0+0.1})^{\frac{1}{1-0.2}} = 1$이 된다. 특히 균제상태에서의 저축률이 황금률의 저축률과 같게 되어 현상태가 황금률의 균제상태가 되므로 황금률 수준의 1인당 자본량도 1이 된다.

만일 균제상태에서 벗어나는 경우 균제상태의 자본량으로 수렴하게 되어 1인당 자본량, 1인당 생산량이 모두 불변이므로 변화율은 0이 된다. 1인당 자본량이 2일 때, 1인당 투자와 1인당 자본 모두 감소한다. 이때는 1인당 자본의 감가상각이 1인당 저축보다 더 크다.

THEME 04 솔로우 성장모형의 C-D함수 사례

1 모형의 설정

1) 일반함수모형

① $Y = F(L, K)$

② $\frac{Y}{L} = F(\frac{K}{L}, \frac{L}{L}) = F(\frac{K}{L}, 1)$

③ $y = f(k, 1)$

④ $y = f(k)$

⑤ $\dot{k} = sy - (n+\delta)k$

$$\frac{\dot{k}}{k} = (\widehat{\frac{K}{L}}) = \hat{K} - \hat{L} = \frac{\dot{K}}{K} - n = \frac{I - \delta K}{K} - n = \frac{sY - \delta K}{K} - n = \frac{s\frac{Y}{L} - \delta\frac{K}{L}}{\frac{K}{L}} = \frac{sy - \delta k}{k} - n$$

2) C-D함수모형

① $Y = AK^{\alpha}L^{1-\alpha}$

② $\frac{Y}{L} = A(\frac{K}{L})^{\alpha}(\frac{L}{L})^{1-\alpha} = A(\frac{K}{L})^{\alpha}1$

③ $y = Ak^{\alpha}1$

④ $y = Ak^{\alpha}$

⑤ $\dot{k} = sy - (n+\delta)k = sAk^{\alpha} - (n+\delta)k$

2 균제상태

1) 일반함수모형

① 균제조건 $\dot{k} = sy - (n+\delta)k = 0$

② 균제상태에서의 1인당 자본량 k^*

2) C-D함수모형

① 균제조건 $\dot{k} = sAk^{\alpha} - (n+\delta)k = 0$

② 균제상태에서의 1인당 자본량 $k^* = (\frac{sA}{n+\delta})^{\frac{1}{1-\alpha}}$

3 황금률

1) 일반함수모형

① 황금률 조건

$C = f(k) - sf(k)$
$sf(k) = (n+\delta)k$
$Max\ C$

② 황금률의 1인당 자본량 k_G

$\frac{dC}{dk} = 0$

$\therefore f'(k) = (n+\delta)$를 풀면 황금률의 자본량 k_G를 도출할 수 있다.

③ 황금률의 저축률 S_G

앞에서 구한 k_G를 제약식에 대입하여 구한다.

2) C-D함수모형

① 황금률 조건

$C = Ak^{\alpha} - s\,Ak^{\alpha}$
$s\,Ak^{\alpha} = (n+\delta)k$
$Max\ C$

② 황금률의 1인당 자본량 k_G

$\frac{dC}{dk} = 0$

$\therefore\ A\alpha k^{\alpha-1} = (n+\delta)$를 풀면 황금률의 자본량은 $k_G = (\frac{\alpha A}{n+\delta})^{\frac{1}{1-\alpha}}$와 같이 도출할 수 있다.

③ 황금률의 저축률 S_G

앞에서 구한 k_G를 제약식에 대입하여 황금률의 저축률을 구하면 $S_G = \alpha$가 된다.

필수예제

다음과 같은 생산함수에 따라 생산되는 단순경제를 가정할 때, 솔로우 모형의 균제상태(steady-state) 조건을 이용한 균제상태에서의 (ㄱ) 1인당 소득과 (ㄴ) 1인당 소비수준은? (단, 인구증가와 기술진보는 없다고 가정하며, K는 총자본, L은 총노동, δ는 감가상각률, s는 저축률이다.) ▸ 2023년 감정평가사

- $Y = F(K, L) = \sqrt{KL}$
- $\delta = 20\%$
- $s = 40\%$

① ㄱ : 1, ㄴ : 1 ② ㄱ : 2, ㄴ : 1.2 ③ ㄱ : 2, ㄴ : 1.6
④ ㄱ : 4, ㄴ : 2.2 ⑤ ㄱ : 4, ㄴ : 2.4

출제이슈 솔로우 모형의 균제상태
핵심해설 **정답** ②

솔로우 성장모형에서 C-D함수모형은 다음과 같다.

① $Y = AK^{\alpha}L^{1-\alpha}$
② $\frac{Y}{L} = A(\frac{K}{L})^{\alpha}(\frac{L}{L})^{1-\alpha} = A(\frac{K}{L})^{\alpha}1^{1-\alpha}$
③ $y = Ak^{\alpha}1^{1-\alpha}$
④ $y = Ak^{\alpha}$
⑤ $\dot{k} = sf(k) - (n+\delta)k = sAk^{\alpha} - (n+\delta)k$
⑥ 균제조건 $\dot{k} = sAk^{\alpha} - (n+\delta)k = 0$
⑦ 균제상태에서의 1인당 자본량 $k^{*} = (\frac{sA}{n+\delta})^{\frac{1}{1-\alpha}}$

1인당 생산함수를 구하면 $y = k^{0.5}$, 그리고 저축률이 $s = 0.4$, 감가상각률은 $\delta = 0.2$, 인구증가율은 $n = 0$으로 주어져 있다.

따라서 설문의 자료를 위의 산식 ⑦에 대입하면 다음과 같다.

균제상태에서의 1인당 자본량은 $k^{*} = (\frac{sA}{n+\delta})^{\frac{1}{1-\alpha}} = (\frac{0.4 \times 1}{0+0.2})^{\frac{1}{1-0.5}} = 4$이다.
따라서 1인당 자본량을 1인당 생산함수에 넣으면, 1인당 소득은 2가 되며, 저축률이 40%임을 고려하면 소비는 1.2가 된다.

솔로우(R.Solow)의 경제성장모형에서 1인당 생산함수는 $y=2k^{0.5}$, 저축률은 30%, 자본의 감가상각률은 25%, 인구증가율은 5%라고 가정한다. 균제상태(steady state)에서의 1인당 생산량 및 자본량은? (단, y는 1인당 생산량, k는 1인당 자본량이다.) ▸ 2021년 감정평가사

① $y=1,\ k=1$ ② $y=2,\ k=2$ ③ $y=3,\ k=3$
④ $y=4,\ k=4$ ⑤ $y=5,\ k=5$

출제이슈 솔로우 모형의 균제상태

핵심해설 **정답 ④**

솔로우 성장모형에서 C-D함수모형은 다음과 같다.

① $Y=AK^{\alpha}L^{1-\alpha}$

② $\frac{Y}{L}=A(\frac{K}{L})^{\alpha}(\frac{L}{L})^{1-\alpha}=A(\frac{K}{L})^{\alpha}1^{1-\alpha}$

③ $y=Ak^{\alpha}1^{1-\alpha}$

④ $y=Ak^{\alpha}$

⑤ $\dot{k}=sf(k)-(n+\delta)k=sAk^{\alpha}-(n+\delta)k$

⑥ 균제조건 $\dot{k}=sAk^{\alpha}-(n+\delta)k=0$

⑦ 균제상태에서의 1인당 자본량 $k^*=(\frac{sA}{n+\delta})^{\frac{1}{1-\alpha}}$

1인당 생산함수가 $y=2k^{0.5}$, 저축률이 $s=0.3$, 감가상각률은 $\delta=0.25$, 인구증가율 $n=0.05$로 주어져 있다.

따라서 설문의 자료를 위의 산식 ⑦에 대입하면 다음과 같다.

균제상태에서의 1인당 자본량은 $k^*=(\frac{sA}{n+\delta})^{\frac{1}{1-\alpha}}=(\frac{0.3\times 2}{0.05+0.25})^{\frac{1}{1-0.5}}=4$이다.

따라서 1인당 생산량은 $y=2k^{0.5}$이므로 1인당 생산량 $y^*=2k^{0.5}=2\sqrt{4}=4$가 된다.

A국가의 생산함수는 $Y = K^{0.5}L^{0.5}$ 이다(K는 자본, L은 노동, Y는 생산량). 이 국가의 노동증가율은 2%, 저축률은 60%, 감가상각률은 10%일 때, 균제상태(steady state)에서 자본 1단위당 생산량($\frac{Y}{K}$)은?

▸ 2018년 보험계리사

① 0.2 ② 0.4 ③ 0.6 ④ 0.8

출제이슈 솔로우 모형의 균제상태

핵심해설 **정답** ①

솔로우 성장모형에서 C-D함수모형은 다음과 같다.

① $Y = AK^{\alpha}L^{1-\alpha}$

② $\frac{Y}{L} = A(\frac{K}{L})^{\alpha}(\frac{L}{L})^{1-\alpha} = A(\frac{K}{L})^{\alpha}1^{1-\alpha}$

③ $y = Ak^{\alpha}1^{1-\alpha}$

④ $y = Ak^{\alpha}$

⑤ $\dot{k} = sf(k) - (n+\delta)k = sAk^{\alpha} - (n+\delta)k$

⑥ 균제조건 $\dot{k} = sAk^{\alpha} - (n+\delta)k = 0$

⑦ 균제상태에서의 1인당 자본량 $k^{*} = (\frac{sA}{n+\delta})^{\frac{1}{1-\alpha}}$

먼저 생산함수가 $Y = K^{0.5}L^{0.5}$로 주어져 있다. 따라서 1인당 생산함수는 $y = k^{0.5}$가 된다.

설문의 자료를 위의 산식 ⑦에 대입하면 다음과 같다.

1인당 자본량 $k^{*} = (\frac{sA}{n+\delta})^{\frac{1}{1-\alpha}} = (\frac{0.6}{0.02+0.1})^{\frac{1}{1-0.5}} = 25$이다.

이때, 1인당 생산 $y^{*} = k^{*0.5} = 25^{0.5} = 5$가 된다.

따라서 설문에서 요구한 자본 1단위당 생산량($\frac{Y}{K}$)은 $\frac{Y}{K} = \frac{\frac{Y}{L}}{\frac{K}{L}} = \frac{y}{k} = \frac{5}{25} = 0.2$가 된다.

어느 한 국가의 생산함수가 $Y = K^{\frac{1}{2}} L^{\frac{1}{2}}$ 이며 40,000단위의 자본과 10,000단위의 노동을 보유하고 있다고 하자. 이 국가에서 자본의 감가상각률은 연 10%라고 한다면, 솔로우(Solow) 모형에 따를 때 주어진 자본/노동 비율이 안정상태(steady state)에서의 자본/노동 비율이 되기 위해서는 저축률이 얼마가 되어야 하는가? (인구변화 및 기술진보는 없다고 가정) ▸ 2015년 서울시 7급

① 20% ② 30% ③ 40% ④ 50%

출제이슈 솔로우 모형의 균제상태

핵심해설 **정답** ①

솔로우 성장모형에서 C-D함수모형은 다음과 같다.

① $Y = AK^{\alpha}L^{1-\alpha}$

② $\frac{Y}{L} = A(\frac{K}{L})^{\alpha}(\frac{L}{L})^{1-\alpha} = A(\frac{K}{L})^{\alpha}1^{1-\alpha}$

③ $y = Ak^{\alpha}1^{1-\alpha}$

④ $y = Ak^{\alpha}$

⑤ $\dot{k} = sf(k) - (n+\delta)k = sAk^{\alpha} - (n+\delta)k$

⑥ 균제조건 $\dot{k} = sAk^{\alpha} - (n+\delta)k = 0$

⑦ 균제상태에서의 1인당 자본량 $k^* = (\frac{sA}{n+\delta})^{\frac{1}{1-\alpha}}$

먼저 생산함수는 $Y = K^{\frac{1}{2}} L^{\frac{1}{2}}$ 로 주어져 있다. 따라서 1인당 생산함수는 $y = k^{0.5}$ 이 된다.

설문에서 균제상태의 1인당 자본량 $k^* = \frac{40,000}{10,000} = 4$가 되도록 저축률을 구해야 한다.

설문의 자료를 위의 산식 ⑦에 대입하면 다음과 같다.

1인당 자본량 $k^* = (\frac{sA}{n+\delta})^{\frac{1}{1-\alpha}} = (\frac{s}{0+0.1})^{\frac{1}{1-0.5}} = 4$이다.

따라서 위의 식을 풀면 저축률은 $s^* = 0.2$가 된다.

PART · 09

솔로우(Solow) 경제성장모형에서 1인당 생산함수는 $y = 2k^{\frac{1}{2}}$ 이다. 감가상각률이 0.2, 인구증가율과 기술진보율이 모두 0이라면, 이 경제의 1인당 소비의 황금률 수준(golden rule level)은? (단, y 는 1인당 생산, k 는 1인당 자본량이다.)

▸ 2016년 감정평가사

① 2 ② 5 ③ 10
④ 25 ⑤ 100

출제이슈 솔로우 모형의 황금률

핵심해설 **정답** ②

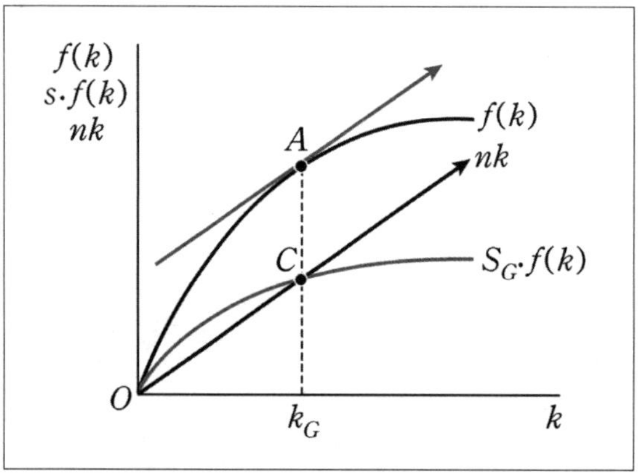

황금률의 균제상태는 1인당 소비수준의 극대화를 달성시키는 상태로서 $f'(k) = n+\delta$을 만족하는 k^* 의 균제상태에서 달성된다.

황금률의 균제상태는 그래프에서 $f(k)$의 접선의 기울기인 $f'(k)$와 자본유지선 $(n+\delta)k$의 기울기인 $(n+\delta)$가 일치할 때 달성된다.

균제상태에서 소비가 극대화되는 이른바 자본축적의 황금률모형에서 C-D함수모형은 다음과 같다.

① 황금률 조건

$C = Ak^{\alpha} - s\,Ak^{\alpha}$, $s\,Ak^{\alpha} = (n+\delta)k$, $Max\ C$

② 황금률의 1인당 자본량 k_G

$\frac{dC}{dk} = 0$ 이므로 $A\alpha k^{\alpha-1} = (n+\delta)$를 풀면 k_G 도출

$\therefore\ k_G = (\frac{\alpha A}{n+\delta})^{\frac{1}{1-\alpha}}$

③ 황금률의 저축률 s_G

앞에서 구한 k_G를 제약식에 대입하여 구한다.

∴ 황금률의 저축률 $s_G = \alpha$가 된다.

위의 내용에 따라서 설문을 검토하면 다음과 같다.

먼저 설문에서 1인당 생산함수가 $y = 2k^{\frac{1}{2}}$로 주어져 있다.

1) 황금률의 저축률과 소비율 구하기

황금률의 저축률은 위의 산식 ③에 따라서 $s_G = \alpha = \frac{1}{2}$이 된다.

그리고 황금률의 소비율은 $C_G = 1 - \alpha = 1 - \frac{1}{2} = \frac{1}{2}$이 된다.

2) 황금률의 1인당 자본 구하기

황금률의 1인당 자본은 위의 산식 ②에 따라서 $k_G = (\frac{\alpha A}{n+\delta})^{\frac{1}{1-\alpha}} = (\frac{0.5 \times 2}{0+0.2})^{\frac{1}{1-0.5}} = 25$가 된다.

3) 황금률의 1인당 생산 구하기

황금률의 1인당 자본이 25이므로 이를 1인당 생산함수에 대입하면 황금률의 1인당 생산은 10이 된다.

4) 황금률의 1인당 소비 구하기

위에서 황금률의 1인당 생산은 10, 황금률의 1인당 소비율은 0.5이므로 황금률의 1인당 소비는 5이다.

인구가 일정하고 기술진보가 없는 솔로우 모형을 고려하자. 1인당 생산(y)과 1인당 자본(k)으로 표시된 생산함수는 다음과 같다.

$$y=\sqrt{k}$$

감가상각률이 0.25일 때, 황금률 균제상태(steady state)의 1인당 자본량은? ▸ 2019년 공인회계사

① 4 ② 5 ③ 6
④ 7 ⑤ 8

출제이슈 솔로우 모형의 황금률
핵심해설 정답 ①

황금률의 균제상태는 1인당 소비수준의 극대화를 달성시키는 상태로서 $f'(k) = n+\delta$을 만족하는 k^*의 균제상태에서 달성된다.

황금률의 균제상태는 그래프에서 $f(k)$의 접선의 기울기인 $f'(k)$와 자본유지선 $(n+\delta)k$의 기울기인 $(n+\delta)$가 일치할 때 달성된다.

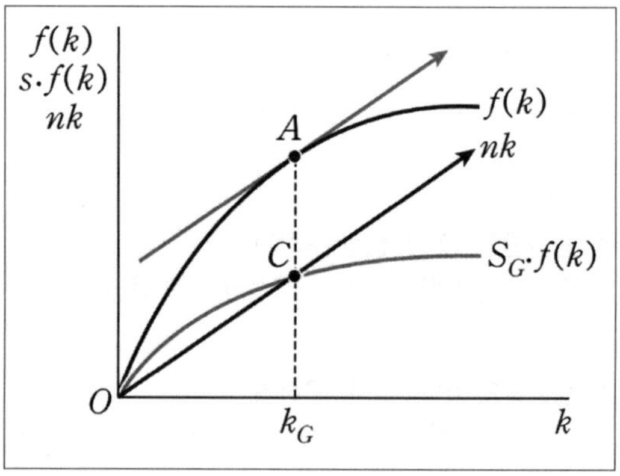

균제상태에서 소비가 극대화되는 이른바 자본축적의 황금률모형에서 C-D함수모형은 다음과 같다.

① 황금률 조건
$C= Ak^{\alpha}- s\,Ak^{\alpha}$, $s\,Ak^{\alpha}= (n+\delta)k$, $Max\ C$

② 황금률의 1인당 자본량 k_G

$\therefore \dfrac{dC}{dk}=0$ $\therefore A\alpha k^{\alpha-1}= (n+\delta)$를 풀면 k_G 도출 $\therefore k_G= (\dfrac{\alpha A}{n+\delta})^{\frac{1}{1-\alpha}}$

③ 황금률의 저축률 s_G
앞에서 구한 k_G를 제약식에 대입하여 구한다. $\therefore$ 황금률의 저축률 $s_G= \alpha$가 된다.

위의 내용에 따라서 설문을 검토하면 다음과 같다.

먼저 설문에서 1인당 생산함수가 $y=k^{0.5}$로 주어져 있다.

1) 황금률의 저축률과 소비율 구하기

황금률의 저축률은 위의 산식 ③에 따라서 $s_G = \alpha = 0.5$이 된다.

그리고 황금률의 소비율은 $C_G = 1 - \alpha = 1 - 0.5 = 0.5$가 된다.

2) 황금률의 1인당 자본 구하기

황금률의 1인당 자본은 위의 산식 ②에 따라서 $\therefore k_G = (\frac{\alpha A}{n+\delta})^{\frac{1}{1-\alpha}} = (\frac{0.5 \times 1}{0+0.25})^{\frac{1}{1-0.5}} = 4$가 된다.

3) 황금률의 1인당 생산 구하기

황금률의 1인당 자본이 4이므로 이를 1인당 생산함수에 대입하면 황금률의 1인당 생산은 2가 된다.

4) 황금률의 1인당 소비 구하기

위에서 황금률의 1인당 생산은 2, 황금률의 1인당 소비율은 0.5이므로 황금률의 1인당 소비는 1이다.

THEME 05 솔로우 성장모형 : 수렴성

1 의의

저소득 국가들이 선진국보다 빨리 성장하여 결국은 저소득 국가들과 선진국 간에 소득 수준이 비슷해지는 성질이나 현상을 수렴성 혹은 수렴현상이라고 한다. 솔로우 모형에서는 자본축적 정도가 상이한 나라도 결국에는 균제상태에 이르게 될 것이고, 그 균제상태에서는 동일한 자본량을 갖게 되므로 동일한 생산을 달성하게 된다.

2 이유

수렴성이 나타나는 이유는 솔로우 모형에서 가정하고 있는 생산함수의 수확체감의 법칙 때문이다. 1인당 자본축적 수준이 높은 부유한 국가에서는 자본의 한계생산성이 낮지만 1인당 자본축적 수준이 낮은 가난한 국가에서는 자본의 한계생산성이 높다. 즉 1인당 생산함수에서 1인당 자본이 작을 때와 1인당 자본이 클 때 1인당 생산함수의 기울기의 차이가 자본의 한계생산성 차이를 반영하고 있는 것이다. 이때 부유한 나라보다는 가난한 나라에서 자본축적의 유인이 커질 뿐만 아니라 부유한 나라에서 가난한 나라로 자본이 이동하게 되어 자본축적의 속도가 더욱 빨라진다. 결국, 두 나라 모두 장기 균제상태로 향하게 되는데 균제상태에서 1인당 자본량과 1인당 생산량은 각각 같은 수준으로 수렴하게 된다.

3 절대적 수렴

절대적 수렴이란 시간이 지나면서 반드시 국가 간 소득격차가 줄어드는 것을 의미한다. 처음에는 1인당 자본량에 차이가 있지만, 자본축적의 속도가 상이하므로(선진국의 축적속도는 느리고 후진국의 축적속도는 빠름), 점차 그 격차가 줄어들게 된다. 1인당 자본량에 차이가 있는 선진국과 후진국이 결국에 동일한 균제상태 수준을 달성하게 되고 이로 인해 동일한 1인당 자본량을 갖기 때문에 나타나는 현상이 절대적 수렴이다. 그러나 동일한 균제상태에 도달하기 위해서는 선진국과 후진국 모두 성장을 위한 제반 경제여건(저축률, 인구증가율, 감가상각률 등)이 모두 동일해야 하지만, 현실에서는 그렇지 않기 때문에 절대적 수렴현상은 나타나지 않는다. 각 국가마다 주어진 경제 여건이 다르다면, 동일한 균제상태에 도달하지 않을 수 있으며 각 균제상태에서의 1인당 자본량과 1인당 소득이 다를 수 있다.

4 조건부 수렴

1) 의의

조건부 수렴이란 일정한 조건하에서만 국가 간의 소득 격차가 줄어드는 것을 말하며, 비슷한 경제 여건을 가진 국가들 사이에서만 소득의 수렴현상이 나타난다. 각 국가들의 경제여건(저축률, 인구증가율, 감가상각률 등)이 다르다면, 각각 국가별로 균제상태가 다르게 되며 이는 각각 상이한 1인당 자본, 1인당 생산을 의미하므로 절대적 수렴은 나타나지 않는 것이다.

2) 분석

경제여건이 다른 두 국가에서 저축률이 s_1, s_2로 상이한 경우 두 나라는 각각 도달하게 되는 균제상태가 k_1^*, k_2^*로 다르게 되어 1인당 생산은 수렴하지 않게 된다. 초기 자본축적을 $k_1 < k_2$라고 할 경우, 오히려 부국이 빈국보다 자본축적 속도도 더 빠르게 된다($\dot{k}_1 < \dot{k}_2$). 조건부 수렴은 솔로우 모형을 지지해주는 근거가 된다.

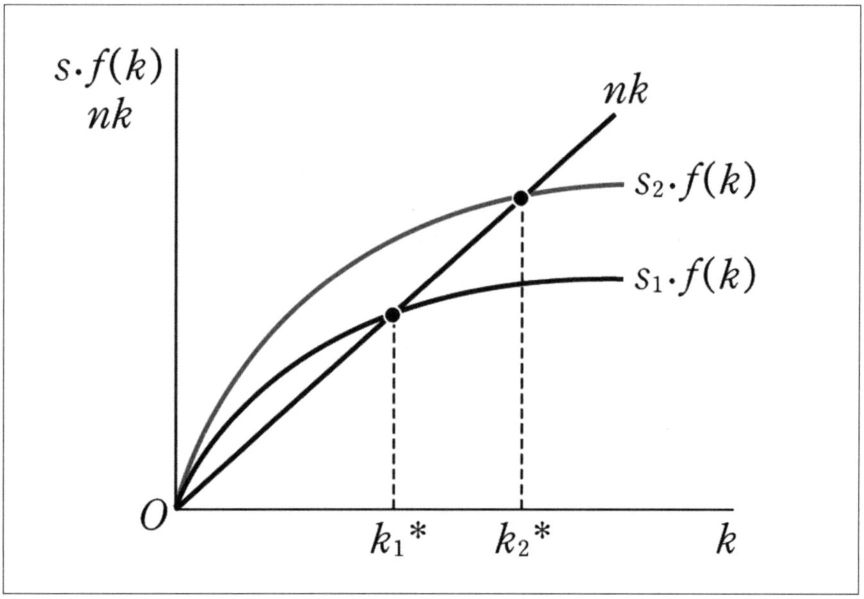

그림 22-11 조건부 수렴

필수예제

다른 조건이 같은 경우, 상대적으로 가난한 상태에서 출발하는 나라가 빠른 속도로 성장하기 쉽다는 따라잡기 효과(catch-up-effect)의 배경이 되는 이론은? ▸ 2012년 국가직 9급

① 자본의 한계수확체감의 법칙
② 인적자본투자의 플러스 외부효과
③ 내생적 경제성장 이론
④ 인구증가의 1인당 자본량 감소효과

출제이슈 솔로우 모형의 특징
핵심해설 **정답** ①

설문에서 빈국이 부국의 경제상태와 유사해지는 따라잡기 효과는 솔로우 모형의 수렴성과 관련이 있으며, 수렴성은 자본의 한계생산이 체감하기 때문에 나타나는 현상이다. 저소득 국가들이 선진국보다 빨리 성장하여 결국은 저소득 국가들과 선진국 간에 소득 수준이 비슷해지는 성질이나 현상을 수렴성 혹은 수렴현상이라고 한다.

수렴성이 나타나는 이유는 솔로우 모형에서 가정하고 있는 생산함수의 수확체감의 법칙 때문이다.
즉, 1인당 자본축적 수준이 높은 부유한 국가에서는 자본의 한계생산성이 낮다. 그러나 1인당 자본축적 수준이 낮은 가난한 국가에서는 자본의 한계생산성이 높다. 따라서 부유한 나라보다는 가난한 나라에서 자본축적의 유인이 커질 뿐만 아니라 부유한 나라에서 가난한 나라로 자본이 이동하게 되어 자본축적의 속도가 더욱 빨라진다. 결국, 두 나라 모두 장기 균제상태로 가게 되는데 균제상태에서 1인당 자본량과 1인당 생산량은 각각 같은 수준으로 수렴하게 된다. 그러나 현실적으로 따라잡기 효과와 수렴성이 제대로 나타나고 있지는 않다. 이는 조건부 수렴을 통해 설명이 가능하다.

조건부 수렴이란 일정한 조건하에서만 국가 간의 소득 격차가 줄어드는 것을 말하는데 비슷한 경제여건을 가진 국가들 사이에서만 소득의 수렴현상이 나타난다는 것이다. 각 국가들의 경제여건(저축률, 인구증가율, 감가상각률 등)이 다르다면 각각 국가별로 균제상태가 다르게 되며, 이는 각각 상이한 1인당 자본, 1인당 생산을 의미하므로 절대적 수렴은 나타나지 않는 것이다.

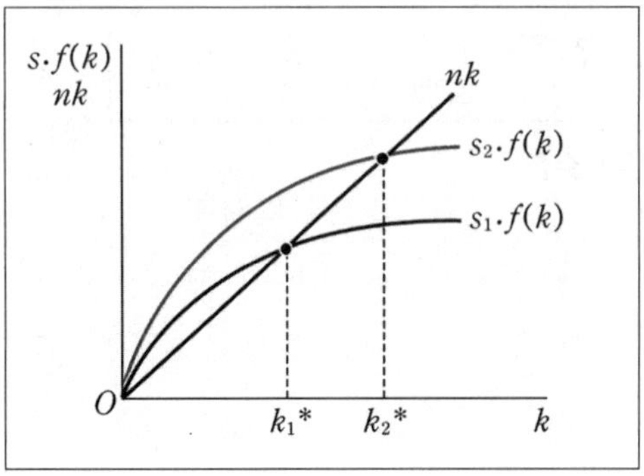

① 경제여건이 다른 두 국가에서 저축률이 s_1, s_2로 상이한 경우 두 나라는 각각 도달하게 되는 균제상태가 k_1^*, k_2^*로 다르게 되어 1인당 생산은 수렴하지 않게 된다.

② 초기 자본축적을 $k_1 < k_2$라고 할 경우, 오히려 부국이 빈국보다 자본축적속도도 더 빠르게 된다($\dot{k}_1 < \dot{k}_2$).

Chapter 23

내생적 성장이론

THEME 01 솔로우 모형의 한계

1 저축률의 외생적 결정

솔로우 모형에서는 저축률이 모형 밖에서 외생적으로 결정되는 것으로 가정한다. 이때 저축률의 증가는 성장효과는 없지만, 균제상태의 소득 수준을 증가시키는 효과가 있다. 즉, 저축의 증가가 투자의 증가를 가져와서 소득의 증가가 나타난다. 그러나 저축, 투자와 소득 간에 역의 상관관계가 있을 수도 있다. 저축률과 투자율이 높아서 소득이 높은 것이 아니라 소득이 높기 때문에 저축 및 투자가 증가할 수도 있다. 이러한 경우에는 저축은 내생변수가 된다. 이에 저축을 외생적으로 가정한 솔로우 모형의 한계를 보완하고 기간 간 소비선택모형을 성장모형에 도입한 램지-캐스 모형이 등장하였다.

2 인구증가율의 외생적 결정

솔로우 모형에서는 인구증가율이 모형 밖에서 외생적으로 결정되는 것으로 가정하기 때문에 무엇이 인구증가율을 결정하는지에 대한 설명이 부족하다는 문제점을 노정하였다. 이에 인구증가율의 외생적 결정이라는 솔로우 모형의 한계를 보완하고, 출산의사결정을 도입한 배로우-베커 모형이 등장하였다.

3 기술진보율의 외생적 결정

솔로우 모형에서는 기술진보율이 모형 밖에서 외생적으로 결정되는 것으로 가정하기 때문에 무엇이 인구증가율을 결정하는지에 대한 설명이 부족하다. 경제성장의 유일한 원동력인 기술진보가 외생적으로 결정된다면, 기술개발을 위한 연구개발투자와 같은 생산과 직접적 관련이 없는 투자를 정당화할 수가 없게 된다. 이에 기술진보율의 외생적 결정이라는 솔로우 모형의 한계를 보완하고 기술의 내생적 결정을 도입한 내생적 성장모형이 등장하였다.

4 소득격차의 문제

솔로우 모형에서는 저축률, 인구증가율, 기술진보율이 모두 외생적으로 결정되기 때문에 국가 간에 소득격차를 모두 외생적으로 결정되는 변수들에 의해서만 설명해야 하는 문제가 있다. 특히 솔로우 모형은 자본에 의한 총생산과 소득을 설명하여 자본과 경제성장 간의 관계에 초점을 맞추고 있다. 1인당 자본량이 1인당 소득을 결정하기 때문에 1인당 소득의 격차는 1인당 자본량의 격차에 의해서 설명되어야 한다. 그러나 현실에서 자본축적의 차이가 소득의 격차를 모두 설명해 줄 수는 없다. 이론과 달리 현실적으로 후진국의 자본축적이 매우 빠르게 진행되지도 않을 뿐만 아니라 자본이 선진국에서 후진국으로 쉽사리 이동하지도 않는다. 따라서 자본량을 가지고 소득 격차를 설명하는 솔로우 모형의 한계를 보완하고 국가 간 기술수준, 제도, 인적자본의 차이를 강조하는 내생적 성장모형이 등장하였다.

필수예제

경제성장이론에 관한 설명으로 옳은 것은? ▸ 2018년 감정평가사

① 내생적 성장이론(endogenous growth theory)에 따르면 저소득 국가는 고소득 국가보다 빨리 성장하여 수렴현상이 발생한다.
② 내생적 성장이론에 따르면 균제상태의 경제성장률은 외생적 기술진보 증가율이다.
③ 솔로우 경제성장 모형에서 황금률은 경제성장률을 극대화하는 조건이다.
④ 솔로우 경제성장 모형에서 인구증가율이 감소하면 균제상태에서의 1인당 소득은 감소한다.
⑤ 솔로우 경제성장 모형에서 균제상태에 있으면, 총자본스톡 증가율과 인구증가율이 같다.

출제이슈 솔로우 모형과 내생적 성장이론
핵심해설 **정답 ⑤**

① 틀린 내용이다.
저소득 국가들이 선진국보다 빨리 성장하여 결국은 저소득 국가들과 선진국 간에 소득 수준이 비슷해지는 성질이나 현상을 수렴성 혹은 수렴현상이라고 한다.

수렴성이 나타나는 이유는 솔로우 모형에서 가정하고 있는 생산함수의 수확체감의 법칙 때문이다.
즉, 1인당 자본축적 수준이 높은 부유한 국가에서는 자본의 한계생산성이 낮다. 그러나 1인당 자본축적 수준이 낮은 가난한 국가에서는 자본의 한계생산성이 높다. 따라서 부유한 나라보다는 가난한 나라에서 자본축적의 유인이 커질 뿐만 아니라 부유한 나라에서 가난한 나라로 자본이 이동하게 되어 더욱 자본축적의 속도가 빨라진다. 결국, 두 나라 모두 장기 균제상태로 가게 되는데 균제상태에서 1인당 자본량과 1인당 생산량은 각각 같은 수준으로 수렴하게 된다.

솔로우 모형에서 수렴성이 나타나는 것과는 달리 내생적 성장이론에서는 국가 간 소득 격차가 시간이 흐름에 따라 감소하지 않을 수 있다. 이는 자본의 한계생산이 체감하지 않기 때문에 수렴현상이 나타나지 않게 되는 것이며 국가 간 소득격차가 유지될 수 있는 근거는 내생적 성장이론에 따라서 조금씩 차이가 있는바 다음과 같다.

i) AK모형에 의하면, 자본을 지식자본 및 인적자본으로 포괄하는 개념으로 확장할 경우 자본의 수확체감이 일어나지 않을 수 있다.

ii) 인적자본모형에 의하면, 자본을 물적자본과 인적자본으로 구분하여 인적자본의 증가에 의해서 물적자본 및 노동의 생산성이 지속적으로 향상될 수 있다. 인적자본과 실물자본이 동시에 축적된다면, 인적자본에 의하여 실물자본의 생산성이 지속적으로 상승하여 자본의 수확체감현상이 발생하지 않을 수 있고, 지속적인 경제성장이 가능하다.

iii) R&D모형에 의하면, 지식의 수준이 노동의 효율성을 결정하며, 노동의 효율성 즉 지식 및 기술은 경제 내에서 지속적으로 증가 가능하므로 자본의 한계생산이 감소하지 않게 된다. 혹은 학자에 따라서는 자

본의 한계생산은 감소하지만 지속적인 기술진보가 생산함수의 지속적인 상방이동을 가져오기 때문에 지속적으로 소득과 생산의 증가가 가능하다고 주장한다.

② 틀린 내용이다.
내생적 성장이론 중 특히 R&D모형에 의하면, 균제상태의 경제성장률은 외생적 기술진보 증가율이 아니라 내생적으로 결정된 기술진보율이 결정하게 된다.

③ 틀린 내용이다.
일국의 경제가 어느 한 균제상태에 도달하게 되면 1인당 자본의 변화가 없으며 1인당 자본이 일정하게 유지되어 매우 안정적인 상태이다. 따라서 균제상태에서는 1인당 소비가 지속된다는 특징이 있다. 이러한 균제상태의 최적성을 판단함에 있어서 무조건 1인당 소득이 높다고 하여 좋은 것이 아니라 1인당 소비 수준이 높아야 후생이 커지는 것이다. 솔로우 모형에서 황금률이란 경제성장률을 극대화하는 것이 아니라 1인당 소비를 극대화하는 상태를 의미한다.

④ 틀린 내용이다.
인구증가율이 하락하여 1인당 필요투자선이 하방이동하면, 균제상태에서 1인당 자본이 증가한다.

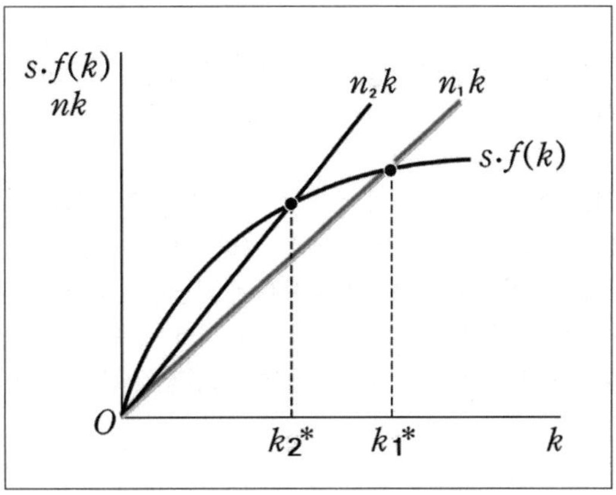

즉, 인구가 감소하여 1인당 자본유지를 위해서 투자가 적게 소모되므로 결국 1인당 자본은 증가하게 되고 1인당 생산은 증가한다. 그러나 이러한 성장률의 상승은 일시적이며, 결국 경제는 균제상태에 도달하게 되고, 1인당 생산의 증가율은 다시 0이 된다. 한편 인구증가율의 하락은 1인당 생산은 증가시키지만, 경제의 규모를 감소시키기 때문에 경제전체의 성장률은 하락한다. 왜냐하면, 1인당 생산 $y(=\frac{Y}{L})$의 증가율 = Y의 증가율 $-L$의 증가율 = Y의 증가율 $- n = 0$ ∴ 총생산 Y의 증가율 $= n$이기 때문이다.

⑤ 옳은 내용이다.
솔로우모형의 균제상태에서는 1인당 자본, 1인당 생산 모두 불변이며 1인당 자본, 1인당 생산의 증가율이 모두 0이다. 그러나 총자본, 총생산은 모두 인구증가율(n)과 같은 속도로 증가한다.

1인당 자본 $k(=\frac{K}{L})$의 증가율 = Y의 증가율 $-$ L의 증가율 = Y의 증가율 $- n = 0$

∴ 총생산 Y의 증가율 $= n$

솔로우 모형과 내생적 성장이론에 대한 설명으로 옳지 않은 것은? ▸ 2016년 국가직 9급

① 솔로우 모형에서는 기술진보율이 균제상태에서의 1인당 소득의 증가율을 결정한다.
② 내생적 성장이론에서는 수확체감을 극복하면서 1인당 소득의 지속적인 증가가 가능하다.
③ 솔로우 모형에서는 경제성장의 요인인 기술진보율과 인구증가율이 외생적으로 결정된다.
④ 내생적 성장이론에서는 국가 간 소득 격차가 시간이 흐름에 따라 감소한다.

출제이슈 솔로우 모형과 내생적 성장이론

핵심해설 **정답** ④

① 옳은 내용이다.
기술진보로 인하여 생산함수가 상방 이동하면, 균제상태에서 1인당 자본이 증가한다.

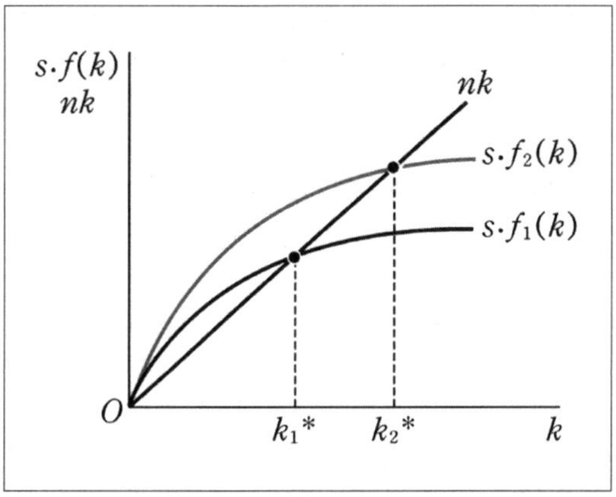

즉, 기술진보로 산출이 증가하여 투자가 증가함으로 인해서 자본의 축적량이 많아지고 1인당 생산이 증가한다. 주의할 것은 기술진보로 1인당 생산함수가 상방으로 이동하더라도 생산함수의 오목한 형태가 그대로 유지되기 때문에 여전히 수확체감 법칙이 작동한다는 것이다. 따라서 새로운 균제상태에서는 지속적인 성장률의 증가를 가져올 수 없다.

그러나 만일 기술진보가 꾸준히 지속적으로 이루어진다면, 경제는 한곳에 수렴하지 않고 균제상태가 계속 이동하게 되고, 1인당 자본과 1인당 소득이 지속적으로 증가, 성장하게 된다. 결국 솔로우 모형에서는 오직 지속적인 기술진보만이 지속적인 경제성장을 가져올 수 있다. 따라서 설문에서 기술진보율이 균제상태에서의 1인당 소득의 증가율을 결정한다는 것은 옳은 내용이다. 즉, 1인당 소득의 증가율은 기술진보율과 동일하게 된다.

② 옳은 내용이다.
솔로우 모형은 자본의 한계생산은 지속적으로 감소함을 가정하고 있다. 1인당 자본이 축적되면서 1인당 자본의 한계생산은 계속 감소해 나가고 인구증가 및 감가상각으로 인해서 자본유지를 위해 필요한 투자는 계속 증가해 나간다. 결국은 1인당 자본이 더 축적되지 않는, 증가하지 않는 상태에 도달한다. 즉, 이러한 상태에 도달하게 되면 1인당 자본이 불변이며 1인당 생산도 고정이다. 이 경제는 더 이상 성장하지 못하고 정체에 빠진다. 이러한 솔로우 모형의 한계를 극복하기 위한 내생적 성장이론에 의하면, 자본의 한계생산이 체감하지 않고 따라서 1인당 소득이 지속적으로 증가할 수 있다.

③ 옳은 내용이다.
솔로우 모형의 가정으로서 기술진보율과 인구증가율은 외생적으로 결정된다. 이를 보완하기 위해서 기술의 내생적 결정을 도입한 내생적 성장모형과 출산의사결정을 도입한 배로우와 베커 모형 등이 등장하였다.

④ 틀린 내용이다.
내생적 성장이론에서는 국가 간 소득 격차가 시간이 흐름에 따라 감소하지 않을 수 있다. 저소득 국가들이 선진국보다 빨리 성장하여 결국은 저소득 국가들과 선진국 간에 소득 수준이 비슷해지는 성질이나 현상을 수렴성 혹은 수렴현상이라고 한다. 솔로우 모형에서는 수렴성이 나타나는데 이는 솔로우 모형에서 가정하고 있는 생산함수의 수확체감의 법칙 때문이다.

그러나 내생적 성장이론에서는 자본의 한계생산이 체감하지 않기 때문에 수렴현상이 나타나지 않게 된다. 솔로우 모형과 달리 국가 간 소득격차가 유지될 수 있는 근거는 내생적 성장이론에 따라서 다음과 같다.

i) AK모형에 의하면, 자본을 지식자본 및 인적자본으로 포괄하는 개념으로 확장할 경우 자본의 수확체감이 일어나지 않을 수 있다.

ii) 인적자본모형에 의하면, 자본을 물적자본과 인적자본으로 구분하여 인적자본의 증가에 의해서 물적자본 및 노동의 생산성이 지속적으로 향상될 수 있다. 인적자본과 실물자본이 동시에 축적된다면, 인적자본에 의하여 실물자본의 생산성이 지속적으로 상승하여 자본의 수확체감현상이 발생하지 않을 수 있고, 지속적인 경제성장이 가능하다.

iii) R&D모형에 의하면, 지식의 수준이 노동의 효율성을 결정하며, 노동의 효율성 즉 지식 및 기술은 경제 내에서 지속적으로 증가 가능하므로 자본의 한계생산이 감소하지 않게 된다. 혹은 학자에 따라서는 자본의 한계생산은 감소하지만 지속적인 기술진보가 생산함수의 지속적인 상방이동을 가져오기 때문에 지속적으로 소득과 생산의 증가가 가능하다고 주장한다.

THEME 02 내생적 성장이론의 종류

1 AK 모형

자본을 물적자본뿐만 아니라 인적자본을 포괄하는 개념으로 확장할 경우 자본의 수확체감이 일어나지 않을 수 있다. 즉, AK모형은 지식을 자본의 한 형태로 보거나, 또는 인적자본을 통해서 수확체감현상이 발생하지 않도록 고안된 모형이다. 자본의 외부경제성을 도입하여 개별적인 기업의 생산은 수확체감하지만, 경제전체의 생산은 수확불변을 보이도록 하기도 한다. 따라서 이 모형은 한계생산감소의 가정을 완화하여 다음과 같은 생산함수를 가정한다.

$Y = AK$ (단, Y : 생산, K : 자본, A : 고정된 상수)

이때, 자본의 한계생산은 A로서 감소하지 않고 고정되어 있다. 자본의 한계생산이 감소하지 않기 위해서는 자본 K를 광의로 확장하여 물적자본, 인적자본, 지식자본을 포괄할 경우로 해석한다. 위의 생산함수로부터 자본축적의 방정식을 도출하면 다음과 같다.

1) $\dot{K} = sY - \delta K = sAK - \delta K$

(단, $\dot{K}$: 자본의 축적, s : 저축률, δ : 감가상각률, A : 고정된 상수)

만일 $sA > \delta$인 경우에는 자본의 축적에 따라서 지속적인 경제성장이 가능하다. 즉 외생적인 기술진보가 없더라도 저축률이 일정수준으로 유지될 수 있다면 생산이 지속적으로 증가할 수 있다. 단, 엄밀하게는 이 모형에도 기술이 지식자본, 인적자본으로 포섭될 수 있기 때문에 기술진보를 고려 안 한다기보다는 수확체감이 일어나지 않도록 고안된 모형이다. 즉, 지식을 자본의 한 형태로 보고 있다.

2) $\dot{k} = sAk - (n + \delta)k$

(단, $\dot{k}$: 1인당 자본의 축적, s : 저축률, n : 인구증가율, δ : 감가상각률, A : 고정된 상수)

만일 $sA > n + \delta$인 경우에는 1인당 자본도 지속적으로 증가하여 자본의 축적만으로도 지속적인 경제성장이 가능하게 된다. 이는 생산요소의 축적만으로 지속적 성장이 가능함을 의미한다. 이때 저축률이 성장률을 결정하는 중요한 요소이며 저축률을 증가시키는 다양한 정부정책이 지속적인 경제성장을 가져올 수 있다.

2 인적자본모형

인적자본모형은 자본을 물적자본과 인적자본으로 구분하고 인적자본을 기계설비 등의 실물자본과 구별되는 개념으로서 교육이나 기능훈련 등으로 습득되어 인간에 체화되는 자본이며, 기술 및 지식과는 구별되는 것으로 본다. 인적자본의 증가에 의해서 물적자본 및 노동의 생산성이 지속적으로 향상될 수 있다. 자본을 이렇게 인적자본으로 확장할 경우 자본의 수확체감이 일어나지 않을 수 있다. 인적자본과 실물자본이 동시에 축적된다면, 실물자본의 생산성이 지속적으로 상승하여 자본의 수확체감현상이 발생하지 않을 수 있고, 지속적인 경제성장이 가능하다. 이는 모형상 물적자본항과 인적자본항의 결합항에 대하여 수확불변 혹은 수확체증일 수 있음을 의미한다. 특히 인적자본모형에서 핵심적인 인적자본은 지식자본과는 달리 경합성과 배제가능성을 갖는다는 특징이 있다.

3 자본의 외부효과 모형

자본의 외부효과 모형은 개별기업 차원에서는 자본축적을 하면 할수록 그 생산성은 감소하지만 경제 전체 차원에서는 자본의 외부효과로 인하여 감소하지 않을 수도 있다고 본다. 이때의 자본은 인적자본과 지식자본을 포함하는 광의의 자본이다. 이 모형에 의하면 자본의 투입량이 많을수록 생산이 많아지기 때문에 자연스럽게 생산의 과정에서 계속적인 지식의 축적이 발생하게 될 것이다. 따라서 지식자본의 축적은 자본량의 증가함수라고도 할 수 있다. 그리고 경제 전체의 자본은 경제의 생산성 수준을 높일 뿐만 아니라 개별기업의 생산성을 향상시킬 수 있는데 이를 자본의 외부성 혹은 자본의 양의 파급효과(spillover effect)라고 한다. 경제의 기술수준은 경제전체의 자본량에 의해서 결정되며 총생산함수는 자본의 외부효과를 반영하여 자본의 생산성이 체감하지 않는다.

자본에 의해 축적되는 지식의 비경합성과 배제불가능성으로 인해 자본으로부터의 사적 이득은 사회적 이득보다 낮다. 그러나 지식은 다른 사람이 이를 사용하는 것을 방지할 수 있어서 어느 정도는 배제가능성을 갖는 측면도 있다. 이는 기술에 대한 지식재산권 관련 법, 제도적 장치에 달려있으며, 이러한 제도가 잘 정비되어 있을 경우 지대추구행위에 의하여 지식, 기술이 축적될 수 있다.

한편 자본으로부터의 사적 이득이 사회적 이득보다 높은 경우에는 과도한 지식과 기술이 오히려 사회에 해악을 끼치고 있음을 의미하는데 이를 자본의 외부불경제성(음의 외부효과)이라고 한다. 다른 기업들도 곧 발명할 수 있었던 기술을 특정기업이 먼저 발명함으로써 오히려 다른 기업들과 사회 전체적으로 손해를 끼칠 수도 있다. 실증연구에 따르면, 음의 외부효과보다는 양의 외부효과가 더 큰 것으로 나타나고 있다.

4 $R\&D$모형

$R\&D$모형은 일국의 기술수준은 외생적으로 주어진 것이 아니며 내생적으로 자본과 노동의 투입에 의해서 생산될 수 있는 것으로 상정한다. 즉, 경제 내의 노동을 두 종류로 구분하여 경제 내에 재화를 생산하는 생산부문과 기술을 생산하는 연구개발부문에 투입되는 것으로 본다. 그리고 기술진보가 연구개발부문에서 이루어지는 정도는 투입되는 연구개발 인력뿐만 아니라 기존의 지식스톡이 얼마나 많은지에 영향을 받는다. 어느 개별기업이 다른 기업에 의해 축적된 지식을 이용할 수 있음을 고려하면, 개별기업의 지식자본수준은 경제전체의 지식수준에 의해서 결정될 수 있다.

이렇게 축적된 기술 및 지식의 수준이 노동의 효율성을 결정하며, 노동의 효율성 즉 지식 및 기술은 경제 내에서 지속적으로 증가 가능하다. $R\&D$모형은 기술 및 지식이 모형 내에서 내생적으로 결정되는 모형으로서 자본의 한계생산이 감소하지 않게 된다. 참고로 견해에 따라서는 자본의 한계생산은 감소하지만, 기술진보에 의해서 생산함수가 지속적으로 상방이동하는 것으로 보는 경우도 있다.

필수예제

내생적 성장이론에 대한 다음의 설명 중 옳지 않은 것은? ▸ 2017년 국회직 8급

① $R\&D$모형에 따르면 연구인력의 고용이 늘어나면 장기 경제성장률을 높일 수 있다.
② AK모형은 자본을 폭넓게 정의하여 물적자본뿐만 아니라 인적자본도 자본에 포함한다.
③ AK모형에서는 기술진보가 이루어지지 않으면 성장할 수 없다.
④ $R\&D$모형에 따르면 지식은 비경합적이므로 지식자본의 축적이 지속적인 성장을 가능하게 한다.
⑤ AK모형에서는 자본에 대해 수확체감이 나타나지 않는다.

출제이슈 내생적 성장이론
핵심해설 **정답** ③

설문을 검토하면 다음과 같다.

① 옳은 내용이다.
$R\&D$모형에 의하면 일국의 기술수준은 외생적으로 주어진 것이 아니며 내생적으로 자본과 노동의 투입에 의해서 생산될 수 있는 것으로 상정한다. 즉, 경제 내의 노동을 두 종류로 구분하여 경제 내에 재화를 생산하는 생산부문과 기술을 생산하는 연구개발부문이 존재하는데, 기술진보가 연구개발부문에서 이루어지는 정도는 연구개발 인력에 영향을 받게 된다. 따라서 연구인력의 고용이 늘어나면 장기 경제성장률을 높일 수 있다.

먼저 ④부터 검토하면 옳은 내용이다.
$R\&D$모형에 의하면 기술진보가 연구개발부문에서 이루어지는 정도는 연구개발 인력뿐만 아니라 기존의 지식스톡이 얼마나 많은지에 영향을 받는다. 어느 개별기업이 다른 기업에 의해 축적된 지식을 이용할 수 있음을 고려하면, 개별기업의 지식자본수준은 경제전체의 지식수준에 의해서 결정된다.

특히 자본의 투입량이 많을수록 생산이 많아지기 때문에 자연스럽게 생산의 과정에서 계속적인 지식의 축적이 발생하게 될 것이다. 따라서 지식자본의 축적은 자본량의 증가함수라고도 할 수 있다. 결국, 앞에서 살펴본 경제 전체의 지식수준과 자본량을 모두 고려하면, 개별기업의 생산수준은 그 개별기업의 자본량뿐만 아니라 경제 전체의 자본량에도 의존하게 된다.

즉, 개별기업의 지식자본수준은 경제 전체의 지식자본 및 물적자본의 수준에 의존하여 개별기업의 생산수준은 결국 그 개별기업의 자본량뿐만 아니라 경제 전체의 자본량에도 의존한다. 이를 자본의 외부경제성(양의 외부효과)이라고 하며, 자본에 의해 축적되는 지식의 비경합성과 배제불가능성으로 인해 자본으로부터의 사적 이득이 사회적 이득보다 낮게 된다. 그러나 지식은 다른 사람이 이를 사용하는 것을 방지할 수 있어서 어느 정도는 배제가능성을 갖는 측면도 있다. 이는 기술에 대한 지식재산권 관련 법, 제도적 장치에 달려있으며, 이러한 제도가 잘 정비되어 있을 경우 지대추구행위에 의하여 지식, 기술이 축적될 수 있다.

그런데 자본으로부터의 사적 이득이 사회적 이득보다 높은 경우에는 과도한 지식과 기술이 오히려 사회에 해악을 끼치고 있음을 의미하는데 이를 자본의 외부불경제성(음의 외부효과)이라고 한다. 다른 기업들도 곧 발명할 수 있었던 기술을 특정기업이 먼저 발명함으로써 오히려 다른 기업들과 사회 전체적으로 손해를 끼칠 수도 있다. 실증연구에 따르면, 음의 외부효과보다는 양의 외부효과가 더 큰 것으로 나타나고 있다.

이렇게 축적된 기술 및 지식의 수준이 노동의 효율성을 결정하며, 노동의 효율성 즉 지식 및 기술은 경제 내에서 지속적으로 증가 가능하다. R&D모형은 기술 및 지식이 모형 내에서 내생적으로 결정되는 모형으로서 자본의 한계생산이 감소하지 않게 된다(경제학자에 따라서는 자본의 한계생산은 감소하지만, 기술진보에 의해서 생산함수가 지속적으로 상방이동하는 것으로 보는 경우도 있다).

②, ⑤는 옳은 내용이고 ③은 틀린 내용이다.
내생적 성장이론 중 AK모형에 따르면 자본을 물적자본 이외에 지식자본 및 인적자본으로 포괄하는 개념으로 확장할 경우 자본의 수확체감이 일어나지 않을 수 있다. 따라서 기술진보 없이, 즉 기술수준이 일정하다고 하더라도 지속적 성장이 가능할 수 있다. 그러나 엄밀하게는 이 모형에도 기술이 지식자본, 인적자본으로 포섭될 수 있기 때문에 기술진보를 고려 안 한다기보다는 수확체감이 일어나지 않도록 고안된 모형이다. 즉, 지식을 자본의 한 형태로 보고 있다. 자본을 지식자본 및 인적자본으로 확장하여 자본의 수확체감이 일어나지 않기 때문에 솔로우 모형과 달리 수렴성이 나타나지 않고 국가 간 소득격차가 유지될 수 있는 근거가 된다. 특히, AK모형은 생산요소의 축적만으로도 지속적인 경제성장이 가능하다. 이를 위해서 저축률이 성장률을 결정하는 중요한 요소이다. 따라서 저축률을 증가시키는 다양한 정부정책이 지속적이고 영구적인 경제성장을 가져올 수 있다. 참고로 AK모형에서는 저축률과 기술수준을 곱한 값이 감가상각률보다 클 경우 경제성장이 가능하다. 따라서 기술진보가 없거나 기술수준이 정체되어 있더라도 저축률의 상승이 경제성장을 달성할 수 있다.

경제성장모형에서 생산함수가 $Y=AK$일 때, 다음 설명 중 옳은 것만을 모두 고른 것은? (단, Y는 생산량, A는 생산성 수준이며 0보다 큰 상수, K는 자본량) ▸ 2011년 감정평가사

ㄱ. 자본의 한계생산물은 일정하다.
ㄴ. 자본량이 증가할 때, 생산량은 증가한다.
ㄷ. 노동량이 증가할 때, 생산량은 증가한다.
ㄹ. 자본의 증가율과 생산량의 증가율은 같다.

① ㄱ, ㄴ ② ㄱ, ㄴ, ㄹ ③ ㄱ, ㄷ, ㄹ
④ ㄴ, ㄷ, ㄹ ⑤ ㄱ, ㄴ, ㄷ, ㄹ

출제이슈 AK 모형

핵심해설 **정답** ②

ㄱ. 옳은 내용이다.
자본의 한계생산 $MP_K=A$로서 일정하다.

ㄴ. 옳은 내용이다.
생산함수가 $Y=AK$ 이므로 자본량이 증가할 때 생산량은 증가한다.

ㄷ. 틀린 내용이다.
생산함수가 $Y=AK$ 이므로 노동량과 생산량은 무관하다.

ㄹ. 옳은 내용이다.
성장회계방정식은 $\hat{Y}=\hat{A}+\hat{K}$ 가 되므로 A가 생산성 수준으로서 고정된 상수라고 주어졌으므로 자본의 증가율과 생산량의 증가율은 같다.

PART

10

재무금융이론

Chapter 24

재무이론

THEME 01 효율적 시장가설

1 자본시장의 효율성

1) 배분의 효율성

증권이 수요자와 공급자 사이에서 균형가격에 의하여 거래가 이루어지고, 이를 통해 자금의 배분이 최적으로 이루어지는 것을 의미한다.

2) 운영의 효율성

증권의 거래에 있어서 각종 정부규제 및 거래비용 등 거래의 제약요인이 최적화되어 있어서 증권거래가 원활하게 이루어지는 것을 의미한다.

3) 정보의 효율성

시장에서 이용가능한 정보가 신속, 정확하게 시장가격에 반영되는 것을 의미하며, 이러한 증권시장에서는 해당 정보를 이용하여 초과수익 혹은 비정상적 수익을 얻을 수 없다.

2 효율적 시장가설과 이용가능한 정보의 범위

1) 효율적 시장가설

증권시장에서 이용가능한 정보는 신속, 정확하게 증권의 가격에 반영된다는 것이다. 그러나 이용가능한 정보가 모두 반영되지 않을 수도 있다. 즉, 효율적 시장가설이 성립하지 않을 수도 있다. 어느 정도의 정보까지가 증권가격에 반영되었는지에 따라서 효율적 시장가설은 나뉜다.

2) 약형 효율적 시장가설

과거의 모든 정보가 현재의 증권가격에 반영되어 있는 시장이 약형 효율적 시장이다. 이에 의하면 과거의 정보(예 과거의 주가 움직임 등)를 이용하여서는 미래의 증권가격을 예측할 수 없다.

3) 준강형 효율적 시장가설

과거의 모든 정보와 공개된 모든 정보가 현재의 증권가격에 반영되어 있는 시장이 준강형 효율적 시장이다. 이에 의하면 과거의 정보(예 과거의 주가 움직임 등), 공개된 정보(예 공개된 회계자료 등)를 이용하여서는 미래의 증권가격을 예측할 수 없다.

4) 강형 효율적 시장가설

과거의 모든 정보, 공개된 모든 정보, 비공개된 모든 정보가 현재의 증권가격에 반영되어 있는 시장이 강형 효율적 시장이다. 이에 의하면 과거의 정보(예 과거의 주가 움직임 등), 공개된 정보(예 공개된 회계자료 등), 미공개된 정보(예 내부의 미공개정보 등)의 어떤 것을 이용하더라도 미래의 증권가격을 예측할 수 없다.

3 효율적 시장가설의 유형 간의 관계

강형 효율적 시장가설이 성립하면 약형, 준강형 효율적 시장가설은 자동으로 성립한다. 약형 효율적 시장가설이 성립한다고 해서 준강형, 강형 효율적 시장가설이 자동으로 성립하는 것은 아니다. 준강형 효율적 시장가설이 성립하면 약형 효율적 시장가설은 자동으로 성립하지만, 강형 효율적 시장가설이 자동으로 성립하는 것은 아니다.

4 효율적 시장가설과 랜덤워크가설

증권시장의 가격은 무작위로 움직이기 때문에 예측할 수 없다는 것이 주가의 랜덤워크가설이다. 이렇게 랜덤워크 행보를 보이는 주가는 마치 무질서하고 시장의 비효율성을 노정하는 것처럼 보이지만 실은 그렇지 않다. 효율적인 증권시장에서 이미 이용가능한 정보들이 증권가격에 반영되었기 때문에 이용가능한 정보들로는 도저히 미래의 증권가격을 예측할 수 없고, 그렇기 때문에 마치 임의보행하는 것처럼 보이는 것일 뿐이다.

5 효율적 시장가설과 차익거래

효율적 시장가설이 성립하지 않는다면, 이용가능한 정보가 모두 증권가격에 반영된 것이 아니기 때문에 특정정보를 이용할 경우 이익을 얻을 수 있다. 이러한 차익거래의 기회는 시간이 지남에 따라서 정보가 증권가격에 반영되기 때문에 사라져서 시장의 효율성을 회복하게 된다.

필수예제

효율적 시장가설에 대한 설명으로 가장 적절한 것은? ▸ 2012년 지방직 7급

① 시장참가자에게 공개된 정보로 증권의 미래가격의 변동을 예측할 수 있다면 그 정보집합에 대해 효율적이다.
② 과거의 정보뿐 아니라 현재 이용가능한 모든 공개정보도 즉각 주가에 반영된다면 강형 효율적 시장가설이 성립한다.
③ 차익거래는 비합리적 투자자들에 의한 시장왜곡현상을 바로잡는 역할을 한다.
④ 약형 효율적 시장가설이 성립하면 준강형과 강형 효율적 시장가설도 성립한다.

출제이슈 효율적 시장가설
핵심해설 **정답** ③

먼저 효율적 시장가설에 대한 기본적인 내용은 다음과 같다.

1. 자본시장에서 정보의 효율성
시장에서 이용가능한 정보가 신속, 정확하게 시장가격에 반영되는 것을 의미하며, 이러한 증권시장에서는 해당 정보를 이용하여 초과수익 혹은 비정상적 수익을 얻을 수 없다.

2. 효율적 시장가설

1) 증권시장에서 이용가능한 정보는 신속, 정확하게 증권의 가격에 반영된다는 것이다.
2) 그러나 이용가능한 정보가 모두 반영되지 않을 수도 있다. 즉, 효율적 시장가설이 성립하지 않을 수도 있다.
3) 어느 정도의 정보까지가 증권가격에 반영되었는지에 따라서 효율적 시장가설은 나뉜다.

3. 효율적 시장가설과 이용가능한 정보의 범위

1) 약형 효율적 시장가설
① 과거의 모든 정보가 현재의 증권가격에 반영되어 있는 시장이 약형 효율적 시장이다.
② 과거의 정보(예 과거의 주가 움직임 등)를 이용하여서는 미래의 증권가격을 예측할 수 없다.

2) 준강형 효율적 시장가설
① 과거의 모든 정보와 공개된 모든 정보가 현재의 증권가격에 반영되어 있는 시장이 준강형 효율적 시장이다.
② 과거의 정보(예 과거의 주가 움직임 등), 공개된 정보(예 공개된 회계자료 등)를 이용하여서는 미래의 증권가격을 예측할 수 없다.

3) 강형 효율적 시장가설
① 과거의 모든 정보, 공개된 모든 정보, 비공개된 모든 정보가 현재의 증권가격에 반영되어 있는 시장이 강형 효율적 시장이다.
② 과거의 정보(예 과거의 주가 움직임 등), 공개된 정보(예 공개된 회계자료 등), 미공개된 정보(예 내부의 미공개정보 등)의 어떤 것을 이용하더라도 미래의 증권가격을 예측할 수 없다.

4) 효율적 시장가설의 유형 간의 관계
강형 효율적 시장가설이 성립하면 약형, 준강형 효율적 시장가설은 자동으로 성립한다.

4. 효율적 시장가설과 차익거래

1) 효율적 시장가설이 성립하지 않는다면, 이용가능한 정보가 모두 증권가격에 반영된 것이 아니기 때문에 특정 정보를 이용할 경우 이익을 얻을 수 있다.

2) 이러한 차익거래의 기회는 시간이 지남에 따라서 정보가 증권가격에 반영되기 때문에 사라져서 시장의 효율성을 회복하게 된다.

위의 내용에 따라서 설문을 검토하면 다음과 같다.

① 틀린 내용이다.
시장참가자에게 공개된 정보로 증권의 미래가격의 변동을 예측할 수 있다면 이는 이용가능한 그 정보가 모두 증권가격에 반영된 것이 아니기 때문에 그 정보집합에 대해 효율적이라고 할 수 없다.

② 틀린 내용이다.
과거의 정보뿐만 아니라 현재 이용가능한 모든 공개정보도 즉각 주가에 반영된다면 강형 효율적 시장가설이 아니라 준강형 효율적 시장가설이 성립한다.

③ 옳은 내용이다.
효율적 시장가설이 성립하지 않는다면, 이용가능한 정보가 모두 증권가격에 반영된 것이 아니기 때문에 특정 정보를 이용할 경우 이익을 얻을 수 있다. 이러한 차익거래의 기회는 시간이 지남에 따라서 정보가 증권가격에 반영되기 때문에 사라져서 시장의 효율성을 회복하게 된다. 따라서 차익거래가 시장의 비효율성이나 시장왜곡현상을 바로잡는 역할을 할 수도 있다.

④ 틀린 내용이다.
약형 효율적 시장가설이 성립한다고 해서 준강형 효율적 시장가설과 강형 효율적 시장가설이 자동으로 성립하는 것은 아니다. 그러나 강형 효율적 시장가설이 성립하면 약형, 준강형 효율적 시장가설은 자동으로 성립한다.

THEME 02 채권평가

1 채권의 종류

1) 순수할인채권, 무이표채(zero-coupon bond)

이자 없이 만기 후에 원금을 상환하는 채권으로서 미래에 돌려받게 될 원금의 현재가치로 평가할 수 있다.

2) 확정이자부채권, 이표채(coupon bond)

매기 확정된 이자를 지급하고 만기에 원금을 상환하는 채권으로서 미래 이자 및 원금의 현재가치로 채권을 평가할 수 있다.

2 채권의 가치평가

매기 이자 a, 만기인 n기에 이자 a와 원금 A를 돌려주는 채권이 있고 현재 시장이자율은 r이라고 하자. 이 채권의 현재가치는 다음과 같다.

$$PV = \frac{a}{(1+r)} + \frac{a}{(1+r)^2} + \cdots + \frac{a+A}{(1+r)^n} \quad (\text{단, } a: \text{이자}, A: \text{원금}, r: \text{할인율})$$

특히 이자 a를 영구히 지급하는 채권의 경우 현재가치는 다음과 같다.

$$PV = \frac{a}{(1+r)} + \frac{a}{(1+r)^2} + \frac{a}{(1+r)^3} + \cdots = \frac{a}{r} \quad (\text{단, } a: \text{고정된 이자}, r: \text{할인율})$$

3 채권의 발행

1) 채권의 액면이자율과 시장이자율

채권의 가치평가에 의하면, 액면이자율과 시장이자율이 일치하는 경우 채권의 가치와 액면가액이 일치하고 액면이자율이 시장이자율보다 낮은 경우 채권의 가치는 액면가액보다 낮게 된다.

2) 채권의 발행

① 액면발행 : 채권의 액면가액 = 시장가격, 채권의 액면이자율 = 시장이자율

② 할인발행 : 채권의 액면가액 > 시장가격, 채권의 액면이자율 < 시장이자율

③ 할증발행 : 채권의 액면가액 < 시장가격, 채권의 액면이자율 > 시장이자율

4 채권의 위험

1) 이자율 위험

미래의 이자율은 불확실하며 시간이 흐름에 따라서 변동할 가능성이 있다. 따라서 이에 따라 미래 수익이 변동함으로써 발생하는 위험을 이자율 위험이라고 한다. 이는 시장이자율의 변동으로 인해서 채권의 시장가격이 변동하는 것으로 나타난다. 시장이자율이 상승하면, 채권가격이 원래 예상했던 것보다 하락하므로 불리하게 작용하며, 시장이자율이 하락하면 채권가격이 원래 예상했던 것보다 상승하므로 유리하게 작용한다. 이를 특히 가격위험이라고도 한다. 액면금액과 액면이자가 "거의" 확정적으로 지급되는 "안전"한 국채의 경우에도 당연히 이자율 변동에 따른 위험은 존재한다.

2) 채무불이행 위험

채권을 발행한 회사가 채권구입자(투자자)에게 약속한 액면금액과 액면이자를 제대로 지급하지 못할 위험이 존재하며, 이를 채무불이행 위험(default risk)이라고 한다. 채무불이행 위험의 존재로 인하여 프리미엄이 나타나며 이를 수익률스프레드라고 한다.

5 채권의 가격과 이자율

시장이자율이 상승하면 채권가격은 하락하고 시장이자율이 하락하면 채권가격은 상승한다. 채권가격이 이자율에 영향을 받긴 하지만, 모든 채권이 동일하게 영향을 받는 것은 아니다. 동일한 이자율 변화에도 불구하고 어떤 채권은 가격이 큰 폭으로 변동하고 다른 채권은 가격이 작은 폭으로 변동하기도 한다. 만기가 길수록 이자율 변화에 대하여 채권가격이 크게 변동하며 이표채보다는 순수할인채가 이자율 변화에 대하여 채권가격이 크게 변동한다.

1) 채권의 현금흐름과 이자율 ⇒ 채권의 가격(이론적 가격)

매기 이자 a, 만기인 n기에 이자 a와 원금 A를 돌려주는 채권이 있고 현재 시장이자율은 r 이라고 하자. 이 채권의 현재가치는 다음과 같다.

$$PV = \frac{a}{(1+r)} + \frac{a}{(1+r)^2} + \cdots + \frac{a+A}{(1+r)^n} \quad (\text{단, } a : \text{이자}, A : \text{원금}, r : \text{할인율})$$

따라서 채권가격(이론적 가격)과 이자율은 역의 관계에 있다.

2) 채권의 가격(시장가격)과 채권의 현금흐름 ⇒ 채권의 수익률

① 채권으로부터 나오는 미래현금흐름의 현재가치를 현재 채권가격과 일치시켜 주는 수익률

② 현재 채권을 매입하여 만기까지 보유할 경우 얻을 수 있는 평균투자수익률을 의미한다.

③ 확정이자부채권, 이표채(coupon bond)의 가격을 이용하여 역산을 통해 구할 수 있다.

④ 1년 후 이자 a, 2년 후 이자 a와 원금 A를 돌려주는 채권이 있고 채권의 가격은 P라고 하자. 이 채권의 수익률 y는 다음과 같다.

$$P = \frac{a}{(1+y)} + \frac{a+A}{(1+y)^2} \text{ 인 } y \text{ 가 채권의 수익률이 된다.}$$

만일 채권의 이론적 가격과 실제 가격이 차이가 있을 경우, 무차익거래원리에 의하여 결국 동일하게 되고 이 과정에서 채권의 수익률은 시장이자율 r이 된다. 따라서 채권가격(시장가격)과 수익률은 역의 관계에 있다.

6 듀레이션(duration)

듀레이션은 채권의 실질만기 혹은 실효만기(effective time to maturity)로서 투자원금이 회수되는 평균기간을 의미한다. 듀레이션은 채권투자로 인한 매기 현금흐름의 현재가치를 가중치로 하여 매기 현금흐름이 실현되는 기간을 평균한 것이다. 듀레이션은 채권가격의 이자율 탄력성과 같다. 채권가격의 이자율 탄력성이란 이자율이 1% 변할 때 채권가격이 몇 % 변화하는지를 측정하는 지표이다.

7 채권의 위험과 수익률스프레드(프리미엄)

위험프리미엄이란 기대수익률과 무위험채권의 수익률 간의 차이(유동성, 수의상환조건 등으로 위한 위험)를 말하고 채무불이행 위험프리미엄이란 약속수익률과 기대수익률 간의 차이(액면금액과 이자를 상환받지 못할 위험)를 말한다.

필수예제

어떤 사람에게 두 가지 선택권이 있다. 첫 번째는 현재 200만원을 받고 1년 뒤에 추가로 200만원을 받는 것이고, 두 번째는 현재 100만원을 받고 1년 뒤에 추가로 305만원을 받는 것이다. 두 가지 선택의 현재가치를 동일하게 하는 이자율은? ▸ 2019년 국가직 9급

① 1% ② 3% ③ 5% ④ 7%

출제이슈 채권의 기초와 현재가치평가

핵심해설 **정답** ③

1) Case 1의 경우 현재가치

$$PV_1 = \frac{200}{(1+r)} + \frac{200}{(1+r)^2}\ ,\ r: \text{할인율}$$

2) Case 2의 경우 현재가치

$$PV_2 = \frac{100}{(1+r)} + \frac{305}{(1+r)^2}\ ,\ r: \text{할인율}$$

3) 위 두 경우에 있어서 현재가치가 동일하기 위해서는 다음과 같다.

$$\frac{200}{(1+r)} + \frac{200}{(1+r)^2} = \frac{100}{(1+r)} + \frac{305}{(1+r)^2}\ ,\ r: \text{할인율}$$

따라서 위의 방정식을 풀어서 이자율 r을 구하면 다음과 같다.

$200(1+r)+200=100(1+r)+305$

$100r=5,\ r=0.05$

THEME 03 이자율의 기간구조와 위험구조

1 채권수익률의 종류

1) 현물이자율(현재의 이자율)

① 의의

현물이자율이란 현재부터 미래의 특정기간에 적용되는 이자율로서 예를 들면 0-1기 현물이자율은 r_1, 0-2기 현물이자율 r_2로 표현할 수 있다. 이때 구별할 개념으로 기대현물이자율과 선도이자율이 있다. 기대현물이자율이란 미래의 현물이자율을 현재시점에서는 알 수 없기 때문에 기댓값을 사용하여 나타낸 것으로서 예를 들면, 1-2기 미래의 기대현물이자율은 $E(r_{12})$로 표현할 수 있으며 1-2기 미래의 선도이자율은 r_{12} 혹은 r_f로 표현할 수 있다.

② 적용

0-1기 현물이자율 r_1, 0-2기 현물이자율 r_2, 1년 후 이자 a, 2년 후 이자 a와 원금 A를 돌려주는 채권이라고 하자. 이 채권의 현재가치는 다음과 같다.

$$PV = \frac{a}{(1+r_1)} + \frac{a+A}{(1+r_2)^2}$$

2) 만기수익률

① 의의

만기수익률이란 채권으로부터 나오는 미래현금흐름의 현재가치를 현재 채권가격과 일치시켜 주는 이자율로서 현재 채권을 매입하여 만기까지 보유할 경우 얻을 수 있는 평균투자수익률을 의미한다. 확정이자부채권, 이표채(coupon bond)의 가격을 이용하여 역산을 통해 구하며 이는 기간당 평균수익률을 의미한다.

② 적용

0-1기 현물이자율 r_1, 0-2기 현물이자율 r_2, 1년 후 이자 a, 2년 후 이자 a와 원금 A를 돌려주는 채권이라고 하자. 이 채권의 현재가치는 위와 같을 때 만기수익률은 다음과 같다.

$$PV = \frac{a}{(1+r)} + \frac{a+A}{(1+r)^2}$$

3) 선도이자율(미래의 이자율)

① 의의

선도이자율이란 미래 특정 기간 동안에만 적용되는 이자율로서 예를 들면 1-2기 미래의 선도이자율은 r_{12} 또는 r_f로 표현할 수 있다.

② 적용

0-1기 현물이자율 r_1, 0-2기 현물이자율 r_2, 2년 후 원금 A를 돌려주는 채권이라고 하자.

이 채권의 현재가치는 $PV = \frac{A}{(1+r_2)^2}$ 이 되므로 $A = PV(1+r_2)^2$가 된다.

이때, $A = PV(1+r_2)^2 = PV(1+r_1)(1+r_f)$로 분해할 수 있으므로 r_f가 선도이자율이 된다.

4) 보유기간 수익률

보유기간 수익률이란 채권을 중도매각하기 전까지 보유한 기간 동안의 수익률로서 이자수익률과 자본이득률로 구성된다.

2 이자율의 기간구조(Term Structure of interest rates)

1) 의의

이자율의 기간구조란 채권의 만기에 따라 이자율이 어떤 모습을 나타내는지 보여주는 구조로서 장기이자율과 단기이자율 간의 관계를 의미한다. 이는 현물이자율과 만기의 관계를 설명하는 곡선을 통해 기하적으로 표현할 수 있다.

2) 기대이론

① 의의

기대이론에 의하면 미래의 기대현물이자율은 선도이자율과 일치하게 된다. 쉽게 말해서, 미래의 이자율은 현재의 기대를 평균적으로 반영하여 결정된다는 것이다. 미래 단기이자율이 현재보다 상승하리라고 기대되는 경우에 장기이자율이 단기이자율보다 높아지며, 수익률곡선은 우상향한다. 미래 단기이자율인 선도이자율이 상승하므로 장기이자율은 상승한다.

② 산식

i) 0-1기 현물이자율 r_1, 0-T기 현물이자율 r_T, 1-2기 미래의 현물이자율(선도이자율) r_{12}, 1-2기 미래의 기대현물이자율 $E(r_{12})$라고 하면 다음이 성립한다.

$$(1+r_T)^T = [1+E(r_{0,1})][1+E(r_{1,2})]\cdots[1+E(r_{T-1,T})]$$

$$(1+r_T) = \sqrt[T]{[1+E(r_{0,1})][1+E(r_{1,2})]\cdots[1+E(r_{T-1,T})]}$$ 이 된다.

즉, 만기이자율은 기대현물이자율의 기하평균이 되며, 이는 산술평균으로 근사한다.

ii) 만일 2기만을 가정할 경우, 다음이 성립한다.

$$(1+r_2)^2 = [1+r_1][1+E(r_{1,2})],\ (1+r_2) = \sqrt{[1+E(r_{0,1})][1+E(r_{1,2})]}$$

$$r_2 = \frac{r_1 + E(r_{1,2})}{2} \quad \therefore\ E(r_{1,2}) = 2r_2 - r_1$$

iii) 만일 3기를 가정할 경우에는 다음이 성립한다.

$$(1+r_3)^3 = [1+r_1][1+E(r_{1,2})][1+E(r_{2,3})]$$

$$(1+r_3) = \sqrt[3]{[1+r_1][1+E(r_{1,2})][1+E(r_{2,3})]}$$

$$r_3 = \frac{r_1 + E(r_{1,2}) + E(r_{2,3})}{3}$$

$$\therefore\ E(r_{2,3}) = 3r_3 - r_1 - E(r_{1,2}) = 3r_3 - r_1 - (2r_2 - r_1) = 3r_3 - 2r_2$$

③ 사례

현재 1, 2, 3년 만기 채권만 존재하며, 1년 만기 채권이자율 3%, 2년 만기 채권이자율 5%, 3년 만기 채권이자율 6%라고 하자. 기대이론에 따를 경우 미래 3년차 1년 만기 채권이자율(미래 현물이자율, 미래 선도이자율)의 예상치를 구하면 다음과 같다.

$(1+0.03)^1 = [1+E(r_1)]$ 이 성립하므로 $E(r_1) = 0.03$

$(1+0.05)^2 = [1+0.03][1+E(r_2)]$ 이 성립하므로 $E(r_2) = 0.07$

$(1+0.06)^3 = [1+0.03][1+0.07][1+E(r_3)]$ 이 성립하므로 $E(r_3)=0.08$

따라서 미래 3년차 1년 만기 채권이자율의 기댓값은 8%가 된다.

만일 기하평균의 근사치로서 산술평균을 이용할 경우는 다음과 같이 간단히 구할 수 있다.

$$5 = \frac{3+E(r_{1,2})}{2} \quad \therefore E(r_{1,2}) = 7\%, \qquad 6 = \frac{3+7+E(r_{2,3})}{3} \quad \therefore E(r_{2,3}) = 8\%$$

3) 유동성프리미엄이론(유동성선호이론, 수정된 기대이론)

① 의의

유동성프리미엄이론에 의하면 미래 단기이자율은 현재 예상하는 기대현물이자율보다 더 높고, 장기이자율이 단기이자율보다 높아지며 수익률곡선은 우상향한다. 유동성프리미엄이론은 유동성선호이론 또는 수정된 기대이론이라고도 한다.

② 이자율의 기간구조

i) 기대현물이자율과 선도이자율

미래이자율은 유동성 포기 및 위험을 반영하기 때문에, 미래의 기대현물이자율보다 선도이자율이 더 높아야 한다. 미래의 기대현물이자율과 선도이자율의 차이가 유동성프리미엄이 된다. 만기가 긴 채권일수록, 장기간 투자하는 대가로 예상되는 미래 현물이자율(선도이자율) 외에 추가적으로 프리미엄을 요구한다. 단기채권에 비하여 장기채권은 유동성을 크게 상실하고 큰 위험을 부담하므로 위험을 회피하는 투자자들은 이에 대한 대가를 요구한다. 장기채권은 채무불이행 위험이 단기채권보다 더 크고, 미래이자율의 변화에 따라서 채권가격이 변동할 위험도 단기채권보다 더 크기 때문에 이에 대한 대가를 요구한다.

만일 단기채권과 장기채권이 완전대체재라고 가정할 경우 유동성프리미엄은 0이 되며, 대체가 불완전할 경우 유동성프리미엄은 양수가 되며 만기가 길어질수록 커지게 된다. 쉽게 말해서, 미래의 이자율은 현재의 기대 수준보다 더 높이 결정된다. 그리고 미래 단기이자율인 선도이자율이 유동성 포기, 위험을 반영하여 상승하므로 장기이자율이 상승한다.

ii) 이자율의 기간구조

유동성선호이론에 따를 경우, 기대이론보다 이자율의 기간구조가 상향으로 조정되어야 한다. 이는 선도이자율 곡선이 미래기대현물이자율 곡선보다 유동성프리미엄을 가산한 만큼 상방으로 이동한다는 의미이다. 만일 유동성프리미엄이 극단적으로 높게 형성되는 경우에는 미래기대현물이자율이 하락할 것으로 기대되더라도 극단적으로 높은 유동성프리미엄을 고려하면, 결국 미래의 선도이자율은 상승하는 것으로 나타날 수도 있다.

4) 시장분할이론

① 의의

서로 다른 만기를 가진 채권시장은 각각 완전히 분리되어 있으며 수요 및 공급 상황이 서로 다르다. 장기채권과 단기채권은 투자계층이 서로 다르기 때문에 수요 및 공급의 여건이 다르고 각각의 분리된 시장에서 수익률이 독립적으로 결정된다.

② 이자율의 기간구조

시장분할이론에 의하면 장기이자율과 단기이자율은 완전히 다르기 때문에 결정되는 메커니즘도 다르다. 따라서, 단기채권의 수익률곡선과 장기채권의 수익률곡선은 서로 달리 독립적으로 형성된다.

5) 선호영역이론

① 의의

투자자, 차입자는 자신이 선호하는 만기가 있기는 하지만 그 만기만을 절대적으로 고집하지 않으며, 선호하는 만기 이외에도 다른 만기 채권이 유리할 경우 그 채권시장에도 참여한다. 즉, 시장분할이론과는 달리 선호영역이론에서는 투자자들이 자신이 선호하는 영역을 벗어나서 다른 만기의 채권에도 투자하는 것으로 본다. 결국 다른 채권의 수익률이 충분히 크지 않다면, 투자자들은 원래 그들이 선호하는 채권에만 투자하므로 시장은 부분적으로 분할되어 있다. 투자자들이 자신의 선호영역을 넘어서 다른 만기의 채권에 투자하도록 만들기 위해서 요구되는 추가적 수익률을 선호영역프리미엄이라고 한다.

② 이자율의 기간구조

선호영역이론에 따르면, 각 만기 수익률은 미래 단기이자율과 투자자들의 선호도에 의하여 결정된다. 해당 만기를 선호하는 투자자들이 많을수록 해당 만기 이자율은 낮아진다. 만일 단기채권을 장기채권보다 선호하는 투자자들이 많다면 단기이자율은 낮아진다.

3 이자율의 위험구조(Risk Structure of interest rates)

1) 의의

① 채권의 위험도에 따라 채권의 수익률이 어떻게 차이가 나는지 보여주는 구조

② 만기수익율과 위험도의 관계를 설명하는 곡선

③ 약속수익률과 기대수익률, 무위험수익률 간의 관계

2) 수익률 스프레드

① 무위험수익률 : 채무불이행 위험이 없는 국공채 등 무위험채권의 만기수익률

② 약속수익률 : 채무불이행 위험이 있는 해당 유위험채권의 만기수익률

③ 기대수익률 : 약속수익률과 채무불이행 위험을 고려한 수익률

④ 수익률 스프레드 = 약속수익률 - 무위험수익률
= (약속수익률 - 기대수익률) + (기대수익률 - 무위험수익률)
= 채무불이행 프리미엄 + 위험프리미엄

⑤ 약속수익률(만기수익률) = 무위험수익률 + 위험프리미엄 + 채무불이행 위험프리미엄

3) 이자율의 위험구조

① 채무불이행 위험
채무불이행 위험이 높을수록 유위험채권의 만기수익률은 높아지며 이를 식으로 표현하면 다음과 같다.
약속수익률(만기수익률) = 무위험수익률 + 위험프리미엄 + 채무불이행 위험프리미엄

② 수의상환 위험
수의상환채권(callable bond)이란 발행자가 만기 이전에 미래에 특정한 가격으로 채권을 재매입할 수 있는 권리를 가지고 있는 채권이다. 수의상환채권의 발행자는 시장이자율이 높을 때에 높은 액면이자율의 채권을 발행하여 자금을 조달한 후, 시장이자율이 하락하면 낮은 액면이자율의 채권을 신규로 발행하여 기존의 채권을 모두 상환해버린다. 이 경우, 발행자는 이자부담을 줄일 수 있다. 수의상환조건으로 인해 발행자는 이자율이 낮아지는 시기에는 채권을 특정상환가격으로 상환할 것이므로 수의상환채권에 투자한 투자자에게는 현금흐름이 변화하는 예상치 못한 위험이 된다.

필수예제

이자율의 기간구조에 대한 설명으로 옳지 않은 것은? ▸ 2020년 지방직 7급

① 만기가 서로 다른 채권들이 완전대체재일 경우 유동성프리미엄이 0에 가까워지더라도 양(+)의 값을 갖는다.
② 기대이론에 따르면 현재와 미래의 단기이자율이 같을 것이라고 예상하는 경제주체들이 많을수록 수익률곡선은 평평해진다.
③ 유동성프리미엄이론에 따르면 유동성프리미엄은 항상 양(+)의 값을 갖고 만기가 길어질수록 커지는 경향을 보인다.
④ 미래에 단기이자율이 대폭 낮아질 것으로 예상되면 수익률곡선은 우하향한다.

출제이슈 이자율의 기간구조
핵심해설 **정답** ①

이자율의 기간구조는 채권의 만기에 따라 이자율이 어떤 모습을 나타내는지 보여주는 구조로서 현물이자율과 만기의 관계를 설명하는 곡선을 의미한다. 즉, 단기이자율과 장기이자율의 관계이다.

이자율의 기간구조를 설명하는 이론 중 기대이론과 유동성프리미엄이론의 내용은 다음과 같다.

1) 기대이론

① 미래의 기대현물이자율이 선도이자율과 일치하게 된다. 쉽게 말해서, 미래의 이자율은 현재의 기대를 평균적으로 반영하여 결정된다.

② 미래 단기이자율이 현재보다 상승하리라고 기대되는 경우에 장기이자율이 단기이자율보다 높아지며, 수익률곡선은 우상향한다. 미래 단기이자율인 선도이자율이 상승하므로 장기이자율이 상승한다.

2) 유동성프리미엄이론(유동성선호이론, 수정된 기대이론)

① 미래 단기이자율은 현재 예상하는 기대현물이자율보다 더 높고, 장기이자율이 단기이자율보다 높아지며, 수익률곡선은 우상향한다. 그 이유는 다음과 같다.

② 미래이자율은 유동성 포기 및 위험을 반영하기 때문에, 미래의 기대현물이자율보다 선도이자율이 더 높아져야 한다. 미래의 기대현물이자율과 선도이자율의 차이가 유동성프리미엄이 된다.

i) 만기가 긴 채권일수록, 장기간 투자하는 대가로 예상되는 미래 현물이자율(선도이자율) 외에 추가적으로 프리미엄을 요구한다.

ii) 단기채권에 비하여 장기채권은 유동성을 크게 상실하고 큰 위험을 부담하므로 위험을 회피하는 투자자들은 이에 대한 대가를 요구한다.

iii) 장기채권은 채무불이행 위험이 단기채권보다 더 크고, 미래이자율의 변화에 따라서 채권가격이 변동할 위험도 단기채권보다 더 크기 때문에 이에 대한 대가를 요구한다.

iv) 만일 단기채권과 장기채권이 완전대체재라고 가정할 경우 유동성프리미엄은 0이 되며, 대체가 불완전할 경우 유동성프리미엄은 양수가 되며 만기가 길어질수록 커지게 된다.

③ 쉽게 말해서, 미래의 이자율은 현재의 기대 수준보다 더 높게 결정된다. 그리고 미래 단기이자율인 선도이자율이 유동성 포기, 위험을 반영하여 상승하므로 장기이자율이 상승한다.

④ 유동성선호이론에 따를 경우, 기대이론보다 이자율의 기간구조가 상향으로 조정되어야 한다(선도이자율 곡선은 미래기대현물이자율 곡선에 유동성프리미엄을 가산하여 상방으로 이동한다는 의미).

⑤ 따라서 유동성프리미엄이 극단적으로 높게 형성되는 경우에는 미래기대현물이자율이 하락하리라고 기대되더라도 극단적으로 높은 유동성프리미엄을 고려하면, 결국 미래의 선도이자율은 상승하는 것으로 나타날 수도 있다.

위의 내용에 따라서 설문을 검토하면 다음과 같다.

① 틀린 내용이다.
유동성프리미엄이론에서 만일 극단적으로 단기채권과 장기채권이 완전대체재라고 가정할 경우, 유동성프리미엄은 0이 된다. 그러나 대체가 불완전할 경우 유동성프리미엄은 양수가 되며, 이는 만기가 길어질수록 커지게 된다.

② 옳은 내용이다.
기대이론에 의하면, 미래의 기대현물이자율이 선도이자율과 일치하게 된다. 미래 단기이자율이 현재보다 상승하리라고 기대되는 경우에 장기이자율이 단기이자율보다 높아지며, 수익률곡선은 우상향한다. 설문에서와 같이 현재와 미래의 단기이자율이 같을 것이라고 예상하는 즉, 이자율이 변하지 않을 것으로 예상하는 경제주체들이 많다면, 장기이자율과 단기이자율이 차이가 없게 되어 수익률곡선은 수평이 된다.

③ 옳은 내용이다.
유동성프리미엄이론에 의하면, 미래이자율은 유동성 포기 및 위험을 반영하기 때문에 미래의 기대현물이자율보다 선도이자율이 더 높아져야 한다. 미래의 기대현물이자율과 선도이자율의 차이가 바로 유동성프리미엄이 된다. 만기가 긴 채권일수록 장기간 투자하는 대가로 예상되는 미래 현물이자율(선도이자율) 외에 추가적으로 프리미엄을 요구하게 되고, 단기채권에 비하여 장기채권은 유동성을 크게 상실하고 큰 위험을 부담하므로 위험을 회피하는 투자자들은 이에 대한 대가를 요구하는 것이다. 또한 장기채권은 채무불이행 위험이 단기채권보다 더 크고, 미래이자율의 변화에 따라서 채권가격이 변동할 위험도 단기채권보다 더 크기 때문에 이에 대한 대가를 요구한다. 따라서 유동성 프리미엄은 항상 양(+)의 값을 갖고 만기가 길어질수록 커지는 경향을 보인다는 설문의 내용은 옳다.

④ 옳은 내용이다.
기대이론에 의하면, 미래의 기대현물이자율이 선도이자율과 일치하게 된다. 설문에서 미래의 단기 이자율 하락이 예상된다는 것은 미래의 기대현물이자율이 하락하므로 선도이자율이 하락하는 것을 의미한다. 따라서 미래 단기이자율인 선도이자율이 하락하므로 장기이자율이 하락한다. 결국 장기이자율이 단기이자율보다 낮아지므로, 수익률곡선은 우하향한다.

현재 시점에서 A국 경제의 채권시장에 1년 만기, 2년 만기, 3년 만기 국채만 존재하고 각각의 이자율이 3%, 5%, 6%이다. 현재 시점으로부터 2년 이후에 성립하리라 기대되는 1년 만기 국채의 이자율 예상치에 가장 가까운 값은? (단, 이자율의 기간구조에 대한 기대이론이 성립한다.) ▸ 2020년 국가직 7급

① 4%　　② 6%　　③ 8%　　④ 10%

출제이슈 이자율의 기간구조

핵심해설 **정답** ③

이자율의 기간구조는 채권의 만기에 따라 이자율이 어떤 모습을 나타내는지 보여주는 구조로서 현물이자율과 만기의 관계를 설명하는 곡선을 의미한다. 즉, 단기이자율과 장기이자율의 관계이다.

이자율의 기간구조를 설명하는 이론 중 기대이론의 내용은 다음과 같다.

1) 미래의 기대현물이자율이 선도이자율과 일치하게 된다. 쉽게 말해서, 미래의 이자율은 현재의 기대를 평균적으로 반영하여 결정된다.

2) 미래 단기이자율이 현재보다 상승하리라고 기대되는 경우에 장기이자율이 단기이자율보다 높아지며, 수익률 곡선은 우상향한다. 미래 단기이자율인 선도이자율이 상승하므로 장기이자율이 상승한다.

3) 산식은 다음과 같다.

① 0−1기 현물이자율 r_1, 0−T기 현물이자율 r_T, 1−2기 미래의 현물이자율(선도이자율) r_{12}, 1−2기 미래의 기대현물이자율 $E(r_{12})$라고 하면
$(1+r_T)^T = [1+E(r_{0,1})][1+E(r_{1,2})]\cdots[1+E(r_{T-1,T})]$가 성립한다.

② 따라서 $(1+r_T) = \sqrt[T]{[1+E(r_{0,1})][1+E(r_{1,2})]\cdots[1+E(r_{T-1,T})]}$이 된다.

③ 즉, 만기이자율은 기대현물이자율의 기하평균이 되며, 이는 산술평균으로 근사한다.

④ 만일 2기만을 가정할 경우,

$$(1+r_2)^2 = [1+r_1][1+E(r_{1,2})],\ (1+r_2) = \sqrt{[1+E(r_{0,1})][1+E(r_{1,2})]}$$

$$r_2 = \frac{r_1 + E(r_{1,2})}{2} \text{ 이므로 } E(r_{1,2}) = 2r_2 - r_1$$

위의 내용에 따라서 설문을 검토하면 다음과 같다.

현재 1, 2, 3년 만기 채권만 존재하며, 1년 만기 채권이자율 3%, 2년 만기 채권이자율 5%, 3년 만기 채권이자율 6%라고 한다. 기대이론에 따를 경우 미래 3년차 1년 만기 채권이자율(미래 현물이자율, 미래 선도이자율)의 예상치를 구해보면 다음과 같다.

$(1+0.03)^1 = [1+E(r_1)]$ 이 성립하므로 $E(r_1) = 0.03$
$(1+0.05)^2 = [1+0.03][1+E(r_2)]$ 이 성립하므로 $E(r_2) = 0.07$
$(1+0.06)^3 = [1+0.03][1+0.07][1+E(r_3)]$ 이 성립하므로 $E(r_3) = 0.08$

따라서 미래 3년차 1년 만기 채권이자율의 기댓값은 8%가 된다.

만일 기하평균의 근사치로서 산술평균을 이용할 경우는 다음과 같이 간단히 구할 수 있다.

$$5 = \frac{3+E(r_{1,\ 2})}{2} \quad \therefore E(r_{1,\ 2}) = 7\%, \qquad 6 = \frac{3+7+E(r_{2,\ 3})}{3} \quad \therefore E(r_{2,\ 3}) = 8\%$$

따라서 현재 시점으로부터 2년 이후에 성립하리라 기대되는 1년 만기 국채의 이자율 예상치는 미래 3년차 1년 만기 채권이자율의 기댓값을 의미하므로 8%로 예상된다.

THEME 04 주식평가

1 기본모형

주식은 주식으로부터 미래에 예상되는 배당금의 현재가치로 평가한다. 그 산식은 다음과 같다.

$$P = \frac{D_1}{(1+r)} + \frac{D_2}{(1+r)^2} + \frac{D_3}{(1+r)^3} + \cdots = \sum_{i=1}^{\infty} \frac{D_i}{(1+r)^i} \quad (\text{단, } D_i : i\text{기의 배당, } r : \text{할인율})$$

위 산식에 의하면 배당금의 현금흐름이 증가할수록 주식의 가치는 높아지며 할인율이 상승할 경우 주식의 가치는 낮아짐을 알 수 있다. 특히 할인율에는 위험이 반영되므로 미래 현금흐름 변동성 위험이 증가할수록 할인율은 상승하여 주식의 가치는 낮아지게 된다.

2 성장 없는 주식의 평가

성장 없는 주식의 평가란 미래 고정된 배당금의 현재가치로 주식을 평가하는 것을 의미한다. 그 산식은 다음과 같다.

$$P = \frac{D_1}{(1+r)} + \frac{D_1}{(1+r)^2} + \frac{D_1}{(1+r)^3} + \cdots = \frac{D_1}{r} \quad (\text{단, } D_1 : \text{고정된 배당, } r : \text{할인율})$$

만일 기업의 성장이 전혀 없어서 이익이 항상 일정한 것에 더하여 이익을 남김없이 모두 배당한다고 가정하면, 그 배당금이 바로 주당순이익이 된다. 따라서 배당이 주당순이익(earning per share, EPS)인 경우 할인율은 주당순이익을 주식가격으로 나눈 것이 된다. 그런데 주식가격/주당순이익을 주가수익비율(price earning ratio, PER)이라고 하므로 결국 할인율은 주가수익비율의 역수이다.

3 성장하는 주식의 평가

성장하는 주식의 평가란 미래 배당금이 매기 일정비율로 성장하는 경우의 주식을 평가하는 것으로서 고든의 항상성장모형의 산식은 다음과 같다.

$$P = \frac{D_1}{(1+r)} + \frac{D_1(1+g)}{(1+r)^2} + \frac{D_1(1+g)^2}{(1+r)^3} + \cdots = \frac{D_1}{r-g}$$

(단, D_1 : 고정배당, g : 배당증가율, r : 할인율)

필수예제

기업 A의 현재 주식 가격은 이 기업의 기대 배당금 흐름을 할인한 현재가치들의 합인 5만원에 형성되어 있다. 이와 관련한 설명으로 옳지 않은 것은? ▸ 2016년 국가직 9급

① 기업 A의 할인율이 상승하면 이 기업의 주식가격은 상승한다.
② 기업 A의 기대 배당금 흐름이 증가하면 이 기업의 주식가격은 상승한다.
③ 기업 A의 미래 현금흐름 변동성 위험이 증가할수록 이 기업의 할인율은 상승한다.
④ 기업 A의 미래 현금흐름이 위험해질수록 이 기업의 주식가치는 하락한다.

출제이슈 주식의 평가

핵심해설 **정답** ①

주식의 가치는 주식투자로부터 기대되는 미래의 현금흐름(배당금의 흐름)을 적절한 할인율로 할인하여 구할 수 있다. 주식시장이 효율적인 경우, 주식의 시장가격과 주식의 이론적 가치는 무차익거래원리에 의하여 수렴하게 될 것이다.

따라서 미래 배당금과 할인율을 이용한 주식의 평가는 다음과 같다.

① 미래 예상되는 배당금의 현재가치로 주식을 평가한다.
② $P=\frac{D_1}{(1+r)}+\frac{D_2}{(1+r)^2}+\frac{D_3}{(1+r)^3}+\cdots=\sum_{i=1}^{\infty}\frac{D_i}{(1+r)^i}$ (단, D_i : i기의 배당, r : 할인율)

위의 산식을 해석해보면 당연히 배당금의 현금흐름이 증가할수록 주식의 가치는 높아진다는 것을 알 수 있다. 그리고 할인율이 상승할 경우 주식의 가치는 낮아진다. 할인율에는 위험이 반영되므로 미래 현금흐름 변동성 위험이 증가할수록 할인율은 상승하여 주식의 가치는 낮아질 것이다.

위의 내용에 따라서 설문을 검토하면 다음과 같다.

① 틀린 내용이다.
할인율이 상승하면 이 기업의 주식가격은 하락한다. 할인율의 상승은 위험의 증가 등에 기인할 수 있다.

② 옳은 내용이다.
기업 A의 기대 배당금 흐름이 증가하면 이 기업의 주식가격은 상승한다.

③ 옳은 내용이다.
기업 A의 미래 현금흐름 변동성 위험이 증가할수록 이 기업의 할인율은 상승하고 주식의 가치는 하락한다.

④ 옳은 내용이다.
기업 A의 미래 현금흐름이 위험해질수록 이 기업의 할인율은 상승하고 주식의 가치는 하락한다.

THEME 05 포트폴리오 이론

1 기대효용이론

1) 기대효용

투자는 미래를 위한 현재의 희생으로서 미래 불확실성에 따라 위험이 필연적으로 수반된다. 따라서 투자자의 효용은 확실성하의 효용이 아니라 불확실성하의 기대효용이 된다.

2) 기대효용과 미래수익

기대효용은 투자에 따른 미래수익의 확률분포를 알아야 한다. 만일 미래수익이 정규분포를 따른다고 하면, 기대효용은 단순히 미래수익의 평균과 분산으로 표시할 수 있음이 알려져 있다.

2 개별자산 또는 투자안의 수익과 위험

1) 투자안의 수익

투자안의 수익은 다음과 같이 수익률의 평균(기댓값)으로 나타낼 수 있다.

$E(r_1) = ar_a + br_b$

(단, a 또는 b : 상황a 또는 상황b가 발생할 확률,

r_a, r_b : 상황a 또는 b일 때 자산 1의 수익률)

2) 투자안의 위험

투자안의 위험은 다음과 같이 수익률의 분산(표준편차)으로 나타낼 수 있다.

$Var(r_1) = a(r_a - E(r_1))^2 + b(r_b - E(r_1))^2$

(단, a 또는 b : 상황a 또는 상황b가 발생할 확률,

r_a, r_b : 상황a 또는 b일 때 자산 1의 수익률)

3 포트폴리오 이론

1) 포트폴리오

포트폴리오는 여러 투자자산의 집합으로 구성된다. 포트폴리오를 이루고 있는 개별자산의 구성비율을 w_i라고 하면 구성비율의 합은 1이 된다.

2) 포트폴리오의 위험과 수익

포트폴리오의 수익은 포트폴리오 수익률의 평균으로 나타낼 수 있으며 포트폴리오의 위험은 포트폴리오 수익률의 분산(표준편차)으로 나타낼 수 있다. 이때 포트폴리오 수익률은 포트폴리오를 구성하는 자산의 수익률을 자산구성비율로 가중평균한 것으로서 다음과 같이 표현될 수 있다.

$$r_p = w_1 r_1 + w_2 r_2 + \cdots + w_n r_n = \sum_{i=1}^{n} w_i r_i$$

(단, r_i : 개별자산의 수익률, w_i : 개별자산의 구성비율, $\sum_{i=1}^{n} w_i = 1$)

3) 포트폴리오의 수익률의 평균과 분산

앞에서 정의한 포트폴리오의 수익률을 바탕으로 그 평균과 분산의 값을 구해보면 다음과 같은 산식으로 표현할 수 있다.

① 포트폴리오 수익률의 평균(기대수익률)

$$E(r_p) = E(w_1 r_1 + w_2 r_2 + \cdots + w_n r_n)$$

(단, r_i : 개별자산의 수익률, w_i : 개별자산의 구성비율, $\sum_{i=1}^{n} w_i = 1$)

② 포트폴리오 수익률의 분산

$$Var(r_p) = Var(w_1 r_1 + w_2 r_2 + \cdots + w_n r_n)$$

(단, r_i : 개별자산의 수익률, w_i : 개별자산의 구성비율, $\sum_{i=1}^{n} w_i = 1$)

4) 포트폴리오 위험의 분해

① 분산

포트폴리오의 위험을 나타내는 분산(variance)을 2개의 자산만을 가정하여 다시 쓰면 다음과 같다.

$Var(r_p) = Var(w_1r_1 + w_2r_2) = w_1^2\sigma_1^2 + w_2^2\sigma_2^2 + 2w_1w_2\sigma_{12}$

(단, r_1, r_2 : 개별자산 1, 2의 수익률, w_1, w_2: 개별자산 1, 2의 구성비율, $w_1 + w_2 = 1$)

② 공분산

위에서 σ_{12}는 두 자산수익률의 공분산을 의미한다. 공분산이란 두 자산수익률이 서로 어느 정도 관련되어 있는지를 나타내는 척도로서 각 자산수익률과 기대수익률의 차이, 즉 편차를 곱하여 평균한 값이다.

공분산 $\sigma_{12} = E[\{r_1 - E(r_1)\}\{r_2 - E(r_2)\}]$

(단, r_1 : 자산 1의 수익률, r_2 : 자산 2의 수익률, $E(r_1)$: 자산 1의 수익률의 평균, $E(r_2)$: 자산 2의 수익률의 평균)

③ 상관계수

공분산을 표준화한 것을 상관계수 ρ_{12}라고 하는데 상관계수는 공분산을 각 자산의 표준편차로 나눈 값이다.

상관계수 $\rho_{12} = \dfrac{\sigma_{12}}{\sigma_1\sigma_2}$

(단, σ_{12} : 자산 1, 2 수익률의 공분산, σ_1 : 자산 1 수익률의 표준편차, σ_2 : 자산 2 수익률의 표준편차)

④ 분산 - 공분산 행렬

분산 - 공분산 행렬은 포트폴리오의 위험을 나타내는 분산(variance)을 분해한 것으로서 포트폴리오의 위험은 구성자산들의 위험을 모두 합성한 것으로 해석할 수 있다. 이를 도해하면 다음과 같다.

$$\begin{aligned} Var(r_p) &= Var(w_1r_1 + w_2r_2) \\ &= w_1^2\sigma_1^2 + w_2^2\sigma_2^2 + 2w_1w_2\sigma_{12} \\ &= w_1^2\sigma_1^2 + w_2^2\sigma_2^2 + w_1w_2\sigma_{12} + w_1w_2\sigma_{12} \end{aligned}$$

구분	개별자산 1, 비율 w_1	개별자산 2, 비율 w_2
개별자산 1 비율 w_1	$w_1 w_1 \sigma_{11}$	$w_1 w_2 \sigma_{12}$
개별자산 2 비율 w_2	$w_1 w_2 \sigma_{12}$	$w_2 w_2 \sigma_{22}$

5) 포트폴리오 위험의 분산(diversification)

① 상관계수와 위험의 분산

개별자산들 간의 상관계수는 −1과 1 사이인데, −1에 가까울수록 위험을 분산할 수 있다. 상관계수가 −1일 경우 자산들 간의 움직임이 정반대이므로 서로를 상쇄하는 작용을 한다. 예를 들어 상관계수가 −1일 때, 어느 주식의 가격이 내리면, 다른 주식의 가격이 오르기 때문에 포트폴리오의 위험은 제거된다. 상관계수가 1인 경우를 제외하면, 크기의 차이는 있지만 분산효과는 항상 나타난다.

② 비체계적 위험과 체계적 위험

위험은 분산가능한 비체계적 위험(개별자산고유의 위험)과 분산불가능한 체계적 위험(시장위험)으로 나뉜다.

i) 비체계적 위험

분산투자로써 제거될 수 있는 위험으로서 종업원의 파업, 판매 부진, 소송문제 등 개별자산의 발행자인 기업의 고유한 상황과 관련된 위험이다. 기업고유위험(firm-specific risk)이라고도 한다. 예를 들어 어느 회사의 판매부진과 관련한 위험은 다른 회사의 판매호조로 상쇄시킬 수 있다.

ii) 체계적 위험

분산투자로써 제거될 수 없는 위험으로서 인플레이션, 디플레이션, 정부정책에 따른 이자율 변화 등 시장의 전반적인 상황과 관련된 위험이다. 시장위험(market risk)이라고도 하며 이는 여러 기업들에게 공통적으로 영향을 미치기 때문에 자산의 분산투자로도 제거할 수 없다.

6) 효용함수

포트폴리오의 위험과 수익에 대한 투자자의 선호에 따라서 무차별곡선의 형태가 결정된다. 위험은 비재화적 성격이므로 포트폴리오 무차별곡선은 우상향하는 형태가 된다.

7) 제약선

개별자산의 구성비율에 따라서 선택가능한 포트폴리오의 위험과 수익을 선택하는 것으로 효율적 투자선을 의미한다. 특히, 이는 개별자산 간의 공분산에 영향을 받는다.

8) 최적선택

효율적 투자선을 제약조건으로 하여 투자자의 기대효용을 극대화하도록 최적선택한다. 효율적 투자선과 무차별곡선의 접점에서 투자자의 기대효용이 극대화되는 최적선택이 이루어진다.

9) 피셔의 분리정리

효율적 투자선의 포트폴리오의 구성요소를 선택하는 것은 포트폴리오 생산자의 책임이며, 만들어진 포트폴리오에서 최적의 구성비율을 선택하는 것은 포트폴리오 투자자의 책임이다. 포트폴리오 생산자와 투자자의 의사결정이 각각 분리되어 있는 것, 효율적 투자선의 구성단계와 투자자의 기대효용을 극대화시키는 단계가 분리되어 있는 것을 포트폴리오 분리정리라고 한다.

필수예제

갑은 사업안 A와 B를 고려하고 있다. 두 안의 성공 및 실패에 따른 수익과 확률은 다음과 같다. 이에 대한 설명으로 옳은 것만을 모두 고르면? (단, 위험은 분산으로 측정한다.) ▸ 2020년 지방직 7급

구분 / 사업안	성공		실패	
	확률	수익(만원)	확률	수익(만원)
A	0.9	+100	0.1	+50
B	0.5	+200	0.5	−10

ㄱ. A안의 기대수익은 95만원이다.
ㄴ. B안의 기대수익은 95만원이다.
ㄷ. 갑이 위험을 회피하는(risk averse) 사람인 경우 A안을 선택할 가능성이 더 크다.
ㄹ. A안의 기대수익에 대한 위험은 B안의 기대수익에 대한 위험보다 더 크다.

① ㄱ, ㄴ, ㄷ ② ㄱ, ㄴ, ㄹ ③ ㄱ, ㄷ, ㄹ ④ ㄴ, ㄷ, ㄹ

출제이슈 투자안의 수익과 위험
핵심해설 **정답** ①

먼저 개별자산 혹은 투자안의 수익과 위험을 구하는 방법은 다음과 같다.

1) 투자안의 수익은 수익률의 평균(기댓값)으로 나타낼 수 있다. (예 $E(r_1)$ or $E(r_2)$)
$E(r_1) = ar_a + br_b$,
(단, a 또는 b : 상황a 또는 상황b가 발생할 확률, r_a, r_b : 상황a 또는 b일 때 자산 1의 수익률)

2) 투자안의 위험은 수익률의 분산(표준편차)으로 나타낼 수 있다. (예 $Var(r_1)$ or $Var(r_2)$)
$Var(r_1) = a(r_a - E(r_1))^2 + b(r_b - E(r_1))^2$,
(단, a 또는 b : 상황a 또는 상황b가 발생할 확률, r_a, r_b : 상황a 또는 b일 때 자산 1의 수익률)

위의 산식에 주어진 데이터를 적용하여 풀면, 다음과 같다.
참고로 위의 산식은 수익률에 초점을 맞춘 것인 반면, 설문에서는 수익으로 주어져 있음에 유의하자.

1) 각 사업안의 수익 구하기(단위 : 만원)

① 사업안의 수익은 기대수익으로 구할 수 있다.
② 사업안 A의 기대수익 : $E(A) = 0.9 \times 100 + 0.1 \times 50 = 95$
③ 사업안 B의 기대수익 : $E(B) = 0.5 \times 200 + 0.5 \times (-10) = 95$

2) 각 사업안의 위험 구하기(단위 : 만원 혹은 만원의 제곱)

① 사업안의 위험은 분산이나 표준편차로 구할 수 있다.
② 사업안 A의 분산 : $Var(A)=0.9\times(100-95)^2+0.1\times(50-95)^2=225$ (단위 : 만원의 제곱)
③ 사업안 B의 분산 : $Var(B)=0.5\times(200-95)+0.5\times(-10-95)=11,025$ (단위 : 만원의 제곱)

위의 내용에 따라서 설문을 검토하면 다음과 같다.

ㄱ. 옳은 내용이다.
사업안의 수익은 기대수익으로 구할 수 있다.
사업안 A의 기대수익 : $E(A)=0.9\times100+0.1\times50=95$, A안의 기대수익은 95만원이다.

ㄴ. 옳은 내용이다.
사업안의 수익은 기대수익으로 구할 수 있다.
사업안 B의 기대수익 : $E(B)=0.5\times200+0.5\times(-10)=95$, B안의 기대수익은 95만원이다.

ㄷ. 옳은 내용이다.
사업안의 위험은 분산이나 표준편차로 구할 수 있다.
사업안 A의 분산 : $Var(A)=0.9\times(100-95)^2+0.1\times(50-95)^2=225$(단위 : 만원의 제곱)이고
사업안 B의 분산 : $Var(B)=0.5\times(200-95)+0.5\times(-10-95)=11,025$(단위 : 만원의 제곱)이므로
사업안 A가 더 위험하다고 할 수 있다. 그러므로 갑이 위험을 회피하는(risk averse) 사람인 경우 A안이 B안에 비해 수익은 동일하지만, 위험이 낮기 때문에 A안을 선택할 가능성이 더 크다.

참고로 실제 시험장에서는 굳이 각 사업안의 분산을 구할 필요는 없다. 각 사업안의 수익이 동일한 상황에서 사업안 A의 수익의 범위는 50만원에서 100만원 사이이고 사업안 B의 수익의 범위는 -10만원에서 200만원 사이이므로 사업안 B가 분산이 더 클 것임을 직관적으로 알 수 있다.

ㄹ. 틀린 내용이다.
바로 앞 ㄷ에서 본 바대로 사업안 A의 위험이 B에 비하여 더 작음을 알 수 있다.
A안의 기대수익에 대한 위험은 B안의 기대수익에 대한 위험보다 더 크다.

THEME 06 자본자산가격결정모형(Capital Asset Pricing Model)

1 자본배분선(Capital Allocation Line, CAL)

1) 자본배분선의 의의

앞의 포트폴리오 이론에서는 개별자산의 위험성을 전제로 하였으나 포트폴리오 구성 시 국공채 등 무위험자산을 포함시킬 수도 있다. 이와 같이 무위험자산이 포함된 포트폴리오의 효율적 투자선을 자본배분선이라고 한다. 자본배분선에 따르면, 무위험자산과 위험자산으로 구성된 포트폴리오의 위험은 위험자산에 대한 투자비율에 선형적으로 비례한다.

2) 자본배분선의 도출

자본배분선은 포트폴리오의 기대수익률과 위험(포트폴리오 수익률의 표준편차) 간의 관계식으로서 무위험수익률과 위험자산만으로 구성된 효율적 투자선의 한 점을 연결한 선으로 구할 수 있다. 그 산식은 다음과 같다.

① **포트폴리오 수익률** $r_p = wr_i + (1-w)r_f$

② **포트폴리오 기대수익률** $E(r_p) = r_f + w\left[E(r_i) - r_f\right]$

③ **포트폴리오 표준편차** $\sigma(r_p) = w\sigma_i$

④ **자본배분선** $E(r_p) = r_f + \left[\dfrac{E(r_i) - r_f}{\sigma_i}\right]\sigma_p$

(단, r_f : 무위험자산수익률, r_i : 위험자산의 수익률,
σ_i : 위험자산수익률의 표준편차, σ_p : 포트폴리오 수익률의 표준편차)

이때, 자본배분선의 기울기 $\left[\dfrac{E(r_i) - r_f}{\sigma_i}\right]$는 위험프리미엄을 위험의 크기로 나눈 값으로서 위험보상비율이라고 한다. 이는 위험 1단위에 대해 보상되는 수익률의 크기, 즉 위험의 가격을 의미한다.

3) 가장 효율적인 자본배분선

다수의 자본배분선 중에서 지배원리에 의하여 가장 효율적인 자본배분선을 도출한다. 가장 효율

적인 자본배분선은 위험자산만으로 구성된 효율적 투자선과 접하게 되며, 그때의 접하는 점을 접점포트폴리오(tangent portfolio)라고 한다. 따라서 무위험자산의 수익률과 접점포트폴리오를 연결한 선이 가장 효율적인 자본배분선이 된다. 그 산식은 다음과 같다.

$$E(r_p) = r_f + \left[\frac{E(r_T) - r_f}{\sigma_T} \right] \sigma_p$$

(단, $E(r_p)$: 포트폴리오의 기대수익률, r_f : 무위험자산수익률,
r_T : 위험자산의 수익률, $E(r_T)$: 위험자산의 기대수익률,
σ_T : 위험자산수익률의 표준편차, σ_p : 포트폴리오 수익률의 표준편차)

2 자본시장선(Capital Market Line, CML)

1) 자본시장선의 의의

① 접점포트폴리오

앞에서 구한 접점포트폴리오에서 만일 모든 투자자들이 기대수익률, 분산, 공분산에 대해 동일한 기대를 한다고 가정하면, 투자자들의 접점포트폴리오는 동일하게 될 것이다.

② 시장포트폴리오

앞에서 구한 접점포트폴리오는 시장이 균형일 경우, 시장포트폴리오와 일치한다. 모든 투자자가 똑같은 비율로 위험자산을 보유하고 그만큼의 비율로 정확하게 시장에서 공급되어야 초과수요나 초과공급 없이 균형이 이루어진다. 증권시장에서 거래되는 모든 위험자산을 그 시장가치의 비율에 따라서 구성한 포트폴리오를 시장포트폴리오라고 한다.

③ 자본시장선

자본시장선이란 무위험자산과 시장포트폴리오 간 자산배분을 통해 구성된 관계식을 의미한다. 이때 투자자가 선택하는 포트폴리오와 시장포트폴리오는 구성비율이 동일하기 때문에 자본시장선은 가장 효율적인 자본배분선과 일맥상통한다.

2) 자본시장선의 도출

자본시장선은 무위험수익률과 시장포트폴리오(효율적 투자선의 접점, 접점포트폴리오)를 연결하여 구할 수 있으며 그 산식은 다음과 같다.

$$E(r_p) = r_f + \left[\frac{E(r_m) - r_f}{\sigma_m}\right]\sigma_p$$

(단, r_f : 무위험자산수익률, r_m : 포트폴리오m 수익률,
σ_m : 포트폴리오m 수익률의 표준편차, σ_p : 포트폴리오 수익률의 표준편차)

3) 자본시장선의 의미

자본시장선은 포트폴리오의 위험(표준편차)과 기대수익률 간의 선형관계로서 이는 시장포트폴리오와 무위험자산에 대한 배분을 통하여 구성할 수 있는 있는 여러 투자기회들의 기대수익률과 위험 간의 관계를 나타내고 있다. 포트폴리오의 기대수익률 $E(r_p)$은 무위험수익률 r_f에 위험프리미엄을 더한 것이며, 위험프리미엄은 시장포트폴리오가 가지는 위험의 단위당 가격 $\left[\frac{E(r_m) - r_f}{\sigma_m}\right]$에 포트폴리오 위험 σ_p의 크기를 곱한 $\left[\frac{E(r_m) - r_f}{\sigma_m}\right]\sigma_p$가 된다. 이때 자본시장선의 기울기 $\left[\frac{E(r_m) - r_f}{\sigma_m}\right]$는 위험 1단위에 대한 보상으로서 위험의 시장가격을 의미하며 기울기는 $E(r_m)$(시장포트폴리오 기대수익률), r_f(무위험자산수익률), σ_m(시장포트폴리오 수익률의 표준편차)에 의하여 결정된다.

3 증권시장선(Security Market Line, SML)과 자본자산가격결정모형

1) 증권시장선의 의의

앞서 살펴본 자본시장선은 무위험자산과 시장포트폴리오 간 자산배분을 통해 구성된 관계식으로서 효율적 포트폴리오의 위험(표준편차)과 기대수익률 간의 선형관계를 나타낸다. 오로지 위험자산 중에는 시장포트폴리오만이 선택되기 때문에 자본시장선을 통해서는 비효율적인 포트폴리오의 선택은 분석할 수 없으며 이로 인해 개별적인 자산들의 위험과 수익률 간의 관계는 알 수 없다는 것이 문제점으로 지적된다. 이를 극복하기 위해 등장한 증권시장선은 비효율적인 포트폴리오나 개별자산의 위험과 기대수익률 간의 관계를 나타내며 이를 자본자산가격결정모형(Capital Asset Pricing Model : CAPM)이라고 한다.

2) 증권시장선의 도출

증권시장선은 무위험자산의 수익률과 개별자산의 체계적 위험을 나타내는 베타를 연결하여 도출한다. 이때, 자산의 기대수익률이 결정된다는 것은 그 자산의 가격이 결정되는 것과 같은 의미이다. 증권시장선의 산식은 다음과 같다.

$$E(r_i)=r_f+[E(r_m)-r_f]\beta_i$$

(단, r_i : 개별자산의 수익률, r_f : 무위험자산수익률, r_m : 포트폴리오m 수익률,

$\beta_i=\dfrac{Cov(r_i,r_m)}{Var(r_m)}$: 개별자산의 체계적 위험)

3) 증권시장선의 의미

증권시장선이란 개별자산의 위험(베타)과 기대수익률 간의 선형관계로서 개별자산의 기대수익률 $E(r_i)$은 무위험수익률 r_f에 위험프리미엄을 더한 것을 의미한다. 이때 위험프리미엄이란 시장포트폴리오의 위험프리미엄 $[E(r_m)-r_f]$에 개별자산의 체계적 위험인 베타 β_i를 곱한 값이 된다. 특히 시장포트폴리오의 위험프리미엄 $[E(r_m)-r_f]$은 시장포트폴리오의 기대수익률에서 무위험자산의 수익률을 차감한 값으로서 증권시장선의 기울기가 된다.

한편 증권시장선 $E(r_i)=r_f+[E(r_m)-r_f]\beta_i$를 변형하면 다음과 같다.

$$E(r_i)-r_f=[E(r_m)-r_f]\beta_i$$

이는 개별주식의 위험프리미엄과 시장포트폴리오의 위험프리미엄의 관계식으로 해석할 수 있다.

4 시장모형(단일지수모형)

1) 증권시장선의 추정과 활용

증권시장선 $E(r_i)=r_f+[E(r_m)-r_f]\beta_i$을 활용하여 개별자산의 기대수익률을 구하게 되면, 개별자산의 가격을 구하는 것이고 이를 개별자산의 투자에 활용할 수 있다. 이를 위해서는 무위험이자율, 시장포트폴리오의 기대수익률, 베타값의 추정모형이 필요하다. 무위험이자율은 국공채 이자율로 대용가능하고, 시장포트폴리오의 기대수익률은 코스피 지수를 활용하여 구한다. 특히 베타값을 구하기 위해서는 별도의 추정모형이 필요하며 이를 시장모형이라고 한다.

2) 시장모형

① 의의

베타는 개별자산의 체계적 위험으로서 이는 결국 시장수익률의 변화에 따라서 개별자산의 수익률이 변화하는 정도라고 할 수 있다. 그러므로 시장수익률과 개별자산 수익률 간의 관계를 회귀분석으로 추정하여 베타를 추정할 수 있다. 그 산식은 다음과 같다.

$r_i = \alpha_i + \beta_i r_m + e_i$

(단, r_i : 개별자산 수익률, r_m : 시장포트폴리오 수익률, e_i : 잔차항)

② 해석

개별자산의 수익률을 회귀분석을 통해서 분해하면 다음과 같다. 먼저 α_i는 시장포트폴리오 수익률과 관계없이 일정하게 기대되는 개별자산의 수익률이다. 그리고 $\beta_i r_m$은 시장포트폴리오 수익률에 따라서 결정되는 개별자산의 수익률이다. 한편 e_i는 개별자산의 고유한 요인에 따른 비체계적 위험을 의미한다. 이 세 가지의 합성에 의하여 개별자산의 수익률이 구성된다고 할 수 있다.

5 차익거래가격결정이론(Arbitrage Pricing Theory, APT)

1) 다요인모형

자본자산가격결정모형은 개별자산의 기대수익률이 개별자산의 체계적 위험인 베타에 선형적으로 비례함을 의미한다. 이때 베타는 시장수익률이라는 특정요인의 변화에 따라서 개별자산의 수익률이 변화하는 정도이다. 그러나 자산은 시장수익률이라고 특정요인의 변화에 의해서 설명된다기보다는 다양한 여러 요인에 의하여 설명될 수 있는데 이를 다요인모형이라고 한다.

2) 무차익거래 원리

개별자산의 기대수익률을 통하여 개별자산이 시장에서 과대 혹은 과소평가되고 있는지를 파악할 수 있다면 이러한 자산 간 거래를 통하여 이익을 얻을 수 있게 되는데 이를 차익거래(arbitrage)라고 한다. 만일 자산시장이 균형이라면, 이러한 차익거래가 더 이상 존재하지 않을 것이므로 자산의 수익률과 가격은 차익거래기회가 사라지는 곳에서 결정된다고 할 수 있다. 무차익거래 원리는 일물일가의 원칙(law of one price)을 의미한다.

필수예제

위험자산 K의 기대수익률과 표준편차는 각각 24%와 28%이고, 무위험자산 F의 수익률은 4%이다. 이 두 가지 자산으로 구성된 포트폴리오 P의 기대수익률이 15%라면, 포트폴리오 P의 수익률의 표준편차는?

▸ 2017년 국가직 9급

① 14.0% ② 15.4% ③ 16.8% ④ 18.2%

출제이슈 자본시장선(Capital Market Line, CML)

핵심해설 **정답** ②

1) 자본시장선(Capital Market Line, CML)의 의의

① 증권시장에서 거래되는 모든 위험자산을 그 시장가치의 비율에 따라서 구성한 포트폴리오를 시장포트폴리오라고 한다.

② 무위험자산과 시장포트폴리오 간의 관계식을 자본시장선이라고 한다.

2) 자본시장선의 도출

① 자본시장선은 무위험수익률과 시장포트폴리오(효율적 투자선의 접점, 접점포트폴리오)를 연결하여 구할 수 있다.

② 산식 $E(r_p) = r_f + \left[\frac{E(r_m) - r_f}{\sigma_m}\right]\sigma_p$

(단, r_f : 무위험자산수익률, r_m : 포트폴리오m 수익률,

σ_m : 포트폴리오m 수익률의 표준편차, σ_p : 포트폴리오 수익률의 표준편차)

설문에 주어진 자료를 위의 산식에 대입하여 풀면 다음과 같다.

$15 = 4 + \frac{24-4}{28}\sigma_p$ 이므로 $\sigma_p = 15.4\%$가 된다.

$E(r_p)$: 포트폴리오 기대수익률 → 15%

r_f : 무위험자산수익률 → 4%

r_m : 포트폴리오m 수익률 → 24%

σ_m : 포트폴리오m 수익률의 표준편차 → 28%

σ_p : 포트폴리오 수익률의 표준편차 → ?

현재 자본시장은 균형 상태에 있으며 A주식의 기대수익률은 14%이고, 무위험자산의 수익률은 2%이다. 이 경우 시장포트폴리오(Market portfolio)의 기대수익률은? (단, A주식과 시장 포트폴리오의 공분산은 6%이며, 시장포트폴리오의 분산은 5%이다.)

▸ 2014년 국가직 7급

① 8% ② 10% ③ 12% ④ 14%

출제이슈 증권시장선(Security Market Line, SML)과 자본자산가격결정모형

핵심해설 정답 ③

1) 증권시장선의 의의

① 자본시장선은 효율적 포트폴리오의 위험(표준편차)과 기대수익률 간의 선형관계를 나타낸다.

② 문제는 자본시장선을 통해서는 비효율적인 포트폴리오라든지 개별적인 자산들의 위험과 수익률 간의 관계는 알 수 없다는 것이다.

③ 증권시장선은 모든 개별자산의 위험과 기대수익률 간의 선형관계를 나타낸다.

2) 증권시장선의 도출

① 증권시장선은 무위험자산의 수익률과 개별자산의 체계적 위험을 나타내는 베타를 연결하여 도출한다.

② 산식 $E(r_i) = r_f + [E(r_m) - r_f]\beta_i$

(단, r_i : 개별자산의 수익률, r_f : 무위험자산수익률, r_m : 포트폴리오m 수익률,

$\beta_i = \dfrac{Cov(r_i,\ r_m)}{Var(r_m)}$: 개별자산의 체계적 위험)

설문에 주어진 자료를 위의 산식에 대입하여 풀면 다음과 같다.

특히 베타값은 직접적으로 주어지지 않았기 때문에 개별자산과 시장포트폴리오 간 공분산과 시장포트폴리오의 분산을 통해서 구해야 함에 유의할 필요가 있다.

$$E(r_i) = r_f + [E(r_m) - r_f]\beta_i = 2\% E(r_i) = r_f + [E(r_m) - r_f]\beta_i = 2\% + [E(r_m) - 2\%] \times \frac{6}{5} = 14\%$$

$E(r_i)$: 개별자산i 기대수익률 → 14%

r_f : 무위험자산 수익률 → 2%

$E(r_m)$: 시장포트폴리오m 기대수익률 → ?

$\beta_i = \dfrac{Cov(r_i, r_m)}{Var(r_m)}$: 개별자산의 체계적 위험 → $\dfrac{6\%}{5\%}$

따라서 위의 식을 풀면, $E(r_m) = 12\%$가 된다.

Chapter 25

금융과 거시경제

THEME 01 금융위기와 경제

1 은행의 위기

1) 의의

은행위기(banking crisis)란 일반인들이 은행 전반에 대해 가지는 신뢰가 하락하여 이들이 은행에 예금해둔 자금을 인출하려고 시도하는 상황을 의미한다.

2) 원인

① 근본적인 은행위기(fundamental banking crisis)

금융시장에서 은행이 대출을 행하는 과정에서 예금자와 은행 간에는 주인-대리인 문제가 나타날 수 있다. 주인으로서의 예금자는 대리인인 은행이 안전한 투자처에 자금을 대출하여 안정적인 예금이자를 제공해주기를 바라고 있다. 그러나 대리인인 은행은 안전한 곳에만 대출해서는 은행의 이윤을 극대화할 수 없게 된다. 따라서 위험이 높은 기업에 높은 이자율로 대출하는 것을 은행은 추구할 수 있다. 특히 금융혁신에 의하여 새로운 금융상품이 도입되고 금융자율화가 진전됨에 따라서 은행은 보다 위험한 대출이 가능해진다. 이로 인해 부실대출도 증가하게 됨에 따라서 예금자들이 은행예금을 인출하려고 할 때 근본적인 은행위기는 시작된다.

② 자기실현적 은행위기(self-fulfilling banking crisis)

근본적인 은행위기가 부실대출에서 비롯된 것이라면 자기실현적 은행위기는 부실대출이 없음에도 불구하고 은행위기가 시작되는 것을 의미한다. 만일 예금자들이 아무런 근거도 없이 막연히 은행이 위험에 처해있고 이로 인해 예금을 떼일 수 있다고 믿기 시작하면 이러한 근거 없는 믿음 자체가 은행의 실제위기를 초래할 수 있는데 이를 자기실현적 은행위기라고 한다.

2 자산시장의 위기

1) 의의

금융위기에 있어서 은행의 부도와 같은 은행위기도 중요하지만 주식이나 부동산과 같은 자산가격의 급등락도 매우 중요하다. 이렇게 금융자산시장에서 자산가격의 급등락으로 인하여 거품이 생성되고 붕괴되는 과정을 자산시장의 위기라고 한다. 예를 들어 2008년 글로벌 금융위기를 가져온 원인 중의 하나도 부동산 가격의 급등락이었다고 할 수 있다.

2) 원인

① 거품의 생성
금융자산시장에 참여하는 참여자들이 지나치게 낙관한 나머지 자산가격이 본질적인 가치(fundamental value)를 벗어나서 지나치게 상승하는 경우 거품이 만들어진다. 이는 해당자산으로부터 기대되는 객관적인 수익으로부터 도출되는 가치를 넘어서 투기적인 거품(speculative bubble)이 형성되는 것이다.

② 거품의 소멸
자산시장에서의 지나친 낙관적 기대에 의하여 투기적 거품이 형성되어 자산가격이 급등하였지만, 어느 순간 자산시장에서 비관적 기대가 나타나기 시작하면 급등한 자산가격은 급락하기 시작한다. 이렇게 급등했던 자산가격이 급락하는 과정이 거품이 붕괴하고 소멸되는 과정이다. 자산가격의 급락으로 인해서 해당 자산을 보유하고 있는 주체들 예를 들면 가계, 은행, 기업 모두 건전성이 악화되어 경제에 위기를 초래한다.

3 금융위기가 경제에 미치는 효과

1) 순자산의 감소

금융위기 시에는 많은 경우 주식 및 부동산 가격이 동반하락하는 경우가 대부분이다. 자산가격의 하락으로 인하여 가계와 기업의 순자산가치가 하락하여 소비와 투자가 감소하게 된다.

2) 차입비용의 상승

금융위기로 인해서 은행이 더 이상 대출을 하기 어려운 상황에 빠지면 기업들은 자금을 차입하는데 있어서 매우 큰 어려움을 겪게 되고 투자가 급감하게 된다.

3) 불확실성의 증가

금융위기가 발발하면서 은행과 기업이 파산하게 되면 경제 전반에 불확실성을 증가시키게 된다. 기업들은 불확실성이 높은 상황에서는 투자를 꺼리거나 미루게 되어 투자가 감소하게 된다.

4) 부채 – 디플레이션의 악순환

금융위기로 인하여 경제 전반적으로 디플레이션이 발생하면 차입자의 파산이 증가하고 은행이 대출을 줄이게 되어 디플레이션은 더욱 심화된다. 디플레이션의 경우 인플레이션과는 반대로 채무자가 손해를 보고 채권자가 이득을 보게 된다. 디플레이션으로 인해 채무자의 부담이 가중되어 부도가능성이 증가하면, 금융기관이 부실화되고 결국 금융기관에 의한 자금공급이 줄어들어 금융시장에서 자금조달이 어려워지므로 총수요가 감소한다. 이렇게 감소된 총수요는 디플레이션을 더욱 가중시키게 된다. 디플레이션이 신용경색을 가져오고 이는 또다시 디플레이션을 심화시키게 되는데 이와 같은 디플레이션 – 신용경색 – 디플레이션의 현상을 부채 – 디플레이션이라고 한다.

THEME 02 금융안정과 통화정책

1 통화정책의 문제점

2008년 글로벌 금융위기가 발생하기 이전까지 미국경제는 인플레이션도 낮은 수준이었으며 경기변동도 크지 않았다. 이로 인해 미국 연방준비제도의 통화정책이 물가안정과 경기안정화의 측면에서 성공적인 것으로 평가되었다. 그러나 통화정책이 그 목적을 잘 달성하였음에도 불구하고 2008년 금융위기가 발발하자 통화당국의 목표와 관련하여 의문이 제기되었다.

2 통화당국의 목표와 금융안정

1) 자산시장의 거품과 통화정책

2008년 금융위기 이전에 부동산가격이 급등하면서 거품의 우려가 제기되었고 그 이전인 2000년대 초에 IT산업이 발달하여 주식가격이 급등하면서 역시 거품의 우려가 제기된 바 있다. 이에 대하여 통화당국이 금융위기를 초래할 수 있는 거품에 대하여 개입할 필요가 있는지에 대하여 논란이 있었는데, 당시 통화당국의 수장이었던 그린스펀은 거품에 대하여 통화당국이 나서서 이를 없애기보다는 거품이 꺼진 후의 부작용을 해소하기 위해 통화당국이 개입하면 된다는 이른바 그린스펀 원칙을 천명하였다.

2) 그린스펀 원칙에 대한 비판

2008년 이전만 해도 그린스펀 원칙은 지지되었지만 2008년 이후에는 이에 대하여 다음과 같은 관점에서 비판이 고조되었다. 첫째, 금융시장에서의 충격이 생각보다 실물경제에 너무 큰 영향을 주고 있다는 점, 둘째, 거품이 소멸된 후 통화정책을 사용하는 것이 이미 실기한 것으로서 경제에 너무 큰 비용을 초래한다는 점, 셋째, 통화당국은 물가안정과 경기안정뿐만 아니라 금융안정을 위해서도 사전적으로 노력해야 한다는 점이다.

3 통화정책의 방향

1) 미시건전성 감독

미시건전성 감독이란 개별적인 금융기관이 금융위기에 잘 대비할 수 있게 하는 그 건전성을 확보할 수 있도록 감독하는 것을 의미한다. 미시건전성 감독은 개별 금융기관이 모두 건전하다면 거시경제 전반의 금융건전성도 당연히 확보할 수 있다는 믿음에 기초하고 있다. 그러나 문제는 특정의 개별 금융기관의 건전성을 확보하기 위한 정책이 다른 금융기관의 건전성을 악화시켜서 거시경제 전체 차원에서 건전성이 악화될 수 있다는 점이다. 특히 이는 어느 한 경제주체의 행위가 시장의 가격을 변화시켜서 다른 경제주체에게 영향을 주는 경우로서 이른바 금전적 외부성에 기초하고 있다.

2) 거시건전성 감독

앞에서 금융시장에서는 금전적 외부성이 발생할 수 있으며 이로 인해서 개별 금융기관에 초점을 맞추는 미시건전성 감독만으로는 불충분하다는 것을 알았다. 이에 따라서 거시경제 전체 차원에서 건전성 감독의 필요성이 제기된 바, 이와 같이 거시경제 전체 차원의 위험수준을 낮추고 금융기관의 건전성을 확보하기 위한 감독을 거시건전성 감독이라고 한다. 특히 거시건전성 감독의 경우 개별적인 금융기관을 미시적 차원에서 감독하는 기존의 금융감독기관보다는 중앙은행이 맡는 것이 더 낫다는 견해가 대두되고 있다.

3) 금융안정

통화당국이 전통적인 정책목표인 물가안정과 경기안정을 위해서 통화정책을 수립하고 집행하는 것도 중요하지만, 이제는 금융시스템의 안정을 위해서 개입할 필요성이 커지고 있다. 이를 위해서는 금융안정을 위한 통화당국의 새로운 정책수단이 먼저 고안되고 개발되어야 할 것이다. 전통적인 통화정책의 경우 이자율의 정책적 조정에 의하여 이루어졌지만, 이자율 조정이 물가안정, 경기안정 및 금융안정까지 모두 달성하기는 어렵기 때문에 새로운 수단의 발굴이 필요한 시점이다. 또한 앞에서 최적정책의 비일관성 문제를 통해서 통화정책이 재량보다는 준칙에 의하여 이루어지는 것이 더 바람직하다는 결과를 얻었지만, 기존에 경험한 바 없는 새로운 금융위기에 대처하기 위한 방안으로 과거의 고리타분한 준칙보다는 재량에 의한 정책도 최근 지지를 얻고 있다.

박문각 감정평가사

조경국 경제학원론

1차 | 기본서

#2 거시편

제4판 인쇄 2024. 7. 25. | **제4판 발행** 2024. 7. 30. | **편저자** 조경국
발행인 박 용 | **발행처** (주)박문각출판 | **등록** 2015년 4월 29일 제2019-0000137호

주소 06654 서울시 서초구 효령로 283 서경 B/D 4층 | **팩스** (02)584-2927
전화 교재 문의 (02)6466-7202

저자와의 협의하에 인지생략

정가 38,000원
ISBN 979-11-7262-060-8(2권)
ISBN 979-11-7262-058-5(세트)

MEMO

MEMO

MEMO